●陕西省教育厅重点教材建设项目

# 公关·社交与礼仪

主　编　杨健全　李红霞

副主编　杨小力　任晓燕　解茹玉

西北大学出版社
NORTHWEST UNIVERSITY PRESS

**图书在版编目（CIP）数据**

公关·社交与礼仪／杨健全，李红霞主编．—西安：西北大学
出版社，2013.6

ISBN 978 - 7 - 5604 - 3227 - 4

Ⅰ.①公…　Ⅱ.①杨…　②李…　Ⅲ.①公共关系学—高等学
校—教材②心理交往—礼仪—高等学校—教材　Ⅳ.①C912.3
②C912.1

中国版本图书馆 CIP 数据核字（2013）第 132604 号

**公关·社交与礼仪**

| | | |
|---|---|---|
| 作　　者 | 杨健全　李红霞　主编 | |
| 出版发行 | 西北大学出版社 | |
| | （西安市太白北路 229 号　邮编：710069） | |
| 经　　销 | 新华书店经销 | |
| 印　　刷 | 陕西奇彩印务有限责任公司 | |
| 开　　本 | 787mm×1092mm　16 开 | |
| 印　　张 | 24.50 | |
| 字　　数 | 580 千字 | |
| 版　　次 | 2013 年 6 月第 1 版　2016 年 7 月第 2 次印刷 | |
| 书　　号 | ISBN 978 - 7 - 5604 - 3227 - 4 | |
| 定　　价 | 45.00 元 | |

# 前　言

　　面对 21 世纪世界政治经济文化的全球化趋势和市场经济优胜劣汰的激烈竞争现实,任何一个国家、企业和个人要想在竞争中求得生存和发展,就必须至少注意以下两点:一是内求团结,增强凝聚力;二是外求发展,广泛与社会各个阶层沟通和交往,树立良好的信誉,塑造诚信的形象。这些无疑要依赖于公关、社交与礼仪的知识和工作。

　　公关、社交作为一种独特的经营管理职能、营销策略、现代交往观念和方式,是伴随着社会化大生产和现代市场经济的发展而登上人类历史舞台的,并广泛地渗透到现代社会经济生活的各个领域,在当今世界社会经济活动中发挥着越来越重要的作用。因此,掌握公关与社交的原理和技能,为企业、个人生存和发展创造和谐的社会环境,是现代企业管理和人际交往发展的一种必然趋势,是摆在企业家、管理人员和个人面前的一个新课题,是企业和个人适应市场竞争机制寻求长久发展的一条新颖的思路。

　　礼仪,是人类文明的结晶,社会文明的标志,国家、企业和人际交往的行为规范。中国是文明古国、礼仪之邦。讲"礼"重"仪"是中华民族世代相传的优良传统。源远流长的礼仪文化是祖辈传承的丰富遗产。中国素以"礼仪之邦",著称于世。孔子曰:"不学礼,无以立。""礼之用,和为贵。"荀子曰:"人无礼则不生,事无礼则不成,国无礼则不宁。"大儒颜元曾曰:"国尚礼则国昌,家尚礼则家大,身尚礼则身正,心尚礼则心泰。"我国古圣先贤对礼仪非常重视并有崇高评价。在现代市场经济社会,明礼循礼已成为国家、企业和个人树立自身形象、赢得他人、社会和国家尊重的前提,同时也是各项事业获得成功的重要条件。因此,作为"礼仪之邦"的国家、企业和公民个人,必须学习和掌握我国优良的礼仪文化传统,同时广泛吸取各国礼仪文化的优秀成果,以适应国内外交往和实际工作的需要。

　　中国已走向世界,与世界各国、企业和人士交往日益频繁。如果不能娴熟地掌握公关、社交与礼仪的原理,游刃有余地运用公关、社交与礼仪的技能,就难以实现国家的强盛、企业的持续发展、人际交往的和谐和人生事业的顺畅。但是,长期以来,受传统观念和旧的管理方式的影响,我国不少企业的领导层和相关工作人员尚未认识到公关、社交与礼仪的独特功能和重要作用,公关、社交与礼仪意识淡薄,仍沿用旧的管理意识、管理手段和传统的经营管理理念来处理若干非规范性事件,产生了诸多问题。国内外实践证明,良好的信誉和诚信的形象是一个国家、企业、个人非常重要的无形资产和第二竞争力。有鉴于此,为了满足我国对外开放、现代企业经营管理和人际交往的需要,以及高等院校经济管理类和理工类专业的教学急需,我们在总结多年教学实践经验的基础上,以市场经济竞争规则为指导,紧密结合我国公关、社交与礼仪学科的发展现状,研究和借鉴国内外有益的成果,撰写了这本《公关·社交与礼仪》教材。

　　在编写过程中,我们兼顾古今中外的公关、社交与礼仪规范,融知识性、实用性、可操作性于一体,吸取了国内外最新的研究成果,强调现代社会公关、人际交往与礼仪的基本准则和指导作用,既描摹各项公关、社交与礼仪的整体轮廓,更详介具体公关、社交与礼仪的细节规范,力求达到知识与趣味并重、规范与操作兼容、理论与实践结合、文化与生活交融的境界。并且,突出应用型人才培养的特色和要求,编辑了大量的"章前引子、章后经典案例与思考"等应用型知识,增强学生的职场情景模拟感和实战感,提高其实践操作能力和职场竞争力。

公关、社交与礼仪作为一门新兴的高度综合的边缘学科,在我国尚处在不断探索、发展和完善阶段。因此,我们必须在马列主义、毛泽东思想、邓小平理论、"三个代表"重要思想和科学发展观指导下,弘扬"八荣八耻"的社会主义荣辱观,努力实现中国梦,以社会主义市场经济活动为基本出发点,联系我国公关、社交与礼仪的实际,运用多学科知识进行创造性研究,探索现代公关、社交与礼仪的构造思路、起点及思维方式,才能透过纷繁复杂的公关、社交与礼仪现象,认清其本质及其一般发展规律,使公关、社交与礼仪实践升华为系统理论。恩格斯指出:"每一门科学都是分析某一个别的运动形式或一系列相关联和互相转化的运动形式。因此,科学分类是这些运动本身依据其内部固有的次序和排列。"按照这样一个科学的构造观,公关、社交与礼仪可分为原理科学和应用科学两大部分,其包容量是巨大的。本书全面系统地论述了公关、社交与礼仪的基本概念、基本原理、基本技能、职能与原则、公关对象、组织机构、工作程序、企业与政府公关、公关传播与宣传、公关营销、交际与沟通艺术、谈判艺术、公关准则、人员素质、个人礼仪、文书与通信礼仪、社交礼仪、公务与商务礼仪、涉外礼仪与中外习俗、日常业务等内容,力图回答我国公关、社交与礼仪工作中需要解决的各种实际问题,力争把国内外有关公关、社交与礼仪的最新研究成果展现在广大读者面前,以利于推动我国公关、社交与礼仪事业向前发展,为我国社会主义市场经济建设、企业科学管理和人际正常交往服务。

本书由西安交通大学城市学院经济系主任、西安交通大学经济与金融学院硕士生导师杨健全教授和西安培华学院商学院李红霞副教授担任主编并提出编写大纲,由西安交通大学、北京大学投资银行与资本市场研究所、西北政法大学、西安交通大学城市学院、西北工业大学明德学院、延安大学西安创新学院、西安培华学院等院校的教学和研究人员共同编写。参与编写人员的具体分工为:第二章、第九章和第十章,由杨健全执笔;第一章,由李红霞执笔;第十一章和第十三章,由杨小力执笔;第十八章和第二十章,由任晓燕执笔;第十六章和第十九章,由解茹玉执笔;第三章和第七章,由王亚玲执笔;第四章,由常静执笔;第五章、第六章、第八章和第十七章由杨昭执笔;第十二章,由刘晨执笔;第十四章,由宋爽执笔;第十五章,由谢伟彤执笔;第二十一章,由刘劲飞执笔;第二十二章,由秦学执笔。全书最后由杨健全教授进行总纂、修改和最终定稿。

本书在编写过程中,吸收、借鉴和辑录了国内外出版发表过的有关研究成果和著述,参考了公关、社交与礼仪方面的文献及资料,同时得到了西安交通大学城市学院和西北大学出版社的大力支持,在此谨表示衷心的感谢!

由于公关、社交与礼仪是一门新兴的边缘学科,有诸多理论与实践问题尚需进一步探讨和研究,书中不足之处恳请读者批评指正,以便再版时进一步修改。

编　者

2013 年 5 月于古城西安

# ▌目　录

# 第一章　导论

【引子】飞机起飞前,一位乘客请空姐给他倒一杯水吃药,空姐很有礼貌地说:"先生,为了您的安全,请稍等片刻,等飞机进入平衡飞行后,我会立刻把水给您送过来,好吗?"

15分钟后,飞机早已进入平衡飞行状态。突然,乘客服务铃急促地响了起来,空姐猛然意识到了:糟了,由于太忙,她忘记给那位乘客倒水了。当空姐来到客舱,看见按响服务铃的果然是刚才那位乘客,她小心翼翼地把水送到那位乘客眼前,微笑着说:"先生,实在对不起,由于我的疏忽,延误了您吃药的时间,我感到非常抱歉。"这位乘客抬起左手,指着手表说道:"怎么回事,有你这样服务的吗?你看看,都过了多久了?"空姐手里端着水,心里感到很委屈,但是,无论她怎么解释,这位挑剔的乘客都不肯原谅她的疏忽。

在接下来的飞行途中,为了弥补自己的过失,每次去客舱给乘客服务时,空姐都会特意走到那位乘客面前,面带微笑地询问他是否需要水,或者别的什么帮助,然而,那位乘客余怒未消,摆出不合作的样子,并不理会空姐。

临到目的地前,那位乘客要求空姐把留言本给他送过去,很显然,他要投诉这名空姐,此时空姐心里很委屈,但是仍然不失职业道德,显得非常有礼貌,而且面带微笑地说道:"先生,请允许我再次向您表示真诚的歉意,无论您提出什么意见,我都会欣然接受您的批评!"那位乘客脸色一紧,嘴巴准备说什么,可是没有开口,他接过留言本,开始在本子上写了起来。

等到飞机安全降落,所有的乘客陆续离开后,空姐本以为这下完了,没想到,等她打开留言本,却惊奇地发现,那位乘客在本子上写下的并不是投诉信,而是一封热情洋溢的表扬信。

什么原因使得这位挑剔的乘客最终放弃了投诉呢?在信中,空姐读到这样一句话:"在整个过程中,你表现出的真诚的歉意,特别是你的12次微笑深深地打动了我,使我最终决定将投诉信写成表扬信!你的服务质量很高,下次如果有机会,我还将乘坐你们这趟航班。"

公关、社交与礼仪是20世纪初源于美国的一门新兴的软管理学科。对当今世界的政治生活、经济生活和文化生活正发挥着越来越重要的作用,已引起全球各国的普遍关注,是当代社会科学中有极大发展前途的新兴学科。因此,学习和研究公关、社交与礼仪,对吸收和利用世界各国所创造的先进文明成果,对推进我国精神文明、物质文明、政治文明、生态文明建设以及和谐社会的构建,提高企业经营管理水平,创造新的社会生产力,塑造国家、企业和个人的良好形象,具有十分重要的作用。

# 第一节　公共关系总论

公共关系是公关、社交与礼仪的一个最基本的概念。"公共关系"一词的含义非常广泛,人们站在不同的角度可以赋予它不同的含义,有甚者把它与庸俗关系混为一谈。概念是一种思维形式,反映客观事物最一般、最本质的特征,是构成理论体系的基本内容。如果概念不清,就很难认识和把握事物的本质,揭示事物发展变化的规律性。因此,我们需要对公共关系的含义有正确的理解。

## 一、公共关系的内涵

### (一) 众说纷纭的含义

"公共关系"一词从 20 世纪初在美国登上人类历史舞台后,各国公共关系学家和公共关系实际工作者,对其含义及实质做了各种具体解释,众说纷纭,概括起来说,主要有以下几种说法:

1. 宣传职能说

持这种观点的人认为,公共关系是影响别人的一种宣传努力,其侧重点是"宣传自己",以影响公众舆论和防止公共商业政策的变化。例如,1976 年出版的《韦伯斯特 20 世纪新辞典》把公共关系定义为:"通过宣传与一般公众建立关系;公司、组织或军事机构等向公众报告它的活动、政策等情况,来建立有利的公众舆论的职能。"这是一种单向性、劝服性的公共关系定义,它混淆了公共关系与宣传、广告的区别,未能反映出公共关系的本质特征。

2. 互相理解说

持这种观点的人认为,公共关系就是通过有计划、坚持不懈的努力以建立和保持一个组织与其公众间的亲情和相互理解。它强调了公共关系是社会组织与公众之间的双向沟通,而且具有目的性、计划性、持久性和相互理解。这种界定并不严密。诚然,公共关系需要强调计划、坚持不懈的努力以及相互理解的必要性。但公共关系绝不仅仅是与公众建立理解关系,而是一种以高层次管理人员为组织创造和谐的生存和发展环境,取得最佳效益的一种软管理思想。所以,那种把公共关系解释为互相理解的说法,过于笼统,失去了科学分类的意义,也未能为人们普遍接受。

3. 艺术科学说

持这种观点的人认为,公共关系是一种实务,是一门艺术和科学。例如,国际公共关系协会 1978 年 8 月在墨西哥城举行的国际公关组织会议上发表的《墨西哥声明》中提出:"公共关系的实施是分析趋势、预测结果,向组织领导提供咨询,履行既有利于组织又有利于公众的计划方案的艺术和社会科学。"《墨西哥声明》从一定程度上说,它阐明了公共关系的构成要素和基本职能,具有一定的现实意义。这主要表现在:①强调了分析发展趋势的重要性,②对形势要作出预测,③要向管理人员提供咨询和建议,④要拟定好行动方案,⑤最后强调方案必须符合公众利益。但是,《墨西哥声明》在对公共关系的整体认识和对公共关系范畴的把握上我们认为是不正确的。公共关系是一项智力型工作,一个优秀的公关人员只有掌握了多方面的工作技巧,才能得心应手地处理好各种公关问题,这是决定公关工作成败的一个重要因素,但决不能因此把公共关系认定为是一门经营艺术。关于公共关系范畴问题,在学术界一直存在着争论,我们认为公共关系是一种高层次管理人员的一种独特的全方位的管理思想,其主要功能是沟通信息,协调关系,扫除相互关系中的障碍,谋求合作与信任,以获得最佳效益的一种管理职能,绝非一门经营艺术。

4. 独特管理职能说

持这种观点的人认为,公共关系是一种独特的管理职能。它帮助一个组织与其公众之间建立和保持相互沟通、了解、认可与合作;参与问题和纠纷的处理;将公众的意见传达给管理部门并作出反应;它作为社会趋势的监视者,帮助管理部门预先做好应变准备,与社会变动保持同步。它使用有效的传播技能和调查方法为其重要工具。这一定义阐明了公共关系的性质、职能和作用,是一个实践性较强的详尽的概念。

综上所述,尽管人们对公共关系的解释不一,但这也正表明了这门年轻的蓬勃发展的学科尚需人们进行深入地研究和探索,以促使其逐步完善。抛开上述种种定义中的不同细节,它们仍然存有许多共同之处,基本上勾画出了公共关系的轮廓:公共关系是一个组织与其公众之间的关系;公共关系是一种有计划、有目的、有组织的传播活动;公共关系是一种双向交流或沟通;公共关系所追求的目标与公众的利益是一致的;公共关系是一种管理职能。通过这样的归纳,目的在于从整体上认识公共关系所包括的内容,只不过轮廓不太清晰罢了,尚需进一步探索和把握公共关系的范畴和界定。

**(二)公共关系的内涵**

社会是由日益增长的相互依存和充满矛盾的关系所构成的大体系。在一个开放的社会大体系中,任何组织要生存和发展,必须建立和维系一个组织与其相联系的各类公众之间的相互利益关系。公共关系就是一个组织通过传播活动,建立和维系与其相关公众之间的相互利益关系的一种管理职能。在不同社会制度下,公共关系既有其共性,又有其个性。因此,我们在学习和借鉴西方公共关系经验时,就要从我国的实际国情出发,正确认识和把握现代公共关系的内涵。

那么,怎样理解现代公共关系的科学含义呢?

公共关系是一个社会组织在市场经济基本规则指导下,运用各种传播手段,有计划、有目的、持久地与其公众进行双向交流,增进相互理解与合作,树立组织信誉,塑造组织形象,以获得最佳效益的一种独特的管理职能。要掌握这个概念,应从以下几个方面去理解:

1. 公共关系是组织与其相关公众之间的相互关系

社会是一个开放的动态大体系,群体之间存在着内在有机联系。在社会主义市场经济条件下,社会生产经营活动是一种社会化大生产方式。社会分工精细,社会再生产环节紧密相连,构成一个动态大体系。在这样的社会环境中,任何一个组织要生存和发展,就要与其相关联的群体不断地进行物质、能量和信息交流,使其处在一种大协作的关系之中,与社会存在着内在联系,并受社会环境的影响和制约。此时,企业已成为一个独立的法人实体和竞争实体,其在生产经营活动中必然会与社会其他群体发生广泛的联系和交往,从而产生错综复杂的社会关系,如经济关系、法律关系、社区关系和员工关系等社会关系,这些关系是一种相互依存的社会关系。建立和发展良好的相互关系,是任何一个社会组织生存和发展的根本保障。

公共关系是以组织为支点的公众关系,在社会生活中存在着不同类型的社会关系。根据构成社会关系的特定结构来划分,主要有以下两种类型:一种是以个人为支点形成的社会关系,如亲朋关系、同乡关系、同志关系等。另一种是以组织机构为支点形成的社会关系(这里所说的组织是依据一定的目的、任务和形式所构成的独立的社会群体),如工厂、商店、学校、机关、军队、政府等。社会组织要生存和发展,必然要与其面临的公众进行沟通和交往,这种沟通和交往不同于人际关系,它处理的是与组织有联系的能产生互相影响、互相作用的社会群体之间的关系。换句话说,它突出的特点是把组织作为一个整体来考虑,以组织整体为支点与其面临的公众开展交往和沟通,建立和保持良好的公共关系网络。这种关系体现了社会主义社会化大生产的相互依存和相互协作关系。

2. 公共关系是组织与其公众进行双向沟通的传播活动

传播是人类生存的基本需要。传播是指人与人、人与社会群体、社会群体之间借助语言文字和非语言文字进行信息、思想、感情交流的过程。它是一种古老的社会现象,是人类社会生存的一种客观要求,当然也是任何组织生存和发展的基本需要。传播就方向性来说有单向传播和双向传播。

公共关系是一种双向传播活动。它不同于一般的传播活动,它呈双向性,即一个组织与其公众进行信息交流时,沟通信息的双方,要不断交流信息和反馈信息,及时了解公众的心理状态和对本组织信誉及美誉度的反映。公共关

系主体据此策划下一轮公共关系的传播活动,以争取公众,造就组织的知名度。从这个意义上来说,传播是公共关系工作与公众相沟通的桥梁和纽带。公共关系的双向传播过程,可用左图示来表示:

3. 公共关系是一项全方位的持久活动

"冰冻三尺,非一日之寒",一个组织想要建立和维持良好的声誉,只有下大力气,有目的地、有计划地、持久地与公众相沟通,扫除相互关系中的障碍,谋求公众的信任与合作,才能不断地调整、维系和发展同公众已经建立起来的良好关系,最终赢得公众的决定力量,取得最佳效益。否则,无目的、盲目地进行一次次"救火般"的行动,不仅造成人、财、物的浪费,也不会取得好的效果。因此,现代公共关系活动必须树立持久观念,不能急功近利,搞实用主义。

组织声誉的塑造和完善,是一个永无止境的目标。只有通过全方位的持久努力,把一般活动和长远打算结合起来,才能结出丰硕的成果。

4. 公共关系是一项独特的管理职能

公共关系属于管理职能范畴。管理职能是 20 世纪在西方产生的一种管理思想。它是指管理系统、管理人员在管理活动中具有的功能和作用。它具有普遍性,是促进社会生产力发展的一种战略资源。

关于公共关系范畴归属的问题,在理论界不乏争论。如前所述,有的说它属于经营艺术

范畴;有的说它属于人际关系范畴;有的说它属于宣传范畴,众说纷纭。我们认为,它属于管理职能范畴,是现代管理理论和方法的一个重要组成部分。

传统的管理观念重视组织内部的人、财、物管理,眼睛向内,不向外,是一种微观管理。现代管理是一种开放的动态型管理,既重视组织内部管理,又强调管理必须扩展到社会中去,以适应社会环境变化的要求。比如,企业是处在一个开放的动态系统中,企业的一切经营活动都受周围环境制约。因此,企业要搞好经营管理,必须求得企业与企业目标、内部条件、外部环境的三者平衡。要达到这种平衡,企业管理机构和高层次管理人员要善于运用公共关系职能,把公共关系思想贯穿到管理的全过程之中,树立全员公关思想,树立企业信誉,塑造企业形象;敏锐观察周围环境中相互消长的因素,调整自身去适应外界的变化,促进企业与内外公众发展和谐关系,增强企业内聚力和对外发展的能力,以实现企业经营目标。由此可见,公共关系不仅是现代管理一个极其重要的组成部分,也是现代管理的一种新观念。

公共关系是一项独特的管理职能。公共关系作为管理的一种新观念,它不是一般管理职能,而是一种高层次的独特管理职能。独特管理职能是指一个组织中的高层次管理人员,为塑造和完善组织声誉,强化组织内部凝聚力和对外发展能力,对组织内部各环节、各层次实施的软管理功能。这种管理活动最突出的特点:它是从多种角度、多种思维、全方位来考虑组织信誉和形象问题;运用各种公关技巧树立形象;把视信誉和形象为组织生命线的观念,渗透到经营管理的各个环节、各个层次,并成为企业精神和员工的行动准则。纵观国内外企业的经营管理活动,无数成功或失败的事例表明,重视公共关系职能,并把它渗透到各个管理层次中,是企业生存和发展的必由之路。公共关系作为管理的独特职能,可用下列图示来表示:

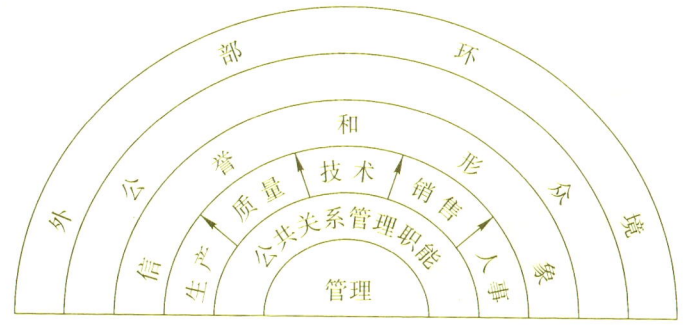

**5. 公共关系受社会主义行为规范制约**

公共关系作为一种独特的管理职能,它具有合理组织公共关系活动,促进社会生产力发展的一般属性,又具有体现国家意志,维护和发展一定社会生产关系的特殊属性。我国是一个社会主义国家,公共关系活动既要体现公关发展的一般规律,又要保证不偏离党的基本路线。为此,社会主义公关活动,必须坚持四项基本原则、社会主义法制和社会主义职业道德,以保障我国公共关系事业沿着社会主义方向健康发展,为中华民族的经济振兴,精神文明和政治文明建设,做出更大的贡献。

公共关系坚持社会主义方向不是一句空话,关键的问题是把四项基本原则和职业道德落实到具体公关活动中去,并贯穿于公关活动的始终。一是要依上述原则,评价公关从业人员的行为,调整从业人员与公众之间的关系,维护公众利益;二是坚持诚实守信原则,争取公众的支持和合作;三是以社会主义行为规范为准绳,不搞歪门邪道,净化社会风气;四是以社会主义法制为尺度,严格按法律、法规办事。这不仅把公共关系和庸俗关系、社会主义公关和资本主义公关区别开来,也是社会主义公关活动健康发展的根本保证。

综上所述,公共关系是含义丰富而广泛的范畴,弄清公共关系的科学含义,是确立公共关系学研究对象和理论体系的基础,对开展公共关系活动,也具有十分重要的作用。

# 第二节　现代公共关系的界定

## 一、公共关系与庸俗关系的区别

在现实生活中,流行着一种不成文的"庸俗关系"。所谓"庸俗关系",是指通常所说的拉关系、走后门、以权谋私的同义词。从表面上看,公共关系和"庸俗关系"似乎都是利用关系网络去实现某种目的。但是,二者从性质、手段、目的上看,存在着本质区别。

1. 两者产生的基础不同

公共关系是社会化大生产、商品经济高度发展和信息传播技术高度发达时代的产物。社会化大生产是一种先进的生产方式,客观上需要协调好相互依存、相互协作的社会关系。公共关系树立组织信誉,塑造组织形象的策略,是一个组织进入社会的"通行证"。商品经济是一种开放竞争的经济形式。任何企业想要在市场竞争中处于有利地位,就需要应用公关手段去建立和完善企业声誉,增强企业第二竞争力。当人类社会进入社会化大生产后,信息已成为当今社会发展的三大支柱之一。在当代信息流通中,公共关系信息已成为一种重要的信息流通形式。当代科学技术的发展和新型信息传播技术的出现,使公共关系信息能在广阔的时空内传递和反馈,使组织的声誉真正誉满全球,产生广泛影响。

庸俗关系是封闭、落后、狭隘的封建社会的产物。一方面在封建社会中,自然经济占主导地位,物质生产过程中人与人、群体与群体之间的关系,具有很大的狭隘性和单纯性,鸡犬之声相闻,老死不相往来,从而形成了以血缘关系、地缘关系为核心的社会关系。另一方面,人们受封建等级关系和等级观念的影响,在社会生活中形成了以利换权、以权谋私的权利交易关系。目前,社会上存在的拉关系、走后门、以权谋私等不正之风正是封建社会遗留下来的产物,只有彻底铲除掉,才能维护社会机体的健康发展。

2. 两者的目的不同

公共关系作为一种独特的管理职能,是从维护社会公共利益出发,把组织利益、公众利益和国家利益结合起来,处理公共事务、建立崇高信誉和塑造美好形象,赢得公众理解、支持与合作,谋求组织生存和发展的。

庸俗关系是一种不正之风。它追求的是个人私利或小集团的私利,营私舞弊,侵占他人利益或危害社会公共利益,中饱私囊。

3. 两者活动的方式不同

在社会主义市场经济条件下,公共关系是在四项基本原则指导下,以社会主义法律为准绳,注重职业道德,以诚实的态度,实事求是的作风,运用一定的传播媒介,公开而广泛地与公众交往和沟通,为组织发展制造舆论,提高组织的知名度和美誉度,为组织生存和发展创造良好的社会环境。

庸俗关系是一种见不得人的"地下交易",它通过不正当的方式和途径,靠拉关系,走后门,请客送礼乃至行贿等违法乱纪手段,去博得某些人的欢心,达到营私舞弊、谋取私利的目的。

4. 两者的后果不同

公共关系是在不损害公众和国家利益的基础上,谋求组织生存和发展的。因此,它注重信誉和形象,并以全方位的优质服务来争取公众的信任和支持,它与公众之间建立的是相互尊重、相互谅解、长期合作的稳定关系。这种关系是组织生存和发展的基础,而且也有利于社会主义精神文明建设。

庸俗关系是一种谋取私利的"私相交易"关系。它奉行的是"以利相交、利尽则散"的信条,是一种不牢靠的眼前利益关系。这种关系损人利己,腐蚀人们的灵魂,败坏社会风气,危害社会主义精神文明建设,人民深恶痛绝,也将受到党纪国法的处置,以害人害己而告终。

### 二、公共关系与人际关系的区别

公共关系和人际关系都属于社会关系范畴。两者既有联系,又有区别。公共关系与公众沟通过程中,有时借助人际传播的技巧和方法,协调组织与公众之间的关系,为组织广结人缘,建立广泛的社会联系,提高组织的知名度和美誉度。

1. 两者沟通的对象不同

任何一种沟通,首先要明确自己的沟通对象是谁,有的放矢地开展沟通活动。公共关系沟通的对象是公众,即与公共关系主体发生联系,并能互相作用、互相影响的组织和个人的总和。因此,公共关系沟通的对象不是泛指社会中的每一个人或组织,而是与公共关系主体有着密切关系的群体。人际关系沟通的对象,则不同于公共关系的沟通对象,它是存于社会的自然人,如同乡、同学、亲戚、父子、同志、朋友等。

2. 两者沟通的形式不同

公共关系的出发点和立足点是在公众中树立组织信誉,塑造组织形象,争取各界的支持与合作,求得组织的生存和发展。它突出的特点是把组织作为一个整体,与公众相沟通,建立公共关系网络。为此,公共关系主体只有以组织为支点,树立整体公关意识和观念,才能建立起良好的公共关系网络。人际关系是以个人为支点,在人与人交往过程中形成的一种社会关系。人际关系带有较大的主观性,受社会意识、道德观念、人生价值及个人心理影响。公共关系在运用人际传播技巧开展公关活动时,只有注重职业道德和依法办事,才能取得公众的信赖。

3. 两者沟通的目的不同

公共关系是一种独特管理职能,从本质上来说它是一个组织的决策活动。它的侧重点是全方位与公众相沟通,处理与组织声誉有关的问题或事件,减少与社会产生的摩擦;协调员工之间的关系,增强组织内动力和凝聚力;建立和维系良好的公共关系网络,全方位地塑造组织形象,提高组织知名度,使组织适应外界环境变化,获得有利的生存和发展条件。

人际关系的侧重点是人与人之间的交往。在社会主义条件下,人际关系总的目的是调整和改善人与人之间的关系,建立社会主义新型的人际关系,推动社会主义物质文明和精神文明建设。

### 三、公共关系与广告的区别

在现代信息社会中,公共关系和广告都运用一定的传播媒介,宣传自己,以实现各自的目的。二者有类似的地方,特别是在公共关系宣传中,经常会运用公共关系广告形式,扩展组织知名度。因此,人们往往容易把公共关系与广告相混淆。但是,二者的性质和作用是不同的。

1. 两者宣传的中心不同

公共关系作为一种独特管理职能,通过一定的传播媒介,全方位地向公众提供和传递有关组织的信息,使公众对一个组织有整体的认识和了解,树立组织形象,提高组织知名度。因此,公共关系宣传的中心是组织的整体形象。

广告是为了某种特定的目的,通过一定媒介,广泛地向受众传递某种信息,以改变受众观念或引导受众行为的一种宣传方式。这种宣传方式具有某种特定的目的。如经济广告,是以介绍、诱导和促进商品销售为目的。因此,广告宣传的中心是产品形象。

2. 两者传递信息的方式不同

公共关系传播活动呈全方位和双向沟通模式。全方位就是运用各种媒介,充分显示一个组织的宗旨、财力、实力、信誉和社会责任,造成一种全面的社会舆论,影响公众,使之对组织产生良好的总体印象。双向沟通,是指公共关系主体在与公众交流信息时,不仅正面向公众传递本组织的各种信息,而且通过一定的信息反馈渠道,及时回输受众的反映,以便及时了解公关传播对公众造成了什么影响,产生了什么效果,还有哪些问题和不足,公关传播者据此调整和安排下一步传播计划,使公关活动有的放矢。

广告是一种单向式的诉求信息。它主要是根据广告主的意图,通过一定的媒介,向受众传递某种特定的信息,以便影响人们的观念和行为,实现广告宣传目的。这是一种单项式的无反馈的信息传递过程。

3. 两者的周期频度不同

公共关系宣传侧重全方位塑造组织声誉。建立和完善组织声誉,只有通过持久的艰辛的公关宣传活动,才能取得预期的结果。为此,公关宣传只有针对公众的不同层次,运用各种传播媒介或形式,进行反复宣传,扩大公关宣传的覆盖率,才能有效地提高组织的知名度。

广告宣传的中心是产品、劳务或某种特定的事物。在社会主义市场经济条件下,产品存在着市场寿命周期。在产品市场寿命的不同阶段,广告宣传应采取不同的广告策略,以迎合特定市场消费者的心理要求,达到促销的目的。

### 四、公共关系与宣传的区别

在公共关系的日常工作中,要运用一定的宣传方式去制造舆论,提高组织的声望和信誉。因此,公共关系与宣传既有相通的地方,又有明显的区别。

1. 两者产生的背景和职能不同

公共关系是社会化大生产、商品经济高度发展和信息传播技术高度发达的产物,是一项独特的管理职能。

宣传是一种古老的劝服活动。自从人类社会有了语言、文字后,便有了宣传活动。宣传是宣传者运用一定的媒介,传播自己的意图、主张、观点,诱导人们与之活动的一种职能。

2. 两者的受众不同

公共关系的宣传对象,是与公共关系主体发生相互影响、相互作用的个人、群体和组织。

宣传是宣传者通过一定的媒介,向社会为数众多的群体和个人传递信息的过程,受众可以是各种社会群体或者自然人。

3. 两者的目的不同

公共关系宣传是公关主体运用一定的传播方式,将组织的宗旨、主张、实力、产品、劳务等信息晓之于公众的过程。其根本目的在于树立组织形象和信誉,为组织创造良好的生存环境,获得最佳效益。

宣传是依据宣传者的意志,向受众阐明自己的主张、观点、政策,并使受众信服和跟着行动。在阶级社会中,宣传带有明显的政治色彩和倾向性,是为一定阶级利益服务的。

# 第三节　公共关系学的特征和类型

## 一、公共关系学的特征

1. 公共关系学是一门新兴的边缘性管理学科

它是以马克思列宁主义、毛泽东思想、邓小平理论、"三个代表"重要思想和科学发展观为指导,运用传播学、信息学、管理学、广告学、人际关系学的基本理论,在总结我国公共关系工作实践经验的基础上,创立起来的一门研究公共关系过程、功能及其发展规律的边缘性的管理学科。公共关系学与上述诸多学科存在着极为密切的联系。

2. 公共关系学以传播学为理论基础

传播学是研究人类一切传播行为和传播发生、发展的规律及其与社会和人的关系的学说。公共关系主要是一种传播活动,它必须要借助传播手段和技巧来协调组织与公众的关系。因此,传播学所阐明的有关传播过程、传播方式、传播效果等原理,对公共关系学的研究有着直接的指导意义。

3. 公共关系学是依据信息理论,进行公关活动和公关决策

信息理论通常是指研究信息领域各种有关问题,如信息的产生、获取、传递、存储、处理、反馈和利用等理论和技术。当今社会是信息化社会,信息已成为人类社会赖以生存和发展的基础。因此,公共关系学只有吸收信息理论所揭示的一般原理和方法,建立公关信息模式和网络,才能充分地收集信息、传递信息、处理信息,从而制订出周密的公关战略,并有计划有步骤地实施公关传播方案,及时、准确地向社会公众提供组织信息,树立组织信誉,塑造组织形

象。从这个意义上说,信息理论是公共关系学研究的一个极为重要的理论基础。

4.公共关系学是以人际关系学的原理处理组织与公众关系

人际关系学是研究人际关系产生、发展、调整、改善及如何发挥作用的规律性的学问。人际关系存在于整个社会活动过程中,是社会关系的具体体现。其特点是以个人为支点,研究个人与个人之间的线性关系。而公共关系则以组织机构为支点,研究组织机构与公众之间的网状关系。但是,就组织公关机构本身而言,它不具备交往能力,则是通过组织公关人员与公众进行交往的。这种交往就形成了组织与公众之间的关系。它是一种特殊形式的人际关系。因此,公共关系学只有善于运用人际关系所揭示的原理、方法和技巧,沟通与组织内外公众之间感情、信息、意见的交流,正确处理与组织内外公众之间的关系,才有利于消除组织与公众关系中的障碍,取得内外公众的支持与合作,建立紧密型的公关网络,创造"天时、地利、人和"于一体的良好社会环境。

5.公共关系学是以广告学原理开展"企业广告"宣传活动

广告学是一门研究广告起源、广告特征、广告制作、广告效果测定及如何选择广告媒介向社会传递信息的学问。在商品经济发达的现代社会,广告已成为工商企业与公众之间传递信息的重要工具,成为扩大商品销售和扩大服务范围的一种宣传方式。因此,公共关系需要广告作为自己的传播工具,做组织公关广告宣传。公关广告宣传不同于一般广告宣传。它既注重树立产品形象,更注重树立组织形象,提高组织信誉和知名度,并收集公众对公关效果的反应。组织如何才能做好公关广告宣传呢?这是一个复杂的问题,必须借助于广告学所阐明的原理,从公共关系工作的全局出发,来制订公关广告战略,确定公关广告的内容和对象,选择理想的广告传播媒介,以便做好公关广告宣传工作,树立组织信誉和提高组织知名度。

6.公共关系学与管理经济学也存在着极为密切的联系

管理经济学是研究经营管理者对生产经营活动进行计划、组织、指挥、控制和调节及其发展规律性的社会学科。它是任何经济活动以及解决经营管理决策问题所必须遵循的一种管理思想。公共关系作为一种独特的管理职能,是整体企业经营管理的一个重要环节,也必须在管理经济学理论指导下,研究和确定企业公关目标和程序,筹划公关策略,选择公关方案,付诸执行,并采取一定的调节控制措施,协助企业管理者处理好各种公众关系,为企业生存和发展创造良好的社会环境。这样就使管理从内部扩展到外部,调动各方面的积极性,以产生新的生产力,促进企业生产经营的发展。从这个意义上说,管理经济学与公共关系学存在着极为密切的关系,是公共关系学的一个重要理论基础。

7.公共关系学也离不开社会心理学

公共关系是一种双向性的信息和感情的交往过程。由于公关信息传播者和受众的地位、感情、生活经验、思维方式的不同,它易受双方心理特质的影响。因此,社会心理学所阐明的关于社会互动理论,以及人和人群行为与心理机制的理论,都是公共关系学感兴趣的课题。

综上所述,公共关系学与传播学、信息学、人际关系学、广告学、管理经济学、社会心理学有着密切的"血缘关系",又有区别,是一门独立的边缘性的管理学科。

### 二、公共关系的类型

公共关系按照一定标志可分为若干类型。公共关系作为一种独特的管理职能,已广泛地渗透到现代社会的各个领域。因此,按照公关主体的功能和作用不同,可将公共关系划分为企业公共关系、政府公共关系、事业单位公共关系和社会团体公共关系四大类型。

1. 企业公共关系

企业,是指社会再生产过程中,自主经营、自负盈亏、独立核算的法人实体。它是国民经济的细胞,是社会化生产的一种经济组织形式。按照企业在社会再生产过程中的基本职能划分,可分为生产企业、流通企业、劳务企业、服务企业、金融企业等。在社会主义市场经济条件下,企业作为一个独立的商品生产经营者,必须以收抵支,才能生存和发展。否则,资不抵债就会破产,为社会所淘汰,从这个意义上说,企业的经营目的在于实现商品价值,获得盈利。为此,企业要在市场竞争中,不失时机地树立产品形象和企业形象,主动出击,不断开拓进取,提高产品和企业知名度,这是企业生存和发展的必由之路。企业公共关系就是通过有计划、持久的努力,运用一定的传播方式,增进与公众之间的交往、理解与合作,树立企业信誉、塑造企业形象,为企业生存和发展创造良好的社会环境,以获得更多利益的一种独特的管理职能。它是以盈利为目的的公共关系,是公关类型中最重要的一种公共关系。

2. 政府公共关系

政府,是泛指具有独立经费,行使国家职能的各类国家机关的总称。按其在国家组织体系中的地位和作用不同,可分为权力机关、行政机关、审判机关、检察机关等。政府属于上层建筑,是为经济基础和促进经济发展服务的。它的基本职能是统筹规划、掌握政策、信息引导、组织协调、提供服务和检查监督。它的宗旨是全心全意为人民谋利益。为此,它需要同社会公众保持密切联系,增强政务的公开性和透明度,树立廉洁、高效、公正的形象,这无疑要依赖公共关系。政府公共关系就是以全心全意为人民服务为宗旨,通过一定媒介,与公众相沟通,使政务获得各界的理解、支持与合作,协调彼此之间关系,树立政府信誉,塑造政府形象,为政务工作开辟良好的社会环境,以发挥政权最佳职能的一种特定职能。

3. 事业单位公共关系

事业单位,是指依靠国家预算或者其他组织提供资金,从事非营利性活动的社会组织。按其职能和作用不同,可分为学校、科研单位、医院、体育机构等。这类社会组织活动的主要目的是发展社会公益事业和为社会生产力服务。在社会主义市场经济条件下,市场机制已被引进其活动之中,形象和信誉的好坏,与其生存和发展息息相关。事业单位公共关系,是通过一定媒介,向公众提供和传递有关该组织的信息,使公众了解、认识与合作,提高组织知名度,为其生存和发展创造最佳环境的一种管理职能。

4. 社会团体公共关系

社会团体,是指由具有共同目的及共同意识的社会成员组成的非营利性的社会群体。按其性质和特点不同,可分为群众团体、职业团体、学术研究团体、宗教团体和其他符合法律规定所组成的团体。社会团体公共关系,是通过一定媒介,向社会公众阐明自己的主张、宗旨、要求和作用,以便树立自己的鲜明形象,扩大团体的社会影响或争取公众支持的一种独特的职能活动。

### 三、公共关系学的研究对象

建立任何一门学科,都必须首先明确自己特定的研究对象。特定的研究对象决定某一学科的研究方向和内容。公共关系学是研究组织在传播活动过程中产生的公共关系及其发展规律的科学。在开放性的社会体系中,企业生产经营活动会与国家发生利税关系,与银行发生金融关系,与供应者购买者发生供求关系,与联营者发生合作关系,与竞争者发生竞争关系,与报纸、电台、电视台发生媒介关系,与其他部门发生法律关系,以及与内部职工发生雇佣关系。对这些复杂关系的决策和处理,就构成了企业管理的基本内容。公共关系学不同于一般管理学,它是以组织为支点,把企业生产经营作为一个整体,研究企业公关工作在双向传播活动过程中与公众之间发生的网状关系,寻求正确处理公共关系的方法,揭示公共关系活动的一般规律,指导公共关系实践活动,为树立组织信誉和塑造组织形象服务,为组织建立良好的生存和发展的社会环境服务。

公共关系学在我国作为一门新兴的边缘性的管理科学,是在20世纪80年代中期,借鉴西方公共关系理论及总结我国公共关系实践经验基础上创立起来的。目前,有许多理论问题和实践问题需要进一步研究和探索。因此,确立公共关系学的研究内容和领域,应从我国公共关系的现状和公关学科建设的实际出发。

1. 研究公共关系发展的历史、现状及其规律性

尽管公共关系的思想萌芽和朦胧状态的公关行为在人类生活中已有几千年的历史,但是有计划、有组织的公共关系活动,则是近代社会发展的产物。公共关系是在什么样的社会历史条件下产生和兴起的,其发展有何规律性,目前公共关系为什么会在我国兴起并呈现出良好的发展势头,公共关系学又是怎样在公关实践中诞生的,如何建立具有中国特色的企业公共关系学,这是公共关系学必须研究的重大课题。

2. 研究公共关系的职能

企业的生存和发展,不仅取决于技术和经济的平衡与协调,而且取决于企业与社会环境的协调与平衡。企业与社会环境的协调与平衡,有赖于公共关系工作。公共关系是协调企业与社会关系的一个工具。在企业经营管理活动中,它的职能是什么,有何特点,各项职能之间是怎样互相联系、互相配合、形成公关管理职能体系的,公关职能与公关工作是什么关系,这是做好企业公关工作,完善企业管理功能,建立新型企业管理制度的一个十分重要的课题。

3. 研究公共关系工作的程序

任何工作都有它内在的规律和发展程序。公共关系工作是在动态中进行的一项独特的管理活动。如果没有程序,公关工作就会忙而无头绪;如果程序混乱,必然会给公关工作带来麻烦和损失,影响公关职能的发挥。因此,公共关系学从公关活动的实际出发,探索公关工作的具体工作过程和程序,无疑对做好公关工作具有重要的指导意义。

4. 研究公共关系的基本原则

公共关系的性质在不同的社会制度下,具有不同的社会属性。我国是一个社会主义国家,公共关系活动,一方面不能违背公共关系的基本原理,另一方面又要保证不能偏离党的基

本路线和社会主义制度。因此,公共关系学要在四项基本原则指导下,阐明社会主义企业公共关系活动应遵循的指导思想、基本要求和行动准则,保证公关活动不偏离社会主义方向。

5. 阐明公共关系的对象

公共关系的对象是公众。公众是一个比较宽广的概念,不同的组织有不同的公众对象,公关工作,只有明确自己的公众,才能做到有的放矢,把握各种公众的脉络,处理好组织与公众之间的关系。这是开展公关工作的前提,也是公共关系学必须研究的重大课题。

6. 研究如何协调组织内外公众关系

组织在生产经营活动中,会与组织内外公众形成错综复杂的关系。协调和平衡组织与内外公众之间的关系,是组织生存和发展的基础。因此,如何协调组织内部与外部的各种关系,扫除相互关系中的障碍,增加组织内聚力和向外发展的能力,实现企业生产经营目标,也是公共关系学研究的重要内容之一。

7. 研究公共关系的传播方式和媒介

当今社会是一个开放性和信息化的社会,企业要与社会各界相互沟通和互相了解,必须依赖一定的传播手段和运用一定的传播工具才能实现。为此,要求企业公关人员必须了解各种传播方式和传播工具的特点,并能熟练地运用各种传播方式、工具和技巧,这是能否做好公关宣传工作的一个关键性因素。所以,公共关系学只有研究企业公关传播理论、媒介及其规律性,才能为企业公关传播活动及如何选择媒介提供科学的原则和方法,保证企业公关宣传活动的有效传播。

8. 研究公共关系工作的实务与技巧

任何一个组织的公关目标,都是通过组织公关实务来实现的。公关实务通常是指组织公关的各种日常业务。做好组织公关日常业务,公关人员不仅要精通公关理论,而且要掌握并能熟练地运用各种公关技巧,灵活而巧妙地开展公关工作,同社会各界保持密切关系。因此,公关实务和技巧问题,也是公共关系学必须深入研究的课题。

9. 研究公共关系的机构设置及其运行规律

组织公关机构是现代公关的主体。组织公关机构如何设置,如何运转,将直接关系到公关活动过程和结果。因此,研究组织公关机构的类型、内部结构、具体分工、职权范围、彼此之间关系及运行规律,也是公共关系学研究的重要内容。

10. 研究公关人员的素质

公关活动的任何过程和每一个环节都离不开人的因素。由于公关工作涉及政治、经济、文化、道德等多方面因素,所以,它要求企业公关人员应具有科学的调查能力,适应环境的应变能力,敏锐的思维能力,深入的洞察能力,较强的文字能力和组织能力。公关人员如何达到上述各种能力要求,也是公共关系学必须研究的重要领域。

总之,公共关系学的研究内容非常广泛,而且相当复杂。它要求我们必须在马列主义、毛泽东思想、邓小平理论、“三个代表”重要思想和科学发展观指导下,紧密结合我国社会主义市场经济建设实际,结合改革、开放、搞活的实际,研究整个公共关系运动过程中的现象之间的必然联系,从中认识和揭示现代公关的一般规律和方法,建立起具有中国特色的公共关系学的理论体系,指导公关的实践活动,提高公关效能,为社会主义物质文明、精神文明、政治文明和生态文明建设服务。

职场案例与实践

日本东京一家贸易公司有一位秘书小姐专门负责为客商购买车票。客商中有一位德国人，是一家大公司的商务经理，经常请她购买来往于东京和大阪之间的火车票。不久，这位经理发现：每次去大阪时，座位总在右窗口，返回东京时，又总在左窗边。这位经理问小姐什么缘故，秘书小姐笑着回答："车去大阪时，富士山在您的右边；返回东京时，山又到了您的左边。我想，外国人都喜欢日本富士山的壮丽景色，所以我替您买了不同位置的车票。"德国人听了大受感动，他想："对这么微不足道的小事，这家公司的职员都能想得这么周到，那么，跟他们做生意还有什么不放心的呢？"于是，他决定把同这家日本公司的贸易额由原来的400万马克提高到1200万马克。

**案例思考：**

1. 这位秘书小姐的行为是公关行为吗？
2. 请你用一句简明的话给公共关系下一定义。

## 【思考与讨论题】··················

1. 怎样理解公共关系的内涵？
2. 公共关系与庸俗关系有何区别？
3. 公共关系与广告有何不同？
4. 公共关系学有何基本特征？

# 第二章 公共关系的产生和发展

【引子】春秋时期,郑国人喜欢聚集在乡间的学校里,七嘴八舌地议论国家主政的官员。大夫然明便对丞相子产说:"下道命令,不让他们聚集议论,以免是非,可不可以呢?"子产说道:"为什么要这样做? 那些人早晚聚集在一起休息、谈笑,当然要议论我们把国家治理得好坏。他们肯定的,我就努力去做;他们讨厌的,我就马上改正。他们是我们的老师啊! 为什么要打击他们呢? 我只听说忠诚为善可以减少怨恨,没有听说以势作威就能防止怨恨。如果作威防怨而不能止住怨恨,怨恨就会像大河决口,就无法救治了。所以,不如开个小决口,让人们的怨恨有发泄渠道,我就从容地听从并改正了。"然明被子产的话折服了。弱小的郑国在子产的英明治理下,出现了政通景明的气象。

## 第一节 公共关系的产生

公共关系作为一种独特的管理职能,于 20 世纪初起源于美国,50 年代之后得到了迅猛的发展,产生了世界范围的影响,成为推动各项事业发展的重要手段。它是在人类社会发展到一定历史阶段上产生的,是社会化大生产、商品经济和科学技术高度发展的产物。但是,在人类历史发展的长河中,公共关系的思想萌芽和朦胧状态的公共关系行为,可追溯到几千年以前。

### 一、我国古代的朴素公共关系思想

早在远古时代,人类为了生存和发展,以各种群体为单位进行劳动与生活。群体之间、个人之间及个人同群体之间,产生分工、联系和交往,彼此结成各种形式的依存关系。这种依存关系的形成和为之进行的交往联络活动,即属于古代朴素的原始形态的公共关系。

在中国历史上,这种古朴的公共关系在政治、军事与商务活动中均有体现。春秋战国时,诸子百家从各自学派立场出发,就如何处理人文关系进行了论述。其中最为系统、成熟的认识,当首推以孔丘、孟轲为代表的儒家。孔子提出的"仁者,人也",认为"仁"是人际交往的最高道德原则。孔子还主张"己所不欲,勿施于人""己欲立而立人,己欲达而达人"的"忠恕"之道,并强调人与人之间的友情与信谊,认为"人无信不立""人而无信,不知其可也"。孟子对"君臣关系"有专门的论述,他提出"君轻民重"的观点,表明了他对民众的重视,孟子还认为"君之视臣如手足,则臣视君如心腹;君之视臣如犬马,则臣视君如国人;君之视臣如土芥,则臣视君如寇仇"。孟子对舆论传播也很注重,认为"仁言不如仁声之入人心也,善政不如善教之得民心也"。其他如老子提倡"鸡犬之声相闻,老死不相往来"的小国寡民思想;墨子主张"兼爱""非攻"的与人为善的交往原则;兵家认为"攻城为下,攻心为上",推崇"不战而胜",不迷信暴力等,都是对社会内部客观存在的各种公共关系提出的看法,只不过比较零碎、片面而已。另外,我国古典名著《三国演义》中蕴藏着极为丰富的古代公关哲理,刘备三顾茅庐及诸葛亮辅佐刘备治国兴邦的谋略和做法,同当今公共关系所讲的形象、信义、人和、咨询、参谋、善于处理矛盾和争取朋友等公共关系工作所追求的目标和采用的原则、方法和技巧有许多相似之处。

经过多年历史长河的冲刷、荡涤,我国古代关于人际关系的思想精华已融入优秀的历史传统之中,成为中华民族文化的深层内核积淀。由于以孔孟为代表的儒家在人文关系认识及处理上更为深刻、成熟,故社会机制的选择作用使之成为中国历史上的主流学派,在客观上形成了富有中国民族特色的以"和"为中心的人文关系处理观念体系,诸如"和为贵""一团和气"等观念。但是,中国古人对于人文关系处理的认识相对局限于观念理性上,尽管在意识层次上较发达、完备,但在具体操作层次上却缺乏规范化的技术和方法。

### 二、公共关系理论的形成和发展

尽管现代意义上的公共关系形成于 20 世纪初,但它的思想萌芽和朦胧状态的公共关系活动很早就问世了,就其形成和发展来说,大体可分为五个时期:

#### (一)古代时期

公共关系作为企业与公众、政府与公众、政府与社会组织之间进行信息传递的一种职能,可追溯到远古时期。

人类为了生存和发展,在生产过程中必然会结成一定的生产关系。任何人都不可能离群索居,去过鲁滨孙式的漂流生活。人和人之间总是或多或少的有各种交往。欧洲封建社会的中世纪庄园是一种典型的封闭型经济,庄园里面基本上自给自足,与外界甚少联系。然而,人们还是会在重大喜庆日子聚会、交往。通过交往,人们相互交流生产经验、交流思想、交流文化。考古学家曾在伊拉克发现了公元前 1800 年的农业公告,向农民宣传如何播种、如何灌溉、如何对付鼠害等。这类似我们现在的宣传资料。古埃及、波斯帝国、古希腊等国,统治阶级已懂得通过制造有利于己的舆论,巩固其政权。亚里士多德在《修辞学》一书中,就研究如何运用语言来影响听众的思想和行为,这被西方公共关系学者认为是最早问世的公共关系学理论书籍。

中国古代也不乏类似公共关系活动的例子。《三国演义》中记述了刘备率关羽、张飞三顾茅庐,感动了诸葛亮,诸葛亮出山为刘备复兴汉室鞠躬尽瘁的故事。同时,还记述了诸葛亮七擒七纵孟获,使孟获终于归顺汉室,巩固了蜀汉后方的故事。刘备、诸葛亮等人这种善于处理矛盾、争取朋友、广结人缘以促进事业成功的做法,可以说是公共关系应用的典范,至今被人们传为美谈,连日本、美国不少商业家都在研究《三国演义》,企图从精深的军事韬略中领悟企业经营,特别是在激烈竞争中取胜的窍门。

总之,以上的各种思想与行为,都只是类似公共关系的思想与活动,是公共关系的客观状态。

**（二）巴纳姆时期**

有人打过这样一个比喻，如果说公共关系源自 19 世纪中叶美国的报刊宣传活动，那么就好像说爵士音乐起始于拉格泰姆音乐（Ragtime，一种源于美国黑人乐队的早期爵士音乐）。虽然爵士音乐的许多因素已出现在拉格泰姆音乐中，但拉格泰姆音乐并不等于爵士音乐。同样道理，公共关系的许多做法已出现在 19 世纪中叶的报刊宣传活动中，但两者是不能画等号的。

有必要先对"报刊宣传活动"一词做些解释。此语译自英文 pressagentry，在公共关系学中是个特殊的用语，指的是某公司、某组织所雇用的人员为了本公司、本组织的利益在报刊上进行宣传的活动。

19 世纪 30 年代，美国由《纽约太阳报》领头，掀起了一场便士报运动（即一便士可买一份报纸）。这在美国报业史上是一个具有里程碑意义的时期，美国以大众为读者对象的、通俗化的报纸就是在这个时期诞生的。便士报运动也给了那些急欲宣传自己、为自己制造神话的公司、组织以可乘之机。由于便士报售价低廉，一般的劳动大众都买得起，因此报纸发行量大增，随即广告费也迅速上涨，有些公司、组织为了省下广告费，便雇用专门的人员来制造煽情性新闻，制造关于自己的神话，以此来扩大影响。报纸为了迎合下层读者的阅读心理，也乐于接受发表，这样两相配合，就出现了一种现象——报刊宣传活动。

各种组织雇用的宣传员的任务主要是编造离奇故事，以引起公众的好奇和对自己的注意。当时最有代表性的报刊宣传员就是巴纳姆。巴纳姆是因宣传、推动马戏演出事业而闻名于世的。他曾经制造过这样一个"神话"：当时有一名叫海斯的黑人女奴，她在 100 年前曾养育过美国第一任总统乔治·华盛顿。报纸发表这一"消息"后，立即引起轰动。巴纳姆顺势以不同的笔名向报纸寄去"读者来信"，人为地引起了一场讨论。有的信说，巴纳姆的故事是个骗局；有的信说，巴纳姆发现了海斯，是一大功劳。巴纳姆说，只要报纸没有把他的名字拼错，随便怎么说他都无妨。他的信条是"凡宣传皆是好事"。海斯死后，对她的尸体做了解剖。解剖的结果表明，海斯不过 80 岁左右，并非巴纳姆所说已届 160 岁了。对此，巴纳姆厚颜无耻地说："深感震惊！"他还说他本人也"受了骗"。当然巴纳姆没有受骗，他是这场骗局的策划者。对巴纳姆来说，他达到了自己的真正目的：每周可从那些希望一睹海斯风采的纽约人那里获得 150 美元的收入。用现在的眼光看，那时的报刊宣传活动是一种很不光彩的活动。有人说，美国 19 世纪中叶风行的报刊宣传活动时期是"公众受愚弄"的时期，这是符合实际情况的。

巴纳姆时期的一个特点是，公众的利益全然不予考虑。美国铁路大王范德比尔特谩骂公众的故事典型地反映了这一态度。据说，有一次一位记者去采访范德比尔特，问他为什么要取消纽约至芝加哥的一班火车，范说赚不了钱，但记者说，公众认为很有用，这时范叫了起来："让公众见鬼去吧！"

巴纳姆时期的另一个特点是，几乎所有的宣传员都以获得免费的报纸版面为满足，他们的做法就是不择手段地为自己制造神话，这使整个巴纳姆时期在公共关系的历史上成了一个不太光彩的时期。

### (三)艾维·李时期

19 世纪末,美国已进入垄断资本主义时期,当时 1/8 的人口占据了 7/8 的财富,或者说 10% 的人口占据了近 90% 的财富。大财团还控制了政府,肆无忌惮地搜刮民脂民膏,阶级矛盾日益激化。于是,美国新闻界掀起了一场所谓揭丑运动,矛头纷纷指向不法资本家和政府的腐败行为。在这种形势下,昔日的巴纳姆式的报刊宣传已无法为公司、各种组织制造良好的声誉。这时,以艾维·李(Ivy Lee,1877—1934)为代表的新时期开始了。

艾维·李关于宣传的思想很简单,就是"说真话"。他认为,一家公司、一个组织要获得好的声誉,就必须把真情告诉公众;如果真情的披露对公司、对组织不利,那么就应该调整公司或组织的行为。

1903 年,他创办了第一家公共关系顾问公司——宣传顾问事务所,向客户提供服务并收取费用,被誉为"公共关系之父"。公共关系作为一种职业,由此发端。该事务所一开张,就生意兴隆,顾客盈门。美国电话电报公司、烟煤公司、铁路公司,以至于纽约市长奈恩·洛都是他的早期客户。

洛克菲勒财团曾在揭丑运动中,声誉受到很大影响。艾维·李为洛克菲勒提出的建议是,改变对公众保持沉默的做法,如实地向公众报告他们的各项改革和行动(如向慈善机构捐款),洛克菲勒照办,逐渐改变了公众的看法,重新塑造了形象。

杜邦公司是搞炸药起家的。生产炸药,就难免会有爆炸事件。但杜邦公司对这些事严格保密,禁绝新闻记者报道。结果,公众中谣言越来越多,以至于社会上形成一个可怕的印象:杜邦——杀人。杜邦为此深感苦恼。他的一位报界朋友建议他实行"门户开放",遇事干脆把真相告诉大家,这才是制止谣言的最好办法。杜邦改变了原来的做法,不仅重大事故公开宣传,而且还设计了一个口号"化学工业能使你生活更美好",平时也加强宣传,以矫正过去的坏形象。

后来,艾维·李向新闻界发表了具有里程碑性质的著名《原则宣言》。他说,他的工作是公开进行的,"是代表企业单位及公众组织,对与公众有影响且为公众乐闻的课题,向报界和公众提供迅速而准确的消息"。这就是公开管理原则。他和巴纳姆愚弄公众的做法正好相反,认为"公众必须被告知",极力主张"说真话。"

艾维·李的咨询工作仍然存在着很大的局限。比如,他从未进行过对公众舆论的科学调查,而是凭经验、凭直感进行工作。因此,有人说艾维·李的工作有艺术,无科学。

艾维·李于 1934 年去世。死前他曾受过美国众议院反美活动调查委员会的审查,因为 20 世纪 30 年代初他曾给纳粹德国的一家公司提供过咨询。当时报上曾出现过"艾维·李是希特勒的报刊宣传员"这样的大字标题。一夜之间,艾维·李成了臭名昭著的人物。但尽管如此,艾维·李在美国的公共关系思想发展史上仍占据着重要的位置。

### (四)爱德华·伯尼斯时期

爱德华·伯尼斯的重大贡献在于使公共关系活动逐步理论化、科学化。他是著名奥地利心理学家弗洛伊德的外甥,其思想受到舅舅的影响。伯尼斯在 1923 年完成了《公众舆论的形成》之后,又于 1928 年写了《舆论》一书。1952 年,他又写了教科书《公共关系学》。伯尼斯对公共关系的原理和方法进行了较系统的研究,使之系统化、完整化,最终成为一门相对独立的新兴科学。

爱德华·伯尼斯认为,公共关系应该"投公众所好",也就是从公众需要来考虑工作。他还认为,在一定科学指导下的劝说活动有着巨大威力。第一次世界大战后的一个星期,威尔逊总统成立了一个"公共信息委员会",伯尼斯作为委员参加了工作。1913 年,他被福特通用汽车公司聘为公共关系部经理,在他的指导下,福特公司执行了一系列有关职工与社会服务、社会福利的计划。从而开创了企业承担社会责任的先河。伯尼斯在自己 60 年的公共关系生涯中,为公共关系的职业化、科学化及其水准的提高做出了贡献。

### (五)现代时期

20 世纪 50 年代以后,公共关系的实践和理论有了新的发展,从业人员开始与从事研究和教育的专家结合起来,从而形成了如某些研究人员所说的"双向对称"的公共关系模式。这一模式最早是柯特利普和森特在 1952 年出版的具有权威性的公共关系著作中提出来的。柯特利普和森特认为,公共关系就是一个组织为与公众建立良好关系而运用传播原理和方法。他们说,一方面要把组织的想法和信息向公众进行传播和解释,另一方面又要把公众的想法和信息向组织进行传播和解释,目的是使组织与公众结成一种和谐的关系。柯特利普和森特的书至今已经出了五版,这使他们成了公共关系研究领域中无可争议的权威人物。

应该看到,以 19 世纪 30 年代以后出现的报刊宣传活动为源头的公共关系打着明显的资本主义印记,以巴纳姆为代表的早期报刊宣传员的所作所为就连现代资本主义的社会规范也不能允许;艾维·李明显地是为垄断资产阶级服务的;伯尼斯尽管强调公众的兴趣和需求,但目的还是为了他所服务的各种组织的利益。20 世纪 50 年代以后,特别是 21 世纪初期,公共关系的面貌发生了许多变化,两个最显著的特点就是学科化和对职业道德的强调。但不管怎样,公共关系仍然与资本主义的经营、管理之道有密切的关系。正如对资本主义的管理方法进行改造后可以为我所用,公共关系同样可以通过去其糟粕,取其精华,为社会主义社会的各种组织服务。了解和研究公共关系的由来和目前的发展状况,将有助于我们的"引进"和"改造"工作。

至此,公共关系正式进入学科化阶段,一门充满时代特征、具有强大实用性的新兴学科以其崭新的身姿崛起于世界学科之林。

## 三、公共关系产生和发展的社会历史条件

任何一门学科或一种思想的诞生与萌发,都有深厚的社会根源。公共关系的产生与发展也是如此,其产生和发展,是一种历史的必然趋势,依据着一定的社会历史条件。

### (一)社会化大生产是公共关系产生和发展的基本前提

#### 1. 社会分工需要正确处理分工中的客观关系

古代自然经济中,为自己消费是生产的主要目的,自给自足也就成了古代自然经济的主要特征。一个农户生产粮食只供自己家庭消费,生产是完全封闭的,每一个家庭都可以宣称自己"万事求人",当然也就不存在公共关系。随着社会分工的出现,这种完全封闭的生产模式必然被打破。生产者专门生产某种产品,但其生产的产品却不能满足自己的需要,彼此都需要对方的产品作为生活资料或生产资料,这样就产生了相互交换产品的必要。人类社会

在经历了三次社会大分工后,生产社会化程度日益扩大,分工愈细、愈专业,但人与人之间却各自处于一个相对狭窄的领域,自然产生出一个客观的社会要求:既然不能万事不求人,就要努力处理、协调好这种客观的关系。

2. 商品经济加速了公共关系的产生与发展

人类社会化大生产的真正形成是在产业革命和机器大工业的产生之后。18 世纪 70 年代,人类科技史上的第一次科技革命(产业革命),使人类进入了"蒸汽时代",随着机器被大量投入生产和工厂制度的形成,生产社会化的程度空前提高,在生产资料的使用上,由个人使用变为大批人共同使用;生产过程,由一系列个人行为变为一系列的社会行为。就一个企业来说,生产过程必须由许多相互联系的部门连续进行生产活动;生产的产品,由个人产品变成了社会产品,即一个产品往往要经过多个企业,甚至多个部门的共同生产才能完成,并通过交换满足社会需要。这实际上就是商品经济社会进行社会化生产、社会化交换的特征。历史的经验表明,商人在商品交换过程中,总希望有一种商品交换以外的社会关系来保护和改善商品的交换关系,以形成一个相对稳定、和谐的社会发展环境,于是公共关系也就随之从一般的社会关系中"分离"出来。

正是由于社会分工与商品经济的发展,使得社会组织意识到必须正确处理它所面临的各种关系,这才有了社会组织用于处理相互关系的手段和方法,但这些手段和方法还要在不断的实践和总结中才能得到确认和发展。公共关系产生和发展的五个阶段就是最好的证明。

**(二)民主政治是公共关系产生和发展的必要条件**

公共关系的产生缘于社会的客观需要,而客观需要也并非是自然而然就能得以实现的。从上述对古代及近、现代公共关系特征的分析不难发现:古代公共关系中,公众是受控于社会组织的客体;近代公共关系中,公众只需要"被告之真情",而不存在自己的感受;现代公共关系中,社会组织不仅要向公众传播、解释组织的想法和信息,同时还要把公众的想法和信息向组织进行传播和解释。显然,公众的地位是逐渐上升的。公众地位的上升,充分说明了公共关系是和社会民主化进程相联系的。然而,社会民主化的首要问题是国家各级政府的民主化问题,进而带动整个社会的民主。大工业社会在以民主政治为核心的政治生活中,公民的民主意识日益提高,了解、参与政治生活的要求越来越强烈,对政治运作的影响力也就越来越大,从而促进了社会民主政治的发展。民主政治以纳税制、立宪制,变独裁为民主,变专制为共和,变世袭为民选,使公众地位不断上升。

历史事实表明:资产阶级革命的影响就是通过上述民主制度实现的。在纳税制中,纳税人有权了解政府的运作情况,政府有义务将政府的决策与运作情况定期向纳税人公布与报告,接受纳税人的监督,这些成为从经济上促使公共政治生活民主化的动因;在选举制中,民众不仅要精心挑选能真正代表自己意愿的代表去行政、执政,同时被选举者为了登上或保住"宝座",更要及时倾听民众的呼声,关心和解决民众所关心的问题,从而成为从政治上促使公共政治生活民主化的催化剂。

在这种民主政治的社会氛围中,政府机关、社会公共组织与其公众之间,既有服从,又有民主对话和监督,必然促进公共关系的产生。

**（三）传播技术的发展是公共关系产生和发展的重要条件**

公共关系中,社会组织和公众的关系是通过传播信息实现的。有传播,才有公共关系。传播技术的发展和进步,必然影响到公共关系的发展。人类传播的历史经历了语言传播、文字传播、印刷传播和电子传播四个阶段,现在正进入众多新媒体传播的崭新阶段。传播科技的每一次重大进步、每一项重要发明,都会促使社会组织与其公众间的相互了解和沟通更为深刻,彼此的关系更为和谐,尤其是进入电子传播阶段后,组织与其公众间瞬息相通,更增加了公共关系的实效性。

今天,世界已经进入信息时代,传播科技正发挥着前所未有的威力和魅力。我们不仅应看到传播技术的发展是公共关系产生和发展的重要条件,更应该在公共关系的实践中,尽可能运用最先进的传播技术,最大限度地发挥公共关系的作用。

# 第二节　当代公共关系的发展

## 一、现代公共关系在国外的发展

公共关系在美国现代经济发展过程中诞生,反过来又促进了美国经济的快速发展。第二次世界大战后,公共关系在更广泛的范围内被人们所承认和接受。1984 年,全美最高公共关系组织——美国公共关系协会成立,随后,各类型的公共关系公司(包括跨国公关公司)发展到 2000 多家。目前,美国近 90% 的企事业单位都有正规的公共关系部,每年的费用达数十亿美元,联邦政府就雇用了 12000 多人专门处理公共关系业务,每年经费也达 10 亿美元以上,各大学也普遍开设了公共关系课程,公共关系的专业化趋势已成为美国当今社会的特征之一。

世界范围内率先引进公共关系的是英国。1926 年,英国成立了第一家官方公共关系机构——皇家营销部,大力推进公共关系。其后,加拿大于 1947 年成立了公关协会。20 世纪四五十年代,公共关系迅速传到了经济比较发达的一些国家和地区,如德国、法国、日本、荷兰、比利时等。1955 年,国际公共关系协会在伦敦成立,标志着公共关系已在世界范围内得到了普遍承认和传播。之后,区域性的公共关系协会也相继出现,如 1959 年,欧洲公共关系联盟在比利时成立;1967 年,泛太平洋公共关系联盟在夏威夷檀香山成立;1980 年,北美公共关系委员会成立,表明公共关系已在世界范围内成为了一项真正的专门化职业,一门独立完整的新兴学科。

## 二、现代公共关系在中国的发展

中国公共关系事业的发展历程,大致可以分为以下三个阶段:

### （一）引进和开创时期（1980—1985 年）

早在 20 世纪 60 年代,中国台湾与香港地区,由于其政治、经济土壤的特殊性,较早接受了公共关系思想。1963 年,香港出现了第一家专业的公共关系公司——韦特公共关系公司;

1975 年,中国台湾的魏景蒙先生创办了第一家中国人自办的公共关系专业公司——联合国际公司;六七十年代,香港、台湾两地区的公共关系已进入了职业化阶段。

20 世纪 80 年代初,中国改革开放最早的深圳特区的一些外商独资或中外合资企业率先在公司运作过程中或大或小地参照了其海外母公司的经营管理模式,设立了公共关系部,招聘培养了一大批公共关系从业人员,开始了早期的公共关系业务。紧接着,在广州、汕头、佛山、北京等地的中外合资企业,公共关系部陆续出现,主要集中在宾馆、饭店等行业。他们参照合资企业国际规范化的管理,导入了公共关系的管理职能,并设立了相应的公共关系机构。例如,广州白天鹅宾馆、北京长城饭店为 20 世纪 80 年代早期中国公关的典范。于是大量的国有企业纷纷效仿,一时公共关系部如雨后春笋,蓬勃生长。中国早期的公关人员就是在这些或洋或中的公共关系部里开始出现的,一个崭新的职业群体浮出水面。1985 年 1 月,深圳大学开设公共关系专业。

随着我国改革开放的发展,我国引起了世界上大型公共关系公司的关注。国际公关界首先冲入中国市场的是当今世界第二大公共关系公司——希尔—诺顿(伟达)公关公司,1985年率先在北京设立了办事处。同年 8 月,世界上最大的公共关系公司博雅与中国新华社下属的中国新闻发展公司联手在北京成立了中国第一家公共关系公司——中国环球公共关系公司。这些公关公司带来的新思路、新的国际操作规范极大地促进了我国本地公关公司的产生和发展。

**(二)适应和发展时期**(1986—1993 年)

众多迹象表明,公关作为"拿来"的事业经过本土的消化吸收已有了良好发展势头,有效地促进了公关实践的职业化、公关研究的学科化。20 世纪 80 年代中期的中国,公关事业已蔚然成风。

1986 年 1 月,中国第一个公共关系机构——广东地区公共关系俱乐部成立。同年 6 月,第一家由官方组织的公关机构——上海市公共关系协会成立。1987 年 6 月,中国公共关系协会在北京成立,标志着公共关系在中国得到了正式确认和接受。随后,北京、天津、南京、武汉等地先后成立了省市一级的公共关系协会、学会、研究会和俱乐部等社团组织。1991 年 4 月,中国国际公共关系协会在北京成立。据中国国际公关协会 1999 年第一期《通讯》发布的公关调查,至今全国共有 100 多家公共关系协会或学会,全国性的协会 2 家,省级的协会 28 家,地市级的协会 70 家。这些学会在 20 世纪 80 年代中期积极发展会员,进行公共关系基本知识的培训与传播,为促进公共关系职业的规范化、完善公共关系的学科化做出了卓越的贡献。

1986 年 11 月,中国社会科学研究院新闻研究所编著出版了我国第一部公共关系学专著《公共关系学概论》,成为中国最早全面系统论述公共关系理论和实践的专著。1993 年 8 月,我国最大的一部公共关系巨著,550 万字的《中国公共关系大辞典》问世。随后,大量的公共关系译著、专著、教材、辞典纷纷问世。据不完全统计,截至 1994 年初,该类书籍已超过 300种。同时浙江省公共关系协会主办的《公共关系报》于 1988 年 1 月在杭州创刊,成为我国最早问世的公共关系专业报纸。1989 年 1 月,陕西省公共关系协会和中国公共关系专业委员会联办的《公共关系》杂志在西安问世。同年,《公共关系导报》在青岛创刊。1993 年,《公关世界》在石家庄创刊。到 1992 年,我国专业性的公关报已发展到了 29 种之多。

1987 年,国家教委正式把公共关系列入行政管理、企业管理、市场营销、广告学、新闻学等专业的必修课。1994 年,经国家教委批准,中山大学创办了我国第一个公共关系本科专业,同时在行政管理专业的硕士点招收公共关系研究方向的硕士研究生,标志着我国公共关系的学科化建设迈上了一个新的台阶。

随着我国公共关系教育和实践的迅速发展。一大批有识之士结合中国的政治、经济和文化的特点对中国公共关系进行了探索。1986 年 3 月,在广州和北京分别召开了"公共关系与现代化""公共关系和新闻工作"的研讨会。1988 年 5 月,在北京召开了由中国环球公共关系公司和博雅公共关系公司联办的首届国际公共关系专业研讨会。1989 年 12 月,在深圳召开了第一届全国高校公共关系教学研讨会,对公共关系理论的深化和完善,公共关系活动的专业化、职业化发展起到了促进作用。1993 年开始,中国公共关系协会每两年举行一届中国最佳公共关系案例大赛,每一届的获奖案例均汇集成册,由复旦大学出版社出版。这不仅表明了我国公共关系实践的繁荣,也有效地促进了公共关系从业人员不断提高项目策划和实际操作水平。

### (三)竞争和专业分工时期(1993 年至今)

从 1993 年开始,公共关系作为一种独特的管理职能被引入到各行各业的管理领域,形象管理的理念已广为人们所知,各行各业开始出现了公共关系职能部门,这些部门尽管名称各异,如公关宣传部、公关营销部、公关策划部、公关发展部等,但都是成立具有公共关系功能的机构,或在某些已有的机构中扩充了公关功能,人们开始重视运用公共关系的手段来加强对组织的公众关系和公众舆论的管理。

20 世纪 80 年代中期到 90 年代初,名目繁多的公关公司风起云涌,但由于缺乏实力,或由于自身人才的匮乏或缘于公关市场的不成熟、运作规则的不规范,许多注册公司在 90 年代上半期纷纷倒闭或转业另谋出路,而生存下来的一些中资公关公司,则渐渐开始向专业化、市场化、职业化发展。据中国国际公关协会 2000 年行业调查显示:在这种专业化、市场化、职业化发展背景下,本地公关公司持续高速增长,平均年增长率超过 30%。像蓝色光标、迪思、海天网联等公司经营业绩突出,年营业额达到或超过 4000 万元人民币。

总之,公共关系作为一门管理科学和艺术,从国外引进,并得以迅猛发展,最后走向健康稳步发展的轨道,缘于改革开放。公共关系这门科学是我国计划经济向社会主义市场经济过渡的需要,符合客观经济发展的需要,也充分体现了外来现代文化与我国优秀历史文化的有机结合。

## 第三节　公共关系的发展趋势

随着我国改革开放和市场经济的深入发展,公共关系的重要作用将更为人们所熟知和重视,21 世纪必将是中国公关事业理论与实践双丰收的黄金时期,中国公共关系活动将呈现出如下趋势。

## 一、职业化程度日益提高

公关公司作为第三产业中的新兴部门,其工作方式与律师事务所、广告公司等很相近,都是依靠自己的良好信誉吸引客户,运用自己的专业知识和技术为客户服务,收取相应的费用来维持公司的正常运作。因此,组织内部公关部的设立和专业性公关公司的出现就已经标志着公关的职业化。我国目前的情况是,从事公关事业的机构已遍及全国,从业人员达10万以上,但从业人员的职业身份一直未得到正式确认。国家劳动和社会保障部为适应上述形势发展的需要,于1997年11月正式将公共关系职业列入需持证上岗的90种职业之一,并推行公共关系职业资格国家统一认证制度。这标志着我国的公共关系开始真正走上了职业化和行业化的道路,真正意义上的职业公关人员将不断涌现。

## 二、全球化趋势日益增强

中国国际公关协会自1991年成立以来,本着"让世界了解中国、让中国走向世界"的宗旨,致力于加强中国公关界与国际公关界的联系和交流。每两年一届的中国国际公共关系交流会,均取得了巨大的成就,尤其在接受世界性公关业务的咨询、委托方面,渠道更为畅通。这就为国内公关界认识和了解国际公关市场,为国内企业提供国际公关服务,培养和输送国际公关人才创造了特定的氛围和环境,也为国际社会了解中国公关业市场发展的潜力提供了机会。

继美国的伟达、博雅挺进中国市场后,又有相当一批出于自身战略发展考虑的公关公司,像美国爱德曼、英国宣伟等纷纷进入中国公关市场。他们通过举办公关研讨会、研修班、新闻发布会等形式,对媒介、企业、政府和社会公众进行公关专业知识的教育,拓展中国市场。同时通过自身的实践,引进了公关最先进的国际职业操作规范和标准,特别是一些先进技术手段的广泛运用,向中国客户展现了极高的专业服务和水准,极大地推进了中国公关市场的形成,并对中国公关市场的专业化、职业化、国际化起到了积极的影响和作用。

公关公司的国际化和国内公关业务的国际化必将促进公关市场的国际化,尤其是随着互联网的发展,公共关系必将实现全球化。

## 三、实施主体多元化

随着中外公关市场的逐步接轨,市场运作规则将更加健全和规范,公关实务从内容到形式都必将得到极大丰富。从过去的企业公关、政府公关,发展到各行各业,如时尚公关、环境公关、艺术公关等主体越来越多元化。

## 四、技术手段日益现代化

互联网凭借其先进的优势已成为主要的交流工具,给公共关系带来了更多方面的交流,包括电子邮件,组织形象介绍的网址、主页,网上新闻发布,网上展览等,使得信息传播已实现了更深层次的双向互动。随着高科技的发展、人类传播史上的革命还将继续。我们坚信,未来的公关手段将是一种更加数字化的手段,公共关系会在高科技的服务支撑下,实现真正意义上的人际互动。

## 五、实务运作整合化

公共关系要在组织中发挥作用,就必须与组织的其他管理功能互相配合。如今,在国际公关业内正在进行着这样的探讨:如何将公共关系与市场营销的功能进行整合,形成"整合营销传播"或"整合品牌传播",对这一新概念始终存在着不同的看法。支持整合营销传播的"整合学派"认为整合营销传播的出现,将公共关系纳入营销体系是一项重大突破;支持品牌传播的"公关学派"则担心公共关系由此沦为营销工具,认为社会组织同时需要市场营销和公共关系,应该帮助组织中的其他功能部门与受组织影响的公众进行交流。

无论怎样,在当今信息爆炸、媒体泛滥、商品趋于同质化和消费营销多元化的社会环境中,整合营销传播毕竟为企业提供了一种全新有效的宣传传播概念和策略,它无疑具有某种特殊的作用。

---

**职场案例与实践**

### 伯内斯公关技巧

伯内斯一生策划了无数公关实践活动,其中最突出的是"灯光佳节"活动。

1929年10月21日,爱迪生的家乡威肯斯庄园里,明亮的灯光把漂亮的葡萄架照得分外美丽,这里正在举行庆祝爱迪生发明灯泡15周年的"灯光佳节"活动。在人群中,人们注意到,当时的美国总统胡佛以及其他的一些政界人物、社会名流都在其中。

晚上9:30,庆祝活动达到了高潮,所有的灯光突然熄灭,露天里人们在漆黑的夜空下见到的是微弱暗淡的星光。为了纪念爱迪生,全世界的许多公用事业公司都在这一刻同时切断了自己的全部电源,为时一分钟。在这一分钟里,淹没在黑暗中的人们真切地感受到伟大的发明家爱迪生给大家带来的福祉。

"灯光佳节"纪念活动举办得如此成功,以至于美国邮政总局专门为此发行了一枚两美分的纪念邮票。1984年,电视台的节目主持人就公共关系的起源问题采访伯内斯时说:"您使托马斯·爱迪生、亨特·福特、赫伯特·胡佛以及众多的美国人做了许多您让他们做的事,您使全世界在同一时刻灯光齐暗。这不是影响,这是力量。"

伯内斯说:"不过,我从未把它视为力量,我也从未把它当做力量来对待。人们不过是愿意到他们需要被引到的地方去罢了。"

**案例思考:**

1. "灯光佳节"纪念活动被人们盛赞为"和平时期里美国所举行的最盛大的活动",试从公共关系的角度加以分析。

2. 伯内斯为什么说:"我从未把它视为力量,我也从未把它当做力量来对待。人们不过是愿意到他需要被引到的地方去罢了。"

## 【思考与讨论题】·················

1. 在古代是否已有公共关系？
2. 在中国古代为什么只有类似于现代公共关系的准公共关系？
3. 简述艾维·李与爱德华·伯尼斯对现代公共关系的贡献。
4. 试述现代公共关系产生的社会历史条件？
5. 结合实际，说明应如何发展具有中国特色的公共关系学？
6. 到当地工商行政管理局去调查一下，申办一个公共关系公司需要哪些手续？
7. 假设你是一家公共关系公司的经理，你应该从哪些方面来开展工作？

# 第三章 公共关系的职能与原则

【引子】博雅公关创始人兼董事长——夏博新认为,博雅和他毕生所从事的事业就是"通过科学的方式去管理别人的认知",换言之,他使企业和人们之间的沟通更加透明顺畅,彼此的认知更加清晰切实。他认为,公关人员需要担负四种基本职责。首先是企业的耳目。公关人员随时跟踪和了解市场及整个社会的现状和发展趋势,以便为企业的管理层提供建议;如有潜在问题,及时发现并提供预警。第二个职责是企业的良心。这并不是说公关部门或公关人员要比其他部门的人员遵循更高的道德标准,而是说他有这个义务。近年来企业的诚信危机事件层出,从美国的安然和世通到意大利的帕玛拉特,到中国的热点企业危机,更加说明了企业需要有这一角色。第三个职责是沟通者。沟通包括内部和外部的沟通。对外的沟通主要是向企业各利益相关方证明企业能够并努力在回应他们的需求;对内的沟通不仅仅是让员工知道发生了什么、他们要做什么,更是让他们了解"为什么"。第四个职责是企业的监督者。也就是公关人员应该帮助企业确保其政策和行为符合公众的期望。

公共关系以树立良好的组织形象为工作目标,围绕这一目标所开展的活动和工作便形成了它的职能范围。总体上说,公共关系的基本职能就是"内求团结,外求发展"。在完成这些职能时,要遵循一定的原则。了解公共关系的职能和原则,对公共关系活动正常而高效地开展十分重要。

## 第一节 公共关系的职能

公共关系的职能广泛而复杂,国内外的学者对此的看法和概括不尽相同,国内外公共关系职能部门对公共关系职能范围的理解也有很大差别。可以说,无论是在理论上还是在实践中,人们对公共关系的职能都还没有一个完全统一的认识和行为。一般认为,公共关系应当具有如下一些职能。

### 一、采集信息、监测环境

公共关系按其活动程序,一般是从信息的采集开始的。信息是公共关系最基本的范畴和最基本的因素之一,其种类是极其广泛的,即使是仅对社会组织有用的信息,其设计的内容也是繁多的。作为一个社会组织,采集信息的主要内容有组织形象信息、组织产品形象信息、组织运行状态及其发展趋势信息和组织环境信息。

**（一）组织形象信息**

公众对社会组织在运行中所显示的行为标准和精神面貌的反映就是组织形象信息。公共关系的工作目标是建立良好的社会组织形象。因此，了解社会组织在公众中的形象状况是公共关系活动的基本内容之一。组织形象信息的采集是公共关系活动过程中的重要环节。组织形象信息一般包括以下具体内容：

1. 公众对组织领导和机构的评价

领导机构是社会组织的指挥中心，对领导机构的评价往往在一定程度上反映了人们对整个组织形象的评价。例如，领导能力、创新意识、办事效率、用人眼光、威望与可信任度、组织机构的完善程度、组织制度设置的合理程度等。

2. 公众对组织管理水平的评价

由于组织管理水平直接影响到产品或服务的质量和社会组织的竞争能力，因而这类信息可以表明公众对组织形象的基本态度。例如，公众对组织经营决策水平、社会组织运行管理水平和社会组织重大事务管理运营水平的看法。

3. 公众对社会组织人员素质的评价

由于社会组织的运行必须由社会组织人员来具体作业，所以，对他们的评价就构成了社会对整个社会组织形象评价的一个方面。例如，公众对员工的工作能力、工作态度、技术水平，工作人员的思想素质、道德修养、文化水平等的看法。

应当注意的是，这里所说的"公众"，不仅包括外部公众，也包括组织内部公众。

**（二）组织产品形象信息**

这方面的信息是社会组织的产品和所提供的服务在公众心目中形成的看法，一般包括消费公众对产品（或服务）的价格、性能、质量、包装和用途等主要指标的反映，产品质量是否优良，市场发展前景如何，市场对本组织产品的规格、种类所提供服务的质量的要求以及改进意见。产品和服务是社会组织运行最重要的环节，也是组织与消费公众之间发生关系最根本的原因。产品形象与社会组织的生存命运直接相关，因此，公共关系必须优先采集这一方面的信息。

**（三）组织运行状态及其发展趋势信息**

这类信息包括内外两个方面：对内部来说，主要是指组织自身运行情况及其与组织制订的总目标之间的差距以及它可能发生变化的趋势；就外部而言，包括所有影响社会组织经济运行、发展趋势现在的和潜在的因素及状况。这类信息对于组织运行与调整运行机制极为重要，是社会组织形象重建的主要依据。因此，它也是公共关系工作必须优先采集的信息。

**（四）组织环境信息**

一个社会组织处于社会环境之中，要适应环境，就必须掌握环境的变化，否则就会被环境淘汰。组织环境信息包括资源环境信息、金融环境信息、政府环境信息和市场环境信息。

公共关系从业人员需要为社会组织监测社会变化与趋势，注意社会的政治、经济、文化、科技、军事等多方面的动态信息，分析其对组织的各种直接和间接影响，使组织的运行状态及其发展趋势与社会环境的变化保持动态平衡。公共关系部门采集信息、监测环境的职能具有宏观性和社会性，这是社会组织中其他部门所无法取代的职能。

### 二、分析信息、咨询建议

分析信息、咨询建议是公关人员运用科学方法,利用已占有的信息对公众和决策层需要解释的问题进行系统分析,并提出可供选择方案的活动。公共关系的分析信息、咨询建议是现代社会组织管理的必要组成部分,它对促进决策的科学化、民主化具有积极的作用,同时也对完善社会组织形象起到促进作用。分析信息的目的在于得出合理的咨询建议。咨询建议是公共关系工作的高层次环节,它主要包含以下五个方面的内容:

**(一)向社会组织提供知名度和信誉度方面的咨询**

这类咨询主要是指在收集到社会组织形象方面的信息后,公共关系部门对社会组织在公众心目中的形象和地位进行认真的、实事求是的分析,形成真实可靠的、全方位的组织形象评估,然后向领导提供咨询建议,改善和强化原有的社会组织形象,特别是在出现不利于社会组织自身形象的社会舆论时,更应当提出建设性意见。例如,建议决策层适当地通过公共关系活动的开展,转变社会舆论,引导社会公众,以塑造、维护和完善组织的信誉和形象。一个社会组织只有具备了知名度、信誉度这两个指标,才能获得社会公众的信任、理解和支持。

**(二)向组织提供产品(或服务)形象方面的咨询**

产品形象是组织形象的客观基础,只有产品被接受并受欢迎,组织存在的价值才能得到社会的认可。一种产品进入消费领域后,公众对其质量、性能、包装、操作等都会作出反应。公关人员通过各种渠道了解用户的不同意见和要求,进行综合分析,反映给组织有关部门,以便不断地改进和更新产品。

**(三)向组织提供社会公众需求心理方面的咨询和预测**

公众因环境、文化、年龄、职业、民族、观念等方面的不同,形成了对组织产品需求的差异性,从而构成公众不同的购买动机和购买意向。因此,社会组织中的公关人员必须了解公众的态度和意向,分析研究公众的消费心理,进而为决策部门制订有效的市场营销方案和市场营销策略提供帮助。公关人员还应该进行公众心理变化趋势的预测,及时向决策部门提供决策依据。

**(四)向组织提供组织发展的咨询和预测**

组织要发展,首先要听取内部员工的合理化建议和咨询专家学者的论证意见,要对政策、法规、政治、经济、文化等形势进行了解和分析,还要进一步对市场状况、竞争对手以及市场动态进行预测,掌握社会环境变化趋势,以便为组织制订发展计划提供信息咨询和预测建议。

**(五)向组织提供决策目标上的咨询与建议**

决策就是组织的领导者为了达到某种目的,从两个以上的可行性方案中选择一个最佳方案的过程。公共关系部门人员必须就有关社会组织的环境问题、公共关系问题向组织的决策层提供决策咨询和建议,表现在完善各种公共渠道,建立各种信息网络,广泛收集来自外界和内部的信息。并根据决策目标将各种信息整理、归类、分析、概括,最终向决策者提供各种准确的信息。同时也根据自己的判断,形成一些建议方案,供决策层和各类专门部门参考。

咨询建议总的来说,是公共关系工作人员有选择、有分析地向组织的领导层转送有关信息的过程,是向社会组织反馈信息的中间环节。因此,从根本上说,咨询建议仍是一种信息的传播活动。

### 三、公众立场、参与决策

决策是社会组织依据自身条件和外界环境,经过缜密考虑比较,作出决定的过程。由于社会组织的自身条件和外界环境都包含了公众因素,因此,在组织的决策过程中,公共关系部门参与决策是理所当然的,并且还发挥着相当重要的作用。

公共关系部门参与决策的具体表现主要包括以下三个方面:

#### (一)站在公众立场上发现决策问题

所谓决策问题就是社会组织面临的客观现状与多种选择目标之间的矛盾。一般来说,从各种不同的立场和角度去决策就有不同的结果,但站在公众立场上去寻找决策问题,往往能使问题表现得更加明显和直观,而且这种作用若从其他角度来观察决策问题是无法得到的。经营性社会组织的决策,都多多少少需要站在公众立场上去发现决策问题;非经营性社会组织的决策,凡涉及组织总目标的,也需要这样来寻找决策问题。但这并不是说不需要从其他立场和角度去寻找问题,而是说,从公众立场去寻找决策问题具有特殊的意义。

#### (二)使公众利益进入决策的视野

社会组织在决策过程中,如果没有事实上的约束就容易产生只顾自己而忽视公众的片面性倾向,这在目光短浅、急功近利的组织决策层中表现得更为突出。所以,在决策中,社会组织应当自觉建立相应的约束机制。约束机制来自两个方面:外部约束(如社会舆论)和内部约束。公共关系参与决策就是代表各种公众从组织内部对社会组织及其决策进行约束,其作用是独立的、不可取代的。

#### (三)在决策中确立公共关系目标

社会组织的决策要考虑组织各部门的任务和组织的总任务。公共关系参与的决策是社会组织的决策,包括两个新的内容:一是塑造社会组织良好形象;二是完成这一目标的一些具体措施。这样的决策方案才是真正完整的方案。否则,社会组织总目标与公共关系目标就容易脱节,公共关系职能部门的工作也不容易很好地同其他职能部门的工作相协调,社会组织的运行就容易发生混乱。

公共关系部门参与决策的这三个方面是相互联系的,其中在决策中确立公共关系目标是最主要的。只有在决策中确立了公共关系的目标,才能自觉地把公众的利益融入决策,也才能站在公众立场上去发现和解决问题。

### 四、赢得公众、传播沟通

公共关系活动的过程,主要就是组织与公众之间进行信息传播与沟通的过程。公共关系部门通过各种传播媒介,将组织的有关信息及时、准确、有效地传播出去,争取公众对组织的认识和理解,提高组织及其产品、服务以及人员的知名度和美誉度,为组织创造良好的社会舆论,树立良好的社会形象。

#### (一)引导舆论,树立组织形象

传播沟通的重点应当是通过不断传播社会组织的业绩来维持和强化组织在公众心目中

的良好形象,深化公众对组织的了解,提高组织的社会知名度和美誉度。公关人员在传播沟通过程中,还应注意引导公众向积极的、有利的方向发展,根据舆论反馈适当调整组织的行为,以维护组织良好的社会形象。

### (二)开展各项传播沟通活动

#### 1. 产品与服务信息传播

一个组织要在竞争激烈的社会环境中得以生存,就必须向公众提供优质的产品与服务。任何一个组织都希望公众了解本组织的产品以及对公众所提供的服务,因此,更需要组织对外进行广泛的信息传播,利用各种传播方式与公众进行沟通。

#### 2. 组织活动信息传播

社会组织在运作过程中,常常开展一些有利于公众,有利于社会,有利于环境的活动,其活动的目的是为了扩大组织的知名度和美誉度,但如果这一系列活动不通过大众媒介传播出去或传播效果不好,那么其活动就达不到预期的效果。因此,任何一个社会组织都应该将组织活动的开展与公共关系的传播沟通职能结合起来,使两者相得益彰。

#### 3. 组织信息传播

社会组织生存在社会环境之中,为了塑造组织的形象,需要向公众传播组织价值观、经营理念、企业文化、企业发展等信息,让公众充分认识到组织存在的社会价值,使组织形象得以确立并得到社会公众的认可。

## 五、协调关系、创造"人和"

社会组织运用各种协调手段,沟通、协调组织与公众之间的关系,减少摩擦,调解冲突,化"敌"为友。公共关系协调职能是组织运作的润滑剂、缓冲器,是组织与内外公众交往的桥梁,目的是为组织的生存和发展创造"人和"的环境。

### (一)组织内部关系的协调

在社会组织内部,有各种各样的关系,概括起来可分为横向关系和纵向关系两种。公共关系应该首先努力协调好上下级关系。任何组织上下级关系的结构都是金字塔形式——下级人多势众,上级人少权重。如果上下级关系不协调,则会产生组织重心不稳的感觉,而重心不稳,运行畅通就无从谈起。

因此,公共关系在这里发挥着承上启下的作用:一方面,公共关系工作人员要经常向领导反映员工的意见、建议和要求,并根据下级员工的实际情况向上级提出建议,从而使上级领导不断地了解和把握下级员工的状态,及时调整自己与下级员工之间的关系;另一方面,公共关系工作人员要积极做好上情下达的工作,要及时向员工介绍、宣传组织的目标和管理方针政策,传达领导意图和决定等,消除可能产生的误会,使上级领导的意向和组织的现状、发展的方向为下级员工所了解,从而使他们自觉地与上级领导配合。

### (二)组织与外部关系的协调

这是公共关系最常见的工作内容。社会组织在其运行过程中,要与许多外部组织、外部公众发生联系。公共关系的外部协调工作依据组织目标来确定工作重点,协调与外部公众的关系。公众作为组织的最终消费者,最有权对社会组织及其产品作出评价。协调的方式是多种多样的,其中最根本的一种是反馈调节,即根据反馈信息来调整组织的行为。

公共关系的协调工作主要是通过信息传播来沟通关系,以建立相互信任、相互合作的融洽关系。当双方关系处于和谐状态时,沟通的重点就应当是通过不断传播组织业绩来保持和强化组织在公众中的良好形象;当双方关系处于不和谐状态时,协调的基点应首先是解剖组织自身,反省自己的责任,然后才是客观地分析关系状态,并提出改进关系状态的具体意见和措施;当双方关系处于不明状态时,协调的原则首先是表明自己的主张,竭力消除对方的戒备心理,为双方的信息交流构建畅通的平等渠道,避免产生误会和偏见。

组织在进行对外协调时,公共关系部门承担着繁重的任务,要运用各种公关手段和协调方式,使社会组织与外部关系处于良好的状态,争取外部环境为社会组织提供方便和支持,促进社会组织和外界进行密切联系和广泛合作,以便为组织的生存和发展创造良好的社会关系环境。在以市场为中心的现代社会,协调好外部关系有助于树立良好的社会组织形象,有助于组织形成市场竞争、提高经济效益、扩大市场份额、获得竞争优势。

## 六、规范行为、完善制度

从社会关系的角度来看,组织的运行就是与方方面面的人发生关系的过程。公共关系在这方面的职能就是将人们产生的各种需求落实到组织运行的各个环节和各个阶段中去。具体来说,公共关系就是要使社会组织的日常行为规范化、礼貌化,并遵守谅解原则。

### (一)规范化

公关人员要根据社会组织的特点制订工作规范和环境规范,如厂房的标准色、问题处理的程序、有效办事的制度等,这样才能为任何一种关系的正常建立和发展提供一定的保证。组织行为规范化实际上是组织根据公共关系的要求,为满足公众的各种需要而建立的一种制度。因此,它是公共关系工作人员责无旁贷的任务。

### (二)礼貌化

在人际交往中,人们的礼貌是对对方尊重的表示,它意味着要满足他人的自尊的需要,这是人们相互理解和认识的基础。因此,要使人们的各种需要得到满足,首先是在工作或服务中要有礼有节,只有使公众得到心理满足,心情舒畅,才能相互合作。

### (三)遵守谅解原则

社会组织在运行过程中要与形形色色的公众发生关系,这些关系状态不一,双方角色地位、关系的程度不同,产生矛盾就在所难免。但从满足人们需要的角度来考虑,组织必须用谅解对方的态度来看待和解决在日常生活中发生的小摩擦。

行为规范化、礼貌化和遵守谅解原则,是社会组织塑造组织形象所必需的,也是公共关系的工作内容之一。

## 七、策划专题活动

在运行过程中,社会组织常常会组织一些专门的活动来达到一定的公关目的。公共关系专门活动在公共关系学中称为公共关系专题活动。

专题活动的种类很多,有庆典活动、推销性活动、信息发布活动、联谊性活动等。根据活动的效果,专题活动又可分为形象效果活动和运行效果活动。不管哪一类活动,要取得良好的效果都离不开信息传播。因此,公共关系部门在专题活动的组织安排中起着重要的组织策划作用。在这里,公共关系的职能与决策层的意图就如同是"导演"和"编剧"的关系。具体来说,公共关系工作人员至少要做这样一些工作:布置会场、策划发言稿、编写新闻公报、议定出席者名单、接待客人、总结评估等。

以上公共关系的主要职能,在规模、运行标准不一的社会组织中,其职能的重点及范围也不能简单化一。社会组织的运行水准决定着该组织公共关系职能发挥的水准。

## 第二节 公共关系的基本原则

公共关系的基本原则,是指社会组织在开展公共关系活动中必须遵循的准则和所要达到的基本要求。根据公共关系的性质、职能和功用,公共关系活动的基本原则可以概括为:以事实为基础的原则、以社会效益为依据的原则、以满足公众需求为出发点的原则和以不断创新为核心的原则。

### 一、以事实为基础的原则

事实是指既有的客观存在。在公共关系范畴,事实是客观存在的现象和状况,它还承载了一定的社会信息。公共关系作为一种传播活动和管理职能,必然要与事实和信息打交道,否则,就失去了开展工作的基础。

**(一)先有事实,后有公共关系**

公共关系活动的具体开展是立足于各种相关的社会事实基础上的。公共关系活动是一项应用性、实践性很强的工作。尽管公共关系活动的开展离不开传播艺术和宣传技巧,但如果以为只凭借传播艺术与宣传技巧就能争取公众、树立形象,则显然是荒谬的。公共关系中的传播与宣传不能脱离有关的社会事实和信息,否则,公共关系工作就成了无源之水、无本之木。

因此,公共关系活动首先应该考虑的是收集有关信息,弄清事实真相,在此基础上,再设计出有关传播、宣传的方式和方法。

**(二)全面客观地掌握事实**

客观地掌握事实,是指公共关系工作人员在调查、认识有关事实的基础上,不带偏见,杜绝主观随意性,力求事实的公正与真实。全面、客观地掌握有关事实对公共关系活动的开展具有决定性的作用。

为此,公共关系工作人员要掌握有关事实的广度和深度,对某个特定事实的了解要充分。事实不但在本体上决定了公共关系的存在,而且还从掌握它的质与量两个方面决定了公共关系的开展水平。因此,尽可能全面、客观地掌握事实在公共关系的基本原则中占据核心的地位。

### (三)实事求是地传播信息

公共关系活动的一项主要工作就是传播信息:一方面将公众的信息向组织传播,另一方面将组织的信息向其公众传播,目的自然是使双方相互了解、相互适应。一般来说,传播信息这一工作本身并不难,难的是如何实事求是地传播信息。传播信息是否实事求是关系到组织和公众的利益。

具体来说,每一个信息的功能不外乎三种情况:一是对双方都有利;二是对双方都不利;三是对一方有利而对另一方不利。在具体传播信息时,如果遇到第一种情况,则问题就较好办;如果遇到第二、三种情况,则问题就较麻烦。组织和个人传播时,势必要权衡利弊、考虑取舍,从而会影响信息实事求是的传播。从职业道德的角度来说,为了对社会公众以及组织本身负责,应该而且必须实事求是地传播信息。信息传播的主要要求不是看其是否符合人们的利益,而是看其是否有助于人们真正了解事实的真相。基于此观点,即使某一信息的传播会对有关方面的利益有所损害,也必须实事求是地予以传播。

需要指出的是,信息传播应遵守实事求是的原则,并不是要人们机械、呆板地遵循,而是应该灵活、辩证地去掌握、贯彻。

## 二、以社会效益为依据的原则

公共关系强调传播信息,其目的是促使组织与公众相互了解与适应,但这种"了解与适应"的最佳共同基础是社会效益。对一个社会组织而言,公共关系活动就是建立在互惠互利的原则基础上的。公共关系活动只有以此为依据,才能圆满开展,从而获得社会的认可、赞赏。

### (一)社会效益是社会组织与公众根本利益的总和

所谓社会效益,既包括了社会组织的自身利益,也包括了社会公共的利益,它是两者根本利益的总和,这是立足于整个社会而言的。

在现代社会的运行中,每一个社会组织、社会公众都不是孤立的、零落的个体,而是组成具有多向多维多层次内容的社会整体的一部分,他们离不开社会网络的维系,而社会网络也需要他们来编织。社会中的组织与公众相互间的关系错综复杂,相互纠缠。他们彼此的利益也会相互影响,利弊相关。从单个组织或公众角度来看,似乎各有各的利益,但从社会机器这一整体角度来看,情况就不同了,他们彼此间的利益是相通的、环环相扣、联系密切。社会上任何一个单项利益指标只能片面地说明部分面貌,或利或弊,或发展或滑坡,而无法衡量一个社会整体在社会系统综合利益中的得失进退程度。只有以整个社会效益为依据,才能获得客观而明确的评判标准。

由此可见,任何一项工作都要着眼于社会效益这一基点,公共关系工作自然也不例外。

当然,讲求社会效益并不排斥任何一方的利益,因为整体的社会利益毕竟还是由单个组织、公众的利益积累综合起来的。

### (二)公共关系活动既要对社会组织负责,也要对公众负责

所谓对社会组织负责,其基本含义是指社会组织为达到自身的目标在运行过程中发挥积极有益的作用。一般来说,任何一个社会组织的内部分工都是围绕着一项中心任务而分别起

作用的,但公共关系在其中起作用的角度与组织内部的一般分工是有所区别的,它的特点是立足于组织内部而又跨出组织之外,从社会整体角度来起作用。换言之,它行使的是社会对组织的要求而又由组织自身来完成的职责。由此观之,公共关系对组织负责主要包括以下三个方面的内容:

(1)对组织基本任务完成的关切。公共关系作为一定组织的一项工作,其工作目标首先应当是努力推进本组织发展,为维护和塑造本企业良好的社会形象尽心尽力,对一切与之相关的事实或信息表示关切。

(2)对组织行为引起的社会效益问题的关切。组织的经济效益只是其行为结果的一个方面,而社会效益则是它的另一方面,所以公共关系活动对本组织行为引起的社会效益的关切也是其工作的一个重要内容。

(3)对与组织行为无关的社会效益问题的关切。这里的社会效益与组织的基本行为没有直接关系,对组织的经济效益似乎也不会有什么影响,所以比较容易被人们忽视。其实,公共关系部门如果能对这方面的社会效益予以关注,对争取公众舆论、扩大组织影响、处理组织形象是大有裨益的。这方面的作用虽然表现得不那么直接、明显、具体、迅速,但它所蕴含的潜在效能非常可观,值得人们关切与重视。这方面的社会效益主要是指与人民大众生活有关的一些公益活动和设施。组织的公共关系活动如能适宜地打入这一领域,主办和开展一些受人欢迎的公益活动。对提高组织的知名度、美誉度,最终增加组织经济效益都有很大的作用。

上述三方面的内容从不同的层面、视角论述了公共关系对组织担负的责任。它们相互关联,各有侧重,只有将这三方面的工作都做好了,公共关系活动对组织负责才能说是完整的。

### 三、以满足公众需求为出发点的原则

公众是公共关系活动的工作对象,公众的基本单位是人。人的需要以及与此相关的人的态度、情感、认识等因素也应纳入公共关系的研究范畴,也就是说,公共关系活动要使对象——公众在信息传播中产生合作行为,就必须以满足人们的需求作为一个基本准则。由于公共关系工作本身的性质与特点,它不可能面面俱到地满足人们的各种需求,它主要立足于满足公众的各种心理需求。

**(一)满足人们知晓的需求**

一般来说,人们知晓的需求主要表现为了解真实、客观、公正的事实。这一点正好与公共关系所主张的"运用传播行动使公众与有关组织相互了解、相互适应"基本一致。组织在开展公共关系活动时,应充分考虑如何切实地满足公众的知晓需求,力争做到"百问不厌,有问必答",并且如实传播,不弄虚作假。

**(二)满足人们独立自主的人格需要**

一般来说,任何一个正常人都有独立自主的意识与需求。随着人类社会的日益发展和进步,人们在社会交往中更希望受到他人的尊重,他们在待人处事时表现出明显的独立性、自主性和主动性。人们的这种人格要求,在较正式场合中表现得更为明显。公共关系工作是专门代表组织与公众打交道的一项工作,要与各种各样的人打交道。因此,从本组织的形象与效益出发,也出于职业道德和对公众负责的考虑,公关人员在工作中理应尊重人的个性,满足人

们独立自主的人格需求。

**（三）满足人们不断转移升华的精神需求**

与人们对物质生活不断提高的要求一样，随着社会文明的不断进步，人们在物质层次上的需求满足后，会不断地在精神上向更高层次转移和深化。因此，以对社会负责和对公众负责为工作依据的公共关系活动，理应跟上节拍，设法予以满足，从而使本身工作做得更为圆满。

## 四、以不断创新为核心的原则

公共关系是一项崭新的事业，是在现代社会文明基础上发展起来的。为了顺应社会的变化和发展，公共关系出于自身发展追求社会效益的需要，应不断创新，才能保持勃勃的生机。

**（一）观念创新是公共关系活动创新的决定问题**

随着中国经济的不断发展，各行各业出现新的情况、新的需求，整个世界经济一体化，网络经济、旅游经济等新情况的出现，都促使公共关系部门必须创新观念，以寻求新的发展，否则，观念滞后、保守势必造成一步被动，步步被动的不利局面。

**（二）方法的创新是公共关系活动提高工作效率的保证**

公共关系活动的重点是传播信息、加强组织与公众的联系、塑造组织形象。信息的传播与沟通，追求的是快捷、灵活、有效，但是如果仅仅停留在过去那种简单地利用大众媒介与自身媒介来传播，就很难达到最佳效果。

作为公众，他们对待与自己相关的信息，自然也希望先睹为快、先听为喜，所以，公共关系部门应主动利用一切可以利用的传播工具和技术，因人因事的创新方法，确保极大地提高工作效率。

**（三）内容项目创新是公共关系的活力所在**

公共关系工作面临的是各种各样的公众，随着社会不断进步，公众的情况又会发生相应的变化。为适应这些变化，就需要不断地调整和丰富有关公关工作的项目和内容，在这方面要注重调查研究，因为它直接关系到这项工作的活力问题。

公关工作内容创新的关键在于适合时代的变化，研究公众不断变化的各种正当合理的消费需求和服务需求。从本组织和公众的利益出发，公共关系部门应推出新的活动内容、方式来增强公关的活力与效力。只有把公众放在重要的位置，并能适时地推出新的服务项目、内容，公共关系活动才能永葆活力，取得好的效果。

以上公共关系工作的原则，概括起来说就是实事求是、互惠互利、公众至上、创新第一。这里要提出的是，随着社会的发展进步，社会组织与公众的联系越来越密切，组织的公共关系已不完全是公共关系部门的事情，而是整个组织全体成员的事情，每一位组织成员的状态都会与组织的公共关系状态相联系。因此，组织成员自律、自强，积极参与、协调公共关系活动，是现代企业公共关系的新原则，即全员 PR 的原则。

**职场案例与实践**

### 员工第一

原广州花园酒店总经理袁伟明先生向管理人员提出了"员工第一"的口号。他认为,只有把员工放在第一位,尊重他们的劳动和尊严,使他们处处感觉到自己作为"花园"不可或缺的一分子的"主人翁"价值,认识到"花园"的荣辱与他们的工作形象和经济效益息息相关,这个酒店才能成为成功的酒店。根据这一思想,花园酒店最高决策层制订了一系列协调员工关系、激励员工士气的措施。比如,每月固定一天为员工日,届时高层管理人员一起下厨为员工炒几道拿手菜;酒店公共关系部定期邀请员工亲属出席"酒店与员工家庭亲善会",征询意见,争取"后院"的了解和支持;员工工作有了成绩,会收到总经理签发的嘉奖信;每一位员工生日的当天,都会收到总经理赠送的生日贺卡;酒店设立意见奖,最高管理层对有建设性的意见保证在 3 天内作答,并给予奖励等。袁先生是知名的美籍华裔人士,全美酒店管理业的六大明星之一。他认为,优质服务和产品是酒店成功的要素,而"人和"能创造优质的服务和产品。袁伟明总经理走马上任刚刚半年,便使广州花园酒店的形象和经济效益都得到很大的提高。这便是"员工第一"带来的效应——2000 名员工的内聚力使酒店整体的内聚力和外张力大大增强了。

**案例思考:**

赢得公众、传播沟通;协调关系、创造"人和"是公共关系的职能。就本案例的企业是如何履行这些职能的,谈谈个人的体会。

## 【思考与讨论题】················

1. 公共关系的核心职能是什么? 如何理解追求社会效益是组织公共关系的职能之一?

2. 公共关系活动是从采集信息开始的,那么要采集哪些信息? 其作用是什么?

3. 创新在公共关系活动中的地位和作用是什么? 公关活动如何创新?

4. 你是如何理解公共关系全员 PR 原则的?

5. 公共关系可使个人得到哪些提高?

6. 公共关系对社会的作用有哪些?

7. 找一个熟悉的企业,采集其公共关系方面的信息并整理、分析,然后,为该企业草拟一份改进公共关系的建议书。

8. 一些社会组织,尤其是个别政府机构,为了搞"形象工程",不顾地区人、财、物的局限,盲目上马建设项目,虚报数据,造成了不良的社会影响。请用有关公共关系的职能和原则,分析这样的"形象工程"会损害形象的原因。

# 第四章 公共关系的对象及其分析

【引子】宝钢集团一钢公司出台《关于鼓励员工学习文化技术和钻研业务的若干规定》,规定中指出:职工通过非全日制普通学校学习并取得证书,岗位专业对口的,根据学历高低,每月将获得100—500元不等的岗位津贴。此规定出台后,原来企业的教育经费大大突破,公司已决定将这笔开支列入公司总成本,并成为企业的一项长效措施。宝钢公司的领导表示:资金再紧张,职工的教育经费一定要确保。无独有偶,江苏阳光集团也决定从2010年6月底开始,100多个销售员全部学习MBA工商管理硕士课程,由复旦大学教授开课。同时,集团举办的文化升级培训、机电一体化培训全面展开,计算机软件设计班也在筹办之中。"三年之内,操作工要达到大专以上水平,管理人员要达到本科以上水平",这是阳光集团的近期培训目标。

## 第一节 公众是公共关系的特定对象

### 一、公众的含义

公共关系的对象是公众。没有公众,公共关系活动就无从实施和开展。明确公共关系的对象,是我们开展公共关系的出发点。

公共关系的英文名词是 Public Relations。这里"Public"一词有两层含义,一是"公共",二是"公众"。因此英文的 Public Relations 也可译作"公众关系",这不仅与字面上的意思相符,并且也与公共关系的实际情况相一致,这是由于公共关系的具体工作就是处理各种各样的公众关系。

我国《现代汉语词典》中,把"公众"表述为"社会上的多数人",这显然与我国传统意义上的公众概念是完全不同的。

那么"公众"一词到底在公共关系中的含义是什么呢?

在公共关系中,"公众"一词的特定含义和内容是指与一个组织机构直接或间接相关的个人、群体和组织,他们对该组织机构的目标和发展具有实际潜在的利益关系和影响力。简单说,公众就是指与公共关系主体发生联系及相互作用的组织和个人的总和。

在以上定义中将公众具体化为"个人、群体和组织",个人是公众的成员,群体是社会群体,组织是群体高度有序的结合。公共关系的主体组织机构在社会活动中要与这些个人、群体和组织发生联系,这种联系会使他们互相影响、互相作用,关联到他们各自的利益,形成一种利害关系;正确地解决、处理这些关系,就形成了公共关系的活动。那么,与一个组织有着各种联系和关系的个人、群体和组织,就形成了一个组织公共关系工作的对象——公众。

### 二、公众的特征

如上所述,公共关系的公众不是一般的大众、群众,而是有其特殊的规定和指向。通常,它与大众、群众相比较,具有以下明显的特征:

#### (一)同质性

公众的形成是由于公众成员遇到了共同的社会事件或共同的问题,同时该事件或问题对公众成员存在着某种利益关系。这种共同的性质突出体现在"共同意识"上。共同意识是一种群体意识,即群体成员在需求、目标、问题、对象上有许多共同之处。我们将这种由于同一事件或同一问题形成的具有某种利益关系的公众,称为公众的同质性。这里需要强调的是,这种同质性只是说公众所遇到的社会事件及问题是共同的,并不是特定公众对待事件或问题所持的态度和所要采取的行动是同一的。相反,对同一事件或问题的特定公众,他们在意见、认识、态度上却有着一定的差别。

然而,我们通常所说的大众、群众就不具备同质性。相反,他们所具有的是异质性。从这种意义上说,公共关系中的公众总是明确的、具体的、特殊的、可以定量化的,这样去认识公共关系中的公众,对我们公共关系实际工作的开展具有重要的作用。

#### (二)群体性

公共关系处理的是一种公众关系,它是以某一特定的群体为对象,而不是仅仅与一个人或两个人发生关系。

公共关系通常对以下三类群体关系加以处理,他们分别是:

(1)社会组织。它是一种比较复杂的、有组织的高级社会群体。如工厂、商店、饭店、政府机构等社会组织,都可以成为公共关系的公众,是一种组织与组织之间的联系。

(2)初级社会群体组合。它是指那些成员们经常发生面对面的交往与互动,因而具有较亲密的关系和浓厚的感情色彩的群体。如家庭组合、街坊邻里、亲朋好友结成的群体,企事业单位中的车间、班组、科处室等。这种较小规模的群体是公共关系所面对的基础单元公众,也是公共关系所面对的公众之一。

(3)其他同质群体。这种群体面对着相同的问题,由于某种偶然性或特殊情况所形成,这种由于共同性形成的群体中的个体之间的关系是松散的。如同一列火车、同一艘轮船的旅客,同一座剧院的观众,同一商店中的顾客等均属此类公众。

#### (三)广泛性

社会中存在着各类不同性质的组织,有经济、政治、文化、科技等。然而任何组织要在社会中存在都必须与社会其他方面发生关系,产生相互影响和作用,从而成为公共关系的公众。

至于社会基本单位的个人,无论它在社会中以什么面目出现,都必然要与其他的个人或组织发生这种或那种形式的联系,相互影响和作用,成为公众。正是由于各种不同性质的组织和不同个性的个人组成了公众,便使得公众具有了广泛性的特点。

## （四）多维性

在社会经济活动中，不同的组织和个人，因其组织的性质不同，所表现的目的和需要也就不同，不同个人的需要也有明显差别。如政府机关要实现对全社会的相对集中管理职能，而企业则要求扩大自己的自主权，使自己成为相对独立的自负盈亏的生产经营者。不同的组织和个人，相互之间的联系方式也不同，相互之间的作用也有差别。有些关系和谐，相互利益完全一致或者很相近；有些关系紧密，利益互为补充；有些关系冲突互相排斥，利益完全背离。

正是由于在广泛性的公众中存在着这些不同的需求、不同的联系方式、不同的作用，决定了公共关系必然是一种立体的、全方位的社会关系，在公众内部呈现出多层次、多样化、多元化的状态。因而，公众又具有多维性的特点。

## （五）变动性

某一组织与其对象公众的公共关系总是处于一个动态的平衡过程。某一组织公众的形成必须和某一事件和问题相联系，当通过公关活动使问题得以解决，围绕这一事件、问题所形成的公众也就不存在了，这里的不存在只是这一群体对公共关系工作来讲失去了意义，但他们作为一般意义上的群众、大众还要继续在社会中生活、工作，他们还有可能变成另一个组织的公众。

随着该组织的社会经济活动中目标的不断实现，工作的继续开展，又会出现新情况、新问题，围绕这些新情况、新问题，又会出现一些新的特定的公众群体，这又需要公共关系工作去解决新的矛盾、新的问题，达到一种新的动态平衡。以此周而复始，不断循环往复。从这个角度上来理解，公众具有变动性。

## 三、公众的分类

在公关活动的初期，公关人员为了开展公共关系工作，自觉不自觉地对公众做出了划分。随着公关实践的不断进行，研究的深入，对公共关系对象的分类，从偶然走向了必然。

下面介绍几种常用的公众分类方式。

### （一）按公众对组织的疏密程度划分

按照公众对组织的疏密程度，可将公众分为非公众、潜在公众、知晓公众和行动公众四类。这样划分也表明了公众的一般发展过程。

1. 非公众

所谓非公众，是指与组织不发生任何相互作用的群体。这些群体和个人在一定的时空条件下，既不受组织行为的任何影响，又不对组织产生任何后果。但随着该组织有关问题的产生、发展、变化，该组织的对象公众将会发生本身的产生、发展、变化，该组织的非公众将有可能成为其对象公众。非公众是相对的、暂时的、变化的。

2. 潜在公众

潜在公众具有两种含义：一种是指现在还没有同组织发生关系和影响，但将来可能同组织发生关系和影响的公众。另一种是指已同组织发生了某种直接关系，引起了某种问题，但他们尚未意识到这一问题存在的公众。后一种含义中的这些成员构成了公共关系学意义上的潜在公众。

由于潜在公众并未意识到已经面临的问题，不会采取任何行动，在一段时间内不会对组织构成影响和威胁,但问题总要出现,是在问题明了后解决,还是在他们形成之时就着手解决,"防患于未然",使问题在"胚胎"中就得到解决,这对一个公共关系部门非常重要。

### 3. 知晓公众

知晓公众由潜在公众发展而来,它是指那些已经意识到问题的存在,但还未采取行动的公众。潜在公众已经面临着的组织行为引起的共同问题,但尚未意识到。知晓公众则不仅面临着共同问题,而且本身也意识到了问题的存在,并且急切想了解问题的缘由以及解决的方法,这时他们对任何与问题有关的信息都会感兴趣。

当公众已经意识到问题的存在,知晓公众已经形成,问题的暴露已对组织构成影响和威胁,组织的公共关系部门就应立即展开经过精心策划的公共关系活动,采取积极的态度,毫不隐瞒地向公众讲清一切,以争取得到知晓公众的谅解、理解、合作、信任,防止事态的激化,使公众的态度和行为向有利问题解决的方向转化。

### 4. 行动公众

行动公众是由知晓公众发展而来的。行动公众不仅意识到问题的存在,而且准备或已经采取某种行动以求得问题的解决。行动公众的行为会给组织造成影响和威胁。一旦行动公众形成,公关人员要全力补救,妥善处理,查清事实,缓和矛盾,达成谅解,有时可请求新闻媒介或第三方协调,使这部分公众的影响向好的方向发展。

从非公众到行动公众是一个连续的发展过程。作为一个组织的公关人员应该时刻注意公众的形成及其变化情况,要注意区分非公众、潜在公众、知晓公众、行动公众,要特别注意知晓公众,把工作做在知晓公众变为行动公众之前。应及时、客观地向知晓公众提供他们所需要的、并能够接受的信息,包括向他们提供和解释组织下一步准备执行的政策或采取的行动。同时还应考虑到潜在公众,做到未雨绸缪。

### (二)按公众与组织利益相关程度划分

按照公众与组织利益的相关程度,可将公众划分为首要公众、次要公众和边缘公众。

### 1. 首要公众

首要公众,是指与组织联系最频繁、最密切,决定组织生存和发展的公众。组织的员工和股东、顾客等都是组织的首要公众。首要公众同组织的利益休戚与共、息息相关,他们是推动组织正常运转,促进组织发展的动力,是构成组织结构与功能的基础。该类公众对组织最为关键,所以组织应投入最多的人力、财力和时间来维护和改善同这类公众的关系。

### 2. 次要公众

次要公众是相对首要公众而言的。该类公众对组织的生存和发展有影响,但不起决定作用。它包括政府公众、社会公众、传播媒介、金融机构公众、组织的竞争者等。与首要公众相比较,这部分公众对组织的利益一般并不发生直接的、举足轻重的作用,但除了参与组织外部环境的构成、发展与不断改善外,在某一特定时期或某些特定条件下,这类公众中的一部分随时有可能转化为组织的首要公众。这要求组织的公共关系部门必须投入占相当比重的人力、财力和时间,去维系和不断改善与次要公众的关系,争取他们对组织的支持与合作。

### 3. 边缘公众

边缘公众是与组织利益的相关程度不十分密切,对组织的生存发展不特别重要的一部分公众。它一般包括社会大众、宗教团体、学校、慈善团体以及其他社会特殊组织。通常,边缘公众不是公共关系部门关注的主要对象,无需投入大量的人力、财力和时间去维系和改善同他们的联系。但当某些因素、某种条件发生变化时,边缘公众就有可能变为次要公众甚至首要公众。组织的公共关系部门要做好思想和物质上的准备,时刻注意这种转化的发生,以便把握契机,在情况发生变化后能使组织有充分的准备,及时地争取这部分公众的赞同与支持。

**(三)按公众对组织的隶属关系划分**

按照公众对组织的隶属关系,可将公众分为内部公众与外部公众。需要注意的是,内部公众与外部公众是针对特定组织而言的。

**1. 内部公众**

内部公众,是指组织机构内部形成的特定利益群体,如企业内部的工人、技术人员、管理干部,或学校中的教师、行政干部、学生等。组织的股东、董事一般也属于内部公众。该类公众绝不是组织内所有成员的简单相加,而是由组织成员及成员间相互作用的关系构成的有机整体。内部公众是构成了组织所面临的内部环境。这种内部环境与外部环境一样,是不断变化的,随时与组织发生着频繁而不间断的相互关系。内部公众是构成公共关系工作的最重要的公众之一,是形成组织内部公共关系的对象。

**2. 外部公众**

外部公众,是指在组织机构外部形成的与该组织机构相关的特定利益群体。它包括政府机构、竞争对手、消费者、顾客、新闻媒介、社团社区等一切与组织有直接或间接关系的组织外部的个人、群体和组织。他们对组织的生存和发展具有实际或潜在制约力和影响力。作为一个组织的公共关系部门必须与组织外部的各种公众建立经常性的密切联系,了解其意见、要求及动态,并将组织的自身情况及时告知外部公众,使这部分公众对组织持赞同支持态度,并为组织的生存和发展提供有利条件。

# 第二节　公众心理分析

在激烈的市场竞争中,采取消极的态度,摆出"守株待兔"之态,要想获得公众的理解与支持是不行的,作为一个公共关系部门必须认清自己所面对的公众,了解并掌握公众的心理与行为规律,以积极进取的精神,去争取和赢得公众。

## 一、公众心理的三要素

暗示是观念的传播,模仿是行为的传播,感染是情绪的传播。对于面临共同问题和事件的公众,暗示、模仿和感染这些基本的心理机制是通过公众相互间的间接接触发挥作用的,形成公众所具有的共同的社会心态,故将"暗示、模仿、感染"称为公众心理的三要素。

**(一)暗示**

暗示,是指在无对抗态度条件下,用含蓄、间接的方法对人的心理和行为产生影响。这种影响表现为使人按照一定的方式行动,或接受一定的意见和信念,并进一步由此来规划自己的行为。暗示多采用言语的形式,但也可用手势、表情或其他暗号来进行。

暗示是一种极为普遍的心理现象。人们在社会活动中的许多行动都是自觉或不自觉地来自环境中各种暗示的反应。这种环境可以是自然环境,也可以是社会环境。公共关系理论中所研究的是社会环境,即公共关系工作环境对公众的暗示。在公共关系工作中,如果能创造一定的暗示环境,就能够影响公众在与社会组织交流过程中公众的观念,并由此控制公众的行为和活动。暗示是一种自然而隐秘的、潜移默化的心理影响过程,其传播导致个体观念与群体观念的趋同,即暗示也就是人们对某种社会刺激发生的公众反应。在公关工作中,灵活、机动、策略地运用暗示,能够产生事半功倍的积极效果。

许多心理学家通过对暗示这一心理现象的分析,将其分为以下四类:

(1)直接暗示。是由暗示者把某一事物的意义直接提供给受暗示者,使人迅速而无意地加以接受的一种暗示。

(2)间接暗示。通常是指暗示者不显示动机目的,不指明意义地向他人发出的,使其从事物和行为本身中加以理解的暗示。间接暗示发出的信息比较含蓄,有可能不被他人理解。然而一旦被人接受,产生的效果却比较好。

(3)自我暗示。它是个体依靠思想、语言进行自身刺激的过程。自我暗示有积极和消极之分:前者是用一种积极向上的思想、语言,不断地提示自己,从而使自己不安的情绪镇定下来,战胜困难;后者则有很大的危害作用,它使人萎靡不振,疑神疑鬼。

(4)反暗示。它是指接受暗示刺激后而引起与暗示相反的反应。反暗示有两种:一是有意的反暗示,即故意说反话以达到正确的效果。采用这种反暗示方法时,要十分注意分寸,否则会引起对方的反感,达不到反暗示的效果。二是无意的反暗示,即有意正面暗示,却无意引起相反的效果,会导致消费者的怀疑,产生反暗示的消极效果。

**(二)模仿**

模仿,是指自觉或不自觉地模拟一个榜样的行为,是社会学习的一种形式。它是一种群众性的社会心理现象,可使组成某一共同体的人们做出相同的举止行为。模仿是行为的传播。它是个人由非控制的社会刺激所引起的一种行为,这种行为以自觉不自觉地模仿他人行为为其特征。对于公众来说,其行为的一致性虽然来源于他们面临着共同关心的事件,但实现这种一致性的心理机制却是模仿。为公众所模仿的行为,常常都是公众内心所企盼的行为,模仿者通过对他人行为的模仿,从中得到一种自在感,或满足感,或除去心中的卑劣感。

通常,人们的模仿行为基于两个动机:其一是好奇心理,人们对现实生活中的新鲜事物总是怀有浓厚的兴趣,总想亲自去尝试。其二是求取认同,作为模仿者总是想由外在行为的模仿达到对自己所崇拜者的内在认同。基于这两点,我们每一个组织都应为自己的对象公众提供符合社会利益的形象,使公众通过外在的模仿达到内在的认同。

**(三)感染**

感染,是指个人的情绪反应受到他人或群体的影响,个人对他人或群体的某种心理状态的无意识的、不自主的遵从。其基本表现是相似的情绪在群体成员中传播。感染这种情绪的传播并不是在任何情况、任何条件下都可以不受制约地扩散开来,而是要受到一定因素的限制。发生在公众间的相互感染具有如下特征:第一,感染是群体性的模仿,它是在群体内部通过语言、动作、表情及其他方式引起他人相同的情绪反应,感染实际上只是有特色的模仿。第二,感染是在无压力的条件下产生的。强迫只能产生外在行为的相似,却无法实现内在情绪状态的一致。第三,感染是循环反应的。公众中所产生的感染,是通过在公众的间接交往中多次地相互强化来实现公众对一般心理状态的共同感受。

我们研究影响感染传播的因素,感染的特征,以及公众心理相互感染的规律,就是为了掌握这种规律、灵活运用这种规律,引导公众,以避免公众心理的互感所带来的消极影响,使公众心理上的互感产生积极的效果。在社会生活中,感染这一心理机制对个体可以起到调整心理状态、适应环境气氛的作用;对群体则可起到一定的整合作用。因此,一个公共关系部门应善于灵活运用正确的感染手段,这样有助于树立组织良好的公众形象,形成有利于组织生存和发展的心理环境。

## 二、公众心理的分类

对公众心理进行分类,是为了更深刻地认识公众,了解公众的心理特征,以便采取适当的心理协调策略,实现与公众的沟通,创造良好的公关环境。

按照不同的标准,公众心理可做出如下分类:

### (一)按照公众对象的组织状况划分

在公共关系活动过程中,对公众对象从其组织状况上进行划分,可以划分为有组织的团体公众和无组织的个体公众。这两类公众的社会处境不同,便有不同的心理状态。即团体组织公众与公关主体组织之间相互作用所产生的团体公众心理,以及个体公众与公关主体组织之间相互作用所产生的个体公众心理。

1. 团体与团体之间发生关系时的公众心理

主体机构组织与其客体机构组织发生关系——如企业与其产品经销单位、原材料供应单位等,形成的是团体主体机构组织与客体机构组织相互作用形成的公众心理。这种团体之间的心理关系包括团体间的沟通因素、情感因素、机构的管理因素等。然而在公共关系活动过程中,主客双方总是处于互相作用、互相影响、互相制约之中。这时,公关客体机构组织公众的心理能否与主体组织机构的心理协调一致、彼此相容、信息能够沟通、情感能够交流、组织管理活动能够互相适应,是公关工作关心的最主要问题。

2. 团体与个体之间发生关系时的公众心理

主体组织机构与无组织的个体公众所形成的是主体机构对个体,即团体对个人之间相互作用所形成的公众心理。这种心理关系也是互相影响、互相作用、互相制约的。这时公关活动的重点就是要努力适应公众心理,满足个体公众的需求,求得个体公众对团体组织机构的谅解、支持、合作、同情,通过这些来争取个体公众反过来主动适应机构内部环境。

### (二)按照公共关系发生的空间边界来划分

在公共关系活动过程中,按照其公共关系发生的空间边界范围,可将对象公众心理划分为内部公众心理和外部公众心理。

1. 内部公众心理

内部公众心理,是指处于组织机构内部空间范围的团体之间、团体与个体之间相互作用所发生的心理关系。这种关系的调整在我国除了要靠细致的政治思想工作之外,还特别要注意发挥内部公关的职能,使整个内部公众心理和整个组织机构的工作目标一致,心往一处想,劲往一处使,同时为适应外部公众心理奠定基础。

2. 外部公众心理

外部公众心理,是指处于机构空间之外的相关团体间、团体与个体间相互影响和相互作用所产生的心理关系。对于外部公众心理,公共关系工作要特别注意不同的团体有不同的心理关系特色,不同的个人有特殊的个性心理特征,以便采取相应的对策来协调与外部公众的心理关系。

**(三)按照公众所关心的利益有无共同性划分**

不同的公众有其关注的各自不同的利益,也有其关注的共同利益,从这个角度来认识可将公众心理划分为特殊的公众心理和共同的公众心理。

1. 特殊的公众心理

不论是团体公众,还是个体公众都有其各自不同的社会功能和社会目的,都存在于复杂的社会关系之中。处于不同的公共关系交往和不同的心理环境,关注的利益各不相同,由此则会产生特殊的公众心理。如政府和军队的公众心理不同,商店和宾馆的公众心理不同。这是由于公众对象的需要不同,所追求的各自的利益不同。

2. 共同的公众心理

尽管不同的社会公众的功能不同,社会目的不同,所处的环境不同,但都有共同关注的社会问题,这样就会产生共同的公众心理。如城市规划问题、环境污染问题、城市治安问题、文化教育问题等。对于这些共同问题,不同的机构都应给予高度的重视,要满足共同公众的利益需要,解决公众共同面临的问题,提高各自机构的声誉,树立良好的公众形象。

**(四)按照公众心理的表现形式划分**

人的心理活动有不同的表现形式,有的通过言语、表情、行动来表现,有的则藏于内心。公众心理也一样,从这个意义上来划分,可将公众心理分为内潜的公众心理和外露的公众心理。

1. 内潜的公众心理

在公共关系问题出现后,公众对问题有许多意见和想法,但又怕自己的利益受到损害,把自己的心里想法隐藏起来,这就属于内潜的公众心理。对于这类公众心理的表现,公共关系工作就必须千方百计影响这种潜隐的公共关系意识,通过信息的传播与沟通,克服这种心理关系障碍,化消极为积极,创造一种和谐的心理环境,使公共关系活动能够顺利开展。

2. 外露的公众心理

公众对象在公共关系活动中的言行、表情、姿态,都是其外在的心理活动的表现,我们将此类公众心理,称为外露的公众心理。公共关系行为模式、公共关系网络都属于外露行为的表现方式。对此公众心理进行深入研究,可以了解内潜的公共关系意识及其变化规律。

除以上分类外,公众的心理还有多种。由于分类的标准不同,划分的结果也就不同,各种划分的目的,都是为了对公众心理的研究和把握。

### 三、影响公众心理的因素

公众心理是机构与公众在一致的环境下相互作用而产生的心理状态。那么,研究影响公众心理发展变化的制约因素,应在机构与公众相互作用的关系中,在一定的内外客观环境中进行分析探索,从而把握公众心理的形成、发展、变化。

#### (一)组织外部的社会环境因素

社会环境分为宏观环境与微观环境两个层次。社会宏观环境,如市场经济的发达程度、生产力的发展水平等,对公众心理的影响是间接的,而微观环境对公众心理的影响是直接的,也是较大的。

这种影响因素概括起来有三个方面,即团体结构、社会文化背景以及社会沟通网络。

(1)团体结构。它是一个社区(国家、地区、城市等)范围内,由各个社会机构的社会关系所构成的网络。社会结构的关系网络由三个所属的互动关系构成,如纵向的隶属关系、横向的合作关系或竞争关系、多维的辐射关系。一定的社会团体结构产生一定的公众心理。如在以纵向隶属关系为主导的社会结构网络中,以高度集权的政治、文化为背景,则会产生"一切对上级负责""万事不求人"的社会心理环境,形成一种封闭保守的公众心理状态,这时的公共关系将被消失殆尽。

(2)社会文化背景。它是指某一社区居民共同的生活方式。这是人们权衡、评价、制约行为方式的共同标准。如农业文明所产生的社会文化背景和工业文明所产生的社会文化背景,人们遇到问题后采取的行为方式和所形成的心理状态就不一样。

(3)社会沟通网络。它是指由机构与其他团体相互联系时形成的交往渠道和途径。不同形态的社会沟通网络具有不同的社会联系功能,由此而产生不同的社会心理环境,对公众心理形成产生的影响也不同。如垂直的社会联系网络不利于横向沟通,信息沟通不灵,互相独立,"大而全""小而全"自成一体,不易形成大范围、多角度的协作和竞争,这使得公众心理完全处于封闭、保守的状态。

上述社会环境因素是相互影响、共同发挥作用的,各要素综合作用的结果,便构成了公众心理形成和发展的客观条件。

#### (二)机构的组织管理因素

该因素对公众心理的影响主要包括以下两层含义:

一是指机构自身的管理状态,即组织能力、活动能力、工作效率。

二是指行政权力,即党政机关的政事、指令、指示。

### 四、逆反心理与公众行为

#### (一)逆反心理的概念及成因

逆反心理,是指作用于个体的同类事物超过了个体感官所能接受的限度而产生的一种相反的体验,是有意识地脱离习惯的思维轨道,而向相反的思维方向的探索。这种逆反心理现象,在人们的日常生活中大量普遍地存在着,公众也不例外。

造成公众这种逆反心理的原因主要有以下三个方面:

（1）出自公众的好奇心与求知欲。这类公众对任何事情都寓于幻想、追求新奇变化、不拘于陈规。然而在一定的条件下，就会产生逆反行为。

（2）出自公众的好胜心。该类公众表现为偏执要强，企图一反常态，与众不同。

（3）抵触心理。公众对某些讲得过分的东西，往往会产生厌恶感，形成一种抵触情绪，从而形成逆反行为。

### （二）逆反心理与公共关系

逆反心理在某种情况下是一种不健康的心理，需要进行引导和纠正。了解并掌握逆反心理，对一个组织公共关系活动的开展意义重大。公共关系活动，就是要协调好组织与各类公众关系，引导各类公众的行为都向着有利组织生存和发展的方向进行。

针对公众中存在的这种逆反心理，组织在开展公共关系、制订公关规划和方案时则应做好以下几点：

（1）实事求是。实事求是，切勿作假，不欺骗公众，是任何组织开展公关活动的基本出发点。弄虚作假会使公众产生强烈的逆反心理，导致组织的形象和信誉受损。要以优良的产品、优质的服务作为组织形象、信誉的实力保证。

（2）抓住时机。公众的逆反心理虽然千变万化，但仔细分析，认真研究还是有规可循。当公关人员掌握了这种逆反心理时，则要抓住时机，出奇制胜，会取得超出常规的效果，否则，就会错失良机。

（3）时时求新。不同的社会组织，其结构不同、功能不同，在社会中的作用也不同。如果作为一个组织简单地不加分析地模仿别人的做法，将会落入俗套而导致公众的逆反心理行为。

这里应注意的是，组织在运用逆反心理不可把其调整到不适当的地位，逆反心理作用的发挥是有一定条件限制的，更不能利用公众的逆反心理来有意损害公众利益，只能对逆反心理加以正确引导，为自己组织创造良好的公共关系环境。

## 五、消费者心理分析

消费者是某组织的公众对象——顾客。促使消费者公众对组织的产品满意，对组织持赞同、支持的态度，是外部公共关系最主要的工作内容之一。消费者公众的数量巨大，层次众多，心理各异，他们在从接触商品到购买商品的过程中，均有其特定的思维方式。不同的消费者对相同商品将产生不同的情感和意志，因此，对消费心理进行正确的分析研究，把握消费心理的发展变化规律，是公共关系工作的重要工作内容之一。

### （一）消费者心理动机

动机是引起行为、保持行为、把行为指向一个特定目标以满足人的需要的心理过程，动机是在需要的基础上产生的，但由于不同商品或劳务对消费者的需要具有不同的重要程度，公关人员就必须对消费者动机进行深入细致地研究，才能赢得消费者。

消费者动机复杂多样，在购买过程中表现出以下具体的购买动机，如求实心理、求新心理、求廉心理、求名心理、求荣心理、求趣心理、求同心理、求恒心理、求隐心理。消费者不同的购买动机，也就构成了不同的消费者心理动机，如习惯型消费心理、理智型消费心理、价格型消费心理、冲动型消费心理、感情型消费心理和疑虑型消费心理。

**（二）影响消费者心理的因素**

**1. 自身因素**

自身因素主要包括性别、年龄和知识结构。消费者的性别不同，年龄所处阶段不同，生理发育与成熟状况不同，其心理发展差别就很大。

消费者的知识结构。消费者的受教育水平不同，所需要商品的内容和结构也不同。人生观、价值观的不同，对消费生活的追求也有差别。

**2. 外部因素**

影响消费者心理的外部因素主要有：第一，社会政治经济形势和国家的方针政策。社会是否安定，政局是否稳定，社会主义市场经济的发达程度以及国家有关税收、社会保险、投资等政策的实施，都会对消费者心理产生影响。第二，消费者的经济收入状况。在消费者实际消费过程中，经济收入不同，在此基础上形成的消费心理也不同。经济收入是消费者消费得以实现的根本条件。第三，市场商品供求的变化。在市场商品供求平衡的情况下，消费者的心理轻松而且稳定，购买的消费品只是维持自己一段时间的需要，否则，消费者则会产生敏感、紧张的心理，消费品的购买要超出正常的需要。第四，价格因素。消费者的购买，不仅取决于其收入的多少，还取决于消费品的价格水平。因为收入的增加，可能会被价格的上涨所抵销，甚至出现消费水平下降的现象。这样对消费心理会产生直接影响。第五，参照群体。参照群体是消费者心目中向往的群体，所以它必然会对消费者的心理产生影响。第六，社会分工。每个人在社会经济生活中担任的角色不同，其各人的工作环境和收入会有差异，从而在消费心理上也就存在着不同。

# 第三节　基本的目标公众分析

本节我们具体分析各种基本的目标公众。这是理论研究从抽象到具体的辩证思维过程。跟随着这个思维过程，我们对公众这个概念的认识便会越来越深入，越来越细致。

分析公众的基本构成只能以公共关系应用最普遍的企业组织为主，如员工关系（内部公众）、股东关系、顾客关系、社区关系、政府关系、媒介关系、名流关系、国际公众关系等外部公众。这些都是企业公共关系工作最基本的目标公众，而且对于其他类型的组织来说，了解企业组织的公众，也可以触类旁通、举一反三。我们在分析过程中会注意适当兼顾这些关系对象在不同组织中的意义。

**一、员工关系**

员工关系，是指在企业内部管理过程中形成的人事关系，其具体对象包括全体职员、管理干部，员工是企业内部公众，是内求团结的首要对象。"内求团结"是公共关系的起点。任何一种组织都会有自己的内部公众，都需要首先处理好自己的内部关系。由于员工是企业组织的成员，因此从内部公共关系的角度看是对象，从外部公共关系的角度看又成了主体。这是一种与公共关系主体关系最密切的公众。

建立良好员工关系的目的,是培养组织成员的认同感和归属感,形成向心力和凝聚力。其意义可以归纳为以下两个方面:

1. 组织需要通过员工的认可和支持来增强内聚力

一个组织的存在价值和整体形象在取得社会认可之前,首先要得到自己成员的认可;组织的目标和任务在赢得社会支持之前,首先要赢得自己成员的配合与支持。否则,企业的价值和目标将会落空,组织将无法作为一个整体面对外部社会公众。每一个员工都是企业组织的细胞,他们对企业有机体认同和依附,是这个有机体得以存在的基础。因此,企业组织的内部公共关系工作首先要增强内聚力,使员工组合成为一个有机的整体,与企业组织凝结在一起。

2. 组织需要通过全员公共关系来增强外张力

公共关系对外树立组织形象、扩大社会影响的工作,有赖于组织全体成员的努力与配合。因为每一个员工都是企业与外部公众接触的触角,都处在对外公共关系的第一线,企业组织的形象必须通过他们在生产、服务岗位上的实际行动具体体现出来。电话总机的接线员,服务台、问询处、接待室的工作人员,直接与顾客打交道的售货员、服务员、业务员、推销员等,都是兼职的公关人员,他们的一言一行都代表着企业的形象。即使是生产线上的工人,也都有自己的亲属、朋友和社交圈子,都可能在频繁的接触和交往中给外界留下或好或坏的印象。可见,员工在对外交往中是非常重要的公共关系行为主体,这种主体性能否充分调动和发挥,就看他们对企业组织有多大程度的认同感和归属感,有多强的向心力和凝聚力。一个企业组织如果希望员工能时时处处自觉地去维护企业的形象,就应该时时处处善待员工、尊重员工,将员工作为重要的公共关系对象,注意协调好员工关系,努力培养员工对企业的认同感、归属感,不断增强员工对企业的向心力、凝聚力。

因此,组织必须格外重视员工关系,可通过物质鼓励、精神鼓励、加强信息沟通等方式处理好员工关系,通过员工来扩大组织的影响,传播组织的信息,反馈外界信息,加强组织同外界的沟通,增强组织的活力。

## 二、顾客关系

顾客关系,是指企业与本企业产品或服务的购买者、消费者之间的关系。在现代社会,顾客关系的对象是广义的,泛指一切物质产品、文化产品及服务的购买者、消费者,其中包括个人消费者和社团组织用户,如工业企业的用户、酒店的客人、电影院的观众、报社的读者等。顾客是与企业具有直接利害关系的外部公众,也是企业市场关系的具体对象。

协调顾客关系的目的,是促使顾客形成对企业及其产品的良好印象和评价,提高企业及其产品在市场上的知名度和美誉度,为企业争取顾客、开拓和稳定市场关系。建立良好顾客关系的意义主要有以下三点:

1. 良好的顾客关系,能够为企业带来直接的利益

在现代商品经济条件下,顾客就是市场,有了顾客就有了市场,有了市场,企业的经济效益就有可能实现。因此,所谓市场导向就是顾客导向,顾客关系是企业市场经营的生命线,好

的顾客关系给企业带来的是直接利益。但公共关系所讲的顾客关系不同于市场经营中的销售关系,其活动方式不仅仅是产品和货币之间的直接交易,而是在企业与顾客之间建立良好的信息交流关系和协作关系,通过融洽的感情沟通,巩固和发展商业性的交易关系。

因此,公共关系为市场销售服务的功能首先集中体现在顾客关系上。公共关系部门当然不是代替销售部门直接去推销产品,而是配合运用各种传播、沟通的方法疏通渠道,理顺关系,清除障碍,创造机会,为产品的销售营造一个良好的气氛和环境。

2. 建立良好的顾客关系,能够帮助企业树立正确的经营思想

"利润第一"还是"顾客第一",这是从商品经济产生直到今天一直存在的两种对立的经营观念。毫无疑问,追求利润是商品经济条件下企业发展的基本动因。企业怎样才能实现自己的利润目标,最根本的就是企业所生产的产品或提供的服务必须得到市场的认可与接受,也就是必须有顾客需要,有顾客喜欢,有顾客购买和使用。企业必须通过满足顾客和社会的需求来换取自己所希望的利润。利润不应该是企业贪婪的追求,而应该是顾客重视和赞赏企业产品及服务所投的信任票。只有赢得顾客信任与好感的企业,才可能较好地获得自己的利润。所以,从企业的政策和行为的基本导向来说,应该把顾客放在第一位。正如美国企业公共关系专家加瑞特所说的:"无论大小,企业都必须永远按照下述信念来计划自己的方向,这个信念就是:企业要为消费者所有,为消费者所治,为消费者所享。"

认真做好对顾客的公共关系工作,就是要帮助企业树立起"顾客就是上帝"的经营思想。即企业的一切政策和行为都必须以顾客的利益和要求为导向。所有成功的企业,都实践了这一思想。认真做好顾客的公共关系工作正是这一思想的具体体现。

3. 建立良好的顾客关系,能为企业形成稳定的消费者系列

认真做好顾客公共关系工作还有一层容易被忽略的意义,即培养具有现代消费意识、自觉维护消费者权利的消费者公众。顾客公共关系在这方面的意义,比较突出地体现在"消费管理"这个概念上。所谓消费管理,就是对消费者进行消费教育、消费引导,组织消费者的系列化,如为顾客和公众编辑印发指导性的手册和刊物;举办操作表演会或实物展览会,帮助顾客认识和熟悉新产品的性能、技术等;举办培训班,让商店销售人员和顾客掌握使用、维修和保养某类产品的基本知识;开设陈列室、咨询台,回答公众的问题;向报纸、杂志、电台、电视台提供有关新产品的介绍性资料等。通过这些工作,满足公众的知晓欲望。

长期坚持消费教育和消费引导的结果便是形成消费者的系列化,也称为消费者的组织化。即在公众中培养起本企业产品和服务的受用者、崇拜者,从而与顾客构成相互依赖、相互推动、互惠互利的亲密友好关系。

### 三、媒介关系

媒介关系,也称做新闻界关系,是指与新闻传播机构(包括报社、杂志社、广播电台和电视台)以及新闻界人士(记者、编辑等)的关系。它是公共关系工作对象中最敏感、最重要的一部分。这种关系具有明显的两重性:一方面,新闻媒介是组织与公众实现广泛、有效沟通的必经渠道,具有工具性;另一方面,新闻媒介人员又是组织必须特别重视的公众,具有对象性。媒介与公众的合一,决定了新闻界关系是一种传播性质最强、公共关系操作意义最大的关系。

因此,从对外公共关系实务工作层次来看,新闻界关系往往被摆在最显著的位置,或被称之为对外传播的首要公众。不管哪一种类型的组织均不例外。

与新闻界建立关系的目的就是争取新闻界对本组织的了解、理解和支持,以便形成对本组织有利的舆论气氛;通过新闻界实现与广大公众的沟通,密切组织与社会公众之间的联系。其意义可以从两个方面理解:

1. 好的媒介关系等于好的舆论关系

媒介关系与公众舆论关系几乎是等价的。在现代信息社会,新闻界是社会信息流通过程中的"把关人",他们决定着哪些信息应该中转、疏导、传播,哪些信息应该中止、抑制、封闭。公众每天所接触到的信息,大部分是经过层层把关人的精心筛选以后报道出来的。一个组织、一个人物、一个事件或一件产品等,一旦被新闻界选中,成为集中或连续报道的热点,便立即会成为广大公众讨论的中心,成为具有公众影响力的舆论话题,这就是新闻界所谓"确定议程"的社会功能,即确定公众舆论的中心议题。因此,建立和保持良好的新闻界关系,对于营造良好的公众舆论气氛是个关键。公共关系工作的一项重要任务就是为组织创造良好的公众舆论,争取公众舆论的理解和支持。

2. 建立良好的媒介关系是运用大众传播手段的前提

组织与公众只有很少的一部分是可以直接面对面的,大部分公众是没有机会直接接触的,不少公众是远距离的、大范围的。实现远距离、大范围沟通的最好途径就是运用大众传播。大众传播借助于现代印刷、电子等传播技术,大量地、高速地复制信息,传送给分散、匿名的大众。大众传播是现代公共关系绝对不可缺少的手段。

媒介关系的这种中介性质即公关效用性之强,恐怕是其他任何一种公众所不能比拟的。但是在实际工作中,公关人员与新闻界人士总是互相需要,互相依赖,互为中介的。一方面,公关人员需要通过记者、编辑将组织的信息传递给大众。因此,记者、编辑成为组织与大众沟通的中介;另一方面,新闻界人士需要通过公关人员了解有关组织的信息,请公关人员协助提供各种有新闻价值的材料。因此,公关人员也成为新闻界与组织之间的中介人。

关于这一点,亚科卡有几点经验之谈:第一,善于与新闻界接近,无论是在顺境中还是在逆境中;第二,坚持每季度召开记者招待会公布生产经营结果,无论是好的结果还是坏的结果;第三,讲真话,坦率诚实地对待新闻界人士;第四,对于有意刁难的记者不必恼怒和驳斥,不理睬就行了;第五,当记者陷入困境需要帮助时等。由于亚科卡善于处理媒介关系,因此,他总能赢得新闻界80%的好评。

总之,作为一个公关人员,与新闻界人士交恶是所有愚蠢行为中最愚蠢的。一个得不到新闻界"把关人"的信任与好感的公关人员,对任何组织都毫无用处;一个被新闻界人士讨厌的公关人员,对于组织来说就是有害的。如果能够得到记者、编辑的信赖,这将是一个公关人员所拥有的最重要的财富,是他的职业"本钱"。因为,只有新闻界关系才会给组织带来大众传播的机会和好处。

### 四、其他关系

上述的员工关系(内部关系)、顾客关系(直接利害关系)和媒介关系(首要外部关系)是

最有代表性的三种关系。除此之外,基本的目标公众还有以下几种:

**(一)股东关系**

这是指企业与投资者的种种关系。它包括三个层次:董事会,个人股东、持股员工、集体性股东,中外合资性股东。这是一种分散于外部的内部关系。从本质上来说这种关系属于内部关系;从形式上看,又似外部关系(特别是众多的、分散的股东)。股东们是一群具有"老板意识"的外行。但是,他们又是企业的"财源"和"权源"所在(对于股份制企业来说)。随着我国经济的发展,股东关系也将成为一个新的课题。建立良好的股东关系,加强企业与股东的沟通,能够争取现有股东和潜在的投资者了解、信任企业,能够创造有利的投资气氛,稳定股东队伍,吸引新的投资者,最大限度地扩大企业的社会财源。

**(二)社区关系**

社区是指在生活上相互联系,具有一定地域关系的人群聚集地。任何企业或组织都是在一定的社区中存在与发展,并与社区整体乃至社区中的公众发生种种联系。社区关系即是指企业或组织与周围相邻的工厂、学校、商店、旅馆、医院、公益事业单位以及居民的相互关系。这些社会单位虽然不与企业发生直接的经济、业务联系,却是企业外部经营环境的重要组成部分,对企业的生存发展有重大的影响,构成企业组织外部公共关系中最重要的一部分。

社区是企业或组织开展活动的主要区域。任何企业离开良好的社区关系要想生存和发展都是难以想象的。其重要性主要体现在:

(1)在现代社会中,组织不是单纯的技术、经济实体,而是整个社会机体中的一分子。组织只有在技术、经营和公共关系三个方面保持平衡、协调,才能使组织获得顺利发展。

(2)社区关系是企业内部职工关系的延伸。社区为企业提供了所需的人力,企业中的许多职工往往就是社区的居民,如果企业社区关系不好,公众对本企业怨声载道,就必然会影响职工的工作热情。

(3)社区商品的消费力是促进企业发展的重要条件,企业在社区设厂生产,或开店销售,都希望在当地获得销售市场。

(4)组织是社区的一个细胞。因此,每一个组织都应是繁荣社区经济的主体,担负着创造物质财富、增强有效供应、活跃商品市场、扶助公益事业的重任。社区繁荣了,就能为组织创造良好的生存发展环境、为组织的职工提供良好的生活环境;危害社区的利益,组织就将陷入无法生存的境地。

**(三)政府关系**

政府关系即企业与政府之间的关系,政府是国家权力执行机构,企业作为社会的一个成员,必须服从政府的领导和管理。

政府对社会组织的存在和发展有着举足轻重的作用和影响。

首先,作为国家权力的执行机构,政府通过对政策的制定和执行,制约和影响着社会组织的活动。如在经济领域,企业的税收、外汇、审计、统计、海关、物资与能源、环境与生态、商标与专利、产品鉴定、商品检验等方面都应服从政府管理。

其次,政府又是具有社会影响力和经济实力的社会组织,它对其他社会组织的支持、援助和赞赏,往往能使其获得优越竞争条件和有利发展环境;对其他社会组织的批评、制裁也将在社会中产生极大的影响。

最后,在我国现行体制下,各级政府都有一些具体部门对各行业的业务活动进行指导、控制、调节和监督,有些还具有直接管理的作用。

### (四)名流关系

社会名流,是指那些对公众舆论和社会生活具有较大影响力的人物。如工商界、金融界的首脑人物,科学界、教育界、学术界的权威人士,文化、艺术、影视、体育等方面的明星,新闻出版单位的名记者、名编辑等。

这类关系对象的数量有限,但质量很高,能在舆论中迅速"聚焦",影响力很强。因此,通过社会名流去影响公众和舆论,往往具有事半功倍的效果。建立良好的名流关系,能够借助于名流的知名度拓展企业的公共关系网络,扩大企业的社会影响。

### (五)国际公众关系

当一个企业的经营活动或产品进入国际范围,对其他国家的公众产生影响,需要通过国际性的沟通传播手段与对象国的公众实现双向交流的时候,企业就将面对着国际性的公众,包括对象国的政府、媒介、顾客等。

国际公众关系的一个显著特点是跨文化沟通传播:涉及不同的语言、文字、历史、风俗、社会制度和公众心理等,这给公共关系活动带来许多问题和困难。搞好国际公众关系的目的是争取国际公众和舆论的了解、理解、认可和支持,为本企业的产品、服务、人员及企业整体塑造良好的国际形象,创造良好的国际声誉。这对于企业在对外开放条件下,发展外向型经济,参与国际竞争是非常重要的。

我们对基本目标公众的分析侧重于关系对象的性质、含义、特点和目的、意义方面,有关沟通的技巧性问题将在以后的章节做专题介绍。

---

### 职场案例与实践

沈阳北方大厦坐落于沈阳古城繁华的商业区。它是以经营日用工业品为主,零批兼营、内外贸并举的大型商业企业。大厦面积为 1.7 万平方米,固定资产近 5000 万元,职工总数为 1600 多人,下设 10 个专业商场、1 个批发公司、1 个进出口部和 1 个劳动服务公司,经营商品 2.1 万多种,年销售额超过 2 亿元。几年来,北方大厦先后荣获了商业部颁发的"质量管理奖",辽宁"五一"奖状,省"消费者满意商",沈阳市"改革明星企业"等 50 余项奖励和荣誉称号。北方大厦在取得良好社会效益的同时,也获得了可观的经济效益。5 年多时间,大厦商品销售额达到 11.6 亿元,实现利税总额 7700 万元。特别是 1990—1991 年,在市场疲软的状况下,北方大厦连续两年创利润实现超计划、超同期、超历史的"三超"最好水平。如今,外地游客来沈阳,就像观光沈阳著名的北陵公园一样,一定要去光顾这座颇有名气的商场大厦。

1."花钱买意见"

1986 年 4 月,沈阳北方大厦正式开业。当时大厦的一位领导去外地与厂家联系业务,人家听到这个陌生的名字还以为是一家皮包公司。怎样才能使新开业的大厦有个好名声?怎样才能使北方大厦在商战中站住脚？大厦总经理十分清楚：顾客是一切商业活动的中心和出发点，也是企业生存与发展的首要条件。由此，北方大厦将注意力瞄准了顾客，提出了大胆而有魄力的建议："花钱买意见。"1986 年 8 月，北方大厦在沈阳及辽宁的报刊与电台登出启事：公开请社会各界人士给北方大厦提建议。消息传出后，立即受到广大消费者和社会各界的关注。"花钱买意见"活动不仅买到了 3435 条意见和建议，更重要的是买到了广大顾客对北方大厦的一片真心。

**2. 提供优质的服务**

提供优质服务是获得良好顾客关系的前提。商业企业的特点决定了它在销售商品的同时，还输出了一种特殊的商品——服务。商业作为窗口行业，它的服务是多种多样的。北方大厦经营者本着"顾客第一"的公关原则，制订了"主动、热情、耐心、周到"的服务措施，把商品的质量与售前、售中、售后服务有机地结合起来。尤其是在"售后服务"上下功夫，经常向广大职工灌输"急顾客之所急"的思想。在处理顾客关系时，站在顾客的角度上设身处地地替顾客着想。曾有一位顾客在大厦购买了一台洗衣机，用后发现甩干桶部位有三个大裂缝，当时保修期已过，他抱着试试看的心理来到了北方大厦。大厦家电商场的同志热情地接待了他。当时仓库里该机已无货，营业员多方联系，从别的地方为顾客联系调换了一个甩干桶，并及时将洗衣机安装好，使这位顾客非常感动。他在信中这样写道："北方大厦如此重质量、守信誉，不让顾客有后顾之忧，我在这里买东西买得称心、用着放心。"5 年里，大厦共收到顾客寄来的表扬信 27089 封。大厦经营者又制订了"两保、四不、七送、九试、三公开"的系列化服务措施，设立了 48 项便民项目。5 年来进行过 27 次"开门评店"，广大消费者对北方大厦的服务质量、服务项目、服务设施以及经营思想与作风的满意率达到 95.6%。通过优质的服务建立起众多顾客对北方大厦的依赖关系。

**3. 维护消费者权益**

维护消费者权益是坚持"顾客第一"公关原则的重要表现。北方大厦把维护消费者的权益看做是自己应尽的一种社会责任。一次，有位大娘来到"北方大厦消费者协会"投诉，她家里发生了一场火灾，价值 7000 元人民币的家产被烧毁，但起火的原因始终没查清。她家的电冰箱是在北方大厦购买的。她从新闻报道中听到北方大厦消协为消费者排忧解难的事，就来到这里投诉。大厦消协的领导立即带一班人来到这位大娘家中，经过认真仔细的调查初步断定是电冰箱起火引起的电火。当晚，大厦领导决定拍加急电报给电冰箱生产厂家。该厂派技术人员赶到沈阳，经过专家鉴定，认定大厦的判断是正确的。随后生产厂家送给大娘家一台电冰箱，并赔偿 8000 元人民币。这位大娘做梦也想不到能得到这样一个完美的结局，非常感动，她逢人就讲，是北方大厦解救了她一家人。此事一时在广大市民中传为佳话，不少顾客慕名而来，在北方大厦购买电冰箱等大件商品。北方大厦对消费者认真负责的行为，使顾客们感到在这里买东西满意、放心。

**4. 以顾客的需求为导向**

北方大厦在刚刚站稳脚跟之际，由于全国市场形势的变化，1989 年下半年销售额比上年同期呈现出大幅度下滑的趋势。大厦的经营者认真分析研究了市场状况，达成这样的共识——顾客就是市场，有了顾客就有了市场，也就有了企业的效益。为此，大厦决策者提出了

"热点经营"战略,即以顾客的需求为导向,及时调整经营结构,更新商品品种,全力制造销售热点,创造局部旺销的小环境。"热点经营"战略的实施,扩大了商品的销售。如1989年,青年人对进口高档鞋十分喜爱,需求不断上升,但国有商店一直不敢形成经营规模,其市场由个体商贩所垄断。大厦领导分析了这一市场情况,得到了启发,果断地成立了沈阳第一家经营进口和中外合资企业生产的高档鞋的"太平洋鞋店",从广东等沿海城市组织大量的进口鞋或"三资"企业的名牌皮鞋、旅游鞋等。商品质量可靠、价格合理,吸引了众多的顾客,其销量一路上升。1990年,中外合资生产的"伽迪亚"皮鞋走俏,大厦首次组织进货8000双,9天就全部销完,日销量高达1030双,创下单品种销售最高纪录。1991年,大厦得到中学生买平跟鞋难的信息,经过周密的筹划召开了以"大家都来关心中学生"为主题的"三方对话会",让生产者、消费者及大厦经营者三方坐在一起畅所欲言,使生产厂家获得了很有价值的建议,由此生产出来的受中学生欢迎的平跟鞋又成为一个销售热点。北方大厦还制造了"还本销售钢琴""北方流行花西装""今夏流行T恤衫"等一个又一个销售热,以满足顾客的需求,不断地把消费者喜爱的商品推向市场。

**案例思考:**

1. 企业外部公共关系工作最重要的目标公众是什么? 说明顾客关系在各类企业组织整体公共关系工作中的重要性?

2. 结合北方大厦的实例,谈谈如何坚持"顾客第一"的公关原则?

3. "赢得顾客是企业成功的关键",你是怎样理解这一句话的?


## 【思考与讨论题】················

1. 如何理解公众的概念和特征?

2. 为什么要根据组织的目的和需要来划分不同方面的公众?

3. 怎样理解"内求团结"是公共关系的起点? 如何协调好内部员工关系?

4. "利润第一"还是"顾客第一"? 你同意"顾客就是上帝"的经营理念吗? 如何建立良好的顾客关系?

5. 如何协调好组织与政府的关系,争取政府对组织工作的支持?

6. 如何理解媒介关系对组织的作用? 如何建立良好的媒介关系?

7. 结合中国对外开放实际和世界经济一体化的趋势,分析在新形势下如何协调与国际公众的关系?

8. 影响公众心理的主要因素都有哪些?

9. 以自己的身份、经历为例,列出你曾经是哪些组织、哪几种类别的公众(可以交叉)?

10. 观察你所在的学校有哪些社区公众,写一份如何处理好与这些社区公众关系的建议书。

11. 请展开联想,为你所处组织列出一份10人的名流公众名单。

# 第五章　公共关系的组织机构

【引子】法国的白兰地酒誉满全球,但是一直无法打开美国市场。美国人对他们国家稚嫩的酒业市场采取了政策保护措施。因此任何关于酒类的商业性的市场开拓策略对美国都无济于事。后来白兰地公司公关部的能人策划了一个稳操胜券的方略:用美国总统艾森豪威尔寿诞为载体,运作一个同样誉满全球的公共关系专题活动——"给总统祝寿"。白兰地公司经过两个月的舆论准备,使"以酒庆寿"的消息传遍欧洲、美洲和全世界。然后在美国总统艾森豪威尔67周岁寿诞之日,白兰地公司派专机和友谊使者护送两桶窖藏67年的上等白兰地酒,酒桶雕刻得精美绝伦,抵达总统官邸广场时,纽约万人空巷,齐聚广场观看盛典。使者把一桶酒赠送给总统本人,把另一桶酒当场打开,请在场的人们品尝,嗜酒的美国人品尝了真正的美酒后,群情激昂,强烈要求进口白兰地酒,总统只好顺乎民意,开放了禁锢多年的白兰地市场。

## 第一节　公共关系的主体

### 一、公共关系主体的概念

公共关系主体,是指公共关系策划与活动的组织者、执行者和承办者。如前所述,公共关系是一个组织与其相关公众之间的相互关系,即该组织在其社会活动及生产经营活动中与其他社会组织发生的社会关系。

这种关系不同于人际关系,它是以组织为支点的公众关系。因此,公共关系主体通常是指社会组织,即人们为了执行一定的社会职能,完成特定的社会目标,按照一定的隶属关系组成的相对独立的社会单位,它可以是企业、公司、学校、机关和社会团体等社会组织。这些属于职业性、契约性的单位,是人们围绕一定的社会职业和社会目标而共同组成的社会组织。

### 二、公共关系主体的构成要素

世界上的万事万物,具有不同的构成要素,使事物的性质千差万别。公共关系主体也有其特有的构成要素,这些要素包括以下几点:

#### (一)明确的目标

作为公共关系运用者的公共关系主体,必须是为了达到一定的目标而组织起来的。社会组织是人们围绕一定的社会职业和社会目标而形成的。形成这种组织要通过自愿的、有意识的选择。社会组织接纳人们为其成员也是有条件的，经过选择并履行一定条件，才被接收。它不像血缘社会群体或社区社会群体那样，以血缘或地域为条件，自然而然地形成社会组织。而且，随着社会职业的停止，社会目标的消失，这个社会组织就会自行走向消亡。

另一方面，社会组织作为公共关系的主体，其主体性很大程度表现在公共关系目标与组织总目标的吻合上。如果主体没有目标，公关目标也就无从谈起，社会组织也就不成其为公关主体了。

### （二）规范性的组织章程

章程是一个组织进行自我管理、自我约束，具有一定法律效力的文件，其内容应当符合国家法律、法规和政策的要求。所以，它是组织进行公关活动的依据，是处理各类公共关系问题、判断是非的标准，是社会组织及其内部公共关系机构有效、协调运行的有力保证。

### （三）一定的物质和技术基础

这是组织机构有效地开展活动的前提。如果一个社会组织没有必要的物质和技术基础，它就无法组织公共关系活动的开展，无法执行公共关系活动计划，也就不能成为公共关系主体。

### （四）权威的领导体系

它负责进行公共关系主体的领导和管理工作。如果缺乏这样的领导体系，组织将无法统一其公关思想，承办其公关活动。

## 三、公共关系主体的特征

公共关系主体作为公共关系的运用者，具有以下特征：

### （一）公共关系主体在公共关系活动中属于主动地位

首先，公共关系活动的主要目的是帮助社会组织实现自身目标，公共关系的目标必须服从于组织的总目标。因此，公共关系主体决定了公共关系活动的存在及其状态。

其次，公共关系主体主宰着公共关系活动的具体运作。公共关系主体不仅是公共关系活动是否开展的决定者，也是公共关系活动的执行者和组织者。社会组织的人员素质、物质条件及管理体制决定着公共关系活动能否有效开展。

### （二）公共关系主体与公共关系客体之间的依存性

公共关系主体与公共关系客体之间是相互依存、相互统一的。一方面，一个社会组织的存在与发展，必须以公众存在为前提；没有公众，社会组织就没有联系，没有作用，没有矛盾，也就没有自身的存在和发展。

另一方面，虽然公众在公共关系活动中处于被影响、被作用的地位，但公众绝不是消极的被愚弄的对象。社会组织自身发展的每一步、每一项成就都离不开公众。公众的支持是无形的财富和成功的决定性因素。

### （三）公共关系主体之间的互联性

公共关系主体种类繁多，它们之间是互相联系，互相牵制的。一种公共关系主体在此公共关系活动中是主体，而在彼公共关系活动中就可能是客体，成为其他社会组织的公众。

**(四)公共关系主体是公共关系活动的承办者**

社会组织的各种良好的行为要转化为实际公共关系中的知名度和美誉度,必须充分依靠传播沟通手段。而这些给社会组织带来积极影响的公共关系活动都需要由公共关系主体来承办。公共关系主体通过设置自身的公共关系机构及培养自己的公关人员来组织、执行公共关系活动,达到组织目标。

# 第二节　公共关系主体的类型

## 一、公共关系主体的一般类型

作为公共关系主体的社会组织,是关系较为复杂的较大的社会群体,由于标准不同,社会组织的划分方式也就比较复杂了。

按照组织的功能与目标来划分,可分为生产组织、服务组织和政治组织。

按照组织成员之间的关系来划分,可分为正式组织和非正式组织。

社会交换学派的理论家彼得·布劳则根据人们在社会交换过程中的受益情况,将社会组织划分为四类:互益性组织、营利性组织、服务性组织和公益性组织。目前,这种划分方法较为常用,也是公共关系主体的一般类型。

(1)互益性组织。它是指对所有组织成员都会带来一定益处或福利的组织。这类组织比较重视组织内部成员的利益和共同目标。

(2)营利性组织。它是指以谋取利润为目的的组织。这类组织以其所有者、经营者的利益为目标,如一般的企业组织、商业服务等。

(3)服务性组织。它是指为服务对象谋求利益的组织。这类组织以满足特定服务对象的需要为目标。

(4)公益性组织。它是指为社会和一般公众谋利益的组织。这类组织以国家和社会公众的整体利益为目标,如慈善机构、政府机关等。

## 二、我国公共关系主体的基本类型

### (一)经济实体

1. 经济实体的类型

经济实体,是指在经济领域中从事生产、流通、交换和分配等社会职能的具有企业法人资格的社会组织。按经济实体在社会再生产过程中的基本职能划分,可分为生产性经济实体、流通性经济实体、劳务性经济实体、服务性经济实体和金融保险性经济实体等。

生产性经济实体是指从事物质资料产品生产经营活动及直接为生产服务的经济实体;流通性经济实体是指在社会再生产过程中专门从事商品交换活动的经济实体;劳务性经济实体是指利用自己的物资设备、技术、场地和服务,为生产者和消费者提供各种劳务性经营活动的经济实体;服务性经济实体是指为社会生产提供各种服务营业活动的经济实体;金融保险性经济实体是指以银行为中心的专门从事货币、信用、保险经营活动的经济实体。

按经济实体的经济性质划分,可分为全民所有制经济实体、中外合资经营经济实体、中外合作经营经济实体、外资经济实体等。

除上述标准外,按经济实体规模划分,可分为大中小三种类型;按生产力要素比重划分,可分为劳动密集型、技术密集型和资金密集型经济实体等。

2. 经济实体是一种最充分的公共关系主体

经济体制改革以来,经济实体已由过去生产单一型向生产经营型转变;由过去封闭型向开放型转变;由过去行政强制的管理方式向自主经营、自负盈亏的管理方式转变。

在这一转变过程中,我国经济实体日益成为数量最大的公共关系的运用者,是一种最主要的公共关系主体。这是由于:第一,我国的经济实体迫切需要运用公共关系,树立企业的良好形象和信誉,提高产品的知名度和美誉度,有效地开拓和巩固经济实体的市场和销路。第二,我国的经济实体迫切需要运用公共关系沟通内部公众的信息联系,增强凝聚力和向心力,改善组织内部人员的关系,提高经济实体的效益。第三,我国的经济实体迫切需要运用公共关系沟通同外部公众如原材料供应者、代销代售者及政府主管部门等的关系,取得全社会的合作与支持,创造一个良好的经营环境。

**(二)政府机构**

政府机构,是指建立在社会经济基础之上的上层建筑的核心部门,主要是行使行政、立法、司法、国防、外交等各项职权的政权机构。它主要包括各级政府、立法机关、司法机关,在我国,政府公共关系的主要运用者是国家行政机关。因此,在论述政府机构的公共关系时,我们只讨论行政机关的公共关系。

国家行政机关是国家权力的执行机构,它对国家各方面事务行使指导、管理、服务、协调、监督、保卫等基本职能。

我国行政机关种类很多,按照不同的标准、不同的角度,有不同的分类。

根据行政机关职权行使的区域范围,可分成中央行政机关与地方国家行政机关、民族自治地方行政机关等。

根据行政机关管理的业务性质,可分成一般行政机关、特殊行政机关。

根据行政机关在行政管理过程中主要环节上职能的不同,可分为决策机关、执行机关、咨询机关、信息机关、监督机关等。

根据行政机关设置时间的长短,可分为常设性行政机关与临时性行政机关。

**(三)事业单位**

事业单位,主要是指依靠国家预算或其他组织提供资金,从事非经济、非营利性活动的社会组织。这类组织的活动主要目的是为了发展社会生产力和社会公益事业。

事业单位主要有学校、科研单位、医院等。学校是培养劳动后备力量和不同水平的各种人才的社会组织;科研单位是研究自然界和社会现象的本质及其发展规律,以及生产操作方法和技能活动的社会组织;医院主要是从事医疗和保健活动的单位。

事业单位公共关系活动应注重取得社会支持,赢得公众信任。事业单位的行为不以盈利为主要目的,而旨在通过自己的努力,推动某项事业的发展,做出一定的贡献;宣传普及某种观念、知识、信仰,完成一种社会工作;解决某类人面临的共同社会问题,唤起人们对某种形象、事物的普遍关心等。这就使得事业单位必须得到全社会的关注、理解、信任和支持。

加强与企业界联系也是事业单位公共关系活动中的一个重要内容。事业单位的主要资金来源于国家财政拨款,经费不够充裕。与企业界建立良好关系,有利于学校得到经济上、物质上的援助,有利于双方进行多种内容的合作。对学校来讲,企业的资助有利于教师建立社会实践、试验场所,有利于学生就业。学校建立与企业关系的方式有:为企业办各种培训班,输送优秀人才,建立各种校企联合组织,为企业发展出谋划策、提供咨询等。

**(四)社会团体**

社会团体,是指由具有共同目的、一定数量的社会成员组成,并以成员大会或者成员代表大会为主要活动形式的团体。这类团体的主要资金是自筹或者由社会各界赞助提供,国家有时也拨给少量经费。

社会团体的类型很多,主要有:各种专业学术团体(哲学学会、公共关系学会)、业余爱好者团体(长跑协会)、妇女团体(妇联)、农民团体(农协)、工人团体(工会)、教师团体(教师联合会)、青年团体(青联)、老人团体、宗教团体、行会团体、学生团体、退伍军人团体、残疾人团体、少数民族团体等。这些团体的形式很多,如协会、学会、研究会、联合会等。

社会团体公共关系活动应注意处理好与政府的关系,积极与政府沟通交流,及时了解新制定的政策、方针,准确领会其实质,并从自身从事事业角度影响政府的态度、行为和政策的制定,成为政府的智囊团,推动整个社会的发展;同时应注重组织内部公共关系的建立,从内部成员共同的兴趣、共同的事业出发,以其共同点为基础,通过会议、联谊活动等发展良好的内部公共关系;最后还可以通过建立网络活动体系加强社会影响,争取各界支持。

## 第三节　公共关系组织机构的设置

### 一、公共关系组织机构的含义与作用

企业为了有效地开展公共关系活动,必须设置相应的公共关系组织机构。公共关系组织机构,是指专门组织和开展公共关系活动的职能机构。它在现代化企业经营管理中担负着收集信息、参谋决策、咨询建议、沟通协调、社会交往等重要职能。具体地说,它的职能就是组织运用现代化传播手段,向公众提供各种必要的信息,与社会公众进行双向沟通,取得社会公众对企业的充分理解和大力支持,增强企业的内聚力,为企业在激烈的市场竞争中求得生存和发展创造和谐的内外部环境,塑造良好的企业形象和企业信誉,增进企业的经济效益和社会整体效益。

公共关系组织机构具有如下重要作用:

(1)公共关系机构属于高层次的管理部门。无论是专门的公共关系咨询公司还是组织内部设立的公共关系部门,它们的职责都是相通的。企业的业务部门分生产部门和管理部门。生产部门主管生产,与生产相关联的一切社会活动均由管理部门负责,公共关系机构就属于

管理部门。公关机构的职责就是建立和改善组织形象,取得社会公众的充分理解、信任和支持,最大限度地促进企业经济效益和社会效益的提高。这个职责一般部门无能力承担,只有由代表企业的公共关系机构来承担。公共关系机构代表企业与社会公众沟通和交流,为企业的生产经营创造良好的社会环境。公共关系机构是高层次的管理部门。

（2）公共关系机构是组织的外交部。任何组织都是一个开放的系统,它的生产经营既有相对独立性,又要与社会其他组织进行物流和能流的交换。随着社会主义市场经济的确立,企业作为市场的主体,自主地在市场上实现着资源的配置,它与社会生活其他领域的联系也日益广泛、密切。经常与各式各样的参与者和竞争者,包括政府部门、立法司法机构、财政金融机构、有关生产流通部门、新闻机构、用户和顾客、企业内部职工等打交道,能否正确处理企业与内外部公众的关系,就要看一个企业的社交能力如何了。公共关系机构的具体工作,就是同企业内部、外部建立密切的、经常性的联系,与它们进行双向的信息交流与沟通,使企业的生产经营能符合广大公众的利益,同时外部公众也能支持和理解并给企业工作提供方便。公共关系机构是企业与外部联系的"联络站",是企业的外交部。

（3）公共关系机构是组织的决策参谋部。在现代企业的经营管理决策中,社会因素的影响不容忽视。如果企业的社会关系没有理顺,社会适应能力差,其重要决策不可避免地受到影响。由于社会分工的不断加深,组织内部的决策日趋专门化。生产、经营、销售、财务等部门一般只注重本部门的决策和职能目标,而很少从整个组织出发;从宏观和全局角度来考虑问题,这就需要一个部门根据社会公众对组织的要求,来充当组织决策者的参谋,从整体和社会公众的角度考察决策可能带来的社会效益。这个部门就是公共关系机构。

（4）公共关系机构是组织的咨询部。组织进行管理决策时,首先应对内部条件和外部环境的历史与现状进行调查、了解,并对内外环境的未来状态及演变趋势作出预测,但组织由于条件有限,往往对环境状况一知半解,或了解不全面;公共关系机构由于经常性的沟通、交流、咨询活动,拥有能全面、系统、及时、准确反映社会各方面情况的信息网络和资料库,在调查、预测方面积累了丰富的实践经验,可以根据客观情况,迅速调示各类情报资料,为实际工作提供咨询、建议。

### 二、公共关系组织机构的类型

现代社会专门从事公共关系活动的组织机构有两大类:组织的公共关系部门和专门的公共关系咨询公司。

公共关系部是组织内部设立的、专门从事公共关系实务的组织机构。它的设立是由组织自身状况和公众的特点决定的,是组织与公众之间以及组织内部各部门间协调的纽带;它对于组织在公众中树立良好的形象,沟通组织与公众的了解起着重要作用,是组织内不可缺少的部门。

公共关系公司又称为公共关系咨询公司、公共关系顾问公司,是专门为各组织、企业进行公共关系咨询、服务活动的营业性机构。它有自己的组织机构,有各具专长的公共关系专家。它通过运用自己的知识、技能为委托客户提供服务以达到赢利和生存的目的。目前,公共关系公司已成为发达国家中广告公司、法律事务所等一种重要的行业,它可为组织进行对外联系和协调,为客户提供公共关系宣传策划方案或代理公共关系实务活动,它还可以为客户经营决策提供建议、服务。

### 三、公共关系部

#### (一)公共关系部的组织结构

组织设立公共关系部,就需要一定的组织结构,配置相应人员,建立一整套规章制度和组织程序。公共关系部门组织结构可根据组织本身的规模、公共关系工作的方式和公共关系部的隶属关系而定。

1. 按照组织规模的大小,可分为以下三种:

(1)大型企业的公共关系部

大型企业的公共关系组织本身有四个层次:副总经理任公共关系部负责人——主要的关系部和职能部——各业务科——各作业部。

(2)中型企业的公共关系部

中型企业的公共关系组织有三个层次:公共关系负责人——关系部和职能部——业务科。

(3)小型企业的公共关系组织

2. 按公共关系部的隶属关系,可分为以下三种:

(1)总经理直接负责型

(2)部门并列型

(3)部门所属型

3. 按公共关系工作方式,可分为以下三种:

(1)手段型,即公共关系内部机构按公共关系手段设置。

(2)对象型,即公共关系部内部机构按公关对象设置。

(3)复合型,即把前两种类型结合起来,在公共关系部内部机构中,既有按公共关系手段设置的,也有按公共关系对象设置的。

#### (二)公共关系部的人员配置

也就是公共关系部的规模,一般由组织规模、最高决策者对公共关系价值的认定程度和组织对公共关系的需求程度而定。

(1)组织规模的大小。一个组织的规模越大,内部的人员、部门越多,与外部联系需要协调的关系也越多,客观上要求有与其规模相应的公共关系机构。

(2)组织的最高决策者对公共关系价值的认定程度。公共关系部的地位及规模,在一定程度上取决于决策者对公共关系了解、理解、相信的程度。一个公共关系意识强烈、重视公众工作的领导者,会将公共关系工作放在重要地位,并赋予其相应的权力,充分发挥其作用。公共关系专家普遍认为:推动公共关系工作的动力应始于组织的最高层。

(3)组织对公共关系的需求程度。不同的行业和部门,由于外部环境以及组织内部的运行机制不同,对公共关系需要程度也各异。处于买方市场条件下的企业与处于卖方市场条件下的企业,对公共关系需求的紧迫性是不同的。

### （三）公共关系部的业务

公共关系部的日常工作业务，主要有以下 20 个方面：

（1）写作并发布新闻消息、新闻照片、新闻特写和专稿。

（2）组织举行记者招待会，接待参观访问。

（3）向各种新闻媒介提供信息。

（4）为其他部门安排接见传播媒体记者的采访和访问。

（5）为摄影人员做情况介绍，并注意保存照片资料。

（6）编辑出版供职工阅读的杂志、小报或简报，组织安排其他形式的内部通讯，如录像带、幻灯片、墙报、壁报栏等。

（7）编辑、出版以经销商、用户、顾客为对象的对外刊物。

（8）编写并提供各种资料，如培训资料、企业的发展史、年度报告、新职工须知等。

（9）组织有关的展览会、商品陈列，包括为这些活动提供交通工具等。

（10）创制并维护企业识别标志，如商标、配色图案、专用印刷品的网格以及车辆上的标志等。

（11）主持有关公共关系的活动。

（12）组织参观工厂等活动，并提供各种方便。

（13）参加系统会议和生产、营销以及企业其他主要负责人参加的会议。

（14）出席订货会、展销会等。

（15）代表企业出席行业性会议。

（16）进行舆论、民意调查和其他调研活动。

（17）与政治家和公职人员保持联系。

（18）举行各类纪念和庆祝活动。

（19）从剪报、广播、电视或外界的报告中获得反馈信息并进行整理。

（20）分析反馈信息，评估预定目标的实现结果。

### （四）公共关系部的利与弊

1. 公共关系部的优点

第一，熟悉情况，专职服务。由于企业公共关系部的工作人员长期在这个企业工作，他们非常熟悉本企业的各种情况。因此，在开展企业公共关系工作时，他们容易抓住本企业存在问题的症结，能对企业的改革和经营方式、经营目标提供根本性的改革方案，有利于开展企业内部公共关系工作，并能提供及时的企业关系服务咨询。

第二，能节省费用。开展企业公共关系工作是要有一定代价的，但作为企业组成部分的企业公共关系部，则与本企业同甘共苦。在制订、实施企业公共关系计划时，往往不仅考虑到企业公共关系工作的实际效果，同时也会尽可能地节约各种经营开支。

第三，可保证企业公共关系工作的连续性和相对稳定性。

2. 公共关系部的缺点

这主要是职责不明、负担过重。由于企业公共关系工作涉及面广，有的企业领导很容易把许多闲杂事务性工作交给公共关系部去办，也容易把虽属于企业公共关系范畴，但应由其他部门办的事交给公共关系部去办理。

### 四、公共关系公司

#### (一)公共关系公司的建立

公共关系公司作为一种正式的专职性的机构始于1920年的美国。它是商品经济发展的产物,并且随着经济的发展,生产力的提高而不断发展,现在它已成为一个蓬勃发展的行业。

目前,我国的许多企业都设立了公共关系部,但专职性的公共关系公司却很少。公共关系公司在企业经济生活中发挥着重要的作用。公共关系公司是一种智力行业,它由各具专长的专家们组成。专家具有丰富的实务经验和广泛的信息网络,公共关系公司由于与企业没有直接利益关系,它们能客观、冷静地观察问题,充分发挥自己的才智和能力处理问题,为企业或客户提供优质服务。

#### (二)公共关系公司的特点

1. 公共关系公司是独立的社会服务性机构

公共关系公司不隶属于任何部门或行业,它是一个独立核算的组织单位。公共关系公司的具体工作是根据客户或委托人的要求,为其提供有关企业公共关系活动方面的咨询、建议、指导和帮助或代理公共关系活动,帮助客户或委托人树立信誉,塑造形象。公共关系公司只对客户或委托人的公共关系活动负责,并不为其总目标负责。它提供的是一种服务活动,而不是责任活动,所以说它是独立的社会服务性机构。

2. 公共关系公司是收费服务性机构

公共关系公司为客户或委托人提供咨询、建议、指导或代理公共关系活动是收取费用的。我们讲,公共关系公司是同社会其他部门等同的独立核算、自主经营、自负盈亏的机构。公共关系公司工作人员的工资报酬及其开展公共关系服务的各项费用支出和预算利润均要由客户或委托人支付,否则,公共关系公司无法继续开展工作。所以,它是一种收费服务性机构。

#### (三)公共关系公司的服务方式

公共关系公司可根据自己的规模、不同类型的经营方式、业务能力以及客户要求,为客户提供不同方式的服务。

1. 为组织进行对外联系或协调

一个组织需要同社会各界保持广泛而密切的联系,但组织能力有限。当组织急需同某些单位联络或同某类公众交换意见,平时建立的联系渠道并不涉及这些单位或公众时,公共关系公司便可以利用平时与这些单位或公众有较好的关系,很方便地为委托者解决困难。即使公共关系公司与这些单位真无渊源,也可凭其特有的身份,专门人才的优势进行联络,比由委托者直接出面来得容易。

2. 为客户确定宣传内容或传播媒介

有时一个组织面对着情况各异的公众,不知道应当讲些什么话? 怎么讲合适? 通过什么媒介进行传播活动效果更好? 公共关系公司可利用自己的丰富经验,在对企业面临问题与任务深入调查的基础上,帮助委托者确定公共关系活动主题、方式和手段。

3. 为客户代理专门的公共关系活动

当组织打算举办展览会等重大专题活动而又缺乏必要的专家时,可以委托公共关系公司进行诸如展览会设计、编辑展览说明一类的实务。

4. 为客户培训公关人员

公共关系公司可以接受委托,举办各种公关人员的培训班,派人去委托单位内进行讲学、示范,安排委托单位的公关人员来公司实习,系统地对公关人员进行职业训练,提高人员素质。

5. 为客户提供全代理服务

未设立公关机构的组织需进行公共关系活动时,可委托公共关系公司进行全面的业务代理服务。公共关系公司可根据委托者的管理目标、内部条件、外部环境等主客观因素,为委托者制订切实可行的具体公关目标,编制计划,确定费用预算,并实施全部公关实务活动。

**(四)公共关系公司的组织机构**

企业公共关系的组织机构设置,一般没有固定模式。从公共关系的组织规模看,公共关系机构可以是小型、中型和大型的;从工作内容看,可以是综合性公司,也可以是专业性公司;从人员看,有上千人的大公司,也有为数几人的小公司;从地区范围看,有跨地区跨国经营的大公司,也有只局限于某一地区的小公司。

一般来说,公共关系公司可由以下几部分组成:

(1)行政部门。这是公共关系公司的业务管理部门。它包括公司总经理、副经理和若干业务经理人员。行政部门负责全面的公共关系工作的决策、组织、制订和实施。

(2)审计部门。这个部门的主要任务是在公司承办的各项业务开始时或在实施过程中,审查项目的可行性和监督项目的实施情况。它由业务经理人员、业务部门负责人、高级公共关系专家组成。

(3)专业部门。这个部门根据不同公共关系公司的特点而设置,一般来说它可以有财政关系部、公共事务部、产品宣传部、调研预测部、形象服务部、美工部、摄影部、摄像部、演讲部、广播电视部等,业务部门不直接对外承揽业务,只是根据业务经理人员的具体安排来进行。

**(五)公共关系公司的收费方式**

公共关系公司一般按项目收费和时间收费。

(1)按项目收费。这里的项目主要包括:第一,咨询服务费。这里指委托项目进行期间,参加该项目活动的公司工作人员、高级管理人员、专家、文秘人员的工资。第二,行政管理费,指公司在承担某公关项目期间应当摊入项目的房租、水电费、取暖费、电话费等。第三,项目业务开支。包括承担项目期间的印刷费、邮费、差旅费等。第四,期望利润。指扣除各种税收后公司应当获取的利润。

(2)按时间收费。根据参加某项工作的各级各类人员的不同标准,按工作时间的长短收费。一般来说,每小时收取费用是参加该项工作人员每小时基本工资的2—3倍。在美国,按时间收费为70—100美元/小时,在我国,至今还没有一套成熟的收费方法,一般由双方共同协商确定。

**(六)公共关系公司的利与弊**

1. 公共关系公司的优点

第一,看问题较客观。对企业来说,公共关系公司属于局外人,它能不陷入本企业的各种矛盾中,不受制于任何人的影响,不带任何主观色彩地看待问题。

第二,经验丰富。专门的公共关系公司实力雄厚,经验丰富,人力、物力、财力都充足,可应付较复杂局面,解决疑难问题。

第三,社会交往广泛。公共关系公司常活跃于社会,跟社会各种组织和行业部门有联系和交往,又有专门的人才与公众接触,所以其社会交际广泛。

第四,机动灵活。可以针对不同的公共关系任务和不同的委托人,组织相对集中的人、财、物来开展公共关系活动。

2. 公共关系公司的缺点

公共关系公司最主要的缺点是对公司(委托公司)的情况不熟悉。公共关系公司是专门性的服务机构,它的服务对象是不同的企业。它不及企业公共关系部对企业情况了解透彻,有时不能具体问题具体分析。公共关系公司的专业性较强,不可避免导致其工作上的某些疏忽。所以,企业只有与公共关系公司广泛接触,双方通力配合、协作,才能取得更好的成效。

---

**职场案例与实践**

### 退一步,海阔天空

美国著名的实业家凯特林是一位公共关系意识很强的实业家,他经营的事业很多。每当他准备提升新人时,便从排号靠后的前几人中选出"脑筋最差劲"但是最肯于进取的一个。

一次,他选中了6名辅佐人中的艾伏塔。凯特林说:"论聪明能干,艾伏塔不如另外5人,但他时常提意见,并会说:'这个意见也许毫无可取之处,但是这样做,对公司的发展是不是有帮助呢? 您也许已经想到了,这个地方是不是可以改良呢?'他的意见极为平庸,然而他知道创意的价值,知道创新的重要,所以他对任何事情都相当留心,脑海里始终有一种求好的意念。在为公司谋取利益之方面,他胜过另外5个。因为他力求完美,符合我的要求,因此我提拔他,让他有机会挑大梁。"

**案例思考:**

1. 凯特林用人的独到之处是什么?

2. 凯特林用人的策略是非论辩:认为凯特林用人方法值得发扬的依据是什么? 认为凯特林用人方法不好的依据是什么? 请组织两组同学各抒己见。

---

## 【思考与讨论题】··················

1. 公共关系主体构成要素的内容有哪些?

2. 公共关系主体有哪些基本类型?

3. 公共关系部有何职责?

4. 公共关系公司有哪几项服务方式?

# 第六章 公共关系工作的程序

【引子】2005 年 3 月 7 日,一位消费者因认为 SK－Ⅱ说明内容与使用效果不符,皮肤出现瘙痒和灼痛情况,一纸起诉状把 SK－Ⅱ告上了法庭。3 月 7 日晚,SK－Ⅱ给新浪传递声明,表示:产品进入中国市场之前,通过了政府相关行政部门的严格检验和审批,完全符合政府各项法律法规,产品质量绝对没有问题。与此同时,SK－Ⅱ开通了 800 热线,对所有柜台售货员进行再培训,收回所有宣传资料,倾听消费者需求,同时快速应对解决问题。3 月 24 日,宝洁向媒体发出公开信:根据南昌市政府检验机构和南昌市卫生检验机构的检测结果表明,SK－Ⅱ不存在任何质量问题,是安全的。信中,宝洁同时承认其产品宣传手册描述不够全面,全部停用。

面对媒体的采访与质疑,宝洁认真倾听媒体的问询,积极配合解答,立场鲜明,态度始终如一,取得了解决信任危机的先机。

公共关系工作是一种具有创造性、新颖性、灵活性和艺术性的实践活动,似乎没有什么规律可循,不讲求工作的程序化、规范化。但实质上,公共关系是一种独特的管理职能的实施,具有独特的规律性,无论是总体性的公共关系工作,还是重点性的公共关系工作,都必须遵循和体现自身规律科学化的工作规程,来确保其职能实现。

公共关系工作的程序,是指公共关系机构和公关人员开展公共关系活动的方法和步骤。公共关系活动作为一个完整的工作过程,主要包括:调查研究、分析现状;确立目标、策划方案;策动传播、实施方案;评估分析、检测效果四个基本的工作程序,简称为"四步工作法"。其中前一个步骤是后一个步骤的前提,后一个步骤是前一个步骤的继续,四个步骤是一个完整的公共关系工作程序。

## 第一节 调查研究 分析现状

调查研究、分析现状是整个公共关系活动的基础。只有正确地面对现状,掌握准确的信息,认真进行分析、研究,才能使整个公共关系活动方案切实可行。

### 一、调查研究和分析现状的必要性

调查,就是指深入内外环境的实际,有目的、有计划地对某一社会公众、社会事件或问题进行了解,掌握真实而完整的情况、事实、数据和其他信息,获得对此事物的感性认识。研究,是指对调查得来的感性材料进行归纳、分析、综合、抽象,分析组织所处的环境,从中发现问题,探索出事物的因果、本质和内在联系,形成对调查对象的理性认识,为公共关系活动提供依据。通过公关调查研究所获得的大量的信息资料,经过研究分析所获得的思想成果,是公关决策的客观依据。

除此以外,调查研究、分析现状的必要性还体现在:能够从公关实际出发,搜集、研究来自内、外环境的各种信息,认清本组织的社会形象和公关形势;同时,在调查研究过程中将自身组织机构置身于公众环境中,来进行分析问题、研究问题、思考评判,找出本组织生存发展所必须克服和扭转的矛盾、困难、劣势,以及必须把握的趋向、条件、契机,为下一步确立目标,策划方案提供科学的依据和思路。

## 二、调查研究的内容

通常调查研究是由企业的公共关系部或独立的公共关系咨询公司负责。

### (一)调查研究应注意的问题

调查研究是公关工作过程的第一道程序,也是奠定公关活动成功基础的基本环节,在开展公关调查研究时,必须注意以下问题:

1. 确定调查研究的重点

在公关调查研究开始时,其信息收集的重点应放在有关组织及其环境、历史、政策、设备、人员、公众、产品、声誉及公关组织主体机构面临的问题上。

2. 掌握全面情况

在调查研究过程中,发现问题应寻根究底,及时发现组织主体的优势与劣势,掌握全面的情况。

3. 搞清公关调查研究的主要信息来源

在公关调查研究中要掌握必要的信息,应从以下几个方面着手:关键性人物、意见领袖,如企业领导专家、主要供应商、顾客代表性人物等;重要出版物,如各种报刊、出版物、年度报告、宣传性小册子、新闻发布稿件、统计资料、社会调查资料等。

4. 调研结果形成报告

调查研究的结果一般以调查报告的形式提交主体机构决策部门。

### (二)调查研究的主要内容

1. 内部公共关系状态调查

对组织内部公共关系状态进行调查,主要有以下内容:

(1)了解掌握本组织的总任务、总目标的开展情况和问题;

(2)企业管理方法、干群关系、管理人员的公共关系观念;

(3)本组织(包括领导人)的社会影响、社会贡献及其特点;

(4)内部公众的基本构成、思想状态及其对有关重大问题的态度、观点和行为表现;

(5)本组织所面临的优势、劣势、机遇、困难等。

2. 外部公共关系状态调查

外部公众对组织的影响作用,首先是通过态度来显示的,然后通过行动来实现。因此,外部公共关系状态的调查应着重加强对公众态度调查研究,一般从以下几个方面着手:

(1)背景材料。它主要是对有关被调查公众的姓名、年龄、性别、籍贯、住址、文化程度、职业、收入情况、家庭情况等进行全面了解。

（2）态度材料。它是指被调查者外部公众对组织及与自身相关问题的看法和意见,对象公众的价值观念、思维方式及对社会事物和有关组织的态度。

（3）行动材料。它主要是采集公众对组织机构及某个问题拟采取行动的情况。

（4）知晓度材料。它主要是搜集公众对与本组织有关的某一个问题、某一个事件、某一项计划、某一种形势在某一段时间内的知晓程度。

通过以上问题调查可以确定公众的构成、多寡、类型和活跃程度;确定是潜在公众、知晓公众还是行动公众,以利于公关工作目标方案的制订。

3. 组织形象的调查

组织形象,是指物的要素和感情要素留给公众的总体印象,即社会公众对一个组织的认识、看法和评价。

具体调查工作应由组织的公共关系部、公关人员,对与组织形象有关的内容进行归纳、整理,以便于调查表、问卷的设计,调查报告的撰写,以及调查工作的顺利进行。

4. 社会环境的调查

公共关系中所涉及的社会环境是指与组织有关系的各类公众和各种社会条件的总和。

这种社会环境按照不同的标准,可将其划分为内部环境与外部环境;具体环境与抽象环境。内外部环境是以公共关系主体组织作为划分的范围。具体环境则是指与组织有关系的各类公众。抽象环境是指能影响组织的各种社会条件和社会发展趋势。正是由于社会环境对组织的生存与发展关系重大,所以组织的公共关系部门必须加强对社会环境的调查,协调组织与社会环境的关系,使组织在社会环境中求得自身的生存和发展。进行社会调查的内容主要有:调查研究与本组织有关的国家政策、经济、技术、社会、文化的现状及其发展变化情况;调查研究与本组织有关的国家政府机构政策、法律条文制定及执行情况;了解各类新闻媒介的受众、接受率及传播效果,了解组织公众的现状及其他变化情况。

### 三、调查研究的方法

公关调查研究的方法从总体上可以划分为文献研究、民意测验和人际调查三大类。

#### （一）文献研究

文献研究,是指利用手头掌握的现有文献资料进行分析研究。

文献资料主要包括:①图书,如科学图书、专著、教科书和丛书等。②期刊,主要有学术性期刊、通讯性期刊、消息性期刊、检索性期刊等。③报纸、新闻稿、新闻图片等。④政府出版物,包括政府文件如政府报告、法令、政策、统计资料等。⑤科技文献,如科学研究报告、科学资料和技术政策等。⑥档案,如社会科学中历史、政治等方面的原本或复制品文件。⑦会议文献,包括学术会议所发表的论文、报告和论文集等。⑧研究报告。⑨产品样本,包括产品目录、产品说明书、厂刊等。⑩各种册子、各类庆祝活动文献等。

文献研究是一种十分重要的调查研究手段,通过搜集过去已发表的各种资料,全面深入地分析这个组织以及社会环境的历史和现状。它适合于纵向分析,其研究结果往往是对某种趋势的确认。这种方法具有抽样容量大、省时、省力、费用低等优点,当资料可靠时,应尽量采用此种方法,将公共关系问题进行动态化、全面化、发展化的研究。

**(二)民意测验**

民意测验又称舆论调查,是运用一定的技术和手段了解公众的态度和意见的一种社会调查的方法。其做法大体是:根据调查研究的特定目的和公众对象,将调查的事项设计成由问题组成的书面问卷或调查表,分发给目标公众进行回答,然后再进行集中分析。此种方法尤其适用于问题比较集中而又需要有广泛的调查面的事项。

民意测验实际上是公关舆论测量,包括公众意见调查和舆论动态预测两部分。民意测验的结果如何,关键是问卷的设计和调查对象的选择。

书面问卷一般有两种形式:一种是封闭式问卷,另一种是开放式问卷。在设计问卷时,应注意:①问卷说明。问卷说明一般写在问卷的第一部分,主要是向被调查者介绍调查的目的、对象、范围、意义、保密原则、填写方法和注意事项,以引起调查对象的兴趣、信任和支持。②问题设计。问卷主要包括四类问题,第一类是客观事实类问题,即通过调查取得被调查者的背景材料;第二类是主观态度类问题;第三类是趋向性问题;第四类是解释性问题,如对某事采取行动的原因等。③设计合理。问卷问题的设计要围绕调查目的进行,同时还应注意所提问题的逻辑排列顺序。④用词恰当。应避免使用多义词和含糊不清的词句以及提出难以回答的问题。

调查对象的选择一般采用抽样法,即从所要调查的总体中按照机会均等的原则,抽取一部分样本进行调查,以样本调查的结果推断总体的一般情况。

**(三)人际调查**

人际调查,是指调查人与作为目标公众的被调查者直接的接触和交往,面对面地进行观察、访问、座谈等,以获得所要调研事项的基本信息和解决问题的方法。

公关人际调查的方法主要有以下几种:

(1)座谈法。它是一种在公关调查中进行民意测验最常使用的一种方法。如某商业企业的消费者座谈会、某一政府部门的居民代表座谈会等。采用该种方法进行调查,首先,注意代表的选择,所选代表一定要具有代表性;其次,要注意会议议题的确定和表述,使代表能够正确领会;再次,要求座谈会议的主持人能把握全局;最后,要做好会议的记录工作,以便研究整理。

(2)采访法。为了了解公众作出某一反应的深层心理情感原因,公关人员可选择一些对象进行访问。它要求访问者:首先,要做好准备,熟悉有关资料,掌握有关信息,拟定访问提纲和提问顺序;其次,对访问者应以诚相待,使自己能够得到被访问者的信赖;再次,应特别注意所提问题的方式,先提问"开放性"问题,后提问"封闭性"问题;最后,被访问者应参与分析研究问题,能在被访问者心中留下深刻印象。

(3)典型对象连续调查。它是对某些与本组织关系特别密切或具有较大影响力的公众代表,进行几个月甚至几年的连续不断地追踪调查,了解该公众与本组织合作的长期过程的历史发展情况及其态度和意见。典型对象所提供的完整例证和信息系列,常常成为调查者总结经验教训、检验修正决策、策划重大行动的依据,具有极大的价值。

### 四、现状分析评估

要客观把握组织的实际社会形象,就需要深入了解公众对组织的认识、看法和评价。知名度和美誉度反映了社会公众对一个组织的总态度和总评价,公关人员可用知名度和美誉度两项指标来衡量。

**(一)组织知名度和美誉度的分析**

知名度,是指组织的一种客观状态,表示社会公众对一个组织知道和认识的程度,即该组织名声的大小。知名度本身是个中性词,无好坏之分,组织在公众心目中是好是坏都存在知名度问题。对本组织知名度的调查与把握,在公关方案的目的、时效、经济性等问题上都具有重大的现实意义。一个组织把握了自己的知名度就把握了自我影响的"磁场",获得了开展下一步工作的条件和设计公关方案的对照标准。

美誉度,则表示社会公众对一个组织信任和赞誉的程度,即名声的好坏。它代表了某一组织既定的社会或经济地位,一旦取得,就具有不易更改的特定意义。美誉度具有永久的历史性价值,一经取得,一般不会被否认,也不会随时间的流逝而减弱。

**(二)组织形象的分析**

组织形象具有客观性、整体性和相对性的特点,因此社会组织对自身组织形象进行正确的分析评估,是设立恰当的公共关系目标的基础,过高或过低估计自己的组织形象,都会造成设立目标与应当努力的方向相偏离。所以,正确地分析认识自己的组织形象非常重要。

对组织形象要素的调查分析,主要从以下几个方面入手:

(1)产品形象。即产品的质量、价格、设计、外形、名称、商标、包装等给人的整体印象,产品形象的关键是质量,品质优良的产品,是组织形象的物质基础。

(2)服务质量形象。任何一个消费者在购买商品时,都希望得到良好服务,在产品形象不相上下的情况下,服务质量的形象就成为关键。

(3)员工形象。即员工的职业道德、精神风貌和装束仪表等,给外界的整体形象。员工处在对外公共关系的第一线,他们是组织与外部公众接触的触角,许多具体的公共关系工作都是从员工开始的。

(4)领导形象。领导形象是员工形象的总代表,这一形象由体质特征、人格特征、背景特征、智慧特征、工作特征、管理特征等因素组成。组织形象在很多方面也体现在领导形象上。

(5)外观形象。外观形象是给公众的第一印象,它主要是指组织的外观环境是否整洁,装饰是否典雅大方,徽记是否醒目好认,整体安排是否合理,办公室是否整洁。

(6)社会责任形象。任何一个组织都是社会的成员,它既有法律所赋予的权利,也有应尽的社会责任。社会组织在社会劳动力就业、人力的开发和培育、家务劳动社会化、发展社会福利事业、保证社会安定、防止和消除环境污染以及精神文明等方面,具有十分重要的社会责任。

(7)公共关系形象。这是公共关系专业人员,在正确公共关系思想的指导下,通过组织上下有步骤、有计划、长期的努力,建立的一个符合社会整体利益、符合实际、便于记忆的印象。

一个组织要建立起良好的形象,不是一件容易的事情;要保持良好的信誉和形象,更不是件容易的事情。因此,建立并保持良好的组织形象是公共关系工作者一项长期而艰巨的任务。

# 第二节　确立目标　策划方案

在经过前期调查研究,收集信息,分析现状、发现并确认问题后,就可进入下一个工作程序,确立公共关系活动目标,制订或策划公共关系活动方案。

## 一、确立公共关系活动目标的重要性

公共关系活动目标,是指阶段性的公关整体工作或重点性的大型公共关系专题活动,最后所要达到的总的成效及其具体标准。它是由公共关系目的、任务转化而来的最终要求和数值指标,并以定性和定量相统一的成果形式出现。

确立公共关系目标的重要性主要体现在以下几个方面:

(1)确立公共关系目标是公共关系工作体系中关键性的环节。有了切实可行的公关目标,公关计划的制订、实施和评估就有了确定的方向和标准,公关功能才能得到正确的发挥。

(2)通过确立公共关系目标将把完整的计划、时间、财力和允许使用的资源有机地结合起来。公共关系活动目标为公共关系工作的开展提供一个总的蓝本、标准和指导方向,合理地安排时间、人力和资金,确保有控制、有步骤采取正确的公共关系行动,并为评价组织的公关效果提供依据。

(3)确立目标是组织"全员公关"的基础。要想得到内部公众和外部公众的了解与支持,仅有几个公关人员是不够的,组织的每一个员工都是组织的义务公关员,要让全体员工了解组织的目标,大家心往一处想,劲往一处使,创造良好的公关环境,使公共目标层层落实,以实现组织的公关目标。

(4)公关是一种特殊的战争,也需要"运筹于帷幄之中,决胜于千里之外",这也正是确立公关目标,制订公关活动方案的意义之所在。

## 二、确立公共关系活动目标的原则

### (一)效益原则

它要求组织公共关系目标的确立,既要能满足公众的要求,又有利于组织的发展;既保证特殊公众的要求,又能照顾一般公众的要求;通过公关人员的具体工作,实现组织与组织、组织与社会的同步发展,增进组织的经济效益进而增进社会的整体效益。

### (二)明确原则

尽管公共关系的总体目标是树立和宣传组织良好形象的基础,但具体到公共关系计划方案时,则要求所确立的目标应尽可能具体,并最好能用数量形式表达出来。组织目标的实施必须有具体的、实际的步骤,使公关目标既有利于实施,又便于检验。

### （三）可行性原则

公关目标的确立,应从组织的实际出发,量力而行,使目标制订出来切实可行,既不能好高骛远,好大喜功,所定目标过高,脱离组织实际,又不能谨小慎微,故步自封,使公共关系活动目标失去意义。

### （四）顺序排列原则

对公共关系问题应按其轻重缓急的先后次序进行排列,公共关系目标的制订也应按对该组织的影响程度排列次序。因此,我们可将其分为长期目标、近期目标及迫切目标。在公共关系工作目标的排列中,应从迫切目标开始,依次过渡到近期与长期目标,每一项目标都应具体,有规定的定性指标及定量指标,并指明完成任务的时间期限,同时,还应兼顾严格性和灵活性,既规定完成期限,同时又要留有余地,并能根据具体情况随时变通。

## 三、公共关系活动的目标类型

社会组织在不同时期的公共关系活动目标是不同的,具体可以分为以下四类:

### （一）传播信息,提高产品知名度和企业知名度

传播信息,提高产品知名度和企业知名度是公共关系最基本的目标。在组织初创时期,就需要迅速提高组织的知名度和美誉度,以帮助组织开展业务,这一时期的公共关系活动目标就应围绕这一目标展开。

### （二）联络沟通,取得公众支持和信任

取得公众的支持和信任既是公关工作的长期目标,也是短期就可见成效的工作。

一方面,我们要建立起公众对组织比较牢固的情感基础;另一方面,要针对各个时期不同公众的不同问题,迅速沟通,使公关工作在感情投资上短期内就可见效,使各类公众特别是那些与本组织有直接利害关系的特殊公众了解组织,信赖组织,对组织工作给予支持,愿意接受组织的产品或服务。

### （三）精心策划,改变公众对本组织的态度

当公众对组织有不好的看法或误解时,组织就需要通过公共关系活动加强与公众的沟通,改变公众对组织的态度,如组织开放参观或召开记者招待会,开诚布公,消除公众疑虑等。

### （四）树立信誉和形象,提高两个效益

在市场经济环境下,竞争日益激烈,信誉和形象成为企业间竞争的重要砝码,它不仅是企业文明经营、恪守职业道德的体现,更是企业管理水平、工艺设备、技术水平、人才智力等的综合反映。

组织只有把建立良好的信誉和形象作为公共关系的目标,在树立和提高自身的信誉和形象上下功夫,才能取得扎扎实实的经济效益和社会效益,才能具有真正经久不衰的竞争能力。

## 四、确立公共关系对象

公共关系活动的对象是公众,进行公关活动,确立公关目标,必须首先明确对象公众,这样公共关系目标才会有的放矢。

确定目标公众时可对公众进行分类,寻找首要公众,并深入调查和分析公众的心理变化,

如对象公众是由何种人组成的？他们的居住地点？他们当中的意见领袖是什么人？他们习惯阅读哪些报刊？他们喜欢视听哪些电视节目和广播节目？他们同本组织的关系如何？他们对本组织有何看法？他们对本组织感兴趣的原因是什么？等。以此作为开展公共关系活动的基础。

### 五、制订公共关系活动方案

在制订公共关系活动方案时同样要遵循效益原则、明确原则、可行性原则以及顺序排列原则。

#### (一)公共关系活动的主题

一项规模较大的公共关系活动是由一系列较小的活动项目组成的。公共关系活动主题的表现可以通过多种多样的形式来进行，有时是一个简短鲜明的口号，有时是一个简练明了的陈述，有时是一个多次重复的广告画面。

尽管形式各异，但其功能相同，都是为某个公共关系的目标服务，统领整个活动。其主题的特点应是一目了然、简洁清晰、特征突出、诚恳忠实、便于记忆。

#### (二)公共关系活动的具体项目

公共关系方案的具体实施都是由若干具体项目所组成，这些具体项目可做如下划分：

利用组织现有设施举行的活动项目。如工厂企业接待来厂参观、学习人员；各级学校、学院在本校举办会议、毕业典礼；市政府、工商企业举办或赞助各种演出、游行、庆祝活动、体育及智力竞赛活动等。

以信息传播为中心内容的活动项目。该类项目主要包括新闻发布会、记者招待会、研讨会、学术讨论会、各种竞赛活动、颁奖仪式、宣传教育活动等。通过该类活动向社会提供符合公众利益兴趣的信息、知识或思想，用以宣传本组织的目标，同时能够获得传播媒介的注意及报道。

推销产品和服务的活动项目。该类项目由公共关系部门和销售部门协作共同完成。其主要形式有经常向各种出版机构、报纸、杂志、电台、电视台寄送有关产品和服务的新闻发布稿、宣传文章和照片等；请电影电视制片厂来为产品或服务设施拍摄电影电视片，向广大公众播放等。

在某些特殊时刻举行的活动项目。公共关系在某些特定时刻，如全国性的重大节日、休假日和纪念日，举办的庆祝会、大减价促销等。对于这些特殊时刻公关人员应事先进行规划，以便收到良好的效果。

#### (三)公共关系活动的时机选择

它是反映组织在适当的时间，利用适当的地点，以适当的方式向公众进行双向信息传播。各种项目的执行都要选择适当的时机，在制订计划时，应预先考虑到影响时机的各种因素，以求取得行动的最佳效果，避免不必要的损失。

经验丰富的公关人员通过进行细致、周密、科学、全面的计划，分析一切影响行动时机的因素，可以将无法控制的因素转化为可控制因素，抓住有利时机，"主动出击"，有目的地开展公共关系活动，以实现公共关系目标。

### （四）公共关系活动的时间表

制订公共关系的进度表格,什么时间做什么工作是时间预算的要求。公关活动的计划要在时间表上一一对应。时间表对公关人员要有一定约束力,使计划能正常执行。

时间的安排要有弹性,留有余地,以防不测情况发生。

### （五）公共关系活动的人力资源预算

对公关人员的预算,要从公共关系工作的目标和预期效果来考虑,对人员的预算要针对实施计划方案的实际情况调配人力。

在开展公共关系活动时,总体要对以下五类人员情况进行预算:编辑、撰稿人员;调查、分析人员;公关策划人员;公关活动组织人员;其他专门技术人员。

### （六）公共关系活动的经费预算

公共关系活动经费的预算主要是对一定时期内(一般是一年)从事公共关系活动需要的总费用加以估算,并对公共关系活动的主要构成和项目加以确定。

公共关系活动的费用主要有:管理费用:主要包括公共关系部门工作人员和所有参与公关活动的外邀人员的工资、奖金以及电话、水电、房租、办公用品等费用。活动费用:主要包括调查研究、出版物、专题活动、影视资料、新闻发布会、媒介关系等的费用。

### （七）公共关系活动媒介的选择

传播媒介的选择应在明确目标和公关对象公众的基础上进行。

由于各种传播媒介的特点不同,在选择媒介时应考虑如下因素:

1. 媒介选择的准确性

公关人员可根据目标公众在国别、地区、职业、民族、信仰、经济与社会地位、文化程度差异等方面,判断目标公众在媒介方面的偏好。

2. 选择目标公众能够接受的信息

通过调查所了解到的对象公众的文化、社会、心理等方面的特点,公关人员在制作信息(如新闻稿件、广告稿、演讲词、展览说明、小册子等)时,就要注意公众的特点,以激发他们的兴趣。同时还应注意媒介的特点,使提供的信息尽可能被采用为新闻发表,或作为进一步采访的线索。

3. 媒介本身的影响力和效率

电视、广播、报纸等传播媒介影响广泛,效率也较高,许多组织在选择媒介时都喜欢采用这几种媒介。但并不是其他媒介就效率差,对于不同的宣传问题应灵活采用不同的传播媒介,如通过电视宣传机械产品就不如印制成产品目录和说明书,直接邮寄给客户有效。

## 第三节  策动传播  实施方案

策动传播、实施方案是公共关系工作程序的第三步,也是公共关系工作中最为关键的环节,只有成功地实施了方案,把预期的信息传达给对象公众,使公众了解组织的政策和行动方向,从而改变他们的态度和行为,得到公众对组织的支持和信赖,才能更好地推动组织的生存和发展,才能体现出公共关系的重要作用。

## 一、公共关系方案实施的准备

尽管公共关系方案是经过认真论证了的,但为顺利实施方案,完成公共关系活动目标,公关人员还需做好以下准备工作:

### 1. 人员培训

公共关系活动不仅仅与公共关系部门的工作人员有关,还与本组织其他相关部门密切相关,全体参与人员素质的高低都会对公关活动的效果产生巨大的影响。如在开展新产品发布会中,公关人员会邀请组织内部相关技术人员与会,为公众介绍产品相关信息,此时该技术人员的个人形象、语言技巧等都会影响公关活动的效果。因此需要在组织内建立全员公关的意识,并实施工作制度教育、个人礼仪培训等。

### 2. 实施前的调查

由于公共关系方案的实施主体、客体以及实施环境等都会存在不确定因素,为了保证公共关系活动的顺利开展,很多组织会在公共关系活动实施之前进行调查,以确定是否继续推广实施。

## 二、影响公共关系方案实施的因素

影响公共关系方案实施的因素比较复杂,一般从以下三个方面分析:

### 1. 目标障碍

目标障碍是指因公共关系活动策划的目标不正确或者不明确而给实施带来的障碍。如策划目标损害了公众利益,必然会引起目标公众的抵制或者反对;策划目标过低,不能引起公众的重视;策划目标过高,又会挫伤公关人员的积极性。可通过以下方法排除这类障碍:检查策划目标是否切合实际、是否可以比较和衡量、是否指出了所期望的结果、是否是实施者在职权范围内所能完成的、是否规定了完成的期限。

### 2. 沟通障碍

在公共关系方案实施的过程中,往往会因为语言、习俗、观念、心理等差异而产生各种沟通障碍,公关人员要及时发现并排除。

(1)由信息选择接触的不协调性而引起的沟通障碍。人们在可能的情况下,常常选择自己喜欢的信息进行接触,对自己不喜欢的信息则不感兴趣,这就要求我们能"投其所好"。

(2)由行为构成信息沟通的障碍。个人的行为受群体或社会的影响,出现了遵从或逆反两种极端行为方式,两者互相排斥、互不相容,对同一信息却有相反的行为方式,如上级对下属在大众场合进行批评,则会形成拒绝接受的逆反行为。

### 3. 突发事件障碍

突发事件对公共关系活动实施的干扰主要有两类:一是人为的纠纷危机,如公众投诉引发事件、新闻媒介的批评以及不利舆论的批评;二是不以人的意志为转移的灾难危机。如地震、水灾、火灾等。突发事件对组织的影响具有速度快、后果严重、影响面广的特点,如果处理不当会给组织带来重大影响。因此面对突发事件,要求公关人员能够保持头脑冷静,迅速调查事实并分析原因,尽快采取正确的对策。例如,尽快地、实事求是地告知公众相关消息,杜绝隐瞒、编造虚假信息;传播信息尽量形成文字,不宜随便发表议论;应尽快与新闻媒介取得联系,适时报道信息,避免出现混乱。

### 三、公共关系方案实施的管理方法

在实施公共关系方案时,应遵循目标导向原则,实时控制与反馈,整体协调,使工作设计的各方面达到合理互补、配合协调、统一和谐的状态。

1. 公共关系实施的领导与指挥

在公共关系方案确定以后,实施成败的关键在于实施的领导和指挥。公关人员应结合目标管理法、系统管理法、心理管理法、行政管理法等科学管理方法,领导和指挥公共关系活动。

2. 控制与反馈系统

公共关系方案实施时,公关人员应以公共关系活动目标为导向,积极建立控制标准和控制流程,做好事前控制、事中控制和事后控制,掌握活动进展状况,及时发现偏差并采取纠偏措施。如开记者招待会时,应指定专人接待记者,为记者提供相关最新信息,并指定专人在会场门口签字以防止不速之客扰乱会场等。

## 第四节　评估分析　检测效果

评估分析、检测效果是公共关系工作程序的第四步,是评价公共关系活动效果的重要环节。

### 一、公共关系评估的作用与程序

#### (一)公共关系评估的作用

公共关系评估,就是根据特定的标准,对公共关系计划、实施及效果进行衡量、检查、评价和估计,以判断其优劣。公共关系评估除了用于效果的比较分析之外,它在整个公共关系活动程序中,公共关系评估控制着每个公共关系实践活动的环节。它在公共关系实践活动中的三个阶段——准备阶段、实施阶段及影响效果的分析阶段均发挥着不可低估的作用。

公共关系评估的重要作用主要表现在以下三个方面:

1. 公共关系评估是改进公共关系工作的重要环节

公共关系评估对一个社会组织的公共关系工作具有"效果导向"的作用。美国一位公共关系先驱者埃瓦茨·罗特扎恩早在1920年时就曾经说过,当最后一次会议已经召开,最后一批宣传品已经散发,最后一项活动已经成为历史的纪录时,就是你在头脑中将自己和自己所采用的方法重新过滤一遍的时刻。这样你就会清理出经验和教训,供下一次借鉴。这位先驱者所说的"清理出经验和教训,供下一次借鉴",恰恰说明了公共关系评估对改进公共关系工作的重要作用。

2. 公共关系评估是开展后续公共关系工作的必要前提

从公共关系工作的连续性来看,任何一项新的公共关系工作计划的制订与实施都不是孤立存在和产生的,它总是以原来的公共关系工作及其效果为背景的。制订新的公共关系工作计划,要对前一项公共关系工作从计划的制订到实施、从效果到环境变化进行系统评估分析。这是公共关系工作连续性的一种表现。

3. 公共关系评估是鼓舞士气、激励内部公众的重要形式

公共关系工作实施的效果本身往往表现为一个复杂的局面,既涉及公众利益的满足,也涉及公众利益的调整。一般来说,内部员工很难对它有全面深刻的了解和认识。所以,当一项公共关系计划实施之后,由有关人员将该项公共关系计划的目标、措施、实施过程和效果向内部员工解释和说明,可以使他们认清本组织的利益和实现的途径,自觉将实现本组织的战略目标与自己的本职工作紧密地联系在一起,并变为一种行动。

公共关系评估的另一重要意义还在于使组织的领导人看到开展公共关系工作的明显效果,从而使他们能更加自觉地重视公共关系工作。

公共关系评估实际上是对整个公共关系活动过程的评估。它可以伴随着公共关系工作的进展,根据要求随时评估。它与我们平常所说的总结或反思有些类似,只不过公共关系评估不是一般性的总结,而是公共关系分析的重要方面,是一种具有特定标准、方法和程序的专门研究活动。

**(二)公共关系评估的程序**

1. 设立统一的评估目标

统一的评估目标是检验公共关系工作的参照物。有了参照物才能通过比较来检验公共关系计划与实施的结果。即使这一评估目标更多的是定性的而非定量的,仍需订出一个统一的评估目标。这需要评估人员将有关问题,如评估重点、提问要点形成书面材料,以保证评估工作顺利进行。另外,还要详细规定调查结果如何运用。如果目标不统一,则会在调查中搜集许多无用的材料,影响评估的效率与效果。

2. 取得组织最高管理者的认可并将评估过程纳入公共关系计划之中

评估不是公共关系计划的附属品或计划实施后的事后思考和补救措施,而是整个公共关系计划的重要组成部分。因此,对评估应该给予足够的重视,对评估的方法、程序等方面予以充分的考虑和周密的筹划。

3. 在公共关系部门内部取得对评估的一致意见

这一部门的负责人要认识到,即使是公关人员本身也不能一下子就把公共关系活动没有实效性结果的性质和它的可测量效果联系起来。要给他们足够的时间认识效果评估的作用和现实性,并允许他们通过自己的亲身体验加深这一认识。

4. 从可观察与测量的角度将目标具体化

在项目评估过程中,首先应该将项目目标具体化。例如,谁是目标公众,哪些预期效果将会发生以及何时发生等。没有这样的目标分解,项目评估就无法进行。同时,目标分解还可以使公共关系计划的实施过程更加明确化与准确化。

5. 选择适当的评估标准

目标说明了组织的期望效果。如果一个组织将"让公众了解自己支持当地福利机构,以改善自己的形象"作为公共关系活动的目标,那么,评估这样的公共关系活动的标准就不应是

了解公众是否知道当地报纸上哪一个专栏报道了这一消息，占用了多大篇幅，而应该了解公众对组织的认识情况以及观点、态度和行为的变化。

6. 确定搜集证据最佳途径

调查并非总是了解公共关系活动影响的最佳途径，有时组织活动记录也能提供这一方面的大量材料。在有些情况下，小范围的试验也是十分有效的。在搜集有关评估资料方面，没有绝对的唯一最佳途径。在这一方面，方法选择取决于评估的目的、提问的方式以及前面已经确定的评估标准。

7. 保持完整的计划实施记录

这些资料能够充分反映公关人员的工作方式和工作效果，尤其重要的是反映计划的可行性程度，哪些策略是有效的，哪些策略是无力的或者无效的，哪些环节衔接比较紧密，哪些环节还有疏漏或欠缺。

8. 评估结果的使用

公共关系活动的每一个周期都要比前一个周期表现出更大的影响力，这是运用前一个周期评估的结果对后一个周期进行了调整的缘故。由于对评估结果的运用，问题确定及形势分析将会更加准确，公共关系目标将会更加符合组织发展的要求。

9. 将评估结果向组织管理者报告

这应该成为一项固定的制度。它的作用一方面可以保证组织管理者及时掌握情况，有利于进行全面的协调；另一方面也可以说明公共关系活动在持续地保持与组织目标相一致及其在实现组织目标过程中的重要作用。

10. 丰富专业知识内容

公共关系活动的科学组织与准备效果评估导致人们对这一活动及其效果有更多的理解与认识，效果评估的成果又进一步丰富了公共关系专业知识的内容。通过具体项目效果评估所得到的资料，经过抽象化分析，可以得到对指导这一活动有普遍意义的思想、方法与原则。

## 二、公共关系评估的标准与方法

评估必须有标准。如何确定标准，确定什么样的标准，决定了评估的结果是否科学，是否符合实际。一些专家、学者根据公共关系活动过程的不同阶段，提出了一些评估的标准与方法。

### （一）准备过程的评估标准与方法

1. 背景材料是否充分

在准备阶段，公共关系活动尚未正式开始，尤其是公共关系活动对环境的影响尚未产生，因此，公共关系效果很难测定。评估的主要任务实际上就是检验前几个程序中是否充分占有资料和分析判断的准确性。重点是及时发现在分析中被遗漏的、对项目有影响的因素。例如，在确定公共关系活动的目标公众时是否遗漏了关键公众，哪些关于公众方面的假设被证明是错误的，新闻界所需要的材料哪些没有充分准备，组织环境中的所有关键因素是否都已确定等，所有这些分析研究可看做是公共关系活动的实施者在实施前的行为投入。这种行为投入量是否充分是对准备过程进行评估的一个重要指标。

2. 信息内容是否正确充实

如果说第一个问题谈的是材料的充分性，那么第二个问题强调的是信息的合理性。整个评估过程，要紧紧围绕"公共关系活动是否适应形势要求"而展开。例如，在政治活动中，公共关系活动的策划者要研究竞选者在电视辩论中的发言以及各种新闻媒介对他的讲话及其本人的评论，并通过选举过程中选民们对这个竞选者的反应看公共关系活动是否成功。评估这一活动时则要分析：公共关系活动中准备的信息资料是否符合问题本身、目标及媒介的要求，沟通活动是否在时间、地点、方式上符合目标公众的要求，有没有对沟通信息和活动产生对抗性行为，有没有制造事件或采取其他行动配合这次公共关系活动，这方面做得够不够，相对任务本身而言，人员与预算资金是否充分等。

对于信息内容的分析，可以利用剪报、宣传品以及广播讲话录音和原稿。这种评估分析的结果，可以作为进一步审定或调整计划与战略、改进方案实施过程的重要参考资料。

3. 检验信息的表现形式是否恰当

这一环节是准备过程评估的最后一个环节，其重点是信息表现形式的有效性如何。例如，检验有关信息传递资料及宣传品设计是否合理、新颖，是否能达到引人注目、给人以深刻印象的要求。具体包括文字语言的运用、图表的设计、图片及展示方式的选择等。这是对公共关系活动组织者专业技能的检验。

**（二）实施过程的评估标准与方法**

评估不仅仅是对公共关系工作效果进行评估，更主要的是它要在公共关系活动的实施过程中发挥其监控、反馈的作用。例如，发现哪些决策是正确的、哪些是错误的、哪些决策不利于公众产生对组织的信任以及发现决策实施过程中出现的偏差等。

1. 实施过程的评估标准

在这个阶段有三个不同层次的评估标准：

（1）检查发送信息的数量。这些数量作为数据直接反映组织在实施公共关系活动中所发表的电视、广播讲话次数，发出信件、其他宣传材料以及新闻发布的数量，通过它还能发现其他宣传性工作如展览等进行与否及其努力程度。这项工作完成后，不理想的环节和计划实施过程中的一些弱点便会从这些数据中反映出来。

（2）信息被传播媒介所采用的数量。我们不能满足于制作信息的数量，还要特别注重这些信息被传播媒介所采用的数量。因为只有通过传播媒介，才能最有效地保证公众接触到这些信息，并受到它们的影响。报刊索引和广播记录一直被用来作为查对传播媒介采用信息资料数量的依据。同样，其他宣传活动如展览、公开讲话的次数，也反映了组织为有效地利用各种可能渠道将信息传递给目标公众的努力程度。相反，如果制作的信息不能被采用，不仅达不到宣传效果，而且还会造成人力、物力、财力的浪费。

（3）检查接收到信息的目标公众有多少。这里，应该将收到信息的各类公众进行分类统计，从中找出目标公众的数量。这就是说，对于评估来说，收到信息的公众的绝对数量并不重要，最重要的是这些公众的结构。

2. 实施过程的评估方法

实施过程的评估方法可分为以下三种：

（1）评估人员的直接观察。这种直接观察,可以由评估人员直接参与实施过程,进行实地考察,记录各个环节实施的状况和顺序以及进展情况。

（2）对实施者与实施对象进行调查。调查访问实施者是收集各种评估资料的重要途径。与此同时,将有关资料与调查访问实施对象得到的资料进行对比分析也是一种不可忽视的评估形式。调查实施对象可以从另一个角度考察公共关系计划实施的情况,它可以了解实施对象对公共关系活动的重视点以及对这一活动感到满意的程度,从而有助于确定调整实施的方向。

（3）分析各种汇报资料。从不同渠道汇报上来的各种资料,如数据、图表、报告是评估的重要依据。通过研究分析这些资料,比较实施人员、实施对象、实施方法步骤、社会环境等方面的特点,了解实施过程中易出现的障碍,从而建立标准化的实施程序,确立实施人员与实施对象的结合部位。

以上这三种方法一般被综合运用,通过几种方法相互比较,相互印证,得出一个全面的、综合性的评估结论。

**（三）实施效果的评估标准与方法**

实施效果的评估是对本次公共关系活动成果的总结,也是提高组织公关能力的基础。

1. 实施效果的评估标准

实施效果的评估是一种总结性的评估。这一阶段的评估标准有以下几点：

（1）检查"了解信息内容的公众数量"。公共关系活动的目的之一是增加目标公众对组织的认识、了解与理解。评估公众从本次公共关系活动中了解到了什么,或者他们所掌握的有关组织的情况是否通过组织开展的活动得到了补充,就要对开展公共关系活动前后公众对组织的认识、了解和理解等变量进行比较。

（2）改变观点、态度的公众数量。这是评估实施效果的一个更高层次的标准。因为评价一个人的态度,要根据一段时期内他在所有有关问题上的立场和观点,而不能仅凭一时一事判定一个人的态度发生变化与否。态度与观点和知识的关系大致是这样的：态度的变化可能随着知识与观点的变化而变化;在一个人知识与观点未发生变化的情况下,也可能发生态度变化。

（3）发生期望行为与重复期望行为的公众数量。在掌握了发生期望行为的公众数量之后,还应该注意了解重复期望行为的公众数量。例如,对戒烟运动,我们不能单纯计算在开展这一运动的第一天内戒烟者的总数,因为这并不能充分说明这一运动的影响效果。一天或一下午有戒烟行为并不能表明这些人将永远根除吸烟的习惯。对这些运动的影响效果的评估要根据运动开展以后几个月甚至几年的持续观察数据。评估一项公共关系活动在改变人们长期行为方面取得的效果,需要较长时期的观察,并取得足以说明人们行为调整后不断重复与维持期望行为的有力证据。

（4）达到的目标与解决的问题。这个评估标准是公共关系活动效果评估的最高标准。公共关系计划目标的实现,可以表现为取得理想的选择结果、筹措资金的数额达到预期指标、立法方面取得胜利等。有时,公共关系活动产生的结果并非完全与计划目标相一致,但是这些结果同样是积极的,可以认为是达到计划目标的其他表现方式。在这种情况下,这些结果也应该作为评估公共关系活动效果的根据。

（5）对社会经济与文化发展产生的影响。这种影响要同其他因素一起共同起作用，并在较长时间里以复杂的、综合的形式表现出来。因此，对这种影响效果的评估并非是公关人员所能完成的。这是留给社会学家和心理学家的题目。我们这里涉及这个问题，主要是为使公共关系活动效果评估的理论体系完整化，并引起人们在思想上认识这个问题。对于那些通过自己的职业行为履行社会责任，并对社会经济及文化的发展产生积极作用的公关人员，后人将给他们以公正的评价。

2. 实施效果的评估方法

关于影响效果的评估方法，按照评估的实施者的不同可以把评估的方法分为以下三种：

（1）自我评定法。这是由公共关系活动的对象通过亲身感受而对公共关系活动给予评定的方法。例如，日用化学品厂推出了一项旨在宣传普及美容知识的公共关系活动，在这次活动中，该厂特意举办了一个美容技巧培训班。为了评估这次公共关系活动的影响效果，公关人员可以请参加这个美容技巧培训班的学员自己评定他对该次公共关系活动的满足感，估量自己所学到的知识和技能，评价该次活动是否增加了他们的美容知识等。这种方法的缺点是，有时可能产生不真实的测量结果。尤其是向调查对象提出一些比较敏感的问题时更是如此。因此，采用自我评定法要特别注意问卷提问的方式，对敏感的问题宜采用灵活、委婉的方式进行调查。

（2）专家评定法。这种方法是由公共关系方面及有关方面的专家来审定公共关系计划，观察计划的实施，对计划实施的对象进行调查，与实施人员交换意见，最后撰写出评估报告，鉴定公共关系活动的成效。专家评定法的价值，完全取决于专家是否具备专门的知识，如果他们对公共关系活动所涉及的某些领域的知识不足，那么他们也无法做出正确的评估。因此，采用专家评定法时，一定要聘请那些知识丰富、熟悉情况的专家。

（3）实施人员的评估。公共关系计划的实施人员经常自行对公共关系计划和实施的情况进行评估。这种评估能够及时充分地利用实施过程中的实际情况对该项活动的影响效果进行判断。如前面所介绍的"测试工作法"实际上就是一种评估方法。只不过这种方法的侧重点是放在"反馈调整"方面。实施人员的评估也有缺点，主要是实施人员对其实施的计划可能会尽量隐恶扬善，从而无法看出公共关系活动的真实影响。另外，实施人员忙于实施任务，没有更多的时间和精力进行评估研究。

在进行影响效果的评估时，应该注意到：一项公共关系活动总是处于一定的社会环境之中的，它所产生的影响，可能是公共关系活动本身引起的，也可能是其他社会因素的作用，理想的科学的评估，最好能尽量排除公共关系活动以外的因素，显示出公共关系活动的真正影响力。

职场案例与实践

### 假药"救"轻生夫妻

某天，某地方电视台的《晚间新闻》中播出了这样一条消息：一对夫妇服用了6瓶安定片，欲死不成重返人间,并且点出了生产该药的内地一家制药厂的名称。几天后当地一家报纸又以《夫妻轻生假药"救命"》为题进行报道。一时各种新闻传媒沸沸扬扬,事情恰巧发生在这年的"春季全国药品交易会"召开期间,该制药厂往年成交额都在千万元以上,而这次却不足往年的10%。

其实"假"药根本不假。事后有关部门按卫生部门药品标准检验,该制药厂生产的这种安定片完全合格。这是该厂的升级换代产品,药效以镇静、安神为主,具有用药量小、毒副作用小等特点。与传统意义上的安眠药超剂量服用会引起呼吸肌麻痹致死不同,这种安定片一般一次服20瓶都不会造成死亡。

问题清楚了,最先报道此事的电视台和报社无不感到遗憾,并积极寻求解决问题的途径。然而该制药厂却以"错报"为由,状告两家新闻单位。当地法院很快受理了此案。经过多次法院调解,最后原、被告双方达成协议,被告赔偿原告30万元人民币。

**案例思考:**

本案例中制药厂具有法律意识,利用法律澄清了事实,也得到了补偿,但是没能为该厂拓展市场。如果该制药厂求助于公共关系,争取到新闻界的热情支持,广泛宣传换代产品的安全功能,效果可能就会大不一样。请你帮该厂策划一份开拓市场的方案。

## 【思考与讨论题】⋯⋯⋯⋯⋯⋯

1. 什么是公共关系工作的程序?
2. 调查研究、分析现状的内容及其方法都有哪些?
3. 如何开展确立目标、筹划方案这一工作程序?
4. 如何进行策动传播、实施方案?
5. 怎样开展评估分析、检测效果工作?
6. 公共关系评估的意义何在?
7. 怎样在公共关系实施的不同阶段进行评估?
8. 公共关系的调查方法有哪些?你认为从你熟悉的学科中还可借鉴哪些方法?
9. 据你了解,实施公共关系计划最大的困难是什么?最容易遇到什么问题?你认为应采取什么对策和措施?
10. 请为你所熟悉的社会组织(机关、学校、企业)设计一次公共关系主题活动。
11. 按照宣传性公共关系活动的要求,配合学校的招生工作或教育主管部门的安排,策划一次宣传所在学校的活动(可以先通过老师了解学校的基本情况,随后由同学个人设计活动方案,然后在小组内讨论交流,相互启发,补充修改,最后在全班汇总,形成一个较为完整的策划报告)。

# 第七章 公共关系从业人员与素质要求

【引子】郭晓凡是一位外贸公司的业务经理,有一次,郭先生因为工作的需要,在国内设宴招待一位来自英国的生意伙伴。有意思的是,那一顿饭吃下来,令对方最为欣赏的,倒不是郭先生专门为其所准备的丰盛菜肴,而是郭先生在陪同对方用餐时的一处细小的举止表现。用那位英国客人当时的原话来讲就是:"郭先生,你在用餐时一点儿响声都没有,使我感到你的确具有良好的教养。"

公共关系从业人员,英文为 PR Practitioner,是对从事公共关系工作的职业人员的普遍而又常见的称呼。在欧、美国家,对公关人员的称呼有 PR Practitioner(公共关系从业人员)、PR Man(公关人员)、PR Officer(公关官员),尚未见 PR Girl(公关小姐)之类的称呼,倒是亚洲一些国家和地区有公关小姐、公关先生之类的称呼。从一种较窄的范围来理解,以从事公共关系实践工作为职业的人员,可称为公共关系从业人员。这里需要指出,它指的是职业的公关人员,而非业余或兼职的公关人员。对于这一点,国外学者十分强调,因为他们认为,公共关系是一门正在崛起的职业,公共关系的职业化道路是发展公共关系事业的必由之路。而从一种宽泛的范围来理解,它指的是以从事公共关系理论研究、教学活动和实践工作为职业的人员。国内学者喜欢把这些人员统称为公共关系工作者。

据不完全统计,美国 20 世纪 80 年代公共关系从业人员的数量已近 15 万人,90 年代则达 17 万人之多。国内公共关系从业人员的数量迄今虽不曾有过一个正式的统计数字,但据有关人士估计,2004 年上半年我国从事公共关系工作的注册人员约 29 万人,目前国内从事公共关系与策划工作的人员可能已有 50 万人左右。随着我国公共关系事业的进一步发展,我们将需要越来越多的公共关系从业人员。

## 第一节 公共关系从业人员的基本素质

公共关系从业人员(以下简称公关人员)是公共关系活动的主体核心。如果我们把公共关系活动看成是塑造组织形象的工作,那么,这个工作需要公关人员来做。更具体一些说,塑造组织形象,需要对传播媒介进行操作,这些操作必须有公关人员的介入。也可以这样说,一切公共关系活动都需要由人来组织,而公关人员则是组织公共关系活动最合适的正规人选。没有公关人员的努力,再好的公共关系计划都是"空中楼阁"。一切公共关系工作的成败得失、有效程度和创造活力,在很大程度上取决于公关人员的素质条件。

公共关系从业人员的素质,首先应该是一种现代人的全面发展的素质。其次,结合公共关系职业的特性,它专指以公共关系意识为核心,以自信、热情、开放的职业心理为基础,配之以公共关系专业知识结构和能力结构的一种整体职业素质。这一节中我们所探讨的问题,仅局限于公关人员的这种职业素质。

### 一、公共关系从业人员的公关意识

用哲学原理来说,意识是存在的反映,又能动地反作用于存在。也可以这样说,意识是具有主观能动性的人对客观物质世界的反映,同时,意识会对物质世界产生强大的反作用。

公共关系意识,是公共关系从业人员应该具备的基本素质的核心,它属于一种现代化经营管理和行政管理的思想、观念和原则,它是公共关系实践在人们思维中的反映,且由感性认识上升为理性认识。这里需要强调,它作为公共关系实践活动的反映不是一种表层的被动反映,而是实践为理论所概括且演化为公共关系原理、规律、原则的一种深层的能动反映。它一旦形成,就会成为制约人们公共关系行为的一种力量。自然,公共关系意识不可能是先天获得的,而是需要通过学习逐步培养的。

公共关系意识是一种综合性的职业意识,主要有以下几个方面的内容:

1. 塑造形象的意识

塑造形象的意识是公共关系意识的核心。公共关系思想中,最重要的是珍惜信誉、重视形象的思想。现代企业都十分重视企业形象。良好的企业形象,是一个企业的无形资产和无价之宝。国内外公共关系学者给公共关系下的定义有许许多多,侧重点各有不同,但异中求同,我们会发现,绝大多数公共关系定义都强调公共关系工作的一个重要目的,即塑造组织的良好形象,或指出公共关系工作与塑造组织的良好形象有直接的关系。

在这里有一点需要说明,那就是:组织的形象必须是真实的,而非虚假的;组织的良好形象,必须以组织的良好行为和优质产品或服务为基础,而非编造出来的。虚假、编造的形象,也许可能会存在于一时一刻,但不可能长存。说到底,这是自毁形象的做法,而非塑造形象的做法;这是缺乏塑造形象的意识,而非具有塑造形象的意识。

2. 服务公众的意识

任何组织的公共关系工作都必须着眼于公众。当组织利益与公众利益发生冲突时,满足公众利益应该是第一位的。现代公共关系教育的先驱、美国著名公共关系学者爱德华·伯内斯早在1923年就指出:公共关系工作是为了"赢得公众的赞同","公共关系应首先服务于公众利益"。20世纪70年代和80年代,国外企业普遍强调企业的社会责任,这实际上也是服务公众的意识在新的历史时期的表现。

具有服务公众意识的人,能时时处处为公众利益着想,利用条件,创造条件,来为公众服务,努力满足公众方方面面的要求。这样的人,实际上明确地了解了公共关系工作的方向。

3. 真诚互惠的意识

真诚互惠的意识是公共关系的功利意识。否认公共关系工作的功利性,这是自欺欺人。一个处在当今竞争社会中的组织,需要有一种竞争态势,但这种竞争不应是"你死我活"或"大鱼吃小鱼",而应是既竞争又合作,共同发展,共同前进。

任何组织都想塑造自己的良好形象,但这种形象的塑造,必须建立在真实、透明、真诚的基础上,而非弄虚作假;任何组织也都想通过公共关系工作,追求自身经济效益和社会效益的最佳统一,但这种追求,必须建立在彼此尊重、平等合作、互惠互利的基础上,而非欺骗他人、坑害公众。

**4. 沟通交流的意识**

沟通交流的意识,实际上也可以说是一种信息意识。双向对称的公共关系模式要求组织必须时刻注意与公众的沟通和交流,及时地将组织的信息传递给公众,将公众的信息传递给组织。

从更高的层次说,沟通交流的意识属于现代社会的民主意识。公共关系活动是一种具有民主性的经营和管理活动。组织为了塑造能为公众所接纳的良好形象,以求得公众对组织的支持,就必须倾听公众对组织的各种建议和批评;组织为了推销自身的良好形象,提高知名度和美誉度,就必须运用交流的技巧,将自身所作所为宣传出去,而这一切都必须依赖于一种民主精神、民主意识。

**5. 创新审美的意识**

塑造组织良好形象是一个创新审美的过程。组织的良好形象一旦塑造起来,就需要相对稳定。但相对稳定并不等于一成不变,它应是一种积极的稳定,即在稳定中孕育发展,包含发展。只有在发展的基础上才能实现真正的稳定,同样,也只有在稳定的前提下才会有真正的发展。既然组织的良好形象需要发展,那么,就必须有创新、有突破、有超越,既超越自己,又超越其他组织。至于组织良好形象塑造过程中的每一个公共关系活动,其策划与设计也需要有创新。

我们说公共关系是一门科学和技术,指的是它有客观规律可循,有相对稳定的操作程序;而我们说公共关系是一门艺术,指的是它有突破固定程序、追求无重复的创造的特点。唯有创新,才能塑造具有个性的组织形象;唯有创新,才能使组织的良好形象在竞争的社会中,永远立于不倒之地。

既然我们承认公共关系是一门具有创造性的艺术,那么,它必然具有审美价值。很难想象组织的良好形象是不美的,是丑的。唯有好的形象,才能为人们所欣赏、所接受;唯有美的活动,才能为人们所参与、所投入。

**6. 立足长远的意识**

塑造组织良好形象,不是立竿见影的事,而是需要通过长期努力,不断积累,才能取得成功。公关活动与广告或推销不同,如果说后者更多地着眼于眼前,注重较为直接的效益,那么,前者从根本上来说,立足于长远,追求长期的效益。任何急功近利,只关注短期效益的做法,都是与公共关系思想不相符的。

## 二、公共关系从业人员的心理素质

公共关系从业人员的心理素质是公关人员基本素质的基础。许多公共关系方面著作在论述公关人员的心理素质时,常喜欢从人的性格的角度来分析,比如,强调外向型性格的人适合于干公共关系工作,内向型性格的人不适合此类工作。但从人的性格的角度来探讨公关人员的心理素质是不全面的。既然是探讨心理素质,我们还是应该从公共关系职业对人的心理要求这个角度入手。

概括起来说,对公关人员的职业心理要求主要有以下三个方面:

1. 自信的心理

自信,这是对公关人员职业心理的最基本的要求。一个人有了自信,才会产生自信力,并进而激发出极大的勇气和毅力,最终创造出奇迹。

古人云:"自知者明,自信者强。"充满自信的公关人员,敢于面对挑战,敢于追求卓越,他们自信能超人,自信能胜人,因而自强不息。这样的公关人员塑造的组织形象,必然是良好的形象。自认卑微,缺乏自信的公关人员,其塑造的组织形象,只能是卑微、平庸的形象。

公共关系工作不是一种简单的机械操作。公关人员虽然能在一定程度上预测到工作的结果,但还需要冒一定的风险,这就需要有自信。当然,这种自信是建立在周密的调查研究、全面了解情况的基础之上,而非盲目自信。当一个组织遇到危机时,缺乏自信的公关人员通常会显得手足无措,一片慌乱,即使有很好的转机,公关人员也难以把握;而充满自信的公关人员,面对这种情况,则会以稳健的姿态,凭借智慧,依靠耐心和毅力,通过艰辛的努力,使组织转危为安。正如法国哲学家卢梭所说的,"自信心对于事业简直是奇迹,有了它你的才智可以取之不尽,用之不竭。一个没有自信力的人,无论他有多大才能,也不会有成功的机会"。

2. 热情的心理

从事公共关系工作的人员应有一种热情的心理。公共关系工作不是一种整天吃吃喝喝、玩玩乐乐的轻松的工作,而是一种需要人们付出大量智力和体力劳动的艰辛的工作。很多公关人员中几乎都没有八小时工作制的概念,没有极大的热情,没有全身心的投入,是干不好公共关系工作的。

热情的心理,能使公关人员兴趣广泛,对事物的变化有一种敏感性,且充满想象力和创造力。他们需要凭借热情的心理,来与各种各样的人打交道,结交众多的朋友,拓展工作的渠道。缺乏热情的人,既不可能接受别人,也不可能为别人所接受。

3. 开放的心理

公共关系工作是一项开放型的工作,从事这种工作的人需要有开放的心理。具有开放心理的人,能宽容、接受各种各样与自己性格不同、风格不同的人,并能"异中求同",与各种类型的人建立良好的关系,这是公共关系工作十分需要的。

公共关系工作也是一种创造性很强的工作,这种工作要求人们以开放的心理,不断接受新的事物、新的知识、新的观念,在工作中敢于大胆创新,做出突出贡献。

### 三、公共关系从业人员的知识结构和能力结构

公关人员是否具备良好的专业知识结构和能力结构,直接关系到他们心理素质的发挥和整体职业素质的提高。一个人缺乏公共关系的专业知识和公共关系工作的能力,即使他有适合从事公共关系工作的良好的心理素质,也难以得到很好的发挥。另外,若公关人员的知识结构和能力结构不完整、有缺陷,那么,他的工作水平就直接受影响,他的整体职业素质的提高也会受影响。因而,公关人员的知识结构和能力结构是公关人员基本素质的重要组成部分。

**（一）公共关系从业人员的知识结构**

知识结构是知识体系在求知者头脑中的内化，也就是客观知识世界经过求知者有选择地输入、储存、加工，在头脑中形成的由智力联系起来的多元素、多系列、多层次的动态综合体。

从上述定义中，我们可以看到，知识结构源于知识体系，而知识体系的重要特征是系统性，同时，我们也会注意到，知识结构不等同于知识体系，因为这里还有一个知识体系内在转化的过程，而在这个过程中，个人的有目的的选择和智力因素将起到很重要的作用。更具体地说，求知者为使自己有一种良好的知识结构，必须运用个人的智力对所吸收的各种知识进行加工处理，以使其成系统，并加速其内化。不系统的杂乱无章的知识组合，不能形成知识体系，更无法内化为知识结构。

公关人员的知识结构是公共关系知识体系在公关人员头脑中的内化。公共关系知识体系，是指职业公关人员从事公共关系工作所需的专业知识以及由有关知识构成的专业知识系统。这些公共关系专业知识不同于广大公共关系业余爱好者所掌握的某些公共关系的基础知识。但二者是有联系的，即专业知识是基础知识的深化和提高。

公共关系知识体系作为一个系统，它由三个子系统构成：其一，公共关系的基本理论和实务知识；其二，与公共关系密切相关的学科知识；其三，有关组织的知识和开展特定公共关系工作所需的专业知识。

这里有一点需要说明，那就是这三个子系统不是并列的，而是有层次差别的。公共关系的基本理论和实务知识是公共关系知识体系的核心层内容；与公共关系密切相关的学科知识是公共关系知识体系的中间层内容；有关组织的知识和开展特定公共关系工作所需的专业知识是公共关系知识体系的外围层内容。

另外，公共关系意识也是公共关系知识结构中的一个重要组成部分。前面我们已突出提出来介绍了一下，在此不再作详细讨论。

1. 公共关系的基本理论和实务知识

（1）公共关系的基本理论知识。从事公共关系实践需要有理论的指导。公共关系的基本理论知识包括公共关系的基本概念；公共关系的由来和历史沿革；公共关系的职能；公共关系活动的基本原则；公共关系的三大要素，社会组织、公众和传播的概念和类型；不同类型公共关系工作机构的构建原则和工作内容；公共关系工作的基本程序等。

（2）公共关系的基本实务知识。公共关系的一大特点是实务性强。公关人员除了需要精通公共关系的基本理论知识，还需要熟悉公共关系的基本实务知识。公共关系的基本实务知识包括公共关系调研的知识；公共关系活动策划的知识；公共关系活动实施和评估的知识；公众分析的知识；与各类公众打交道的知识；社交礼仪知识等。

公共关系的基本理论和实务知识相当丰富，有关这些方面的具体内容，本书其他章节都分别做了详尽的介绍，这里就不再重复了。

2. 与公共关系密切相关的学科知识

公共关系学作为一门新学科，具有多学科交叉的特点。公关人员应根据工作需要，对这些学科进行广泛涉猎。与公共关系联系最密切、交叉最多的有以下大类学科：

管理学类学科，包括管理学、行为科学、市场学、营销学等。公共关系活动在某种意义上说是一种管理活动。从管理的角度看待公共关系工作的地位和作用,把公共关系工作视做一种管理行为、管理过程和管理方式,将有助于我们充分认识公共关系的本质。

传播学类学科,包括传播学、新闻学、广告学等。公共关系工作采用的技术目前绝大部分是传播技术。无论何种类型的公共关系工作,都需要大量运用人际传播、大众传播,甚至跨文化传播的技术。

社会学和心理学类学科,包括社会学、心理学、社会心理学等。公共关系工作直接面向社会,面对人。为此,公关人员需要研究社会中的人的心理、态度和行为。

另外,市场学、营销学、新闻学、广告学等学科也与公共关系密切相关。

3. 有关组织的知识和开展特定公共关系工作所需要的专业知识

公关人员无论是为自己的组织工作,还是为别的组织服务,都需要对组织情况有充分的了解。组织的情况包括组织的性质、特点、任务、目的和目标;组织过去的历史、目前所处的环境、现有的竞争对手、员工的精神面貌和未来的发展前景等。对组织的情况知之不多或知之甚少,公关人员就无法结合组织的实际情况,开展组织所需要的公共关系工作。只有全面掌握组织情况,工作起来才能得心应手。

另外,公关人员有时也会根据特定的需要,开展某些特定的公共关系工作。譬如,企业的产品由内销转为外销,组织需要开展国际公共关系工作,这时,公关人员就有必要了解国际关系、国际市场营销、国际公共关系等方面的专业知识和有关国家的政治、经济情况。

我们还需要强调一点,那就是公关人员的知识结构应该是一种动态、开放的结构,它能够随时吸收新的知识,不断丰富和发展自己。

**(二)公共关系从业人员的能力结构**

公关人员的能力结构与公关人员的知识结构一样,它是一个系统,由一系列彼此关联的能力所构成。公关人员的能力主要指工作能力。

美国公共关系学者斯科特·卡特利普、艾伦·森特和格伦·布罗姆在他们所著的经典性公共关系著作《有效公共关系》中,曾将公共关系工作概括为这样十个大类:写作;编辑;与新闻媒介的联络;特殊事件的组织与筹备;演讲;制作;调研;策划与咨询;培训;管理。

从上述美国学者对公共关系工作的描述,我们发现,这些公共关系工作对公关人员的能力有着较高的要求。当然,这并不意味着每一个公关人员都要十全十美,具备所有的能力。公共关系工作是一种群体工作,实际的情况往往是一个公关人员只从事一部分公共关系工作,而非承担全部公共关系工作。因而,对大多数公关人员来说,他们只需具备从事公共关系工作的一些基本能力就可以了,只有少数公关人员才需具备某些专门技能。

公关人员基本能力主要有以下几个方面:

1. 较强的文字和口头表达能力

能写会说是公共关系工作对公关人员最基本的要求。公关人员与新闻媒介联络,要写新闻稿;公关人员组织演讲活动,要写演讲稿;公关人员进行特殊事件的组织与筹备,要写活动计划方案;公关人员参与组织管理,要写年度报告或工作总结等。大部分公共关系工作都要求公关人员有扎实的笔墨功夫、较强的文字表达能力。

与人交往是公关工作的重要内容,因而,公关人员有较强的口头表达能力,可以清晰、简洁、明了地表达思想,发布信息,且吸引人、打动人、说服人,从而收到良好的效果。

2. 良好的组织能力

公关人员搞任何一个公共关系活动,要有章法、有条理,公共关系计划、方案的实施,工作千头万绪、具体繁杂,没有良好的组织能力是很难顺利做好工作的。

3. 健全的思维和谋划能力

公共关系活动有时是一种智力活动。这一点在公共关系的策划和咨询工作中,尤为明显。公关人员要对零乱的事物、现象进行综合的分析和思考,以找出事物的本质,确定组织公共关系问题的症结所在等,因而,健全的思维和判断能力,对公关人员来说十分重要。

当公关人员发现了组织中存在的公共关系问题,或预见到了组织将会发生的公共关系问题,为了解决这些问题或防患于未然,他们还需在创新意识的引导下,发挥自己的想象力,来进行公共关系活动的全面策划和设计。

4. 敏锐的观察能力

公共关系工作是深入实际的工作,公关人员要经常对组织的情况进行调查研究,以把握组织和公众各方面的变化,这就要求公关人员必须具备敏锐的观察能力。具备这种能力的人,往往善于从普通的资料、数据或新闻报道中看出问题,从平静的表象中发现潜在的变化。

5. 很好的自制自控和灵活应变的能力

公共关系工作包括繁重的日常事务和各种重大事件的处理,工作量很大。公关人员要想干好这一工作,必须有耐心,有毅力,有很好的自制自控能力。这种能力不仅需要反映在公关人员的心理上,而且需要体现在公关人员的工作方式上。那种性急烦躁,遇事就急,动不动就发火的人,是无法干好公共关系工作的。人们常说,公关人员在与他人打交道时,要有一种忍让的精神。但这决不意味着可以放弃原则。要想做到既忍让又不失原则,就必须要有一种很好的灵活应变能力。缺乏这种能力的公关人员,在处理一些错综复杂的情况时,往往会以思想和行动上的不知所措而告终。

6. 善于与他人交往的能力

衡量一个公关人员能否适应现代社会需求的标准之一,就是看他是否具备善于与他人交往的能力。一个缺乏这种能力的人,往往人为地在自己与社会、自己与周围环境、自己与他人之间设置一道心理屏障。这样的公关人员,不可能有效地完成自己所承担的公共关系工作。从某种意义上说,公关人员是社会活动家,他们无疑应具备与各种各样的人交往的能力。

7. 掌握政策和理论的能力

公关人员做公共关系工作不是凭感情、直觉行事,而是需要在掌握政策和理论的前提下,从事自己的一切业务活动。在当今瞬息万变的信息时代,一个人不善于掌握政策,不勤奋学习理论,没有较高的政策和理论水平,其工作水平就会停留在一般。

## 第二节　公共关系从业人员的职业准则

由于职业的特点和社会的需要,各行各业都有自己的职业道德要求。而当这些职业道德要求被人们规范化、条理化、系统化地处理后,就成为职业团体的规章、守则,就变成了对职业从业人员的行为有一定调节作用和约束力且相对稳定的职业准则。

## 一、公共关系从业人员的职业道德

正如医生要讲究医德,教师要讲究师德一样,公关人员塑造组织良好形象并维护这种形象,更要讲究公共关系工作的职业道德。

公共关系工作的职业道德,是在实践中逐渐形成的对职业行为的道德要求。这些由公共关系职业特性所决定的道德要求,从某种角度上说,要比其他一些职业对从业人员的道德要求要更高一些。这是因为:第一,公共关系要通过塑造组织的良好形象、扩大组织的知名度和美誉度,来追求组织经济效益和社会效益的最佳统一,因而,从事这一职业的人要有高尚的道德品行;第二,从事公共关系职业的个人主要代表某一组织,其工作中反映出的道德好坏不只是影响个人,更重要的是影响整个组织,因而,这一职业的道德标准要更高一些。

公共关系工作职业道德主要包括以下几个方面:

1. 恪尽职守,真诚老实

尽心尽责,恪尽职守,要求公关人员热爱本职工作,对工作极端地负责任,有强烈的职业责任感,能充分履行本职工作的社会责任、经济责任和道德责任。而不能从事任何与履行职责无关或相悖的事务,不能违背国家和政府的法纪和规章制度,不能泄露组织的机密或做有损于组织形象、信誉的事。

另外,公关人员在对待职业的态度上要体现出客观真实的原则。"真实"是公共关系的生命所在。缺乏"真实",就不能取得公众的信任和支持,就不能有效地开展公共关系工作。公共关系的真实性原则要求公关人员真诚老实,讲真话,讲实话,注重透明,注重公开,不弄虚作假,欺上瞒下,欺里瞒外。公关人员说话、办事、做人都要表里如一,实事求是,不可投机取巧,他们的一切行为都要经得起检查和考验。

2. 努力学习,有效工作

公共关系是实干的事业,因此,公关人员职业道德水平如何,不但要看有无自觉履行职责的愿望,而且还要看有无出色履行职责的过硬本领。公关人员干好公共关系工作凭实力,凭真才实学,凭对公共关系理论和实务知识的全面掌握和熟练、灵活的运用。钻研业务,勤奋学习,是公关人员应当做到、做好的。

3. 廉洁奉公,不谋私利

公共关系工作是服务于公众、服务于组织、服务于社会的工作,每个公关人员只有为公众、组织、国家谋利益的义务,而没有谋个人私利的权力。公关人员的工作性质和特点,决定了他们拥有较多的社会关系,且掌握着一定的权力。这些关系和权力,不仅对组织有利,而且对个人也有用。因而,廉洁奉公,不谋私利的职业道德,对公关人员来说十分重要。他们必须始终把国家利益、公众利益、组织利益放在首位,在任何时候都不自私自利。他们要时刻牢记:权力是人民给的,个人不仅代表自己,更是组织的化身,代表着组织的形象。

4. 公道正派,谦虚团结

公共关系事业是高尚的事业。献身于这一事业的公关人员应有高尚的品德。他们要为人正直、处事公道、作风正派、公私分明、不拿原则做交易。

另外,公共关系工作是一种群体工作,合作、互助、团结、友爱、互相信任和互相尊重,是工作顺利、事业成功的可靠保证。公关人员在待人接物上,应表现出耐心、尊严、谦虚和节制,举止、言谈、衣着都应得体有分寸,应作风民主、平等待人,气度宽宏、容人之短,学而不厌、诲人不倦,闻过则喜、知错必改。

### 二、公共关系从业人员的职业准则

有关公共关系职业道德问题的探讨,可以称得上是公共关系职业发展中的一个热点。几乎在每一次国际性重大公共关系研讨会上,都有关于公共关系职业道德的论题。各国和国际公共关系组织为公共关系职业道德的系统化、正规化、制度化也做出了巨大的努力,其结果便是大量"职业准则"诞生。

在众多公共关系组织制定的职业准则中,《国际公共关系道德准则》影响最大。正如英国公共关系协会前主席赫伯特·劳埃德所说的,很多国家的公共关系组织都采用该准则,或以此作为范例稍作变动,以适应自己国家的需要。除《国际公共关系道德准则》之外,《英国公共关系协会行为准则》和《美国公共关系协会职业标准准则》也影响很大。

#### (一)国际公共关系道德准则

《国际公共关系道德准则》由国际公共关系协会名誉会员——法国的卢亚恩·马特拉特起草,于1965年5月12日在雅典召开的国际公共关系协会全体大会上通过,所以又称《雅典准则》。1968年4月17日德黑兰全体大会对该文件进行了修改。

《国际公共关系道德准则》共有如下条款,应该努力做到:

(1)为建设应有的道德、文化条件,保证人类可以享受《联合国人权宣言》所规定的诸种不可剥夺的权利作贡献。

(2)建立各种传播网络与渠道以促进基本信息自由流通,使社会每一成员都有被告知感,从而产生归属感、责任感与社会合一感。

(3)牢记由于职业与公众的密切关系,个人的行为——即使是私人方面的——也会对事业的声誉产生影响。

(4)在自己的职业活动中尊重《联合国人权宣言》的道德原则与规定。

(5)尊重并维护人类的尊严,确认各人均有自己作判断的权利。

(6)促使为真正进行思想交流所必需的道德、心理、智能条件的形成,确认参与的各方都有申诉情况与表达意见的权利。

(7)在任何时候任何场合,自己的行为都应赢得有关方面的信赖。

(8)在任何场合,自己均应在行动中表现出对他所服务的机构和公众双方的正当权益的尊重。

(9)忠于职守,避免使用含糊可能引起误解的语言,对目前及以往的客户或雇主都始终忠诚如一。

应该尽力避免:

(10)因某种需要而违背真理。

（11）传播没有确凿依据的信息。

（12）不参与任何冒险行动或承揽不道德、不忠实、有损于人类尊严与诚实的业务。

（13）不使用任何操纵性方法与技术来引发对方无法以其意志控制因而也无法对之负责的潜意识动机。

《国际公共关系道德准则》未附任何解释，但国际公共关系协会强调，该道德准则实施时，可参照1961年在威尼斯通过的《国际公共关系协会行为准则》（又称《威尼斯准则》）。《威尼斯准则》的内容与《英国公共关系协会行为准则》的内容较近似。

**（二）英国公共关系协会行为准则**

《英国公共关系协会行为准则》是一份诞生较早、影响较大的职业准则。它共有16条，每一条后均附有英国公共关系协会提供的注释性说明，以供公共关系从业人员解释和实施。该行为准则的前5条为：

（1）职业行为标准。各会员在其职业活动中应尊重公众利益和个人尊严。在任何时候都应忠诚、公正地对待他目前及以往的客户与雇主、其他会员、传播媒介与公众。

（2）信息传播。各会员不得有意不顾后果地散布虚假的信息，而且应注意避免不慎犯此错误，应以保证真实与准确为己任。

（3）传播媒介。各会员不得参与任何意在败坏传播媒介诚实性的活动。

（4）秘密利益。各会员不得参与任何为不可告人的利益服务但又掩盖其真实目的的欺骗性活动，应保证他所参与的任何组织都公开其真正利益。

（5）信息保密。各会员在未得到对方同意之前，不得为个人目的而公开（除非因法庭裁判）或利用从他目前及以往的雇主或客户获悉的信息。

**（三）美国公共关系协会职业标准准则**

《美国公共关系协会职业标准准则》于1954年为美国公共关系协会正式通过。它主要由原则宣言和条例两部分内容构成，另外还附有条例的正式解释、准则在政治公共关系中运用的正式解释和准则在金融公共关系中运用的正式解释。

该职业标准准则的条例部分共有14条，其内容与《英国公共关系协会行为准则》的内容非常类似，略有不同的是该职业标准准则条例的第二条明确指出："协会成员履行其业务应符合公众利益。"美国公共关系协会对此条的正式解释是："公众利益在这里的主要定义是：对于美国宪法所保障的公民权利的尊重以及权利的实施。"另外，第二条规定："协会成员应为现在及过去的委托人保守秘密，并为那些曾通过同该协会成员建立业务关系而有过交往的人或团体保守秘密；协会成员不得受聘担任将牵涉到泄露或利用这些秘密，因而有损这类现在、过去或可能的委托人或雇主利益的这些组织的雇员或职位。"美国公共关系协会对此条的正式解释是："本条款并不禁止知道委托人或雇主的非法活动的美国公共关系协会成员认为应根据法律要求向有关当局揭露这些行为。"《英国公共关系协会行为准则》第五条规定因法庭裁判所需可公开有关雇主或客户的情况。

美国公共关系协会为加强对该职业标准准则实施的监督管理，专门在协会内设有申诉委员会。当有美国公共关系协会成员违背这一准则时，人们可以向该申诉委员会提出申诉，控告犯规者。从1954年到1985年，已有3人被暂时停职，4人受到训斥，1人受到惩戒。

### （四）中国公共关系职业道德准则（草案）

为了矫正国内公共关系界出现的某些不正确的公共关系行为，同时使公共关系有章可循，以推动中国公共关系事业的健康发展，1991年5月23日第四届全国省市公关组织联席会议通过了《中国公共关系职业道德准则》。

《中国公共关系职业道德准则》，以我国社会公认的道德规范和我国公共关系实际为出发点，并借鉴了《雅典准则》《威尼斯准则》以及国外一些有参考价值的文件，虽然它也许还不完全尽如人意，有待进一步完善，但就其诞生而言，这无疑是中国公共关系事业发展史上的一件大事。

这里，我们将该职业道德准则的正文总则和条款全文转引如下：

#### 中国公共关系职业道德准则

（一九九一年五月二十三日第四届全国省市公关组织联席会议通过）

##### 总　则

中国公共关系事业的发展是中国改革开放的必然趋势，它以新型的管理科学协调社会各方面的关系，密切党和广大人民群众的联系，调动各种积极因素，维护社会安定团结，促进社会主义建设。因此公共关系工作者肩负着时代的使命。公共关系工作者必须具有高尚的职业道德作为完善自身形象的行为准则。

##### 条　款

1. 公共关系工作者应当坚持社会主义方向，自觉地遵守我国的宪法、法律和社会规范。

2. 公共关系工作者开展公关活动首先要注重社会效益，努力维护公关职业的整体形象。

3. 公共关系工作者在公共关系活动中，应当力求真实、准确、公正和对公众负责。

4. 公共关系工作者应当努力提高自己的政治水平、文化修养和公关的专业技能。

5. 公共关系工作者应当将公关理论联系中国的实际，以严肃认真、诚实的态度来从事公共关系学教育。

6. 公共关系工作者应当注意传播信息的真实性和准确性，防止和避免使人误解的信息。

7. 公共关系工作者不能有意损害其他公关工作者的信誉和公关业务。对不道德、不守法的公关组织及个人予以制止并通过有关组织采取相应的措施。

8. 公共关系工作者不得借用公关名义从事任何有损公关信誉的活动。

9. 公共关系工作者应当对公关事业具有高度的责任感。不得利用贿赂或其他不正当手段影响传播媒介人员真实、客观的报道。

10. 公共关系工作者在国内外公共关系实务中应该严守国家和各自组织的有关机密。

##### 附　则

本准则将根据实际情况予以调整和修改。其解释、修改、终止权属全国省市公关组织联席会议。

# 第三节 公共关系从业人员的群体组合

公共关系是一种群体关系,公共关系活动也是一种群体活动。公关人员要想干好公共关系工作,光凭借个人的努力和能量是远远不够的,必须依靠群体组合所产生的综合力量。公关人员优化的群体组合能使有限的公关人员综合产生出最大限度的群体能量,以使他们所从事的公共关系工作获得最佳的效果,另外,它也有助于公关人员相互学习,彼此补充,共同提高。

公关人员的群体组合大体上有两种类型:一是组织内、外公关人员的群体组合;二是组织内部公关人员的群体组合。

## 一、组织内、外公共关系从业人员的群体组合

公共关系工作是面向社会、服务公众的工作,涉及方方面面的关系。组织公关人员有时既要搞好同有关的社会公众的关系,又要借助他们的力量,依靠与他们的合作,来做好公共关系工作。这里就有一个组织内、外公关人员群体组合的问题。这种类型的群体组合最明显地表现在一个组织内部公共关系部人员与外部公共关系公司人员的工作合作,以及组织公关人员与政府部门、新闻媒介和有关专业人士的工作配合。政府部门、新闻媒介虽然不属于专门的公共关系工作机构,它们的人员也不是职业的公关人员,但是由于工作的需要,它们往往会配合性地参与一些组织的公共关系活动,并在其中扮演一种重要的角色。这时,这些具体参与者也就成了某种特殊意义上的公关人员。

1. 组织内部公共关系部人员与外部公共关系公司人员的工作合作

所谓组织内部公共关系部人员与外部公共关系公司人员的工作合作问题,实际上是一个双重性的问题,这里面既有组织内部公共关系部人员怎样与外部公关人员进行工作合作的问题,又有公共关系公司人员怎样与其服务的组织内部公关人员进行工作合作的问题。

公共关系部和公共关系公司的特点决定了组织的不少公共关系工作,必须依靠双方工作人员的密切合作,共同努力,才能有效地进行。国外的一些大公司虽然自己有公共关系部,但往往还聘请公共关系公司的工作人员担任公司的公共关系顾问,并且是某些公共关系公司的固定客户。比如,美国运通公司、杜邦公司、通用汽车公司、可口可乐公司、约翰逊联营公司就是博雅公共关系公司的固定客户,百事可乐公司、通用电力公司、柯达公司、美孚石油公司就是伟达公共关系公司的固定客户。

1983 年 3 月,美国公共关系协会向约翰逊联营公司和博雅公共关系公司授予协会最高奖——银钻奖,以表彰他们恰当处理"泰莱诺尔"危机事件的成绩。"泰莱诺尔"危机事件得以成功解决的一个重要因素,是约翰逊联营公司的公关人员与博雅公共关系公司人员的密切合作。约翰逊联营公司虽然有自己的公关人员,但中毒事件发生后,它还是立刻寻求博雅公共关系公司人员的帮助。在处理危机的第二阶段,博雅公共关系公司人员设计、策划并帮助约翰逊联营公司实施了具有历史意义的卫星转播电视记者招待会,成功地使"泰莱诺尔"新包

装药品在中毒事件发生后不久重返市场,在相当程度上挽回了约翰逊联营公司因这一事件所遭受的损失。像这样一个被人称为有史以来"难度最大的"记者招待会,光靠约翰逊联营公司公关人员的力量,是无法举行的。从这一例子中,我们可以充分意识到组织内部公共关系部人员与外部公共关系公司人员合作的重要意义。

为使公共关系部人员与公共关系公司人员的群体组合产生最佳的效应,这样一些问题应当注意:首先,一个组织的公共关系部人员要根据组织的性质、工作的特点和活动的需求来选择某一公共关系公司作为自己相对固定的合作伙伴,当然,公共关系公司人员也应根据自己的条件,精心选择自己服务的客户;其次,公共关系部人员要与公共关系公司人员经常通气,彼此交流,沟通信息,互相熟悉,形成默契,以免在工作合作时,某一方因缺乏对另一方的了解,而出现合作失误;最后,公共关系部人员与公共关系公司人员还要通过工作合作,相互学习,取长补短,共同提高业务水平。

2. 组织公关人员与政府部门、新闻媒介和有关专业人士的工作配合

政府部门、新闻媒介和有关专业人士,一般拥有较好的信誉度,能为广大社会公众所信任。因而,组织公关人员在开展公共关系活动时,寻求他们的支持与配合,一定程度上借助于他们的力量,往往能取得事半功倍的效果。但是这种群体组合的前提条件是组织必须与这些外部公众有一种良好的关系,组织公关人员必须了解这些外部公众特殊的工作规律。

约翰逊联营公司成功处理"泰莱诺尔"危机事件,除得力于博雅公共关系公司的合作外,还得力于不少社会机构的配合,这些社会机构中就有一个政府部门——美国食品与医药管理局。该机构的新闻办公室在事件发生后的一周内,与约翰逊联营公司的公关人员密切配合,帮助该公司每天对外发布事件处理进程的最新消息,逐步稳定了社会公众的情绪,创造了一个有利于约翰逊联营公司解决这一危机事件的氛围。

相反,美国专家在评述20世纪80年代美国最差公共关系案例——埃克森公司原油泄漏事件时指出,该公司在事件发生后,未能积极寻求政府部门和新闻媒介的配合,是该公司公共关系失败的主要原因之一。事件发生后,加拿大和美国的政府官员开始还只是敦促埃克森公司尽快采取有效措施,但该公司仗着自己财大气粗,傲慢自负,没把各位官员放在眼里,结果导致了官方态度转向批评和完全反对埃克森公司。同样,新闻媒介开始也没有一下子站到公司的对立面,但由于埃克森公司对新闻媒介不理不睬,结果导致世界各地的电视台、电台、报纸、杂志,甚至新闻电影制片厂,像打一场战争似的向埃克森公司发起进攻,形成了对其十分不利的一面倒的公众舆论。

从上述这两个正反例子,我们可以清楚地看到组织公关人员与政府部门、新闻媒介互相配合的重要意义。至于组织公关人员与有关专业人士的配合,也十分重要。当公关人员需要处理涉及法律或金融方面的公共关系问题时,往往要寻求法律或金融专业人士的配合,没有这些专业人士支持,公关人员有时可能寸步难行。

## 二、组织内部公共关系从业人员的群体组合

组织内、外公关人员的群体组合无疑十分重要,但要使这种组合产生最佳的效应,先决条件之一是组织内部公关人员的群体组合要理想。如果组织内部公关人员是一帮乌合之众,即

使外部公关人员很支持、配合,效果也不会理想。

组织内部公关人员优化的群体组合,涉及因素很多,其中经验、知识、智能和专业是最主要的几个因素。

1. 经验因素

组织内部公关人员最好要各自具备不同的经验,如有的人具备管理经验,有的人具备外事经验,有的人具备文秘经验。至于组织组建公共关系部时,考虑把组织旧人员与调入新人员相结合,这也是将有不同经验的人互相组合在一起。一般来说,组织旧人员对组织的环境、习惯采用的经营方式、各种人际关系比较熟悉,能较快进入工作角色,但是这样的人由于经验、态度等方面的原因,对旧的一套可能很留恋,因而缺乏开拓创新的意识,而从组织外部调入的新人员有公共关系工作经验,不受组织内部各种错综复杂的人际关系的影响,但是这样的人一般不熟悉组织情况,进入工作角色需要一段时间。若把这两类人组合起来,就能在经验等方面取长补短,更好地发挥他们各自的长处。另外,组织内部公关人员保持一种年龄上的差异,如老中青相结合,实际上也是不同经验的互补。

2. 知识因素

公共关系工作需要多种知识,但一个公关人员不可能具备各种知识。为此,组织内部公关人员最好能各自具备不同的知识,以有利于优化群体组合。如有的人懂经济管理,有的人懂新闻传播,有的人懂外语,有的人懂广告等,这样的人组合在一起,会构成一个八仙过海、各显神通的生机勃勃的群体。

3. 智能因素

所谓智能,指人的认识和实践能力,其中包括人的观察能力、思维能力、策划能力、实践能力。组织内部公关人员的智能发展最好能各异。如有的人观察能力超群,感觉、直觉好;有的人富有很好的思维能力,分析问题有条理,把握问题准,善于在不同的知识和实践领域进行创造性的思考;有的人策划能力强,擅长进行各种类型的公共关系策划;有的人实践能力、动手能力强。由这样的一些人构成的群体,多姿多彩,总体智能高,公共关系工作水平也高。

4. 专业因素

这里的专业因素,主要指专业技能。公共关系工作面很广,在某种程度上可谓包罗万象,它需要各种具有专业技能、特长的人,因而,组织内部公关人员最好能一专多能,人人有专长,人人又多能,这样的一些人的组合,专业结构一般比较合理,有利于各项公共关系工作的落实。

## 第四节　公共关系从业人员的培养与考评

我们探讨公关人员的培养与考评,重点是从公共关系教育的角度考察和研究公关人员的培养途径和方法,以及与之相联系的公关人员的从业资格考评与审查。

### 一、公共关系从业人员的培养途径和方法

从公共关系教育的角度看,公关人员的培养途径主要有院校教育和社会教育。

**(一)院校教育**

作为公关人员培养途径之一的院校教育属正规教育,它有系统和严格的教学计划、教学大纲、专业师资和专业教材,有明确的培养方向和目标,教学要求很高。

从中外公共关系教育的历史和现状来看,院校教育大致有两种情况:

1. 在高等院校开设公共关系课程

国内外不少大学的新闻系(专业)、经济系(专业)和管理系(专业)都开有 1—2 门公共关系课程,供学生学习。这种公共关系课一般属概论性质或以概论为主捎带些实务。时间不长,多为一学期。

这种课程对新闻系(专业)、经济系(专业)、管理系(专业)的学生来说,属应掌握的专业知识的一部分。学习公共关系的理论与实务,有助于完善这些学生的专业知识结构。当然,这些学生毕业后若从事公共关系工作,光凭这点公共关系知识是不够的,还需进一步系统地学习公共关系方面的知识,并通过大量的公共关系实践活动,来进行锻炼。

2. 在高等院校设置公共关系专业

国外有不少大学开办公共关系专业,且多半在新闻、传播或经济管理学院(系)里,它们大多培养公共关系学士、硕士,个别培养博士。国内现在也有一些大学开设或正积极筹办公共关系专业。

公共关系专业主要培养从事公共关系工作的专门人才,其课程设置有很强的科学性和系统性。通常,公共关系专业的课程可以划分为三大部分:

第一,大学教育中社会科学的基础课程。

第二,与公共关系学相关的课程,如管理学类学科、传播学类学科和社会学类学科方面的课程。

第三,公共关系学的专业课,如公共关系原理、公共关系实务(或称公共关系实用技巧)和公共关系案例分析及公关人员必备的技能训练等课程。

公共关系专业毕业的学生,由于全面地掌握了公共关系的有关知识,一般能直接从事公共关系工作。不过,国外对于这样的毕业生,还要定期进行严格的公关人员资格考评,以确认他们的从业资格。

**(二)社会教育**

公共关系社会教育作为另一种公关人员的培养途径,属非学历的继续教育。它主要有普及型和提高型两种类型。普及型的公共关系社会教育重点是向非公共关系专业人员普及公共关系知识,这些非公共关系专业人员在接受公共关系知识后,再经过进一步的学习深造和实践锻炼,有可能成为公共关系专业人员。提高型的公共关系社会教育侧重对现有公关人员进行集中培训,以提高他们的理论和工作水平。公共关系社会教育是公共关系院校教育的有益补充。

公共关系社会教育形式多种多样,没有一个特别固定的模式,较常见的有长、短期培训

班,函授教育等。

1. 长、短期公共关系培训班和公共关系函授教育

公共关系培训班,有的长达数月,也有的短短几天,时间上没有统一规定,伸缩性很大。由于培训时间长短不同,讲课者和学员的情形又差别很大,各种公共关系培训班的教学内容不尽相同。一般来说,在公共关系培训班里,讲课者多为高等院校的教师和从事公共关系实践的专家,他们以讲座的形式,浓缩地向学员介绍公共关系学的基本理论和基础知识,交流公共关系工作的实际经验,或传播公共关系界的一些动态信息,探讨某些有争议的问题。由于理论知识和现实实践结合较紧,学员本身又具有一定的社会工作经历,因而,公共关系培训班对于社会在职人员了解公共关系学的基本内容,获知公共关系研究和实践的最新成果,提高公共关系工作水平,有一种"短、平、快"的效果。

至于公共关系函授教育,则是公共关系院校教育的社会化。所不同的是,函授教育的时间比院校教育的时间短,通常为1—2年,其课程相对集中,还有,函授教育要求学员有很强的自学能力。无论是长、短期公共关系培训班,还是公共关系函授教育,它们对于培养公关人员都有着不可低估的积极作用。

2. 公共关系宣传与公共关系的社会教育

大众传播媒介对公共关系知识的宣传是公共关系社会教育的一种更广泛的形式。从传播学的角度说,这也是大众传播教育功能的体现。

近些年来,国内的一些公共关系专业组织也积极创造条件,建立了自己的宣传阵地。自1988年1月浙江公共关系协会正式创办《公共关系报》到现在,据不完全统计,全国现已有大大小小、内部发行或公开出版的公共关系报刊20多种,其中办得较有特色的除了浙江的《公共关系报》,还有北京的《北京公关报》、青岛的《公共关系导报》和西安的《公共关系》杂志等。这些公共关系专业报刊在传播公共关系知识、交流公共关系工作经验、深入进行公共关系研究等方面,起到了很好的作用。

另外,国内自1986年11月出版了第一本公共关系学著作——《塑造形象的艺术——公共关系学概论》以来,在以后的20多年中,又出版了100多本各种类型的公共关系学著作。这些书籍为读者自学公共关系知识提供了很好的条件。

**二、公共关系从业人员的考评**

对公关人员进行考评,是确保公关人员队伍的质量、激励公关人员不断上进的一种方法,其形式多为与公共关系教育(主要是提高型的公共关系社会教育)相联系的从业资格考评与审查,这类活动一般由公共关系协会这样的公共关系专业组织来主持。

公关人员的考评目前尚无国际通用的模式。各国的公共关系专业组织在这方面都做了不少工作,其中最突出的要数英国公共关系协会参与主持的 CAM 考试。CAM 是传播、广告、市场教育基金会的缩写。

CAM 考试共分两个等级。第一等级有7门课程的考试,其中包括市场、广告、公共关系、媒介、调查与行为研究、传播实践、商业与经济环境。公共关系、广告和市场营销人员只要通过其中6门课程的考试,就可获 CAM 传播研究证书。获 CAM 传播研究证书者可参加第二等

级考试。第二等级考试有两种类型,其一针对广告和市场营销人员,其二针对公关人员。针对广告和市场营销人员的考试有5门课程,其中包括消费者广告与市场营销、工业广告与市场营销、国际广告与市场营销、高级媒介研究和管理资源。凡通过其中3门课程考试者,可获CAM广告与市场营销文凭。针对公关人员考试有4门课程,其中包括商业组织的公共关系、非商业组织的公共关系、公共关系战略和管理资源。凡通过其中3门课程考试者,可获CAM公共关系文凭。英国公共关系协会对参加CAM考试的协会会员,均在其会员证上注明其所获证书或文凭的符号。现在,由英国CAM考试所认定的从业人员资格,已为英国各界所普遍承认。

1990年6月,北京市公共关系学会(现改名北京市公共关系协会)专科学校率先在国内推出了公关人员(积分等级制)岗位资格培训的教育项目。该教育项目中的一个重要内容就是对公关人员的考评。它规定协会会员均需参加这一岗位资格培训,其培训课程有公共关系学概论、公共关系实务及案例、公共关系应用文书、管理学基础、广告学、商业谈判导论、传播学、舆论学、市场营销学、公共关系实用英语。通过其中一门课程考试,获若干学分。学分累积满10分者,可获北京市公共关系协会公关人员岗位培训四级资格证书;满20分者,可获三级资格证书;满30分者,可获二级资格证书;满40分者,可获一级资格证书。这一项目推出后,在国内引起了较大的反响,不少学者认为,它对于推动中国公共关系教育的发展,培养社会主义公共关系工作的新型人才,提高公关人员素质,优化现有公共关系队伍,有着十分积极的作用。

### 三、公关人员素质测评

国外一些组织在招聘公关人员时,除了根据其学历、专业和经历外,还常常使用各种各样的检测方法,考核和鉴定公关人员的能力与资格。下面列出的是一张《公关人员资格自我鉴定表》,在表中编列了50道测评题,由公关人员按要求自我打分,每小题答案为"是"计2分,"否"计0分,满分为100分。这50道题分别是:

**(一)性格**

(1)是否有幽默感?

(2)是否性格中庸、和悦近人?

(3)待人接物是否从容不迫?

(4)能否来往于大庭广众之中而不畏怯?

(5)能否经常保持乐观?

(6)遇事是否有耐心? 愿意等待?

(7)面对困难和挫折是否能保持决心和毅力?

(8)做事是否愿意拟订计划?

(9)思想是否敏捷?

(10)是否健谈?

(11)仪表是否动人?

**（二）品德**

（12）为人是否公道正派？

（13）是否有明断是非的能力？

（14）做事是否有良好的责任感和道德感？

（15）是否认为集体利益胜于个人利益？

（16）是否相信人性本善说？

（17）是否关心他人并赢得同事信赖？

（18）能否遵守诺言？

**（三）智慧**

（19）对人对事是否有好奇心并保持浓厚兴趣？

（20）是否精于观察他人的言行？

（21）是否当一个好听众，欣赏别人的谈话？

（22）是否善于处理尴尬局面？

（23）是否具有说服人的能力？

（24）写作是否流畅？

（25）是否有比较强的学习能力？

（26）每天是否读书看报？

（27）做事是否富有想象力和创新力？

**（四）教育和经验**

（28）是否大学毕业？

（29）是否懂得经济学的基本知识？

（30）是否懂得经营和管理学的基本知识？

（31）是否懂得社会学的基本知识？

（32）是否受过哲学和逻辑学的思维训练？

（33）是否了解传播学？

（34）是否对心理学有兴趣？

（35）是否能够撰写新闻稿件？

（36）是否有与新闻界打交道的经验？

（37）是否有社会交际和社会活动的经验？

（38）是否了解舆论调查和民意测验的方法？

（39）是否有谈判的经验？

（40）是否了解党和国家的组织机构和方针政策？

**（五）行政领导能力**

（41）是否有制订计划方案的能力？

（42）是否能合理地分职授权？

（43）能否用人所长，发挥部下的积极性？

（44）是否善于协调不同性格的人一道工作？

（45）对不同的意见是否有分析和概括的能力？

（46）能否理解上级意图并接受指示？

（47）是否能创造轻松愉快的组织气氛？

（48）是否善于主持会议？

（49）能否尽快恳切地承认自己的错误，并坦然接受处罚？

（50）能否积极参加社会性活动？

对以上问题的回答，60 分以下者，不适合从事公共关系工作；60 分以上为及格，但需设法改进自己的弱点，才有可能从事公共关系工作；70 分以上者，有资格从事公共关系工作；80 分以上者，可以成为合格的公共关系工作者；90 分以上者，可以成为公共关系方面的专家。

---

**职场案例与实践**

某家宾馆，一次来了几位美国客人，或许是不了解中国，或许是对中国抱有某种偏见，他们无论对宾馆的客房设备，还是对宾馆的饭菜质量，都过于挑剔。在 5 天的住宿时间内，他们几乎每天都要打电话给宾馆的公共关系部，反映这个问题或那个问题。开始时，该宾馆公关部的接待人员，还能够心平气和地倾听他们的意见，并对他们反映的问题作出回答和解释。可是在以后接二连三的电话，以及毫不客气的指责语言下，终于使这位公关部的接待人员耐不住性子了。当那几位美国客人要离开宾馆回国时，他们又拿起了电话打给公关部，并说："我们这几天要求您解决的问题，您一件也没能解决，真是太遗憾了。"听到这句话，那位公关部的接待人员也反唇相讥："倘若你们以后再来中国，就请到别的宾馆去检验一下吧！"于是，一场激烈的舌战在电话里爆发了。当那些美国客人离开这家宾馆以后，客房服务员在他们住过的房间的写字台上发现了一张纸条，上面用英文写着："世界第一差。"由于这位公关部的接待人员缺乏自控能力，使该宾馆的形象受到了损害。后来这位接待人员被调离了公关部。该公司的领导对他的评价是："毫无自控能力，不适宜从事公共关系工作。"

**案例思考：**

1. 美国客人离开该宾馆时，留下了"世界第一差"的条子，请问，它与公关人员的服务态度有什么关系？

2. 你同意该宾馆领导对其公关部这位接待人员的评价吗？这位公关人员还有其他方面的不足吗？

---

**【思考与讨论题】**………………

1. 公共关系从业人员的基本素质包括哪些方面的内容？

2. 什么是公共关系意识？公共关系从业人员的公共关系意识包括哪些内容？

3. 公共关系从业人员应具备怎样的心理素质？

4. 公共关系从业人员应掌握哪些知识？具备哪些能力？

5. 公共关系的职业道德包括哪些内容？

6. 公共关系从业人员的群体组合有哪两种类型？

7. 组织内部公关人员的群体组合应考虑哪些因素？

# 第八章　企业(事业)公共关系

【引子】浙江某地一家石灰厂,烟尘污染严重,附近居民的房屋被侵蚀,金属锈迹斑斑,农作物枯死,附近很多人患上了呼吸道疾病。群众多次反映,厂领导都不予理睬,最后大家忍无可忍,挑水浇灭了石灰窑。纠纷起诉到法院,法院审理,判决石灰厂停办转产。这则消息反映了企业缺乏公众观念,不尊重公众的切身利益,破坏环境,损害公众利益,且不听取公众意见,最终导致停办转产。因此,企业在经营中必须树立公共关系观念,随时与公众沟通和联系,保持双向沟通与交流,促进企业发展。

## 第一节　企业(事业)内部公共关系

"内求团结"是公共关系工作的起点。在激烈的市场竞争中,一个组织要想在竞争中生存、发展、壮大,除了要有人、财、物、信息以及健全的组织机构,高度的组织效能等因素做保障外,其内部全体员工的协调合作精神以及他们积极性、主动性的发挥,乃是竞争取胜的根本保证。由于现代组织庞大,人员众多,难免存在部门之间、人员之间的误解和冲突。加强组织的凝聚力,团结全体员工为组织的成功而奋斗,这正是组织内部公共关系工作的根本宗旨,其本身又表明了开展这项工作的必要性和重要性。

内部公关主要包括员工关系协调和股东关系协调。其中,员工关系包括组织内的全部人事关系,是最重要的内部公共关系。

### 一、内部公共关系概述

#### (一)内部公共关系的含义

内部公共关系,是指一个群体采取一定的措施与群体内部成员之间相互沟通、相互交流,形成和谐有序的内部环境,增强群体凝聚力,造就新的生产力的一种管理职能。

具体地说,内部公共关系包括了以下几层含义:

(1)内部公共关系的主体是社会组织。内部公共关系就是通过社会组织主动地去协调组织内部横向的公共关系与纵向的公共关系。内部公共关系状态如何,直接关系到组织公共关系目标的实现和组织形象的塑造。它包括一个组织机构中各个职能部门、科室、班组之间和内部员工之间的关系,即横向的公共关系,也包括一个组织机构里上下级之间的关系,即纵向的公共关系。内部公共关系是组织公共关系的重要组成部分,又是组织开展各类公共关系活动的基础。

（2）内部公共关系的客体是群体内部成员。现代组织是一个相互联系、相互依存的若干要素组成的缜密系统。组织内部以及各职能部门和全体员工之间是否密切配合、协调一致、广大员工是否团结一致，决定着这个组织的生存与发展。要想让组织的公共关系目标取得各界公众的理解、信任、支持、合作，就必须首先取得组织内部公众的真诚理解与鼎力支持。

（3）群体内部与外部存在着各种关系，理顺关系，造就内部环境。在欧美各国，许多专家通过对公共关系长年系统的研究，对公共关系下了一个非常通俗的定义：即"PR = do good（做好）+ tell them（告诉人们）"。显然，现代公共关系首先是促使组织把自身的工作做得更好，然后才能开展各种与外界的交往活动，并在社会公众心目中树立自身良好的形象。美国著名公共关系专家亨得利·拉尔特也明确指出：公共关系 90% 靠自己做，10% 才靠宣传。由此我们也可以看出，良好的组织形象和卓越的经营成果，来自组织全体员工的共同努力和不懈奋斗，来自组织内部良好的公共关系。

（4）它是增强群体凝聚力的一种管理职能。一个组织成功与否，同组织内部的公共关系状态有着密切的关系。日本丰田汽车制造公司之所以驰名中外，除了具有满足广大消费者的汽车以外，其组织内部良好的公共关系也是丰田公司驰名于世的重要原因。丰田公司通过深入细致和卓有成效的公共关系活动，使整个企业内部协调一致，配合默契，绝大多数员工都心情舒畅，都以做"丰田人"而自豪，认真负责地对待每一项工作任务。正所谓"人心齐，泰山移"。这就是由于组织内部公共关系搞得好，而产生的一种群体凝聚力。

### （二）内部公共关系的功能

#### 1. 观念导向功能

日本松下公司，每年都将对企业 1/3 的员工进行培训。提出的员工信条是"唯有本公司每一位成员齐心协力，才能促成进步与发展。因此，我们每一个人都要时刻记住这一信条，努力促使公司不断进步"。在开展内部公共关系活动中制订了"松下精神"，即产业报国的精神；光明正大的精神；私亲一致的精神；力争向上的精神；礼节谦让的精神；顺应同化的精神；感谢报恩的精神。这种价值观在雇员长期的工作期间被反复灌输，直至雇员把此精神奉为信条。

松下公司正是通过内部公共关系活动确立了员工的共同价值观念、共同的追求目标和共同的利益宗旨，这必然对组织内部的全体员工有一种强烈的感召力，将众多员工的言行引导到组织定的公共关系目标上来。价值观念和行为规范一经组织确立下来，就为组织自身的建设和发展树起了一面旗帜，向全体员工发出一种号召。这种号召一经广大员工的认可、接受和拥护，将会产生一种巨大的导向作用。

#### 2. 凝聚功能

通过内部公共关系活动，建立了个人目标与组织目标高度一致的、以组织为中心的群体意识，从而会在组织群体中产生一种潜意识的向心力。具有强烈集体观念的各位成员会对本组织所承担的社会责任和发展目标有深刻的理解，使组织目标成为强有力的"黏合剂"，把本组织全体成员的意志凝聚在一起，成为企业生存和发展的巨大动力。由于内部相互协调，上下一心，扎实苦干，纪律严明，从而产生了极高的效率和效益。这种凝聚力到底从何而来？不少国家的专家、学者对此抱有浓厚的兴趣。近年来，《日本人》《日本精神》《日本企业管理艺术》等风靡西方的著作,都从不同角度对此进行过深入的探索。人们逐渐意识到,企业内部公共关系的成功,正是增强日本企业凝聚力的主要原因。

### 3. 激励功能

激励就是通过各种形式的外部刺激,使组织内部的个体成员产生一种士气高昂、发奋进取的精神状态。外部的、适当的、健康的刺激,可以使人完成任务的行为处于高度的激活状态,从而最大限度地发挥人的潜力(智力和体力)。激励也可以说是调动积极性的过程。较之物质刺激来说,内部公共关系活动从精神上给员工以激励,它的适应性更广泛,作用力更持久。通过激励可以把有才能的、组织所需要的人吸引过来,为本组织效力;通过激励,可以使员工们最充分地发挥其技术和才能,保持工作的有效性和效率;通过激励,可以进一步激发员工的创造性和革新精神,大大提高工作成效。激励犹如组织活力的"加压泵",它能向员工输送力量,使他们做出为人称道的不凡业绩。

### 4. 规范约束功能

内部公共关系通常是通过一些无形的、非正式的、非强制性的和不成文的行为准则起作用的。这种行为准则在组织中并不用文字具体表明,但由于约定俗成而对每一位员工的思想观念和行为举止起着规范约束的作用,从而创造了一种组织内部的团结、协调和维护集体精神,提高组织的组织效率,使其在对外竞争中处于有利地位的最佳内部环境,对树立良好的组织形象奠定了坚实的基础。在内部公关活动中,作为组织的一员往往会自觉地服从那些根据组织成员的根本意志和利益愿望制订的行为准则,产生"从众行为"。内部公关工作在尊重个人情感的基础上,引导人们为实现组织共同的价值观念进行自我控制、自我约束。

### (三) 内部公共关系的主要类型

#### 1. 员工关系

如本书第三章第三节所述,员工是与组织关系最为密切的公众,他们的思想和情绪无时无刻不影响着组织机制的运行、组织的存在价值和发展目标;组织向社会提供的优质产品和服务,都要通过他们身体力行去实现。同时,员工是组织机构与外部公众联系的桥梁,他们的言谈和行动常被认为代表组织本身的形象。因此,员工关系是最重要的组织内部公共关系,是公共关系的起点,是组织开展卓有成效的外部公共关系的保证。

#### 2. 股东关系

股东关系,即与投资者的关系,又称金融公关或财务公关。股东关系所包含的公众主要有:①董事会。其成员一般是占有股份较多者,或社会名流,或由股东们选举出来,代表股东管理企业者。②个人股东。即持有可转让和买卖股票的、"单纯"的个人股东。他们分布在社会各阶层,不亲自参与企业经营,但要分享红利。因此,他们关心企业的盈利状况。③股东与员工结合。即企业员工购买本企业的股份,他们的利益与企业的利益联系得非常紧密。④集体性股东。即我国一部分通过国有(或集体)企业之间横向联合或集资而产生的集体性股东。⑤中外合资型股东。股东关系在国外是一种很常见的公共关系,由于股东关系涉及企业的整个经营活动,以及企业的经营管理权和资金的来源,与企业的生存与发展息息相关。所以,处理好股东关系是企业公共关系的重要内容。

在企业中,协调股东关系的目的,在于争取股东对企业的好感与支持;鼓励股东长期保留股票,并在必要时追加投资;使股东成为企业经营活动的积极成员。为实现这一目标,企业应注意尊重和激发股东的"主人意识",通过定期召开股东大会与股东保持沟通交流并争取股东对企业的支持,吸引和鼓励股东们成为企业的顾客和推销伙伴。

3. 联合体内成员关系

根据国外公共关系专家多年的研究总结,组织在整个营运过程中,直接或间接涉及的公众大约有24种,它们分别是股东关系;职工关系;用户关系;社区关系;一般公众关系;消费者关系;竞争者关系;原料供应者关系;批发商关系;代销商关系;经销商关系;公务员关系;金融机构关系;报界关系;慈善团体关系;宗教团体关系;劳工关系;工会关系;学校关系;政治团体关系;政府关系;公共服务团体关系;企业团体关系;工业界关系。

其中的原料供应者、批发商、经销商、代销商等都属于组织联合体成员,如何处理组织联合体成员的关系,直接关系到企业生产经营活动的成败。

正确处理组织与供应商之间的关系,应把单纯的买卖关系,视为合作的伙伴关系,保证企业组织能及时获得物美价廉的生产经营活动所需的原材料,应注意供应商所供应的原材料、设备、零部件等物品的质量是否上乘,价格是否合理。

在处理与供应商的关系时,组织的公共关系目标策略是:①建立供求双方的共同利益;②指导供应商如何改进生产方法以增加收入;③测定供应商对企业组织政策和行为的看法;④建立企业组织与供应商之间的友好伙伴关系,诚意合作,共同解决生产与供应问题;⑤维系与供应商人员的友好关系;⑥提供各种资料与建议,促使采购、会计、验收等部门与供应商改善关系。

正确处理企业组织与销售商(包括批发商、经销商、代销商、零售商等)之间的关系,应维持产销的基本平衡,避免出现供过于销、销过于供的现象。销售商关系是企业组织生产经营活动能否正常进行的重要保证。企业组织与销售商之间的关系是一种商业关系,他们经销企业产品的前提是可获得商业利润。但作为一个企业,必须清楚地认识到这一点,销售商是否重视你的产品,全力以赴地去推销;是否能够向顾客全面介绍该产品的性能、特点、优点和使用方法,使顾客产生良好印象;当你企业的产品在销售过程中发现问题时,销售商能否及时采取措施,不使劣质产品向社会中流散,影响企业信誉;销售商能否把顾客对产品的意见、建议、要求,及时、准确地反馈给企业,以及经销商能否通过产品销售,积极主动为企业确立形象,这一切都取决于企业组织与销售商的关系。

如何处理与销售商的关系,企业组织树立和采取的公关目标主要是:①测定销售商的态度,作为销售关系的政策和实务的依据;②向销售商说明企业资源、设施、产品、服务与组织的状况,介绍企业组织的政策、宗旨及运行方式,使之加深对企业组织的了解,树立对企业组织的信心;③举办销货训练、产品装配、使用、简易维修等方面的培训,以增强销售商的销货能力;④协助销售商制订广告计划、店面和橱窗布置、加装招牌及设立室外广告;⑤接受并考虑销售商所提的意见和建议,转报组织并切实给予合理解决;⑥协助销售商训练服务人员,实行售后服务;⑦调查销售方面的问题,转报企业,使企业主管了解有关情况,研究经销合约期满后,是否续订合约或与之另订新约;⑧激励销售商对企业的忠诚,达成合伙关系。

## 二、建立良好内部公共关系的途径

### (一)培养企业精神

企业精神,是指具有企业自身经济活动特点的生产竞争意识与社会文明道德等意识汇聚后形成的一种群体意识。企业的成功和发展,必须要依靠严格的科学管理。但越来越多的专家、企业家清楚地认识到,今天对于企业成功有根本意义的是企业内部人的精神以及企业精神。培养企业精神是公共关系部门致力实现的重要目标,可以通过以下途径来完成:

(1)目标激励。企业精神的目的和任务,必须转化为目标,而组织目标只有通过分解成为每个部门和员工的工作目标,才能得以实现。组织每个员工的分目标就是组织总目标对他的要求,同时也是对组织总目标的贡献。目标激励则是把以工作为中心和以人为中心的管理方法统一起来,既强调工作成果,又重视人,使员工了解工作的意义,对工作产生兴趣。通过目标激励,员工们从这些分目标中看到自己努力的方向,企业的前景,认识到工作的价值,就会受到极大的鼓舞。

(2)舆论宣传。企业精神一经确定,就必须通过各种宣传工具和舆论工具,通过党、政、工、团等各种渠道,广为宣传,造成一种声势,形成一种强烈的舆论气氛,让企业精神在企业中生根开花、深入每一个员工的内心,以此来维系、动员、激励内部全体员工,充分调动他们的积极性、主动性和创造性。

(3)口号激励。企业精神通常能高度精练概括为几个字、一句话,用口号的形式表达出来。这些口号使人向上,同时又和企业的目标、经营宗旨、基本信念密切相关。如美国麦克唐纳快餐公司的企业口号是"质量、服务、清洁、实惠";我国民族资本家卢作孚创办民生轮船公司时大力提倡民生精神,提出的口号是"服务社会,便利群众,开发产业,实强国家"。在社会主义市场经济发展的今天,我们不少企业明确提出"文明服务,顾客至上","做第一流工作,创第一流效益"等口号,充满了改革开放的时代气息。这些口号都集中反映了每个公司企业精神的精髓。

(4)感情投资。感情投资是一个组织的长期目标,同时,也是在短时期内可以见成效的工作。现代社会中,一个组织要生存和发展就必须重视人与人间的交往。许多信息就是在人与人的接触和交谈中传播的,良好的感情也是在人与人的接触和交谈中渐渐建立的。如各种各样的座谈会、工作午餐会、茶话会、专访活动、舞会、个人书信往来等等。这些具有人情味的行为方式,使得人们之间的沟通进入情感层次。要培养企业精神,不仅仅是简单的确定目标、提出口号、进行舆论宣传,还必须进行复杂的感情投资工作,要多多关心职工的物质利益和精神需要,想员工之所想,急员工之所急,为员工排忧解难;广泛深入开展各种对话和集体活动,密切企业同员工的关系,加深员工对企业的感情,增强企业的内聚力。

(5)形象教育。企业形象是企业精神非常重要的一个方面,企业形象可以间接带来利润和市场,而直接带来信誉和财富。在竞争激烈、对手众多的现代社会里,企业要生存,要发展,就必须有个性、有特色、敢创新,以一种独特的企业形象来取胜。良好的企业形象,可以体现出企业的开拓精神,增进社会与政府的了解,加强消费者的认同感,从而为推销产品、扩大客户、开发市场创造最有利的条件。在企业内部,应通过厂容、厂貌以及确定厂徽、厂旗、厂歌等办法,树立企业形象,使员工产生集体荣誉感、自豪感,从而焕发出生产的积极性。

### (二)创造最佳的人事环境

最佳的人事环境是建立企业内部良好公共关系的又一重要标志。最佳人事环境的创立主要从以下几方面入手:

**1. 尊重员工的尊严和权利**

聚力必聚心,聚心必先尊重人,尊重员工的尊严和权利,广开言路,使各级员工都了解企业的全部经营状况,使他们有机会对组织的决策提出各种意见、建议和计划方案。搞好内部公共关系,应该首先从确立个体价值入手,使团体中的每个成员都能在团体的环境中充分展示自己的个性,追求和实现个人的价值。只有这样才能加强每一个成员的向心力,通过各种个体活动,去追求和实现组织的整体目标。

**2. 任人唯贤,量才使用**

唐太宗李世民认为"能安天下者,唯在用贤才"。毛泽东也曾指出:我们民族历史中从来就有两个对立的路线,一个是"任人唯贤"的路线,一个是"任人唯亲"的路线。前者是正派的路线,后者是不正派的路线。任人唯贤就是以德才兼备原则为基础来培养选拔和使用人才,充分发挥人才的作用。在用人的时候,应该考虑这个人适不适合这个工作,是否是做好这一工作的最佳人选,而不是考虑"这个人和我关系如何?""他合我意吗?""他对我有利还是有害?"等。只有任人唯贤,量才使用,才能调动员工的积极性、主动性和创造性。

**3. 严格考核,公开奖惩**

严格的考核是准确奖励的依据,只有准确的奖励才可起到鼓励的作用。表彰奖励成绩卓著、对组织贡献大的企业员工,有利于激励其他职工群起而仿效,创造良好的企业内部公共关系环境。奖励是一种积极的强化行为,是调动员工积极性的重要手段,它可以把全体员工引向企业目标和企业精神的轨道上来。奖励可采取发奖金、发证书、晋级、晋升职位等多种形式。

**4. 协商对话,创造民主气氛**

定期不定期地广泛征求员工对组织的意见、建议和要求,进行多种形式的协商对话,是沟通员工与管理部门之间的联系,缓冲和解决组织内部矛盾的良好办法。

在我国现实的经济生活中,实行民主管理的基本形式是职工代表大会制度。在职工代表大会召开期间由企业领导向到会代表汇报企业经营管理情况,宣传企业精神以及企业发展规划,并接受广大员工的质询、审议。通过这种民主管理制度,可以使员工全面了解企业的长远发展和近期发展规划,了解企业全貌,沟通企业内部各个部门之间的信息交流,建立发展组织内部良好的公共关系。

**5. 组织培训,提高技能**

要对全体员工提供各种形式的培训,使他们掌握必要的科学文化知识和生产经营技术,提高企业员工的素质,挖掘企业员工的潜力,发挥人的积极性。

### (三)实现内部信息交流

内部公共关系工作就其本质来说是一种双向的信息交流。

这主要表现在:一是向内部成员提供企业生产经营信息、企业面临的形势信息;二是反映内部成员的呼声、要求、建议,协助群体领导和管理阶层及时发现各种问题,并采取妥善的办法,协调关系,增强内部成员对群体的信任感、归属感和荣誉感,凝聚群体的团体意识。从这种意义上讲,搜集信息、传播信息、反馈信息、同群体内部成员进行双向沟通,是内部公共关系工作的主要职责之一。

一般地,内部信息交流的形式包括正式信息交流,如会议、书面文件、汇报等,和非正式信息交流,如员工间的交谈、公司内刊等。几种方式通常被交相利用,相辅相成,以达到交流的目的。

## 第二节　企业(事业)外部公共关系

企业(事业)内部公共关系固然重要,但也不能忽视外部公共关系。在企业外部,还存在着与各种社会公众的关系,任何一个社会组织的生存和发展都离不开公众的支持和信任,这就需要我们学习掌握处理外部公共关系的技巧,赢得良好的社会舆论,为企业良性经营创造最佳的外部环境条件。外部公众是组织生存和发展的重要外部条件,也是组织在活动中遇到的数量最大、层次种类最复杂的公众。外部公众的理解和支持是现代社会组织正常运转的必要条件,因此,"外求发展"是公共关系工作的重点。

### 一、外部公共关系的概述

#### (一)外部公共关系的含义

外部公共关系,是指企业公共关系部门面对的错综复杂的外部环境。在认识本身特征的基础上,遵循一定的原则,利用自己所特有的职能,理顺各种关系,创造最佳外部环境的一种独特的管理职能。

外部公共关系主要包括:顾客、合作者、媒介、竞争者、社区、政府、科技教育界,甚至名流公众和国际公众等关系的协调。

认识外部公共关系的概念,必须明确以下主要问题:

(1)企业外部公共关系面对的是一个开放的错综复杂的环境系统。现代社会化大生产中,企业的生存和发展越来越依赖于外部的环境。企业运用其内部的可控因素(人力、财力、物资、管理、技术、服务等)来适应外界开放的错综复杂的不可控因素(政治形势、经济状况、文化传统、法律制度、消费习惯等)影响外界环境,最终使环境变得更有利于组织的生存和发展,这是企业的外部公共关系需要解决的一个重要课题。因此,认识环境的开放、错综复杂性是适应、利用、改造环境的基础。

(2)内部公共关系是企业营运的基石,外部公共关系是条件。企业是社会经济活动的基本单位,它的经营活动既有相对的独立性,又是整个社会活动的有机组成部分。一方面,组织需要社会提供必要的资金、劳务、原料、销售市场以及多种社会服务;另一方面,组织也必须履行自己的义务和责任,为顾客提供优质产品、优良服务,向国家上缴利税以及参与各种社会活动。在企业生产经营活动过程中,开展企业内部公共关系有利于协调部门之间、不同管理层次之间以及各类人员之间的协调合作关系;有助于企业成员参加民主管理,充分激发他们的积极性、创造性、荣誉感、上进心和责任感;通过有效的内部信息交流,有助于提高企业素质,制订正确的企业决策。企业内部公共关系活动的开展,为企业的营运奠定了基础。同时,企业外部公共关系活动的开展,使企业同外部的各种公众建立经常性的密切联系,了解他们的动态、意见和要求,并将本企业的有关情况及时通告他们,使公众的活动能为企业营运提供方便。

(3)在激烈的市场竞争中,外部公共关系能为企业生存发展创造条件。处在现代社会化大生产整体过程中的企业,在自身的经营活动中,不仅面临着复杂的内部公共关系,还面临着与各种社会公众的关系。这些社会公众一般包括顾客、合作者、媒介、竞争者、社区、政府、科技教育界,甚至名流公众和国际公众等,他们对企业或组织的生存和发展具有实际或潜在的制约力和影响力,因而,能否正确处理企业与外部公众的关系,是衡量一个企业素质的基本标准之一,也是一个企业获得成功的必备条件。开展外部公共关系活动的目的是使企业能够积极地运用自己的能力去影响外界环境,适应环境,并最终使环境变得更有利于企业的生存和发展。

(4)外部公共关系是一种独特的管理职能。外部公共关系就是企业为了适应并主动影响环境,通过各种工作来树立、表现自己的形象,建立尽可能广泛的横向联系,争取尽可能多地支持、理解和帮助,准确地分析社会环境状况及其发展变化趋势,并及时反馈给企业,为企业正确决策提供依据。从这种意义上讲,外部公共关系不是一般的管理职能,是一种较高层次上的企业独特的管理职能。

**(二)外部公共关系的特征**

1. 复杂性

外部公共关系面对的是一个开放的错综复杂的环境系统。这个复杂的环境系统是由组织的不同公众,不同公众的不同需求,以及由此形成的错综复杂关系的环境系统。系统内的各要素有其各自不同的独特的性质和功能,然而它们不是孤立存在,也不是简单、机械的罗列,它们相互联系、相互作用,有机地结合在一起而形成的组织系统。

2. 动态性

这个开放的错综复杂的环境系统不是静止的、一成不变的,而是不断运动、发展变化的。这种动态性主要体现在以下两个方面:一是组织本身的营运系统不断运动、发展变化,如企业通过产品的生产不断满足人们日益增长的物质文化生活的需要。企业的产品生产活动是由生产、销售活动具体组成,形成一次次周而复始的循环,而每一次循环都是在原来基础上的新的活动的开展。二是组织外部的公共关系要素是不断产生、发展、变化,旧的问题解决了,新的问题又产生了。

3. 系统性

系统性就是对企业外部公共关系的全面性、完整性与综合性的要求,就是对组织外部公共关系的对象进行系统的了解和处理。既要从横向上对系统与周围其他系统的联系进行系统的了解和处理,又要从纵向上对本系统未来的发展进行系统的了解和处理,从而使企业经营有一个良好的内外部环境。

4. 针对性

每个系统都有明确的目的,不同的系统有不同的目的。外部公共关系的针对性,是围绕外部公共关系所要达到的目的而展开的。工作没有明确的针对性,必然导致系统内部混乱。外部公共关系的针对性就是通过外部公共关系工作主动影响环境,树立企业形象,建立广泛的横向联系,争取更多公众的理解、信赖和支持。

**(三)外部公共关系的原则**

1. 平等原则

平等原则要求组织在进行外部公关活动时应开放、信任、真诚和透明。具体地说它包括三个层次的含义:首先,公关人员作为信息传播和交流的组织者,在开展外部公共关系活动中,应给予组织机构与公众对象均等的交流机会,不能仅为一方创造条件,而对另一方实行封锁。其次,公关人员在收集外部公众对企业的意见、态度时,应一视同仁,保持一种超然的态度,不能从功利出发,厚此薄彼,隐恶扬善。最后,公关人员在与其他组织机构以及公众个人进行交往时,要平等对待对方。组织机构不论大小,公众职位不论高低,均应采取开放、信任、真诚、透明的态度与之沟通。

2. 互利互惠原则

外部公共关系实际上是处理好组织与外部公众的关系。这种关系区别于其他社会关系之处在于它是一种直接的利益关系,这种利益关系是连接组织机构与公众的纽带。要使这种关系处于良好状态,既不能靠强权的压力,也无法以血缘做保证,更不可能借助地域的影响,只有凭借组织与公众之间的平等相待、互利互惠。外部公共关系是以组织与外部公众双方的利益关系为纽带,双方都因影响对方利益而相互联系,所以该种关系的发展无法在组织或公众任何一方单独获利的情况下实现,而只有通过双方的互利互惠使双方的利益均得到满足的条件下才有可能实现。

## 二、建立良好外部公共关系的途径

**(一)顾客关系**

如本书第四章第三节所述,顾客是企业最具利害关系的外部公众。企业与顾客建立良好关系是一个复杂的、细微的艰苦工作,它包括事前、事中和事后三个阶段。其具体做法如下:

(1)事前给顾客输送企业的有关信息,如本企业的历史沿革、服务项目、经营状况、经营方式、售后服务的具体标准和方式等,争取顾客对企业的了解。

(2)热情、礼貌、周到的售中服务,要让顾客带着满意的心情离开。

(3)提供良好的售后服务,如建立顾客档案跟踪服务,开设产品维修中心或维修点。

(4)收集顾客信息,及时、诚恳、负责任地处理顾客意见。从收集的信息中,归纳出企业产品(或服务)主要存在的问题,采取措施及时加以改进,并将改进结果反馈给公众,以消除矛盾,增强顾客对企业的信任。

(5)与顾客加强日常联系,增进友谊,如召开有关联谊会、节日寄送贺卡等。

**(二)合作者关系**

合作者也是企业重要的外部公众之一,这类公众主要包括产品经销商、原材料供应商以及产品部件配套者等。供应商能否提供物美价廉的原材料、商品等，直接影响着企业产品或服务质量的优劣。良好的经销商关系，不仅有助于企业争取经销的合作，而且可以促使经销商积极宣传、维护企业产品的声誉。因此，现代企业经营特别强调企业与供应商、经销商以及有关合作者建立起互惠互利、密切合作的关系。

1. 供应商关系

（1）与供应商关系的内容。在现代日益复杂的工业生产中，企业生产经营中所需的原材料、零部件、器材、工具以及能源必须由供应商来提供。现代商业、旅游业同样需要供应商提供丰富、可靠的商品。否则，将不能维持正常的企业生产与经营。同时，供应商是否能够提供优质、价廉的商品和原料，还直接影响着企业产品或服务质量的优劣。另外，供应商还可以为企业提供有关市场、原料、商品、价格、消费趋势以及商业动态等一系列宝贵信息。

（2）企业与供应商关系的准则。企业与供应商之间的关系，应该遵循以下10大准则：①买主与供应商双方必须在物资管理方面互相了解与合作，实行双方共同负责的原则；②买主与供应商双方既应独立自主，又须尊重对方的自主权；③买主应负责将明确而充分的资料及要求告诉供应商，使供应商明白自己应该提供什么样的物资；④买主与供应商双方在从事商业活动之前，应该就物资的质量、数量、价格、交货条件及付款条件等问题达到公平合理的协议；⑤供应商应该保证物资的质量，保证买主满意；⑥买主与供应商应预先确定一套双方认可的评价方法；⑦买主与供应商应在协议内明确处理争端的方式，一旦发生争执，保证双方有章可循，在友好的气氛中解决争端；⑧买主与供应商双方应考虑对方的立场，相互交换资料；⑨买主与供应商应实施共同的物资管理标准，以使相互之间的关系维持和睦融洽；⑩买主与供应商的商业活动，通常应首先考虑到顾客的需要。

（3）与供应商关系的具体工作目标。针对供应商的企业公共关系目标主要是：①建立供求双方的共同利益；②指导供应商如何改进生产方法以增加纯利收入；③测定供应商对企业政策和行为的看法；④建立企业与供应商之间友好的伙伴关系，诚意合作，共同解决生产与供应问题；⑤维系与供应商人员的友好关系；⑥提供各种资料与建议，促使采购、验收、会计等部门与供应商改善关系。

2. 经销商关系

（1）与经销商关系的内容。经销商肩负着产品销售重任，因此，企业与经销商之间必须开诚布公，友好合作。良好的经销商关系，不仅有助于企业争取经销商的合作，而且可以促使经销商积极宣传、维护企业产品的声誉，提供质量优良、价格低廉、设计新颖、适销对路的产品，并保证供货迅速，这些都是企业的责任，也是企业维持良好经销商关系的根本保证。除此之外，企业还应向经销商提供技术服务、销售服务、管理服务、广告服务等各种便利和实务。

（2）处理经销商关系的交流手段。促进企业与经销商关系离不开双方的信息交流，其双方信息交流的手段包括：①经销商期刊。它是沟通企业与经销商关系的主要工具，内容为介绍企业产品性能、企业经营决策、科研成果、新产品试制以及企业供销政策等。②小册子。它为一种不定期发行的册子，内容一般包括新产品通告、企业最新生产动态等。③年度报告。主要是向经销商介绍本企业一年来的生产、经营、销售和赢利概况。④产品展览。将经销商请入企业，介绍展示本企业的最新产品，了解本企业的生产技术水平以及生产加工过程。⑤

直接接触。举行招待会、意见听取会、联谊会、协作会,或者通过电话交谈,建立双方感情交流。

(3)与经销商关系的工作目标。企业与经销商关系的具体工作目标是:①测定经销商的态度,作为销售关系的政策和实务的依靠;②向经销商说明企业资源、产品、服务、组织及设施的状况,介绍企业的政策、宗旨及营运方式,使之加深对企业的了解,树立对企业的信任;③举办销售训练,产品装配、使用、简易维修等方面的培训,以增强经销商的销售能力;④协助经销商制订广告计划、店面和橱窗布置、加装招牌及设立室外广告;⑤通过经销商了解企业在外界的信誉和形象以及产品、服务状况;⑥通过直接接触促进企业与经销商之间的感情交流,建立双方良好的合作关系。

**(三)媒介关系**

如本书第四章第三节所述,任何企业或组织的公关人员,要实现公共关系目标,必须在新闻界打开局面,搞好同新闻界记者和编辑的关系。要处理好这种关系,必须重视以下几个方面:

(1)尊重新闻界的职业特点。熟悉新闻界的职业性特征,了解各种新闻媒介的特点,掌握基本的写作知识和技巧。新闻界的职业特点是重视新闻报道的客观性、及时性和公正性,而不受其他势力所左右。尊重新闻界的职业特点,还必须尊重新闻记者的独立性,而不能把新闻界纯粹看成是宣传企业的工具,诱使或强迫报道有利本企业的消息,而拒绝新闻采访和报道不利于本组织的消息。否则,就不会得到他们的合作与支持。

(2)与新闻界采取积极的合作态度。良好的新闻界关系,应是一种相互合作的关系。在实际公关工作中,公关人员与新闻记者总是互为中介。一方面,公关人员需要通过记者把组织的信息及时准确地传递给大众;另一方面,新闻记者也应通过公关人员了解情况、挖掘具有新闻价值的素材。平时组织就应积极主动保持与新闻界的联系,熟悉和了解各种媒介的特点和新闻载体的形式,主动及时地向新闻媒介提供组织的信息,有意识地了解新闻报道的重点和新闻界的动向,向新闻界介绍企业的特点和成就,以便及时提供对方需要的具有新闻价值的消息。

**(四)竞争者关系**

1. 与竞争者关系的内容

竞争对手关系即同行关系,或同业公众关系。与自然界的竞争性质一样,社会上同行间的竞争法则也是"优胜劣汰""适者生存",这就使得同行关系显得比其他对象公共关系更为复杂一些。自古以来,人们始终奉行着"同行是冤家"这一信条,常常把同行视为仇敌,水火不容。这个传统的偏见,不知使多少企业或者获得成功,或者遭到失败。而在今天,在公关事业日益发达的情况下,那种你死我活、势不两立的关系正在逐渐为人们摒弃,而一种新型的互助共荣的竞争关系越来越受到现代社会的欢迎。良好的竞争者关系,既表现为相互的矛盾和竞争,又表现为相互的理解和支持,双方都为建设良好的竞争环境而努力,做到竞争中求协调,协调中求竞争。

2. 建立良好的竞争者关系

(1)切实把握正确的竞争目的。同行间的竞争应是你追我赶,友谊竞赛,以谋求相互促进,共同发展。尽管彼此间竞争都是为了提高各自的经济效益,但他们的基本目的仍是为社会多作贡献。

(2)讲求竞争道德。竞争要讲道德,要主动寻找对手的长处,弥补自身的差距,任何形式的诋毁谩骂、拆台破坏都只能毁灭自己的声誉。经济的发展需要竞争,没有竞争就没有活力。而竞争的手段应是光明正大,应是质量、技术、效益上的比赛,而不是权术、诡计、手脚上的较量。

(3)妥善处理纠纷。竞争中的纠纷是频繁不断的,遇到纠纷,应首先进行冷静地分析,然后采取相应对策,要尽可能缓和矛盾,最后达到平息。千万不可使纠纷激化,把事情搞僵。

**(五)社区关系**

如本书第四章第三节所述,社区关系是企业外部公共关系的重要内容。开展积极的社区公共关系,依赖于信息的双向交流,其具体做法有:

(1)向相邻单位通报本企业的发展现状、宗旨、生产项目、生产产品、职工人数等,以及企业希望搞好社区关系的良好愿望。

(2)调查相邻单位、居民对本企业的印象以及对本企业的反应和意见。

(3)邀请相邻单位的领导、职工来本企业参观、座谈、开展联谊活动。

(4)资助地方教育事业,赞助地方文化、艺术和体育团体。

(5)资助地方医院及各种社会福利事业,积极参与社会公益活动。

企业在开展社区活动时,应当积极、主动、热情,切不可当做额外的负担。从长远观点看,上述活动的结果,是一种战略性的投资,最终还是有益于企业自身的发展。

**(六)政府关系**

如本书第四章第三节所述,政府对社会组织的存在和发展有着举足轻重的作用和影响,社会组织可通过以下方式建立良好的政府关系。

(1)与政府沟通信息。企业公共关系部门应与企业的生产、财务、人事等部门合作,及时了解国家政策和法令,认真、全面、准确、及时地汇集有关国家政策的消息,注视这方面的发展动向和变化趋势,注意其变通性和灵活性,向企业决策部门汇报,以使企业经营活动有的放矢,不走弯路。

另外,组织公关人员还应及时将组织的发展动态,向有关主管部门汇报,通过主管部门的协助,发现及纠正政策执行中出现的偏差和失误,争取政府的指导和帮助。

(2)与政府人员建立良好关系。处理政府关系,需要熟悉政府机构的内部层次、工作范围和办事程序,与各主管部门及人员增进友谊,保持良好的关系。

(3)扩大组织在政府中的信誉和影响。企业应把握一切有利机会,扩大本组织在政府部门中的信誉和影响,使政府了解企业对社会、对国家的贡献和成就。企业还可通过新闻媒介向社会公众介绍企业的情况,借用社会舆论来影响政府部门的决策。

**(七)科技、教育界关系**

1. 处理科技、教育界关系的重要性

工商企业应密切与科技、教育界的关系。企业与科研教育界的密切合作,对企业发展,将具有长远的、战略性的意义。

科研教育单位的研究方向、科研水平、教育方针、教育方法和水平,都决定着企业未来职工、干部的知识水平和劳动态度,决定着企业能否及时采用新技术、新方法,开发新产品。

企业与科研教育界关系的基础,在于互惠互利,长期合作。

2. 建立良好的科技、教育界关系

(1)企业为学校提供教学实践、实习的场所,并为学校提供有关教学用具。

(2)双方的专家、教授经常进行学术交流,使企业掌握本行业的最新科研动态和最新成果。

(3)企业与学校、科研单位领导经常会晤和磋商。

(4)学校邀请企业职工参加校庆或其他重大活动。

# 第三节　主要部门公共关系

本节阐述的是公共关系的一般原理在不同部门即特定的社会组织中的发展和应用。社会组织门类很多,依据其目标和职能,大致可以分为三类:营利性组织,如各类企业;非营利性组织,如学校、医院和各种群众团体;政府和其他特殊的社会组织,如银行、军队和新闻机构。

社会组织是公共关系的主体。主体的特性不同,与之相对应的公众也会有所不同,相互之间的期望和要求也会不尽一致。认识不同社会组织公共关系的共同点,同时准确地把握其不同点,采取相应的对策开展公共关系活动,这样才能保证部门公共关系发挥特定的作用。

## 一、营利性组织的公共关系

营利性组织是以提供商品或服务来满足顾客需求的经济实体,如生产企业、商业企业、服务性企业、饭店和旅游业等。他们的最终目标是追求经济效益,也是最重视公共关系,从公共关系活动中收益最大、最明显的公共关系主体。

### (一)生产性企业的公共关系

生产性企业,是指向社会提供新的实物产品的营利性组织。它包括对工业品原料、农产品原料进行加工的工业企业,也包括采掘自然资源的各种企业。生产性企业是现代公共关系发展和应用最为广泛的一个领域。

1. 生产性企业构建良好公共关系的途径

生产性企业在构建良好公共关系方面,除树立组织形象,承担社会责任,化解内外矛盾等之外,因其自身运行的特性,还需从以下几个方面入手:

(1)提高产品质量是生产性企业构建良好公共关系的基础。公共关系的主要功能之一是塑造良好的组织形象。对生产性企业来说,它的组织形象是由产品及其质量、员工精神面貌、厂容环境和机器设备等一系列因素综合构成的。其中,产品质量是整个企业形象的基础。生产质量优异的名牌产品的企业,其在公众心目中的形象必然优于生产非名牌产品的企业。用户购买了劣质产品,往往不只是对产品本身表示恼怒,其不满会更多地指向生产该产品的企业。所以,许多成功的企业正是从创立名牌产品入手,进而塑造名牌企业形象。

产品质量包括客观和主观两个方面。产品的客观质量包括产品的性能、尺寸、硬度、强度、光洁度、所用原材料可靠性和使用寿命等都达到一定要求,它主要靠设计、技术和工艺来保证。强化员工的质量意识,在生产过程中为提高产品的客观质量而努力,是生产性企业公共关系活动中必须重视的一项工作。

产品的主观质量主要是指产品满足用户心理和精神需要的程度。影响产品主观质量的因素主要有三类:一是产品自身的某些物理特性,如花色、式样等;二是环境与社会因素,如风俗、传统、习惯、文化、时尚和舆论等;三是用户自身的某些特性,如需要、嗜好和价值观念。产品的主观质量常随这些因素的变化而发生变化。企业必须全面考虑这三种因素的影响,依靠公共关系活动提高主观质量的方案。

(2)促销是生产性企业公共关系工作的重点。市场营销是现代企业的一项重要管理职能。在市场经济条件下,企业的生存和发展往往取决于它的产品销售情况。因此,企业必须树立市场观念,根据市场需要进行采购,组织生产,制定价格,安排分销,开展促销,通过信息传播沟通引导顾客采取对自己有利的行为。

运用公共关系推动市场营销,是生产性企业及其他营利性组织的重要特点,也是企业公共关系的生命力所在。而公共关系参与促销工作,又有自身的重点。

对生产性企业来说,公共关系可以从以下几个方面进行促销:

企业推出新产品以前,让用户和经销商对新产品有足够的了解;产品进入新市场时,谋求公众对本企业的声誉、产品的了解,提高知名度和美誉度;企业转入新的生产领域时,改变公众原有的印象,使企业形象与新产品相适应;吸引新闻媒介对本企业的销售会议及其他市场营销事务的注意力;安排市场营销人员发表公开演说;与广告、人员推销和营业推广等促销手段相互配合,使已进入市场的产品家喻户晓;产品在社会上出了问题,造成了不良印象,在找出原因和承担责任以后,使公众了解企业为解决问题所做的努力,重新争取公众的信任;在产品脱销或供应不足时,承担与不能满足需求的用户之间的沟通任务;巩固企业及产品在市场竞争中的地位,增加用户的信心及忠诚度。

必须指出,公共关系不仅在促销方面,而且在市场营销活动的其他方面,也发挥着十分重要的作用。例如,在新产品开发和老产品改造工作中,公共关系的沟通机制可以帮助决策者了解民意,集思广益;在定价决策中,公共关系的双向交流有助于制订更为适宜的产品售价;而在分销过程中,公共关系更有利于与经销商和储运企业建立和谐、融洽的合作关系,这些都不应当忽视。

(3)销售服务是生产性企业搞好公共关系的关键

销售服务包括售前、售中和售后服务。用户至上,用户是上帝。只有全心全意为用户服务,在用户心目中留下良好印象,才能从根本上为产品销售开创良好局面。紧紧抓住销售服务这个突破口,就能使生产性企业的公共关系落到实处,带动企业公共关系工作的全面展开。

首先,售前服务是购买行为发生之前企业向潜在用户提供的服务。如主动提供样品、商品目录、说明书、现场操作表演、设计制造等。售前服务是一种交流信息、沟通感情、改善态度的过程,是谋求用户合作的前提。这就要求售前服务要全面、仔细、准确、实际。售前服务又是为产品和企业赢得良好第一印象的活动,售前服务必须热情、主动、诚实、耐心、充满人情味。

其次,售中服务是企业在用户购买成交过程中提供的服务。如回答用户提问、提供和推荐商品、介绍产品性能特点、调试、封装等。如果说售前服务使潜在用户发生购买意向,初步做出购买决定,那么售中服务则使这种意向和决定变成购买行为,实现交易。由于售中服务对象明确,因此,提高服务的针对性尤为重要。热情友善,态度真诚,言行礼貌,有问必答,有求必应,都能有效地帮助顾客克服疑虑和困难,使交易活动顺利进行。

最后,售后服务是企业对已购买产品的用户提供的服务。这是最富有公共关系色彩的活动。它对有效沟通与用户的感情,获取用户的宝贵建议,以用户亲身使用产品的事实来宣传企业。售后服务方式很多,如技术培训,代包装代运输,提供配套件和备用件,安装调试,维修,包退包换,定期走访用户,成立用户协会,邀请用户参加企业活动,主动参加用户的活动,在重要时间和场合向用户赠送礼物,建立用户档案等。售后服务贵在主动、守信、坚持、周到、实在、及时,售后服务的形式更注重人情味。

2. 生产性企业的危机公关

危机处理是公共关系工作中的一项重要内容。危机事件的出现,对企业自身十分不利,影响重大而又波及面广。危机处理不当,轻则导致企业经济效益下降,形象、声誉受损,重则导致破产倒闭。因此,任何企业及其他社会组织,都应对此有足够的认识,高度重视并加以认真防范和妥善处理。

(1)危机的特点

危机发生的原因是多方面的。有的是人为造成的危机,诸如内部关系紧张引起的纠纷,公众投诉处理不当导致的纠纷,以及批评性报道或不利舆论引发的纠纷等;有的是不以人们意志为转移的灾变,像地震、水灾、风灾等自然灾害引起的危机;有的是重大事故,如工伤、火灾、爆炸、失事和中毒等引起的危机以及由于商业风险导致的各种危机。所有这些危机,都有以下共同特点:

第一,未知性。危机事件是有许多未知因素在内的事件。例如,一家工厂可以想象到它有发生工伤、火灾和爆炸的可能,却事先无法知道会在何时、何地发生;一家企业受到舆论批评,很难预料事情是否会越闹越大,是否会陷入更加不利的境地之中。

第二,不利性。危机事件一旦发生,会使企业面临十分困难的局面,对社会组织的生存和发展产生极为不利的影响。

第三,严重性。危机事件不是一般的矛盾或问题,涉及面广,影响巨大,危害严重,使企业遭受的损失和伤害常常是多方面的。

(2)危机的处理技巧

从公共关系的意义上来说,危机处理的重点是要避免危机事件引发的公众信任危机。这种信任危机出现会使一个企业处于充满敌意、冷漠、偏见和无知的消极状态之中。因此,要通过对危机事件的预防、控制、处理和善后等一系列工作,使危机造成的信誉、形象等损失降到最低限度,甚至因势利导,把坏事转变为好事。

第一,做好精神上和物质上的准备。平时,公共关系部门就要对本企业可能发生的各类危机作出预测和分析,如有多少种危机可能发生,各类危机的性质规模,影响范围。然后对各类危机分别制订应对办法,安排好危机中和危机后处理各种问题的合适人选,比如,选好负责与新闻媒介联系的发言人。要让他们事先拟定面对不同危机时应当采取相应的措施。还要将对危机的预测和应急措施以通俗易懂的方式(如编印小册子)告知领导和全体员工,使他们有足够的准备,也可适当地组织应变演习。

第二,行动快捷。事件一旦发生,应当立即行动,有关人员应及时投入到事件的控制和处理之中。此时,公关人员的主要任务,是与信息源和企业领导及其他公众保持接触和联络,负责信息的输出、反馈,将准确情况公布于众,并了解来自各方要求的意见,妥善处理与各方面的关系。

第三,事先安排。事先对危机中如何与新闻媒介联系做好安排。事件一旦发生,要协助新闻媒介尽快介入。要为新闻媒介的采访提供便利条件。

第四,妥善处理。如果危机中有人员伤亡,如何安慰受害者及其家属,便成为一项十分重要的工作。公关人员应当耐心、谨慎地对待他们,先让他们对事实真相有一个较为确切的了解。在宣布受害者情况之前,最好先以恰当的方式通知其家属,使其有一定的心理准备。赔偿问题则宜在受害者及其家属充分宣泄愤怒和不满以后,再进行理智的商谈,共同确定结论。

第五,不盲目表态。在调查完成、正常的运行重新开始或灾害克服之前,不要急于发布事态结束的声明。最后的报告应该是确定性的,并对曾经有过的各种推测作出结论。

### (二)商业企业的公共关系

商业企业专门从事商品流通和交换工作,为实现商品销售提供各种服务。广义地说,商业企业包括在国内市场上组织消费品和生产资料流通及交换的各种企业,也包括从事进出口贸易的各种企业。根据具体分工,商业企业又可分为批发商、代理商和零售商。在产品从生产领域转移到消费领域的过程中,所有商业企业都发挥着桥梁和纽带的作用。

作为社会再生产的中间环节,商业企业经营的环境特别复杂。一方面,它们要积极争取消费者,要同生产者友好相处,要与其他商业企业密切接触;另一方面,还要和运输企业、仓储企业、新闻媒介和社区等广泛联系。在更大的范围内,商业企业必须与各级政府、财政、税收、金融等部门交往,争取它们的理解和支持。各种关系纵横交错,形成庞大而复杂的网络。任何一种关系处理不当,都会对企业的生存和发展带来或大或小的不利影响。与各个方面有效地联络和沟通,成为商业企业公共关系的重要任务。

一般来说,商业企业的公共关系工作,除了采用与其他社会组织相同的原则和方法外,还要特别注意顾客公众、货源公众及内部公众三个方面。

### 1. 商业企业与顾客公众的公共关系

顾客是商业企业最重要的公共关系对象之一。商业企业作为商品的经营者,其基本活动是为卖而买。经营的商品和提供的服务只有适合市场需要,顾客乐于接受和购买,才能保证企业目标的实现。顾客购买的目的是满足需要,其购买行为受到多种因素的制约,如社会因素、心理因素、经济因素和政治因素等。企业通常无法控制这些因素,但是却可以通过分析这些因素及其变化规律,比较准确地预测和把握顾客购买意向和发展趋势,为企业的采购和进货决策提供科学依据。这是任何商业企业成功经营的必要条件。从公共关系的角度来说,企业应努力做好以下工作:

（1）帮助企业有关部门明确服务对象。即准确辨别哪一部分顾客与企业关系最密切，他们需要什么，怎样满足他们。商业企业很多，有大而全，也有小而专，各有分工，各有经营范围和服务特色，顾客的要求也不一致。顾客走进百货大楼，与走进蔬菜水果商店需求就不一样；批发公司的顾客，与零售市场的顾客也不尽相同。每个企业应当根据自己的市场，收集顾客信息，明确服务对象及其他公众的期望。这是商业企业与顾客公众建立融洽关系的前提。

（2）促进顾客对企业宗旨、政策、经营范围和特色的了解。这样能争取顾客信任和好感，从而建立企业声誉，提高知名度。要通过各种活动和传播方式，经常、及时与全面地向社会传递有关信息。

（3）实行必要的顾客管理。即在对顾客调查的基础上，通过消费教育和引导，培养企业与顾客之间的感情和友谊，形成相对稳定的顾客队伍。尤其要重视那些对所属群体成员有影响的"意见领袖"，把他们作为顾客代表，与之建立牢固的合作关系。

（4）切实维护顾客利益，站在顾客的立场为企业提供参谋和决策意见。与社会上的消费者权益组织合作，为顾客提供信息，指导他们识别商品质量的优劣，根据自身的需要选择合适的商品。接受与处理顾客投诉，分析投诉的内容和原因，督促企业领导和有关部门认真对待，改进工作。答复顾客提出的一切问题。这是与顾客建立良好关系的基础。

应当看到，企业的公共关系部门不是营业部门，其任务不是直接推销商品，而是从顾客利益出发，保证企业各个部门都能为顾客提供优质产品和满意服务，在其心目中留下一个受人欢迎的企业形象。

2. 商业企业与货源公众的关系

货源公众是商业企业的经营伙伴，是商业企业在现代化分工条件下生存的必要依靠。协调与货源公众的公共关系，主要注意以下两个方面：

（1）加强联系。商业企业与工业企业不同，一般的工业企业产品品种有限，而商业企业经营的商品种类繁多，有的可达几万种。因此，商业企业必然要同众多的货源公众打交道。尤其我国还处于社会主义初级阶段，商品经济还处在发展之中，生产及供给还远未达到十分丰盛的程度，许多商品长期处于紧缺状态。商业企业要保持稳定、充足和适销对路的货源，更需要与货源公众保持良好的关系。一方面，通过事实和传播沟通，使货源公众了解并认识到，本企业是它最优秀和可靠的合作者，有经销其产品必需的设备、知识、经验和技术，有必要的服务能力，讲究信誉，付款准时，积极热心经营其产品；另一方面，主动向货源公众介绍企业发展方针和战略计划，使其了解自己的优势所在，提供市场信息，帮助货源公众适销对路地组织生产，并在自己的职责范围内协助货源公众妥善处理与消费者的矛盾。

（2）化解矛盾。应当说，商业企业与货源公众保持良好的关系，是有一定基础的。商业企业作为货源公众的销售渠道，双方之间物质利益关系紧密，一荣俱荣，一损俱损。商业企业的正常经营和健康发展，会给货源公众带来希望。但是，双方之间也容易产生矛盾，处理不当很可能反目为仇。例如，货源公众希望商业企业大量进货，商业企业一般只愿意勤进快销；商业企业要求物美价廉、适销对路，货源公众则更关心供应价格、批量生产。这就要求商业企业在经济手段、法律手段、行政手段和商业关系之外，通过公共关系加以处理，共同认识双方的共同利益所在，从长远着想，结成命运共同体，一道开拓市场；经常交换意见，增进了解，互尊互谅,互帮互学,共同提高经营管理水平。

3. 商业企业与内部公众的公共关系

商业企业是由一定数量的员工个体及部门组成的集体。对任何社会组织来说,其员工的言谈举止,所属部门的每个行动,都常被社会和公众认定为该组织本身。商业企业在其经营过程中,要与顾客及货源公众直接接触,而顾客与货源公众的要求又十分复杂。如顾客公众按年龄、性别、职业、收入、爱好、习惯、风俗、民族、地区、教育程度等划分,常有不同的购买和消费特点,同时其需求又具有多样性、发展性、伸缩性、层次性和情感性等特征。这些会给商业企业员工及各部门的服务工作带来更多困难,稍不留意便可能引起矛盾。不仅影响员工与顾客、货源公众之间的关系,还会直接影响企业的声誉。

这就要求企业通过各种方式方法,使每个员工、每个部门都树立起强烈的公共关系意识,自觉维护企业形象,提高自身的思想道德修养和业务技术水平;讲究职业道德,热情耐心和细致周到地接待来客;尊重客人的要求和意见,能够解决的问题尽快予以解决,不能解决的也要耐心解释,以达到彼此之间的谅解。同时,应用公共关系的方法、手段,协调内部各部门之间的关系。

**（三）服务性企业的公共关系**

服务性企业,是指从事服务产品的生产和经营各种服务项目的营利性组织,是通过向顾客提供各种形式的服务,来满足社会需要和获取经济效益。因此,服务性企业的公共关系与生产性企业既有相似之处,又有许多不同。这里我们主要阐述邮电企业和运输企业的公共关系工作。

1. 邮电企业的公共关系

邮电企业的主要职责是通过邮政和通信,传递信息,办理通信业务。邮电企业业务活动的结果,是实现信息在空间位置上的转移,其服务过程就是用户的消费过程。由于邮政通信沟通国内外信息,联系千家万户,服务于全社会,并同政府、新闻媒介及各种用户存在业务等关系,邮电企业的公众极为广泛和复杂。一般来说,邮电企业的公共关系工作,主要有以下任务:

（1）参与制定企业方针、政策和规章制度。邮电企业要保证正常的管理、经营和发展,必须制定切实可行的方针、政策和规章制度。应用公共关系,了解内外公众的期望,介绍企业的政策、服务、建设成就和发展目标等,有助于企业与用户及其他公众之间的沟通。公众有权知道与其切身利益有关的信息。企业制定新的方针、政策和规章制度,一定要向用户解释理由;同时收集用户对企业各方面的意见、建议,及时向领导反映。还要把用户反映和企业情况向广大员工作介绍,把员工的意见和要求上报。

（2）促进社会和公众增加对邮电事业的认识。邮电事业作为一个行业,在社会上知名度很高,具体到每一个企业或营业机构,却未必如此。同时,由于邮电业务分类繁多,随着科学技术的发展和社会需求的增加,新的经营项目也在不断增加。通过公共关系,促进人们对企业和业务的了解,认识到邮政通信不仅是沟通联系、增进友谊的手段,而且在经济发展中可以为用户缩短时间和空间,对提高社会综合效益和用户经济效益起着重要作用,以此刺激各界使用邮电的欲望,搞活邮电经营,拓展邮电市场,充分发挥邮电的作用。可以组织人马去社区演讲,参加当地公益事业,鼓励员工以企业的名义参加各种社会活动,举办展览等,这些都是增进社会对邮电了解的方式。

(3)提高邮电服务质量。邮电企业的一个特点,是许多一线的员工,比如,话务员、营业员和投递员,在其工作过程中要同公众直接交往。他们的服务水平、服务态度,往往是人们检验邮电企业服务质量的重要依据。所以,企业要通过公共关系,广泛征求意见,了解公众最关心、需求数量最大的业务及其满足程度,制订公共关系计划时,要把员工作为重要的因素,加强对员工的公共关系意识教育。要向员工介绍各方面情况,使他们知道如何做好本职工作,怎样代表企业做好对外工作,提高服务水平,改善服务态度,积极主动去争取用户满意和信任。

(4)争取政府的支持。邮电企业要通过有效的公共关系工作,让社会各界,尤其是政府了解邮电事业的性质、地位和作用,把邮政通信摆到国民经济"先行官"的位置上,支持和发展邮电事业。我国邮电一直处于供需紧张状况,当前通信能力不足严重制约着经济发展。邮电企业要在尽力满足社会需要的同时,使政府有关部门理解和落实国家关于发展邮电事业的方针、政策。邮电企业领导人可以亲自向各级政府、人大和政协汇报,把邮电纳入政府日常议事日程,请予视察和支持;让政府各部门了解邮电生产过程、邮电现状和困难,与政府一道解决社会和公众关心的邮政方面的问题。

(5)求得新闻媒介的理解和帮助。邮电联系千家万户,服务于全社会,社会影响大,经常是新闻媒介瞩目的中心。邮电企业更应重视和发展与新闻媒介的关系,积极主动向记者、编辑介绍情况,广交朋友,增加知音。

2. 运输企业的公共关系

运输企业的基本任务是以运输设备和交通工具为手段,在流通领域中实现旅客与货物的位置转移。现代社会流动性大,科学技术的进步和交通工具的发展,促进了各种运输企业的发展,公路、铁路、水路和航空运输企业,已经成为现代社会经济生活的重要支柱。

运输企业的公共关系工作不仅要协助营业部门推进业务,使旅客和货主了解企业的业务范围、服务项目,恰当选择交通工具和服务方式,还要特别注意以下几个方面的工作:

(1)改善服务态度,提高服务质量。这是运输企业树立和改善企业形象,赢得社会好感的关键。运输企业的服务,就质量而言,旅客和货主所要求的主要是安全、准点;服务态度虽然因人因事有所不同,但人们的基本要求也无非是亲切、友善,使人满意。由于我国运力长期紧张,运输业又多属独家经营,如航空、铁路,许多企业没有直接的竞争对手,所以或多或少都沾染了"皇帝女儿不愁嫁"的官商作风。知名度很高,美誉度却不一定高。因此,如何通过有效的公共关系,重塑企业形象,迎接未来的竞争,就成为运输企业公共关系的重要任务。许多城市的公共汽车公司,通过开展"温暖在车厢""友爱服务车"等活动,大力提高服务质量和改善服务态度,并借助新闻媒介广为传扬,取得了社会的称赞和旅客的信任、谅解。

(2)树立公关意识。运输企业的员工经常要单独作业,加上运输业一般点多线长,协作单位多,涉及面广,影响也大。因此,教育和引导员工树立公共关系意识,自觉维护企业形象,把自己作为企业的"大使",妥善处理与各种旅客和货主及众多协作单位的关系,是一项不容忽视的公共关系工作。

(3)妥善处理顾客投诉和突发事件。运输企业的员工与旅客密切接触,时间又长,容易产生矛盾,加上发生各种恶性事故的概率较高,所以,不仅要认真做好顾客投诉处理工作,还要预先制订处理各种突发事件的方案,积极做好应变准备。应特别注意:运输企业是有高知名度的公用性行业,其一举一动都惹人注目,极易成为社会舆论和新闻媒介的热门话题,稍有不慎,企业声誉便会毁于一旦。

### (四)饭店、旅游企业的公共关系

旅游是现代社会生活的一个重要部分。由于社会经济和科学技术的不断发展,人类出现较高的物质文明,交通与通信手段日益完善,促进了旅游事业的发达。以旅游者为服务对象的一些社会经济部门,如饭店业和旅游业,也因此获得较快的发展。这就为公共关系工作提供了更为广阔的天地。

1. 饭店、旅游企业公共关系的特点

饭店、旅游企业不仅是一种营利性的服务行业,还是一种具有高度依托性的行业。其公共关系具有如下特点:

(1)营利性。无论饭店或旅游企业,它们都是营利性组织。饭店业通过向旅客提供食宿等服务,取得经济效益;旅游业则以旅游资源为基础,相关的服务设施为条件,通过组织旅行游览向游客提供服务获得收入。所以饭店、旅游企业都是以经济效益为中心,与市场营销密切配合,并通过开展公共关系工作增强竞争力。

(2)服务性。饭店和旅游企业也属于服务性企业。它们向社会提供旅行或游览方面的有关服务,取得经济效益。这类企业的公共关系工作,也就更加注重形象塑造、顾客满意,并增强全员公关的意识。

(3)复杂性。饭店、旅游企业的兴旺,离不开工业、农业、运输业、邮电业、商业和城市基础建设的发展。作为旅游市场的供给一方,饭店业提供的是食宿服务,旅游业提供的是游览服务。而作为需求一方的旅游者,他们需要的不只是孤立的一个饭店床位或一处景色。而是从离家开始到返回为止的整个旅游过程都有良好感受。所以,饭店和旅游企业必须与其他有关部门互相配合,保持协调。其中一个环节出了问题,就会影响这条链条上其他环节的质量。饭店、旅游业的这种高度依托性,使其公共关系更为复杂。

2. 饭店业公共关系的任务

饭店在我国有许多不同的称呼。通常,大型饭店也叫宾馆、酒店,其设施完善,服务项目齐全,除食宿外还提供洗衣、理发、医疗、娱乐等服务项目,并出租车辆、代办邮电、代购车船机票,经销一些日用商品和旅游纪念品。中型饭店除了提供住宿,还有餐厅,并兼营其他生活服务。规模较小的饭店多叫旅店、旅社和客栈,通常只能提供住宿。

饭店业的公共关系,主要有以下任务:

(1)塑造享有盛誉的饭店形象。饭店形象包括以下几个方面:第一,设计饭店形象。这是塑造形象的基础。一个好的饭店形象,设计时至少要综合考虑两大方面:公众对饭店的要求,饭店的条件和优势。换言之,也就是要在公众希望饭店怎样、饭店又擅长为公众做什么之间,找到饭店形象的落点,并引申出个性特征。第二,推广饭店形象。设计出来的饭店形象,要通过各种方式和媒介,如画片、模型、录像、宣传材料及各种社交活动推广出来,使广大公众了解和熟悉,提高饭店的知名度。第三,检测饭店形象。通过广泛地调查、了解,检测饭店的实际形象与期望形象是否有差异,分析差异产生的原因,并报告给饭店决策者,采取相应的措施。第四,调整饭店形象。在必要的时候,饭店还要根据形势的变化,对形象进行调整,重新定位。

(2)联络感情,增进了解和友谊。公共关系要为饭店的生存和发展创造"人和"的环境,就要与各种公众进行联络。就饭店外部公众而言,尤其要保持与以下公众的联络沟通:

第一,宾客。要注意区分不同的宾客,采用不同的方式进行交流。例如,高档饭店的宾客大致有三类:一类是观光者。常有一些穿戴朴实、不愿多花钱的客人慕名而来,参观游览。他们希望饭店以礼相待,热情介绍。第二类是贵宾。他们人数不多,但作为社会名流、新闻人物,其影响之大是其他客人无法比拟的。接待贵宾要周密准备。贵宾到达时,可以举行欢迎仪式;在适当的时候,陪同参观,介绍饭店成就。有的还要根据来宾个人生活特点,重新安排室内装饰,准备特殊服务。第三类是常客、散客。他们是饭店的主要服务对象,也是饭店的生命所在。他们有的长年生活在饭店,甚至在饭店安家。饭店应当根据他们的文化背景和习惯爱好,设置合适的娱乐场所,组织有感情色彩和纪念意义的活动。

第二,新闻媒介。饭店常常是重要事件发生的场所。名人贵宾下榻,重要活动的举办,都会受到全社会的瞩目,引起新闻界的兴趣。因此,饭店的公共关系部门要了解和熟悉新闻媒介,与其保持广泛联系,建立个人友谊,及时通报情况,为新闻媒介的工作提供各种便利。要善于借助重要新闻播发,宣传饭店,提高饭店的知名度和美誉度。

第三,社区。社区是企业生存的根基。饭店的建设和发展,要有一个良好的社区环境。因此,饭店要讲究睦邻之道,积极参加社区建设和支持社会公益事业,维护社区公众的利益,力争做一个合格的社区居民,被社区公众接受、认同并引以为荣。

第四,经营伙伴和竞争对手。对饭店业来说,不仅要积极发展与经营伙伴的关系,还要十分注意与竞争对手的关系。同业之间不仅有竞争,还可以合作。例如,异地的饭店之间,可以联合成一条龙式的服务链条,共同得益。本地的饭店之间,也可以交流经验,互相取经,共同提高经营管理水平;还可以相互介绍客人;遇到特殊情况,也可以相互支援。协调好与同业者的关系,是饭店业公共关系工作不可缺少的内容。

(3)搜集信息,参与决策。公共关系要求组织与公众进行双向沟通和交流,主要表现在:第一,要及时分析评估饭店的知名度和美誉度,了解公众对饭店的意见和反映,整理之后报告给饭店决策者,使领导及时知道不足;第二,要适时调查公众行为,分析公众态度,预测其变化趋势,提出解决问题的方案;第三,要从公共关系的角度评议饭店方针、各项政策和计划的合理性、可行性,研究是否符合公众利益和社会利益,对饭店形象的潜在影响,并提出建议;第四,公关人员还应协助营业部门添置服务项目,推进饭店业务。

(4)教育和引导内部员工,树立公关意识。要使公共关系工作取得预期效果,只靠公关人员是不行的,树立全员公关的意识十分重要,因此要从以下几个方面教育和引导内部员工树立公关意识。第一,引导员工树立明确的公共关系意识,树立"顾客至上,信誉第一"的思想,主动宣传企业,珍惜和爱护饭店的形象、声誉。第二,教育员工从本职工作出发,关心和参与公共关系活动;第三,培养员工的主人翁责任感,这是激发员工做好公共关系工作的思想动力。要通过各种内部公共关系活动,增进员工之间的团结、友爱和理解,调动积极性。

（5）突发事件和宾客投诉。饭店是公共场所，容易发生一些突发事件，例如，火灾、爆炸、自杀、重大失窃、严重食物中毒、自然灾害袭击等。在这种时刻，饭店公共关系部门应立即行动起来，积极设法宽慰宾客和有关人员；与其他部门积极配合，投入善后工作。一旦饭店形象因此受到破坏，还要采取措施补救，改变公众认识，挽回影响。接受和处理宾客投诉，是饭店公共关系部门的日常事务，也是饭店用以消除宾客疑虑、沟通双方意见的有效方式。

处理宾客投诉，要注意以下方面：接待宾客投诉，态度要认真，语言要婉转，行动要迅速，处理要公正。多询问，少解释，决不要辩护和争论。要坚持"宾客总是对的"，把正确留给对方。把受理的投诉及时转告有关部门，督促尽快改进。对重要的投诉，或超过公共关系部门职责范围的投诉，要迅速报告饭店领导，请求指示。不能放过所谓的"细微小事"。有时宾客反映的问题，无非是开水不开、热水不热一类的小事。但这些都会直接影响饭店的声誉和形象，同样要认真对待。定期将投诉内容和处理情况分类、整理和归档，供今后参考。也可在内部报刊上公布。

3. 旅游企业公共关系的任务

旅游可以使人们陶冶性情，丰富生活，增长见识。旅游业的主要任务是招徕顾客，组织游客按一定的线路游览并提供相应的服务。旅游业的公共关系工作，要为旅游地提高知名度和美誉度，吸引更多游客，促进旅游业的兴旺发达。

旅游企业公共关系的任务，与饭店业及其他企业有许多相同之处。例如，都要塑造企业形象，收集信息和参与决策，教育和引导员工，积极发展与新闻媒介、社区、经营伙伴的关系，以及为顾客提供满意的服务等。不过，它们也有一些特殊的地方。

（1）良好的旅游地形象。一般的企业或社会组织所要塑造的，主要是自身的形象。旅游企业不仅要注重自身的企业形象，还要积极树立和推销旅游地形象。从某种意义上说，旅游地形象的塑造和宣传比对旅游企业的宣传更为重要。公共关系部门在策划活动时应注意旅游业的这个特点。

（2）提高旅游的社会承载力，取得旅游地居民的信任和支持。旅游地居民是当地旅游业的重要组成部分。缺乏他们的支持与合作，旅游业就会失去赖以存在的社会基础。实践证明，游客由于种种原因，在旅游地未能享受到满意的服务，或没有观赏到某个奇景异观的遗憾，常常能由旅游地居民的热情友好来补偿；反之，服务再满意，风景再迷人，当地居民不够友善也会使游客心情遭到破坏。提高旅游的社会承载力，关键在于扩大旅游业发展的积极方面，尽可能限制消极方面。例如，进行合理的规划和开发，充分尊重当地居民的地位，取消任何有损于当地居民自尊心的歧视性规定，加强旅游地的保护和建设，以及对当地居民进行教育和引导。开展公共关系活动，协调旅游地居民与游客、旅游企业的关系。帮助他们克服个人认识上的局限性，就成为旅游企业公共关系的一个重要任务。

## 二、非营利性组织的公共关系

在我国，非营利性组织主要有两大类。一类是事业性组织，比如，学校、医院、保健机构、体育运动机构、图书馆、新闻单位、出版社、文艺团体、科研机构等。另一类是群众团体组织，比如，各种专业学术团体、业余爱好者团体、消费者团体、个体经济团体、工人团体、教育团体、农民团体、妇女团体、老人团体、少年儿童团体、学生团体、退伍军人团体、残疾人团体、少数民族团体、宗教信仰团体等。这些团体的形式很多,例如,协会、学会、研究会、联合会等。

事业性组织的主要资金来源于国家财政拨款,有正式人员编制。而群众团体的主要资金是自筹。筹资方式主要是收缴会费、吸收社会赞助与募捐、取得必要的服务活动收入等,多数无正式人员编制,而以义务人员为主。这两类组织的行为有一个共同特点,即不以盈利为主要目的,而旨在通过自己的努力,推动某项事业的发展,做出一定贡献;宣传普及某种观念知识、信仰,完成一种社会工作;解决某类人面临的共同社会问题,唤起人们对某种形象、事物的普遍关心等。这一共同特点决定了非营利性组织十分需要公共关系。通过开展公共关系实务活动,使人们对本组织及其所从事的工作有所了解、理解和支持,提高知名度和美誉度,也为筹资创造一个好的社会关系环境。

### (一)非营利性组织公共关系的特点及其变化趋势

与企业组织相比较,非营利性组织的公共关系有如下特点:

(1)公共关系目标与任务方面的特点。企业公共关系的目标与任务始终不能脱离为提高经济效益、为促销等创造良好社会关系环境的基本要求。由于非营利性组织的根本目标不是盈利,因此,其公共关系目标与任务是围绕实现社会效益而展开的。这就决定了这类组织(尤其是群众团体)的知名度、信誉、形象更具实际意义。

(2)公共关系媒介特点。由于非营利性组织一般都没有足够的经费来开展耗资巨大的大型公共关系活动,因而,特别注意选择那些花钱少的活动方式。

(3)公共关系活动实施人员特点。非营利性组织致力于社会崇高目标的实现,致力于为社会服务。因此,要求公共关系实务人员具有较高的道德素质、社会责任感和奉献精神。

(4)公众特点。企业从产品、服务入手来塑造自身形象,因此,其公众的针对性较强。而非营利性组织一般以整个社会为活动舞台,常以社会大众为对象,不具有太强的针对性。所以,这类组织应更重视对整个社会环境的研究,应从社会的宏观结构角度来制订公共关系战略和策划公共关系方案。

(5)公共关系实务效果评价特点。企业公共关系活动的效果比较直观,在评价上可以定性与定量相结合。而非营利性组织公共关系活动效果的定量评价难度较大,往往以定性评价为主。这是由这类组织的公众特点决定的。因此,应更为广泛地注重综合信息的收集,以综合效应反映其公共关系实务成效。

### (二)学校公共关系

目前,我国的各类学校面临着许多问题:各种误解和沟通中断时有发生;"代沟"影响着人际关系;教师社会地位不高,工资收入偏低,师资队伍不稳定;办学资金严重缺乏;学生就业困难;家长意见较大等。教育事业的发展需要政府、社会各界和全体公民的关心与支持。有些时候,这种关心、支持并不主动发生,而需要学校充分开展公共关系活动去唤起社会的注意。至于学校内部的问题,诸如师生关系问题、教师与职工关系问题、学校与教师、职工和学生的关系问题等,更需要通过有效的内部公共关系工作来协调、解决。学校应把公共关系作为一种有效的管理思想、管理哲学、管理方法,充分认识开展公共关系活动的重要性。学校公共关系的特殊目标是:唤起社会公众对教育的认识、理解、支持,争取办学经费;吸引生源,"推销"

学生;提高教师社会地位、稳定师资队伍等。许多学校把争取财政援助作为公共关系活动的重要任务。其他任务还包括:协助开辟新的专业方向和新的办学方向,争取特殊招生指标;帮助校方整顿学校纪律;处理好教师、职工、学生、家长、社区等公众关系;控制师生的社会行为;提高教学质量,为学生升学、就业开辟良好社会关系环境等。

学校面临的公众很多,其中重要的内部公众有教师、学生和行政后勤职工,重要的外部公众有家长、校友、社区公众和企业界等。

(1)教师关系。教师处于能够与学生、家长和其他有关人员进行有效联系的位置,往往成为学校公共关系活动的重要兼职公关人员,而且,教师是提高教学质量的关键因素,所以,学校必须与教师保持和谐的关系。教师关系操作方式主要有:校领导和管理者轮流做代理教师或到班上听课;管理者可与教师互换一天位置;学校必须主动关心教师的职称、学术研究、教学、工资、福利等问题;校方必须增加管理透明度,与教师进行充分的双向沟通;树立优秀教师形象;对教师的管理以"软方式"为主;教师节、妇女节、青年节、老年节以及教师私人的重要事件发生之时(如生日、生小孩、婚丧、生病、论著发表等),都是开展公共关系活动的好时机,学校必须认真对待,策划相关专题活动;校长安排教师接待日;拜访教师;主动关心离退休教师等。

(2)学生关系。学生或许是影响力最大的公众,他们在校外是最有权威的解释者,他们对学校的评价都要在解释中反映出来。他们毕业后成为校友,演变为重要的外部公众。结论很简单,通向社会公众心灵最可靠的途径是学生,让学生充当信息传递的中介人具有战略意义。另外,学生也是提高教学质量的关键因素之一。学校公共关系实质上是从教室开始的,如果公共关系活动首先落实在教学过程中,那么学校公共关系就有坚实基础了。学生关系操作的关键是在课堂上让他们自我感觉听懂了,学到了知识,并能初步分析和解决一些相关问题。可见,教师的形象、讲课艺术、知识水平是至关重要的。此外,影响学生关系的因素还有班主任、辅导员、党的书记、团干、行政后勤人员等。影响主要表现在是否关心学生的政治、思想、学习、身体、生活等各方面。少先队、学生会、共青团以及各种业余爱好组织是学生活动的群体,这是学生关系的重要对象,学校必须定期与其行政领袖或意见领袖进行双向沟通。学校不论大小,良好学生关系的基本点都是在管理者与学生之间保持信息自由流通的渠道畅通。沟通方式除了会议、面对面交谈、校长安排的学生接待日、学生信箱外,黑板报、墙报、校报、广播等媒介也被广泛采用。

(3)行政后勤员工关系。学校的非教师编制职工从事教学的服务工作,他们的工作态度、效率、质量直接影响到学校与师生的关系,有时甚至影响到与外部公众的关系。学校不能忽视与这部分职工的沟通,其沟通方式原则上与教师相同,只是必须结合他们的工作性质、任务、特点等加强针对性。

(4)家长关系。学生的父母是支持学校工作的重要力量,是学校形象的重要评价者和宣传者,他们对学校的了解主要来自于孩子。当然,学校决不能只靠学生充当沟通媒介,因为有时这种沟通使家长只能片面地掌握学校的一些情况。家长关系操作的关键就是利用学生,重要的是使学生准确地将学校信息传递给自己的父母。除了通过学生来协调家长关系外,还有一些方式值得借鉴:开家长会议;请家长听课;拜访家长;举办教师与家长的联谊活动;为家长举办各种培训班和夜校;给家长写信;赠寄校刊;请家长参加校庆、教师节等重要活动;安排家长接待日;设立家长热线电话、家长俱乐部、家长周末等。

(5)校友关系。校友是由学生演变而来的,正因为如此,与校友的关系对学校有特殊意义,大多数校友都愿意关心、支持母校的发展。离开学校走向社会以后,许多人都怀念学校生活,想念尊敬的老师,所以,获得校友支持的关键是经常请他们参加学校活动,并定期把母校的情况告诉他们,使他们产生"好像还是学生时代"的感觉。此外,下面这些沟通方式也很有效:请校友在校刊上发表文章;请校友回校给在校生做报告;组织校友会;建立校友档案;拜访校友;办"校友通讯";利用校庆充分开展校友公共关系专题活动;举办校友学术研讨会等。

(6)社区公共关系。在我国,有全国性学校与地方性学校之分,中小学和大部分大中专学校都是地方性学校。不仅地方性学校要重视社区关系,就是全国性学校也应重视社区关系。对学校的许多支持来源于社区,许多学生来源于社区,许多学生就业于社区。总之,学校与社区的互相关系影响着学校自身的发展。如何充分利用社区资源发展教育事业是学校公共关系的重要课题。作为学校,要为社区物质文明和精神文明建设做出贡献,这是社区公共关系的基础。为此,学校要利用知识、技术、人才优势为社区办几件实事,为社区培养急需人才。为使社区公众了解自己,学校要向社区开放,并通过各种联谊活动加深他们与学校的感情。组织学生为社区做好事,当义务宣传员;请社区公众中的关键人物当学校的校外辅导员、顾问、特聘教师;积极参加社区活动;加入社区的群众团体等。此外,还要特别重视充分发挥处于社区内的本校学生、家长和校友的作用。

(7)企业界关系。学校与各类型企业的关系日益密切,相互之间的合作范围也在不断扩大。与企业界建立良好公共关系,有利于学校得到经济上、物质上的援助,有利于双方进行多种内容的合作,有利于教师建立社会实践、试验场所,有利于学生就业。学校与企业界关系的操作方式有:合作开发项目;相互成为顾问;为企业办各种培训班;输送优秀人才;建立各种校企联合组织;牵头成立以企业成员为主的群团组织;为企业发展出谋划策,咨询诊断;建立企业关系网络等。

**(二)医院的公共关系**

医院公共关系工作的基础是提高医疗服务质量。主要包括救死扶伤、实行人道主义精神,对病人细心、周到、热情;有优良的医术;为病人提供一流配套服务(吃、住、行、休息、挂号、登记、划价、付账等都很方便);合理收费。在重视医术水平的同时,也要特别重视改善对病人的态度和配套服务,我国许多医院容易忽视后者。显然,高超的医术、热情负责的态度与上乘的配套服务——这三者的最佳结合才能形成医院的良好信誉和形象。

(1)重点处理好与病员及其家属的关系。处理这一关系的原则是"病员永远是正确的",想病员之所想,急病员之所急,为减少病员的痛苦和增加病员的希望竭尽全力。病员、家属关系的协调,在有一定的医术水平条件下,很重要的是要对其表现出极大的关心、体贴、热情,注意到一些似乎微小的事情,主动与病员、家属打招呼,礼貌用语,提供一流配套服务等。有些医院被人们批评,重要原因就在于这些工作做得不好。建立特殊病人(如疑难症、慢性病、地方病、重病、不治之症等)的档案,使为病员服务的工作走出医院,深入社会、边远地区甚至病员家里,这是改善医院公共关系的新方法。收费标准及其相关规定也是影响病员、家属关系的敏感因素,在这个问题上要注意三点:收费合理、善于处理一时不能支付大额医疗费的事件、急诊病人在预缴费用后才给予治疗的规定要灵活应用,应坚持救命第一的原则。

(2)正确处理与新闻媒介的关系。医生和医院历来是新闻媒介重视的"新闻源"。医院的声誉显得特别重要。有利的报道能直接提高声誉和吸引病员顾客;不利的报道可以损坏医院名声。如何将医院的重大事件公之于众,不断塑造医院良好社会形象,是医院新闻公共关系工作的重要任务。每个医院应该有一位被授权的发言人,专门回答记者的提问。这位发言人的姓名、电话号码、接待时间等,应该告诉电话总机、接待处、问事处、护理监察员、护理单位、急诊室以及医院其他可能接到新闻界电话的部门,还应将名单报给有关新闻单位。向新闻媒介提供的材料要注意:保护当事人私人权利,不能把病员当做嘲笑对象;报道消息要经过有关领导批准;内容必须准确;要真诚地处理各方面的关系。

(3)注意处理好与社区公众的关系。许多医院的服务对象大多数都在社区内,而社区公众与病员及其家属经常处于演变之中。再者,医院所需要的许多支付都来自于社区。医院处理社区关系的操作方式主要有:义务开展社会保健、卫生与生活营养咨询、向社区公众宣传预防流行病和地方病知识;帮助社区内单位内部医务室提高业务水平,建立定期联系;为社区公众建立家庭病房;建立社区热线电话,随时回答提问(例如,电话心理咨询);帮助解决实际生活中的卫生、健康、治病防病、营养等问题;社区内发生严重伤亡事故,要主动承担治疗任务;对社区开放;在社区内建医疗点以方便病员就诊;开展巡回上门医疗、保健服务;举办义务讲座、培训班;办社区卫生报;与社区公众开展各种形式的联谊活动等。

**(三)群众团体的公共关系**

企业内部的团结以共同的利益和统一的政策为坚实基础,而群众团体组织内部的各成员则由于地区不同,性质、特点、目标、观念有别,利益也大相径庭,要使他们都能满意、团结一致,要比企业内部的团结困难得多。所以,群众团体组织内部公共关系工作非常重要又很艰巨。不过,既然大家愿意加入某一群众团体,就说明在利益、理想、兴趣、目标、观念等方面有一致的地方。求同存异,以这"同"作为内部公共关系活动的出发点和归宿,以这"同"作为内部沟通的基础,围绕这"同"提供服务,使会员在这"同"方面互利互惠,是群众团体组织内部公共关系工作成功的关键所在。具体公共关系操作方式,常用的有会议;内部刊物;联谊活动;沙龙;比赛;为会员业务牵线搭桥、出谋划策;为会员的利益公开辩护;举办会员信息发布会;协助建立会员关系网络;推荐人才、培训人才;专题报告、演讲;建立会员档案;主动参与其重要活动;重要节日之际拜访会员;帮助会员处理危机事件;建立会员信息反馈系统等。

与政府交往是群众团体组织很重要的外部公共关系活动。通过政府关系,一方面及时了解新制定的政策、方针,准确领会其实质,另一方面影响政府的态度、行为和政策的制定。这两方面工作的结果将对本组织所从事的事业、对会员、对整个社会的发展起到积极的推动作用。因此,群众团体组织应争取成为政府的智囊团、顾问和朋友,要主动向政府献计献策,帮助政府解决困难。要经常向政府有关部门汇报本组织发展规划、工作情况,主动征求政府的意见。请有关政府领导当本组织的顾问或名誉领导,有条件的将本组织挂靠相关政府机构,重要活动请政府领导参加,发展相关政府部门为本组织会员。为了使政府比较重视本组织,要注意吸收一些社会名流、重要组织的成员加入自己的行列。

许多群众团体为了发展自己的事业,增加社会影响,吸收新成员,很注意与广泛的社会公众进行沟通。这些社会公众量大、分散、差异大,要确定一种有效的沟通方式是不容易的。可以先将公众分类,针对分类公众的性质、特点来策划公共关系方案。"撒大网"的方式运用恰当效果也好,如利用新闻媒介发布新闻、做广告,参与社会公益事业,广泛散发本组织宣传资料等。有的群众团体受政府支持,利用行政手段和新闻媒介宣传,造成一种社会舆论,这无疑是一种十分成功的沟通方式。

群众团体的经费不足是一个普遍性问题,筹集活动经费成了公共关系工作的重要任务。这类组织的资金来源主要是会费、赞助、募捐、正当活动收入。应该说收会费是一件很容易的事,但有的群众团体却很难,原因是会员对组织意见大,这只能靠开展内部公共关系工作、理顺内部关系来解决。争取赞助与募捐是更为艰巨的公共关系实务。如何吸引赞助与募捐,在自身形象良好的前提下,最关键的是设计使赞助者、募捐者感兴趣的主题,策划巧妙的公共关系方案,有时还要借助能干的游说人。群众团体的正当创收主要是开展各种形式的服务活动,这种创收一定要充满公共关系色彩,尽量减少甚至避免"商业味"。

### 三、政府和其他特殊的社会组织的公共关系

#### (一)银行公共关系

银行是经营货币信用业的特殊经济组织。银行的主要业务是吸收存款、发放贷款、办理汇兑和转账结算等。银行开展公共关系工作,提高知名度和美誉度,不仅可以树立良好的组织形象,还有利于推进业务,提高经济效益。

1. 银行公共关系的特点

(1)银行的主要公众是储户和贷款单位。这些储贷客户具有"社区性"特征,即他们大多数都聚集在银行周围,与银行同处于一个社会环境。银行的情况他们容易了解,相互影响的因素多。银行无论是制订业务方针,还是设计公共关系方案,都必须考虑到它的主要顾客公众同时又是社区公众这一特点。

(2)构成银行形象的主要因素是员工的服务态度和服务质量。比如,工作效率、存贷款的方便程度、是否守信用和为用户保密,以及建筑物的主要特征等。要塑造良好的银行形象,必须从这些方面入手做好工作。其中,营业员的态度、营业厅的布置和建筑物的外观等留给公众的第一印象尤为重要。

(3)由于银行的主要公众——储贷客户大都集中于社区,这就决定了银行与公众的沟通更多采用直接接触的方式。比如,银行员工与顾客的面对面交往,银行参加社区各种有纪念意义的活动等,都是银行开展公共关系工作的重要手段。

(4)银行与公众的合作是多方面的。储户是银行的"上帝",储户至上,热情为储户服务是银行的重要工作。贷款单位也是银行重要公众,他们贷款的目的是满足生产或经营活动中对资金的需要,银行除了发放贷款并对其进行控制和监督外,还要帮助贷款单位搞好经营管理,提高经济效益,为长期合作奠定牢靠的基础。此外,社区为银行提供了基础设施和环境,新闻媒介为银行的发展提供了宣传阵地,银行都必须注意与他们处好关系。

2. 银行公共关系的任务

(1)银行公共关系工作的中心是守信用。银行经营的是货币信用业务,与储贷客户之间本质上是一种商业关系。这种关系是以具有偿还条件作为前提的,按期还本付息等是银行信用的核心内容。银行对储户能否按期还本付息,对贷款单位能否及时发放贷款等,都会影响其信誉、形象,进而影响其业务的开展。所以,银行要通过公共关系,使领导和每一个员工都知道,信誉是银行的生命。树立信誉意识,以此指导日常业务活动,杜绝不守信用的行为发生,是银行公共关系工作的重要任务。

(2)银行形象的基础是柜台服务质量和建筑物形象。这是由银行形象的构成要素决定的。柜台服务质量主要包括营业员态度、存款取款的速度与方便程度、存款的安全性和保密性等。银行公共关系工作就应从这些方面抓起,持之以恒。银行建筑物作为其形象的体现,营业厅的布置要利于公众产生安全感和温情感,并使其产生"实力雄厚""守信用"的联想。

(3)银行公关工作的重点在社区。顾客是银行的重要公众,其中大多数与银行同在一个社区。社区公众中不少是潜在的储户,有些还是潜在的贷款客户。所以,处理好社区关系对塑造银行形象、拓展储贷业务有着重要的战略意义。要结合银行业务的特点,策划公共关系活动。

(4)银行公共关系工作的关键是储贷后服务。要提高美誉度,树立良好形象,搞好社区关系,吸收更多顾客,关键在于如何加强储贷后服务。开展储贷后服务,不仅能赢得储贷客户的好评,还能通过他们的宣传,间接给其他社区公众留下好印象。在推进业务方面,储贷后服务有利于以储促储,以贷促储和以贷促贷。上门办理存款业务,为储户保管存折,帮助储户解决经济方面的矛盾,实行多种取款方式,向储户宣传介绍有关业务政策,向贷款单位提供市场信息,帮助其选择投资方向,解决资金周转中的问题等,都是有助于加强银行与公众之间沟通与合作的。

**(二)军队公共关系**

军队是一种执行特殊政治任务的武装集团。作为社会组织中的一员,军队为了实现自身的目标,顺利完成肩负的特殊任务,同样必须依靠内部公众的团结和外部公众的支持。

1. 军队应用公共关系的客观必然性

(1)军队的社会性是军队应用公共关系的客观基础。军队作为一个社会组织,与其他社会组织一样,不可能脱离社会孤立存在,必然与社会和公众产生相互依赖的关系。例如,军队的成员来自社会,其官兵与社会各界公众有着千丝万缕的联系;军队的给养要依靠社会提供等。因此,军队要使国家和人民理解他们的使命,支持其工作,就必须通过公共关系活动进行广泛有效的宣传与沟通。

(2)战争与和平的矛盾是军队应用公共关系的根源。战争是一种残酷的行动,但在很多时候却是实现和平的唯一手段。由于人们普遍欢迎和平、反对战争,公众对战争的支持难以自发产生,军队为了向公众表明其发动或参与战争的正义性和道义性,争取公众理解和支持,同样需要通过开展公共关系活动来达到目的。

(3)和平环境为军队应用公共关系提供了有利条件。因为和平时期军队与公众的交往与战时不同。一是交往的时间更为稳定长久,二是交往的范围更加广泛,三是交往中的平等互利意识增强。

2. 军队公共关系的主要特点

(1)军队在其正常运行过程中,对内要与全体军人,对外要和驻地政府、社区以及军人家属、新闻媒介和物资供应部门等发生交往。由于公共关系主体不同,作为公共关系工作对象的这些公众,对主体的期望也必然区别于其他社会组织。了解和掌握这些特征,选择相应的方式传播沟通,是军队妥善处理与其公众关系必须首先要注意的。

(2)军队公共关系活动的主要目标,是建立和维持在公众中的良好形象。这与其他社会组织的公共关系目标是一致的。

(3)军队公共关系工作的重要手段是为社会提供服务和争取赢得舆论支持。我国人民军队在和平时期,正是通过保卫国家、参与历次重大抢险救灾等英勇行动,赢得社会公认称赞的。

(4)军队公共关系工作的基本方针,着眼于巩固国防,增强公众的国防意识,促进社会发展。

在我国,人民军队长期以来与人民群众建立了深厚的感情,有着鱼水般的亲密关系,人民群众为军队的发展做出了重大贡献,军队为人民群众立下了不可磨灭的功勋。从公共关系角度总结军民关系发展的经验,可以为中国各行各业公共关系发展提供宝贵的指导。

**(三)新闻机构的公共关系**

新闻机构是借助于大众传播媒介,如报刊、广播和电视等,向社会报道各种有新闻价值信息的社会组织。从公共关系工作的角度来看,新闻机构是其他社会组织与广大公众沟通信息、协调行动的主要媒介,又是许多社会组织的重要工作对象。从新闻机构自身来看,作为社会组织,它同样也需要公众的合作与支持,提高知名度和美誉度,也需要开展公共关系工作。

新闻机构的公共关系有它自身的特点。一方面,新闻机构的主要公众是读者、听众或观众。受众人多面广,居住分散,而且往往与新闻机构缺乏直接联系。因而,新闻传播主要是一种单向传播,不像许多企业在生产和流通过程中能与公众有直接的联系。另一方面,新闻机构向社会提供的是特殊的精神产品,产品的信誉建立在真实可信和为公众喜闻乐见的基础之上,产品质量经过全社会的共同检验。因此,新闻机构的公共关系工作,重点要放在以下几方面:

(1)以广大公众为公共关系的主要对象,并确定自己服务的工作范围,定期进行调查研究,随时掌握公众各方面的变化。

(2)通过社会交往,加强与公众的双向沟通。虽然新闻机构可以在报刊版面、广播电视节目上增加公众的反馈信息,如办好读者来信专栏、听众或观众之友专题节目等,来改善新闻媒介单向传播的格局,但这毕竟还是有限的。借助公共关系活动,可以增进双方的交流。

(3)新闻机构要保持广泛的信息来源。既要靠编辑、记者的辛勤劳动,还要靠广大公众和其他社会组织的大力支持,比如,争取他们撰写稿件、提供新闻线索、积极配合采访等。一般来说,大多数社会组织和公众都希望成为新闻机构注意的对象,愿意借助新闻媒介,使自己的酸甜苦辣为社会所知晓,事业和成就得到应有的重视和承认。所以,新闻机构开展公共关系活动有着良好的条件和社会基础,应该积极、主动同社会各方联系,建立各种关系网络,更好地开展工作。

(4)保证精神产品的质量。这是新闻机构努力的目标。通过公共关系,可以及时了解公众对产品质量的评价,为决策提供必要依据。同时,开展公众评选活动,让公众评出好新闻、优秀专栏节目等,这样既可以吸引公众对新闻机构关心、支持,又可以提高新闻机构的社会声誉。

---

**职场案例与实践**

### 公关在长城饭店

闻名海内外的北京长城饭店,是中国第一家中外合资的大型五星级饭店。高度为82.64米,有24层楼,外表全部用玻璃镜装饰,它犹如一座水晶宫,高大而壮观。

饭店副总经理张志军说:"在当今中国各大饭店云集、竞争激烈的局面下,要想立于不败之地,除了有完善的设施和优质服务外,公关活动是至关重要的,凡是有眼光的企业家都非常重视。我们在饭店成立之际就设立了公关部,这在北京饭店行业中是第一家。我们招收和培训了一批高质量的公关人员,制订了一套公关活动计划和准则,把公关贯穿于饭店的各个环节,大至国家元首来访,小至一举一动,都与树立良好的形象有关。"

### 里根总统的答谢宴会

"里根总统把长城饭店包了。"

北京人都这么传说。提起美国总统访华,人们自然联想到长城饭店。

1984年初,传来了里根访华的消息。长城饭店的经理和公关人员立即意识到,这是一个难得的机会。美国总统如能光临长城饭店,将给"长城"带来极大的声誉,对饭店前途产生极大影响。于是,他们制订了周密的公关计划,并全力付诸实施。

当时,饭店还未全部竣工,服务设施尚不尽完善,公关部人员克服种种困难,夜以继日地做了大量准备。他们不厌其烦地带领美国驻华使馆的工作人员参观饭店,介绍设施、服务,接待上百名外国记者,为他们提供材料和通信设施,协助其采访,做到有求必应。一名公关人员回忆说,那时,他们常常工作到深夜,累得坐车都过了站。

经过努力,他们终于争取到了里根总统在"长城"举行答谢宴会的机会。1984年4月28日,来自世界各地的500多名记者,聚集在长城饭店,向世界各地发出了里根举行告别宴会的消息。这些消息,无一不提到长城饭店。于是,长城饭店在全世界声名大振,许多外国人产生了好奇心:"长城"是怎样一家饭店,为什么美国总统选择在这里举行宴会?后来,许多外国来宾一下飞机,就想到"长城"住宿。此后,长城饭店的生意格外兴隆。据统计,开业的头两年,70%以上的客人来自美国。这不能不归功于那次极为成功的公关活动。

到目前为止,这家饭店已接待了37位国家元首和政府首脑。他们选择在长城饭店举行答谢宴会和记者招待会已成为惯例。

### 盛大的集体婚礼

作为一家经常接待外国元首的豪华饭店,长城的客人98%是外宾,这在许多中国人心目中形成"长城是洋人出入的地方,中国人进不去"的误解。

为了消除这种误解,公共关系部想出了一个好主意:举办一次集体婚礼,每个普通的北京市民都可以报名参加,还可以带上15名亲友。这条消息在《北京日报》以广告形式登出后,没过几天,名额爆满,来电话者、登门询问者应接不暇,公关人员忙得不亦乐乎。

当95对新婚夫妇和他们的1500名亲友步入长城饭店大厅时,通过中央电视台和北京电视台,亿万中国人收看到了这一盛况,此举受到人们的热烈赞扬。新婚夫妇们为能在这里举行婚礼而备感荣幸。

自此之后,许多企业、政府机构、社会团体也在这里举办各种活动。长城饭店在中国人的心目中变得更亲近了。

### "这就是公关"

长城饭店成立之际,即聘请了美国达拉斯凯饭店富有经验的公关经理露西·布朗女士担任该店公关部经理。当时人们对公关相当陌生,觉得很神秘。

一次,有位服务员在打扫房间时,发现客人的床头上摊放着一本书,她没有挪动书的位置,也没有信手把书合上,而是细心地在书摊开的地方夹进了一张小纸条,以起书签作用。事后,客人对服务员细致的服务倍加称赞,并将此事告诉了同来的几十名同事,告诉了她所认识的所有朋友。

布朗女士抓住这件小事,告诉大家:这就是公关。公关需要从细微处做起,所有饭店工作人员都应通过自己的一举一动体现公关意识,从各方面树立完美的形象。

**案例思考:**

1. 用公共关系原理分析张志军同志的一段话,能得出一些什么结论?

2. 里根访华,长城饭店经理和公关人员觉得"这是一个难得的机会",为什么?善于抓住机会,对一个组织机构来说,有何意义?

3. 成功的公共关系活动,来自于成功的公共关系策划,长城饭店在策划里根总统答谢宴会过程中,有哪些成功的经验?

4. 服务员打扫房间,没有挪动客人所读的书的位置,而是在书摊开的地方夹进一张小纸条。布朗女士说:"这就是公关。"为什么?请想一想其中的道理,作出回答。

5. 善于表现自己,是塑造组织形象的关键,在这方面长城饭店给我们提供了哪些经验和启示?

### 【思考与讨论题】··················

1. 如何理解内部公共关系的含义?

2. 内部公共关系有何重要意义?

3. 怎样才能建立良好的内部公共关系?

4. 怎样处理员工关系?

5. 怎样处理股东关系?

6. 什么是外部公共关系？其特征都有哪些？

7. 开展外部公共关系应遵循的原则是什么？

8. 处理好消费者关系的重要性及其方法有哪些？

9. 如何处理合作者及经销商的关系？

10. 处理好与竞争者关系应掌握哪些技巧？

11. 处理好社区关系的重要性及其技巧有哪些？

12. 组织处理与政府关系的必要性及其技巧是什么？

13. 如何处理好与科技、教育界的关系？

14. 生产性企业的公共关系与服务性企业的公共关系有哪些异同点？

15. 应当怎样处理危机事件和顾客投诉？试举例说明。

16. 饭店和旅游企业公共关系工作的主要任务是什么？

17. 非营利组织的公共关系有什么特点？

18. 银行、军队及新闻机构,应当怎样根据自身特点开展公共关系活动？

# 第九章  政府公共关系

【引子】2012年上半年美国发生了一次矿难,美国总统奥巴马为牺牲的25人举行追悼会,并发表深切的悼词演说,在悼词中详细喊出了牺牲的25人姓名成为这次危机公关的亮点,结果这次事件反而在一定程度上加深了美国民众对奥巴马的好感,连中国人民看了悼词也觉得感动,可见这次危机公关的效果非常好。

在我国建立和完善社会主义市场经济体系,转变政府职能的变革时期,政府尤其要注意开展公关活动,就党的方针、政策、法律、法令、社会上存在的重大问题等内容与公众进行广泛的沟通与交流,引导社会舆论,维护政府与公众之间的融洽与协调,维护社会的安定团结与政府体系的平衡与稳定,从而塑造政府的最佳形象与声誉,为经济建设作出贡献。

## 第一节  政府公共关系概述

### 一、政府公共关系的含义及特征

政府公共关系,是指政府与社会公众之间的传播管理。从动态上看,政府公共关系即政府机构与社会公众之间的双向传播沟通活动;从静态上看,政府公共关系是发生在政府与公众之间的一种信息交流、沟通与传播的行为和状态;从管理学角度看,政府公共关系是一种组织职能,政府公共关系管理即对政府组织与社会公众之间的传播行为与状态进行管理。

广义上讲,政府公关是社会沟通的一个主要方面。狭义上讲,它又是国家机构中进行的某种行政活动、行政行为。政府公关有以下特征:

(1)社会性。这是讲政府公关活动是在一定的社会环境中产生和发展的,而不是在真空中进行的,也不是一种自然现象。因此,政府公关的主体、对象(公众)、客体及信息的沟通等都将受到社会环境的影响和制约。并且,信息沟通本身就是一种社会行为。

(2)创造性。政府公关活动离不开新闻传播手段和方式。但是随着社会的发展,新闻传播活动在不断发展。迄今已有五次具有里程碑意义的飞跃:即语言的产生;文字的出现;造纸和印刷技术的发明;电报、电话的发明,尤其是电视的出现;电子计算机和通信卫星的出现。近年来,中、美、日等国科学家又在酝酿和发起一场新的"传播革命"。这种创造还在其他领域中发挥着重要的作用。

(3)长期性。政府公关从社会沟通角度来看,不是一种暂时的社会现象。在一定时期内将长期存在。它是社会进步之必需,也是发展社会主义市场经济,改革开放的需要,是历史发展的必然。这是因为,在当今这个"多元化"的世界里,个人、群体和社会组织都在一个全方位的关系网络之中,与社会各方都发生着各种各样的关系。

(4)目的性,即动机性。由于沟通目的(动机)是决定沟通行为的出发点和关键的心理因素,所以,传递者需要精心组织或选定信息库,使信息源按照沟通目的的指向传递,影响接受者的思想、感情和行为,实现自己的有用性。这对于政府公关活动的成败关系重大。

(5)互动性。按照美国社会学家米德的"互动"理论,任何社会角色都不能孤立存在,而是相互联系、相互依赖、相互需要、相互传递、相互理解和相互作用的,这种联系就是互动。

(6)选择性。这是说信息接收者对信息有自动调控功能,自身有能力进行必要的选择。因此,在政府公关活动中,要视接收者的年龄、性别、职业、文化程度、经济利益、政治观点、世界观的差异,分析研究,区别对待。

### 二、政府公共关系的职能

#### (一)科学决策

决策,是指在若干个准备行动的方案中进行选择,以期优化地达到目标的过程。决策在行政工作中有着重大的作用。但决策离不开信息,信息沟通是科学决策的要素,也是政府公关的特征。同时,决策的科学化离不开倾听群众意见,要考虑各种类型公众的意见、利益和要求,需要有沟通信息的"桥梁"。

政府公关就是在政府与社会公众之间架设的"桥梁",能够沟通信息,为政府科学决策提供可靠的依据。

#### (二)有效控制

控制是搞好行政工作,尤其是搞好执行或实施阶段工作的一种需要的职能。政府公关作为政府部门行政管理的一个方面,是一种组织活动,体现国家的职能。按照马克思主义的国家学说,国家权力活动又带有某些"强迫"色彩。这种"强迫"显然又带有控制的含义。即使是社会主义国家政府的行政管理,从某种意义上讲,也是一种控制过程。

政府公关活动注重政府与社会公众之间双向信息交流,建立信息网络系统。它一方面要求政府公关组织的工作人员广泛地收集政治信息;另一方面则要求他们对收集到的诸多信息进行筛选、加工、提炼,使信息达到准确、可靠,进而向领导提供可靠的信息、有效性的信息、追踪信息以及综合信息,以监视社会环境的变化,对它的发展趋势及时作出预报。可见,政府公关对于加强控制是不可缺少的,也是十分有益的。

#### (三)广泛协调

协调即和谐、合理、配合、互补、统一等状态的总和。通过政府的公关活动使各个组织或部门之间、组织与国家之间和谐化与合理化,尽量减少各个部门、各个环节的矛盾。当矛盾产生时,能及时加以调节解决。

当前,政府工作围绕着经济建设这一中心转变其直接管理的职能更离不开协调。政府公关将公关的理论、原则、方法贯彻到政府行政管理活动中去,它可以在贯彻协调、和谐、统一等方面发挥作用。

### （四）塑造形象

塑造良好的政府形象是政府公共关系工作的重要方面。政府公关的决策、控制和协调三个方面的职能，归结到一点都有助于政府在社会公众和社会舆论中塑造自身良好的形象与声誉。此外，在外事活动中，使用公关技巧与开展公关活动对于加强自我宣传，在国际社会中塑造良好的社会形象，在外交战线、发展对外经济技术合作中有着重要作用，并历来为各国政府所重视。

### 三、政府公共关系的理念

**1. 强调政府的一般组织属性**

政府是特殊的社会管理组织，具有权威性和唯一性。但政府终究是一个组织，也应把公共关系作为一项基本职能，作为引导、规范、影响、制约政府行为的一种管理哲学。政府也是一个物质利益实体，在具体的经济关系和具体的经济过程中，不能吞并或侵犯其他公众的利益。政府不能利用特有的权力把自己置于超社会的地位。从这个意义上讲，它与其他社会组织的地位应是完全平等的。如果有违这一原则，就不是一个遵守游戏规则的合格公众。

**2. 突出政府的公共服务职能**

作为特殊的社会管理组织，政府存在的目的就是保护和增进人民的利益，为社会谋幸福，这也是其存在的合法性的基础和源泉。政府组织的非生产性和管理的公共性决定它的一切活动都须奉行公众利益、社会利益至上的原则，以服务公众和社会为其行为的根本出发点和落脚点。政府工作人员要具备较强的公关素质，自觉把公关理念和精神融入本职工作之中，以优质的管理服务来获得报酬。目前各级机关事业单位改革正在进行，机构改革的目的不仅在于精简人员，更在于提高服务水平和工作绩效。事实上仍有许多公共服务领域尚未由政府进入或由政府引导市场进入，人力资源配置上不够合理，服务体系不够健全，许多人没事做的同时，也有许多事没人做。

**3. 认知政府的公众形象**

政府的公众形象有两种含义，一是指政府作为一种公众的形象。二是指政府在公众心目中的形象。良好的公众形象是现代政府的最大无形资产。政府必须有针对性地开展公关活动，重视和加强与各类公众之间的双向传播和沟通，了解各类公众对政府的期望，倾听各类公众的呼声，及时向公众报告政府是怎样满足这种期望，解释政府出台的政策和做出的行政行为，根据公众的需求不断改善政府的各项工作，树立"创新、务实、廉洁、高效"的良好形象。靠"美容"来树立政府形象最终是靠不住的，必须靠完善政府形象的内涵，靠实际行动，靠理性说服，思想沟通和情感交流去提升、塑造。

## 第二节　政府公共关系的构成要素

### 一、政府公共关系的主体

政府公共关系的主体主要有三类：国家行政机关、政府公共关系组织结构和政府公共关系工作人员。

1. 行政机关是政府公共关系的当然主体

西方发达国家根据三权分立的原则，一般都将行政机关看做是行使政权的国家机关。行政机关与立法、司法机关是相互分立和相互制衡的关系。

在我国，行政机关是根据权力机关的决定和委托，按照宪法和有关法律组织起来，依法对国家行政事务进行组织和管理的执行机关。

政府行政机关作为正式的、公益性组织，在政府公关思想、公关策略的制订中，在为实施公关计划而开展的实务，如对话、公众接待、赞助、组织各种会议以及处理突发事件中，都起着组织者、执行者和承受者的作用。因此，它们应该是政府公关的当然主体，为任何其他组织所无法代替。

2. 政府公共关系组织机构

公共关系组织机构是组织内部从事公共关系活动的部门。在企业内部设置公共关系部有三种模式：①从管理角度划分，有机构建制式模式。这种模式实际上从国外经理负责制模式演变而来，管理跨度和管理层次比较适中，机构精简。②从公共关系部门职能角度划分，可分为机构职能模式。③从人员构成角度可以划分出公关机构人员配置模式。

我国的政府公关尚处于宣传和舆论准备的阶段，上述三种企业公关部的模式可供政府部门设立公关组织机构时参考。政府公关组织机构的名称可考虑为公关办公室、公关委员会或公共关系与公共事务部。政府公关机构的设立可遵循下列原则：①机构要精简，②讲求效率，③要协调平衡。并且要体现专业性、协同性和服务性这三个特征。

3. 政府公关人员

公共关系作为一种熔科学和艺术于一炉，结合经营管理、行政管理与宣传为一体的新的职业和专业，涉及各行各业，已引起人们的广泛注意。公关人员正成为当代青年羡慕的对象和追求的目标。

从事政府公关的人员是社会上从事公关职业大军的一小部分，但从基本素质要求来看是统一的。公关人员（包括政府公关组织机构的工作人员）从事的工作内容主要有以下几项：①撰写与编辑，②与宣传媒介联系，③参与处理突发事件的组织与筹备，④演讲，⑤从事创造性的沟通活动，⑥公关调查，⑦策划与设计公关活动方案，⑧培训等。

除此之外，在公共关系实践中，政府作为被代理人，聘请著名的公关咨询公司作为代理人，从事公关活动，被称为政府公关的代理，此时政府公关的代理机构也被视为政府公共关系的主体。

## 二、政府公共关系的基本目标公众分析

政府公共关系的对象非常复杂，整个国家所有的公民都是政府公共关系的对象，但基本的目标公众主要有以下几类：

1. 国家工作人员关系

国家工作人员关系，主要是指在行政机关工作的领导人员、业务执行人员、辅助人员以及勤杂人员。从公关角度出发，我们认为要认真处理和对待政府机构内部的工作人员关系。这

是因为他们是政府机构赖以存活的细胞。政府机构的存在价值和发展目标，首先要得到他们的理解和认可。他们在政府工作的第一线，是政府与社会各界公众接触的桥梁，他们的言行，程度不同地代表着政府的形象。因此，我们要围绕着培养国家工作人员的归属感、认同感与自豪感这一目的，努力做好共享信息、协调关系的工作，培养成员的凝聚力。

2. 社区关系

社区是公共关系部门最重要的工作对象之一。社区虽然属于政府组织和管理的范围之内，但对政府工作有着重大影响。因为政府不是生活在真空里，它必然与政府所在地的居民、团体、企事业单位之间共同维持这一社区的经济、社会生活的正常秩序。而且政府机构内的国家工作人员及其家属，有许多人就是当地社区的居民。因此，社区关系是政府内部国家工作人员关系的延伸。政府公关在处理社区关系时，最主要的是以承担社会责任为原则，利用各种沟通方式，组织和发动群众共同处理好社区关系。

3. 企业关系

社会主义国家具有管理社会和管理经济的职能，国家可通过经济、行政、法律等手段，对经济细胞——企业进行指导、监督、调节和管理。但企业又是相对独立的、自主经营、自负盈亏的经济实体。为了调动企业的积极性、创造性，国家必须实行责、权、利相结合的经济责任制，政府必须转变职能，处理好企业的关系。这是政府公关最重要的外部公共关系之一。

4. 新闻界关系

新闻界关系，是指与报纸、杂志、电台、电视台等大众传播媒介工作人员与新闻界工作人员的关系。公关工作是相互需要，相互支持。一方面，搞公关活动必然要借助于大众传播媒介去营造气氛，形成有利的社会舆论，塑造组织良好的社会形象。因此，新闻媒介是政府与公众沟通的桥梁和途径；另一方面，新闻工作本身也具有明显的公关性质。它只有与社会各界建立广泛联系，才可能保证新闻来源的渠道畅通。

5. 社会名流关系

社会名流关系，是指那些对社会公众、舆论和社会生活有较大影响的人物，如党政要人，革命前辈，工商界重要人士，专家学者，文化、艺术、体育界的名流，新闻出版界的重要人物以及各条战线上的劳模、先进工作者、企业家等。政府与他们建立和保持良好的关系，可以通过他们广结良缘，并利用他们的见识、专长为政府出谋划策，提出有益的意见咨询，对提高政府的声誉，塑造政府的形象有重大作用。

6. 国际公共关系

国际公共关系，是指跨国界的公关活动，包括政府与对象国公众和企业与对象国公众关系。其目的在于向国际公众宣传本国的外交政策，介绍本国文化社会生活，以促进两国人民的相互了解等。开展国际公关应注意了解对象国的经济、政治和社会情况以及公众的需求和习惯，随时按所在国特点修正政策措施。了解并善于运用当地新闻媒介，使自己的信息符合外国公众的要求。国际公关必须遵守国与国之间的和平共处五项原则，维护祖国的荣誉与尊严。

### 三、政府公共关系的任务

**1. 政府形象分析**

在我国,由于政府控制着大量传播媒体,加之信息搜集渠道不畅,某种意义上来说影响了社情民意的充分表达,政府部门容易主观地"自我感觉良好"。我们应该对以下四个方面进行综合分析。①政府实态分析。明确政府正在做什么,能够做什么,做得怎么样,具备哪些有利条件和不利条件。②社会公认分析。了解公众对政府工作是支持还是不支持,是感到很满意、较满意还是不满意。③管理阶层分析。了解干部队伍内部对政府的观点、意见和态度。④决策阶层分析。了解政府高层领导的价值观和行为方式如何,是否影响政府形象的个性和风格。

**2. 政务公开**

政府机关规模庞大、结构复杂,必须提高行政运作的透明度,增强公众对政府的了解,方便人民群众办事。要通过各种形式,把政府的工作实况告知公众,并争取得到人们的支持,进而使公众的言行朝着有利于政府管理目标实现的方向转变。我国推行政务公开已经一段时间,但很多地方远远未达到应有的水准。政务公开方式和载体落后、内容不齐全、长期不作修订维护、内容不符实等现象还普遍存在。

**3. 协商对话**

人大、政协、民主党派、群团组织等协商对话渠道可以越过不必要的中介,使领导在重大问题上直接了解公众的意见,使公众可以直接向领导反映自己的看法,如约见、提案等。在社会发展中不断出现一些新的利益阶层,如投资客商、外来人才、下岗失业人员、征地拆迁户等,传统的社会团体不可能完全代表这些方面的意愿,因此还要进一步拓宽、缩短其他社会沟通渠道,及时解决、疏导各种问题和矛盾,避免长时间积累而激化。

**4. 危机处理**

政府公关危机是指突然发生的,造成严重经济损失或严重损害政府形象的事件。危机处理的对策包括事前建立预警系统、完善管理、模拟准备,事中成立专门机构、制止事态扩散、调查情况、安抚受害方、统一新闻口径,事后公布处理全过程、及时改进、利用媒介消除影响等。危机处理是公共关系的一个重要实务,从处理危机的效果上可以看出政府公共关系的水平,也是执政能力的直观评价标准之一。

**5. 民意调查与论题管理**

要在干部多深入基层"下马观花"的同时,尽快建立和完善政府网站等快捷、方便的互动交流平台,适时组织主题鲜明的大规模的民意调查活动。特别是在每项事关民生的重大政策和措施出台之前,要及时了解公众的基本态度和意见,实行公示、听证等制度,扩大人民群众的参与度,通过多种渠道和形式广泛集中民智,使决策真正建立在科学、民主的基础之上。政府要围绕改革与发展面临着众多遗留问题和不断涌现的新问题,要围绕政府官员头痛的难点问题、公众关心的热点问题,运用大众传媒,动员成千上万的人们各抒己见,献计献策,这样既能够集思广益,找到解决问题的有效途径,又能让公众参政议政,提高凝聚力和向心力。

# 第三节　政府公共关系实务

## 一、政府公共关系调查与传播

1. 政府公共关系调查的特征

政府公关调查是社会调查的重要组成部分,是政府公关组织机构为领导科学决策,为自己制订公关计划与实施公关活动的基础。与一般的社会调查相比较,有以下几个特点:

(1)其调查目的的开始就应该十分明确,即寻求政府部门建立信誉、塑造形象、提高知名度与美誉度的途径,了解社情民意、社会公众的意见及需求,并且预测社会趋势。但社会调查目的明确和形成要经历一个过程。

(2)它的调查对象是社会公众与新闻媒介。向公众调查,主要是找到社会组织(含政府部门)形象的自我认识与社会公众认识之间的差距。调查新闻媒介,是因为其传播的内容,具有信息量大、种类繁多的特点。

(3)政府公关调查是一项长期的系统研究工作。这是因为其调查公众的数量大,流动、分布广泛,兴趣各异。只有精心制订计划,确定调查时机,从中进行典型调查,长期跟踪分析,运用定量和定性相结合的方法,才能在特定社会环境中认识和影响公众。

2. 政府公共关系调查的内容

政府公关调查的内容比较广泛,一般应包括基本情况调查、公众意见调查以及社会环境调查。

(1)基本情况调查。这是指政府公关组织机构及其工作人员要围绕着自己的内外公众,如国家工作人员、社区、企业、新闻界、社会名流等基本情况进行调查。

(2)公众意见调查。这是政府公关调查的重要内容之一,主要包括:①形象调查。即围绕知名度、美誉度,对组织形象进行评估测量;围绕着组织形象要素(如政府服务方向、工作效率、服务态度、开拓精神、决策管理等)进行调查;领导者自我评价(如工作评价、管理决策评价、领导形象评价等);公众对领导行为的评价等。②公众动机调查。这主要是探明社会公众对政府部门的评价或印象的主观原因。③政府机构方针及政策的效果与前景调查。此外,还可就政府公关活动效果、新闻传播媒介的传播效果等在公众中进行意见调查。

(3)社会环境调查。这是指政府对国际国内、本地与外地的政治、经济、文化、社会状况及其他方面情况的调查。

3. 政府公共关系传播

政府公关传播是公关传播的重要组成部分。它除了具有公关传播的共同特征外,更具有组织传播的特点,主要表现在:

(1)传播的主体是组织,而且是政府机构及其公关部门。政府公关传播是指政府机构及其公关部门对其内部成员,即国家工作人员及所属部门的沟通与交流。同时,也包括与外部公众进行的沟通与交流。

（2）层次性与有序性。由于政府机构是一个严密的组织体系,内部有一定的管理跨度和层级。因此,它与公众沟通和交流一般不采用面对面的方式,而需要通过规定的传播渠道,即党的信息传送系统、政府信息传送系统、人民代表大会信息传送系统、社团信息传送系统、新闻信息传送系统和学术信息传送系统等沟通系统发挥作用,采取请示、汇报、指令、批示等方式,应按一定的程序实行层级传播。

（3）突出"强制性"。政府公关传播当然也要强调"情感投资",但相比之下其"强制"的色彩更加突出,这是因为政府肩负着组织和管理社会的职责,是根据我国权力机关的决定和委托,按照宪法和有关法律、法规组织起来,依法对国家行政事务进行组织和管理的执行机关。因此,它与公众进行交流与沟通,就带有某些"强制"的特性,这是依法行政的需要,是开展正常行政管理的需要,是维护安定团结的需要,也是符合党和人民根本利益的。

（4）传播手段的综合性以及外部传播的公众化、大众化。政府公关传播过程中面临着一个具有权力能力和行为能力的十分广阔的公众环境,政府公关传播面临的外部人事环境复杂,实际上是一个具有不同需求的利益关系的公众群体。所以必须借助各种公众传播方式和现代化大众传播媒介来进行沟通与交流。

### 二、政府公共关系危机管理

1. 政府危机公关的含义

政府危机公关,是指政府在面对突发事件下,为了生存发展、为了顺利实现政府职能,通过传播沟通、塑造形象、平衡利益、协调关系等方式,来优化社会心理环境、影响公众、化解危机的科学与艺术。

突发事件主要有两个含义:一是针对由自然灾害和人为因素引发的突发性事件,如飞机失事、火车脱轨、轮船沉没、毒气泄漏、大规模食物中毒、火灾等;二是指由一定的社会问题诱发,发生了骚乱、动乱和暴乱等事件。对于前一类危机事件,如果政府处理得当,就可以在短时间内尽可能减少损失,如果处理不当就会让公民直接而深刻地感受到政府效能的低下,严重丧失政府的公信力;对于后一类危机事件,如果处理不好则会直接影响到国家政治稳定。危机公关,就是指组织针对危机所采取的一系列自救活动,包括消除影响、恢复形象等。

2. 正确处理危机公关的途径

危机的预防有时会减少危机的发生或者降低危机发生的严重程度,但并不一定能完全阻止危机的发生。一旦危机发生,原有的社会生活秩序将被破坏,整个社会也就处于危机状态。在这种情况下,政府必须立即进入危机处理程序,采取各种措施解决危机。在政府公关危机过程中,可参考以下策略:

（1）深入事故现场,了解事实真相。危机发生后,政府首先要运用最有效的调查手段,迅速查明时间的种类,发生的时间、地点、原因、现状等基本情况。如是飞机失事,还是严重的毒污染? 是自然灾害还是人为的事故? 危险已经得到控制还仍在发展等。其次,查明事件的后果和影响。如人、财的损失数量和价值,受该事件破坏的范围和程度,已经或者将会对社会造成的重大影响。第三,受牵涉的公众范围。包括直接或间接的受害者公众;与事件本身有直接、间接责任或利害关系的责任公众;与事件处理有关的政府公众;与宣传到该事件相关的新闻界人士等。特别注意保持与见证人的联系和协调好新闻界关系。

（2）快速、及时地反应与处理。危机发生后，政府应立即介入到危机的处理当中，及时将危机造成的损失和冲击降至最低程度。在2008年初发生的雪灾中，政府的应对速度有了显著提升。在汶川地震之中，政府的应对速度更是前所未有。目前，我国处于经济快速发展时期，政府面临的矛盾错综复杂，随时存在爆发各种危机的可能性。因此，提升危机的快速反应能力，减少危机的影响范围，在政府危机公关中尤为重要。

（3）建立公开、顺畅、权威的沟通渠道。当社会发生重大危机，人们的生存与安全受到威胁时，人们便会陷入极度恐慌之中。为了减轻或消除心理上的紧张与压力，人们必然要通过各种渠道去获取与危机有关的信息。当人们从正式渠道获得的信息不足，无法解释目前正在发生的危机或不能解除其心理上的紧张和压力时，就会到处打听各种小道消息，各种流言蜚语也就趁机出现与迅速蔓延，从而引发更大的社会恐慌。因此，危机发生时，杜绝谣言的产生、避免发生群体性的社会恐慌，唯一的办法就是建立公开、顺畅、权威的沟通渠道，及时、全面、准确地告诉公众事实的真相，提高政府工作的透明度，满足公众的知情权。

（4）及时发挥政府宏观协调、整合资源的能力。危机发生后，政府能否及时出面协调。组织、调配社会的人力、物力和财力，在最短的时间内整合社会各种资源，这在政府公关危机处理中十分重要。世界上许多国家都非常重视危机状态下政府协调职能的发挥，例如，美国国务院下设美国联邦应急管理署，建立了一个整合军、警、消防、医疗、民间救难组织等单位的一体化指挥、调度体系，能集中中央到地方的救灾资源，在发生重大灾情时第一时间进行救援工作，将灾情降到最低程度。

（5）做好善后沟通工作，提升政府形象。当危机得到控制，人们从紧张和失衡的状态中恢复后，政府危机管理的重心便应该转移到灾后的恢复和重建上来，采取有效措施消除危机所造成的消极后果。如对灾害中引起的受伤人员进行医疗救助，对受害者家属进行抚恤，对灾区进行基础设施重建，对相关人员实施心理疏导等。危机给人民群众的生产和生活造成了一定损失，也影响了政府的形象，有时即使政府采取了积极而有效的危机处理方法，政府的形象也不可能在短时间内迅速恢复到危机发生之前的水平。因此，危机的结束并不代表危机处理的结束。政府还应通过其他措施，表达政府的诚意，恢复民众对政府的信心，重新提升政府的形象。

（6）启动政治问责。危机事件的发生及其影响的扩散，很多时候是由于官员玩忽职守、官僚主义、行政腐败、制度漏洞等复杂原因造成的。因此，政府事故调查委员会应该客观地甄别危机事件的性质和责任，提出对事故责任者的处理建议，即启动政治问责制，这一机制在政治上是一个了不起的进步，有利于对官员产生政治压力和制约，使之尽职尽责。所以，我国应不断修正和完善这一机制，使其能够真正发挥作用，以强化政府的公信力，维护法律的尊严和责任政府的良好形象。总之，面对错综复杂的各种政府危机事件，各级政府必须寻找积极有效的政府公关策略，以最快的速度、尽最大的努力处理各种危机，以最大限度地保障公众和社会的安全，维护政府的形象。

**职场案例与实践**

## 发现他, 发现这个国家
### ——温家宝首次访美的政府公关

1. 项目背景

2003 年 12 月 7—10 日, 国务院总理温家宝对美国进行了为期 4 天的访问。"此去多艰, 重任在肩"这是国内外媒体对温家宝此次美国之行的预评。这次美国之行是温家宝担任总理职务之后的第一次重要出访, 也是对新一届中国政府处理复杂国内外事务以及外交斡旋能力的一次全面考验。

由于在这之前陈水扁搞"公投""制宪"导致局势骤然紧张、中美贸易摩擦接连不断以及各方筹备朝核问题六方会谈, 所以在这样的背景下前往美国可谓是充满挑战。

2. 项目实施

在短短的 4 天时间里, 温家宝的日程安排相当紧凑。9 日, 先后会见了美国总统布什、副总统切尼、联邦储备委员会主席格林斯潘以及国会参议院领导人;10 日, 在哈佛大学发表演讲, 阐明中国政府在处理重大国际问题和中美关系上的方针、政策以及治国理念。对于如何解决双方贸易摩擦问题, 也提出了发展中美经贸关系的五条原则。

在访美之前, 温家宝主动接受了《华盛顿邮报》主编唐尼的采访, 这让美国媒体和公众有机会欣赏这位中国新总理, 唐尼在采访之后给出的评语是:风度翩翩、言辞得体。

在赶往华盛顿抵达安德鲁空军基地的 9 日傍晚, 温家宝在仪式之后未依常规乘车, 而是踏雪走向前来迎接他的华侨、华人, 施以"突然袭击"式的握手道谢, 在场华侨、华人喜出望外。一位网友将出身于农民家庭的温家宝比做美国的林肯总统:"我爱我们的温总理, 因为他是个诚实的人……而且他打心底里热爱人民, 尤其是穷人。"

朴素、坦率、真诚、亲民, 温家宝的气质, 不仅感染了华人世界, 在初到美国的两天, 还激起了奉仰平民政治的美国人的加倍好感。"这是一个充满人情味的中国人", 在纽约一家电台工作的罗伯特·曼德斯在他的稿件中这样写道, "同我们想象中的不一样"。

2003 年, 新的中国总理来到美国:在纽约证券交易所主持开盘, 高兴地竖起右手拇指预祝吉市;在世贸遗址敬献花圈, 沉默地寄托哀思;谈及中美贸易关系, 寓语"会当凌绝顶, 一览众山小";对鲍威尔说, 我们都学地质专业, 我们也都有一个苦难童年;对布什讲, 我们一定会谈得很好, 因为我也是一个坦诚的人。在这个岁末的冬季里, 温家宝用一种温暖的心态和方式来演绎自己的对美首访;他并不掩饰自己对美国的好感, 称这是一个"伟大的民族"。在这短短的 4 天时间里, 他必须让这个伟大的民族"发现"他, 更要让美国人"发现"另一个他背后的伟大民族。

3. 项目评估

温家宝总理的这次访美取得了重要成果:一是中美对解决贸易摩擦问题建立了原则性共识和机制;二是促使美国政府恪守承诺, 明确反对"台独";三是进一步改善了中美关系。

如果说上面所说的成果都是较为"硬性""高端"的, 那么从塑造形象、政府公关这类相对

"软性"的角度而言这次出访也是颇具成效的。

中国是在"9·11"之后才逐步走出妖魔化阴影的,这次温家宝访美更是以其坦诚、亲善在美国及世界人民面前树立了中国新领导人温和、人性化的形象。更重要的是温家宝通过这次访美向美国传达了中国作为经济强国,以及世界舞台上一个负责任的国家愿意同美国好好相处的信息,并且向世界展示中国新一届政府立足经济、谋求发展的决心,以此让世界重新客观了解中国,消除国际社会对中国发展过分政治化的误读和警惕,为中国的进一步发展拓展更大的空间。

**案例思考:**

1. 温家宝总理在访美过程中注意了哪些方面的礼仪?
2. 温家宝总理的美国之行是否达到了预期的效果?

## 【思考与讨论题】··················

1. 什么叫政府公共关系?其特点如何?
2. 简要回答政府公关的主要职能。
3. 简要说明政府公关的构成要素。
4. 简要说明政府公关调查的特点和作用。
5. 政府公关传播有哪些特点?
6. 简要说明政府公关实务的开展。
7. 结合我国实际谈谈政府公共关系的工作方式。

# 第十章　涉外经贸公共关系

【引子】有位从事商务外事接待的小姐曾接待过一位80岁高龄的美国老太太，她是来华旅游并参加短期汉语学习班的，见面时，这位小姐对老太太说："您这么大年纪了，还不远万里，到外国旅游、学习，可真不容易啊！"可那位美国老太太一听，脸色即刻晴转多云，冷冷地应了一句："噢，是吗？你认为老人出国旅游学习是奇怪的事情吗？"弄得中国姑娘十分尴尬。

## 第一节　涉外经贸公共关系

### 一、涉外经贸公共关系的内涵

涉外经贸，是指一国在对外经济、贸易交往中所产生的各种经济活动和经济关系。它是从一国的角度出发考察国际经贸关系，即本国与世界其他国家之间在商品、劳务、资金等交换过程中所形成的各种关系。

涉外经贸公共关系，是指涉外公共关系主体运用各种传播手段，与其公众进行双向沟通，增进相互理解与合作，为经贸实体开展国际经济竞争创造最佳的营销环境，以取得最大的经济效益的一种软管理职能。

涉外经贸公共关系的定义所包含的内容，说明现代社会是一个日益开放的社会。随着世界经济一体化的发展，各国之间经贸往来越来越频繁，经贸公共关系活动已经不能局限于某个国家或地区的公众范围之内了。一个经济组织要在国际市场上亮出牌子，树立形象，沟通信息，促进了解，显然离不开涉外经贸公共关系活动。特别是第二次世界大战后，西方发达资本主义国家间的经济、技术、劳务等合作日趋密切，大型跨国公司以及中小型涉外企业，在国际经贸领域相当活跃。这些经济组织为开拓国际市场，确立自己的形象，扫除由于政治经济制度和文化习俗的不同而造成的种种障碍，以美国为中心的各跨国公司，纷纷增设国际公共关系机构。英国、加拿大、法国、日本等国的公司企业也相继仿效美国，在各自的对外商务活动中加强了公共关系工作。

涉外经贸公共关系与一般意义上公共关系的区别在于：前者的公众是外国人和侨民，而后者的公众则是本国的公众。涉外经贸公共关系与一般国际公共关系的区别在于前者是某一特定的经济组织，为达到直接利益，而在与经贸活动相关的特定国际公众中树立形象的活动。而国际公共关系不仅包括涉外经贸公共关系，还包括各种外交活动、文化交流等。比如，西方传播媒介把前苏联领导人戈尔巴乔夫在美苏削减中程核导弹谈判前夕在欧洲各国的游说,描述成"戈尔巴乔夫的国际公共关系活动"。而这就不属于涉外经贸公共关系的内容。

### 二、涉外经贸公共关系的主体

从西方国家的国际公共关系看,参与国际交往的组织数不胜数。从把国际公共关系作为管理职能之一的涉外工商企业到职业化的涉外公共关系公司,从涉外的文化、宗教团体到政治军事组织,各行各业都进行广泛的对外交流,这些开展涉外公共关系的组织,尤其是经济组织,不仅在国内开展经贸公共关系活动,也参加涉外经贸公共关系活动,其层次复杂类别广泛,使人难以用确切的定义对涉外经贸公共关系主体加以解释。

我们认为,所谓涉外经贸公共关系的主体是指与外国公众打交道的各类经济组织,通常包括以下类型:

**(一)国际金融类**

它是指以存储、借贷外汇为主要业务的银行系统和其他涉外金融机构,如中国银行及其在世界各地的分行、中国投资银行、中国国际信托投资公司等,一般还包括各大公司在国内外设立的财务公司。这些国际金融机构已经广泛地与国际客户开展业务活动,充当国际贸易信用中介和业务咨询。

**(二)涉外贸易类**

外贸部门是我国涉外经济的主体和神经中枢,由于国际贸易经营品种繁多,我国的外贸机构也按经营范围分类,如纺织品进出口公司。从纵向看,各级组织从上到下,层次较多。外贸公司直接参与国际市场的经济活动,广泛地与外商及消费者公众打交道,涉外经贸公共关系活动成为其一种必备的管理职能和手段。

**(三)国内外向型生产企业**

近年来,三资企业不断增多。在这些企业的经营活动中,中方不仅要与外商及参与管理的外国企业家协调好关系,而且还要参与产品的外销,与国外客户交往,有些企业在外方合资期满后,还将接管国际销售网。因此,不可避免要学习、运用涉外经贸公共关系,而国内外向型企业以及寻求与外商合资、合营的企业,在实际中都要开展涉外经贸公共关系活动。

**(四)旅游、服务类**

这主要包括各种高级饭店、宾馆、商店和民航、铁路部门。这类组织机构遍布全国各大中城市,其服务对象有大量外国游客、港澳同胞、华侨。其涉外经贸公关人员需直接与他们交往。

**(五)专业从事涉外经贸信息咨询服务的机构**

沿海地区的国际经济信息咨询公司、广告公司等,就属于这个类别。这是新出现的涉外经济组织,今后将会有更大发展。

### 三、涉外经贸公共关系的客体

涉外经贸公共关系的客体(对象)是国际公众,国际公众并不是泛指所有非我国国籍的外国人,而只有当外国公众同我国经贸组织进行交往时才成为我们所说的国际公众。

涉外经贸公共关系的客体分为以下几种类型:

### (一)国际金融组织类

它主要包括国际货币基金组织、世界银行集团、国际清算银行和区域性国际金融组织,如亚洲开发银行、非洲开发银行、泛美开发银行和欧洲投资银行等。各涉外经贸组织在开展经济贸易活动时,不可避免要与他们打交道,而此时的公共关系活动就尤显重要了。

### (二)国际投资公众

国际投资公众,是指欲与或正在与中国企业进行合资、合营或在中国境内独资经营的外国投资者。这些公众一般是企业家,多数来自发达国家和地区,他们是我国企业引进外资、技术和管理经验的主要对象。

### (三)代理商及外销产品消费者公众

我国产品出口到国际市场后,有相应的国外消费者进行购买,这些消费者数量多,阶层复杂,规模和潜力巨大。我国涉外经贸组织却一般不直接与他们接触,而多由代理商作为中介人。代理商往往成为这些公众的代表。

### (四)外国旅游者公众

这些公众人数多,直接与国内涉外旅游、商贸、服务组织接触。而且往往回国后具有很大的宣传力,应成为涉外经贸公共关系关注的重点。

## 第二节　涉外经贸公共关系的环境调查

涉外经贸环境调查是涉外经贸公共关系活动的前提。开展国际商务活动必须首先分析涉外经贸环境,在了解涉外经贸环境的基础上才能展开涉外经贸公共关系活动。在了解涉外经贸环境的特点和变化趋势的基础上,展开公关活动,能收到事半功倍的效果。涉外经贸环境调查的对象包括经济环境、政治和法律环境以及社会文化环境。这三个方面不是孤立的,而是相互影响、相互渗透的,需要综合分析。

只有在明确了不同经济制度、不同经济结构类型及其发展水平、不同经济要素特征以及消费状况的基础上,才能结合已有的客观条件及自身的特点,来开展公关活动;只有在分析目标市场所在国的政治气候、估计可能产生的政治风险,以及分析贸易政策和与国际商务活动有关的经济法规时,才可能采取一定的公关措施避开或减少政治风险,避免与当地经济政策与法规相抵触,使国际经贸活动得以正常进行;只有在了解涉外贸易的所在国的社会文化环境,即语言、宗教、风俗等各方面知识的背景下,涉外经贸公共关系才可能得到顺利开展。

### 一、国外市场的经济环境分析

涉外经贸环境调查的一个重要方面是国外目标市场的经济环境分析。国外目标市场的经济环境分析可以采用静态和动态两种分析方法。静态的分析方法用来分析已形成的现存经济状况,如现存的经济制度、人口规模及其结构、收入水平、消费结构等。这对于企业根据当前的市场状况制订近期的策略是必要的。动态的分析方法用来分析目标市场经济环境的变动状况。分析这种变动的趋势,如人口增长率、经济增长速度等,对于企业制订长期的战略具有重要意义。

构成目标市场经济环境的要素有很多,一般可以从以下几个方面来分析:

### (一)经济制度

世界各国的经济制度大体可划分为三大类,即社会主义制度、资本主义制度和混合经济制度。如果按财产所有权来划分,经济制度可划分为公有制经济和私有制经济。如果从对经济的运行调节、控制及资源的分配方法上来划分,经济制度又可划分为计划经济和市场经济。而不同的经济制度对国际企业的生产经营活动具有不同的影响。

在不同的经济制度下,市场所呈现的特点不同,企业进入市场所面临的障碍、在市场中开展商务活动所受到的约束和限制都会不同。企业应根据不同经济制度的特点和自身的特点,结合已有的客观条件,来确定国外目标市场。

### (二)经济结构类型及其发展水平

经济结构是从国际经济布局以及资源、生产、消费结构状况的角度进行的。同时,一定的经济结构也表示了一定的经济发展水平,从而构成了一种特定的经济环境。

综合世界各国的经济结构及其发展水平,大体可划分为自给自足经济、原料输出型经济、新兴工业化经济和发达国家经济四种类型。分析一个国家属于哪种经济结构类型,对开展国际经贸活动有指导意义。

### (三)经济要素的特征

这是指构成经济环境的最基本要素所呈现的特点,主要包括人口、收入、自然条件、经济基础设施等方面。其中人口是构成市场的基本要素,对人口的分析不仅要看数量,还要看人口的增长率、地理分布、年龄和性别结构、家庭结构、人口的流动性等。这些对于开展国际经贸活动都有重要影响。而一国的国民生产总值、人均收入及收入的平均分布对分析市场状况,正确评估某种产品市场的实际购买力水平时都是重要的经济参数。

一国的自然资源中稀缺程度、地理结构以及气候的变化都对开展涉外经贸活动有重要指导意义,而经济基础设施是指一国的能源供应、交通运输、通信设备、金融机构、广告公司等。一般来说,一个国家的经济基础设施数量越充分,质量越好,开展国际经贸活动就会越顺利。

## 二、国外政治(政策)环境分析

在涉外经贸环境调查中,对于每个涉外经营者都至关重要的是外国政府插手商业的活动。各公司应努力使自己行为在政治上能被东道国接受,否则就会招致各种政治风险。除政府强加的政治风险外,公司还要常常面对政府政策反复多变所带来的问题。当政府的政治主张改变时,公司会发现自己原来被接受的活动,现在完全不能被接受了。但东道国一般会对为他们实现国民经济目标有重要贡献的公司提供保护伞,如果外商能逐渐把公司变为当地的经济财产时,那么即使在一个陌生的或敌意的政治环境中,也不一定会失败。

在国外经营面临的一个无法否认的重要事实是经营许可权完全控制在东道国手中。在评价他国对待外商的政治态度时,最基本的出发点是每一个独立国家都有合法权利允许或者不允许外商在其境内经营。东道国政府能够控制和限制外国公司的行动、外商只能以客人的身份进行经营。

公司在进入一个国家经营之前,必须尽可能评估该国占支配地位的政治气候。这种评估至少要包括:①现政府的构成。②目前的政党体系。③政府政策的稳定性与长期性。④政治活动对外商造成的风险或阻力。由于政府用以实现国家目标的方针不同,对外商的基本政策和态度会有很大变化。国外经贸活动者的失算可能铸就大错。但若能正确评估,则政府将会对他们的经营投资的成功起重要作用。

### 三、国际法律环境的分析

国际法律环境的调查主要是由于世界各国法律制度的差异,这种差异对涉外经贸活动有重大影响。在下列法律问题上决不能掉以轻心:如审判权力与争议时的法律追溯权;工业产权的保护;各国政府实施的各种反垄断、反倾销法令等。由于没有一个统一管理国际贸易的国际商法,各国法律各不相同,营销商在多少个国家经营就要面临多少种不同的法律制度。

调查的内容主要包括:

#### (一)法律制度的基础

世界各国法律制度都是来源于下面两种传统之一:

一是习惯法,来源于英国。习惯法的基础是传统,过去的惯例,法院解释法令、法规和过去的判决所推出的判例,习惯法根据高级法院按以往的判决解释类似的法令,或将已确定的以及惯例的法律原理用于类似事实。

二是民法或成文法。成文法以全部成文法规(法典)为根据,成文法法律制度一般分为:商法、民法与刑法三种。实行成文法及习惯法国家之间的法律程序有很大差别。

#### (二)国际法律争议的裁判权,解决国际纠纷的法定追溯权及国际商法

通常人们误认为两国公民的争议要由超国家的法律制度判决,可实际上不存在这样的司法机关处理不同国家公民之间发生的法律上的商业纠纷。

在民事基础上显然不能解决争端时,很多国际商人更愿通过仲裁解决,而不愿对外国企业起诉,一般仲裁程序是由双方选择一位公正的、见识广的一方或几方做仲裁人,评定事件的功过是非,并作出双方都能同意的评议。

### 四、国外商业习惯和文化的分析

涉外经贸中关于商业习惯及文化变动因素的调查也是极为重要的。

商业习俗和惯例在世界市场中差别之大,使得难于总结出来一个普遍适用的公式,甚至也难于对各国的商业行为归类。人们的经商方式是文化环境的组成部分,犹如语言一样,商业惯例也是社会的文化成分,对国外商业惯例的无知、缺乏感情投入,是进行世界贸易的大忌。企业行为在很大程度上发源于商业环境的基本文化背景,因而受各种文化和亚文化群的千差万别的习俗所支配,环境因素在很大程度上影响外国经营者的态度、行为和观点。经营者的动机类型在一定程度上取决于他们个人的背景、经营立场、权力以及自己的个性。世界文化的差异使得接触级别、道德标准、谈判观点以及几乎所有的经营行为都带上各自不同的特征。

全面而彻底地了解文化的各个方面,对涉外经贸工作者的营销计划和策略来说是极其重要的,市场营销商可以控制向市场提供的产品(通过促销、定价及最终分配手段等),但他们对

贯彻营销计划的文化环境的控制却是有限的。他们不能在这些不可控因素发生影响之前作出计划,以防止他们阻碍实现营销目标。因此,他们可以从入境问俗着手,促成产品营销方案最快实现。

文化是人类环境的人造部分——人类的知识、信仰、艺术、伦理、法律、风俗以及人作为社会成员所获得的一切能力和习惯的总和。文化渗透于所有营销活动之中,外贸企业必须将自己努力融入社会文化中去。

## 第三节　涉外经贸公共关系技巧

在涉外经贸中开展公共关系活动时,必须将公共关系活动的一般性原理与涉外经贸的具体特性结合起来,必须在进行涉外经贸公共关系环境调查的基础上,将有关涉外经贸活动本身的特点与公共关系活动紧密结合在一起,充分发挥涉外经贸公共关系活动的技巧,为大力发展涉外经贸服务。

### 一、国际营销技巧

国际营销技巧是国际商贸活动中一项重要的内容,实际上就是在一定的国际市场营销环境中,为了实现企业的战略目标,对一系列可供利用的市场策略的规划和组合,在众多可供采用的市场策略中,主要有目标市场选择策略、市场定时策略、市场进入策略、市场发展策略、市场竞争策略和市场经营组合策略等。一个企业的国际市场营销技巧是以企业所处的国际环境为基础,以企业自身的微观活动为内容,两者相互结合,作出正确可行的决策。

目标市场选择策略是现代市场营销的核心之一,与市场细分和产品市场定位共同构成现代市场营销的核心策略。目标市场选择策略主要包括无差异市场策略、差异性市场策略和密集性市场策略。企业应综合考虑有关因素来决定和选择目标市场。

定时策略是企业为了实现占领目标市场而选择最能发挥各种营销手段的有效作用的时间目标所作出的决策,诸如选择什么合适的时间,让产品顺利地进入市场? 在什么时候开发新产品才能最好地配合产品按计划时间上市? 在什么时间最适宜扩大市场? 什么时候退出市场? 其目的是为了把握有利的市场时间机会,在市场需求日趋强烈、销售额和利润水平日益增长的最好时机、最适时地把产品送到顾客手中,这样既可最大限度地满足顾客的需要,又可最大限度地实现企业的经营目标。

市场营销组合策略是企业开拓国际市场时将产品策略、价格策略、促销策略、渠道策略、公共关系和政治力量等企业可控因素和不可控因素相互结合,扩大他们的综合运用效果。

### 二、国际公共关系广告宣传技巧

国际公共关系广告宣传技巧是企业为了适应国际市场环境,取得外国公众的信任和了解以提高产品形象和企业形象,讲求关系效益为目标而进行的一系列活动策略。它运用现代信息传播的科学、技巧和艺术手段,把有关企业及其产品的信息传递给社会公众,扩大企业在国外社会上的影响,树立企业良好的形象,从而为涉外经贸企业的生存和发展争取一个良好的外部环境。因此,公共关系广告宣传技巧是塑造企业形象的艺术。

国际公共关系广告宣传有以下技巧:

第一,赞助和支持各项公益活动。如举办运动会、资助运动队伍、基金捐献等,以此取得公众对企业的认知和认同。

第二,争取一切机会与新闻界建立联系。及时将有新闻价值的信息提供给报纸、电台、电视台等新闻媒介进行新闻宣传,达到普通广告无法达到的效果。

第三,收集、听取和处理公众意见。及时分析收集到的公众对经营、生产、技术、产品质量和销售等方面的意见和建议,并及时将改进情况告知公众,取得信任和理解,争取支持。

### 三、产品形象定位技巧

企业在经济市场细分以后,确定了目标市场,就需要为其产品定位。所谓产品形象定位就是通过设计产品和运用市场营销组合策略在顾客心目中形成本企业所希望的形象,而这种形象又能够满足细分市场公众的特定需要。

定位决策或产品形象定位技巧是企业或产品品牌的关键性决策,因为定位能对顾客的知觉和选物决策起主要作用。由于产品的质量、价格、广告及渠道等因素都可能影响产品形象定位,因此,产品形象定位技巧作为市场营销计划发展的中心是非常必要的。一种清楚明确的定位技巧可以确保营销计划各要素的一致性和坚定性。

产品形象定位的技巧主要有如下几种:

第一,按产品属性定位,即把产品属性、产品外观和顾客利益联系起来的一种定位。

第二,按产品用途或适用性定位。

第三,按产品使用者定位。即把产品和它的使用者或一个使用阶层联系起来定位。

### 四、公共关系主题创意技巧

在涉外经贸公共关系活动中,常需要用一些主要的题目与组织、公众服务、经济、劳工关系、具体活动等有关内容联系在一起,运用公关手段与方法,达到本企业目的。这些公共关系主题的创造与选用对企业推销产品,塑造自身形象,开展与公众交流都大有好处。当然,主题创意必须取决于海外公众的特点、企业自身的类型和开展公共关系活动的目标。

#### (一)有关组织方面的主题创意

许多涉外经贸公共关系的主题创意是围绕着提高组织声誉的需要制订的,力求把涉外经贸组织塑造成一种公共服务机构的有利形象。这类主题创意向公众宣扬涉外公司如何通过调查研究、优质的产品和服务、现代设备、进步政策等为所在国公众的利益服务。如何为公司所在地区的慈善事业和教育活动提供帮助。

#### (二)公众服务方面的主题创意

此类创意力图将公司演变为社区公众一员的角色,就社区所关心的如交通安全、种族问题、青少年健康、平等就业、减少犯罪等社会问题提供建议与方法,一般此类创意都通过大众媒介传播。

### （三）劳工关系方面的主题创意

为了向雇员沟通信息、改善劳工关系，在工厂的内部和本地区大众传播媒介上宣传，使雇员及其家属更好地了解公司的政策、措施和存在的问题，为雇员提供服务和各种福利、就业保障和激发工人积极性。

### （四）具体活动方面的公共主题创意

利用各种传播媒介，邀请公众参加公司举办的各种具体活动，如开业或开工典礼、周年庆祝、股东会议、新厂或新的建筑物奠基、引进新产品、新设备、展销会与展览会等。

---

#### 职场案例与实践

国外某投资集团十分看好中国某县独特的旅游资源，在有关部门的努力下，原则上决定巨资开发当地独特、优美的旅游资源。为了进一步落实投资具体事宜，该投资公司派出以董事长为团长的高级代表团来到该县进行实地考察。当地县政府对这次接待活动格外重视，接待规格之高是史无前例的。县政府在代表团到达当天举办盛大欢迎宴会，出席宴会的外方代表团成员共8人，中方陪同人员100人。菜肴极其丰富，不仅有专门从海南空运过来的龙虾、鲍鱼，还专程从北京全聚德请来一级厨师制备地道的北京烤鸭，甚至还有当地特有的山龟、果子狸，其规模和档次甚至超过国宴。

然而，面对主人热情洋溢的祝酒词以及丰盛的山珍海味，外方代表团成员没有中方陪客那样兴奋，对中方的盛情款待似乎并不领情。第二天，代表团参观了当地尚未开发的旅游资源。外方赞不绝口，但没有按照以前期望的那样签署投资协议。

**案例思考：**

该投资集团为何没有与该县签署投资协议？

### 【思考与讨论题】··············

1. 何谓涉外经贸公共关系？
2. 涉外经贸公关的主体与客体各含哪些内容？
3. 涉外经贸环境调查的内容包括哪几个方面？
4. 试述涉外经贸公关技巧的内容。

# 第十一章 公共关系的传播与宣传

【引子】20 世纪 40 年代初期,速溶咖啡首先在美国市场问世。它方便、省时,不会发生配料错误,味道不输于新鲜咖啡,但价格更低。于是,厂家踌躇满志,认为该产品一定大受欢迎,广告制作者也觉得只要刻意宣传其廉价与方便的优势,就一定能拨动消费者的心弦。然而,销售状况大大出乎他们的意料,速溶咖啡不受欢迎!公司请来消费心理学家调查其中奥秘。初期的调查结果是,速溶咖啡的味道比新鲜咖啡要差,但消费者又说不出速溶咖啡和新鲜咖啡在味道上到底有何区别。在进行了进一步的调查研究之后,消费者拒绝购买速溶咖啡的深层次原因被揭示出来了。原来,当时美国消费者的社会心态是,购买速溶咖啡的人被看做是懒汉,是一个生活无计划、邋遢的和可能没有贤妻照顾的人;而购买新鲜咖啡的顾客,则是有经验的、勤俭的、讲究生活的、有家庭观念和喜欢烹调的人。有谁愿意被冠之以懒汉的称号呢? 有哪个家庭主妇愿意被他人看成是不能很好地照顾丈夫和家庭的妻子呢? 广告制作者刻意宣扬的"方便"特征并没有与消费者的需求相契合,而是正好与消费者的精神需求相抵触。不难想象,这样的宣传越是卖力,就越是引起消费者的反感和厌恶,正可谓事与愿违。在痛切的认识到这一点后,广告制作者便改变策略,开始着力宣传新鲜咖啡所具有的美味、芳香和质地醇厚等特点,速溶咖啡也同样具备。他们在杂志的整版广告上画上了这样一幅图画:一杯美味的咖啡,后面高高地堆着很大的褐色咖啡豆,并在速溶咖啡罐头上加上"100%的真正咖啡"的标签。很快地,消极印象被克服了,速溶咖啡成为西方咖啡中最受欢迎的产品。

上述实例表明,公共关系 = 90% 的做 + 10% 的说。速溶咖啡的品质固然很好,但没有正确的宣传也难以让人们接受。因此,除了做得好之外,公共关系还强调正确的传播和宣传。

## 第一节 公共关系的传播

### 一、公共关系传播的含义

传播一词来自英文 Communication,将其译成汉语,它的意思主要有"通讯""通信""传达""交换(意见等)""交流""交往"等。我们将它译成"传播"是为了更准确地表示它所代表的含义。

公共关系传播过程,是指公关人员向公众传递信息行为的过程。它包括公共关系信息传播者和信息受众的传播活动,是一个双向交流行为。

这种传递信息行为的过程,主要包括以下三个方面的活动:首先,公共关系信息传播者在信息发出之前,对信息传播内容的处理、过滤及传播信息符号的制作;其次,选择信息传播符号的传播媒介,并传给信息受众;最后,信息受众对信息符号的接受和处理。因此,从这种意义上说,公共关系是一种双向交流行为。

公共关系的传播过程由以下三个要素组成:

(1)传播的主体。在传播过程进行时,其主体是人。这里所讲的人,既可以是个人,也可以是组织。人是传播活动的主体,没有人这一主体,传播不可能进行。人在传播活动中起两种作用:其一,"人"是发送信息的传播者;其二,"人"是接受信息的受传播者。在传播过程中,物体是信息的载体,但没有"人",它们是不会发生作用的。

(2)传播的客体。传播的客体是信息,是被传播的对象。传播是信息的交流和传递。这里的信息含义非常广泛,它可以是消息、观点、意见、经验、数据、思想、态度等,通过传播活动的进行使更多的人来分享这些信息,以达到信息传递或扩散目的,发挥信息的效益。

(3)传播的媒体。传播在传播者与接受者之间进行,有时可以采用面对面的形式,不需采用任何中介物质;有时信息的传播由于时间差、地区差的影响,就必须借用媒介来达到传播的目的。传播的媒介非常多,我们目前运用较多的主要有报纸杂志、广播电视、电话传真、互联网、3G 技术等。

在公共关系传播过程中,上述三个要素都会对传播效果产生巨大影响。因此,研究公共关系传播的一般过程就显得非常重要。

## 二、公共关系传播的模式和构成要素

### (一)传播的模式

公关信息在传播过程中可以选择多种多样的方式实现它的传播,尽管传播方式是多种多样的,但是,它们都遵循着一个基本的传播模式。

第一类:传播模式。即传统的线性模式,将传播过程确定为以传播者为起点,经过传播媒介,以接受者为终点的单向、直线运动。这一传播模式的创始人是哈罗德·拉斯韦尔,它可以简单概括为:谁,说了什么,通过什么渠道,对谁说的,产生什么效果。

第二类:双向反馈模式。它是由奥斯古德—施拉姆提出的,这是一个广义的信息传播模式。这种模式以信息论和控制论为基础,是一种双向循环式运动过程,它与传统的线性传播模式的根本区别在于:第一,引进了反馈机制,将反馈过程与传受双方的互动过程联系起来,将传播理解成为一种互动的、循环往复过程。第二,在这种循环系统中,反馈还对传播及其过程构成一种自我调节和控制,传受双方要使传播顺利进行下去,达到一定的目的,就必须根据反馈信息,调节自身的行为,使整个传播系统始终处于良性循环的可控状态。

### (二)传播的构成要素

传播要实施,就需依赖一定的要素,其基本构成要素有以下几种:

#### 1. 信源

信源,又可称为传播者、信息来源。通常是指想要表现、传送知识、感情、思想等信息的个人或组织。

**2. 编码**

编码，就是将需要传播的信息内容转化为适宜于传播媒介和能够使接受者接纳和理解的各种符号（语言、文字、图像等）。这对传播者来说，是一个让接受者了解、理解自己，传情达意的过程。

**3. 媒介**

媒介，指传播双方借以传递和交流信息的各种渠道。

**4. 译码**

译码，指信息接受者要把符号重新还原为信息，以便得出它的含义。换句话说，若符号在传播中得不到还原，信息就失去了它存在的意义，传播中断。

**5. 信宿**

信宿，即信息的归宿，传播的对象、信息的接受者。通常，"信源"和"编码"为传者的功能，"译码"和"信宿"则是接受者的功能。

**6. 噪音**

噪音，它是指对正常信息的干扰，其中包括技术性故障和由于其他社会性因素造成的传播障碍。

**7. 效果**

效果，即传播过程所要达到的目的，也就是传播对公众意见、态度、看法和行为的改变程度。

**8. 反馈**

反馈，它是指接受者对接受信息后的反应如何反馈给传播者，传播者根据反应检验传播的效果，并据此调节后继的信息（包括信息的内容、符号形式和排除信息传播途中的干扰等）。

### 三、公关传播的类型

信息传播的方式多种多样，每一个人都在利用不同的渠道、形式和媒介，以不同的角度、规模和过程传递和交流信息。通常可把传播分为人际传播、大众传播和组织传播三种类型。

#### （一）人际传播及其特点

人际传播是最常见、最普遍、渗透人类生活一切方面的基本传播方式，即我们日常所讲的"人际关系"。它是指人与人、人与群体之间的直接传播，包括面对面和非面对面两种形式。前者一般通过语言、手势、姿态、表情等直接沟通，能立即得到反馈；后者通过电话、电报、书信、便条等媒介进行人际沟通。人际传播又有狭义和广义之分。狭义的人际传播指以符号、记号为媒介的人际间交换，它沟通了人们的观念、思想、兴趣、情感等。广义的人际传播则是除了观念、思想、兴趣、情感的交换外，还包括个体间相互作用过程的行为交换。

人际传播的特征主要有：

（1）及时性。人际传播当面交谈可以及时观察并得到对方的反应和反馈信息，传播者通过对方的姿态、动作、表情及语言等，了解信息发出后在对方引起的反应，并据此来检查自己的传播行为，纠正偏差和强化效果。

（2）亲切感。针对传播对象的个性、心理、行为等特点，有针对性地当面交流信息使讨论深入，推心置腹，话语投机，使人感到真挚、亲切，容易建立感情，具有一定的吸引力和感染力，便于消除相互之间的心理距离。

（3）真实性。信息真实，不易"变形"和"走样"，说服力强，人们常用"亲眼所见""耳闻目睹"来强调信息的可信性。

（4）范围小。人际传播的范围小，造成的影响或作用（包括好的或坏的）都比较小，有时这是优点，有时又是局限。

**（二）大众传播及其特点**

大众传播又称大众交流、公众通讯、群众心理交流。大众传播是指传播者通过大众传播媒介用语言、文字、图像等符号向非特定的大众传播信息的全过程。

从媒介角度看，大众传播媒介可分为印刷类大众传播媒介和电子类大众传播媒介两大类，前者主要包括报纸、杂志、书籍、印刷品等，后者主要包括广播、电视、电影等。从大众媒介的作用角度看，可分为瞬时媒介、暂时媒介和长久媒介。从大众媒介的范围角度看，可分为地方性媒介、全国性媒介和国际性媒介。

大众传播具有如下特征：

（1）广泛性。大众媒介在最短的时间，发挥传播速度的优势，突破时空限制，控制最大的空间，使传播对象不计其数。

（2）公共性。大众传播的信息，是面向全体公众的，具有公开性、公告性、共享性的特点。

（3）真实性。真实是大众传播的生命与信誉，大众传播的信息应对国家、社会、法律、道德负责。

（4）传播效果显著。大众传播影响面大，但信息反馈较慢，有可能一夜之间"誉满全球"或"臭名远扬"。

**（三）组织传播及其特点**

组织传播又叫组织沟通，它是指组织之中部门与部门、群体与群体、个人与个人、组织与其所属部门及成员、组织与外部环境之间的沟通过程。它把许多独立的个人、群体联结成为一个整体。组织内相互了解、获得反馈、评价成果、进行决策、部门协调、组织间合作竞争等无不依赖于组织的信息沟通。它对提高组织效率起着十分重要的作用。

通常，组织传播过程通过以下三种渠道进行：

第一，上行沟通，即自下而上的沟通。它是指组织成员向领导，下级向上级反映情况、汇报工作、提出建议的正常渠道。自下而上的信息传动的原动力来自两头：组织成员或下级部门以定期或不定期的书面报告、口头请示等形式向上级传递信息；上级领导则以主动召开汇报会、座谈会、讨论会、意见听取会的形式向下级或组织成员索取信息。上行沟通应特别注意遵循客观性、真实性的原则。

第二，下行沟通，即自上而下的沟通形式，是上级领导将政策、命令、决议等传达给下级。其传达的方式有口头、书面、直接、间接等多种形式。下行沟通通常信息量比较小，干扰较多，直接影响沟通的效果。

第三，平级沟通，又可称为横向沟通，它是指组织内同级机构之间或组织之间的沟通方式。平行沟通能够加强相互配合,彼此支持,解除误会,避免扯皮,消除冲突。平行沟通可以促进部门之间的协调,从而有利于工作效率的提高和组织目标的实现。

组织传播的特点主要有:

(1)信息渠道与组织结构的一致性。由于传播的主体是组织,而组织又是由一定的层级结构所组成,所以组织传播信息的渠道,应与组织结构取得一致。传播过程参与者在传受信息时扮演什么角色,取决于他处在渠道的哪个位置上。何人、何时、对何人、发出何种信息,都有相当严格的规定。这种按一定程序实行的层级传播,一方面保证了组织内信息流通的有序化,另一方面也可能造成信息流通的逐层衰减。所以,在组织传播时既要保证必需的层次,又要避免多余的层次环节。

(2)传播媒介的多样性。由于组织全体成员并非都在面对面的情况下进行传播,所以,还必须依靠人体以外的信息传播媒体,如各种文件、内部刊物、机关报、板报、告示牌。此外,扩音设备、闭路电视等也可利用。

(3)信息的正规性。在组织传播的场合,由于主要传播媒介是文件,特别是在内部沟通中经常采用,所以信息在某种程度上具有一定的正规性。又由于信息交流的范围大致限于组织内部,所以组织的专用语和习惯语采用得较多。

## 四、公共关系传播的媒介

公共关系传播媒介,是泛指能向公众传递公共关系信息的载体。公共关系活动主要是向公众传递信息的过程。信息是事物的表征,它不能单独存在于某种物质外壳之外,必须借助于某种物质载体才能存在和传输。因此,公关传播媒介是公关主体与公众之间发生传播关系的桥梁和纽带,是使公关宣传活动得以实现的必不可少的物质手段。

### (一)公关传播媒介的类型

公关媒介,从物质形式上看主要有符号媒介、实物媒介和人体媒介三种。

1. 符号媒介

符号是信息传递过程中的一种有意义并能引起互动的载体。符号媒介是现代社会运用最广泛的传播媒介,也是公共关系传播中最主要的媒介。

符号媒介的分类,可以用"语言—非语言"和"有声—无声"两个维度进行划分。

(1)有声语言媒介。有声语言即自然语言,是发出声音的口头语言。在公共关系活动中,大量运用有声语言媒介进行传播。其方式有:答记者问、与员工谈心、电话通信、内外谈判、各类演说和为宾客致迎送辞等。

有声语言媒介的特点是信息反馈迅速,形式灵活多样,传播效果明显。

(2)无声语言媒介。无声语言是有声语言的一种文字符号形式。在公共关系传播中,是通过印刷文字进行信息传递的。其方式有:谈判决议、会议纪要、社交书信、调查报告、电文、通知、通信和公共关系简报等。

无声语言媒介的特点是超时空,语言表达便于斟酌,也有利于保存,但信息反馈不及有声语言媒介迅速。

(3)有声非语言媒介。有声非语言,也就是"类语言",它是传播过程中一种有声而不分音节的语言。常见的方式有:说话时的重读、语调、笑声和掌声。

有声非语言媒介的特点:第一,无具体的音节可分,其信息是在一定的语言环境中得以传播;第二,同一形式其语义并不是固定不变的,比如同是以笑声为媒介,可能是负载着正信息,也可能是负载着负信息,又如掌声这种媒介,可以传递欢迎、赞成、高兴等信息,也可以是传递一种礼貌的否定等。

(4)无声非语言媒介。无声非语言,指的是各种人体语言。它是以人的动作、表情、界域和服饰等来传递信息的一种无声伴随语言。在公共关系传播中,无声非语言是一种广泛运用的重要沟通方式。表现在视觉方面,又可分为动态和静态两类。

无声非语言媒介的特点:第一,具有鲜明的民族文化性,比如人的有些动作,在不同的民族文化中所表示的含义信息会完全不一样;第二,强化有声语言的传播效果,在交谈时,如果伴有适当的人体语言,会明显增强口头语言的表达效果。

2. 实物媒介

实物媒介,是指实物上包含有某种信息,实物充当了信息传递的载体。它主要包括产品、象征物、公共关系礼品等。

产品,其本身就是一种典型的实物媒介。产品运载信息的要素有品牌、商标、包装、外表形态、内在质量、售后服务以及广告设计等。

公共关系礼品,包括两层含义:第一,非商品化,它必须是一种不进入(或尚未进入)市场流通的物品,常常需要社会组织根据一定的公共关系目标设计制作,让其成为传播组织信息的一种载体,它的形式有本组织名特产品的微型样品,有为即将进入市场的新产品作舆论导向的物品等;第二,公共关系礼品的交际价值大于礼品的使用价值,因为其中还有信息价值和情感价值的成分。

实物媒介除了产品和公共关系礼品外,还有象征物(如购物袋、宾馆内的藏物袋;餐厅内的烟灰缸等)。

3. 人体媒介

人体媒介,是指借助人的行为、服饰、素质和社会影响来作为传送信息的载体。它主要包括组织成员(从领导到员工)的形象、社会名流、新闻人物以及能够影响社会舆论的其他公众等。

公共关系的三种传播媒介各有各的传播作用。符号媒介使用方便,运用广泛,信息反馈周期比较短;实物媒介在这些方面虽然不及符号媒介,但可信度比较高,特别是产品这一实物媒介所传递的质量信息,自然要比广告宣传来得可靠;人体媒介的作用既不如符号媒介广泛,也不如实物媒介牢靠,但它容易建立传播双方的感情沟通。对社会组织来说,只有恰到好处地运用这三种传播媒介,才能获取最佳的公共关系传播效果。

**(二)大众传播媒介**

1. 报纸

报纸也称为新闻纸,种类繁多、发行量大。有全国性报纸、地方性报纸、综合性报纸、专业性报纸,有机关报、非机关报等。它遍及城乡各处,渗透到各个阶层,因此利用报纸进行公共关系传播具有很大优势。

报纸的优点主要有:

（1）信息容量大。它可以及时刊载国内外的各种消息、报道、专题评论、新闻图片等。可以根据信息多少,适量增减版面,也可以在标题、位置、字号、图片及版面的安排上,对信息量进行控制和调整。

（2）读者选择余地大。报纸使用文字传播信息。文字本身可以客观地存续,可以克服时间和空间的间隔。报纸属于印刷品,读者可随兴致所至,依照自己喜欢的速度和方式,阅读自己想看的内容,读者拥有绝对的主动权。

（3）便于存储和检索。如果读者想长期保存自己所需要的内容,可以剪贴、摘录以后反复使用。

（4）新闻性强。报纸是主要的新闻媒介,信息量大,可读性强,版面可随时增加。对专题可以充分进行论述,提供详细细节,背景材料。

报纸的缺点主要表现在:

（1）读者数量受到一定条件的制约,与读者文化水平有关。

（2）传播新闻不如广播、电视迅速和及时,其新闻需经过采访、编排、印刷、发行等多个环节。

（3）与电视、电影等媒介相比不够生动形象,不能直观报道新闻事件,感染力相对较差。

2. 杂志

杂志,可列为印刷媒体中的第二大媒体。杂志在我国是比较受欢迎的知识性读物。

杂志的优点主要有:

（1）种类繁多,发行量大。杂志的读者范围较为广泛,同时由于杂志的专业性强,读者的范围比较固定。

（2）分类明确,感受性强。杂志是成册装订的,以目录为引导,将各种内容进行有序排列,读者在阅读时,态度从容,情绪稳定,思想和注意力集中,对信息的感受性较强。

（3）对象明确,系统性强。杂志的专业性较强,读者层较为明确,也较为固定,宣传目标指向性也就明确;杂志出版周期较长,篇幅比报纸多,编辑时间充裕,故它可就某个专题或事件进行详细论述,使读者对整个内容体系有一个系统的了解。

（4）印刷精美,感染力强。由于杂志出版时间没有报纸那样紧迫,可以进行更好地印刷,所以其色彩鲜艳,图文并茂,有较强的感染力,能够体现报道内容的形象和外观,可读性强。

（5）重复阅读率较高。在内容上报纸多为新闻资料,是公布性、告知性的;而杂志在内容上则多为解释性、资料性和学术性等,其史料价值比较强,故杂志重复阅读率较高。

杂志的缺点主要表现在:

（1）出版时间较长,不能迅速地对新闻事件进行报道,对于稍纵即逝千变万化的经济信息的传播十分不利。另外,由于发行条件的限制,其传播速度没有电视和广播迅速、及时。

（2）杂志制作较为复杂,费用也较高。

（3）杂志要求读者应具有一定的文化水平和理解能力,对于专业性杂志来说,还要求具有一定的专业知识和专门的爱好。

3. 广播

广播是普及性最大的电子媒介,它是传播最迅速的工具之一。

广播的优点主要有：

(1)传播迅速广泛,覆盖面广。在各种传播媒介中,以广播新闻报道过程最为简单。它的传播速度最快,通常它不受时空限制,不受文化程度限制,能最广泛地接触听众。

(2)费用较低廉。广播设备、节目制作、耗费人力等都比电视、报纸的费用低廉。收音机是一种普通、价廉的传播工具,购买一台收音机就可无限制地收听,花费不大,且可长期使用不用另付费用。

(3)传播方式灵活,收听状态无独占性。广播在进行传播时,只占时间,不占空间。在播放的时间内,随时可以对播送内容进行修改、撤换、重播、插播。在广播播放过程中其手法可丰富多彩,如录音新闻、新闻联播、实况转播、讲演、对话、讨论、讲座、座谈、歌唱等,可使相同的传播内容取得丰实的传播效果。同时广播与收听是同步进行的,人们在做不需用脑的机械性工作时,可以同时进行广播的收听,也可由许多人同时进行收听。因此,其效果的反馈又具有同时性。

广播的缺点主要表现在：

(1)缺乏重复性。广播传播信息,稍纵即逝,若不及时录音,内容无法保存。

(2)缺乏选择性。有效利用的电波频道总是有限的,同时节目内容和播放时间都是有限的。

(3)缺乏形象性。广播通过音响传播,没有图像,不能展现图像、图片、图表,在这方面不及报纸、杂志、电视和电影感染力强。

4. 电视

电视是一种优良的大有前途的新闻传播媒介。

电视的优点主要有：

(1)迅速及时性。电视以电波为媒体,传播速度快,在时间上具有播放的同时性,在空间上具有同位性,收看上具有广泛性,在收看时和谐融洽的收看气氛,干扰因素少,容易受到感染,引起共鸣,能掀起巨大的社会舆论。

(2)生动形象性。电视既有音响,又有图像,使观众可以兼收声色之美与视听之妙,能给观众以身临其境的真实和亲切的感觉,给观众留下深刻的印象。

(3)广采众长性。电视综合地运用文字、图片、动画、电影、音响等各种技巧,博采各种新闻媒介之所长,将多种艺术手法熔为一炉,可采用特写、重播、插播、定格等多种手段,加深观众的印象。

电视的缺点主要表现在：

(1)保留性差。电视传播稍纵即逝,没有记录性,不便查找。

(2)选择性差。电视播放的时间与内容都是既定的,频道有限,观众在收看时总是处于被动地位。

(3)费用高。电视在制作时,耗时费资,播放、接收的设备都较昂贵。

**(三)人际传播媒介**

1. 人际传播媒介的类型

人际传播,通常是指人与人之间的沟通交流。按照不同的标准可划分为两类：

按照传播的形式可划分为面对面的传播和非面对面的传播。

面对面的传播是我们在人际沟通中较多采用的,具体讲如与人交谈、小组讨论、大会讲演等。

非面对面的人际传播主要包括书信往来、打电话、发电报、代传口信等。

按照所使用符号系统的不同可分为:语言沟通和非语言沟通。

语言沟通是人际传播中最主要的形式,它主要是借助语言来实现的。语言是人类最重要的交际工具。

非语言沟通在人际传播中也占有重要的地位,尽管语言具有无穷的魅力,但在许多场合,非语言的表达比语言表达更有效力,如身势和目光接触、空间距离、辅助语言和类语言。

2. 人际传播的干扰因素

人际传播要注意遵循相互尊重原则、互惠互利原则和心里互换原则,除此之外还要考虑到影响传播正常进行的干扰因素。

它们分别是:

(1)语言障碍。语言是人际沟通的工具,语言修养不同,表达上也就各有所异,传播者语言运用的情况,顺序编排是否合理,组织是否得当,都直接影响着人际沟通。

(2)观点差异。人际传播的传播者和接受者由于态度、观点、信仰等方面的差异,也会造成沟通的障碍。另外,还需特别注意的一点是,公关传播者在传播信息、影响公众的过程中应站在对方的立场来考虑问题,不能夸大成绩,不谈缺点,报喜不报忧,尽可能与受众达到一致沟通。

(3)心理障碍。在人际传播过程中,受众的心理特征也直接影响传播的效果。有的人十分腼腆、性格内向、含而不露;有的人对他人戒心过重;有的人天生就难以和别人打交道……这些个人特征都会给沟通带来不便。

(4)信任障碍。在公关传播过程中信任是保证人际沟通顺利进行的一个基本条件。如果组织不信任公众或公众不信任组织,双方的沟通就可能带有偏见,而使彼此传递的信息发生理解上的偏差,造成信息传递失真。

(5)传播目的障碍。有些传播者在传播过程中搞不清为什么要传送这一信息,这样也就谈不上与接受者的沟通和传播的效果。

**(四)新闻媒介**

现代公共关系的基本理论告诉我们,组织的美好形象是建立在知名度、信任度和美誉度基础上的,而这三度的建立又必须依靠传播来实现。如今,几乎世界上每一角落发生的要闻,都可以在当天或当时为全世界知晓。人们对信息重要性的认识在不断提高,这也就导致了人们对新闻宣传更加重视。新闻是公众和组织的共同代言人,它所发出的信息,反映了公众的意志,其信息往往是公正、真实、客观的。新闻媒介的正面宣传,能够提高组织在公众心目中的信任度和美誉度,是较高层次的传播。

新闻,是指对新近发生的具有新闻价值的事实的报道,具有时效性、空间性、公开性、真实性、责任性以及关切性的特点。一般来说,具有新闻价值的事实有:第一,著名人物构成新闻。第二,好新闻受欢迎。每个读者都喜欢阅读幽默开怀、真实事件和稍微有点悬念手法的新闻。

第三,读者对新奇事件感兴趣。体育消息和比赛成绩,未来的一项建设计划等,都能引起人们的注意。第四,具有实用价值及意义重大的新闻受欢迎。天气预报、健康妙法、节能技术等都是成功的新闻,因为这些新闻关系到每个人的切身利益。

企业公关人员每天接触企业的许多事情,如果属于当中某一方面的事情,就可写成新闻稿提供给新闻界。新闻的价值越大,造成的社会影响就越大。一般而言,企业发生的以下事情可作为撰写新闻的素材:

(1)企业实施新的经营方针和经营战略。如某企业由过去内向型经营转变为外向型经营,参与国际市场大竞争。

(2)企业实际工作中出现的新情况、新事物、新问题、新动向。如建立新的生产流水线,签订了重要的合同、建厂(店)周年纪念、新工程奠基典礼、职工颁奖典礼等。

(3)产品研制与销售方面的新技术、新成就。

(4)某产品被有关部门或组织(如经委)评为优质奖或其他奖。

(5)有关国内外市场的预测分析与展望。

(6)企业内部制度改革、职工业务培训和文化娱乐等新变化。

(7)企业举办的各项社会、文化、经济交流等方面的活动以及为社会福利事业募捐、赞助等。如举办"企业家联谊会""商品交流会"和为灾区捐款等。

此外,还有许多有价值的新闻可写。关键是企业公关人员要理解国家在当时的方针政策,针对不同新闻媒介的特点和要求,发现或找出好的报道"点子"。

# 第二节　公共关系的宣传

## 一、公共关系宣传的概念、功能与类型

### (一)公共关系宣传的概念

在现代信息社会中,公共关系宣传是社会宣传的一种特殊类型。

公共关系宣传,是指公共关系主体通过一定的传播媒介或者形式,将一个组织的综合信息晓之于公众,影响公众态度并获取公众的信赖与合作的双向沟通过程。

公共关系宣传主要包括以下几个基本内涵:

1. 公共关系宣传的主体是社会组织

如前所述,公共关系是以组织为支点的公众关系。因此,公共关系宣传的主体是泛指企业、政府、社会团体、事业单位等社会群体。公共关系宣传就是这些组织对外交往的喉舌和代言人。它主要依据公关主体的意图,运用一定的媒介和宣传策略,为组织制造社会舆论,影响公众的态度并使之信服,为组织树立良好的形象。

2. 公共关系宣传向公众提供的是综合信息

公共关系宣传是为塑造组织形象服务的。因此,它不同于一般的宣传活动,向公众提供能显示组织全貌的各种信息,包括组织的宗旨、政策、实力、财力、产品、信誉、管理、历史、成就

等综合信息,以便让公众对组织有一个全面了解和判断,争取公众的认知与合作。

### 3. 公共关系宣传就是对公众进行有效的心理渗透过程

公共关系宣传的对象是公众。一个组织面临的公众是多种多样的。不同的公众有不同的消费心理和消费动机。公共关系宣传能否成功,关键是洞悉公众的心理,分析公众的需要、兴趣、习惯和好奇心的指向,并用多样化的宣传方式,对公众进行有效的心理渗透。这样,才能对公众产生影响力和感染力,进而引起公众的注意和好感,取得好的公关宣传效果。

### 4. 公共关系宣传是一种双向沟通的过程

公共关系宣传的一个显著特点,就是它不仅向外界发布信息,又要从外部反馈信息,而且具有互动性。从这个意义上来说,公共关系宣传是一种与公众双向沟通的信息传播过程。这种双向沟通的形式是多种多样的,主要有访问、讲演、酒会、舞会、座谈会、新闻发布会和公共关系广告等具体形式。

#### (二)现代公共关系的宣传功能

公共关系宣传功能,是指其借助传播媒介,激发和影响公众对一个组织声誉的认知效能。具体地说,公共关系宣传主要有以下几种功能:

### 1. 传播信息功能

公共关系宣传是一种双向的信息交流,具有信息流通效能。对外,向公众提供本组织的各种信息,使公众了解、认识乃至产生好感,最终导致公众对组织的支持与合作。这种信息传播活动,服从组织的整体战略,为实现组织战略目标服务。对内,它必须最大限度地把影响组织生存和发展的环境信息及公众对组织的印象、要求、意见等信息,反馈给组织,为组织制订或修正经营目标及改变组织机制提供参数。因此,公共关系宣传不同于一般宣传,它具有双向信息流通职能,使组织能及时适应外部环境的变化,调整自己的经营决策,以求生存和发展。

### 2. 引导认知功能

在现代社会中,一个组织要生存和发展,首先要在公众中树立起组织形象,提高组织的知名度和美誉度。公共关系宣传是一种必不可少的手段,是组织声誉投资的一个重要组成部分。它可运用一定的传播媒介和多种多样的宣传形式,不间断地向公众输导组织的各种信息,解释组织的政策和行动,使公众尽快地认识组织、熟识组织、信赖组织,树立起组织鲜明的个体形象,便可产生不可估量的深远影响。

### 3. 社会功能

在现代社会中,公共关系宣传信息,能借助传播媒介广泛地渗透到社会生活的各个角落,故公关宣传不仅要为自身利益服务,更要为整个社会利益服务,促进社会主义物质文明和精神文明建设。这就要求公共关系宣传必须增强社会责任感,从维护社会公共利益出发,向公众传递信息时要表达人民的需要、愿望、利益和态度,潜移默化地影响公众的情操,为社会主义精神文明建设制造舆论,兴利除弊,端正社会风气。公共关系宣传的这一独特功能,已引起政治家、企业家和公众的高度重视。

### 4. 竞争功能

竞争是商品经济条件下,商品生产者之间为获取经济利益而进行的斗争。马克思指出:

"社会分工则使独立的商品生产者互相对立,他们不承认任何别的权威,只承认竞争的权威。"(《马克思恩格斯全集)》第 23 卷,第 394 页)因此,有商品经济的地方,必然存在竞争。

在社会主义市场经济条件下,企业是一个自主经营、自负盈亏、自我发展、自我约束的法人实体和市场竞争实体。不同企业要把它们的产品推到市场上来,由消费者决定取舍,决定它们的命运,竞争是不可避免的,也是有益的。

企业要在市场竞争中生存和发展,必须要在公众中树立企业形象,提高企业声誉。现在公众消费心理和购买行为越来越趋向声誉好的企业,声誉已成为企业的生命线,唯有声誉,才能赢得公众;唯有声誉,才能凝聚人才;唯有声誉,才能吸引更多的投资;唯有声誉,才能扩展营销,占领市场。声誉是企业竞争的法宝。公共关系宣传能运用多种宣传手段和多种宣传形式,塑造企业形象和树立企业信誉,全方位地强化企业竞争力,使企业获得更多的经济利益。因此,具有战略眼光的企业家,抛掉了传统的只重视产品的竞争意识,转变为既重视产品,更重视企业形象的全方位的竞争谋略,已把公共关系宣传纳入企业经营管理总体战略中加以运用。

### (三)公共关系宣传的类型

公共关系宣传作为一个组织的喉舌,其向公众传播发送的信息十分宽泛,概括起来说主要有以下几个类型:

1. 产品宣传

产品是企业市场营销和市场竞争的物质基础。产品是一个整体概念,又是一个商品化概念。从产品的整体概念出发,公共关系宣传就要突出核心产品、形体产品和产品的附加利益的特色;从商品化概念出发,公共关系宣传就要突出产品的适用性、经济性、可靠性、安全性和寿命。这样才能全方位地树立起产品形象,提高产品的知名度和信誉度,使其在市场竞争中处于有利地位。

2. 企业宣传

企业形象是企业的物质要素和感情要素留给公众的总体印象。良好的企业形象,是企业的无形财产,是吸引公众最好的金字招牌。树立良好的企业形象,有赖于卓有成效的公共关系宣传。从企业的物质要素出发,公关宣传要突出企业实力、企业外显事物;从企业感情要素出发,公关宣传要突出企业精神、人格化服务特征和对公众的认真负责精神。这就能使公众对某一企业产生总体印象。

3. 商誉宣传

商誉是公众对某个企业的经营活动和经营行为作出的公正评价和信赖度。一个企业商誉卓著,就会产生众望所归、人心所向的社会效果。树立商誉是一个比较复杂的问题,除企业把"消费者至上"作为自己的经营宗旨及自我约束机制外,采用一定的公共关系宣传形式,宣传企业获得的荣誉(如获得"重合同守信用"证书、产品获奖证书、驰名商标证书、物价信得过证书、文明商店证书等),通过对上述佐证的宣传,可以提高企业声誉,取得公众的信赖。

### (四)公共关系宣传应注意的问题

公共关系宣传要取得好的宣传效果,应注意以下几个基本问题:

1. 公共关系宣传要讲实话

有些人认为,公共关系宣传就是"说好不说歹",这是对公共关系宣传的一种严重误解。

公共关系宣传作为传播信息的一种手段,就要遵循信息传播的基本规律,宣传内容必须真实、清晰、明白、健康;宣传内容要与事实完全一致,不得以任何形式欺骗公众。可是,在当今社会生活中有些商品生产经营者,不在企业管理、商品质量上下功夫,而是用故弄玄虚的宣传伎俩,滥用华而不实之词,吹捧自己,或采取虚构、编造根本不存在的事实,欺骗公众;或采用故意隐瞒事实真相的手段,欺骗公众。但是,人类发展的历史已经证明,无论在什么时代、什么时间、什么地点,虚假的宣传,决不能赢得公众的信任,到头来必然失去其存在的价值。因此,公共关系宣传必须科学地、实事求是地向公众传递信息,才能取信于民。

2. 公共关系宣传要树立长远观念

在激烈的市场竞争中,组织的形象和信誉是最终赢得公众的决定力量。对某一个组织来说,建立和完善组织形象,绝非易事,也决不是一朝一夕可以完成的,要依赖于有目的的、有计划的、持久的公共关系宣传才能奏效。事实证明,公共关系作为组织的喉舌,并不能一下子形成气候,往往一次宣传不可能引起百分之百的公众注意,在注意的公众中也不可能百分之百的会赞同,在赞同的公众中也不会有百分之百的跟着行动。因此,公共关系宣传必须要树立长远观念,运用一定的传播媒介和多种多样的宣传形式,对公众进行反复的宣传和有效的心理渗透,才能实现公共关系宣传的预期效果。

3. 公共关系宣传应从实际出发

公共关系宣传没有固定的模式,应根据组织和公众的具体情况来确定。从组织角度来说,组织有不同类型,不同的组织又具有不同的特点。公共关系宣传就应根据某一组织的财力、产品、用户、市场竞争状况及面临的问题,确定其具体的宣传策略、宣传对象、宣传形式、宣传媒介、宣传频率等,才能收到良好的效果。从公众的角度来说,公众是一个群体,又有层次性。公关宣传信息能否为公众所接受,主要取决于公众的需要、情绪、追求和态度。故公关宣传策划,只有从不同公众的心理特点出发,确立公关主题、创意和宣传媒介,才能使公关信息引起公众的注意,并诱导其采取行动,实现公关宣传目的。

## 二、公共关系宣传对象的心理测定

公共关系宣传作为组织的喉舌,若想影响公众,必须洞悉和掌握公众的心理特征,这是做好公共关系宣传的基础和前提。

### (一)公共关系的宣传对象

公共关系宣传对象,是指接受公共关系宣传信息的组织和个人总体的总称,即与公共关系主体发生相互影响、相互作用并与公关主体存在一定利益关系的群体,在担当接受公关宣传信息角色时的称呼。简言之,公共关系宣传对象就是公共关系信息的接受者,也被称做公关宣传信息的受传者。

公共关系界定出自己的宣传对象,才能有的放矢地向其传递公关信息,协调彼此之间的关系,以影响其态度并使之信服,扩大某个组织在公众中的声誉。

### (二)公关宣传信息受传者的特点

公共关系受传者在接受公关信息的过程中,具有以下几个显著特点:

**1. 受传者具有能动性**

公关宣传的受传者是公共关系宣传信息的接受者,其在接受信息的过程中不是被动的,而是处于一种主动状态,即受传者对公关信息是按自己的需要、意向、动机,并经过权衡,评价后进行取舍的。受传者的这种主动状态,主要表现在以下三个方面:第一,受传者在接受信息过程中,是根据群体的共同需要,对信息进行取舍的;第二,受传者在群体意识控制下,对公关信息认知,并持有稳定的心理状态下进行取舍;第三,受传者根据自己的意志,判断信息能否指导自己行动来进行取舍。

**2. 受传者具有一定的心理定势**

公关宣传受传者心理定势是指在一定社会环境下,由于人与环境互相作用而出现的公众对某一事物的心理状态与行为倾向。它是公关宣传受传者内在的一种心理倾向,是由受传者的需要和相应的客观环境两个因素来决定的。受传者定势对接受公关宣传信息具有重大影响,直接决定对公关宣传信息的取舍。公关宣传只有顺应受传者的需要及其变化,才能获得受传者的认可、支持与合作。

**3. 受传者具有一定的群体特征**

公共关系宣传受传者是一个群体,具有不同类型,又有层次性。不同类型和不同层次的受传者,有不同的消费心理和消费动机,并且对一定的传播媒介有所偏爱。公共关系宣传只有顺应这一特性,才能取得事半功倍的效果。

**(三)公关宣传受传者的心理定势**

公关宣传受传者的心理定势,是指在一定的社会环境下,由于人与环境互相作用而出现的公众对某一事物的心理状态与行为倾向。它是受传者对公关宣传信息的共同心理与行为倾向,是其在交往中的心理参考准则。心理定势具有专注性和倾向性。

定势是最初由德国心理学家缪勒和舒曼在 1889 年提出后,经前苏联心理学家乌兹纳捷加以改造而发展成的一种理论。他认为定势是主体整体的一种动力状态,是对某种积极性的准备状态,这种状态是由主体的需要和相应的客观环境两个因素决定的,由一定的心理活动所形成的准备状态,决定同类后继心理活动的趋势。

定势是受传者对公关宣传的共同心理和行为倾向。由于受传者有不同类型和层次性,不同类型的受传者的需要、兴趣、爱好、志向是不尽相同的。故受传者的心理定势,存在一定的差异。因此在进行公共关系宣传时,公关人员应深入调查和分析目标公众的心理,了解和掌握公众的心理定势,顺应受传者的心理要求,并针对不同的境况采取相应的宣传心理策略,影响公众,取得公众的好感,使事业获得公众的支持。

### 三、公关宣传的方式、技巧和效果评估

**(一)公共关系的宣传方式**

公共关系宣传是通过一定的传播媒介或形式,将一个组织的综合信息晓之于公众,影响公众态度和行为的过程。

其宣传方式主要有以下几种:

1. 大众媒介宣传

大众媒介是指能向众多受众传递信息的物质和技术手段的通称,主要有报纸、杂志、无线电台和电视四大媒体。这四大媒体接触社会面宽广,能较迅速地将企业信息在广阔的空间内传播出去,形成有利的社会舆论。

2. 实物宣传

实物宣传是指利用陈列、展示实物的形式进行的宣传活动。公众对宣传的事物一望便知,非常直观,能给公众留下深刻印象。

3. 印刷媒介宣传

印刷媒介宣传是以各种印刷物作为传递信息手段的一种宣传活动。这里的印刷物,主要包括报纸、杂志、小册子、产品名录、企业名录、年鉴等,是提高企业知名度的一种有效宣传方式。

4. 人体媒介宣传

人体媒介宣传是指利用人的活动作为传递信息手段的宣传活动。如利用时装模特队、企业球队的表演,来提高企业声望的做法,就是这种宣传方式。

5. 企业行为宣传

企业行为宣传以企业实际行动向公众表白,企业的经营方向是符合社会公众利益的,企业产品和服务是符合公众需要的,借以扩大企业的知名度和美誉度。

总之,公共关系的宣传方式是多种多样的,企业可根据公关宣传目标和宣传要求进行选择,一般可选择数种方式,互相搭配,以获得最佳的宣传效果。

**(二)公共关系的宣传技巧**

1. 利用名人效应

在当今激烈的商战中,精明的企业家为了突出宣传效果,千方百计聘请名人做广告,扩大企业的知名度。如聘请体育明星、奥运冠军代言运动服装品牌,聘请当红电影明星担任护肤品代言人、品牌食品代言人等,这就是利用了人们对名人的崇拜、趋同心理和名人的知名度,提高公关宣传的吸引力,树立产品形象和企业形象。

2. "制造新闻"

新闻就是对新近发生的具有新闻价值的事实的报道。"制造新闻"当然不是指具有新闻价值的客观事物的真实报道,而纯粹是精心策划,主动推出的"新闻"。它是运用公共关系手段推销商品、推销"自我"的一种技巧,借以引起公众对商品的兴趣和好感;并让商品连同营销厂商一起,以良好的形象深刻在公众心目中。在此需要强调的是,制造新闻与弄虚作假是完全不同的两个概念。

3. 广行善举树立企业形象

它是指企业以社会公共利益为核心,出资来赞助体育事业、教育事业、文化事业、社会福利和慈善事业,一切为社会公共关系利益服务,树立企业美好形象。

4. "第一社会印象"效应

企业在创业初期,由于其产品和企业知名度不高,很难取得消费者的认同,无法与竞争对手抗争。企业可借开业庆典之机,向社会公众作主动性的自我介绍,把企业经营宗旨、经济实力、社会价值观、产品、象征物、代表色、口号一并推出,让公众尽快认识你,熟知你,这就是"第一社会印象",它有利于扩大企业知名度。开业庆典是一种广而告之的仪式和惯例,要产生轰动的庆典效应,企业在开业之前要做好充分准备,要事先拟出参加开幕式的名单,安排好剪彩人员,安排一些必要的助兴节目,可让来宾进行参观,征求来宾的意见和建议,既能起到沟通感情,加强友谊的目的,又能把企业信息传递给公众,引起公众的关注,扩大企业知名度。

5. 开放门户效应

企业不能脱离社会而存在,它必须面向社会、面向市场、面向公众,强化企业管理的透明度和开放度,改变传统"象牙塔"式的封闭管理模式,提倡"玻璃屋"式的管理原则,为企业创造良好的外部环境,使公众对企业产生深刻的印象和好感。门户开放实质上是通过双向沟通来影响和转变公众的态度,使他们感到企业所做的一切努力与他们的利益是密切相关的。

**(三)公关宣传效果的评估**

公关宣传效果的评估,是指用科学的方法来鉴定公关宣传效果所达到的程度。公关宣传效果的形成,易受多种因素影响,情况是十分复杂的。因此,对公关宣传效果进行评估,也是比较困难的。

评价公关宣传效果的尺度主要有:

(1)公众对公关宣传信息的注意率;

(2)公关宣传的显露次数;

(3)公关宣传引起知名度和美誉度的变化情况等。

# 第三节　公共关系传播与宣传实务

公共关系传播与宣传具有专业性极强,传播方法具体、细致、实用等特点,因此本节从公共关系传播与宣传的实务操作出发,着重阐述新闻发布会、开放参观、赞助活动、公共关系广告、展览会、组织会议、庆典活动等实务操作的方法与技巧。

## 一、新闻发布会(记者招待会)

### (一)新闻发布会的含义与特点

新闻发布会,又称记者招待会,它是政府、企业、社会团体或公民为公布有关重大新闻而举办的活动。实质上是一种与公众传递与沟通信息的手段,也是社会组织公共关系实务的重要内容之一。党的十三大后,我国已形成了举行新闻发布会制度,据统计有37个部委确立了这种制度。国内外的实践也证明,举行新闻发布会是一种政府与公众沟通的有效形式,它有利于提高决策领导机构的开放程度,重大情况让公众知晓,重大问题经公众讨论,组织的发展。新闻发布会的特点主要表现在:

(1)新闻发布会即记者招待会发布消息,其形式比较正规、隆重,而且规格较高。

(2)在新闻发布会上,记者可以从不同的角度进行提问,然后由召集者来回答,这能更好地发掘消息。

(3)举行记者招待会必须经过周密的准备,对其发言人和主持人的要求很高,工作量大,任务重。

**(二)举办新闻发布会的技巧**

(1)确定新闻发布会的主体。确认某事件的发生有无举行记者招待会的必要,即报道的新闻价值。

(2)选择举行记者招待会的最佳时机与会址。在地点选择上要考虑给记者创造各种方便采访的条件,如饭店、公关俱乐部机构等,照明、视听、通信设备齐全,且安静不受打扰。会议的时间一般控制在一个小时为宜。

(3)邀请记者的覆盖面广,而且要尽量照顾各个方面的新闻机构。

(4)选择会议主持人和发言人。会议的主持人一般由有较高专业技巧的公关人员担任,会议的发言人则由本组织内部高级领导担任。

(5)做好接待工作,同时应注意防止不速之客的打扰。

(6)记者招待会结束后,政府公关人员要努力做好善后工作。

## 二、开放参观

组织公众参观访问,是社会组织公关人员经常性的任务之一。目的是为了进行思想、感情与信息的传递与交流,加强彼此的理解与合作,提高组织的知名度和美誉度,求得更好的生存与发展。

在组织和接待公众参观访问中,应注意以下几点:

(1)项目的选定。即根据公众的不同类别、性质、意愿、兴趣和当地的实际可能,选择有针对性的、公众感兴趣的、季节性允许又有可能的项目。

(2)陪同与介绍情况。社会公众参观访问时,一般由公关人员或组织内身份相当人员陪同。接待单位应事先作出安排,包括由解说员、导游人员陪同与介绍情况。

(3)食宿交通。组织公关部门要为社会公众的参观访问提供各种方便,包括车辆、安全、食宿、饮料、餐具、休息等。

(4)做好欢送工作,收集参观者意见。参观结束后,组织公关人员要做好欢送工作,并认真听取他们对组织的看法和建议,整理分析后提交有关部门。

## 三、赞助活动

赞助活动,是指社会组织为了提高自己的知名度和美誉度,通过提供资金、产品、设备、设施和免费服务等形式资助兴办文化、体育、社会福利事业和市政建设等社会事业的活动。

赞助的主要步骤如下:

(1)前期研究,即在赞助活动开展之前,从政府部门执行的方针及政策入手,分析政府公关的政策和目标,以指导日后的赞助活动。一般要组织专门的赞助委员会,负责赞助事宜。

(2)制订计划。即在前期研究的基础上,根据赞助的政策、方向,制订出赞助的计划。一般包括赞助对象的范围、赞助形式、费用预算等。

(3)审核评定。即对赞助项目进行分析研究,以确定赞助的可行性、赞助的具体方式和项目以及赞助的时机,以便具体实施。

(4)具体实施。即派专门的公关人员负责或参加各项实施方案的具体落实。在实施过程中,应充分运用大众媒介工具对赞助活动的目的、意义,进行广泛宣传,以扩大对社会的影响。

(5)效果测定。即在赞助活动结束后,对其效果进行调查测定,并对照具体实施方案,看实现了哪些预定的指标。写成总结报告,为以后赞助活动提供参考。

## 四、公共关系广告

公共关系广告,是为扩大社会组织的知名度,提高信誉度,树立良好的形象,以求得社会公众对组织的理解与支持而进行的广告宣传。公共关系广告既属于公共关系活动的一部分,又属于广告的范畴,它集公共关系和广告的特点于一身。

公共关系广告具有一定的特殊性,主要表现在以下几点:

(1)公共关系广告推销的是组织形象,其主要目的是引起社会公众对组织的注意,激发社会公众的兴趣,争取社会公众的信赖与好感,取得社会公众的理解、支持与合作,并表现出自身对社会的贡献,扩大自身的影响力,树立组织的良好形象。

(2)公共关系广告是通过间接的手段让社会公众了解组织及其产品和服务的。

(3)公共关系广告在选择目标上注重长期性和系统性,这是一种战略性的思想观念。

一般来说,公共关系广告的设计程序可分为确定主题、选择媒体和构思写作三个步骤。

(1)确定主题。制作公共关系广告,首先要明确公共关系广告的目标,如以建立组织信誉为主题的公共关系广告、以公共服务为主题的公共关系广告、以经济贡献为主题的公共关系广告、以追求特殊事项为主题的公共关系广告。

(2)选择媒体。要根据公共关系广告的目标,并根据媒体的特点、广告内容的特性、社会公众的习惯、组织自身的实力来选择适当的媒体形式。

(3)构思写作。公共关系要求具有创新审美的意识,因此公共关系广告在文字上要求优雅得体,并要求公关人员能依据公众类型的不同选择适合的文字、图片、视频等资料,以期引起公众的关注。

## 五、展览会

展览会是社会组织公关活动中经常采用的形式。它是通过实物、图片的展示来宣传社会组织的方针、政策,从而与社会公众沟通的一种公关活动。

展览会具有以下几个特点:

(1)展览会是一种复合性的传播方式。

(2)展览会是一种非常直观、形象和生动的传播方式。

(3)展览会的宣传性较强。

(4)展览会能给社会提供与公众进行直接双向沟通的机会。

(5)展览会是一种综合性的大型活动,往往能成为新闻界追踪的对象,成为新闻报道的题材。

由于展览会是一种综合的公关活动,因此公关人员举办公关活动要进行周密的准备,并注意下列事项：

(1)明确展览会的主题和目的。

(2)制订周密的计划。

(3)成立专门对外发布新闻的机构。

(4)培训工作人员,包括讲解员、接待员、服务员等。

(5)其他准备工作,如各种所需的辅助宣传资料、设备和相关服务、布置展厅等。

**职场案例与实践**

1993 年,《金融世界》公布了部分世界级商标的"含金量","可口可乐"价值 344 亿美元。在十年之后的今天,"可口可乐"所产生的价值、功能和魅力已经为企业赚得了一笔巨额的无形资产。

"可口可乐"已有百年历史,在上世纪二三十年代,"可口可乐"公司每年花费巨额资金把"可口可乐"宣传为一种年轻向上的产品,喝者都将拥有快乐,充满活力,具有风度优雅的形象;在上世纪六七十年代后,公司又决定把企业重塑成年轻歌手般的新形象,饮"可口可乐"将获得自信、受欢迎和年轻,还聘请美国 Lippincott&Marrnlies 公司为其革新世界各地"可口可乐"标志,L&M 公司经调查确立了四个设计要素:(1)可口可乐品牌名;(2)可口可乐书写字体;(3)红色标准色;(4)独特的瓶形轮廓。

革新的"可口可乐"标志采用红、白相间的波纹,表现出流动感和韵律感,此标志获得了世界各地消费者的一致认同,"可口可乐"也因此享有"美国国民共有的财产"之称。

我们来看看"可口可乐"的经营战略:

1896—1929:市场确定,定位尝试;

1930—1945:国际化经营尝试(销售渠道);

1946—1970:跨国生产、经营,东道国核心;

1971—1998:多角化经营,项目融资;

1999—今:占领全球市场定位。

"可口可乐"享誉百年与它的经营哲学也是分不开的:(1)忽略文化差异;(2)将产品和生活相联系;(3)企业使命:"美好生活不能离开可口可乐"。

这就是"可口可乐"的百年之道。

**案例思考：**

1. L&M 在企业经营中对哪几种资源的占有率最高?

2. 企业使命作为一种管理手段,它最有利的地方在哪里?

## 【思考与讨论题】·················

1. 什么叫传播? 其基本类型有哪些?

2. 简要说明公关传播的一般过程。

3. 公关传播媒介的主要类型有哪些？试分析各自的特点对于实际从事公关活动有何启发？

4. 如何选择传播媒介？

5. 如何发挥新闻媒介在公关活动中的重要作用？

6. 怎样撰写新闻稿？

7. 语言交流的主要特点是什么？

8. 演讲的传播优势如何体现？

9. 怎样理解公关宣传的内涵？

10. 公关宣传有哪些基本功能？

11. 受传者的心理定势有哪几种基本形态？

12. 怎样运用公关宣传技巧树立形象？

13. 先让学生上台面对大家介绍自己，然后由教师讲解自我介绍的艺术与范例。

14. 举行一次演讲赛。主题由教师安排设计。目的：训练学生的口头表达能力，有效地向社会大众展示个人风采。

# 第十二章　公共关系营销

【引子】日本松下电气公司一直奉行公关营销的原则。松下幸之助规定公司活动的原则是：认清企业家的责任，鼓励进步，促进全社会的福利，致力于世界文化的繁荣发展。因此，在松下公司，每个员工的利益和价值都得到了充分的重视，生活有保障，进步有奖励，建议有奖赏，困难有帮助等。之所以在员工身上花这么大的精力，原因在于松下幸之助看到了员工是公司的化身，如果不能满足员工的利益，公司就失去了向心力和凝聚力，生产和销售就失去了根基和辐射力。松下还提出了由"产业报国、光明正大、友善一致、奋斗向上、理解谦让、应顺同化、感激报恩"七方面内容构成的"松下精神"。这一精神体现了公关营销的基本原则。公司在满足员工利益的同时，要求员工必须尽心尽力地满足顾客和社会广大公众的利益，树立高度的社会责任感和公众至上的价值观。

## 第一节　公关营销概念与运用

### 一、公关营销的概念

公关营销，是指企业利用公共关系的手段和技巧，建立生产和消费之间的双向交流，在树立良好的企业形象和产品形象的基础上，促进企业产品生产和销售的过程。

美国学者斯科特·卡特李普说："良好的公共关系可以为市场营销铺平道路，而有效的市场营销活动又促使良好的公共关系的建立和维持。"要加深认识公关营销的概念，必须要注意对以下问题的认识和理解：

第一，公关营销是围绕企业整个市场营销活动展开的。美国市场营销大师菲利普·科特勒1984年曾在美国西北大学凯洛格管理研究院校友会上首次提出了"大市场营销"的新概念，指出企业的市场营销组合除了"产品、渠道、促销、价格"（即4PS以外）还应加上政治力量（Political Power）和公共关系（Public Relations）。如果只注重某个单一的营销策略公关而忽略其他的公关活动，则只能是事倍功半，没有整体的公关效应。

第二，公关营销是企业在激烈市场竞争中生存和发展的必要保证。企业在提高自身的管理水平、创优质产品、优质服务、增强实力的基础上，要注意市场动态，及时、有效、负责地向社会公众宣传介绍本企业产品，在消费者中树立企业良好的信誉。另外，还要开展相关企业的交流与协作，而这些企业行为正是公关营销的职能。

第三，公关营销是一种独特的管理职能。公关营销是利用公关的职能使被管理者变被动为主动,自觉地将自己纳入企业的大系统,为企业的目标服务,公关营销所达到的这种效果,决定了公关营销是一种独特的管理职能。

## 二、公关营销的形成

| 传统的市场营销观点 ⇨ | 企业公共关系的目标主要是通过有效的传播手段,提高企业知名度,树立良好的企业形象,与公众建立和谐的相互关系,使消费者产生心理上的认同,从而顺利地将产品销售出去,以促进企业的再生产 |

⇩

20 世纪 70 年代以来,西方许多企业都非常重视在市场营销中运用公共关系,把它作为促销的重要手段,许多重要的市场营销学著作也将公共关系作为一种重要的促销手段加以研究和介绍。进入 20 世纪 90 年代以来,公共关系实践的发展趋势是紧密联系企业的市场营销,二者功能密不可分。公共关系与市场营销两大功能整合运作,形成"公关营销"

⇧

| "公关营销"新概念 ⇨ | 肯定公共关系在市场营销活动中的重要功能,是市场营销与公共关系互相嫁接、合成后的新一代市场营销观念 |

## 三、公关营销的运用

### (一)公众至上

公众至上就是要充分重视社会和公众的利益,将其作为企业决策和行动的依据。这就是公关营销最重要的观念之一。首先,要以消费者为中心;其次,要充分重视社会的整体利益和长远利益。

### (二)形象第一

形象第一就是在行动和决策中把自身的声誉和形象放在第一位,将树立和维护企业的形象作为重要的战略目标,自觉地进行形象投资、塑造和管理。

| 重点提示 ⇨ | 企业在社会公众中形象不佳,就会步履维艰、处处碰壁,严重阻碍自身的发展。重视形象是公关营销最重要、最基本的思想观念之一 |

### (三)信誉为重

信誉为重就是在企业的市场营销活动中高度重视自身的信誉,把信誉看得比物质、金钱更重要。信誉为重是现代社会伦理观念在公共关系中的体现。

| 重点提示 ⇨ | 在现代社会中,商品中的假冒伪劣、买卖中的价格欺诈、交往中的背信弃义等不守信用的行为,都会破坏社会生活的正常运行,为社会所不齿,成为人们谴责的对象;而讲求信誉、诚实无欺就特别容易得到社会的赞许 |

### （四）沟通为本

沟通为本就是高度重视传播沟通的作用，随时保持强烈的传播沟通欲望，自觉地利用一切传播沟通的机会去影响公众、引导公众和争取公众，并且善于运用各种传播沟通方法去赢得消费者的信任和好感。

> 重点提示 ⇨ 企业公共关系的传播沟通是双向沟通：
>
> 一方面将企业的各种信息及时准确地向社会公众传播，使社会不断地认识了解企业；另一方面要通过各种途径听取各方面的反映和意见，将社会和消费者的需求向企业传播，据此改进和调整企业内部工作，使双方进入相互了解、相互适应的融洽状态，争取社会的支持与合作，以保证企业的各项目标得以顺利实现

沟通为本，要求在传播沟通中坚持实事求是的原则，恰当地采用一定的技巧和方法。例如，民航机场会因为气象原因推迟航班，旅行社会因为交通问题改变预定行程，这些信息不可能向消费者隐瞒，但如果只是简单地宣布预定计划如何改变，其结果必然令旅客沮丧和失望，甚至由于不满而引起骚动。但是如果在不违反实事求是原则的前提下，向消费者诚恳地说明改变行程是非人为的不可抗拒的自然因素所致，并且主动提出减少旅客损失，解决旅客食宿的措施，帮助旅客解决具体困难，加之热情周到的服务、诚恳求实的态度，不但能够获得广大旅客的理解，而且企业在社会公众中的形象肯定会更加完美。

# 第二节 公关与企业产品

## 一、公关与企业产品整体

公关营销活动，要做的就是了解公众的产品需求，并向公众介绍本企业的产品。可以说，企业产品是公关营销活动的出发点。因此，明确什么是产品、公关与产品的关系、公关对产品的作用，是公关营销的前提。

### （一）企业产品整体的概念

通常人们谈到产品时，往往仅指实体的产品，这种理解是狭义的。美国市场营销专家菲利普·科特勒认为产品是一个很复杂的概念，它是指能提供给市场用于满足人们某种欲望和需要的任何事物。

产品的这种效用是一个整体，具体包括以下三个方面：

（1）核心产品。这是购买者所要购买的使用价值，它具有满足购买者愿望的基本功能。例如，家庭购买冰箱，并不是要求冰箱的这种实体，他们要买的是"冷冻、冷藏"。美国企业家查尔斯·瑞维逊曾指出："在工厂我们生产化妆品，在商店我们销售'美化'。"正因为如此，公关营销人员要善于发现购买者购买产品的真正目的所在。

（2）实体产品。这是产品的形状，例如，电冰箱、电视机、自行车等都是实体产品。实体产

品在市场上通常表现为品质、产品特征、产品的商标和包装等。

（3）附加产品。这是人们购买有形产品时所获得的全部附加服务和利益,如提供赊销服务、免费送货、质量保证、售后维修等。

**（二）公关与产品的内在质量**

产品种类繁多,质量各不相同,要想取得顾客的信任,公关营销人员必须明确以下几点:

1. 产品内在质量包括通用性和可靠性

通用性是指产品适合使用的特性;可靠性是指产品使用过程中,在规定的时间内、规定的条件下,产品能够完成规定功能的保证程度。了解产品的这些特性,在进行公关活动中,才能胸有成竹,对顾客以诚相待。

2. 产品质量是生产出来的

公关营销人员应该明确,产品质量是在其制造过程中,在各个工序的努力下生产出来的,不是事后检验出来的,更不是靠广告、宣传吹出来的。所以绝对不能对顾客弄虚作假,掩盖质量上的重大缺陷,否则势必会失去公众的信任。

3. 树立产品质量是企业生命的观念

产品质量是产品实体最重要的因素,而产品实体又是产品基本功能的载体。因此,公关营销人员必须树立产品质量是企业生命的观点,在公关活动中首先取得公众对产品的信任和偏好。

**（三）公关与产品外观、包装和品牌**

产品的外观、包装和品牌对吸引顾客的作用越来越明显。从公关营销的角度看,产品的外观、包装和品牌的设计要以方便顾客,愉悦顾客,便于记忆等为原则,即处处替顾客着想。例如,一些需要计量的产品,使用小包装或设计成有自量功能的包装,如带有刻度的药剂瓶、袋茶等。

公关营销的实际操作,包括以下两方面:

（1）在设计产品的外观、包装和品牌时,必须首先了解顾客需求,分析顾客需求心理和需求特点,这是公关营销信息收集功能的体现。例如,顾客对家电的需求,不仅要求其具有一般的电器功能,从外观上讲,还要求家电能美化居室,起到摆设的作用。再如,对此品牌的设计,要了解消费者的习惯、偏好、风俗。

（2）在品牌决策、包装决策等阶段,公关营销应该配合这一决策过程,使公众能尽快熟悉企业的产品。如开展企业的产品知识有奖大赛,请公众对包装、外观提意见等,通过一系列的公关活动,创出企业的名牌产品,并给公众留下企业处处为顾客着想的良好印象。

**（四）公关与企业服务**

企业的售中和售后服务、产品保证、产品说明书和送货上门等,都属于产品整体概念中服务的范围。

（1）产品使用说明书。说明书如果是针对专业技术人员的,可以尽可能详细地列明技术指标;如果向不懂专业知识或技术的人传达产品信息,则需要一定的艺术性,有时需要用图画、照片或现场演示加以说明,直到顾客听懂、看懂为止。

（2）对使用与维修人员的培训。一些结构复杂、技术难度较大的产品,除了提供说明书,企业还可免费为客户举办操作应用培训班。虽然从眼前看企业做了无偿劳动,但这些人会成为企业的义务宣传员和忠实的用户,为企业带来长远的利益。

(3)销售信用。对于一些信誉较好,有长期合作关系的客户,可以以赊销的形式,解决客户的燃眉之急。企业与客户之间这种互相支持、互相信任的友谊是商业关系中非常难得的,甚至可以说是一笔无形资产。

(4)保证。如果某件产品或某项服务有保证,这种保证应该是简单明了的,使人们相信能获得应得的利益。例如,某小型家具厂向顾客保证5年后返还全部货款,多数人反而不相信,因为如此长的时间很难保证会有什么变迁。所以,保证不应成为消除顾客疑虑的一种障碍。

### 二、不同产品生命周期的公关策略

产品市场生命周期反映产品的市场销售随时间的变化情形。通常把产品市场生命周期分为四个阶段:导入期、成长期、成熟期和衰退期。公关营销活动的重要内容就是处理产品在不同市场生命周期的公共关系问题。

#### (一)产品导入期的公共关系策略

这一时期,新产品刚刚进入市场,消费者和经销商对新产品不了解,往往存有戒心和疑虑,因而新产品销售增长缓慢,而且由于新产品生产批量小、生产成本较高,企业盈利往往不稳定。

产品导入期的公关策略应从以下方面入手:

(1)进行市场教育。即向消费者传授有关产品或服务的知识,加强信息传递速度和范围,迅速将产品推向市场。例如,北京百龙绿色科技所的经营者,为了让公众了解刚开发出来的百龙矿泉壶,所长孙寅贵带领所内5位未婚青年走上北京电视台收视率颇高的征婚专题节目"今晚我们相识",首先向公众展示他们精干的人员和健全的机构。5位征婚者都是大专以上学历,来自研究所的5个部门。随后,百龙矿泉壶又成了大型室内剧《编辑部的故事》中必不可少的道具。这样,百龙矿泉壶在短短时间内提高了知名度。这一切,得益于百龙绿色科技所出色的公关活动。

(2)选择销售伙伴。好的销售伙伴能帮助企业缩短导入期时间,迅速占领市场,并成为长期的合作伙伴。所以,此时公关营销活动应在不泄露本企业秘密的前提下,运用公关营销的职能,对销售伙伴以诚相伴,首先取得他们的信任和好感,并结成利益共同体,这样销售伙伴才能全力推销本企业产品。

(3)注重经济效益。企业的公关活动要考虑经济效益,尽快收回"投资"。例如,有的大型企业资助或兴办足球队,就要考虑选择球队技艺超群,能一路过关斩将的球队。那么虽然公关投入相当高,但企业和产品的知名度也会越来越高,公关的目的达到了,"投资"可以认为是收回了。

#### (二)产品成长期的公关策略

进入产品成长期,新产品的销量会迅速增加,产品吸引了越来越多的消费者。同时,竞争对手受高利的诱惑也开始加入这个市场。这一时期的公关策略主要是:

(1)加强产品宣传,树立名牌意识。随着竞争者的增加,产品质量、功能的日趋完善,企业间的竞争在很大程度上是品牌的竞争。例如,美国经营"耐克"鞋的公司,"耐克"鞋的生产往往放在许多发展中国家,质量与一些普通公司的鞋相差无几,可一旦冠以"耐克"商标,价格则高于这些非名牌鞋数倍。所以公关活动通过将产品与名人相联系,通过持续不断的宣传,通过处理好一些突发事件,创出企业的名牌产品。同时,在维护名牌产品信誉方面,一定要格外小心,因为公众对名牌产品的期望都很高,一旦名牌产品失信于公众,则立刻会导致公众的被欺骗感,对这种名牌产品的兴趣一落千丈,企业以往的公关投入、资本投入也会付诸东流。

(2)取之有道,取之有术。针对消费者便宜没好货的心理和一些人为求名望、讲攀比的心理,在制订名牌产品价格时,既要取之有道,更要取之有术,价格应比同类产品高,以显得与众不同。

### (三)产品成熟期的公关策略

在产品成熟期,由于这种产品已被大多数购买者接受,因此,销售量达到顶峰,为进一步提高销售量,竞争也趋于白热化。这一时期的公关策略主要是:

(1)根据消费者的心理,在"变"字上做文章。公关活动就是要不时制造一些产品的新闻、花絮或为顾客提供更多的方便,时时抓住老顾客,吸引新顾客。例如,浙江金华市火腿大楼面对众多的肉制品竞争者,销售增长止步不前,为吸引顾客,大楼编印了《金华火腿食用简介》,上面介绍了火腿的营养价值,保管方法,主要烹饪方法和几个最具特色的"火腿"名菜,顾客不仅买到了火腿,还买到了一个"厨师",销售量大增。

(2)在吸引顾客的同时,公关活动还应在维持原有销售渠道的基础上,寻找新的销售伙伴。

(3)对于产品的价格,要进行适当调整,对于大众化的产品,应适当降价让消费者感到企业付出了很大代价,甚至在赔钱。但对于名牌产品,降价往往不能促销,而应该注意增加名牌产品的附加功能和服务,并进一步提高质量,以获得消费者对产品实力的信任和赞许。

### (四)产品衰退期的公关策略

这一时期,由于顾客需求的变化,竞争者推出的替代产品的出现,消费者对产品的需求开始下降,随之而来的是企业的销售额和利润下降。这一时期的公关策略主要是:

(1)在企业内部积极开发新产品以适应市场的变化,同时,采用特种销售方式加速出清库存。例如,采取买一送一,附带赠送礼品等。

(2)公关活动的主题是紧紧"抓住"消费者。此时应大力介绍本企业的情况,宣传企业名称,保持企业在公众中的良好形象,为以后新产品上市打下基础。此外,有些产品虽然需求减少,但仍有一批忠实的消费者,公关活动也可以唤起老主顾美好回忆为契机,进行感情诱导,减缓产品市场生命衰退过程,甚至掀起又一个需求高潮。

## 三、公关与新产品开发

由上述可知,产品是有市场生命周期的,因此企业不能只埋头生产和销售现有的产品,当企业的某种产品进入衰退期时,企业必须采取措施,用新产品代替衰退产品。

新产品主要包括企业对现有产品的改进、仿制竞争者的产品、引进国外的产品和开发专利产品等。具体类型包括全新产品、改进新产品、换代新产品、仿制新产品。新产品的诞生,具体包括寻求创意、甄选创意、拟出初步的市场营销战略报告书、营业分析、进行产品开发、市场试验以及商业化7个阶段。此时,公关营销就是要参与新产品开发的全过程,在这一过程中协调各方关系,调动有关人员的积极性,起到润滑剂和催化剂的作用。

### (一)寻求创意

新产品开发过程首先是从寻求创新意识开始的,创意的主要来源有向消费者征求、向科学家收集、借鉴竞争者、企业销售人员的信息反馈以及市场营销咨询公司等。真正好的创意是灵感、努力、技术和融洽的关系的产物。因此,公关人员应该善于培养顾客、科学家对本企业及产品的兴趣。例如,某灯具厂在教师节邀请小学教师到厂内参观并联欢,其中一位教师在看到品种繁多、五颜六色的灯具时发出了由衷的赞叹,随口说,现在的孩子近视眼越来越多,如果台灯上有防止学生近视的装置就好了。这一句话立刻引起了公关人员的注意,该厂随后根据这一创意加以发展,生产出一种光控防近距离看书的台灯,上市后大受欢迎。此外,公关人员还要善于运用激励手段和协调手段,将科学家、技术人员、生产人员聚合在一起,组成创新小组。

### (二)"创意"的选择

企业在第一阶段寻求到大量的创意,此时要善于发现"不合格"创意,另外,即使某个创意看起来不错,也要看这个创意是否与该企业目标、战略、资源等相适应;是否有损企业的形象。例如,某服装生产厂家的科研人员提出用狗皮做背心、皮帽一定很受欢迎,但是该企业的产品主要供应国外,如果让国外宠物保护组织知道后一定会抵制该企业产品,企业主管人员因此剔除了这一创意。另外,有的创意即使不能给企业带来效益,但如果能够扩大企业知名度,仍然应予以支持和发展。例如,某出版社面对当前图书市场上激烈的竞争,明知出一些格调高雅的学术著作和科普知识读物必定赔钱,但考虑到这些书籍能够扩大出版社的声誉,一旦获奖,还能提高出版社的知名度。所以,该出版社在每年的出书计划中,学术著作和一些科普知识读物仍占有一定的比例。

### (三)市场营销分析和试验

这一过程包括新产品市场营销战略分析、营业分析、产品的技术试验和市场试验等。此时,公关活动应积极发挥公关沟通、组织、评价和制造舆论的功能,及时将消费者对产品的要求反映给新产品开发小组,并在小组中制造一种良好的合作气氛,在技术试验中要尽量考虑消费者的愿望。例如,某制药厂试制新药,就要弄清新药是否有效,是否有毒副作用,以免留下有损形象的隐患。在进行市场试验时,公关活动的主要任务是利用原有的公关基础并发展新的联系,紧紧吸引初期的试用者,并有意制造短缺气氛,为新产品进入市场做好准备。

## 第三节　公关与销售渠道

企业如何选择和建立销售渠道,如何与销售伙伴形成良好的互助关系,如何通过中间商扩大市场,这些正是企业公关营销活动的重要内容。

### 一、建立销售渠道中公关的任务

一般说来,企业的产品是通过中间商进入消费者手中的。因此,中间商对企业是极为重要的,这就要求营销人员制订针对中间商的公关计划,加强与中间商的联系,包括以下几个方面:

**(一)增强中间商对生产企业的了解**

如果中间商能够详细了解企业的经营方针、生产状况、技术水平和产品质量,就能建立对生产企业的信任,同时也增强了经营的信心,以此为基础建立的业务关系,才是较为牢固的。所以,生产企业应该给予中间商更多的支持,让他们了解企业,特别是在产品或服务方面,要向中间商传授必要的产品或服务知识。

**(二)增强生产企业对中间商的了解**

不仅中间商要很好地了解生产企业,生产企业也要很好地了解中间商,了解他们的实力和信誉以及经营风格,并收集中间商对企业市场营销活动的意见、建议。同时,在中间商遇到困难时,积极给予帮助和支持,最终提高他们对本企业产品和服务的销售水平。

**(三)通过中间商达到与最终消费者的沟通**

企业通过广告、宣传,以及对消费者的公关活动,往往不能与消费者完全沟通。所以,通过中间商是十分必要的。例如,英国摩托车创造商通过他们主要的中间商网络,已经建立了一种非常有效的与消费者沟通的渠道。这些销售网络使中间商觉得好像他们就属于摩托车制造商,因而总是站在制造商的角度去说服顾客。这种制造商利用公关建立起的与中间商的密切联系,改善了与消费者的交流。

**(四)消除误会,达成谅解**

虽然生产企业和中间商都认识到了彼此合作的重要性,但他们的关系并不总是和睦融洽的。一方面,一些生产企业与中间商在利益分配上存在矛盾,中间商埋怨生产企业生产过剩或执行合同不力;另一方面,有些生产企业指责中间商刊登骗人广告、不合理的压价,过分宣传自己而使消费者忽视了生产企业等。这些误会和分歧将会妨碍生产企业和中间商的相互信任与合作。因此,公关活动有必要以积极的方式处理争端问题,本着互谅、互让、以大局和长远利益为重的原则,与中间商结成风险中的利益伙伴关系。

### 二、发展中间商关系的公关技巧

加强生产企业与中间商的沟通,可以通过各种形式,如群体沟通、演说、视听媒介、书面沟通等,使企业与中间商真正互相理解。

**(一)群体沟通**

精心安排的会议是与经销商进行沟通的最迅速、最经济的方法。在会中,生产企业可以邀请中间商与企业的管理人员和技术人员直接对话,出席招待会、座谈会、参观工厂、了解熟悉本企业。同时,企业也可以集中时间向中间商介绍有关产品的技术特色和服务要点,可以举办学习班、播放录像、幻灯、现场培训等,扩大信息的流通量。另外,企业积极参加大型的展销会,也是进行沟通的有效方法。我国目前每年举办的全国性春秋"广交会""哈交会""昆洽会"以及各省市举办的区域性商品交易及经贸洽谈会,给企业带来了很多群体沟通的机会。实践证明,企业参加这类展销会,不仅可以寻找经销伙伴,而且可以获取很多商品信息、人员信息、技术信息、金融信息等,取得较大的综合效应。

### (二)传播媒体沟通

企业可以发行杂志、技术通讯、产品价格信息等刊物,也可以通过电视、广播、报纸等新闻媒体,以各种形式介绍企业,还可以出版企业手册,公布年度报告,达到与中间商的信息交流。例如,美国有一些典型的行业公关刊物,如《家具日报》《电器》等,常刊登一些不带有商业文学色彩的文章,向读者介绍一些有关产品的知识、趣闻,并提供咨询,使读者特别是中间商真正感到对他们有价值。再如,生产企业向中间商提供有关财务报表、有关企业概况的印刷精美的手册、新产品再开发、技术服务等的报告,以取得中间商的信任和谅解。

# 第四节　公关与促销

现代市场营销活动是以满足消费者的需求为前提的,其关键在于生产者要将产品信息送达消费者。其直接目的是激发消费者购买欲望;其手段是说服宣传;其活动方式是直接利用公关营销人员和大众媒介。所以,只有通过良好公关活动的开展才能达到促销的目的。

## 一、公关促销的概念与原理

公关促销,是指企业运用公关的舆论、传播、说服、引导和交往等方式,将其产品介绍给消费者,以引起消费者的兴趣和喜爱,并得到信任和支持,最终促进和影响其购买行为和消费方式的活动。

公关促销的关键,在于创造一个有利于销售的气氛和环境,具体包括以下几点:

1. 调查分析

通过调查,取得现阶段消费者的种种信息,如收入水平、购物趋向,甚至消费者个人的重大事件,并听取政府机构、经销商的意见,有针对性地确定促销目标。应该强调指出,调查是公关促销中的一项长期工作,并且是随企业其他公关活动一同展开的。

2. 制订计划

在调查研究的基础上,确定公关促销的对象、目标和手段,并制订实施计划的步骤和方法。例如,某市百货公司通过调查发现,国庆前后将有许多青年男女举行婚礼,他们一反传统风俗,由市团委统一举行集体婚礼,在婚礼用品的需求上与以往不大相同。于是该公司先做团委的工作,然后通过团委向新婚青年赠送新婚读物和《小家庭购物指南》,着重介绍该公司的商品,取得了很好的促销效果。因此,公关促销的目标,主要是改变公众的价值观和消费态度,唤起需求,刺激购买。

3. 实施方案

在公关促销计划的指导下,企业运用传播媒介及其他信息交流方式,将企业产品信息送达消费者。同时,在销售过程中做好柜台服务,通过营业人员的几句家常话、为顾客考虑的建议,建立起顾客对本企业的亲切感,并获得顾客的长久支持。

### 4. 总结评价

总结评价是公关促销活动的重要一环,总结成功的经验和失败的教训,能为今后的公关工作提供宝贵的资料和经验。公关成效是通过企业长期努力实现的,通过总结评价防微杜渐,从点点滴滴的小事做起,减少抱怨者,提高企业和产品的美誉度。

## 二、公关促销策略

### (一)公关广告促销

公关广告一般不直接宣传产品,而是注重建立良好的企业形象,博得公众的好感,与社会和睦相处,取得政府的支持,由此带来的销售增长是必然的结果。

公关广告一般包括组织形象广告,着重宣传企业组织、技术和服务等素质;公众服务广告,这类广告向公众提供身心健康、交通安全、生活知识等方面的内容。如某汽车制造公司的公关广告是:"××公司提醒您注意交通安全";公关礼仪广告,在企业的重要庆典、全国重大节日、大型社会活动期间,向社会公众表示谢意,问候祝贺。公关礼仪广告不仅向公众和消费者显示了企业的经济实力,而且通过以礼待人,以情动人,引起公众关注,使新老客户情暖心热,倍觉亲切,加强了情感纽带。

### (二)公关人员促销

公关人员促销并不直接推销企业产品,而是为消费者排忧解难,并向消费者灌输正确的产品观念和消费观念。

一般说来,这种观念恰恰符合该企业产品的特性。同时,公关人员促销还应耐心听取顾客对企业或产品的意见甚至抱怨,做出合情合理的解释,以取得谅解。应该强调,公关人员不应掩饰本企业产品的重大缺陷,夸大优点,公关人员应当成为企业的"良心",而不是企业的诡辩家。总之,公关人员促销的活动模式是从公关人员——顾客——产品,而不像一般人员促销的活动模式是从推销员——产品——顾客。

---

**职场案例与实践**

万斯家具厂的产品连续三年滞销,究其原因,在于它所生产的产品与用户的实际需要和具体要求脱节。针对这一弊病,厂长巴莫开出了一张处方:

尊敬的顾客:

我厂从变形金刚中得到启发,最近聘请了一批高级家具设计师,为你们设计出一种可变形的多功能家具。为了使这种家具能满足您的需要,解决您住房窄小的困难,又能给您带来方便、舒适和美的享受,恳请您来信指教,我们将根据您的意见进行设计。凡来信指教顾客将在报上公布名字,发一张优惠20%的购物卡,凭此卡可购买一件多功能家具,意见被采纳者,赠送一件多功能家具。

万斯家具厂厂长巴莫

1991 年 3 月 1 日

这封有奖求教信在报上刊登后,收到了1814封指教信。巴莫严守信用,立即在报上用大号黑体字"可变形多功能家具凝聚着这些女士、先生的智慧和心血"排印了一个通栏标题,在这个标题上,依来信的先后顺序公布了指教者的姓名,并给每个指教者寄出了一封感谢信和一张优惠卡。

这种家具一投放市场,就被抢购一空,一个月的销售量相当于过去三年销售量的960倍。

万斯家具厂通过"有奖求教",了解了用户真正的需要和要求,更新了产品设计,更好地满足了用户的需求。同时,以求教的方式进行调查,无形中增强了公众的参与性,解决了公关调查的"强硬性"。以诚恳求教的方式,更接近公众,树立了企业虚心求教、积极向上、努力为公众服务的良好形象,无形中也提高了企业和产品的知名度和美誉度。

其成功之处还在于:利用了公众爱听好话的心理,在报上公布指教者的姓名,并发放购物卡,既满足了公众的精神需求,也满足了公众的物质需求,达到了良好的效果。

万斯家具厂做到了有诺即兑,以信取胜,这充分体现了该企业高度的社会责任感和认真负责的态度。

**案例思考:**

1."有奖求教"是哪一种功能型公共关系？这种公共关系有哪些特点？

2."有奖求教"真正的目的、好处是什么？

## 【思考与讨论题】··················

1. 公关营销的含义及公关营销的作用是什么？

2. 怎样理解产品整体的概念,为什么说公关与企业产品整体有密切的关系？

3. 不同产品市场生命周期公关策略的侧重点在哪？

4. 怎样运用公关手段建立与中间商的良好关系？

# 第十三章　交际艺术

【引子】美国作家马克·吐温机智幽默。有一次他去某小城，临行前别人告诉他，那里的蚊子特别厉害。到了小城，正当他在旅店登记房间时，一只蚊子正好在马克·吐温眼前盘旋，这使得旅馆职员不胜尴尬。马克·吐温却满不在乎地对职员说："贵地蚊子比传说中不知聪明多少倍，它竟会预先看好我的房间号码，以便晚上光顾，饱餐一顿。"大家听了不禁哈哈大笑。结果，这一夜马克·吐温睡得十分香甜。原来旅馆全体职员一起出动，驱赶蚊子，不让这位博得众人喜爱的作家被"聪明的蚊子"叮咬。幽默不仅使马克·吐温拥有一群诚挚的朋友，而且也因此得到陌生人的"特别关照"。

在一个相互依存又充满矛盾的社会体系中，企业要生存和发展，必须与公众进行全方位的信息沟通、思想交流、感情联络，建立彼此信任和合作的良好关系，公共关系交际就是公关主体维系与公众之间良好关系的桥梁和纽带。因此，在公关交际工作中，只有掌握公关交际原理，娴熟地运用公关交际的技巧和方法，才能赢得公众的心，为企业创造一个"天时、地利、人和"的良好社会环境。

## 第一节　交际的概念、特征与构成要素

### 一、交际的概念与特征

交际，又称交往，是指人们利用各种形式和方法彼此传递信息，交流经验，相互了解，共同合作，促进社会进步和个人幸福。交际是人类相互联系的重要手段。俗话说，"在家靠父母、出门靠朋友"，社会因交际而得到发展，各企业的生存发展、各地各国乃至全球的发展均说明了这一点。现代生产中需要分工协作，这就需要沟通，需要公共关系交际。

交际的主要特征如下：

1. 交际具有一定的目的性

社会中的各种交际就双方来讲都是有目的的、有针对性的。在商贸谈判中，双方就是怀着各自的目的坐在一起以求达成协议。即便是日常生活中的点头致意、简短的问候也是有目的的活动，它表达了双方的致意和祝愿。

2. 交际具有相互性

交际必须在双方或多方当事人之间进行，这就相当于球赛一样，只有一方而无对手的球

赛是无法进行的。这就犹如我们每天与播音员之间仅局限于节目的收听、收看,那我们与播音员之间就无法做到相互了解,共同合作。因此,交际必须是双向的信息传递。

3. 交际具有一定的空间性

一般情况下,使用语言交流时,交际者空间上的接近效果比较好,因为面对面的谈话,我们可以利用对方的语言、语气、眼神、表情、动作等多种因素进行分析。空间上的接近还能鼓励人们充分利用非语言暗示。例如,我们在看小说时,就可能进入角色,想象对方的动作、表情,并假设书中的情节及进展等。交际要求所有的交际者在空间上接近,在交际活动中平等地参与并相互影响。

4. 交际是一个全过程的活动

交际者之间的公共关系交际究竟是从何时开始的,这是一个很难回答的问题。有人说是从认识之初开始的,有人说是从第一次见面时起,还有人说是从第一次谈判、第一次交易时起……我们在这里笼统地说,他们是从第一次接触时起便有了注意,逐步地发展到有了信息传递,有了彼此了解,有了相互合作。因此,我们把公共关系交际看做是一个全过程。

**二、交际的构成要素**

一般而言,人们认为在交际中有四个主要的构成要素。

1. 信息发送者

信息发送者,是指发送信息的人或集合体,他是交际中的主动者。

2. 信息接收者

信息接收者,是指接收信息的人或集合体,他是交际中的受动者。

3. 信息内容

信息就是发送者向接收者传递的具体内容。它是交际中最主要的部分。

4. 信息传递工具

信息的传递必须依靠一定的工具才能完成,在交往中人们使用的传递工具主要是语言和非语言,它是交际的桥梁。

## 第二节　交际的原则、功能与类型

**一、交际的原则**

交际原则也就是公关主体与公众之间进行活动时必须遵循的基本准则。

一般来说,有以下五条:

**(一)合作原则**

在交际中,虽然交际双方都怀有各自的目的,但在实现其目的的过程中,离不开彼此的合作。我们以日用品生产、交换为例来说明交际者的合作关系。

例如,纺织厂为了保证自身的正常生产与发展,就必须购进原材料,就必须将其成品推向市场进行销售,使其资金在不同形态上加以改变。而农户种植的农作物(棉花)不仅是为了自我消费,更主要的是为了社会需求,为了交换。商业网点,它所销售的商品来自于生产厂家,它通过进销差价获得盈利。因此,纺织厂、农户、收购站、商业网点在公共关系交际中,为了实现各自的目的而发生了合作关系。

### (二)互惠互利原则

东北地区有一个上台子村,村长特别注重感情投资,某单位要盖仓库却没有地方,找他帮忙,他二话不说就把村上两间空房腾出来让对方使用,对方感动得不仅帮上台子村乡镇企业购买原料,而且还主动派人帮他们搞技术咨询;某一国有企业在企业改造中急需一批资金,他帮忙给解决了,厂长在全厂职工大会上激动地说:"我们能有今天,是上台子村帮了大忙,今后,凡是上台子村来人,不管需要什么原料,宁肯咱们自己不用,也得给他们解决。"

此后,上台子村针织厂使用的原料全由这个厂供应,不仅质量好,价格合理,而且供应及时……现在,已有一百多家单位同上台子村建立了互惠互利关系,逐步形成了一个从乡到市,从南到北,从乡企到国有的纵横交错的公共关系网络。依靠这种关系,他解决了乡镇企业生产中遇到的各种难题,使企业经济效益年年提高。

### (三)尊重他人原则

尊重他人,才能被他人所尊重。在公共关系交际中,彼此尊重对方是交际产生、发展的一个必要条件。

我们试想一下,当某一个人处处贬低你、污辱你、讽刺你,那么你还能(愿意)与他友好地相处下去吗?显然难度很大,非凡人所能及。这也就是为什么狂妄自大者不易被他人所接受,而谦虚者人人愿与之交往的原因所在。

### (四)与人为善原则

在公共关系交际中,人是千差万别的,完全相同的人是不存在的。性格、爱好、观点、行为不一致的人要在同一范围内生活和相处,这就需要人们以诚相待,友善相处。切不可以个人爱恶喜厌来选择交往对象,也不能以厌为敌,以恶为仇,冤冤相报,乃至置人于死地而后快。

例如,文学巨匠巴尔扎克有一长篇小说《贝姨》,描写了一个心胸狭窄的人——贝姨。她由于嫉妒、厌恶于勒男爵一家,便千方百计要置于勒一家于死地。但是,于勒一家最终并没有被搞垮,而贝姨却落得个形单影只,孤灯独照,最后在忌恨和郁闷中了却了生命。贝姨的处世哲学难道不应该被我们所摒弃吗?

### (五)礼貌原则

东西方文化虽有很多差异,但今天的社会是一个开放的社会,在礼仪文化上有很多可以相互借鉴的东西,并逐渐形成了通行全球的国际礼仪。人与人之间彬彬有礼,以礼相待,礼尚往来,自然会创造出一种和谐的环境,使人们保持良好的心态,产生愉快、满足之感,社会也因此而少了许多摩擦和矛盾。

实践证明,许多社会冲突并不都是什么重大原则问题,而是由无关大局的鸡毛小事引起的。而"礼"又有弥合裂痕、化解矛盾、融洽关系之功能,因此,在公共关系交际中礼貌是一封永不过期的介绍信。

## 二、交际的功能

### (一)沟通信息功能

我们处在一个信息爆炸的时代,信息无所不在,它渗透在社会各个角落和我们的人际交往中,成为我们生活的主宰,形成了聚集社会关系的一股无形的强大力量。我们的交际也就是在产生、传播、接受、贮存各种信息和对信息做出相应反应的行为方式,因此,在交际中沟通信息就显得越来越重要。

例如,有一篇报道提到武汉市江岸胜利服装厂的许来琴厂长,经常出没于舞厅等社交场所,尽量寻找机会与别人交谈,在交谈中捕捉着各种对自己有用的信息,进行产品更新换代,使企业效益显著提高。

### (二)协调人际关系功能

人们通过不断的交往,彼此形成一套无形的行为规则,从而使人际关系保持着基本的平衡和稳定,使人们很容易处理与各类人的关系。通过交际既可以增进彼此间的了解和信任,又可以改善彼此间的关系。

例如,平时的点头、微笑、打招呼、简短的交谈等都表现出双方之间的相识、友情及不断的交流,人们在生活中一般都较反感那种无事不登门的造访者。

### (三)向心功能

通过交流,人们可以增进彼此间的感情交流,也可以保持心理平衡,还可以从中获取亲近感、归属感和安全感。美国心理学家沙赫特曾做过一个"恐怖与亲近"试验,他首先将被实验者分为 A、B 两组,A 组被告知去会见一位教授、B 组被告知要共同参加一种电激试验,该试验具有相当的危险性,以引起参加者的不安和恐慌。实验结果表明,B 组成员相互之间的亲近行为比 A 组成员相互间的亲近行为要多得多。

例如,当我们得知一位陌生人是自己的老乡、校友或曾在一个部队服过兵役时,我们与他就自然多了一份亲切(近)感。随着交际的进程,陌生人之间可以相识、相知、相交,变成好朋友,这都说明了交际的向心功能。

### (四)合作功能

人们在生活中各有各的目的,为了实现各自的目的,就离不开相互的协作。在交际中,人们互相传递着信息,从而将原本各自独立的主体连结起来,相互协作,以期达到各自不同的目的。

例如,中央电视台"桥"节目每天播出大量的经济信息,许多厂家就是从这个节目中找到自己的合作伙伴。

## 三、交际的类型

交际常见的类型主要有:

### (一)舞会

舞会是人们交朋结友进行文娱活动的良好场所,在节奏明快、旋律优美的音乐伴奏下,男女成双翩翩起舞,既可欣赏音乐,又可享受优美的舞姿,令人心旷神怡。愉快的心情、高昂的情绪是促使交际成功的不可忽视的条件之一。

舞步是一种无声的世界语言，它作为一种交际工具可以在不同国家、不同语言、不同肤色的人之间进行交流，不会跳舞对经常出没社交场合的人来说是一大缺陷，不会跳舞而被冷落在社交圈之外，其损失是相当惨重的。因为，合作协议并非都是在谈判桌上达成的，信息也不都是通过正常渠道获得的。

**（二）宴会**

宴会是交际活动中的一项重要内容，大到国家之间，小到家庭、朋友之间，无不在宴请中交流、加强情感。在宴会上人与人之间表现得特别亲近、友善。

我国是一个礼仪之邦，自古以来许多事情就是在宴会之中解决的，因而社会上才有了诸如"酒杯一端，协议全签""酒令一行，不行也行"等说法，但这里切不可将宴会变为非法交易洽谈处。

**（三）座谈会**

人们为了向社会、同行显示自己及自己的产品，常在同行业、同系统内举行座谈会，也有跨行业、跨地区的座谈会。

座谈会的方式也是多种多样的，有为了展现产品、扩大销路而举行的座谈会；也有为了提高产品质量、进行产品更新换代、了解消费者意见而举行的产销、信息反馈座谈会等。在座谈会上，与会者可以畅所欲言，其轻松、和谐的气氛使与会者极易沟通。

**（四）专题访问**

专题访问是一种具有具体对象和明确目的的交际方式。在访问中，访问者带着具体问题以多种方式向被访问者提问，而被访问者的回答则应紧扣主题，突出重点。

但是专题访问不同于座谈会，被访问者显得较为被动，但这又是一个向外界、向社会展现自己的机会，因此人们都乐意接受访问。

**（五）记者招待会**

记者是新闻的舌喉，他们将生活中杂乱无章的信息进行整理，再传递到人的手中，使之变为有价。

通过记者招待会向外界、向社会发布重要信息，往往影响较大，能够引起人们的关注。因此，记者招待会是公共关系交际中常用的方式之一。在记者招待会上，除记者针对会议的主要内容提问外，主要是办会者的介绍和解答。

# 第三节　交际的艺术与技巧

## 一、塑造第一印象的技巧

人们在交流中，第一印象的好坏直接影响着以后的交往及其成败。因为初次印象在人们的脑海中可能会保持很长一段时间，甚至会形成定格，如果你给他人留下的第一印象不好，而再想改变就需要花费很大的精力和很多的时间。

因此,人们在交往中要特别注意塑造自我形象,给对方留下较好的印象。而第一印象又是由人的衣着、发型、动作、语言、表情等多种因素组成的。

**1. 衣着**

在第一次接触时,服装应正规、整洁、得体,色彩及搭配应与本人的年龄、性格、职业结合起来,给人以干练的印象,切不可太随便。例如,在正式谈判场合,男士应着西服、系领带,女士则以西服套裙为宜;在宴请外宾的场合,女士则以旗袍、长裙为宜。再如,不同的色彩在不同的场合又有不同的作用。一般人们认为,红色表现性格活泼、热情奔放,使人们喜欢你,容易沟通;黄色显得朝气蓬勃、精神焕发……

**2. 发型**

发型是打扮中的一个很重要的方面,因为一个人呈现在别人面前时,首先被对方注意到的是头发。在选择发型时,要与自己的年龄、性别、职业、脸型等相一致,不可盲目模仿。一般来讲,年轻人可梳童花式、马尾扎、披肩等直发,也可以根据自我特点加以变化,如大波浪等以显示青春的活力;而中老年人一般适宜烫短发、染发等以显示其端庄、稳重。

**3. 动作**

在第一次接触中要特别注意自己的一举一动,要做到"站如松,坐如钟",即坐有坐相、站有站相。法国一友人曾对我国公民的日常举止与法国人做过一个比较,在公共汽车、地铁上法国人静静地或坐或站,坐的两腿紧并、腰板很直,站的挺胸收腹,有的利用这个时间看书,有的在悄声交谈;中国人坐的要么二郎腿一跷,要么两腿一叉半坐半躺,或大侃特侃全然不顾他人的存在,有的隔三差五的大声交谈,以至于唾沫星乱溅,有的吞云吐雾,有的挖耳挠腮、抠鼻剔牙等。由此对比可见,人的一举一动给对方留下的印象很重要。

## 二、语言沟通技巧

日常生活中,人们的话题是多样的、内容是复杂的,但人们的语言交际并不是一团乱麻,而是有其内在规律并受一定条件制约的。一个吐字流畅、思考周密、详略得当、表意准确而又反应敏捷的人,无疑在公关交际中已占据了语言优势,但仅具有较好的口才在交际中远远不够。

**(一)应避免使用学生腔**

学生腔给人一种不成熟感和生硬感。

例如,上司派下一个任务,你回答"知道了,马上送来"就不如"是,立刻办"好;而你叫部门主管"主管,经理叫你"就不如"主管,经理请您去一下"。

**(二)要学会适时赞美**

社会赞许,人皆求之,只是急缓程度不同而已;社会赞许动机,人皆有之,只是强弱表现不同而已;社会赞许理论人皆用之,只是目的手段不同而已。更何况适时赞美又具有缓冲上下矛盾,激励上司向上等作用。因此,应学会适时赞美,只是注意使用的场合、事件及其分寸。

**(三)在交际中必要时可以采用"痴言呆语"**

在交际中采用"痴言呆语",既可以解决了你的棘手问题,又可使你的语言幽默风趣,妙趣横生,还可创造一个轻松、活泼、诙谐的交际气氛。

例如,英国的一位小姑娘对萧伯纳说:"您是一位最使我佩服的作家,为表达我对您的敬仰之情,我打算以您的名字来命名我心爱的狮子狗,它是我过生日时亲戚们送给我的,不知您意下如何?"萧伯纳回答道,"亲爱的孩子,我十分赞同你的主意。不过,最主要的一点,你务必和小狮子狗商量一番"。

### (四)应拓展自己的知识

对双方所谈内容及相关内容应做充分了解,并要学会运用迂回战术。在人际交往中,当别人别有用心或有口无心提出一些棘手的难以回答的问题时,应避免正面的攻坚战,而要别出心裁,另辟蹊径,从不同的角度去寻找突破口,方能出奇制胜。

## 三、掌握交际距离技巧

我们在生活中常出现这样的现象,人与人在交谈中,不论是站,还是坐,彼此间都留有一定空间(恋人除外)。你在马路上向一陌生人问路,双方之间的距离多为1—5米,如果你离他很近,他就会感到不舒服而向后退缩。这就表明,人与人在交际中都有一定的交际距离,也就是《自然与人》中所说的"个人微观空间"。

例如,北欧和大不列颠人在交谈中始终保持着1米左右的距离;而意大利人则是0.3—0.4米的距离。2.5—3米是绝大部分人所习惯的寒暄距离;2—12米是正式会谈的距离;12米以上是演讲区,适合于大厅演说或在公共场合发表正式严肃的谈话。

与"个人微观空间"密切联系的"空间间距物"是指摆在交谈者之间的物件,如桌、椅、沙发等。这些东西看上去好像与交谈无关紧要,其实,它对调节交谈气氛和双方心理起着十分微妙的作用。这也就是为什么领导者、经理、老板的办公室一般都用比平常的桌子要宽、椅子要高的用具的原因所在。

## 四、自我介绍技巧

交际中,初次见面时进行自我介绍是向对方推销自己、展示自己的一种最佳方式。成功的自我介绍可以引起对方对你的注意,表明你的价值,为留下良好的第一印象打下基础。

怎样才能使自我介绍表现得非凡成功?

第一,应注意自我介绍的时间、场合、交往的对象等。在不同时间、场合及对象上,恰当地运用语言及非语言技巧。

第二,在做自我介绍时,要向对方讲清姓名、职业,吐字要清晰。为使对方记住自己的姓名,可对姓名做些解释,语言要适中,过高的声调和过低的声调效果均不好。

第三,在做自我介绍时眼睛切不可东张西望,而要注视对方,表达对对方的尊重。

## 五、倾听技巧

在公共关系交际中,如果我们积极地倾听他人的谈话,将会从其谈话中获得许多知识和信息。我国古人就曾说过"听君一席话,胜读十年书"。积极地倾听还可以了解对方的思想和心理,从而使自己的谈话有的放矢。

在交谈中,如果你对对方所谈的内容很感兴趣,那么,你在倾听中要注视对方,始终保持目光的接触,身体可向前微倾,同时配合对方所谈内容适当给予提问,尽量不要随意打断对方谈话。还可以给对方补充、提醒,如"后来怎么样?""刚才讲到……请接着讲下去"等,表现出你很欣赏对方的讲话,鼓励对方讲下去。如果对方所谈的内容你不感兴趣,或对方所谈内容远离主题,那么你可以通过坐姿、站姿频繁的改变,暗示对方你对这个话题不感兴趣,也可以通过提问、应答将对方的谈话引向主题。

在倾听他人讲话时要努力做到:①凝视说话者;②向对方表示出你的兴趣;③身体向前微倾;④巧妙提问;⑤不要中途打断对方;⑥认同或忠于对方所谈话题;⑦配合对方的语气,提出自己的意见。

### 六、送礼技巧

送礼是人际交往中促进人际关系的手段,人们送礼各有各的目的,但我们认为送礼应以结交友谊为主。"千里送鹅毛,礼轻情义重",古人很早就已注意到礼品在公共关系交际中所起的独特作用。送礼除日常交往外,主要在具有特殊、重大日期及交往上使用。

在生活中,有的人送的礼,对方不仅收下了,而且还很高兴,而有的人送的礼,对方死活不收,彼此都很难堪。有的人送礼不多,但彼此友情很深,有的人送礼不少,但彼此友情极淡。这一切都表明送礼是有技巧的。

1. 礼品的选择要因人而异

在选择礼品时,一定要分析(了解)对方的年龄、性别、职业、爱好及家庭成员等,以便你的礼品能被对方所接纳。另外,我们在选择礼品时,还应选择那些能够引起人们美好回忆的礼品、对方所需的礼品、工艺品及有特殊意义的礼品。例如,著名画家张大千先生晚年时从不给任何人作画,有位台湾人士回大陆探亲时,特意到张大千的故乡掘取了一罐泥土,回到台湾后,将这罐泥土送给张大千。当时张大千望着这罐泥土,热泪盈眶,当即为此人挥毫作画,以一幅巨画回赠了对方,尽管如此,大师仍感到无法表达自己的感激之情。

2. 要选择送礼的时间

生活中人们都愿意在节日送礼,或在求于人时送礼,这种时间实不宜送礼。

3. 注意礼品选择的禁忌

不宜选送的礼品主要有货币、大众化礼品、犯忌礼品、用后即弃和没有保存价值的礼品。

### 七、说服技巧

人们在生活中,每时每刻都充满了矛盾,旧的矛盾解决了,新的矛盾就又出现了。既然我们生活在矛盾之中,那么说服对方就具有相当的重要性。

增强说服力的技巧主要有以下几种:

**(一)发挥"居家优势"**

一个人在自己或自己熟悉的环境中比在别人的环境中更能收到良好的说服效果,故而在谈判中要充分利用居家优势,说服对方。

如果不能在自己的环境中进行商榷,则要尽量争取在中性环境中进行。

**(二)修饰仪表**

人们通常认为,自己受到他人言谈的影响要比受到外表的影响大得多,其实不然。人们在生活中往往会不自觉地以貌取人,仪表堂堂、有吸引力的人要比那些不修边幅的人有更多的成功可能。

**(三)寻找共同点,使自己等同于对方**

如果你试图改变某人的爱好,你越是使自己等同于他,你就越具有说服力。

正如一位心理学家所说:"一个酿酒厂的老板可以告诉你为什么一种啤酒比另一种好。但你的朋友,不管是知识渊博的,还是学识浅薄,却可能对你选择哪一种啤酒具有更大的影响。"

**(四)逐步提出你的要求**

当我们劝说他人时,切忌将所有问题一股脑地提出,可以按由易至繁(难)的顺序逐步提出,使对方对你的建议或要求有个适应阶段,这样你所提的要求,对方就会较为容易地接受。

**(五)建立情谊和信任感**

例如,有一位合资企业的业务员赴柳州催货,在他之前已有十几位业务员空手而回,为此该业务员做了打持久战的准备。然而在火车上,他遇到了一位中年工程师带着小孩与他同行,工程师被小孩搞得手忙脚乱,该业务员伸出相助之手,解了工程师的难,两人成了好朋友。经交谈得知,工程师也是赶往业务员所去厂家,并且和该厂领导特熟。结果,到达厂家后,他主动去为业务员办理了发货手续,三天后,业务员就踏上了返程。

## 八、排除心理障碍技巧

在社会交往中,有的人总觉得自己这不行,那不行,自卑感很强,人为地制造了心理障碍。在交往中如果自己心理较紧张的话,可以借助身边的小玩意放松自己,也可以先倾听对方谈话,注意观察对方,不要轻易表态。

黑格尔曾经说过:"少说话,尤其是当比你强的、陌生的或比你有经验的人交谈的时候。因为如果你多说了,便同时做了两件对自己有害的事:一是暴露了自己的弱点和愚蠢;二是失去了一个获得智慧及经验的机会。"

## 九、入乡随俗技巧

一个地方有一个地方的风俗习惯、人情世故。要使交际双方具有一种亲近感,就要尊重对方的习惯,尽量缩短彼此之间的距离。

例如,有位先生到东北为他的公司购买十节罐车。到达沈阳后,他找到供应部门,没有急于谈买卖,而是先和办事员拉家常,从物价、工资一直谈到酒,他对酒如数家珍的介绍、评价,引起了对方的注意,缩短了双方的距离,也增进了友谊。后来他以3.2万元的单价买得十节罐车,为公司节省了近10万元人民币。

---

**职场案例与实践**

在一次小型联欢会上,观众席上有一个女子问赵本山:"听说你在全国笑星中出场费是最高的,一场要一万多元,是吗?"这个问题让人为难:如果赵本山作出肯定性的回答,那会有许多不便,如果确有其事,他也就不好作出否定的回答。面对这样一个尴尬的问题,赵本山毫不犹豫地采用了迂回岔换的方法,做出了如下的回答。

赵本山说:"您的问题提得很突然,请问您是哪个单位的?"

"我是大连一个电器经销公司的。"那位女士说。

"你们经营什么产品?"赵本山问。

"有录像机、电视机、录音机……"女子答道。

"一台录像机卖多少钱?"

"四千元。"

"那有人给你四百元你卖吗?"

"那当然不能卖,一种商品的价格是由它的价值决定的。"那女性非常干脆地回答他。

"那就对了,演员的价值是由观众决定的。"

那位女性问的是"您赵本山出场费要给一万多元是不是事实"。而赵本山岔开提问者的话题,换成"演员收多少出场费是由什么决定的",他在亮出底牌以前却又撤开问题,去扯一些看似无关的闲话,在经过一番类比性闲话的诱导以后,赵本山才使他岔换的话题呱呱落地。这样,既回避了正面回答,又没有给对方留下一种答非所问、牛头不对马嘴的印象,使得交际气氛异常轻松而和谐。如果赵本山不采用这种岔换的方法作答,就有可能把交际气氛弄得异常紧张,以致不欢而散了。

**案例思考:**

1. 在日常生活中,常常会发生由于言语方面因素而使自己处于不利的境地,如何解脱?
2. 交谈礼仪有哪些通则?
3. 谈话者应有哪些礼仪?
4. 听话者应有哪些礼仪?
5. 交谈礼貌有几个方面?
6. 谈话时可避讳的主要有几个方面?
7. 礼貌交谈的技巧要注意哪几个方面?


【思考与讨论题】·················

1. 什么是公共关系交际?有何特征?
2. 进行公共关系交际应遵循哪些原则?
3. 如何塑造第一印象?
4. 在公关交际中怎样才能说服对方?

# 第十四章　沟通艺术

【引子】一个大学生以优异的成绩毕业,并被分配到一家单位工作。他性格内向,心气高傲,很少和同事交往,同事对他十分反感,常冷眼相待。他的性格日益怪癖,终因一件小事与同事吵了起来,而其他同事都站在他的对立面,并扬言要上书把他辞退。他一言不发,发疯似的操起桌面的水果刀向对方捅去。最后因故意伤害罪获刑。

## 第一节　沟通的含义和功能

沟通是人类生存的基本需要之一,特别是在市场经济高度发展的现代社会,企业的一切经济活动都有赖于与社会沟通,而这种沟通主要是由公关社交工作来承担的。公共关系工作主要是一个传播与沟通过程,是一个有计划、有目的的与员工、顾客、股东、客户、社区成员和政府组织进行有效的沟通,广交朋友,广结善缘,为企业自身发展创造和谐社会环境,以获得最佳的经济效益和社会效益。

### 一、沟通的含义

沟通无处不在,无时没有。每个人自出生以来就一直处在一个沟通的环境中,有的沟通结果是良好的,人们称之为有效沟通,反之则称为不良沟通。那么,什么是沟通呢?沟通主要是指在社会生活中的人际沟通,即为了一个设定的目标,主要以语言、表情、体态以及社会距离,通过信息、思想和情感在个人或群体间的传递及交互作用,来影响对方的看法、决策和行为的过程。

无论在什么情况下,人际沟通总是沟通者为了达到某种目的、满足某种需求而展开的。人们在沟通时会根据双方的特点选择沟通的内容、渠道以及策略,以达到影响对方、满足需要的目的。沟通中"沟"是手段,"通"是目的。怎样才能做到真正的"通"呢?"通"就是对方被你影响了,决定按你的意思做了。如果"沟"以后,对方没有"通",那就意味着没有达成沟通的目的。

### 二、沟通的属性与功能

#### (一)沟通的属性

1. 沟通是公关信息的外在传播活动

社会组织在其运行中,要与许多外部因素发生关系,并与社会公众发生联系。其方式有言语沟通,包括讲话和文字;也有非言语沟通,用行动、姿势、面部表情、音乐、图纸等传递信息。沟通是借助于公关信息的外在传播进行的,没有这些信息的外在传播,沟通是不可能进行的。沟通工作主要是依赖于传播信息来沟通双方的关系,以建立起相互信任、相互合作的融洽关系。

### 2. 沟通是与公众交流思想感情的过程

沟通是通过一定的载体进行的,但这些载体所包含的实质内容是思想感情。例如,公司职员专访顾客,他们的兴趣决不在于言谈举止本身,而在于探询客户的观点、喜恶、态度等。两个组织交换文件,目的不会是欣赏文字结构的形式美,而在于加深了解对方的意图、计划态度,以寻求最佳的方案。沟通是一种特殊的认识过程,在这一过程中两个主体必须进行思想感情的交流,而不能处于纯粹的自我意识活动状态。

### 3. 沟通具有双向互动性

沟通过程的基本模式是信息以传递者通过各种媒介传递到接收者,又通过各种媒介反馈到传递者的过程。沟通过程必然涉及两个或两个以上的人,即有来源和接收者,双方要能达成共识。沟通实际上是双方或多方的相互依赖、相互需要、相互传递、相互理解和相互作用。沟通状态依据相互作用的程度而发生变化,相互作用消失,沟通关系将不复存在;相互作用强烈,沟通关系密切。如果沟通双方在语言或编码、概念、价值系统等方面没有共同的知识,信息传递就会遇到障碍。当一个人的想法被另一个理解时,沟通才是有效的。

### 4. 沟通具有可变性和稳定性

沟通的根本目的是影响或改变人,即依赖传播信息来沟通双方的见解和感情,以建立起相互信任、相互合作的融洽关系。既然沟通的对象是人,那么人是可以变化的。如果处理得当,则有可能保持长期的关系,即具有稳定性;如果处理不当,原来良好的关系有可能遭到破坏,即具有可变性。不少声誉卓著的社会组织都深谙此道,常常开展诸如周年纪念之类的活动来加强自己的社会地位。社会组织所处的公共关系状态大致可分为和谐状态、不和谐状态和不明状态三类。社会组织要根据自己过去所做的工作和目前的状态,选择沟通的重点和具体的方法。

### (二)沟通的功能

#### 1. 信息传导功能

沟通按其过程可分成传递和反馈两个基本阶段。

(1)传递阶段。沟通者首先将自身的观念形态、意识转换成一定的信息符号,如文字、语言、表情、手势等,并通过一定的渠道到达沟通对象。接收者得到一定量的信息后,将信息符号还原成沟通内容,并领会其中含义。

(2)反馈阶段。接收者在收到并理解其信息符号后,如果不作出反应,沟通将中断。但一般情况下,接收者都会以某种方式将自己的意见和态度告诉对方,这就是反馈。

在沟通的两个阶段,沟通的一个最重要功能就是信息传导,好比一条河的两岸,信息传导就是凌驾于河上的桥。尽管传导的渠道有多条,方式也各不相同,但基本的功能只有一个,那就是传导社会组织和公众的信息。

#### 2. 决策参谋功能

决策就是一种选择,即为了达到某种目的而在若干个方案中进行择优。每个社会组织都面临着决策,决策与沟通密不可分。

(1)沟通是决策的要素之一。社会组织在决策一项事情时,本身就会有沟通。例如,一个企业生产出一种新产品之后,在确定目标市场时,就包含有如何去寻找客户、接近客户、说服客户等一系列沟通过程。任何社会组织确定目标、制定政策、实施计划,都要有源源不断的信息,信息沟通是决策的重要组成部分。

(2)决策的过程也是沟通的过程。在企业家中,常见的决策方式有五种:A 型:使用手头的信息自己解决,占 21%;B 型:从部下那里取得必要的信息自己解决,占 21%;C 型:与有关下属个别研究问题,最后由自己解决,占 18%;D 型:与下属集体研究问题,最后仍由自己解决,占 18%;E 型:与下属集体研究,然后通过协商解决问题,占 19%。这些决策方式是经常用到的,而每一种方式都是信息沟通的过程。

(3)决策的有效性要依靠沟通。有关研究表明,决策的有效性取决于决策的质量和决策的认可水平,它们之间有如下关系:$ED = Q \cdot A$。其中,ED 代表决策的有效性;Q 代表决策本身的质量;A 代表执行决策的人对决策的认可程度。这表明要提高决策的有效性,必须在提高决策的质量和提高决策的认可程度两方面下功夫。要提高决策的质量,决策人需具备决策能力和掌握信息;要提高决策的认可水平,就要考虑决策人的个性。因此,决策者掌握信息的程度、沟通等直接影响决策的有效性。

### 3. 激励功能

心理学告诉我们,人的积极性是与需要相联系的,是由人的动机推动的。只有了解人的需要和动机的规律性,才能预测人的行为,才能引导人的行为。只有当人的需要具备特定的目标时,需要就转化成动机。人的需要是不断升级的,现在的需要满足之后,又会产生新的需要,激励过程不断地循环下去。从整个过程来看,激励过程也是社会沟通过程。

(1)需要的了解要靠社会沟通。人的需要是各种各样的,因人而异的。不同的历史时期,不同的文化条件,不同的社会政治制度,不同的经济发展水平制约着人的社会需要的形成与发展。而要了解人的不同的需要,就应进行交流,有效的沟通是激励的必要条件。

(2)激励方法的选择要靠社会沟通。了解了人们的需要,这是具体激励的基础,有效的激励还应选择适当的方法。

### 4. 协调功能

沟通具有协调功能,是因为有效的沟通,能使各种关系和谐、合理、配合、互补和统一。

(1)沟通传递信息。沟通能有效地传递信息,使内外部能保持平衡。例如,我们在观看球赛时,经常有暂停出现,落后方的教练向运动员面授机宜。这是通过信息沟通统一全体运动员的意向,变整体不协调为配合默契。

(2)沟通加深理解。社会上的个人或组织,难免会与其他人或组织发生冲突,而冲突的发生往往是缺乏理解,沟通则是解决冲突的有效方法之一。例如,现在广泛开展的"市长接待日""市长热线电话"等,一个很重要的作用就是通过沟通加深理解。

(3)沟通能改变态度。美国社会心理学家纽科姆用 A—B—X 模式说明了这一问题。A 和 B 代表两个认识主体,X 是第三者,A 与 B 关系是否协调,与他们对 X 的态度有密切的关系,而沟通能改变他们的态度。假定 A 喜欢 B,认为 X 重要,而 B 认为 X 不重要,这样 A、B 之间处于紧张状态。通过沟通,将会有三种状态:第一,A 改变对 X 的态度,与 B 一致,紧张消除;第二,B 改变对 X 的态度,与 A 取得一致,紧张消除;第三,A 改变对 B 的态度,达到一种特殊的平衡状态。

# 第二节　沟通的内容、渠道和方式

## 一、沟通的两大内容

### (一)情感

阿拉伯人经商有一条很重要的原则,那就是友谊先于交易而存在。情感是贯穿人类社会始终的一种特殊的心理反应形式,是人对于客观事物是否符合于人的需要而产生的态度体验。客观世界丰富多彩,人们对客观事物的态度也就复杂多样,如喜、怒、哀、乐、爱、恶、惧,骄傲与羞耻,内疚与悔恨,忧郁与轻快等。人的不同情感,决定了人不同的态度和行动。

(1)情感沟通具有普通性。人人都有情感。人非草木,孰能无情,人一个很重要的特点就是社会性。在社会生活中,每个人都要和周围的人发生联系,而不可能处在一个封闭的环境中。因此,总有感情交流的需要。既需要倾诉,也需要倾听,更需要有感情的共鸣。感情的对流,使人感知到自身的存在,社会的温暖,对生活充满信心。如果由于某些原因,画地为牢似的将自己封闭起来,与周围的人格格不入,阻隔心与心的沟通,那生活将是苍白一片,失去脉脉温情和欢声笑语,最终将在孤寂、压抑、自卑中消亡。人的这种最普通的情感,在不同的社会中被打上了一些阶级的烙印,但情感的沟通是阻挡不住的。

(2)情感能增强一个组织的凝聚力。一个组织能将一些单个的人集合到一起,除了一定的原则和纪律之外,情感的沟通是一个重要因素。组织作为一个整体在社会上存在,它面对着许多社会公众,它的向心力的大小是靠情感来维系的。情感的广泛交流,能增进情感的互动和认同,满足心理上的需要,形成亲密感和相互依赖感。现代企业家都认识到"感情投资"的重要性,懂得用情感的手段进行沟通。人类社会中一些美好的、高尚的情感和友谊感,责任感,义务感,美感,道德感,荣誉感,是每个人类社会的精神财富,时刻都散发出耀眼的光芒。这些高级情感唤起人们心灵的升华,激发人们的积极性,鼓舞了一代又一代的人。

(3)情感沟通具有自身的特点。具体说,就是折射性、评价性、外在性和自然性。

第一,折射性。情感是主体对认识对象的一种体验,是主体自身的一种意识活动。情感不仅仅是客观事物在主体头脑中的反映,它不直接指向客体,而是以人对客观对象和自身需要的认识为中介的一种间接感受。客观世界的人,会同周围建立许多种关系,这些复杂的关系反映到人的头脑中就形成人的丰富的感情世界。情感"是在认识的基础上,受认知的折射而出现的"。

第二,评价性。情感反映出主体对客体的一种态度,这种态度表现为善恶及真假,但主要是善恶。凡符合主体需要的,主体就会给予肯定态度并接纳,即为善;凡不符合主体需要的,主体就会给予否定并排斥,即为恶。马克思指出主体的人"懂得怎样处处都把内在的尺度运用到对象上去"。因此,情感沟通带有评价性。

第三,外在性。人的感情世界丰富多彩,但都以喜怒哀乐等形式表现出来,这种表现的方式不尽相同,表现的程度也不一样。如有的可以直说,有的利用暗示;有的言在此而意在彼,有的貌似诚而实则伪;有的表里如一,有的心不应口。

第四,自然性。成功的情感沟通都是真情的自然外露,通过眼神、表情和言辞或其他载体表现出来。例如,人们经常用书信、祝词、礼物、留影等表达感情。这些载体是为了表达感情,自然而然形成的。

**(二)事实**

"事实胜于雄辩"。人与人之间的沟通,除了情感的因素之外,事实是基础,是基本的因素。没有事实,情感沟通将成为无源之水,无本之木。

(1)事实沟通非常重要。事实是情感的起源。社会组织与其公众的沟通,其实就是人与人的沟通。在沟通过程中,人会自觉或不自觉地将自己内心的情感以喜怒哀乐的形式表现出来。但这些情感不会凭空而来,它产生于以往的一些事实。情感本身就是对现存关系的一种认知态度,而关系总是建立在事实的基础之上。

第一,事实是沟通的基础。公共关系沟通的内容主要有两大块,即情感和事实。情感是一个很重要的方面,但事实是基础。人的需求和欲望是分层次的,最基本的需求是生存方面的,然后才是情感和自我实现等高级需求。人与人的沟通首先必须用事实来满足人的低层次的需求,然后才有可能更高层次的沟通。

第二,事实始终是第一位的。存在决定意识,要建立某种关系或改变某种态度,事实的力量始终是第一位的。公共关系所讲的沟通,就是企业或非营利性组织与其公众之间为了取得相互理解和支持而交流事实、观点和思想的过程。观点和思想的形成,是基于一定的事实基础之上的,就这种意义上来讲,事实是决定性力量。但在我们说明事实的重要性时,我们决不能忽视情感的重要作用,在某种环境下,情感的作用甚至是第一位的。

(2)事实沟通有自己的特点。具体说,就是客观性、基础性和持久性。

第一,客观性。事实是独立于人的意识之外的客观存在,不管人们对它的态度如何,它都将存在。而情感是人们对自己所处社会关系的一种认知态度,是意识领域内的东西,带有很强的主观性。

第二,基础性。情感的建立来源于事实,情感的改变和转移同样也来源于事实,事实在整个沟通过程中处于基础地位。如果没有事实作坚实的基础,沟通将苍白无力。

第三,持久性。如果说情感属于人的一种主观意念而容易改变的话,事实则是耸立在沟通路上的一块里程碑。事实沟通的作用是持久的,但它的影响仍然具有阶段性。我们在充分重视并利用事实沟通时,要注意事实沟通的阶段性。

## 二、沟通的渠道

### (一)正式沟通

各个社会组织都有序地与外界建立联系,通过正式的组织渠道建立起来的信息交流路径,就是正式沟通渠道。正式沟通渠道的范围各不相同,有的具有国际性,如"联合国""国际货币基金组织""世界贸易组织"等这些组织渠道;有的是地区组织,如"欧盟"、各种行业协会等;还有的更小,如一个企业等。但无论其规模大小,都必须以一定的方式进行信息交流。

这种按组织结构建立起来的沟通渠道,具有以下几个特点:

(1)组织性。组织是按照一定的程序设立的,进行有序的运行。在组织内部,各个部门和各个成员都有明确的职责范围和权限。其信息沟通渠道是按组织原则和程序设立的。

(2)程序性。组织一般由个人组成,按照一定的模式建立起多层次、多结构的有机体。各部门、上下级之间的联络沟通活动有统一的规则,他们遵循一定的联系程序来传递和接受信息。

(3)稳定性。组织内各部门、各环节之间的沟通渠道,信息的流向是相对稳定的。组织内的这些程序具有连续性,不会因单个人的变化而改变。

正式沟通渠道按信息的流向不同可分成上行渠道、下行渠道、平行沟通渠道和混合沟通渠道。上行渠道指的是组织的底层向上传递;下行渠道则刚好相反;平行渠道是处于同一层级或个人间的信息交流;而混合渠道是指不属于同一组织层级或个人之间的信息传递路径。

**(二)非正式渠道**

在正式组织内部或正式组织之间,由于个体之间在价值观念、兴趣爱好、志向和理想、个人经历之间的相似性而结成一种松散的团体,这些团体之间或其内部传递信息的渠道就称为非正式渠道。

这些渠道具有许多特点:

(1)自发性。这些组织的建立不具备一定的目的,仅仅是在某些方面具有共同性而自发形成,因此其信息传递的渠道既没有组织性,也没有程序性。

(2)灵活性。非正式组织内部没有一定的规章制度,个体的活动不受纪律的约束,因而随意性较大,其信息传递具有随意性和灵活性。

(3)易变性。非正式沟通渠道具有自发性,个体出入组织很自由,沟通关系可以随意变化,因而具有易变性。

(4)不可靠性。非正式组织和信息传递比较杂乱而不正式,个体根据各自需要而取舍,如果传递链较长,则信息可能走样。

非正式组织之间的信息有利于了解组织成员之间的状况,有利于密切人们之间的关系,但非正式渠道如果利用的不好则会产生消极影响,干扰正式渠道。

**(三)综合性沟通**

社会生活是复杂的,各种信息层出不穷,其传递方式亦交错纵横。

正式组织和非正式组织的综合性沟通,主要是信息传递的渠道多层次、多形式。

### 三、沟通的方式

**(一)语言交谈**

语言交谈是人际交往最常见的形式之一。任何人在现实生活中都大量地采用语言来传播信息,因此,语言交流已发展成公共关系实务中的一项专门性的操作技术。

语言交谈有以下几个特点:

(1)在同一时空范围内由两个或两个以上的主体进行交流。

(2)信息传递和反馈同时进行,这是直接交谈的一大优点。

（3）具有丰富的表现手法和辅助手段，除了语句可表达的意思外，还有语气、语调、身姿、手势、表情等辅助手段。

（4）语言交谈具有反馈迅速、便于建立感情等优点，但其作用十分有限，其最大的缺陷是覆盖面不广。

**（二）人际交往**

人际交往具有悠久的历史，在现代社会更是常见。人与人之间面对面的交往，对于消除误会、加深理解和增进友谊具有特殊的作用。

（1）亲密感。人与人之间的直接交往，各种信息能直接传递，能大大缩短彼此心灵之间的距离。

（2）受重视感。每个人都渴望受到别人的理解和尊重，主体的直接交往，能使接受者有一种受到重视的感觉。

人际交往虽然在沟通中很奏效，但它具有范围小、成本高等不足，使用这一方式时，要进行综合考虑。

**（三）书信往来**

书信往来历来为人类所喜爱。早在商代就有传递书信的历史，以后一直发展，直到清朝末年成立邮传局，新中国成立后，邮政事业更是突飞猛进。

书信往来按其内容可分为一般书信往来和专用书信往来。私人信件即一般书信往来；在一定范围内使用，具有特定格式的即为专用书信往来。

书信要求准确、简明、及时、生动。

**（四）聚会与演讲**

在口头沟通时，常有很多人聚集到一起，如正式会议和沙龙、一般聚会等。正式会议按一定的议事程序，有组织地进行，它具有组织性、程序性、严肃性、沟通面较大等特点；非正式的聚会如沙龙；一般聚会等亦很流行，它具有自由度大、情感性强、适用面广等特点。

演讲在口头沟通中发挥着重要作用。它具有节约时间、简练易懂、形象生动、功能多样等优点，为人们所乐于采用。

演讲有以下几个特征：

（1）面对一定数量的听众，公开发表个人的思想、观点与看法。

（2）有中心、有条理、结构比较完整。

（3）有鼓动性，能激发听众的感情。

# 第三节　沟通的障碍与技巧

## 一、沟通的障碍

### （一）语言障碍

1. 语言差异造成"隔阂"

世界上有许多种不同的语言，同一语言之内还有许多方言，运用不当将造成误会。例如，湖南常德人讲十个为"一炮"等。

2. 语义不明造成歧义

词语是表达意思的基本单位,如果运用不当,将阻碍沟通。

3. 词语误用造成费解

词语组合到一起,必须遵循一定的语言规律,违反规律时,就会产生语病,阻碍沟通。例如,"人基本上全到了","基本上"和"全"就有矛盾,造成费解。

4. 语言不同造成"绝缘"

语言划分成多个语系,不同的语言之间有很大的差别,很难沟通。

**(二)风俗障碍**

1. 礼节习俗不同

不同的地理位置、气候历史、文化氛围,形成了不同的习俗。例如,日本人面带微笑地宣布亲友的死讯,微笑对日本人不一定表示愉快,也可表示尴尬、悲哀。

2. 审美习俗不同

不同的地方、不同的文化水平,审美观不一样。例如,中国用白色的菊花吊唁死者,而英国则用来送女友以示爱意。

3. 时空习俗不同

例如,日本人的时间观念极强,生活节奏快,而法国人的时间观念不很强。在公共场合下,一般主客身份越高,来得越迟。空间距离在不同的地方,也有很大的差别。

**(三)观念障碍**

1. 观念不同

例如,东西方对"性"的观念有很大的差别。中国历来崇尚孔孟之道,认为"男女授受不亲",而西方则不如此。

2. 封闭观念排斥沟通

观念受外界环境的影响,并与外界环境进行交流。封闭的观念不利于交流。

3. 极端观念破坏沟通

美国著名律师杰勒德·尼尔伦伯格说过:"一场成功的谈判,每一方都是胜者。"如果沟通的双方都走极端,合作的基础将遭到破坏,很难继续下去。

**(四)年龄障碍**

1. 经验

知识的多寡影响沟通。个体之间如果年龄悬殊较大,则沟通可能出现困难,称为"代沟",这在现实生活中,不容否认。如果老骂少:"爱穿是资产阶级思想";少讲老:"临死前还舍不得点灯",是"守财奴"等。

2. 前途差异引发"冲突"

青年人有一个光辉灿烂的远景在他们前面,而老年人的辉煌远景已成往事。因此,青年人和老年人可能在某些事情上存在差异(俗称"代沟")。

**（五）地位障碍**

1. 心理定势差异造成沟通困难

每个人在社会上都扮演一个角色，形成一种心理定势。地位不同、心理定势不同，沟通就会存在困难，例如，古代的"肉食者谋之，又何间焉"。

2. 工作环境不同影响沟通

人的地位不同，工作环境也会有差别，这种差别的长期存在将严重地影响个体的沟通。

**（六）心理障碍**

1. 认可不当造成沟通障碍

人的行为会依赖于一定的假设，例如，我们将钱付给售货员，我们的假设是售货员给我们商品和找零钱。不恰当的假设会造成沟通困难。

2. 情感失控导致沟通障碍

人在接受和传递信息时总是带有情绪因素。某些情况下，容易接受信息，如人在高兴时；某些情况下，不易接受信息，如人在愤怒时，如果感情失控将造成沟通困难。

## 二、沟通的艺术与技巧

沟通技巧，是人们经验的总结，并无一定的规定。我们要在实际工作中，借鉴他人经验并根据自己的体会进行总结、创新，使之不断发展和完善。

**（一）谈话技巧**

日本学者井上之左卫门先生说："评价一个人的能力如何，当然有许多方面，能否将自己可考虑的问题表达出来，并传递给别人，是相当重要的方面。"

谈话有很多技巧，略举如下：

(1)弄清你们要表达的问题。

(2)留心你们语言是否为对方理解。

(3)要谈论听众关心的问题。

(4)遵循平等交流的原则。

(5)努力寻找相互间的特殊关系，如同乡等。

(6)要学会倾听，有时听比说更重要。

(7)谈话时，注意诱导。

(8)不要使用过于抽象的语言，抽象的语言给人一种模糊的感觉。

**（二）自我介绍技巧**

人们常常要与许多陌生人打交道，这就涉及自我介绍。自我介绍很重要，因为人对你的评价从这时开始。

常用的技巧主要有以下几种：

(1)明确自我介绍的内容。如姓名、籍贯、毕业学校、特长或兴趣，必要时还可谈点经历。根据不同的对象、目的，选择介绍的内容和重点。

(2)保持镇静、大方、口齿清晰。

(3)介绍时面带微笑，给人以良好的第一印象，此人诚恳、热忱。

(4)听到对方介绍后,重复一次对方姓名,这样可弄清楚对方姓名,也会使对方产生一种自豪感。

**(三)开会技巧**

会议是各个组织不可缺少的一种沟通方式。

在开会时,应注意运用如下技巧:

(1)开会前必须做好充分准备,有明确的目的。

(2)会议参加者与会议直接有关,无关人员不要参加。

(3)提高主持人的素质和修养。会议能否开得成功、富有成果,与主持人的素质和修养有很大关系。

(4)根据会议的不同类型选择不同的开法。

(5)发言简明扼要,不要重复别人的观点。

(6)会议要有结果,不开议而不决的会议。

**(四)说服公众技巧**

在公共关系沟通中,说服公众,使他们接受或改变某些想法,是一个很重要的步骤。

常用的技巧主要有:

(1)确定你要达到的目的。在讲话之前,清楚地确定通过你的讲话,期望产生什么效果。

(2)让人作出"是"的反应。在开始说话时,开始就说"是",会使整个身心处于肯定的一面。

(3)注意你的语言是否与环境相符。

(4)精心设计以利其回答。要让人接受,你应精心设计,让人很简单地回答你的问题。

(5)要善于激发对方的需求。

(6)解除对方警戒心理。

(7)尊重对方的自尊心。以沉默代替唇舌,加强说服者的严肃感和促使对方省悟的说服术。

**(五)设置环境技巧**

任何人的态度都与他的心情有很大的关系,而心情又与环境密切相连。在沟通时,环境的设置相当重要。

在环境设置时,应注意以下几个方面:

(1)整洁。整齐、清洁、井然有序的场所总给人以满意的第一印象。

(2)安宁。安宁的环境使人平衡、精力充沛。

(3)绿化。优雅、舒适、清心的绿化环境,以利于促进人际交往和人际沟通。

**(六)报告技巧**

随着生活节奏的加快,报告使用得越来越广泛。优秀的报告不仅传递信息,而且能引起情感的共鸣。

报告应注意以下几个方面:

(1)将报告的内容组织好。哪些是重点,要详说;哪些是辅助性,略讲或带过。

(2)注意选择报告的时间和环境。

（3）密切注意接受者的反应。

（4）根据接受者的反应，适当地做一些补充和说明。

（5）语言生动形象，简明扼要。

职场案例与实践

以生产彼阳牦牛骨髓壮骨粉而闻名的哈尔滨红太阳集团公司，是黑龙江省民营企业的佼佼者。它是以 2000 元起步，经过 6 年惨淡经营，发展到今天拥有数千万元资产的现代化企业集团。其拼搏、开拓精神足以令黑龙江人引为自豪。几年来，该集团守法经营，积极纳税，热心参与地方经济建设和公益事业，早已人人皆知，有口皆碑。正当企业准备再展身手到国际市场一搏的前夕，却突遭一些媒体令人畏惧的"笔伐"，造成市场销售情况急剧恶化，合资开发项目暂停，企业面临灭顶之灾。

1999 年 3 月 26 日下午，哈尔滨红太阳实业集团接待了 3 位从外地来此采访的某报记者，集团办公室负责人接待了记者。双方交换名片后，其中一名记者道明来意：今年是食品质量年，我们想对质量上抓得比较好的企业采访。红太阳集团在全国名气很大，产品也比较受消费者欢迎，请介绍一下企业的情况和狠抓产品质量的措施。之后，按下了录音机的录音键，并拿出笔和本记录。与此同时，另一记者拍了照片。

记者的开场白并未让该负责人多想什么，便认真地将企业的基本情况、发展历程、产品开发研制过程及企业的管理等情况如实做了介绍。介绍中，该负责人发现记者对此并不感兴趣，就在这时，一记者突然提出要到壮骨粉的生产地看看。该负责人当即明确告知，这是企业秘密，他们不能去。接着，记者又要求看生产线，并欲拍照，该负责人又做了上述解释。记者在表示遗憾的同时，突然质问：你们的产品是否有足够的牦牛做原料，是真的牦牛吗？接着又问：你们壮骨粉的成分里除牦牛外，还有杏仁、燕麦，还有其他什么原料？你们比较先进的生产工艺是什么样的？这些提问令该负责人回答起来十分为难，因为这是企业难解难分不外泄的"商业秘密"。然后，记者又要求看企业营业执照、生产许可证、卫生许可证、检测报告、企业标准等一系列材料，一连串的问题使该负责人出言开始谨慎。在回答原料问题时，该负责人明确告诉记者，原料取自人工饲养的牦牛而不是野生牦牛。谈话期间，因企业管理档案的人员不在，故没有出示记者要查看的检测报告等。但为了给记者提供更充分的材料，该负责人将部分消费者对产品质量的反馈信件复印给记者，又为记者播放一位较典型的消费者采访录像片，并提供了两位消费者的联系方式，以期为记者深入采访提供方便。但是，记者对这些依然冷漠，这令该负责人十分不解。该负责人想：介绍了这么多，可 3 位记者对产品质量问题似乎并不感兴趣，执意要去看厂地，为啥？至此，该负责人开始产生怀疑：作为质量广受赞誉的彼阳牦牛骨髓壮骨粉和同类产品销量名列前茅的红太阳集团，一个时期以来，不少企业和各种人士曾从不同角度对其十分关注，而企业的"商业秘密"又往往是关注的焦点。该负责人因此更加提高了警惕，接着反问记者：你们来了解质量，质量就是企业所承诺的效果，被消费者印证了、实现了，这就叫质量。介绍了这么多好效果的实例还不行，为啥偏偏要去查看和对生产进程进行拍照？

3月30日,一件令红太阳集团和社会十分痛心的事情发生了:3名员工在街头殴打了记者。一时间,舆论哗然,黑龙江省和哈尔滨市有关部门及省、市领导对此十分重视,打人者被拘传至公安部门,记者被及时送往医院治疗。

红太阳集团闻知此事后,立即召开董事会议。在南方出差的总裁随即飞回哈尔滨,一方面派人看望记者,妥善安排治疗;另一方面作出决定:将参与打人的员工从集团除名,以此事为反面教材对全体员工进行素质教育。同时,集团高层领导向报社负责人诚恳致歉,以求得谅解。

至此,事情似乎有了一个比较圆满的结局。尽管红太阳集团公司的产品被这个突发事件引发了些许微词,但集团领导坚信:多年来众多消费者没有一例投诉彼阳牦牛骨髓壮骨粉的事实,足以证明其质量,市场仍将有它的广阔空间。

然而,事实并非这么简单。一波刚平,一波又起。事件平息数天之后,哈尔滨市一家地方媒体以"红太阳集团棒击访假记者"为题(以下简称《红》文),用整版篇幅披露了这个事件。由此,红太阳集团及其产品被蒙上了不白之冤:因为《红》文说红太阳集团棒击记者。可想而知,该集团是个什么样子;又明确写道是访假记者,可见,彼阳牦牛骨髓壮骨粉不是什么好产品。

自4月6日《红》文见报后,全国各地的记者纷纷赶往哈尔滨调查已平息的所谓打假真相。由于《红》文把棒击打假记者的定论放到了红太阳集团公司头上,并把个别员工动粗与产品原料来源、质量混为一谈,在没有技术监督部门确认的情况下,视企业产品为假货,在消费者中造成了不可挽回的影响,企业有口说不清。一些不明真相的消费者和经销商闻讯后纷纷退货,销售情况不断恶化。尤其令人痛心的是,与港商谈妥的合资开发项目,应于4月12日到位的第一笔巨额资金也因港商看到报道而提出暂停合作。

为尽快摆脱危机,重塑企业形象,红太阳集团向各地记者介绍业绩,介绍《红》文的不实之处,同时针对各方共同关心的集团产品原料(牦牛鲜骨骨髓)生产场地在哪里的问题,向记者们出具了青海省畜牧厅提供的"背景材料",其内容如下:牦牛是中国的主要牛种之一,仅次于黄牛、水牛而居第三位。现有牦牛1300万头,占全国牛总数的1/6,主要分布在青藏高原地区。牦牛是在高寒、缺氧、枯草期和冰封期长达半年左右严峻的自然条件下,是其他畜种所难代替的,也是这一地区人民所不可缺少的生活和生产资料。在长期原始状态下,当地人民把牦牛培育成乳、肉、骨、役、皮毛、绒等多用途的家畜。1988年,最新统计数据表明,青海省牦牛存栏数为500万头,占各种牛类存栏数的98%,占全国牦牛总量的40%—50%,占世界牦牛总量的35%,年平均出栏率为21%—23%(110万—120万头),均由各肉联企业按伊斯兰教规集中屠宰。每头牦牛宰后均胴体重为80—100千克。其肉、骨比为3:1,每年可产鲜骨近万吨。哈尔滨红太阳集团公司设在青海的原料生产基地(红太阳西宁青和牦牛骨髓骨粉厂),每生产1公斤牦牛骨髓粉需5公斤牦牛鲜骨。所以,牦牛鲜骨资源是非常充足的,还有待于进一步开发利用、造福人民。

最后,红太阳集团发出呼吁:恳请舆论公正引导消费者,不要先入为主,肆意炒作,企业和产品承受不了这种"笔伐"。

不久《中华工商时报》刊出了《彼阳牦牛骨髓壮骨粉何罪之有》的文章,并被多家报纸转载,对企业澄清事实、消除公众疑虑、重塑红太阳集团的形象起了一定的作用。

为了进一步证明产品原料不是取自国家一类保护动物野生牦牛,说明产品原料牛骨髓、骨粉十分充足,红太阳集团公开面向全国分批征集消费者代表"去青海、看牦牛,回归自然"之旅。首批来自北京、武汉、沈阳、南京、杭州、哈尔滨6大城市的12位消费者汇集北京,5月17日一同飞往青海省会西宁。5月18日,代表们参观了距西宁90公里的青海省大通种牛场,场长和特意从西宁赶来的省畜牧兽医科学院畜牧所副所长及红太阳集团总裁带领消费者代表参观了牧场,并回答了代表们提出的问题。代表们还参观了红太阳集团设在青海的原料生产基地——西宁青和牦牛骨髓骨粉厂。在厂里,消费者代表看到了散发着淡淡奶香的牦牛骨髓骨粉。红太阳集团总裁不失时机地介绍说:大家平时喝的彼阳牦牛骨髓壮骨粉食品是浅黄色的,因为里面按科学比例添加了香菇、薏米、杏仁、燕麦、蜂蜜等食疗食物的功效成分提取物,使产品具备了补钙、免疫、调养等多种保健功能。

代表们亲眼目睹了牦牛的真实面貌,通过亲自经历,他们深深理解了企业货比十家偏偏选用牦牛壮骨的良苦用心,他们对彼阳牦牛骨髓壮骨粉的质量放心了。许多消费者代表由衷地说:回去后,一定要把这里的一切告诉自己的亲友,告诉更多的消费者,让事情的本来面目大白于天下。

哈尔滨红太阳集团为使更多的消费者能亲身感受到青藏高原的自然风光和牦牛的独特魅力,表示还将组织第二批消费者代表赴青海观光考察。

经历过磨难的红太阳集团将以更加完美的企业形象,质量更好的产品去报答消费者的厚爱。它的明天会更加美好!

**案例思考:**

1. 企业如何处理保护商业秘密与维护消费者知情权之间的关系?红太阳集团在这方面存在着怎样的不足?

2. 红太阳集团处理三名员工殴打记者事件的结局是否圆满?有何欠缺?

## 【思考与讨论题】·················

1. 沟通的含义是什么?有何属性?

2. 简述沟通的功能?

3. 沟通的内容有哪些?

4. 何谓沟通的障碍?

5. 简述自我介绍技巧?

# 第十五章　谈判艺术

【引子】星野经贸有限公司贸易部经理王逸仁先生近来一直都在关注雅伦公司的产品，希望寻找一个合适的机会与之合作。有一天，他在办公室听到一阵急促的敲门声，以为公司发生了什么急事，就连忙说请进。门开了，径直进来一个年轻人。王经理打量了一下来人：他身穿一套旧的皱皱巴巴的浅色旧西服，黄色的羊毛衫，打一条领带，领带飘在羊毛衫的外面。西服袖口和领口都有些脏，好像有油污。黑色皮鞋，没有擦，布满了灰尘。头发很乱，一脸疲惫。来人说他叫周禹宏，是雅伦公司的推销员。尽管有些不大高兴，王经理还是请周先生坐下来，谈谈雅伦公司的产品，很快，王经理就发现，周先生对雅伦公司的产品基本上熟悉，但对雅伦公司的文化则根本说不清楚，对整个市场也了解不够。好不容易等到周先生把话说完，王经理很客气地请他把雅伦公司的相关资料留下来，等他看过了再联系。此后，周先生却从没有接到过王经理的电话。

在社会交往和经济活动中，由于各企业之间在利益、观念等方面存在着差异和矛盾，为求发展就要与外界不断沟通，使相互间加深了解和谅解，从合作者那里取得企业所需要的利益。公关社交人员正是通过谈判来达到这一目的的。谈判既要以正确的原则为指导，同时还要掌握谈判的艺术和技巧，这样，才能在谈判中占主动地位。

## 第一节　谈判的概念、程序和作用

### 一、谈判的概念和程序

#### （一）谈判的概念

几乎所有具有一定文化水平的人都会认为他（她）对"谈判"一词毫不陌生，但要对"谈判"一词做个简单明确的定义却并不是件容易的事。有些词典把谈判解释为"有关方面对有待解决的重大问题进行会谈"。这样的解释把谈判的内涵过于扩大了。因为根据这个解释，各单位党组织召开的会议，工矿企业的厂长、经理召开的工作会议都可列入"谈判"的范畴中，这显然是牵强的。

一般来说，谈判是指彼此间有利害关系的双方或多方为寻求一致而进行洽谈、协商的一种行为。通常含义的"开会"，参加者不一定有利害冲突。他们要解决的往往是各自在某个问题上的看法或处理方法不一致而引起的分歧。

谈判涉及面相当广泛。两国边界纠纷的谈判、联合国讨论海洋法、经济科学技术转让协议或制裁南非种族歧视暴行等,这是国际政治经济舞台上典型的谈判。但谈判并不只是政治家、外交活动家、贸易谈判专家或法律顾问的事,我们每个人在每天的生活中,都有可能进行一场谈判。例如,在市场上与个体商贩讨价还价;和爱人商量家务如何分工等。总之,每个人都有可能在生活中成为一个谈判者。正因为如此,谈判艺术的研究便具有十分广泛的意义。

谈判有哪些制约因素呢? 首先,要认识人的谈判行为,即了解参加谈判的人,包括他的观点和个人能力、性格特征等。不掌握人的谈判行为,就不能在谈判中有的放矢,也就难于赢得主动。其次,要做好谈判前的准备工作,包括心理准备和物质准备,因为这些都是使谈判获得成功的必要条件。最后,要适当地在谈判中运用相应的策略。谈判是一门科学,也是一门艺术,即有它的特征和规律。因此,只有掌握了谈判的技巧,熟悉谈判的策略和战术,才能获得谈判的成功。

**(二)谈判的程序**

一般正规的谈判可分为六个环节:

**1. 导入阶段**

这主要是让参与的人通过介绍与对方认识,最好是自我介绍,同时,不妨谈些社会趣闻或家庭杂务事情,创造一种轻松愉快的气氛,但时间不宜过长。

**2. 概说阶段**

概说是为了让对方了解自己的目标及想法,同时隐藏不想让对方知道的其他资料,这一阶段是认识对方想法的"第一印象",须谨慎小心。在发言开始时,内容要简短,把握重点,并表示情感。讲完自己的概说后,应留一些时间让对方表示他的意见,从对方的反应中找出对方的目的、动机和自己有何差别。谈判的言辞或态度,尽量不要引起对方的焦虑或愤怒,概说时间以一分钟为宜。这一阶段如能引起对方积极的反应(如轻轻点头或其他表示),就等于打开了通往成功的大门。

**3. 明示阶段**

谈判双方必然会有一些不同意见,明智之举是及早提出这些问题,彻底解决。往往谈判双方包含四种主要问题:自己所求、对方所求、彼此相互之求、外表看不出的内蕴要求。为了达成协议,双方应该心平气和地讨论下去。为了达到自己的要求,适当满足对方的要求也就是关键之所在。

**4. 交锋阶段**

谈判的目的是为了获得自己想要的东西,谈判双方真正的对立状态在这个阶段才明显展开。双方都想获得利益或占上风,彼此能感到如临大敌的紧张气氛。对立可以看成谈判的命脉。谈判中,你应朝自己所求的方向勇往直前,而且要坚定自己的立场。这需要做好心理准备,回答对方的质询,当然,谈判是在利用"施"与"受"的原则找出双方妥协的范围。

**5. 妥协阶段**

交锋结束的时刻,便是寻求妥协途径的开始。谁应先向对方妥协? 有时这会成为棘手问题。依照"施受"情况发展,我们对某些事妥协,也会得到补偿。

6. 协议阶段

经过交锋与妥协，双方认为基本达到自己理想，便表示拍板同意。然后，双方代表在协议书上签名，握手言欢，至此，谈判形式宣告结束。双方签署协议的瞬间，审视、纠举和改正等内容产生法律效果。双方的行为开始被监视、纠举或改正，防止违约。

### 二、谈判的作用

由于交际活动是通过直接接触而开始，因而双方的谈判，在公共关系中占着重要的地位，起着重要的作用。谈判是直接沟通双方思想感情、交换双方目标要求的过程。在这个过程中，通过沟通彼此的思想，寻找协调的途径，使双方确认共同利益的基点，取得同意而达成协议。

谈判在公共关系活动中具有下列主要作用：

第一，谈判可以"获得"对方的观点，了解对方的愿望和要求，而且还可以"察言观色"，掌握对方的思想感情，从而使自己获得第一手的材料，作为判断的基础。有人对谈判中的举动，做了一番研究，例如，在平常的状态下，人们坐着的时候，脚尖着地，态度安详；但在心情紧张的时候，脚跟的肌肉僵直，脚尖自然抬高，当你看到这些情况，你就能够判断谈判对方的心理状态是平静的或者紧张的，从而推断问题的重要程度。比如，看到人们抽烟的情况，在正常状况下，烟蒂都保留一定的长度，如果还有很长的一截被灭了，这就表示谈判将要结束了，此时你必须做好结束的准备。再如，谈判中对方目光望着你，或低头沉思，表示你的话引起他的注意，你可以发挥得淋漓尽致，也不会使对方感到厌烦；但当对方东张西望，看着室外，或看着墙上的装饰，你就要紧急刹车，因为你的话已经不能引起对方的兴趣。毋庸置疑，这些观察在很大程度上帮助你判断谈判内容的重要性，帮助你发现共同感兴趣的问题，对于谈判的成功是极有帮助的。

第二，谈判又是适时地"给予"对方，让他知道你自己所持的观点、愿望和要求。当然，也包括让对方了解你解决问题的诚意，奠定达成协议的基础。

第三，谈判能协调双方的观点，调整各自的立场，缓和或解决矛盾。在双方具有诚意的条件下或一方处理得当的时候，协调总能在谈判过程中取得成功。

# 第二节　谈判礼仪

### 一、谈判准备

商务谈判之前要确定谈判的人员，且应与对方谈判代表的身份、职务相当。谈判代表要有良好的综合素质，谈判前应整理好自己的仪容仪表，穿着要整洁、正式、庄重。男士应刮净胡须，穿西服、打领带；女士穿着不宜太性感，不宜穿细高跟鞋，应化淡妆。

谈判会场采用长方形或椭圆形的谈判桌，门右手座位或对面座位为尊，应让给客方。谈判前应对谈判主题、内容、议程做好充分准备，制订好计划、目标及谈判策略。

### 二、谈判之初

谈判之初,谈判双方接触的第一印象十分重要,言谈举止要尽可能创造出友好、轻松的良好谈判气氛。做自我介绍时要自然大方,不可显露傲慢之意。被介绍到的人应起立并微笑示意,可以礼貌地道:"幸会""请多关照"之类。询问对方要客气,如"请教尊姓大名"等。如有名片,要双手递接。介绍完毕,可选择双方共同感兴趣的话题进行交谈。

谈判之初的姿态动作也对把握谈判气氛起着重要作用。目光注视对方,且应停留于对方双眼至前额的三角区域正方,这样使对方感到被关注,觉得你诚恳严肃。手心朝上比朝下好,手势自然,不宜乱打手势,以免造成轻浮之感。切忌双臂在胸前交叉,那样显得十分傲慢无礼。谈判之初的重要任务是摸清对方的底细,因此要认真听对方谈话,细心观察对方举止表情,并适当给予回应,这样既可了解对方意图,又可表现出尊重与礼貌。

### 三、谈判之中

这是谈判的实质性阶段,主要是报价、查询、磋商、解决矛盾和处理冷场。

**(一)报价**

报价要明确无误、恪守信用、不欺蒙对方。在谈判中报价不得变换不定,对方一旦接受价格,即不再更改。

**(二)查询**

事先要准备好有关问题,选择气氛和谐时提出,态度要开诚布公。切忌气氛比较冷淡或紧张时查询,言辞不可过激或追问不休,以免引起对方反感甚至恼怒,但对原则性问题应当力争不让。对方回答查问时不宜随意打断,答完时要向解答者表示谢意。

**(三)磋商**

讨价还价事关双方利益,容易因情急而失礼,因此更要注意保持风度,应心平气和,求大同,存小异,发言措词应文明礼貌。

**(四)解决矛盾**

解决矛盾要就事论事,保持耐心、冷静,不可因发生矛盾就怒气冲冲,甚至进行人身攻击或侮辱对方。

**(五)处理冷场**

此时主方要灵活处理,可以暂时转移话题,稍作松弛。如果确实已无话可说,则应当机立断,暂时中止谈判,稍作休息后再重新进行。主方要主动提出话题,不要让冷场持续过长。

### 四、谈后签约

签约仪式上,双方参加谈判的全体人员都要出席,共同进入会场,相互致意握手,一起入座。双方都应设有助签人员,分立在各自一方代表签约人外侧,其余人排列站立在各自一方代表身后。助签人员要协助签字人员打开文本,用手指明签字位置。双方代表各在己方的文本上签字,然后由助签人员互相交换,代表再在对方文本上签字。签字完毕后,双方应同时起立,交换文本,并相互握手,祝贺合作成功。其他随行人员则应以热烈的掌声表示喜悦和祝贺。

## 五、签字仪式礼仪

签字仪式,是组织与对方经过会谈、协商,形成了某项协议或协定,再互换正式文本的仪式。它是一种比较隆重的活动,礼仪规范也比较严格。

商务交往中,在签署合同之前,要注意做好以下准备工作和礼仪:

### (一)布置好签字厅

签字厅有常设专用的,也有临时以会议厅、会客室来代替的。布置的总原则是要庄重、整洁、清静。

一间标准的签字厅,应当室内铺满地毯,除了必要的签字用桌椅外,其他一切的陈设都不需要。正规的签字桌应为长桌,其上最好铺设深绿色的台布。按照仪式礼仪的规范,签字桌应当横放于室内,在其后,可摆放适量的座椅。签署双边性合同时,可放置两张座椅,供签字人就座;签署多边性合同时,可以仅放一张座椅,供各方签字人签字时轮流就座,也可以为每位签字人都各自提供一张座椅。签字人在就座时,一般应面对正门。

在签字桌上,应事先放好待签的合同文本以及签字笔、吸墨器等签字时所需文具。与外商签署涉外商务合同时,还需在签字桌上插放有关各方的国旗。插放国旗时,在其位置与顺序上必须按照礼宾序列而行。例如,签署双边性涉外商务合同时,有关各方的国旗须插放在该方签字人座椅的正前方。

### (二)安排好签字的座次

在正式签署合同时,各方代表对于礼遇均非常在意,因此,商务人员对于在签字仪式上最能体现礼遇高低的座次问题上应当认真对待。

签字时各方代表的座次是由主方代为先期排定的。合乎礼仪的做法是:在签署双边性合同时,应请客方签字人在签字桌右侧就座,主方签字人则应同时就座于签字桌左侧。双方各自的助签人应分别站立于各自签字人的外侧,以便随时对签字人提供帮助。双方其他随员可以按照一定的顺序在己方签字人的正对面就座,也可依照职位的高低,依次自左至右(客方)或是自右至左(主方)列成一行,站立于己方签字人的身后。当一行站不完时,可以按照以上顺序并遵照"前高后低"的惯例排成两行、三行或四行。原则上,双方随员人数应大体上相近。

在签署多边性合同时,一般仅设一个签字椅,各方签字人签字时,须依照有关各方事先同意的先后顺序,依次上前签字。他们的助签人员应随之一同行动,在助签时,依"右高左低"的规矩,助签人应站立于签字人的左侧。与此同时,有关各方的随员应按照一定的顺序,面对签字桌就座或站立。

### (三)预备好待签的合同文本

依照商界习惯,在正式签署合同之前,应由举行签字仪式的主方负责准备待签合同的正式文本。

举行签字仪式是一桩严肃而庄重的大事,因此不能将"了犹未了"的"半成品"交付其使用,或是临近签字时,有关各方还在为某些细节而纠缠不休。在决定正式签署合同时,就应当拟定合同的最终文本,它应当是正式的、不再进行任何更改的标准文本。

负责为签字仪式提供待签合同文本的主方，应会同有关各方一道指定专人，共同负责合同的定稿、校对、印刷与装订。按常规，应为在合同上正式签字的有关各方均提供一份待签的合同文本，必要时，还可再向各方提供一份副本。

签署涉外商务合同时，比照国际惯例，待签的合同文本应同时使用有关各方法定的官方语言，或是使用国际上通行的英文、法文。此外，也可同时并用有关各方法定的官方语言与英文或法文。使用外文撰写合同时，应反复推敲，字斟句酌，不要望文生义或不解其意而乱用词汇。

待签的合同文本应以精美的白纸制作而成，按大八开的规格装订成册，并以高档质料，如真皮、金属、软木等作为其封面。

**（四）规范好签字人员的服饰**

按照规定，签字人、助签人以及随员，在出席签字仪式时应当穿着具有礼服性质的深色西装套装、中山装套装或西装套裙，并且配以白色衬衫与深色皮鞋。男士还必须系上单色领带以示正规。在签字仪式上露面的礼仪人员、接待人员，可以穿自己的工作制服或是旗袍一类的礼仪性服装。签字仪式是签署合同的高潮，虽然时间不长，但程序规范、庄重而热烈。

签字仪式的正式程序一般分为四个步骤：

（1）签字仪式正式开始。有关各方人员进入签字厅，在既定的位次上各就各位。

（2）签字人正式签署合同文本。通常的做法是首先签署己方保存的合同文本，再接着签署他方保存的合同文本。商务礼仪规定：每个签字人在由己方保留的合同文本上签字时，按惯例应当名列首位。因此，每个签字人均应首先签署己方保存的合同文本，然后再交由他方签字人签字，这一做法，在礼仪上称为"轮换制"。它的含义是在位次排列上，轮流使有关各方均有机会居于首位一次，以显示机会均等、各方平等。

（3）签字人正式交换已由有关各方正式签署的合同文本。此时，各方签字人应热烈握手、互致祝贺，并相互交换各自一方刚才使用过的签字笔，以示纪念。全场人员应鼓掌表示祝贺。

（4）共饮香槟酒、互相道贺。交换已签的合同文本后，有关人员，尤其是签字人可当场干上一杯香槟酒，这是国际上通行的用以增添喜庆色彩的做法。

在一般情况下，商务合同在正式签署后，应提交有关方面进行公证，此后才正式生效。应说明的是：签字仪式不一定非搞不可，尽管它可以制造声势、增强影响。但是，对于签字本身却是必须郑重对待，不可草草收场。

# 第三节  谈判的艺术与技巧

谈判是一场智慧的较量，为了取得谈判的成功，谈判者掌握高超的艺术与技巧是十分必要的。

## 一、说服对方的技巧

在谈判双方各有自己利益的情况下，双方互相猜疑，意见分歧，影响谈判和达成协议，这是常见的事。要使谈判获得成功,就要说服对方。或者你赞成我的意见,或者是我赞成你的观点。签订协议总不能在各持己见、僵持不下的局面中实现,然而在利益冲突的事实面前,说服工作乃是一件艰苦的差事,要把这项工作做好,必须要注意以下几点:

**(一)用共同的利益说服对手**

当谈判的一方怀疑自己的利益受到不公正的待遇,或者受到损害的时候,千万别去攻击对方的立场,因为维护自己的利益乃是谈判者(或者是企业代表)的职责,无可非议。重要的是用共同利益说服对方,使对方明白,谈判成功并不是一方获得利益,另一方受到损害,而是双方共同得到利益;反之,谈判假若失败,则双方都受损害。找到共同利益所在,说服工作也就找到了根据。

**(二)用谦虚的态度听取反对意见**

每次谈判都有令人满意和不满意的因素,双方总会有些需要克服的反对意见。这就要用正当的理由,说服对方,谈判才会取得成功。应付反对意见,并最后说服对方同意你的观点,这是谈判中一场极端艰苦的事情。这里要把两种情况分开,采取两种不同的方法:

(1)假若对方是针对你所代表的企业的产品或服务缺点,这就不要多作解释,要倾听这些意见,表示你了解他们所说的内容,并切实改进这些缺点。用虚心听取意见的办法,是无声的力量,使对方最终在重要的问题上同意你的观点,并在协议上签字。

(2)假若是利益问题,在虚心听取意见之后,可以搜集更多的直观材料,让对方充分了解实际情况,用资料去说明对方在协议中共同得到利益,比千言万语更有力量。听取对方意见,不是无原则的迁就,而是表现出改进工作的诚意,反映不断提高工作水平的要求。

**(三)说服常用的技巧**

谈判中常有许多容易说服对方达成协议的因素,也有一些难于说服的因素影响谈判的成功。所以,使用说服技巧,可以帮助公共关系工作者取得成功。主要做法有:

(1)在谈判开始时,首先选择容易统一观点的问题进行谈判,达成协议。然后再讨论容易引起争论的问题,便于用前者作例,说服对方。

(2)如果有两个信息传给对方,应该先传递能引起对方好奇和兴趣的信息,这个信息不能带有威胁性,否则对方就不能接受了。

(3)伺机传递信息给对方,影响对方的观点,使他重新考虑自己的要求,进而影响谈判的结果。

(4)若能巧妙地把已解决的问题和未解决的问题连结在一起讨论,较有希望说服对方,达成协议。

(5)强调彼此双方处境相同比强调双方彼此处境相异更能说服对方,消除意见分歧。

(6)说明一个问题的两面,比仅仅说明问题的一面,更能说服对方。提供全面的资料,更容易使对方做出迅速决断。

(7)探索对方的期望,并把你方的期望传递过去,就有希望使认识一致。

(8)重复地说明一个消息,让对方完整而深入地了解,容易为对方所接受。

在谈判中经常出现各种不同的甚至对立的观点,说服对方,实质上是使他赞成你的观点。如果把这项工作做好,谈判就得到成功。

## 二、让步的技巧

"若欲取之,必先予之",这个道理人们大都容易明白。但对于何时给予、如何给予却很难掌握。在谈判中怎样作出让步十分微妙,唯有通盘考虑周全之后才能有效地利用,采用让步策略时应注意以下几点:

第一,千万不要轻易作出让步,而令对方轻易取胜。

第二,一次只做少许让步,一次做较大让步的一方通常会失利。

第三,在重要问题上先让步的一方一般说来都会失败。

第四,不要过早让步,因为人们总是比较珍惜难于到手的东西。

第五,不必做出相对应的让步。如果对方提出,"我让了你五分,你也该让五分"。对此可以婉言拒绝。

第六,不做无益的让步,每次让步都要从对方获得某些益处。

第七,在谈判中注意记住自己让步的次数和程度,在让步中要保持对全局有利的形势。

第八,在较小的问题上可以先让步。

第九,有时不妨做些无任何损失的让步,说"这件事我会考虑一下"也是一种让步。

第十,不要不好意思在让步后又后悔,因为这还不是协议。

第十一,要记住谈判利益的得失并不在于让步次数多少,而在于你一次让步的价值是不是大于我五次让步的总价值。了解这一点,在做出一连串小的让步后,接着便说:"现在该你先让我了吧?"而对方的这一次让步可能就是有价值的让步。

## 三、拒绝的技巧

谈判是各方之间合作的过程,太好争论、不好让步的人往往很难与人合作。谈判又是各方利益冲突的表现,此时必须具有冒险精神,要有敢说"不"的勇气,这不是一件容易做到的事。

强烈希望被人喜欢,害怕正面冲突的人,往往不敢面对现实解决冲突,特别是不慎重做出一个有损于己方利益的承诺时,要想推翻它是十分困难的。但这毕竟还不是协议,考虑到后果,应该勇敢地拒绝,这样做的冒险性很高,可能会迁怒对方。因此,事先透露一点口风,暗示一下让对方在心理上有所准备,然后再给对方一段适应的时间来接受这一事实。一个不说出"不"的人,往往会做出无益于己方的让步,这种人不会成为一个优秀的谈判者。

## 四、场外交易的技巧

当正式的谈判触礁时,非正式的谈判便显示出强有力的作用。有些话在谈判桌上难以启齿,而在酒足饭饱时吐露便无尴尬之感。为了研究问题的细节,一连串的社交活动是必要的。有时正式的场内谈判不过是用于宣传,而谈论实质性问题则是在非正式的场外谈判。一位优秀的谈判人员应该知道并能充分地利用这种既解决问题,又不失面子的场外谈判力量。

有些谈判者非常希望得到别人的欣赏,在气氛极为融洽的时候,他们会变得格外慷慨。

因此在做场外交易时，要格外小心谨慎。不要做单方面的表白，警惕泄露己方机密，还要提高警觉，防止轻易相信对方在轻松无防备的气氛中递过来的虚假信息。

场外谈判并不是偶尔使用一下的特例，它在整个谈判过程中有极重要的地位。并非所有的事情都必须在谈判桌上提出讨论，凭借场外谈判提出讨论，凭借场外谈判这座桥，谈判各方得以沟通意见、了解各自的要求，并研究出可行的解决办法。

### 五、迅速达成协议的技巧

谈判的双方，无论其立场和观点有多大分歧、利益的要求有多大差异，但他们有一个共同的要求，都希望能够迅速达成协议，而不希望把谈判搞成马拉松式的讨价还价，无休无止的扯皮拉筋。那么，如何使用谈判技巧去解决这个问题呢？迅速达成协议主要包括下列要点：

第一，协议要包括对方的目的，并为对方所接受。一个协议的签订，不仅包括一方所要求达到的目的，而且要包括对方所需要达到的目的。

第二，协助谈判对手获得签订协议的新理由。谈判对手由于权力有限或由于知识不足，举棋不定、犹豫不决，拖延协议签订。在这种情况下，要给对方新的理由，使他有足够的道理说服别人，他所签订的协议是合理的、有利的。

第三，从对方熟悉和已有经验的问题开始。人们对自己熟悉和已有的经验往往十分重视，决定问题经常用它来作参照标准，在谈判中，一旦遇到他熟悉的条款，便能根据过去的经验迅速作出决定。因此，在谈判之前，尽可能了解谈判者过去的谈判经历，决定问题的习惯、爱好、对问题的理解能力等，自然是很有必要的。从最容易解决的条款入手，有助于增加谈判的信心，有助于解决更棘手的问题，不仅在企业之间的谈判中，应该使用这一方法，解决个人之间的问题，也是有效的。

第四，不要留出太多的谈判空间。谈判要注意成效，务必把注意力放在具有决定性的内容上，无须留下过多的讨价还价余地。

第五，多拟几个协议方案。在谈判中多拟订几个目标不同的方案，设计几种不同的执行办法，这不仅是科学决策的要求，而且也是迅速达成协议的需要。

以上是几种迅速达成协议的方法，这些方法是要根据对实际情况的判断而选择使用的，并不要求所有的方法一起使用。

### 六、巧用仲裁的技巧

如果双方不能把谈判转变成一种根据利益价值去寻求解决方法的过程，第三者也许可以做到这点。第三者由于并不直接涉及其中的利害关系，因此可以采取中间仲裁立场，提供不偏不倚的方法，依据客观标准，把讨论引向利益和选择方案上，以此化解各方的歧义。下面是能够借仲裁者办到的事情：

第一，提出顾全各方面的实际解决方法。

第二，出面邀请已成僵局的各方再次会谈。

第三，激励有益于各方的创造性思想。

第四,不带情绪地倾听各方意见。

第五,提出可以达成协议的妥协建议。

第六,容易向各方提出新建议,这比其中一方的建议更容易被接受。

仲裁是谈判中的一项合法工具,当希望各方达成一个不取决于压力的平等协议时,可以要求仲裁。对于没有先例的重要事件,仲裁也是很适合的方法。仲裁者通常是由与谈判各方没有直接关系的第三者担任,其必须能赢得各方尊重信任,应具有足够的社会经验、学识和令人可信的人格。

### 七、开场白表达的技巧

说好开场白的要领,在于应有一些具有新意的、符合谈判对象特点的语言,让对方一开始就产生信任、看到他能够在会谈当中获得某种期望的东西,在心理上产生满足感。

优秀的公共关系人员的开场白,不是考虑我自己要怎样表达才符合自己的要求,而是设身处地为谈判对方想一想,然后问一问自己,我该讲些什么话,才能使他听了之后,不会产生对立的情绪。按照一般的习惯,如果能知道对方的姓名、职务,在开头时使用恰当的称呼,会谈的气氛将不一样。

开场白的表达方式主要有如下几种:

1. 开门见山

直接把自己的设想毫不掩饰地端出来,让对方一听就明白。

2. 迂回方式

用第三者的反应表达自己的观点。

3. 询问方式

例如,"贵公司经营电热褥有丰富的经验,令人佩服,现在有许多商店在贵公司买电热褥,有的选择价格便宜的,有的选取质量坚固耐用的,有的着眼于面料,请问贵公司认为哪一项重要?"这类开场白虽然没有接触到销售产品和为本公司建立信誉的实质性问题,但却可以获得一个好的开端,为以下的会谈开拓了广阔的领域。

有了上述三个方面的准备和研究,就可以根据谈判对手的特点,选取最好的一种方式作为会谈的开场白。

### 八、提问的技巧

提问的技巧,主要有下列几种方法:

**(一)引起对方注意的提问**

谈判中的提问要能引起对方充分的注意,受到对方的重视,然后才能得到详细的回答。什么样的提问才能产生这样的效果呢?

(1)尊重对方。谈判双方都应该互相尊重,尊重不是虚伪,而是社会文明的表现。尊重的问话,能引起对方最大的注意。

(2)引起好奇。人人都有好奇心,这种心理推动人们主动去探索某些未知的事情,把话匣子打开。所以,聪明的谈判者利用这种心理状况,用提出一些悬案的手法引起人们的好奇,使谈判气氛活跃而热烈。

（3）对比类推。人们常受周围事物的影响，谈判者能把握这种心理因素，妥善地加以利用，一定可以收到意想不到的效果。

（4）适时建议。适时地提出一些具有创造性的建议，能够引起对方谈判的兴趣。一些众所周知的旧事物和老一套的办法，不足以引起人们的注意。

**（二）适当的反问**

在谈判中，反问的作用主要有：①反问可以加重语气，引起对方密切注意，此种反问并不期望对方作出回答。②对某个问题不大清楚，抓不住要领，要求对方加以澄清，此种问话需要对方加以说明。③在你不能及时回答对方提问时，用反问的办法，要求对方再次陈述，你可以利用时间思考问题。所以，反问在谈判中具有多种作用。虽然如此，谈判的反问仍然不能滥用，只有在适当的时机提出来才是有效的，否则将会引起对方反感。与反问的三种作用相联系，反问的方式有如下几种：

（1）加重语气的问话。例如，"请你想一想，假若答应你的条件，我的经理能同意这个协议吗？"

（2）要求说明问题的反问。例如，"你问我能否为你公司培训技术人员，这个问题是否和购买我公司的产品作一揽子商谈？"

（3）利用反问，争取时间考虑问题。"这个问题留待下一步讨论好吗？"

**（三）促进对方下决心的问话**

促进对方下决心签订协议的问题，清楚地告诉对方，他所要求的条件已经全部满足，利益也非常优厚，没有什么让步的余地，不要犹豫不决了。但是千万要记住，使用这种问话，要选择适当的词语，不要使用极端的用语。例如，"这个条件不能再讨价还价了，你认为行不行？不行就算了！""这个价钱不能再低了，你要不要？不要就拉倒！"这种带强烈语气的问话，使对方受到逼迫，产生心理上的反感，自然不能促使他下决心签订协议，谈判只好告吹。所以，问话宜于使用委婉的字眼，保留对方选择的余地、尊重他决策的权利，这样做将有更多的机会达成协议。

下面的问话可能比较适合："在这些条件下达成交易，对你是绝对有利的，你还看不出来吗？""这是我们过去处理类似事件的记录，这些材料是否能够说明我们已经为你提供了优厚的条件？""运输问题都由我们解决，你什么时候来提货？"通过提问，清楚地告诉对方，他已经获得了最满意的条件和利益，在这个基础上，若能配以委婉的解释和令人信服的材料，对于促进协议的签订，具有一定的作用。

## 九、答话的技巧

谈判实际上是说服对方接受自己观点和条件的过程，这个过程基本上是通过陈述问题和回答问题去实现的，要使对方相信你的说话，必须经历一个由不知到知，由不相信到相信的转变过程。在这个过程中，对方抛弃某些陈旧的观念，抛弃某些习惯的做法。要做到这一点，除了要有充足的说服理由之外，还需要有说服的技巧，因而答话技巧是很重要的。

答话技巧主要有如下几点要领：

### 1. 引起兴趣

答话要引起对方的兴趣,然后才能听取你的说服理由。能引起兴趣的答话很多。例如,"当然,你的提问是有道理的。不过,有一些资料你可能还不晓得,我们可以给你介绍。""这个问题是可以公开讨论的,不过在这之前,请允许我先做个说明。"答话要暗示后面还有许多重要问题,这就能引起对方的兴趣。

### 2. 临机应变

公共关系谈判犹如外交谈判,谁能临机应变,谁就能控制谈判的整个过程,谁就有可能实现自己的愿望。谈判中双方难免发生争执,当双方为些小事情而陷入僵局,妨碍对方听取你的陈述,这时候就要转变话题,从牛角中拔出来。例如,"我们所谈的已是另外一个主题了,待会儿回过头来再讨论吧!""这些问题已是过去的事了,讨论将来的事情,对我们双方都更有益。"答话能够做到临机应变,才有利于谈判进行。

### 3. 用于拒绝达成协议的语言

谈判的目的,是要求产生比不谈判更好的结果。如果对所提的条件不能接受,不能达到这个目的,协议自然是无法签订的。这时使用拒绝的语言,不应该使对方感到面对的是"敌人",应该继续是"伙伴"。生意不成仁义在,这次不成下次再来。使用的语言应该经过修饰。例如,"你的意见很好,我们以后会考虑的。""我们非常喜欢你的产品,可惜我们的费用预算太少了"。答话表现出应有的礼貌,有利于将来继续合作。

### 十、倾听的技巧

谈判需要耳听口说,人们往往更重视说而忽视听,其实倾听是谈判中的一项重要技能,是了解对方需求和发现事实真相的最简便途径,有时对谈判起着举足轻重的作用。许多误解,正是由于没有听清对方流露出的真意造成的。

掌握倾听的技能并不是件容易的事,其要领与技巧是:

第一,坐姿不要太随便,身体略倾向对方谈话者。

第二,注视其眼睛,显现出在关注着所讲的每句话,问或插入"噢,我明白了"或"对不起,你的意思是不是……"的问话。

第三,当对方讲到要点时,要轻微点头表示重视,使对方感到你不认为他的话不重要,不是在做无聊的闲谈,或是在进行例行的公事。这样,对方会从被倾听、被关注和被理解中得到心理上的满足和情感上的沟通。作为对你所做努力的报答,对方会尽量使你更容易抓住他的要点,并尽力满足你的需要。

## 第四节　谈判应注意的问题

### 一、"求大同存小异"是谈判成功的基础

谈判的目的不是为了打击哪一方,而是寻求一条协调一致的道路。公共关系工作者要善

于通过谈判,争取到更多有益于企业的朋友。朋友之间也存在不同的观点和利益,要使友谊进一步发展,必须建立信任与合作的关系。为了做到这一点,需要运用"求大同存小异"的原则。在一切经济关系中总是存在不同的观点和不同的利益,完全一致是少数。对于这些差异一般有三种不同的态度:第一种:抓住非根本性的枝节差异纠缠不休,斤斤计较。第二种:企图使大小矛盾都能全部解决,追求观点和利益完全一致,谈判的结果能够"圆满成功"。第三种:把注意力集中在重要问题上,绕过一块块拦路石,直奔目标而去。

上面的第一种态度,自然是不可取的;第二种态度实际上是很难实现的;只有第三种态度能够把事情处理得正确合理,表现出公共关系人员的宽广胸怀与精明强干的处理能力。这种态度符合"求大同存小异"这一原则的要求,在某些重要的问题、根本性的问题上取得一致;次要的问题、非根本性的问题能统一就统一,不能统一就暂时让它们各自存在,只要不影响关键问题的解决就行了。

要把"求同存异"的原则掌握好,在谈判中需要注意以下几点:

**(一)知己知彼**

这是广泛应用于各个领域的一句老话,真正做到知己知彼,却不是件容易的事,它需要在两方面进行探索。

1. 谈判前探索

在事先约好的谈判之前,要对谈判一方进行调查了解。例如,为了在电视中树立企业信誉,准备与电视台洽谈,那么,应该了解对方的下列问题:

(1)电视台拥有的观众。

(2)节目编排在观众中的一般反映、收视率高低。

(3)电视台能为本企业公共关系广告做些什么事?

(4)本企业在制作公共关系广告后,可能获得的利益是什么?

(5)达成协议的条件是什么? 在什么条件下容易产生障碍? 事先掌握的情况愈清晰,对谈判的成功愈为有利。

2. 谈判中探索

在谈判前做到"知己知彼"当然是最理想的准备工作。但是,有很多情况,往往是通过谈判得到的,尤其是对方的观点、立场和要求,需要在谈判过程中才能得到清楚的阐述,到那时才能得到对方更完整的资料。谈判中,如何了解对方?

(1)投石问路。一些不了解的问题,可以用试探的口吻询问。例如,"假如连续演播半年,将有何种优待?"会谈中对未取得协议的问题用"假如""如果"等设置问题。试探对方的观点和立场,是"知彼"的一种方法。当然,谈判的另一方也许不会直截了当地回答你的试探,但多数的谈判者,会利用你提问的机会宣传他们的业务,争取更有利于自己的协议条件。他们所提供的材料,就是一次很好的信息交流,是你需要了解和掌握情况的好机会。

(2)增加以"关系"为中心的议题。以"关系"为中心是相对以"任务"为中心而言。以任务为中心侧重于关心本公司目标的实现;以"关系"为中心、侧重于注重搞好关系,使双方感到平等友好,广泛地注意到谈判目标外的一切事物,谈判气氛是信任和友好的。例如,"早上好,近日业务怎么样?"这些议题似乎与谈判任务关系不十分密切,甚至近乎浪费时间,但在没有彻底了解对方的观点和立场之前,花一点时间去理解对方,对下一步顺利地进行谈判,仍然是必要的。

### (二)找出差距

为了求同存异,要用较大的力量寻找彼此对问题认识的差异。这些差异主要包括观点差异,立场差异,利益差异,方法上的差异,实施步骤的差异,双方共同意识到的协议基础的差异等。发现双方的差异,可以用文字记录,以供研究。

表 15 - 1 提供一种表格,作为记载资料时使用。

表 15 - 1　谈判双方观点差异表

| 议题 | 我方意见 | 对方意见 | 形式上或实质上差异 | 接近程度/% |
|---|---|---|---|---|
| 1······ | | | | |
| 2······ | | | | |
| 3······ | | | | |

在上述表格中记载了双方意见,之后需要判断差异是属于形式上的差别,还是实质性的分歧,并确定一个接近的百分数,分数愈大,说明差异的程度愈小。通过这个表格,可以使人们得到清晰、简要的材料,以便从中寻求共同的观点,发现缩小差异的途径,对谈判是有帮助的。

### (三)不断修正认识上的偏差

现代企业都讲"时间就是金钱",一切都在抢速度,争先进。在谈判当中能及时迅速地达成协议,当然是最理想、最称心如意的。但谈判中往往有许多争议的问题,解决这些问题需要时间,以便确立一个双方共同理解的观点,并有一条双方能共同接受的办法,这就需要不断地磋商,耐心并从容不迫地去做。

在谈判当中,留心倾听对方的陈述,领会对方的真正意图,是今后达成协议的重要一环。有些谈判者,遵循谈判中"后发制人"的原则,不愿一下就把自己的一切和盘端出,绕着弯子说话,增加了相互理解的难度。

倾听对方发言,也不是对一些模糊度很大的问题只听不问。如果对某些问题感到模糊不清,或者有怀疑的事件,也应及时提出,请求对方澄清。既需要胸有成竹,又要避免主观失误,听取对方意见,补充和修正自我认识的偏差。切忌不懂装懂,为了不暴露自己的无知,含糊过去,这是不好的。谈判双方的利益完全一致的事情并不太多,能够取得各自满意的结果,协议就算达成了。

## 二、正确运用提问的原则

为了使提问恰如其分,应注意遵守下列原则:

(1)决不要提出带有敌意的问题。除非你是故意伤害或中断双方的感情联系,才去做这种笨事,因为这类提问对谈判有百害而无一利。

(2)不要指责对方谈判的诚意。即使你怀疑对方的诚意,也应以泰然处之为妙。指责对方,也无法使他诚实,反而使谈判陷入尴尬的境地。

（3）不要用指示性的词句来提问题。谈判中的双方都不是隶属关系，而是平等的关系，须知谈判破裂对双方都没有好处。

（4）不要自作聪明，提出一些无益于谈判的问题，使对方难于回答。

（5）要耐心听完对方的讲话，不要随便打断对方的讲话，在对方讲完话或提完问题之后，再提出自己的问题。

（6）使用的词句要恰当、婉转，避免使用生硬的、有情绪的字眼。

要使谈判得到成功，在提问中需要注意上述的要求，以免在谈判中人为地设置障碍。

### 三、合理运用答话的原则

谈判中要回答对方的提问，这是理所当然的事。回答得好，受到对方的尊敬和信任，否则将会得到相反的结果。所以，经常要注意研究答话的基本原则，切勿信口开河，草率从事，以免说错话，后悔莫及。答话的基本要求是：

**（一）要使对方感到诚实可信**

当谈判双方感到彼此无欺的时候，就可以免掉许多表面文章，减少相互间的无所谓的揣摸，谈判就增加了成功的因素。所以，谈判中的答话要使对方听了之后产生信任感，这是答话应该遵守的一个重要原则。

谈判要求思想敏锐，机动灵活，因而人们往往把它和诚实可信的要求对立起来，以为是不可兼有的对立物。其实，两者是可以统一的，只要实事求是，不存心欺骗对方，不用假相扰乱真相，两者就可以统一。在谈判条件都很满意的时候，应该用肯定的语气说"行"。当双方利益冲突而不能解决时，应该有勇气说"不"，这时候对方并不因为你的坦率而产生反感，反觉得你憨厚可以信赖。

**（二）有理有节**

谈判讲道理，要有礼貌，问而不答，道理上说不过去。然而由于种种原因，答话也有不是那么容易说出来的时候，在未了解问题的真相或对方问话的动机之前，轻率的回答，自然是不得当的，这就要再次问清对方的意图，再作回答。如果有些资料没有研究，可以告知对方，因为资料不全，或记忆不起，暂时不能作答。如果回答整个问题有很多困难，就选择能够回答的部分，作出部分回答。总之，答话要有理有节，根据掌握的材料，进行全面的回答，或者拖后一点再回答，或者部分回答。

**（三）商业秘密问题**

如果回答问题涉及商业秘密或专利资料，可以直接向对方解释，为了防止外泄，不能介绍。

任何时候都要记住，答话是为了推动谈判顺利进行，为本企业的活动创造有利条件，应该时刻注意答话的效果。

### 四、保持冷静头脑，注意"桌上桌下"的配合

**（一）任何时候都要保持谈判时的冷静头脑**

当你意识到谈判出乎意外顺利的时候，不要轻易作出结论，要考虑一下这种顺利是不是

有些不正常,是否还有未被自己揭穿的假相。因此,要重新检查自己的谈判计划,研究谈判对手的言谈举止,必要的时候,如趁休会期间私下交谈,旁敲侧击,力争从中发现真谛,再图打算。如果在谈判中发现自己的计划不能实现,也不轻易放弃谈判,你还可以从非实质性的问题谈起,为再次开谈积累资料。

商场如战场,谈判局势变幻莫测,时而主动时而被动,利益得失只一念之差,这就要求保持冷静头脑,以百倍的警惕和敏锐的警觉意识,牢牢地从自己利益出发,充满必胜的信念,就会获得谈判的胜利。

### (二)采取"桌上桌下"配合的原则

震惊中外的"重庆谈判",我党就做了充分的两手准备。一方面,利用谈判桌阐明我党的立场;另一方面,对来犯之敌予以迎头痛击,取得军事上的胜利,这对谈判无疑增加了重要的砝码,大大增加谈判必胜的机会,打碎了敌方的各种部署计划,终于取得了重庆谈判的胜利。

商务谈判也要采取"桌上桌下"配合的原则。正当我方处于谈判被动的时候,一个能有助于我方掌握主动权的新闻消息或电报,或社会权威人士的评说,国家政策变动等,都会引起谈判的重大转机,就能在谈判桌上增加我方说话的分量。有时候还得人为地创造好谈判的条件,故意制造某些假相,当然也是一种策略,有条件地运用,也同样起到掌握主动权的作用。

---

**职场案例与实践**

A经贸有限公司与B经贸有限公司的商务合作谈判将在A公司总部会议室举行。早在一周前,A公司的总经理王先生就指示秘书白小姐认真落实各项谈判的接待工作。王经理要求白小姐对谈判人员的穿着、举止、谈判座次的安排、对方人员的接送以及谈判中怎样防止冷场等细节都要做出认真策划与规范。有多年秘书工作经验的白小姐,做这样周备的谈判策划与准备工作还是头一次。

**案例思考:**

1. 王先生为什么要做这样的安排?
2. 如果你是白小姐,你应该怎样去落实?

## 【思考与讨论题】··················

1. 什么叫谈判?它有哪些程序?
2. 简要回答谈判的主要作用。
3. 如何运用各种谈判技巧?
4. 谈判应注重哪些问题?

# 第十六章　领导艺术

【引子】一个人去买鹦鹉,看到一只鹦鹉前标:此鹦鹉会两门语言,售价二百元。另一只鹦鹉前则标道:此鹦鹉会四门语言,售价四百元。该买哪只呢? 两只都毛色光鲜,非常灵活可爱。这人转啊转,拿不定主意。结果突然发现一只老掉了牙的鹦鹉,毛色暗淡散乱,标价八百元。这人赶紧将老板叫来:这只鹦鹉是不是会说八门语言? 店主说:不。这人奇怪了:那为什么又老又丑,又没有能力,会值这个数呢? 店主回答:因为另外两只鹦鹉叫这只鹦鹉老板。

这故事告诉我们,真正的领导人,不一定自己能力有多强,只要懂信任,懂放权,懂珍惜,就能团结比自己更强的力量,从而提升自己的身价。相反许多能力非常强的人却因为过于完美主义,事必躬亲,什么人都不如自己,最后只能做最好的公关人员,销售代表,成不了优秀的领导人。

## 第一节　领导艺术概述

### 一、领导的概念与特征

领导是人类社会的重要活动,领导是领导科学中一个最根本的范畴。领导就是带领、导引的意思,是领导者通过一定的方式对被领导者施加影响并共同作用于客观对象,以实现某一既定目标的行动过程。

领导艺术是领导者在个人素质修养基础上,以丰富的领导经验,深厚的领导科学造诣,对各种领导条件、方式、方法,纯熟巧妙并富有创造性的运用,以及通过这种运用表现出来的领导风格和艺术形象,也就是说,领导艺术就是领导技巧与风格的巧妙结合。

在领导艺术中,领导者个人的艺术修养(包括领导者经验、学识、才能、胆略)是领导艺术得以发挥的前提,对领导条件、方法、方式运用得纯熟巧妙并富有创造性,是领导艺术的核心;而领导艺术和艺术形象,是前两者有机结合的结果,是领导艺术的外在形态。领导艺术就是这些方面的综合表现。

一般而言,领导艺术具有如下一些特征:

(1)经验性。领导艺术是在丰富的领导经验的基础上,结合领导科学对领导经验的灵活、巧妙运用。没有领导经验,也就没有领导艺术,所以领导艺术就必然表现出经验性。

(2)非模式化。领导艺术没有固定的模式,它是对具体问题具体分析、具体对待的本领,一切以时间、地点、条件为转移,不可能模式化、条理化。

（3）实践性。领导艺术讲究根据具体的条件、情景，运用恰当的方法，强调最有效的领导。不同的情景决定了哪些是最有效的领导方法。

（4）创造性。领导艺术不是常规的方法和技术的简单套用，而是根据具体情况的需要，根据领导者的个性特点，有创造性地运用不同的领导方法。

（5）规律性。领导艺术也不是领导者随心所欲地"创造"，而是有规律可循的。其最重要的规律是由心理规律和行为规律所决定的，领导者要成功地影响别人，就要了解相应的心理规律和行为规律。领导方法和技巧就是这种规律的反映，是历史经验总结的成果。

（6）目的性。不论运用什么方法，万变不离其宗，组织目标是领导活动的最终目标，因而也是领导艺术的出发点和归宿，领导艺术必须是为组织目标服务。脱离组织目标的行为，不是领导行为，而是为私利或无目的行为，相应的，脱离组织目标的方法与创造，也不是领导艺术。领导艺术的含义和特征阐述了领导经验、领导科学与领导艺术之间的关系。领导艺术的定义本身就揭示了领导艺术、领导经验与领导科学三者的关系。它指明领导经验直接来源于领导实践活动，可以说，领导经验既是领导科学，也是领导艺术的认识源泉和基础。领导艺术是在马克思主义指导下，从领导经验概括出来的理论知识体系，有条理化、规范化、理论化的特征，能普遍地指导领导实践活动。领导艺术则是对领导经验，特别是对领导科学知识的运用技巧。从这个意义上说，领导经验和领导科学，都是领导艺术借以发挥的基础条件。科学和艺术是不同的概念，二者难做高低上下之比。领导科学与领导艺术是理论知识和运用技巧的关系，是辩证统一的关系。

## 二、领导的作用

当今社会，无论是机关单位还是大中小企业，都在强调团队建设，而领导者在团队建设中更是起着承上启下、承前启后、承点启面的中坚力量。

领导者的作用不可忽视，它主要表现在以下几个方面：

### （一）更有效、更协调地实现组织目标

领导工作的作用，在于引导组织中全体人员有效地领会组织目标，使全体人员充满信心，通过领导工作的进行，协调组织中各个部门、各级人员的各项活动，从而使全体人员步调一致地加速组织目标的实现。

### （二）有利于调动人的积极性

主管人员通过领导工作，把组织成员的精力引向组织目标，并使他们热情地、满怀信心地为实现目标做出贡献。换言之，领导工作的作用也就表现在调动组织中全体人员的积极性，使他们以持久的士气和最大的努力，自觉地做出自己的贡献。

### （三）有利于个人目标与组织目标的结合

主管人员通过领导工作，帮助组织的成员明确自己所处的地位，对社会、对组织所应承担的义务，让他们体会到个人与组织是紧密联系在一起的，从而自觉地服从组织目标，主动放弃一些个人不切实际的需求；同时，主管人员也要创造一种环境，在实际组织目标的前提下，在条件许可的范围内，满足个人的需求，使之对组织产生信赖和依靠的感情，从而为加速实现组织目标而做出贡献。

### 三、领导工作要求

领导工作的要求总的说来就是创造一种良好的环境。为此,作为领导者应达到以下三个方面的要求:

#### (一)畅通组织内外沟通联络的渠道

信息沟通使组织活动统一起来。一方面,信息沟通可以把组织中的各项管理工作聚合成一个整体;另一方面,主管人员通过信息交流可以了解组织外部环境。信息沟通使组织成为一个开放的系统,并与外部环境相互发生作用。因此,从某种意义上讲,组织就是一个信息沟通网络,主管人员处在这个信息网络的中心,他们对网络的畅通负有责任。

#### (二)运用适宜的激励措施和方法

领导工作就是指导和引导个体和群体的行为,去实现组织的目标。主管人员应当明确,他们只有使组织中每个成员的需要得到最大限度的满足,才能同时实现组织目标,领导工作才是有效的。这就要求主管人员了解并掌握有关的激励理论和方法,并在领导的实际工作中随机制宜地加以运用。

#### (三)不断改进和完善领导作风和领导方法

主管人员良好的领导作风和方法,能够鼓舞士气。而领导作风和方法往往又和主管人员所采取的激励措施和方法相联系。只有改进和完善领导作风和领导方法,领导工作才会有效,从而主管人员的工作也才是有效的。

# 第二节 领导的技巧

## 一、领导者必备的要素

"在组织中人人都会是领导",但其前提是,"在组织当中发挥了正面的影响力"。要发挥正面的影响力,从而成为领导者,应具备以下两个要素:

#### (一)愿意承担责任

当今社会上很多人或者说很多职位都具有一个同样的特点,即"权力小,但责任大",这种情况是以前所没有的。例如,销售人员对于客户而言权力不大,但是对于企业而言责任却相当大,能够通过销售量来直接影响企业的经济效益;父母对于其子女而言,实际上真正拥有的权力也不大,但是其责任却很大,因为孩子出现任何问题100%都应该由父母来负责。

需要特别强调的是,这种情况下需要的不是依靠硬权力而实施指挥,而是通过提升自己的影响力来耳濡目染地达到目的。在此前提下,任何人只要愿意承担责任,就都有可能成为领导人。

#### (二)正确理解领导中的主动与被动的关系

要成为领导者,还要正确理解领导中的主被动关系。例如,刘备和诸葛亮的君臣关系中的主被动关系,在一般人的理解中,诸葛亮和刘备在一起是后者领导前者,但实际的情况则是前者在做一系列重大的战略决策。

也就是说,行政级别上的领导者和被领导者相互都在影响与领导,这是个动态的过程。放眼企业经营管理的实际,不应该一味地强调上级对下级的指挥和命令,同时也要推崇下级对上级进行"领导",实施影响。从经验看,凡是成功的组织、团队和企业,无一不表现出这种上下互动的状态。换言之,领导力应该是一种相互凝聚的爆发力,不是一个人、一个职位或一个项目的力量,而是领导者与追随者相联系时所发生的相互作用的关系,在相互作用中,团队的潜力爆发出来,成为推动团队前进的能量。领导力的产生过程类似于化学反应,即领导者好比媒介物,通过一连串化学变化,激活团队潜在的各种能量,同时也激发出自身能量。

上下级互动中会有个碰撞的过程,如果没有这个过程,企业或组织的活力就出不来。因此,人人都有可能是领导人,而且上下要互动;作为领导人更要激励这种互动的产生,因为没有互动,企业或组织就只能是一潭死水。

### 二、领导艺术的表现形式

领导艺术的主要表现形式有以下几种:

#### (一)待人艺术

待人艺术也就是人际交往艺术,或协调人际关系的艺术。因为领导工作的核心内容是管好人,用好人,协调好各方面的人际关系,充分调动各方面的积极性,去有效地完成企业的目标。高明的领导者正是巧妙地运用待人艺术,正确处理上下左右各种复杂的人际关系,形成一股有利于达到目标的最佳合力。

领导者的待人艺术主要包括三个方面:

1. 怎样对待下级的艺术

(1)知人善任的艺术。用人之长是理顺同下级关系的诀窍。因为,领导者善于用下级之长,使其才干得以充分发展,他的工作得到企业和领导的承认,下级也自然就愿意在现领导手下工作,上下级关系就必然融洽。否则,如果用其所短,硬要他干他不善于干的工作,就难以收效,领导也会对其工作不满意,他本人也感到委屈,久而久之,上下级的关系也就必然紧张。

(2)关心爱护的艺术。善于尊重、关心、爱护、体贴下级,是处理上下关系的一个技巧。领导者要善于用爱抚亲和艺术,理解、关心、信任、包容和尊重下级,着意创造心情舒畅的氛围,发挥情谊的作用。在下级工作取得成绩或家庭遇到喜事时,给予祝贺,会使下级受到鼓舞,当下级遭到挫折和不幸时,领导者给予关怀和慰问,又会使下级感到温暖而增添信心和勇气。这种爱抚效应,无疑会增强领导者的领导效能。

(3)上下沟通的艺术。上下沟通是领导者与下级之间传达与交流思想、情感、信息的过程。上下沟通是实施领导的基本条件,也是统一下属意志不可缺少的领导艺术。领导者必须了解下属的需要和期望,尽可能把领导的意图,工作目标和下级的需要、期望联系起来。在布置任务时,领导要设身处地地为下级着想,充分考虑到下级工作的辛苦和困难,这样,领导意图就容易为下级理解和接受。此外领导者还必须注意收集下属工作情况的反馈信息,深入基层,了解情况,听取工作汇报和群众反映,使上下级之间彼此了解、互相支持、共同搞好工作。

2. 怎样对待同级的艺术

领导者正确处理同级关系,尤其应当注意方法,讲究艺术,一般应做到:

(1)积极配合而不越位擅权。作为同级领导,既要齐心协力积极开展工作,又要做到不越位擅权,不插手别人分管的工作。要尊重其他部门和其他领导人的职权,维护他们的威信,不干预和随便评论别人的工作。不适当地插手别人职权范围内的工作,会打乱别人的部署,影响别人的工作,伤害别人的感情和自尊心,引起别人的不满。因此,要做到属于别人职权范围内的事,决不干预,属于自己的责任也决不推卸,在有能力和必要帮助他人工作时,一定要掌握好分寸和尺度,掌握好时机和方法,避免产生负效应。

(2)相互沟通而不怨恨猜忌。同级之间应经常沟通思想,建立和谐的感情氛围。实践证明,善于沟通的领导者,容易使对方理解和信任,彼此之间的心理防线也容易迅速消除,相反,缺乏相互沟通的领导者,彼此各揣心腹事,最容易发生心理冲突,怨恨猜忌,造成僵局。

(3)支持帮助而不揽功推过。同级之间应当相互支持。在工作中常常遇到一些工作上的交叉,对这些交叉工作,同级之间应当相互配合。其他领导者在工作中遇到困难时,要主动帮助,排忧解难,当对方出现失误或差错时应当主动补充,不能看人家笑话,更不能落井下石。不能好大喜功,有了功劳往自己身上揽,有了过错往别人身上推。如果真正做到了权力不争,困难不让,有功不居,有过不诿,领导之间的关系就会更加密切、融洽,真正做到同舟共济。

3. 怎样对待上级领导的艺术

找准自己的角色和位置,做到出力而不越位。正确认识和评价自我,找准自己的角色和位置,是领导者处理好与上级关系的前提条件。在社会关系中,每个人总是处于某一特定的位置,这种位置要求人们的行动必须与这种位置相吻合,才能使他与社会角色的关系处于常态,保持相对的和谐。领导者同上级相处的时候,扮演的是下级的角色,这就要求我们必须按照自己的身份,把握好自己的位置,既要尽心尽责地做好本职工作,做到出力而不越位。

**(二)用权艺术**

1. 明确对权力的认识

一要看准权力,找准位置。二要用足权力,把权力用足,把政策用足。三要认清权力,明确性质。四要淡泊权力,抓住本质。权力的本质即责任,抓住了本质才能真正淡泊权力,才能处理好权力与职责的关系:权大责任重,先做人后当官,领导就是服务。

2. 正确使用权力

用权的策略应该是慎重用权、理智用权、合理集权、大胆放权。

3. 科学的授权艺术

授权就是领导者授予直接被领导者一定的权力,以便被领导者能够相对独立、相对自主地开展有关工作。一是以"能"授权。二是责任统一。只有责权统一才能调动下属的积极性和增强下属的责任心,使其智慧和才能得以充分发挥。三是有效控制,正确地授予,不是放任不管,而是保留相关控制权,以及时发现下属履行职责时的偏差和问题,并及时调整与控制。

4. 信任下属,"疑人不用,用人不疑"

信任是相互的,领导对群众信任,才能得到群众的信任。

**(三)理事艺术**

**1. 善计划,才会头绪清楚**

成功的领导者都是一个统筹高手,他们善于规划自己的工作计划,知道自己的目标,并且能通过一个拟定好的优先顺序来使自己的工作变得更加井然有序。没有计划的领导者是难以成功的,所以有人才会说:"没有计划,就是正在计划失败。"

**2. 巧安排,就不会轻易失守**

巧妙地安排工作,从容不迫地完成工作是一个优秀领导者的表现。对领导者而言,巧妙地安排工作是一种必备的能力,这对企业的生产效率有着不容忽视的影响,下面这种情况就足以说明"安排"的重要作用:领导者召开会议,如果事先没有合理的安排,就容易出现开会的时间已经到了,人却还没到齐;或好不容易大家都来了,却没有讨论的主题,大家七嘴八舌,意见无法一致,根本做不了决定,只是浪费时间。

因此,安排工作的能力对领导者而言是至关重要的,如果领导者对工作安排得合理恰当,那么执行者就能顺利地执行,也能有效率地完成各种指示,在这种情况下,领导者就会有更充裕的时间去安排下一项工作,形成一个良性循环,使企业更有效率地运转。否则,一旦领导者安排欠妥,那么就会影响执行,导致错误频频发生,就会从良性循环转变成一个恶性循环。

**3. 大处着眼,小处着手**

提高理事能力是对领导者的必然要求,要求领导者遵循这样一条准则——"大处着眼,小处着手",这也是说领导者办事要细致周到。俗话说,小细如发不粗心,虑事周到无漏洞,这就是一名合格领导者应有的理事素质,也是领导者有效领导下属形成高效工作局面的必然。

因此,领导者在解决每一项困难复杂的问题时,一定要全面分析,弄清主次、先后,把时间恰当分配到每一个问题上,并在那段时间内集中全部精力投在那个问题上,以求得最佳的解决方法。当一个个简单、单一的问题都被解决时,就会发现再也没有什么困难复杂的问题了。

## 三、提高领导艺术的途径

### (一)修炼领袖气质

有这样一句关于领导的格言:"如果你自以为是领导,却没有人追随在你的前后左右,那你只不过是在独行而已。"追随者是无法信任那些没有领袖气质的领导者的,他们也很难长久追随这样的领导。一个没有过人的领袖气质的人,即使有全世界最伟大的理想,也只不过是孤掌难鸣。

那么怎样才能培养领袖气质呢?

(1)尽快培养发展一项能吸引追随者的超凡特质。如你的职业目标,并宣传它,以使追随者相信它是值得全身心投入的,以此来激发他们的追随意愿。

(2)实事求是,取得追随者的信任。实则信,虚则疑。一切从实际出发,说实话,办实事,而非弄虚作假。

(3)从全局着手,从小处入手,一步一个脚印地去解决问题。

(4)能以正确合理的方法指导追随者实现目标。

### （二）修炼超强的洞察力

对企业领导者而言,洞察力就是能够敏锐地发现利于利润增长的有意义、有新意的变革及其征兆,同时能够提出实现这一变革的设想、战略和切实可行的计划,这也就是说要有战略思维。洞察力对领导者而言是难能可贵的,是复杂的现代领导活动对领导者的素质提出的一条起码的要求,也是确保领导活动获得圆满成功的一个先决条件。

培养洞察力须做到以下几个方面:

（1）细心观察,用心感受。培养洞察力要依靠领导者自身的体会、感受、心得,领导者要用心体会生活,感受世界,认真学习,细心观察,勤于探索,这可以帮助领导者培养出很强的洞察力。

（2）善于积累,不断总结。增强自己的观察力和思辨力。领导者可以通过生活中的方方面面来提高自己的洞察力。包括看电视,阅读报刊,通过网络教学学习,与各行各业的人士交流,学习专业知识等。这些方面都能很好地培养洞察力。

（3）坚持不懈,勇于实践。培养洞察力贵在坚持,千万不能自我放弃,而是应保持旺盛的精力,从而坚持下去。当遭遇挫折和困难时,不断总结经验教训,并不断在实践中将其迅速转化为自己的知识和财富。

### （三）增强领导者的亲和力

领导者的亲和力在企业管理工作中是必不可少的,因为当一个人充满热情地工作时,他就能感受到工作的乐趣,享受到工作所带来的利益,而这一切都需要依靠领导者的亲和力来激发实现。增强领导者的亲和力可以通过以下几种方式来实现:

（1）不要错过与员工聚会的机会。

（2）在员工生日时送上真诚的祝福。

（3）员工生病时不忘亲自探望。

（4）对员工的家庭表示关心。

（5）从工作和生活细节上对员工表示关心。

（6）尽量满足员工的特殊需求。

**职场案例与实践**

什么是领导艺术?

网络上说,领导艺术是指领导者具有创造性的领导才能、技巧、艺术和方法。有泉州企业老板说:领导艺术,就是通过别人把工作完成的艺术。有人力资源管理者说:领导艺术就是能高效地带领团队达成团队目标。

那么,泉州企业老板们的领导艺术如何呢? 记者就此专题采访了不少业界人士,对泉州企业老板的领导风格有了一定的了解。

两类老板两种风格

谈到泉州企业老板的领导艺术,有人竖大拇指,但也有人大摇其头。有人说,泉州老板虽大部分学历不高,但他们出手大方、讲义气,有一套泉州人特有的,能笼络人心的领导艺术;但也有人说,泉州老板虽敢拼敢干、事业有成,但他们暴躁、易怒、谩骂,根本称不上什么领导,更甭提艺术,充其量只能算是个专横跋扈的企业大管家。

夸赞也好,批评也好,从客观角度上讲,他们代表的也许正是两类泉州老板的领导风格,可能,某一些老板属于前一类,某一些老板属于后一类,还有一些老板,他们综合了前后两类领导的个性特质。

赞誉:他们擅长笼络人心

记者应泉州精益鞋业公司邀请,参加了该公司组织的一场员工卡拉 OK 比赛。参加比赛的员工有 30 来个,都经过了精心打扮,上台时也是激情四射,一点不含糊。最有趣的是,好几个参赛者唱完歌后,还意犹未尽高声疾呼:"老板、老板娘,我爱你们!"

看到这样的场面,记者与同样应邀前来参加活动的某顾问公司讲师周先生十分感慨,周先生对记者说:"当老板能当到这份上确实不简单!"现在回想起来,这不就是成功的领导艺术的最好反馈吗?

"泉州一些老板,他们虽然讲话比较直接,不会文绉绉的,但他们有很多简单而且实在的领导方式很值得借鉴和学习。"万维网络董事长陈朝晖举了个很形象的例子:泉州有不少企业老板的孩子会认企业里某一个重要人物做干爹或干娘。虽然,泉州人历来就有让孩子认干爹、干娘的习俗,不能以此断定什么,但是,有些老板确实就是希望通过这种纽带关系来笼络人心。

类似这种有意无意的做法比较多,比如,安排重要员工的亲属到本企业工作,为员工的孩子读书奔走操心,给从外地来的高管送房子,在员工宿舍装空调,为员工办集体婚礼老板当主婚人等,以及鼓励并在物质或精神上支持员工参加评职称、社会荣誉等,陈朝晖认为,这些都体现了泉州老板不同于一般的领导艺术,对于笼络人心是相当有效的。

九牧王总经理助理吴轶晖认为,泉州老板的领导艺术至少有两种,一种是教练型的,一种是粗放型的。而教练型的领导风格就是一种成功的领导艺术。"他们注重团队成员能力的成长,不光交给你任务,还会告诉你怎么做,做完会有什么结果"。在吴轶晖看来,教练式的领导艺术的优点是,不但让下属很好地完成了任务,而且,对个人能力的培养也起到了良好的效果。

批评:骂人不是领导艺术

泉州某服装企业生产车间,老板正当着工人的面大声指责他们的主管小黄。原来,老板这天心血来潮到车间检查工作,结果看到车间的走廊上掉了不少边角料,还有一名工人正在打瞌睡。他于是勃然大怒,当场就把小黄叫来骂了一通,弄得小黄脸上很难看。

事后,该服装企业厂长林先生对记者埋怨说:"其实,像这种事老板记在心里,背后跟我说一声就可以了,当着那么多工人的面骂管理人员,叫管理人员以后还怎么去管别人?"林先生说,当老板也要当得有艺术,如自己的老板,他这么做只会让那位主管与厂长背地里联合起来骂老板;相反,假如老板事后再去说厂长,则厂长就会去骂车间主任,这样,大家不是更尊敬老板吗?

"有些老板,他们动不动就开口大骂,完全不注意挨骂后这些管理人员在下属心目中还有没有威信可言。"某工艺品企业包装部主任杨先生说,人无完人,一个人,你做十件事,可能就会有一件做错,作为老板,他不看你做对了九件,却死咬住错的这一件,而且不断地指责你,这不但让部下寒心,而且,也让部下缺少信心。其实,这样只会造成一种惰性,因为多做事多出错多挨骂,那当然最好是不做事了。

动不动就开口大骂指责下属,出尔反尔,今天说的话明天就自己推翻;独断专行,不愿听别人的意见;大事小事插一手,让下属不知所措……不少业界人士认为,这样的领导作风在泉州不少企业老板身上都可以看得到。

"一些老板的铜臭味很重,看不起人,这会让身边的人对他敬而远之。"爱得乐制衣厂业务经理邓先生认为,泉州老板的领导方式中,最缺乏的就是亲和力。在他看来,有无亲和力是领导艺术如何的具体表现,当老板的,如果能做到软硬兼施,让人觉得你既威严又不失亲和力,那么,你的领导就成功了。

业界人士认为,闽南老板既没有长江三角洲企业老板的文化素质,也没有珠江三角洲企业老板的敏锐信息。虽然,闽南老板更敢于冒险,能赢得宝贵时间和先机,但也少了一分领导的艺术。其二,闽南老板少一分谦和,少一分学习。对员工的态度也较直接,脾气较急,这在企业发展之初,可能会成功,但也可能会造成未来的失败。

**案例思考:**

　　1. 你认为泉州老板的两种领导艺术成功吗？为什么？

　　2. 如何理解"领导艺术,就是通过别人把工作完成的艺术"这句话的含义？


## 【思考与讨论题】………………

　　1. 什么是领导艺术？领导艺术的特征与功能是什么？

　　2. 领导者的作用是什么？你能举一两个实例来说明吗？

　　3. 你认为领导艺术在领导活动中的表现形式有哪些？

　　4. 请描述一位你喜欢的领导者,并解释这位领导者是如何实施领导艺术的？

# 第十七章　公关社交礼仪概述

【引子】一次,国内一个旅游团到西藏旅游,在参观藏族佛教的喇嘛庙时,一位游客随手翻阅了陈列在佛像前的一部经书,结果遭到寺内僧人的呵斥,游客对此不满,也表示不理解。导游及时化解即将发生的冲突,并道出原委:藏族人最忌讳别人用手抚摸佛像、经书、念珠和护身符等圣物,认为这是触犯禁规,对人、畜不利。听后,游客恍然大悟,并礼貌地向僧人表示道歉。

## 第一节　公关社交礼仪的含义、类型与原则

### 一、公关社交礼仪的含义

公关社交礼仪,是指企业(或组织)在公关社交活动中,能娴熟地掌握和运用不同国家和不同民族的礼节、礼仪和风俗,树立企业(或组织)良好形象的行为规范的总和。

在现代社会生活中,公关社交礼仪无所不在、无处不有。企业在与社会公众沟通时,必须要注重社交礼仪,态度热情、言谈文雅、举止得体、入境问俗,以赢得公众的好感,并给公众留下美好的第一印象。如果忽视社交礼仪,就可能产生误解和麻烦,影响彼此关系,损害企业形象。因此,在公关交往中对世界上各异的各国公众,以礼相待,就能广结善缘,增进友谊,为企业走向世界创造一个"天时、地利、人和"的社会环境。

公关社交礼仪的内容,主要包括以下几个方面:

1. 礼节

礼节,是指对人的态度的外在表现行为规范的总和,是社会外在文明的组成部分。它反映着对人的尊重,并约束人们的行为。其内容主要包括对周围人的态度、招呼和致意形式,在公共场合的行为、风度和衣着。在社会生活中,违背礼节,轻则闹笑话和带来麻烦,重则为社会所不容。为此,在公共关系活动中,必须注意和遵循社交礼节规范,对各种公众都要以礼相待,应尽量使公众在脑海中留下美好的印象。

2. 礼仪

礼仪是一种长期相沿、积久成习和专门规定好的具有象征意义的仪式和行为规范。这种仪式通常在隆重的情况下举行,其目的是激发人们的一定社会情感。如迎宾礼仪、庆典礼仪、宗教礼仪等。礼仪不仅表现为一定形式的仪式,而且具有深刻的象征意义。正如《爱国主义教育实施纲要》中指出的:"进行爱国主义教育,需要提倡必要的礼仪,特别是要提倡有助于培养对国旗、国歌、国徽崇敬感的必要礼仪,增强人民的爱国主义情感。"为此,公共关系工作,如

果通过运用一定的礼仪形式,不仅能为公众留下一个外在美,而且能激发员工的自豪感,有利于培养企业精神。

3. 风俗

风俗是由历史和社会现状逐渐累积而形成的,并具有规范性的民风。它能对社会生活产生极大的制约作用,并限制人们的行为。不同国家、不同民族,因社会文化、宗教信仰、风土人情历史相沿,形成各自的风俗习惯。例如,法国人喜欢色彩鲜明,但忌讳墨绿色;东方人一般喜欢红色;意大利人喜欢玫瑰,厌恶菊花;中国人喜欢荷花,而日本人则以荷花为丧气;在佛教国家不能随便摸小孩头顶;伊斯兰国家的人,不能饮酒等。违背正常的风俗,就会受到社会舆论的谴责。为此,公共关系活动应充分了解和尊重不同国家、不同民族的不同风俗习惯,真正做到热情、亲切、朴实、得体,就能广交天下客,为企业生存和发展创造最佳环境。

## 二、公关社交礼仪的基本类型

公关社交礼仪涉及的内容非常宽广,其礼仪的种类和形式多种多样,概括起来说,有两大基本类型:

### (一)一般公关社交礼仪

一般公关社交礼仪,是指公共关系人员,在与公众的日常交往中应遵守的礼仪行为规范和自身应具有的风度。

公共关系是企业(或组织)的一种新型智力工作,面对的是企业内外广大的公众,其日常交往礼仪涉及方方面面,主要包括迎宾、介绍、聚会、待客、拜访、握手、称呼、请柬、名片、电话等方面的礼仪。

### (二)涉外贸易社交礼仪

涉外贸易社交礼仪,是指公关主体和公关人员,在与世界各国的公众交往中应遵守的礼仪行为规范和自身应具有的风度。社会主义市场经济是一种开放的竞争经济形式,使国内市场变为整个国际市场的一个有机组成部分,我国企业界涉足国际经济领域的广度和深度越来越大,已在国际经济舞台上显露身手。

在这种形势下,公共关系要经常与各国朋友交往,涉外贸易礼仪也越来越受到人们的重视。在涉外经济工作中,涉外礼仪不仅起着润滑作用,而且起着催化作用,它对于表达情感、增进互相了解、树立企业形象都是必不可少的。

涉外贸易礼仪主要包括涉外礼节、宴会、服装、风俗、送礼、商业礼仪等内容。

## 三、公关社交礼仪的基本原则

公关社交礼仪是一项内涵丰富的外在工作,不能感情用事,需要原则约束。其原则主要有以下几点:

### (一)注重第一印象原则

心理学家研究证明,人与人在初次见面的4分钟内会形成首次印象效应,即客观事物给人视觉的第一印象会保持很长一段时间,并在以后的时间内对你的看法起主导作用。如初次接触某人时,对方的风度、服饰、举止、容貌、才干、礼仪等表现给人留下的第一印象,往往成为以后人们对他进行评价的重要依据,而后来的某些与最初不大协调的表现会被忽略。第一印象对后来形成的总印象,具有很大的影响,甚至起决定作用。

为此,公关人员必须注重第一印象,并注意以下几个方面的问题:

(1)服饰。公关人员的服饰具有表现自己性格、气质、风度和思想的重要作用,并通过人们感官的心理作用,给人留下第一印象。公关人员必须根据自己的体型、脸型、环境、年龄、肤色、风俗等因素选择服饰,以显示其外在美,给公众留下美好的第一印象。

(2)容貌。人的容貌属先天条件,它无法像服饰那样自然改变形状。但一个人的容貌可通过后天的努力,恰到好处的修饰打扮,形态上做到落落大方。适度的微笑,可弥补先天不足,能给公众留下自己魅力的馨香。

(3)举止。举止在公关交往中被称做无声语言,能给人第一次最直观的感觉,它是人的精神状态直接的外在体现。人的一举一动、一言一行都会关系到人的形象,俗话说:"坐有坐相,站有站相,走有走相,"就能给人留下美好的印象。

(4)语言。语言是社会交往的载体,是"思想的仪表"。一个人说话多少,是否真诚,以及语言风格等,会给人留下深刻的印象。为此,在公关活动中公关人员要讲究语言艺术,语言生动、美妙、风趣、适度、真诚,就能有效地与公众相沟通,树立良好的第一印象。

**(二)真挚诚实原则**

公共关系是面向公众、争取公众的一种新型工作。公关人员只有遵循真挚诚实的原则,特别要注意在尊重公众利益的前提下,公正合理地维护企业与公众的合法权益,实事求是地传递企业信息,不能故作姿态,哗众取宠,这样才能创造出一种融洽的气氛,获得公众的理解、支持与合作。

**(三)互尊互敬原则**

在公共关系中,企业和公众是平等的主体,互尊互敬是建立良好关系的基础。

为此,公共关系人员必须树立尊重对方,礼尚往来,为其服务的观念。

第一,要待客如宾。即对客人要主动热情,不以职位、衣帽取人,尽量满足客人的要求。

第二,不卑不亢。既不因交往对象位高权大而卑躬屈膝,也不因交往对象是普通百姓而盛气凌人。

第三,要有宽容精神。即在保持自尊的前提下,公关人员能忍耐克己,宽以待人,并且不计较前嫌。

**(四)灵活性原则**

公共关系工作要与各式各样的公众打交道,而公众在个性、爱好、生活习惯、知识结构、心理态势等方面是有差异的。

为此,公关人员必须根据公众的具体情况和特点,不拘泥于某一种礼仪形式,因人、因事、因环境的不同,采取相应的礼仪形式,与各层次公众联系和沟通。

## 第二节　一般公关社交礼仪与禁忌

公关社交礼仪是公关礼仪活动应遵守的行为规范,了解和掌握常见的公关礼仪与禁忌,是做好公关礼仪工作的前提和重要保证,也是公关人员必须具备的基本功。

## 一、迎宾

迎宾是公关活动的一项经常性的工作,也是现代交往活动的一种礼节。"有朋自远方来,不亦乐乎。"公关人员在迎客时一定要注意礼节,使自己的言行举止合乎规范,礼貌周到,给客人留下美好的第一印象。

为此,公关人员要事先了解来客的身份,以便安排与来客身份相当的人员前往迎接。对远道而来的客人,接待人员要按时到达迎接地点,决不能让客人在那里久等;如果客人是首次远道而来,又不认识,接待人员根据来客的人数和特征,应主动上前打听或准备接站牌,从茫茫人海中找到要接的客人,避免使客人陷于焦急不安状态。接到客人后,应主动做自我介绍,对客人表示问候和欢迎,并与客人一同到达下榻的宿地,接待者不必久留,以便让客人尽早休息和整理自身物品。

## 二、待客

公共关系一项经常性的工作就是"洒扫门庭,以迎嘉宾",以便与来访者进行有效的沟通联络,倾听公众的意见、要求和建议,增进彼此友谊,建立良好关系。

为此,无论是在工作单位还是在家里,接待客人都要诚恳大方、主动热情、恰当得体。

工作时有客来访,应放下手中的工作,起身相迎,握手问候,让座沏茶。如果碰巧客人来访有要紧事要办,要向客人表示歉意,并作出解释。邀请客人到家做客,应适当地做些准备,房间要尽量清洁,男女主人应仪容整洁,准备好烟、酒、茶、果品等。若客人是第一次来访,应该介绍给家人,并互相问候。对熟识的老朋友不必拘泥于礼节,相互随便些,但不能当着客人的面公开家庭的内部矛盾。与客人交谈时,不要打呵欠、看手表,以免对方误解。若客人不是找你,而找的人恰好不在,你就应主动招待客人,客人告辞时,可请客人留下便条,由你转给他的朋友。客人告辞,主人要等客人起身方可站起相送,并对客人赠送礼物表示感谢。对于初次相见的客人,不必显得过于亲近,更不能直接询问客人的家庭、职务,遵守"先生不问财产,女士不问年龄"的惯例。

## 三、介绍

介绍是社交场合相互了解的基本形式,也是公关人员日常交往的礼节之一。介绍的原则是:把年轻人介绍给年长者,把男士介绍给女士。但是,在一些特殊场合,需要把某人介绍给大家时,不管他的年龄、身份如何,都应先把他介绍给大家。介绍时,除妇女和年长者外,一般应起立,但在宴会桌、会议桌上可不必起立,被介绍者以点头微笑表示即可。介绍要彬彬有礼,介绍词要得体,发音清楚,实事求是。自我介绍要亲切、自然、随和,切忌过分热情和过分自我表白,给客人留下不好印象。

## 四、称呼

称呼是沟通人与人之间的第一座桥梁。心理学研究表明,人们对别人如何称呼自己是十分敏感的。称谓得当,就能使双方产生心理上相容,交融彼此情感,使交往活动获得成功。如果称呼不当或者不文雅,不仅不能达到交往的目的,而且会引起对方的反感,使交往失败。为此,公关人员必须了解和掌握蕴藏在称呼中的奥秘:

**(一)称呼有文雅、高下之分**

如同是称呼年长者,可称为"老人家""老先生""老师傅""老同志""老头子""老家伙""老东西"等称谓,前四种称呼是礼貌的,带有尊敬对方的感情色彩,后三种则是粗鄙的,带有蔑视对方的色彩。

在与公众交往时,只有使用高格调的称呼,才能使交往获得成功。

**(二)称呼的使用受民族和地域的限制**

在我国一直惯用的称呼是"同志",这是最通用的一种称呼。对于体力劳动者,一般以"师傅"相称;对于知识分子,如医生、教师、律师等可以直接称其职业称呼。在西方国家习惯称已婚妇女为"夫人",未婚女子为"小姐",一般称婚姻状况不明者为"女士"。尊重这些习惯才能使交往对象产生良好的心理反应。如果称未婚女子为"夫人",是失礼表现;反过来,如果错称已婚妇女为"小姐",可以被谅解,西方女性认为这是一个令人愉快的错误。

## 五、拜访

拜访是公关人员与内外公众相沟通、联络感情、建立友谊、广结善缘的日常工作,也是公关人员日常交往的礼节之一。

无论是拜访机关、团体、企业还是个人都要注意礼节。

第一,要事先打招呼,约好时间,如期而至,不能迟到,更不能无故失约。拜访的时间要安排在对方比较方便的时间,尽量避开吃饭或午休时间。

第二,登门拜访应先轻轻敲门,即使门开着也应敲门。经主人邀请进入室内,允许后方可落座。

第三,要主动与主人家人打招呼、问好、道别。对主人招待的烟茶、小吃应适当品尝并表示感谢。

第四,要尽快进入话题,说明来意,持续时间不宜过长,初次拜访一般以20分钟为宜。如果主人情绪好可适当延长,如果主人漫不经心,应立即告辞。

第五,走出门后,请主人留步并握手告别。分别后,要回头看看主人是否站在门口送你,如果主人尚未回返,要向他举手示意,并招呼他快回。

第六,如果要拜访的人不在,最好留下便条或口信,宜于表达情谊。

第七,拜访时,要注意仪表整洁、庄重,即使是拜访好朋友也不要穿背心、短裤、拖鞋登门。

## 六、宴会

作为主人举办宴会,需先确定宴会地点、客人名单,宴请时间以一般客人均能前来参加为原则。宴席的席次要事前考虑清楚。目前,宴会一般是用圆桌,主人座位点在下首,主宾则在主人的上首,最好将其余宾客比较熟识的朋友排在一起,这样气氛更加热烈。

主人应站在进门口处迎接宾客,与每一位客人打招呼或握手,先同女宾握手,后同男宾握手。

第一，主人应将所有的宾客都接待后，再与你的贵宾交谈，应该做到宾主尽欢，照顾周到，以免使某些客人有被冷落之感。

在宴会上，主人应是第一个敬酒的人，依次序逐一遍敬全席，不必计较对方的身份地位。席间主人要引导客人愉快地参与交谈，巧妙地选择话题，使席间充满和谐欢乐的气氛。主人需要离开本席送客时，可说"各位请慢用"。送客时必须站在门口和宾客握手告别。

第二，作为客人接到宴会邀请后，能否出席要尽早答复对方，以便主人安排。如果不能出席，应尽早向对方解释或道歉。赴宴时一般应正点或提前两三分钟抵达。迟到、早退或逗留时间过短都是不礼貌的。要注意仪容整洁、穿戴大方。到达宴会厅后，首先要跟主人打招呼，对不相识的人，也要点头微笑。入座时，要了解自己的桌次和座位，按座卡上写的名字入座。若不用座卡入座，则应听从主人的安排或按职务高低、年龄长幼，请职务高、年长者和女士先入席。用餐时，不要在主人招呼前就自己夹菜，应由职务高、年长者和女士先动筷。席间应尽量控制打喷嚏、咳嗽等，万一控制不住，应用手帕掩住口鼻，扭头避开桌面。桌上的杯盘筷匙或刀叉等不要让它们相撞乱响。骨头残屑等物不能吐在地上或桌上，应放在自己面前的小碟中。吃东西要文雅，不要发出响声，闭嘴咀嚼。若汤、菜太热，可待稍凉后再吃，切勿用嘴吹。嘴内有食物，切勿与人说话。祝酒时，应等主人和主宾先碰杯，其他人再碰，也可以举杯示意，不要交叉碰杯。主人和主宾致辞、祝酒时，应暂停进餐，停止交谈，注意倾听，切忌饮酒过量而失态。如果不慎将酒杯碰倒或餐具掉在地上，或酒水打翻溅到邻座身上，应表示歉意，并协助擦干。不吃东西时，双手最好放在大腿上或饭桌边缘，切勿挠头发。宴会结束后，应与主人道别，有老人或长辈的要打招呼，表示谢意方可离去。

## 七、舞会

作为舞会的组织者，应为来宾准备宽敞的场地，安排好乐队伴奏，准备好饮料。舞会的请柬上要注明舞会时间、地点。客人到来应有人指引脱放外衣处，示意客人在自己喜欢的任何地方坐下。在步入舞池前给客人留有同其他来宾相聚攀谈、寒暄的机会。主人要注意给只身前来的人介绍舞伴，介绍时要考虑他们的个子高矮是否合适，性格是否相近等因素。

参加舞会者要仪容整洁，举止文明。服装要能充分体现高雅的风度和优美的线条，切忌粗俗与轻浮。一般来说，都由男士邀请女士跳舞，邀请时可稍微俯身问"可以请您跳舞吗？"女士一般不应拒绝，微微点头说"可以"。如果女士的男伴或女伴还在身边，邀请者应向他们点头示意，说声"对不起"。如果被邀请者事先已同意别人，则可以婉言解释："对不起，已经有人邀请我跳舞了，下个曲子再和您跳吧！"如果女方想表示拒绝，可以客气地说："对不起，我想休息一下。"总之，应是邀舞者彬彬有礼，受邀者落落大方。一曲结束，男子应对女子说："谢谢。"并伴随女方回到原座位，女方应说"我很高兴"，或点头示意，点头致谢再离开。

跳舞时，男方的右手应在女方的腰部正中，不要超过女方腰的中部。参加舞会的来宾，特别是男宾，不应整个晚上只与一位女性跳舞，还应邀请其他女性。女方如果辞谢邀请后，一曲未终，不要再同别的男士共舞。

参加舞会还应注意西服上不要有头屑，自己的手应不凉也不湿，舞场上不可戴帽子、手套和口罩,口中应当无异味,舞会前应漱口或吃一块口香糖。

### 八、握手

握手是一种友好的表示,已成为国际上通用的礼节。

握手前应先脱下手套、摘下帽子,但在户外天气寒冷时可以不脱手套、不摘帽子。握手时,由主人、年长者、身份高者先伸出手,客人、年轻者、身份低者再伸手相握,身子微欠,面带笑容,目光注视对方眼睛。一般情况下,除非长者,男性不能主动与女性握手,应由女性先伸出手,男性往往只握一下女性的手指部分,不可长时间拉着手。握手时要稍稍用力,但不能用力过度或使劲握,一般握手时间以三至五秒钟为宜。多人同时握手,注意不要交叉,待别人握完后再伸手。军人戴军帽与人握手时,应先行举手礼。

### 九、送礼

在公共关系活动中,适度赠送礼品具有"以物达情"的功能,是表达感情、增进友谊的一种方式。如何正确地运用这一手段呢? 公关人员必须具有高尚的职业道德,遵纪守法,并且礼品要适度,恰到好处。

为此,公关社交人员必须娴熟地掌握以下送礼的诀窍:

**(一)赠送目的**

礼物的基本职能是为了联络、发展和巩固彼此的感情。如祝贺生日、探望病人,适当送些礼品能让对方感到亲友之情、朋友之谊。

**(二)赠送对象**

赠送对象是赠送礼品时首先考虑的要素,否则就会"物不达意"。因此,在赠送礼品时要考虑对方的民族、年龄、职业、信仰、爱好和知识层次的特点,不然就会适得其反,达不到增进友谊的目的。

**(三)礼品的选择**

人各有不同的爱好,赠送礼品能"投其所好"是"物以达情"的重要因素。礼品的选择大体上有以下几种情况,一是能引起美好回忆的礼品;二是对方所需要的礼品,但绝非越重、越贵的越好,而是情到为止;三是有特殊意义的礼品;四是鼓励性礼品。

**(四)赠送时间**

不能想什么时候送就什么时候送,应掌握好日期和时机。赠送要登门或在聚会时赠送,对外地受赠者可寄送,才能达到直接交流、增进友谊的目的。

## 第三节 涉外经贸公关礼仪

在开展国际商务活动时,社交礼仪能起到润滑和催化作用,各国都非常重视涉外交往的礼仪工作。公关人员了解和掌握涉外经贸公关礼仪知识,并用于实践,就能增进与外宾的友谊,为企业创造最佳的生存和发展环境。讲究涉外经贸公关社交礼仪是很重要的。

### 一、守时守约

高节奏、高效率是现代社会生活的重要标志,并且不断地改变着人们的时间观念,"一寸光阴一寸金,寸金难买寸光阴"的信条,现在受到人们普遍和高度的重视。如美国人一般把时间看得很重,认为时间就是金钱,时间就是生命。

因此,遵守时间,准时赴约,就成为国际商务活动中非常重要的规矩和礼节,早到或迟到都是失礼行为。

### 二、女士优先

欧美国家一般都奉行"女士优先"原则,上下楼梯、上下车辆、进出房门,均请女士先行,并主动给予照顾,这是现代文明普遍遵守的社会规矩和礼节。

### 三、商业礼仪

商业礼仪与社交礼仪有相同的地方,也有不同的地方。在一些商业事务或企业业务活动中出现的一些礼节,在一般的社交场合是不一定会出现的。

在欧洲的社交礼节中,当一个女子进屋时,一个男子总要站起来,并在她离去时为她开门。但是,对于职业妇女来说,特别是职位较高的职业妇女、女管理人员,在工作场合和商业场合,则要视情况而定。对那些高级的职业妇女,则可遵循平时的礼节,就像平时对待一位男性上级一样。对待上级,在有来访者或顾客在场的情况下,无论如何不要提出反对意见;对待下级,则应以礼相待和尊重;对待同级则更应保持良好的关系。在批评他人时,应在私下进行,不能在其他职员在场的情况下进行。在衣着上,在办公室中,男子如果脱下西服外衣时,如有西服背心,也应一并脱去。用背带的男子脱掉外衣时,不要让背带挂在臀部。衬衫袖子卷起来时,应不超过肘部。女子则不能穿薄透的罩衫、超短裙、开衩的裙子,或佩戴撞击有声的珠宝饰物。当然,在一些时装公司里可能例外。在对外商务或业务接触时,尤其是招待外商或接受外商的招待时,除不要明显地批评该国的政治或宗教外,更应意识到国家间的态度和礼仪区别。

### 四、宴会

前面已介绍了宴会的一般礼仪,在涉外活动中也能通用。这里主要介绍一下西餐宴会的礼仪。

#### (一)要选择和邀请客人

举办宴会总有某种原因,如接风洗尘、庆祝答谢、为友饯行等,因而选择客人应有主客和陪客之分。

#### (二)要考虑菜单和酒

现代西餐晚宴,不论正式程度如何,菜单上所列的菜不超过七道。午宴比晚宴简单,常有四道菜,最多不超过五道菜。西餐中的酒分为餐前酒、佐餐酒和餐后酒。餐前酒是入席前饮用的,通常有鸡尾酒、威士忌和啤酒等,另外还应备有果汁、苏打水;佐餐酒是在上菜后配合菜肴饮用的,通常有葡萄酒、香槟酒、黄酒、茅台酒等;餐后酒常有白兰地、葡萄酒和薄荷酒等。

**(三)要安排、布置席位与餐桌**

通常男女主人对坐于餐桌尽端,地位高的女士位于男主人右边,次之位于左边。同样,地位高的男宾坐在女主人右侧,次之位于左边。宾客中有男有女时,应男女夹坐,不宜使夫妇、父女、母子、兄妹等坐在一起。餐桌上按规矩摆上盘子、刀叉、餐巾,使宾客用餐时能按每道菜的次序由外向里依次取用餐具。宴会桌次的安排,按国际上的习惯,桌次高低以离主桌位置远近而定,右高左低,桌数多时,要摆桌次牌。

**(四)要注意就餐礼节**

宾客按男女主人的安排找到自己的座位,从椅子左边就座,等女主人摊开餐巾后,客人们才能摊开餐巾,铺在双膝上。进餐时刀刃使用次序是从自己面前最外侧开始;喝汤时,用汤匙向外舀,从匙的内侧喝;吃肉时,可边切边吃,或把肉切好,用肉叉取食;吃肉饼、煎蛋、沙拉都不用刀,只用叉;而三明治可用手拿着吃。进餐时,不要把双肘放在桌上、椅子不要翘起来、不要从邻座身边越过去取食物,如果需要,可请人递过来。鱼刺等残物不要放在桌子上,应放在盘子边缘。若餐具不慎落到地下,不可自己用手去拾,招待员会拾起另换一把。若有事需要离席,应把刀叉呈八字形放在盘子上,将餐巾放在椅子上,表示还需进餐;如果已吃够,应将刀叉放成"∥"字形,餐巾放在桌子上,表示不再进餐。宴会结束后,宾客可先后告辞,并向主人致谢。

另外,再介绍一下鸡尾酒会。鸡尾酒会是一种自由轻松的酒会,服饰礼节不必过于讲究,一般采用站立的形式,可给年纪大的人备些椅子。酒会的时间放在中午、下午、晚上均可,请柬上应注明酒会的延续时间。酒会中,客人可四处走动,边吃边谈,随意取自己喜欢的食物。普通鸡尾酒会每人供应三杯酒,酒的品种由客人自选,食物较简单,一般有三明治、面包片、热香肠及一些糕点。客人可在席间任何时间到达和离开,但都应和主人打招呼。

## 五、尊重各国的风俗习惯

由于不同国家、不同民族具有不同的风俗习惯和宗教信仰,在公关活动中要特别注意他们之间的礼仪区别和忌讳。

**(一)出口商品忌讳**

日本人喜欢樱花,忌讳用荷花作商标图案;意大利人最忌讳用菊花作为商品商标;法国人认为核桃花是不祥之物;东南亚国家居民喜欢大象,而英国人最忌讳用大象作为商品装潢。

**(二)宗教禁忌**

伊斯兰教在斋月里,从日出之后到日落之前不能吃喝;印度教徒不吃牛肉;佛教徒禁忌荤腥;天主教忌讳"13"这个数字;日本人忌讳"4""14""24"等数字。如果不注意宗教禁忌和风俗习惯,商务活动不仅会造成经济上的损失,还可能在政治上带来不好的影响。

**(三)交谈忌讳**

在国际商务活动和商务谈判中,对女士不问年龄、婚史,对男士不问财产和工资收入。

# 第四节 公关社交礼仪与相关学科的关系

公关社交礼仪作为一门新兴的边缘交叉学科,有着自己的理论体系和应用价值。在它的理论体系中,既包含了公共关系学的基本原理,又吸收了伦理学、美学、心理学、传播学、社会学等相关学科的研究成果,从而形成了自己独特的理论体系。

## 一、公关社交礼仪与公共关系学

公共关系学与公关社交礼仪都是社会交往,尤其是组织与公众之间的社会交往日趋频繁的产物,二者既有区别又有联系。公共关系学作为一门基础性的理论学科,是公共关系学科体系中的主干或核心学科,起着制约其他一切公共关系学科发生、发展的独特作用。公关社交礼仪是公共关系学科体系中一门综合性的应用学科或分支学科。公关社交礼仪本质上从属于公共关系学,是公共关系学基本原理的具体应用。公共关系学所谈论的公关主体、客体和传播以及组织形象诸问题,同样适用于公关社交礼仪。

可见,紧扣公共关系学的基本原理来研究社会交往中的礼仪,是公关社交礼仪为之独立完整的学科的本质规定性。当然,公关社交礼仪并不是简单地重复公共关系学基本原理,它所研究的公共关系是从礼仪的角度或结合礼仪进行的,即研究公关社交中的礼仪和礼仪中的公关社交,因而有别于一般的公共关系和一般的礼仪。公关社交礼仪是公共关系与礼仪的有机结合,既与公共关系密切相关,也与礼仪学紧紧相连。因此,离开公关社交谈礼仪,或离开礼仪谈公关社交,都不可能建立起真正的公关社交礼仪。

## 二、公关社交礼仪与伦理学

公关社交礼仪因对礼仪的研究,必然与伦理学发生关系。伦理学作为一门研究道德的学问,包含有对礼仪特别是礼貌的研究。尽管礼仪与道德并不能完全画等号,但从总体上讲,礼仪属于道德学或伦理学的范畴。古代的思想家或伦理学家大多是通过礼仪讲道德,通过道德讲礼仪的。现代意义上的公关社交礼仪与现代伦理学也存在着许多的"交叉点、汇合点"。从某种意义上讲,公关社交礼仪即是社会公德和交往道德的一部分,既促进和弘扬着社会公德,又从社会公德中吸取营养,并受到社会公德的影响与制约;公关社交礼仪是交往道德的集中表现,又以自己特有的功能补充完善着交往道德。

当然,公关社交礼仪所涉及的伦理道德问题毕竟是有限的,在内涵与外延上均与伦理学有所不同。它所注重的只是与公关社交活动有关的或为公关活动所特有的礼仪和道德,而不是礼仪的全部或道德的全部。伦理学的发展影响礼仪学,进而影响公关社交礼仪,公关社交礼仪的发展也必然反过来促进伦理学的发展。

## 三、公关社交礼仪与美学

美学是研究现实中美的现象、人对世界审美认识的特点和审美心理规律以及按照美的规律进行艺术创作、艺术欣赏、艺术批评的一般原则的科学。美学把客观上与人构成一定审美关系能引起人的审美感觉的事物称为审美对象,并因此而把审美对象区分为自然美、社会美和艺术美等。社会美又具体可以分为语言美、仪表美和行为美等方面。

公关社交礼仪作为一种组织化的礼仪行为或礼仪化的组织行为,无疑是一种社会美,并兼具语言美、仪表美和行为美的多重意蕴。真正的美学总是以创造优美的人生为己任,并始终关注着心灵的美化、行为的美化和环境的美化。公关社交礼仪说到底就是为了树立和维护优美的组织形象,实现组织内在美与外在美的有机统一。这就决定了公关社交礼仪与美学的密切联系。

## 四、公关社交与其他相关学科

公关社交礼仪的基础理论,除了与公共关系学、伦理学、美学密切相关外,还涉及其他学科,如传播学、心理学、社会学、民俗学等基础性和应用性的社会学科。这些学科的许多理论,虽然不如公共关系学、伦理学、美学同公关社交礼仪关系那么密切,但是它们的部分研究成果,同样可以丰富公关社交礼仪的理论体系,成为公关社交礼仪的一个组成部分。

### (一)传播学

传播是公共关系的一个基本要素。公共关系活动的过程,实质就是社会组织与公众之间进行信息传播和沟通的过程。公关社交礼仪活动的本身就是利用信息传播功能,在社会组织和公众之间开展传播活动。例如,礼仪文书中的礼貌用语,礼仪规范中的礼宾次序、言谈举止,以及微笑、体态等,都是传播学的"信息符号",都是一种信息传播。

公关社交礼仪与传播学的关系,主要表现在以下三个方面:

(1)相同的目标。传播学对传播现象及其规律的研究直接成为公关社交礼仪体系的理论基础。研究表明,传播是一个完整的行为过程,目的是使传者与受者双方的认识趋于一致,实质是明确双方的利益关系。这从根本上指导着公关社交礼仪活动。

(2)相同的特点。传播学中传播的特点与公关社交礼仪中互相交往的特点相同。一方面,二者都注重双向沟通,注意收集和研究信息反馈,使舆论导向有的放矢;另一方面,二者都强调情感的职能,都是以情感交流为宗旨的传播活动。

(3)相同的作用。二者都发挥同样的作用,是社会组织与公众联系的最重要的桥梁和最有力的手段,是公共关系实务活动的核心。

### (二)心理学

心理学是专门研究和探索人的心理的发生、发展及其规律的学科。其基本内容可以分为心理过程和个性心理特征两个方面。

公关社交礼仪与心理学的关系十分密切,各种公关社交活动都离不开和人打交道,因此,必须了解公众,了解公众的心理活动规律,这是人与人相互交往的一个重要方面。从心理学角度看,公关社交礼仪的行为过程,实际上就是组织与公众之间彼此相识、心理交流和相互影响的过程。借助心理学的一些概念、范畴和理论,对于理解公众的需求特征,研究公关社交礼仪的内在机制,完善礼仪行为规范等方面具有重要意义。

### (三)社会学

社会学是从变动着的社会系统的整体出发,通过人们的社会关系和社会行为研究社会的结构、功能及其发生、发展规律的一门综合性学科。社会学研究的领域十分广泛，涉及社会生活的各种群体、各种制度、各种活动、社会变化过程等许多方面。

这些都与公关社交礼仪有着不可分割的联系。社会学有两个显著的研究特点：一是把社会作为一个整体进行研究；二是广泛地研究社会行为，其礼仪是必不可少的。运用社会学的这些研究成果，将有助于公关社交礼仪研究社会组织与公众交往过程中的规律和规范，加强公关社交礼仪的效果。

### （四）民俗学

礼仪的许多方面都带有民俗学的特征，从军礼、婚礼、丧礼、生辰礼、贺岁礼的起源，我们可以看到不同民族、不同地区有着不同的习俗礼仪。礼仪作为一种文化的表征，对一个民族的性格形成产生了重要影响。在公关活动中，要娴熟地运用公众所能接受和理解的礼仪规范，就必须下功夫研究各民族以至世界各地的风土人情以及宗教方面的知识。礼仪离开了对民俗学的研究和借鉴是不成其为礼仪的。

此外，公关社交礼仪还与语言学、写作学、组织行为学等有着十分密切的关系。公关社交与礼仪的发展同样取决于这些学科发展的规模与水平，只有吸收、消化和借鉴相关学科的研究成果，才能构建出高质量的公关社交礼仪。

**职场案例与实践**

美国总统约翰逊20世纪60年代曾访问泰国，在受到泰国国王接见时，跷起了二郎腿，脚尖向着泰王，而这种姿势，在泰国是被视为具有侮辱性的。更糟糕的是在告别时，约翰逊竟紧紧拥抱了泰王后。在泰国，除了国王，任何人不得触及王后。就因为不注意泰国的风俗、礼仪，想当然地依照本国、本民族的风俗和礼仪我行我素，对约翰逊的此次出访产生了不少遗憾。

**案例思考：**

阅读本案后你有何感想？

## 【思考与讨论题】·················

1. 简述公关社交礼仪的含义。
2. 简要说明礼节、礼仪与风俗的异同。
3. 简要说明注重第一印象原则的内容。
4. 怎样做好迎宾工作？
5. 怎样组织好宴会？
6. 如何认识各国的风俗习惯？
7. 公关社交礼仪的基本原则有哪些？
8. 简要说明公关社交礼仪与相关学科的关系。

# 第十八章　个人基本礼仪

　　【引子】列夫·托尔斯泰的《安娜·卡列尼娜》有这样一段情景：在安娜和渥伦斯基相识的舞会上，安娜穿着全黑的天鹅绒长裙，长裙上镶着威尼斯花边，闪亮的边饰把黑色点缀得既美丽安详，又神秘幽深，这同安娜那张富有个性的脸庞十分相称，当安娜出现在舞会的门口，吸引了在场所有人的视线，吉蒂看到安娜的装束后，也强烈地感受到安娜比自己美。安娜的黑色长裙在清淡柔曼的裙海中显得高贵典雅，与众不同，也与安娜藐视世俗的个性融为一体。

## 第一节　仪容仪态礼仪

### 一、仪容礼仪

　　仪容礼仪是个人基本礼仪的重要组成部分。仪容的基本含义是人的容貌，但是从礼仪学的角度说，仪容还应该包括头发、面部、手臂和手掌，即人体不着装的部位。仪容在礼仪学上的定义应该是经过后天的修饰能够给别人良好感觉的容貌，是一种自觉的后天性行为，是秀外慧中的体现。

#### （一）仪容礼仪的规则

　　公关人员掌握正确的仪容礼仪，能给交往对象留下良好的第一印象，使对方愿意接近，为进一步深入交往奠定基础。

　　仪容礼仪的规则主要涉及仪容的干净、整洁和修饰避人三个方面。

　　1. 干净

　　公关人员应遵守的仪容礼仪的首要原则是干净，即身体不能散发异味、面部不能有异物等。要保证干净，必须做到以下几点：

　　（1）洗脸。公关人员在出席正式的商务场合之前应及时清洗面部，在参加活动过程中应及时用面巾纸等清洁面部的油脂，做到无泪痕、无汗渍、无灰尘等。除此之外，还应注意及时清理眼角、鼻孔、耳朵、口角等细微的残留物。

　　（2）洗头。俗话说："远看头，近看脚。"在公关往来中，首先映入交往对象眼帘的就是头发，所以公关人员的头发应保证没有头皮屑、不粘连、无异味，保持头发柔顺、整洁，这就要求公关人员应该保证1—3天洗头一次。

　　（3）洗澡。公关人员为了清除身上的烟味、酒气、汗气等异味，每天都应该洗澡，至少也要坚持每三天洗澡一次，特别是在参加重大公关活动之前，洗澡是一项必须做的准备工作。洗澡一方面是为了保持干净;另一方面还可以使人清爽、精神焕发,不仅可以给交往对象留下良好的印象,还能使自己充满信心。

(4)洗手。公关人员在参加社交活动时,必须用手完成的动作很多,如握手、递送名片等,所以手的干净与否至关重要。在出席重大场合之前应注意洗手,做到手上无汗渍、无异味、无异物。并且应及时对手进行保养,一双健康、干净的手能给交往对象留下良好的印象,促进双方的交往。

(5)刷牙。语言交流是公关交往的主要方式,公关人员必须要保证口腔卫生,确保口气清新,避免双方在进行语言交流时受到口气的影响。除早晚刷牙以外,在参加正式的公关场合之前也应该刷牙,至少要咀嚼口香糖,并尽量避免吃一些带有刺激性气味的食物,如葱、蒜、韭菜等。

2. 整洁

公关人员不能邋邋遢遢,应保持整洁的仪容,需做到以下几点:

(1)理发。在公关交往中,除要求公关人员的头发必须干净之外,还不能染发,同时对头发长度也有要求。男士不允许剃光头、烫发、蓄长发,头发的长度不得超过6厘米。女士尽量选择干练的短发,如果选择长发,则头发不应遮住脸部,且前面的刘海不要过低,出席正式场合时应该将头发一丝不苟地盘起,做到井然有序。

(2)剃须。公关人员不应蓄须,除非有特殊的宗教信仰,否则会被交往对象认为受到不尊重的待遇。应该保证每天剃须,这不仅是对别人的尊重,还是保证自己清爽自信的最佳手段。

(3)修毛。有些公关人员有鼻毛、腿毛、汗毛过长的现象,在出席正式的公关场合前,必须进行修剪和遮掩,避免外露。

3. 修饰避人

公关人员应该在出席公关场合之前整理、修饰自己的仪容,保证给交往对象留下良好的印象。但不得在公共场合进行补妆、整理衣裤、搔弄头发、清理鼻孔的分泌物等,这些活动只能在洗手间等别人看不到的地方进行。

**(二)女士仪容礼仪**

在社交界,对女士仪容的要求十分严格,女士不仅要遵守仪容礼仪的基本规则,还应掌握化妆、皮肤保养、洒香水等方面的技巧和规定。

1. 皮肤保养

一个成功的职业女士不仅要有干练的外表,还应该有永远年轻的皮肤,焕发出青春的活力,所以职业女士要特别注意皮肤保养,同时,做好皮肤保养也是进行化妆的第一步。在进行皮肤保养时,了解自己的肤质,选择适合的保养品,采用正确的保养方法是至关重要的。

2. 淡妆装扮

为了体现公关礼仪中尊重为本的原则,女士必须以淡妆装扮自己,来显示对对方的尊重。大方得体的化妆可以展现女士的端庄和美丽,展示职业女性的独特魅力,适当的化妆不仅可以突出女性最美的部分,还可以掩盖和矫正缺陷或不足的部分。

一般情况下,要求女士应该一个小时左右补妆一次,特别是在出汗、用餐之后应及时补妆。补妆应该遵循修饰避人的原则,选择无人的角落,最好在洗手间进行补妆,切不可在他人面前肆无忌惮地补妆,否则会有搔首弄姿之嫌。补妆以补为主,不必重新化妆。

### 3. 头发养护

与别人进行交往时,映入对方眼帘的首先就是头发,发质的好坏、发型的得当与否直接反映职业女性的审美品位、身份地位以及个人形象,直接关系到给别人的第一印象以及是否能建立长期交往。

### 4. 香水使用

从职业女性身上的香水味道可以判断其品位的高低。如果是清新淡雅的香水,会被认为品位很高,交往对象也会认为其身份地位很高;如果是廉价刺鼻的香水,会被认为品位不高,交往对象不会把她和较高的身份地位相联系。

### (三)男士仪容礼仪

对于男士仪容的要求要较女士宽松,男性公关人员主要应该注意以下几点:

### 1. 简洁的发型

在社交中,男士应根据自己的脸型、身材、年龄、职业、气质选择一种适合自己的发型。男士的发型不要在意细部的修饰,只要造型简洁、粗犷、饱满即可。发型一定要能展现男士的阳刚之美,不可标新立异,染发、烫发均不可取。

### 2. 不得蓄须

通常情况下,男士不宜蓄须,除非有宗教信仰或民族习惯。在出席各种社交场合和平时上班时要注意将胡须剃干净,否则会给人以懒散的感觉,影响人际交往。

### 3. 保持面部清洁

男士应该使用专用的洁面乳进行面部清洁,使用专用的护肤品进行皮肤保养,并且可以经常到男士美容院进行皮肤护理,使自己更加潇洒、更有魅力。

## 二、仪态礼仪

在社会交往中,公关人员应该以大方得体的仪态出现在公众面前。人的仪态有"第二语言"的功能,它可以表达有声语言所不能表达的含义,而且更加简洁和生动,公关人员可以借助优雅的仪态,展示自己良好的教养和翩翩风度。所以,公关人员应该在举止、体态、动作等方面严格要求自己,掌握正确的仪态礼仪,正确理解和运用仪态被约定俗成而附加的特殊含义。

### (一)站姿

站姿是日常生活和人际交往中第一个引人注目的姿势,良好的站姿能衬托出超凡脱俗的气质和风度。

站姿的基本要求是:挺拔直立,要做到挺直、均衡、灵活。

一般说来,站立时要挺胸收腹,双目平视前方,微收下颌,头与躯干成一垂线,两肩舒展,双臂自然下垂,两脚稍稍分开,以不超过一脚距离为宜。男士若体现刚毅洒脱,双脚可微微张开,但不能超过肩宽;女士双脚应成"V"形,膝部和脚后跟应靠紧,并尽量提高身体重心。当然,为了避免站姿过于呆板,可做一些灵活变动,如男士在必要时可以将单手或双手背于身后;站立时间较长、较累时,可以一腿支撑,另一腿稍稍弯曲。

无论男女,站立时都要避免以下有损庄重、破坏形象的姿势:一是东倒西歪,耸肩或依靠墙壁、椅子,表现得无精打采;二是身体抖动或晃动,给人以漫不经心、没有教养的感觉;三是两腿交叉,形象不严肃;四是手部不能有叉腰、抱胸、插入衣袋或裤袋、玩弄小物品等不雅、消极、冒犯动作。

### (二)坐姿

符合礼仪规范的坐姿能展现出一个人积极热情、尊重他人的良好风范。入座时先要礼让尊长,不可抢在来宾、长辈、上级或女士前就座,抢座是失礼的表现。无论从什么地方走向座位,通常讲究"左进左出"。就座时,应转身背对座位,如距离较远,可将右脚向后移半步,等到腿部接触到座位边缘后,再轻轻坐下。穿着套装的女性要特别注意,入座前先用双手拢平裙摆后再坐下。无论男女坐下时尽量不发出声音,即使调整坐姿也要悄无声息,这是一种尊重他人的良好教养。

坐定后的姿势最能展现一个人的职业修养,要特别注意:在正式场合,或者有尊长在座时,不宜坐满整个座位,通常,只坐满椅子2/3即可。就座时上身挺直,头部放正,双眼平视前方,或面对交谈对象。身体不宜靠在座位的背部,也不允许仰头靠在座位背上,或是左顾右盼、闭目养神、低头注视地面。坐稳后,双手应掌心向下,叠放于大腿之上,或是放在身前桌面上。侧坐时,双手应以叠放或相握的姿势放于身体侧向的那条大腿面上。当面对尊长、贵客而又无屏障时,双腿应当并拢。不可在尊长、贵客面前高跷"二郎腿",两腿不可伸向远方。

### (三)步姿

从容稳健的步姿,必须保持上身正直不动,两肩相平不摇,两臂摆动自然,步幅适中均匀,两脚落地一线。脚尖应当正对前方,若向内、向外歪斜,就形成了"内八字"或"外八字"。行走时大摇大摆,上颠下跛,摇头晃脑,都是大煞风景的。

此外,还要注意步位与步幅。步位是指两脚落地时的位置,男士行走时,两脚脚跟交替前进在一条线上,脚尖稍稍外展;女士双脚则要踏在一条直线上,呈"一字步",以显优雅。步幅是指跨步时两脚间的距离,女士的标准步幅应是本人的一脚之长,男士的步幅可以稍大一些。步幅大小与所穿服饰也有一定的关系,如女士穿着西装套裙(或旗袍裙、长裙)配高跟鞋时,步幅应当更小一些。

### (四)蹲姿

蹲姿的标准规范:下蹲时两腿合力支撑身体,避免滑倒或摔倒。同时,腰背挺直,全身尽量放松。蹲姿可分为高低式蹲姿和交叉式蹲姿两种基本形式。高低式蹲姿:下蹲时左脚在前,右脚在后。左小腿垂直于地面,全脚掌着地,大腿靠近。右脚跟提起,前脚掌着地。左膝高于右膝,臀部向下,上身稍向前倾,以左脚为支撑身体的主要支点。交叉式蹲姿:下蹲时右脚在前,左脚在后。右小腿垂直于地面,全脚掌着地。左腿在后与右腿交叉重叠。左膝向后伸向右侧,左脚跟抬起,脚掌着地。两脚靠紧,合力支撑身体。

下蹲时还要特别注意不要面对或者背对他人下蹲,不要双腿平行下蹲,给人以"上厕所"之感。

# 第二节 服装礼仪

## 一、服装种类与着装原则

常言道:"金无足赤,人无完人。"人的身体不可能十全十美,但若能"扬美遮丑",装扮后会立觉风采照人。

### (一)服装种类

#### 1. 正装

正装适用于工作,也可用于参加婚葬仪式、社交活动等。像西装、套裙、制服等正装也常被称为职业装,它们适合各自职业的性质、工作环境,实用又简洁,给人整齐划一、美观大方之感。穿着这些服装时,要注意与自身条件相协调,并谨慎选择款式和面料,才能给人以庄重的印象。正装中还有各式礼服、晚会服、酒会服、结婚礼服等。

(1)男士礼服

A. 中式男礼服。中式男礼服即中山装。穿着时,应将前门襟、风纪扣、袋盖扣全部扣好;口袋内不宜放置杂物,以保持平整挺括;配漂亮的黑色皮鞋。成年男子穿上一套合身的中山装,会显得庄重、神气、稳健、大方,富有中国男子气派,可以出席各种外交、社交场合。

B. 西式男礼服。西式礼服分日间服和晚礼服两种。在穿着的时间上,男女礼服都有明显的区别,一般日落后是穿晚礼服的时间。忽视了时间而胡乱穿着各式礼服是失礼的。

a. 晨礼服。通常上装为灰色或黑色,剑领,后摆为圆弧形,衣长与膝齐,胸前仅有一粒扣,配白色衬衫,系灰色、驼色领带;下装为深灰色黑条裤,一般用背带,穿黑袜子、黑皮鞋,可戴黑礼帽。晨礼服是白天穿着的正式礼服,适合参加各种典礼、婚礼及星期日上教堂做礼拜时穿用。

b. 小礼服。又称便礼服。这是晚间集会最常用的礼服,其上衣与普通西服相同,通常为黑色或深蓝色的短上衣(在东南亚及其他热带国家和夏日避暑地,也有着白色上衣的),衣领为圆领或剑领,并镶缎面,与白衬衫、黑领结、黑皮鞋、黑袜子搭配,一般不戴帽子和手套。袜子颜色与上装相同,多为黑色,并饰有缎带,裤脚不卷起,使用背带。小礼服是晚上六点钟以后穿的服装,适用于较正式的晚宴、晚会、音乐会、观看歌舞剧等场合。

c. 大礼服。也称燕尾服。深色高级衣料制成,前身较短,后身较长而下端张开像燕子尾巴,翻领上镶缎面,裤腿外侧有丝带,通常系白色领结,配黑色皮鞋,黑丝袜,戴白手套。燕尾服是晚间最为正式的礼服,用于隆重庄严的场合,适用于参加婚礼晚宴、观歌舞剧、授勋仪式、舞会、招待会、递交国书等活动。

(2)女士礼服

总的来说,女士礼服要根据男士的着装来决定。

A. 中式女礼服。最常用的中式女礼服为旗袍。旗袍有各种不同的款式和花色,作为礼服的旗袍最好是单一的颜色,一般常在绸缎面料上刺绣或饰物。紧扣的高领、贴身、衣长过膝、两旁开衩、斜式开襟,这些都是旗袍的特点。在礼仪场合穿着的旗袍,其开衩不宜太高,以到膝关节上方1—2厘米为最佳,旗袍的长度最好是长至脚面。着旗袍应配穿高跟鞋或半高跟鞋,或配穿高级面料、制作考究的布鞋或绣花鞋。

B. 西式女礼服

a. 常礼服。也称晨礼服,主要在白天穿着,通常由质料、颜色相同的上衣和裙子搭配而成,也可以是单件连衣裙。一般以长袖为多,避免领口开得过大,可佩戴手套和帽子。晨礼服适用于游园会、会见、引见、拜谒、结婚典礼、正式访问、午宴及欢迎外宾所举行的仪式等场合。

b. 小礼服。也称小晚礼服,为长至脚面而不拖地的露背式单色连衣裙,其衣袖有长有短;着装者可根据衣袖的长短选配长短适当的手套,通常不戴帽子或面纱。小礼服适合于参加晚上六点钟以后举行的宴会、音乐会或观看歌舞剧时的穿着。

c. 大礼服。也称大晚礼服,为袒胸露背的、单色拖地或不拖地的、无袖的连衣裙,并佩戴相同颜色的帽子和长纱手套以及各种饰物。近年来,其款式、用料及颜色等正向着自由化发展。大礼服是一种最正式的礼服,主要适用于举行在晚间的各种正式的活动,如官方举行的正式宴会、酒会、观看首场演出、大型正式的交际舞会等。

近年来,各国穿晨礼服、大礼服的情况越来越少,大有穿普通西服可以参加所有活动的趋势。一些稍正式的活动,男性只要穿颜色偏深的西服便无可非议。现今,女性的服装已趋向自由化,各种各样的装束已被社交场合认可,只需要与同行的男性所穿的服装协调即可。

2. 便装

便装,是指平常生活中所穿的衣服,使用范围很广泛。根据不同的用途和环境,便装又分为以下几种:

(1)家居服。与家庭环境相称,在家里休息或做家务时所穿。家居服简便、舒适、格调轻松活泼。早晚穿着的有晨衣、睡衣等,当然,这类衣服不适合会客用。

(2)旅游服、运动服等。可依据情况做好准备,重要的是轻巧、实用、便于行动。

(3)街市服。适用于购物、看影剧、会见朋友,常受流行趋势影响,是时装的重要组成部分。每个人可以根据自己的爱好及自身客观条件选择款式,穿着时一定要注意它是否符合将要去的场合与气氛。面料可选毛、丝绸、化纤或纯棉的。

(4)补正装

补正装,是指贴身服装,有胸衣、衬裙、马甲等,可以起到保洁、保暖、吸汗、防污垢的作用,还可与外衣相称,使外衣显得更为美丽、得体。这类服装,应选择有弹性的面料。

**(二)着装的基本原则**

俗话说"人美,三分靠人,七分打扮"。一个人着装后的状态,不仅表现了着装者的社会地位、趣味、修养、个性及外在形体美,而且也将影响外界对其印象和评价。因此我们在服装的穿着方面不仅要符合服饰的审美标准,也要符合服饰礼仪的要求。要达到此目的,就必须遵循着装的原则,恰到好处地对服装进行选择。

1. TPO原则

TPO是英文time、place、object三个词首字母的缩写。T代表时间、季节、时令、时代;P代表地点、场合、职位;O代表目的、对象。着装的TPO原则是世界通行的着装打扮的最基本的原则。它要求人们的服饰以和谐为美:着装要与时间、季节相吻合,符合时令;要与所处场合环境,所处国家、区域、民族的习俗相吻合,符合着装人的身份;要根据不同的交往目的、交往对象选择服饰,给人留下良好的印象。根据 TPO 原则,着装时应注意以下几个问题:

(1)时间原则。男士有一套质地上乘的深色西装就足以打天下;而女士的着装则要随时间而变换。参加晚会、酒会或喜庆场合时就要多加一些修饰,如佩戴有光泽的首饰,围一条漂亮的丝巾等,服饰可明亮、艳丽些。节假日等休闲时间,着装应随意、轻便些,西装革履则显得拘谨而不适合。晚上出席服装的选择还要适合季节、气候的特点,保持与潮流大势同步;白天工作时间着装应遵循端庄、整洁、稳重、美观、和谐的原则,能给人以愉悦感和庄重感,应穿着正式套装,以体现专业性。

(2)场合原则。在选择服装的具体款式时,应注意区分自己所处的具体场合,并依照礼仪规范和惯例,选择不同款式的服装。正式社交场合,着装宜庄重、大方、考究,不宜过于浮华;听音乐会或看高雅演出时,最好着正装;出席正式宴会时,女士应穿中国的传统旗袍或西方的长裙、晚礼服,男士穿西服;在朋友聚会、郊游等场合,着装应轻便、舒适;在喜庆的场合,应选择色彩鲜艳明快的服装以增加喜庆气氛;在悲伤的场合应穿着肃穆。

(3)地点原则。在自己家里接待客人,可以穿着舒适的休闲服;如果是去公司或单位拜访,穿职业套装会显得专业;外出时要顾及当地的传统和风俗习惯,如果去教堂或寺庙等场所,就不能穿过于暴露的服装。家庭生活中,着休闲装、便装更益于与家人之间沟通感情,营造轻松、愉悦、温馨的氛围。但不能穿睡衣拖鞋到大街上去购物或散步,那是不雅和失礼的。

2. 三色原则

三色原则,是选择正装色彩的基本原则。其含义是要求全身正装的色彩总体上应当以少为宜,最好将其控制在三种色彩之内,而且以一种颜色为主色调,颜色太多则显得乱而无序、不协调。这样做,有助于保持正装庄重、保守的总体风格,并使正装在色彩上显得规范、简洁、和谐。

正装的色彩若超出三种,一般都会给人以繁杂、低俗之感。灰、黑、白三种颜色在服装配色中占有重要位置,几乎可以和任何颜色相配并且都很合适。

## 二、服装的色彩与选择

服装色彩没有好坏,但是要搭配出理想的视觉效果,只有色彩搭配得当才会协调、美观。服装色彩的搭配应从服装美学角度出发,力求色彩的和谐,以简单大方为始,也以简单大方为终。

服装色彩搭配和组合的基本方法有三种:

### (一)同色搭配

同色搭配是以同一种颜色为基色,用其不同饱和度及深浅色的色彩来进行的配色方法,意在以简洁的配色来创造一种和谐的美感。

在服装的同色搭配与组合中,通常采用"由深入浅"的方法。也可采用"由浅入深"的方法,如浅灰色的上衣配深灰色的裤子。在同色搭配中,要注意同色系中深浅程度不同颜色之间的衔接与过渡,力求自然、平稳,避免生硬,以免给人以断裂、失衡的感觉。

### (二)近色搭配

近色搭配是用色谱上相邻及相近的颜色进行搭配和组合的方法。如黄配绿、绿配蓝、白配灰等。

运用这种配色方法,必须遵守服饰礼仪的"三色原则",即不要用色太杂,一般用色不要超过三种色,而且其中最好有一种白色。如在正式场合所使用的服饰,包括西服套装、衬衫、领带、腰带、鞋袜等在内的一切服饰的配色,都应不超过三种颜色。

### (三)对比搭配

对比搭配是用相互对应、相互排斥的对比色进行搭配和组合的方法。如红与蓝、黄与蓝、黄与紫、绿与紫、黑与白等。对比色如运用得当,既可不失各自的特色,又可相映生辉,给人以清新、明快、耳目一新的感觉。

色彩对比搭配主要有三种形式:

(1)将两种对比色加以搭配。即以一种主色调去压住另一种颜色,如红配绿、黄配紫。

(2)将相邻的颜色对比搭配。如红与紫的搭配。

(3)三种颜色对比搭配,如红、黄、蓝、橙、绿、紫等。在对比搭配运用中,应采用以较为柔和、平稳的颜色为主色,主色应突出;配色应以鲜明的饱和色,且愈少效果愈好,少则点缀,多则俗气。

另外,在服装颜色的搭配上,切忌上下身都采用鲜明的颜色,否则会显得刺眼,令人不舒服。上述的色彩搭配知识,仅限于服装本身,还应根据自己的肤色进行选择。

## 三、体型与服装的选择

人的体型千差万别,要想有一个理想的穿着效果,最好的办法是量体裁衣,根据各自的体型特点去塑造服装的外观造型,实现着装个性化以获得和谐与美化造型的效果。

### (一)服装造型的基本原则

服装的款式变化很多,但在选择时应格外注意是否合体。为此,必须遵从服装造型的基本原则:在设计和选择服装时,都要从自己的体型特征出发,采取垂直方向的上升或下降造成高度上的"错觉";或采取外观上横向的空间扩大或收缩,来协调体形上的宽窄,以加强人体的运动感和方向性;或利用某些特征性的局部强调,充分利用多种造型方式,多视角地展现人体的力与美,实现形体和自然最为和谐的结合。

### (二)男士体型与服装选择

男士服装的款式和色彩状态稳定,讲究的是款式本身的造型,穿着的效果。在现实中,男士的身材高、矮、胖、瘦各不相同,这就需要根据个人的具体情况,通过服装的设计及造型加以修饰。

1. 身材较高的男士

上衣应适当加长,配以低圆领或蓬松袖子的衬衣,可以给人以"矮"的感觉。服装的颜色最好选择深色、单色或柔和的颜色。

2. 身材矮小的男士

上衣应稍短一些,使腿比上衣突出,服装款式以简单直线为宜,上下身颜色应保持一致。

不宜穿大花图案或宽格条纹的服装,最好选择浅色的套装。

3. 身材肥胖的男士

在衣服的款式上力求简洁,中腰略收,以后背扎一中缝为好,不宜穿垫肩较厚、领口窄小的服装和高领上衣。最好是选择适度宽敞的开门式领型,以"V"形领最佳,且以冷色或直纹的面料为宜。

4. 身材纤瘦的男士

可用加垫肩的外套,使人显得丰满,且有宽度。穿着便装应避免圆领、尖领、无领、无袖的衣服和短裤。在款式上应选择尺寸宽大、上下分割花纹、有变化的、较复杂的、质地不太软的衣服,切忌穿紧身衣裤,也不要穿深色的衣服。

5. 窄肩或溜肩的男士

不宜穿无袖或连袖的上衣,可通过垫肩、肩袢等增高或加宽肩部。

6. 腰节低、臀部过于突出的男士

宜穿下摆宽松、没有腰身的上衣,以掩饰突出的臀部。下装可采用竖直、窄长、立裆较短的造型,来增加下肢的长度,使肢体显得匀称。

**(三)女士体型与服装选择**

女士的服装不论是在款式还是色彩上都比男士服装丰富多彩。

女士在服装选择时,要遵循个性化原则,使款式和色彩符合自己独有的个性,无论从实用还是从美观的角度,都应将自己的体型特点作为服装选择的基本参照物,这是不同体型女士在服装选择时所必须注意的问题。

1. 身材高大的女士

身材高大的女性在选择服装衣料时应力求质地柔和、洁爽、飘逸,选用横条纹、斜条纹、大块面浪漫配色,可显示高大身材女性的美丽风采。在款式上可选择裙摆大而飘逸的长裙或圆裙,并可在腰部装饰小束或在裙子上做大花样变化的装饰,以减少由于身材高大而引起的压抑感或沉重感。若上身较长可选用有趣味的宽皮带;若腿较短,可选择宽松的上衣来平衡你的全身。

2. 身材矮小的女士

身材矮小的女性在选择服饰时应注意,尽量统一全身的颜色,包括皮鞋和丝袜,否则将会让你的身材弱点暴露无遗,可选用紧身裙或细长的紧身裤,给人以高大感。不宜穿衣领开口过大、多皱折的衣服和裙子,宜穿戴线条简单、图案小巧的服饰。配件的款式以简单为原则,不宜太多或太鲜艳夺目。不要穿太长的裙子或过低腰的衣服,也不宜穿太笨重的鞋子,因为这种穿着会使人们的视线下降,使你显得更矮。

3. 体型很胖的女士

过于肥胖的女性,在选择服装时应特别注意。宜选择薄厚适中、质地较好的衣服,不可穿紧身衣裤或系宽腰带,不宜穿喇叭裙或大摆裙、无袖上衣和无袖连身裙,不宜穿大花、横条纹及大格子的服装,尽量挑选那些既有线条又宽松的款式,腰身可长一点,但不可太紧,服装外形垂直线条越多,越有苗条感。裙子的长度以中等为宜,太长使人显得矮。全身装饰应保持一种色系,以创造一个修长的错觉,不要戴大型的装饰,如肩章、荷叶边、蝴蝶结、喇叭袖、大翻领等。

4. 体型很瘦的女士

苗条的女性服装选择的范围很大,但如果偏瘦,就要注意所选的衣服尽量使自己丰满为好。首先应选择织纹较粗大及较厚的衣料,以便使服装的造型线条清晰起来。上衣宜宽松,不宜紧身,更不宜穿有伸缩性的紧身上衣,上衣的领子上可适当加些肩形饰物。

5. 上身过长的女士

上身过长的女性,势必给人以腿短的印象,为了掩饰这种体型上的缺陷,可采取提高腰际线、增加腿部修长感等方法加以弥补。应选择肩高的衣服,把腰际线提高 3 厘米,可以使用较为宽大的皮带;宜穿紧身长裤或下摆收缩的服装、腰际线较高的连身裙或较长的裙子;还可以穿无横袢的高跟鞋,着淡色长筒丝袜,让脚面与脚部连成一气,增加腿部的修长感,让他人的错觉来掩饰你下身过短的缺陷。

6. 臀部肥大的女士

臀部肥大的女性,严重地影响女性的曲线美。在选择服装时,应注意上衣下摆不要过于宽松而应收缩;避免选择多褶裙、百褶裙、裙子不宜过长,宜穿西装裙,否则将使你的臀部更显肥大;选择柔软而不贴身的衣料。

## 四、西装的着装礼仪

西装是一种国际性的服装,是世界公认的男士正统服装。它造型美观,且有开放式的领型和宽阔而舒展的肩部,腰部略收,穿起来方便,也有风度,给人以落落大方的感觉。西装款式的选择及穿着方面都有一定的讲究和礼仪要求,我们必须注意。

### (一)西装的种类

西装原本是欧美国家的一种传统服装式样,现在已经逐步发展成为一种国际性的礼服。男士西装从款式上可以分为欧洲型、英国型和美国型三种。

1. 欧洲型西装

欧洲型西装非常注重西装的外形。面料厚,衣领较宽,垫肩与袖笼很高,胸部收紧突出,腰身中等,多为双排两粒扣式或双排六粒扣式,纽扣的位置较低,后摆无开衩,整体造型优雅,上衣呈倒梯形。代表品牌主要有卡勒塞尼、杰尼亚、阿玛尼、弗雷、伊夫圣洛朗、瓦伦蒂诺、皮尔·卡丹、津达、杉杉等。

2. 英国型西装

英国型西装非常注重严谨的绅士风度。衣领是 V 形,并且较宽,垫肩较薄,腰部略收,多为单排扣式,后摆两侧开衩,穿着自然、贴身。代表品牌主要有 H. 亨梓曼、安榭德、G&H、登喜路等。

3. 美国型西装

美国型西装非常注重服装的实用功能。面料薄、有弹性,衣领是宽度适中的 V 形,无垫肩,胸部不过分收紧,多为单排扣式,后摆中间开衩,外观方方正正,穿着宽松舒适。代表品牌主要有麦克斯、卡尔文·克莱恩、西费曼、普莱诗、保罗·拉夫·劳伦等。

### (二)西装衬衫的选取

搭配西装的衬衫应为正装衬衫。职场中的商务人员选择的衬衫应以单色为主,无任何图案为佳。衬衫的颜色与花色要与西装外套协调一致,穿深色西装时宜搭配浅色衬衫。当然,现在商界中以白衬衫为最佳选择,白色在搭配各种色彩上都会很适合,特别是在国际性的商务场合,参与人员都应选择白色衬衫。穿着素色西装时可以搭配细纹直条的衬衫,太花哨的衬衫不适合正式的商务场合;带有圆点或方格图案的衬衫给人以轻松、平易近人的感觉,适于轻松、舒适的气氛和环境。如果需要表现专业感与权威感则还是应选择单一色系,不带图案的衬衫为宜。如果西装上衣是带有格子或条纹图案的,则最好搭配素色衬衫。

衬衫在穿着过程中要特别注意:

(1)衣扣要系好。穿西装所搭配衬衫的所有纽扣都必须系上,只有在穿西装而不打领带的情况下,才需要解开衬衫的领扣。

(2)袖长要适度。穿西装时,最美观得体的穿法是衬衫的袖口恰好长出2—3厘米,领子高出西装上衣领子1厘米。

(3)下摆要放好。即无论是否穿西装外套,都要将衬衫下摆放进裤腰之内。

(4)大小要合身。衬衫以正好合体为佳,不要过大也不可过小。

### (三)西装领带的用法

领带是西装配件中"画龙点睛"之物,正式场合必须穿西装打领带。领带的面料是影响其品质的关键。一般好的领带都是选择真丝的软缎、柔波缎、采芝绫等,因其柔软的质地易于打结,飘在男士宽阔的胸前,使男士更具魅力,当然还可选择毛织物、棉织物、混纺织物等。天然织物固然很好,但如果你没有过高的要求,化纤织物易着色的特点,会使你的领带彰显金属般的光彩。

领带的图案色彩可各取所长,但正式场合领带颜色最好不超出三种。领带要亲自打理,不可选择"一拉得"领带。领带打法有多种,一般要根据衬衫领型选择,通常遵循"大领配大结,小领配小结"的原则。领带打好后长度以其下端恰好顶住皮带扣上方为最佳位置。

穿西装打领带时一般不使用领带夹,除非是穿制服或者有特殊需要。例如,工商税务人员,他们的领带夹上面带有国徽,是身份的象征、职业的需要;地位特别高的人,因为经常要挥手致意,必须用领带夹将领带固定住,否则领带会随着挥手的动作从西装中露出来。领带夹应夹在领带的黄金分割点上,即从上向下数至领带的2/3处。

### (四)西装纽扣的系法

穿着西装参加正式的商务场合,就座时需要将扣子全部解开,站立时必须系好。

西装有单排扣和双排扣的区别,穿着双排扣的西装时要将所有的扣子全部系好;单排扣的西装上衣有两粒扣和三粒扣之分,穿着单排两粒扣的西装时,只系上边那粒扣子;穿着单排三粒扣的西装时,可以只系中间一粒或者上面两粒,但不能全系;一粒扣子的西装上衣,扣子必须系上。

### (五)西装口袋的使用

西装上衣下方两侧的口袋属于装饰性的口袋,不能随意放置物品,否则会使西装上衣变形。

上衣左侧外胸袋，除可以插入一块用以装饰的真丝手绢外，不应再放其他任何东西；上衣内侧胸袋，可用来别钢笔、放钱夹或名片，但不要放太大、过厚的东西；西装裤子侧面的口袋只能放纸巾、钥匙；后侧的两只口袋，不应放任何东西。

### （六）西装鞋袜的选择

公关与商务人员穿着西装最好配以黑色硬底皮鞋，并保持鞋面清洁。

穿深色西装不要穿白色袜子和尼龙丝袜，最好选择纯棉、纯毛制品，并以深色、单色为宜，以和西装同色为最佳。

### （七）穿着西装应注意的问题

（1）在穿西装之前，务必将位于上衣左袖袖口上的商标、纯羊毛标志等先行剪除，它们并非与西装的档次、身价有关。

（2）不宜内穿羊毛衫。要想把西装穿得有形有韵，最好不要内穿羊毛衫。若非穿不可，也只能穿一件素色的"V"领薄羊毛衫，既可以打领带，也不至于过分花哨，但不能内穿色彩繁杂或带图案的羊毛衫，也不能穿开襟羊毛衫，更不能穿多件羊毛衫，显得层次繁杂，臃肿雍肿。

（3）需穿长袖衬衣。穿休闲西装，可内穿T恤衫或高领衫，但穿西服套装时只能穿长袖衬衣，而且它的袖口应在上衣袖口之外露出1—2厘米。

（4）衬衫之内勿穿高领内衣。穿着西装，可将衬衣直接贴身而穿，若为御寒须在衬衣之内再加内衣时，须选择"U"领或"V"领内衣，避免内衣外露，影响美观。

（5）注意"三色原则"。穿着西装时要讲求"三色原则"，即全身的颜色不能多于三种，其中同一色系中深浅不同的颜色算一种颜色。

（6）三个部位要同色。穿西装时为了体现男士的风度，必须使皮鞋、腰带、公文包这三种饰品同色。

（7）腰部不要挂东西。在正式的商务场合，男士的腰上不应挂任何物品，如打火机、手机、钥匙等，应将其放在公文包里。

## 五、西装套裙的着装礼仪

### （一）西装套裙的种类

套裙一般可以分为两种：一种是上衣与裙子面料相同、做工相同，属于成套设计，为商界女士普遍推崇，是参加正式商务场合的首选；另一种是上衣与裙子的面料、做工均不同，趋向于随意搭配，这种套裙比较适合于交际场合。从整体造型上还可以将套裙分为上长下长、上短下短、上短下长、上长下短四种款式。

套裙的裙子有多种选择，西装裙、裹裙、一步裙、简裙、人字裙、喇叭裙、旗袍裙等都是比较好的选择，但不能选择黑色皮裙，也不能随意自由搭配，如以西装上衣搭配牛仔裤、健美裤、裙裤等。

### （二）西装套裙的选择

西装套裙比男士西服套装的选择余地要大得多。女士在选择西装套裙时，必须要考虑其面料、颜色、图案等方面的细节问题。

1. 面料选择

西装套裙所选用的面料必须质地上乘，并且上衣与裙子应使用同一面料，这样才能浑然一体,给人以高雅、脱俗的印象。除了女士呢、薄花呢、人字呢、法兰绒等纯毛面料之外,也可选择高档丝绸、亚麻、府绸、麻纱、毛涤等面料,但都必须匀称、平整、光滑、丰厚、柔软、挺括,并且弹性要好,不易起皱。在选择丝、麻、棉等薄型面料或浅色面料制作套裙时,必须内加一条衬裙,其他面料的套裙也最好有衬裙。

### 2. 色彩选择

套裙不仅应上下颜色搭配,而且为了体现女性的端庄与稳重,还应该选择那些淡雅、庄重的颜色,套裙以冷色调为宜,不宜选择那些过于鲜亮的颜色。在搭配上衣和裙子的颜色时,既可选择上下同色,以示正统和庄重;也可选择上浅下深或上深下浅有所对比的颜色,以示动感和活力。前者比较适合正式、庄严的场合,后者适合于喜庆或略微随意的场合。

### 3. 图案选择

西装套裙讲究朴素、简洁,除素色面料外,各种或明或暗、或宽或窄的格子与线条图案,以及规则的圆点所组成的图案的面料,也可以选用。

### 4. 长短规定

女士在穿套裙时对于上装和裙子的长短有严格的要求,不宜过大或过小。套裙的上装最短以向上伸出手臂不露出裙腰为限,最长可以盖住臀部。裙子最短不能短于膝上10厘米,最长不能长于小腿中部,最适合的长度是膝上5厘米。穿着套裙时不能露肩、露臂、露背、露腰、露腹,必须内穿一件款式适宜的衬衫。不能过于透明,更不能使内衣从衬衫的领口外显。

### 5. 鞋袜搭配

穿着套裙时,应当搭配黑色或白色的高跟鞋或半高跟鞋,穿浅色套裙时搭配白色皮鞋,穿深色套裙时搭配黑色皮鞋,与套装同色的皮鞋也可以选择。穿着套裙应当搭配肉色的高筒袜或连裤袜,不能搭配色彩艳丽、图案繁多的袜子,也不能选择低筒袜和中筒袜,出现"三节腿"现象。在正式的商务场合,女士不宜光腿、光脚,否则会有失典雅。

## 六、饰品的选择与佩戴

### (一)配饰的概念和分类

配饰,是指人们在着装的同时所选择佩戴的装饰性物品。它对于人们的穿着打扮主要起着陪衬、辅助、美化的作用。

配饰可分为服饰和首饰两大类。鞋、帽、围巾、手提包、胸针等属于服饰;耳环、项链、戒指、手链等属于首饰。

随着人们生活水平的提高,各类服装配饰也越来越受到人们的喜爱。高贵得体的服装,配上适当的装饰品,将更显你的风采。配饰礼仪,需要注意的主要有两点:一是使用规则,二是佩戴方法。

### (二)配饰使用的八条规则

遵守其使用规则的好处是,既能让首饰发挥其应有的美化、装饰功能,又能合乎常规,在选择、搭配、使用时不至于弄出洋相。

### 1. 数量规则

戴首饰时数量上的规则是以少为佳。在必要时,可以一件首饰也不佩戴。若有意同时佩戴多种首饰,其上限一般为三种。除耳环、手镯外,最好不要佩戴同类首饰超过一件。唯新娘可以例外。

2. 色彩规则

戴首饰时,色彩上的规则是力求同色。若同时佩戴两件或两件以上首饰,应使其色彩一致。戴镶嵌首饰时,应使其主色调保持一致。千万不要使所戴的几种首饰色彩斑斓,把佩戴者打扮得像一棵"圣诞树"。

3. 质地规则

戴首饰时,质地上的规则是争取同质。若同时佩戴两件或两件以上首饰,应使其质地相同。戴镶嵌首饰时,应使被镶嵌物质地一致,托架也应力求一致。这样做的好处,从总体上显得协调一致。另外还必须注意,高档饰物,尤其是珠宝首饰,多适用于隆重的社交场合,但不适合在工作、休闲时佩戴。

4. 身份规则

戴首饰时,身份上的规则是要令其符合身份。选戴首饰时,不仅要照顾个人爱好,更应当使其服从于本人身份,要与自己的性别、年龄、职业、工作环境保持大体一致,而不宜使之相去甚远。

5. 体型规则

戴首饰时,体型上的规则是要使首饰为自己的体型扬长避短。选择首饰时,应充分正视自身的形体特点,努力使首饰的佩戴为自己扬长避短。避短是其中的重点,扬长则需适时而定。

6. 季节规则

戴首饰时,季节上的规则是所戴首饰应与季节相吻合。一般而言,季节不同,所戴首饰也应不同。金色、深色首饰适合于冷季佩戴,银色、艳色首饰则适合暖季佩戴。

7. 搭配规则

戴首饰时,搭配的规则是要尽力与服饰协调,要和自己的其他首饰和谐。佩戴首饰,应视为服装整体上的一个环节,要同时兼顾穿着服装的质地、色彩、款式,并努力使之在搭配、风格上相互般配。例如,戴高档的钻戒配时装。

8. 习俗规则

戴首饰时,习俗上的规则是遵守习俗。入国而问境,入乡而随俗。不同的地区、不同的民族,佩戴首饰的习惯做法多有不同。对此一是要了解,二是要尊重。佩戴首饰不讲习俗,是万万行不通的。

**(三)配饰佩戴的方法**

1. 戒指

戒指一般只戴在左手,而且最好仅戴一枚,至多戴两枚,戴两枚戒指时,可戴在左手两个相连的手指上,也可戴在两只手对应的手指上。戒指的佩戴是一种沉默的语言,往往暗示佩戴者的婚姻和择偶状况:戒指戴在中指上,表示已有了意中人,正处在恋爱之中;戴在无名指上,表示已订婚或结婚;戴在小手指上,则暗示自己是一位独身者;戴在食指上,则表示无偶或求婚。

### 2. 耳环

耳环是女性的主要首饰,其使用率仅次于戒指。佩戴时应根据脸型特点来选配耳环。例如,圆形脸不宜佩戴圆形耳环,因为耳环的小圆形与脸的大圆形组合在一起,会加强"圆"的信号;方形脸也不宜佩戴圆形和方形耳环,因为圆形和方形并置,使方形更方、圆形更圆。

### 3. 项链

项链也是受到女性青睐的主要首饰之一。它的种类很多,大致可分为金属项链和珠宝项链两大系列。佩戴项链应和自己的年龄及体型协调。例如,脖子细长的女士佩戴仿丝链,更显玲珑娇美;马鞭链粗实成熟,适合年龄较大的妇女使用。佩戴项链也应和服装相呼应。例如,身着柔软、飘逸的丝绸衣衫裙时,宜佩戴精致、细巧的项链,显得妩媚动人;穿单色或素色服装时,宜佩戴色泽鲜明的项链。这样,在首饰的点缀下,服装色彩会显得丰富、活跃。

### 4. 胸针

胸针适合女性一年四季佩戴,但应根据季节、服装的不同而加以变化。胸针应戴在第一粒、第二粒纽扣之间的平行位置上,穿西装时别在左侧领上,穿无领上衣时应别在胸前,发型偏左时应当居右,发型偏右时胸针应当偏左。

### 5. 手表

在正规的社交场合,手表往往被视为首饰,对于平时只有戒指一种首饰可戴的男士来说,手表更是备受重视。在西方国家,手表与钢笔、打火机曾一度被称为成年男子的"三件宝",是每个男人随身佩戴的饰品。与首饰相同的是,在社交场合人们所戴的手表往往体现其地位、身份和财富状况。因此在人际交往中,人们所戴的手表大都引人注目。

## 第三节 语言交际礼仪

在人际交往中,运用语言的目的在于交往双方的沟通,即以言表意、阐述己见、彼此交流、增进了解、加强信任,没有语言交流,交往双方往往难以沟通。语言是在进行人际交往、商务交往和公关交往过程中传递信息的最基本、最重要的方式。在进行语言交流和沟通时应注重基本礼仪,并掌握一定的语言运用技巧。

### 一、交谈的礼仪通则

交谈是双向交流,而不是一方发表演说。交谈的双方可能地位或身份不同,但其人格都是平等的,不论是说话者还是听话者都存在尊重对方的问题。一个善于交流的人,首先必须是一位善于倾听的人,不仅能说,而且会听,善于把握交谈的节奏和气氛,处理好交谈过程中的细节问题。善于聆听是交谈的秘诀,为此,作为交谈双方都必须遵从交谈的礼仪通则,即必须遵从谈话和听话两个方面的礼貌要求。

#### (一)谈话者礼仪

##### 1. 语速语调有度

说话时的速度应适中。谈话的速度要缓急有度,应给对方有品味和思考的机会。在谈到重点问题时,应慢而有力,引起对方的注意;当发现对方对自己所说的意思不理解时,自己应有所意识,并及时采取补救措施。说话时语调应力求柔和、悦耳,做到轻重适宜、高低有度、快慢有节。与人正面交谈,声音一般不宜太重,应以对方能听清楚为准;声音重而粗、尖又细则会让人觉得不够友好。

**2. 不能卖弄自我**

交谈时不能滔滔不绝地光谈自己,而应该以平等态度、礼貌待人,即使自己具有权威性,也应多用商量的口气说话,多给别人说话的机会,以增加对方的参与意识,缩短双方的距离,切忌给人居高临下和自以为是的印象。因此,谈话时应尽量寻找引起对方兴趣的话题,使双方的谈话有一个基本的共同思路。

**3. 注意调适气氛**

谈话时要注意听者的反应,注意察言观色。说话时,眼睛要看着对方,观察对方是否认真倾听,并不时地征询对方的意见,给予对方发表观点的机会。当发现对方对自己提出的问题不理不睬或避而不答时,应立即打住或转移话题,及时调整谈话内容或方式。

**4. 平等相待为上**

谈话时要把对方看做平等的交流对象,尊重对方的人格,这是以礼相待的前提。在与人交谈时托腔带调、哼哼哈哈、以势凌人是非常不礼貌的。交谈中忌讳用言辞压人,即使自己是权威也不能强行让对方以自己所说的话作为标准,不准别人提出任何意见或发表议论;更不能以自己的职务、年龄、资历作为轻视对方的理由。否则,此类以势压人的心理将使对方原来对你的尊重变为反感。所以,与人谈话时应将对方摆在与自己同等的位置上,以商量的口吻、温和的语调,用对方易于接受的言辞进行。

**5. 不冷落他人**

多人交谈,谈话人不要把注意力集中在其中的一两个熟悉的人身上,并与之交谈,而要不时地与在场的其他人攀谈,或以目光交流,关顾一下其他人;不能只与个别人谈仅两个人知道的事,而冷落第三者,如果所谈的问题不便让人知道,应另找场合;当有第三者加入谈话,应以握手、点头、微笑或以语言等方式表示欢迎。如谈话时对方的家人在场,也应注意向他们询问或征询几句看法,尤其不要冷落女主人。一旦发现谈话场合有人长久不语,应及时使他融入谈话气氛之中,或适当进行提示,让其发表看法。

**（二）听话者礼仪**

**1. 专注有礼**

在交谈中,作为听话者,首先要目视对方,还可以赞许性地点头或手势等表示你在认真倾听,从而鼓励对方说下去。其次是专心静听,相互交谈,特别是听话者,不能左顾右盼,心不在焉,忌将目光在对方身上乱扫;不能眼看别处,显得很不耐烦,也不能手中玩弄物品、看书看报,不能伸懒腰、打哈欠、抓耳挠腮、轻扣手指、脚打拍子。

此外,听人谈话时忌讳看表,如果这样做,无疑是向谈话者暗示:你对他的谈话已听得不耐烦,或有事要脱身没有时间听他谈下去。

**2. 不轻易打断他人的谈话**

不该打断别人说话,尤其在别人谈到兴头上时更不宜打断,这是谈话的基本礼貌。一般而言,对别人谈话不要随便打断或贸然插话,非打断不可时,也应该礼貌地向对方说:"对不起,请允许我打断您一下。"待自己意见发表后,应立即请对方继续说下去。非插话不可,也应该先通过目光暗示对方,或十分礼貌地插入"对这个问题,我想谈几句"。但对一些表现欲极强、喋喋不休的谈话者,即使有必要打断他的谈话时,也要注意礼貌,不要伤了他的自尊心。

3. 时有反应

听人说话时要专注静听,但要应和说话者。通过表情、手势、颔首,以示听清或赞同,若能在颔首的同时,适时地插入一两句话,则效果会更好。

4. 评价慎重

在交谈中,当对方议论某件事或某个人时,自己不宜轻易作出评价,尤其是不要轻易评价不在场的第三人,如果对方请你谈谈看法,也应该客观公正地表达自己的意见。当你还没听完或听明白对方谈话的意思,不要轻易对对方的谈话作出归纳或下结论。

## 二、交谈的礼貌举止

心理学家认为,人际交往中的信息交流与表达主要有如下几个部分:7%的语调 + 38%的声音 + 55%的表情。也就是说,纯属语言部分的只有7%,而绝大部分是属非语言交往的声音和表情。

因此,作为一个礼貌的交谈者不仅要注意其谈话的内容,更应重视其谈话时所伴随的动作,即礼貌举止,才能做到"彬彬有礼"。礼貌举止,除平和、沉稳的语调外,还包括以下几个方面:

1. 目光神态自然

目光接触是最能传神的非语言交往。通过眼神,谈话者可以了解对方对自己所说内容的真切感受,也可以知道你对对方所谈内容的反映。在空间较大的社交场合,目光交往可以弥补距离过远的不足,使气氛更加融洽和亲切。

2. 体态倾度适宜

一个人不论是站着聊天还是坐着谈话,其体态会自然地表达出你的态度倾向。与人谈话的姿态,既不能过于拘谨,正襟危坐,也不能像朋友圈内坐无定势,正常谈话时的坐姿应是自然轻松的,身体应有一个适宜的倾斜度。一般来讲,后倾10度以上,前倾20度左右,侧倾小于10度。

3. 手势动作正确

正确的手势动作不仅可以用来强调自己思想的见解、增加谈话的色彩,而且也是体现交谈礼貌和礼节的重要方面。在谈话过程中不能用手指点对方的面部,或用手指敲打桌面,不要抓耳挠腮,频频用手理头发。作为谈话者的手势动作应自然大方,不可太频繁或夸张,做到适可而止,力求恰当。

4. 嘴部表现礼貌

与人交往或倾听他人说话正常的嘴部动作应是双唇微开。在交谈时不能边咀嚼食物边说话,即便是在边吃边谈的宴会上也不能这样。说话时不能唾沫四溅,不能打哈欠,以免对方不快或误认为你在下逐客令。如突然间打了哈欠,应向对方解释、道歉,以免误会。

5. 交谈距离合适

交谈距离,指的是个人所需的私人空间领域的半径。交谈距离反映出人们的谈话内容向外界开放的程度,也是检测人们感情交流程度的一种标准,更反映一个人的礼貌意识。双方在交谈时应保持适当的距离,其距离大小往往随着关系的密切程度而不同,双方关系越密切,个人所需的空间领域就越小。交谈距离的确定,除应考虑双方关系的密切程度外,也应考虑对方的文化背景、社会地位。

6. 讲究问话技巧

在双方交谈中,作为听者的发问需要讲究适时,并注意问话的技巧,不要不适时宜地抢对方话头,打断对方说话。高明的问话不但能使问话人达到目的,引导交谈按照预期的目的进行,而且可以调整交谈的气氛。提问需要贴切,即所提问题要符合被问人年龄、身份、文化修养、性格特征、语言环境,使所提问题得体、不唐突。提问腔调、语气、方式都要因人而异。

## 三、语言交际的技巧

交谈是人类交际中最基本的语言活动,既是人们情感交流的表现形式,又是建立良好人际关系的重要手段。复杂的人际关系要求交际语言具有文明礼貌、机智善变的特点。由于交谈的对象、气氛、环境不同,谈话的内容和方式也应灵活机动、不断进行调整,使之能够在任何条件下,坦然地与人交谈并取得别人的好感,这就是谈话的技巧。

### (一)选择话题

在言谈交际过程中,说话总应有一个共同的话题,即交谈过程中涉及的中心内容,它决定谈话的方向。通常情况下,每次交谈的话题或多或少,数目不定,但主要原则是宜少不宜多。如果话题过多,会让对方感到无所适从,不断调整,觉得很累。在商务往来和公关工作中,话题通常只有一个并且要事先确定好,由双方共同商定。

### (二)慎用掩饰

在人际交往的现实中,偶然发生过失是难免的,但对他人的过失采取什么样的语言方式,直接影响交际效果。在语言交际中有时需要我们设身处地为他人着想,运用诚恳而得体的话语给予掩饰,搪塞他人的偶然过失,以维系和增进融洽、友好的交际。面对他人偶然的过失,如直言公布、说明事实真相,尽管你说的是真话,也可能使对方不悦,甚至产生隔阂;若随机临时编造"谎言",为当事人圆场,加以掩饰,则可维护他人或单位的良好形象,如此临时的隐讳与以诚待人,则可赢得对方或对方单位的感激之情,是一种礼貌的语言行为。

### (三)用词委婉

当自己的见解与对方产生分歧时,需要用词委婉,即含蓄、委婉,点到为止、留有回旋余地地表达自己的不同意见。不能不讲究方法,伤害了对方的自尊心,让对方下不了台,感到难堪,但也不能委婉到对方不能理解的程度。

### (四)及时赞美

在交谈中,及时发现对方的优点和长处,并且适时赞美,不仅是一种礼貌,更是一种鼓舞对方继续进行交流的方式,同时也可以加深双方的了解,融洽彼此之间的人际关系。

### (五)多用妙答

妙答之妙主要在于说话有道理、有礼貌,反驳不用粗话,自卫不带谩骂,出言机智,理礼双全。妙答的基本要求是语言机灵,理由充足,结构严谨,天衣无缝,而且是文质彬彬,以礼相答,不得罪和伤害对方,并使他人礼中知理,心悦诚服。

### (六)避免失言

所谓失言,就是在一定场合和情境中无意说出得罪人或伤害人的错话或蠢话,在一定程度上来讲,就是交际失礼。我们在语言交际中要十分注意语言的全方位效应,避免失言。

## 四、演讲礼仪

演讲又称演说或讲演,是当众所进行的一种正规而庄重的讲话,旨在就某一事件或问题向听众发表个人见解或论证某个观点。与一般交谈或闲谈不同,演讲实际上就是当众正式发言,它是一种特殊的思想发表形式,要受到时间的限制、听众需要的制约和现场气氛的感染。实际上,演讲也有一定的礼仪规范可循。演讲者上场时务必大方自然、亮相得体,上场后首先环视一下全场,再进行开场白。

### (一)演讲时要保持充沛的精力

在演讲前,一定要充分休息,养精蓄锐,演讲时则要气宇轩昂或洒脱大方,要表现出应有的气度。

### (二)演讲者的声音要响亮

音量大小根据会场的大小和人员的多少而定,既不要过高,也不要过低,过高易失去自然和亲切感,过低则会使会场出现不应有的紊乱。在音调上应当抑扬顿挫,有所变化,借以突出重点,表达感情,调动听众的情绪。

### (三)演讲语言礼仪规范

演讲语言应力求生动、形象、幽默、风趣,可以多举例证,多打比方,多使用名言警句,但不能乱开玩笑,尤其不能讲脏话。演讲内容应当言之有物,力戒陈词滥调、无病呻吟、无的放矢,要把重点放在演讲正题上。

### (四)演讲表情和动作礼仪规范

在表情和动作方面,要当喜则喜,当悲则悲,不要面沉似水或表情失当。双手的姿势相当重要,能增强演讲的感染力。但双手尽量不要胡乱挥动,可以双手相握,放在身前或身后,或者放松垂在两侧。尽量避免一再重复同一动作,更不要摇头晃脑,指手画脚。

### (五)演讲者的服饰礼仪规范

演讲者的服饰应整洁、朴实、大方。男士的服装一般以西装、中山装、老年装为宜;女士则不宜穿戴过于奇异精细、光彩夺目的服饰。服装过于艳丽,容易分散听众的注意力。

---

**职场案例与实践**

2002 年,著名表演艺术家程冰如在香港遭遇了着装带给他的窘境。那次境遇让程冰如改变了一成不变的老观念:穿衣服确实不能忽视场合。当时,正在香港的某影星获悉程冰如也到了香港,邀请他出席胞兄的画展,并嘱咐他一定去帮忙"捧场"。程冰如到展厅的时间不早不晚,展厅里的人熙熙攘攘,程冰如深深地感到人们的装束无不得体异常,而自己的一身打扮实在有失体面。

程冰如回忆起当时的情景还感慨不已:"我身边的几位老总穿得都很到位:精致西装,风度翩翩,头发抹得光亮整齐,整齐得能看得出梳子在头发上划过的一绺绺痕迹。那位明星一头短发,上衣的两个大尖领,像两把刀一样锋利地伸向两肩,白色的脖子上是金光闪闪的小珠子项链。胡慧中身穿明艳的晚礼服,钩住了所有在场者的视线。个头高大的香港影星邓光荣,一身黑礼服,黑色套头衫,显得那么帅气,那么干练。我呢,尽管西服料子不错,也合体,只是在香港穿了一个星期没离身,裤线早没了,上衣的兜盖不知怎么的反了向了,兜口老是张着,领带呢,恰巧又忘了戴。"

程冰如说最发怵的是头和脚。头发乱,因为他从来不抹油,习惯于早上起床后用梳子随便扒两下就算。"当时,根根头发都各自为政地在头上横躺竖卧,尤其是脑后'旋儿'旁边的那一绺,高高地矗着,不照镜子都能'心知肚明'。脚下一双皮鞋更显得寒酸,因为我穿着它已经走了整整一个星期,所以皮鞋不亮不说,整个都走了形,像两个大鲇鱼头套在脚上。"

程冰如说他感到了一种不自在,一种被环境隔离开来的不自在。更不自在的是很多人都认识他,知道他是内地著名的相声艺术家,这个握手,那个交谈,问这问那,他则答非所问,因为脑子里老想着头上"旋儿"边的那一绺站立着的头发……

从那以后,程冰如非常注意在不同时间、不同场合、不同环境的服饰穿着和饰物的搭配,使得自己的形象更完美。

**案例思考:**

程冰如在画展上为什么会有"一种被环境隔离开来的不自在"的感觉?

## 【思考与讨论题】··················

1. 仪容礼仪规则的主要内容有哪些?

2. 掌握站、立、走的基本要点,并在日常生活中运用。

3. 如何选择服装的颜色?

4. 男士体型与服装选择必须注意什么?

5. 女士体型与服装选择必须注意什么?

6. 西装的款式有哪些?

7. 西装穿着的基本要求有哪几方面?

8. 西装套裙的穿着应注意哪几方面?

9. 戒指具体戴在哪个手指上各表示什么意思?

10. 交谈礼仪有哪些通则?

11. 交谈礼貌有几个方面?

# 第十九章　社交礼仪

【引子】现代社会是一个开放的社会,人际壁垒正在瓦解,国际距离正在缩短,应酬交际越来越多。而应酬交际礼仪在我国的政治、经济、文化交流中,在人们的学习、生活和工作中的作用日益彰显,尤其是在公共关系交往中应酬交际礼仪更显示了其独特的魅力。公关人员要成功地开展公共关系活动,必须熟练地掌握应酬交际礼仪。通过个人良好的礼仪修养,塑造良好的社会形象。

## 第一节　见面礼仪

### 一、称呼礼仪

称呼,是指人们在日常交往应酬之中彼此之间的称谓语。在人际交往中,如何称呼对方体现了双方间的关系亲疏、了解程度、自身的教养和对对方的尊重程度及社会风尚。选择称呼要合乎常规,要照顾被称呼者的个人习惯,入乡随俗。得体的称呼能发挥润滑剂的功效;而不当称呼会令对方不悦,影响彼此的关系甚至交际成功。

**(一)人际称呼的原则**

1. 礼貌

即在称呼中表现为对他人的尊敬和自谦两个方面。通常,人际交往中不要轻易对对方指名道姓、直呼其名。体现尊重他人,可根据具体情况称呼,如长辈、上级、用尊称或称其职务、职称等。

2. 亲切

即通过称呼表达对他人的态度和一定的情感,使对方感到温馨。例如,如果双方关系亲近,可免姓直呼小名或乳名或爱称。

3. 得体

即用符合对方角色的称呼、切合对方心理期待的称呼以及合乎场景的称呼。也就是恰当把握生活中的称呼、工作中的称呼、外交中的称呼及称呼的禁忌。例如,正式场合,用职称、职务称谓上级,而不用私下的"哥儿"称呼,对配偶的父母称"爸爸""妈妈"等。

**(二)称呼的注意事项**

正确、适当的称呼不仅反映着自身的教养和对对方尊重的程度,甚至还体现着双方关系达到的程度和社会风尚。

称呼务必注意:一是要合乎常规,二是要照顾习惯,三是要入乡随俗。

（1）生活中的称呼应当亲切、自然、准确、合理。

（2）在工作岗位上，人们彼此之间的称呼是有特殊性的，要求庄重、正式、规范。以交往对象的职务、职称相称，是一种最常见的称呼方法，例如，张经理、李局长。

（3）国际交往中，因为国情、民族、宗教、文化背景的不同，称呼就显得千差万别。一是要掌握一般性规律，二是要注意国别差异。

（4）在政务交往中，除"先生""小姐""女士"等常见称呼外，还有两种：一是称呼职务（对军界人士，可以以军衔相称）；二是对地位较高的称呼"阁下"。

（5）教授、法官、律师、医生及博士因其在社会中很受尊重，可以直接作为称呼。

**（三）常用的称呼**

1. 称呼姓名

一般的同事、同学关系，平辈的朋友、熟人，均可彼此之间以姓名相称。例如，"王小平""刘军"。长辈对晚辈也可以如此称呼，但晚辈对长辈却不可以这样做。为了表示亲切，可以在被称呼者的姓名前分别加上"老""大""小"字相称，而免称其名。例如，对年长于己者，可称"老张""大李"；对年幼于己者，可称"小吴"。但这种称呼多在职业人士间使用，不适合在校学生。对同性的朋友、熟人，如果关系极为亲密，可以不称其姓，而直呼其名，如"俊杰"；对于异性则一般不可这样做。

在英国、美国、加拿大、澳大利亚、新西兰等讲英语的国家里，姓名一般由两个部分构成，通常名字在前，姓氏在后。对于关系密切的，不论辈分可以直呼其名而不称其姓。俄罗斯人的姓名有本名、父名和姓氏三个部分。妇女婚前使用父姓，婚后用夫姓，本名和父名通常不变。日本人的姓名排列和我们一样，不同的是姓名字数较多，日本妇女婚前使用父姓，婚后使用夫姓，本名不变。

2. 称呼职务

在工作中，以交往对象的职务相称，以示身份有别、敬意有加，这是一种最常见的称呼方法。例如，可以仅称呼职务，如"局长""经理"等；可以在职务前加上姓氏，例如"张局长"；还可以在职务之前加上姓名，这仅适用于极其正式的场合。

3. 称呼职称

对于有职称者，尤其是有高级、中级职称者，可以在工作中直接以其职称相称。可以只称职称，例如"教授""工程师"等；可以在职称前加上姓氏，例如"周教授""徐工程师"。当然，有时可以简化，例如，将"徐工程师"简化为"徐工"，但使用简称应以不发生误会、歧义为前提。可以在职称前加上姓名，适用于十分正式的场合。

4. 称呼学衔

在工作中，以学衔作为称呼，可增加被称呼者的权威性，有助于增强现场的学术氛围。可以在学衔前加上姓氏，例如，"周博士""张院士"；也可以在学衔前加上姓名，例如，"周潘正博士""张舒羽院士"。一般对学士、硕士不称呼学衔。

5. 称呼职业

即直接以被称呼者的职业作为称呼。例如，称教员为"老师"，称教练员为"教练"，称专业辩护人员为"律师"，称财务人员为"会计"，称医生为"大夫"或"医生"。也可以在职业前加上姓氏、姓名。

6. 称呼亲属

亲属,即本人直接或间接拥有血缘关系的人。对本人的亲属应采用谦称,称辈分或年龄高于自己的亲属,可以在其前加"家"字,如"家父";对他人的亲属,应采用敬称,对其长辈,宜在称呼前加"尊"字,如"尊兄"。对其平辈或晚辈,宜在称呼之前加"贤"字,如"贤妹",也可以在其亲属的称呼前加"令"字,如"令堂""令爱"。

**(四)称呼的技巧**

1. 初次见面更要注意称呼

初次与人见面或谈业务时,称谓对方完整的称呼:姓+职务,要很认真、很清楚、一字一句说得特别清楚。例如,"张总经理,您说得真对……"如果对方的职务是"副职",把"副"字去掉;但若对方是总经理,不要为了方便把"总"字去掉,而变为经理。

2. 称呼对方时不要一带而过

在交谈过程中,称呼对方时,要加重语气,称呼完了停顿一会儿,然后再谈要说的事,这样能引起对方的注意。如果称呼得很轻又很快,有种一带而过的感觉,对方听着不会太顺耳,有时也听不清楚,就引不起兴趣。如果不太注意对方的姓名,而过分强调了要谈的事情,就会适得其反。所以,一定要把对方完整的称呼很认真、很清楚、很缓慢地讲出来,以显示对对方的尊重。

3. 关系越熟越要注意称呼

与对方十分熟悉之后,千万不要因此疏忽了对对方的称呼,一定要坚持称呼对方的姓+职务(职称),尤其是有他人在场的情况下。人人都需要被人尊重,越是朋友,越是要彼此尊重。

4. 称呼的亲属化可使人感到温馨

例如,在公共场合,小孩对与自己父辈或祖辈年龄相仿的人称"叔叔""阿姨""爷爷""奶奶"等。

**(五)称呼的禁忌**

1. 使用错误的称呼

常见的错误称呼主要是指误读或是误会。误读也就是念错姓名。为了避免这种情况的发生,对于不认识的字,事先要有所准备,如果是临时遇到,就要谦虚请教。误会,主要是对被称呼的年纪、辈分、婚否以及与其他人的关系做出了错误判断。

例如,将未婚妇女称为"夫人"就属于误会。相对年轻的女性,都可以称为"小姐",这样对方也乐意听。

2. 使用不通行的称呼

有些称呼,具有一定的地域性。例如,山东人喜欢称呼"伙计",但南方人认为"伙计"就是"打工仔";中国人把配偶经常称为"爱人",而在外国人的意识里,"爱人"是"第三者"的意思。

3. 使用不当的称呼

工人可以被称呼为"师傅",道士、和尚、尼姑可以被称为"出家人"。但如果用这些来称呼其他人,会让对方产生自己被贬低的感觉。

4. 使用庸俗的称呼

有些称呼在正式场合不适合使用。例如,"兄弟""哥们儿"等一类的称呼,虽然听起来亲切,但显得档次不高。

5. 称呼外号

对于关系一般的,不要自作主张给对方起外号,更不能用道听途说的外号去称呼对方,也不能随便拿别人的姓名乱开玩笑。

## 二、介绍礼仪

"第一印象是黄金"。现代人要生存、发展,就需要与他人进行必要的沟通,以寻求理解、帮助和支持。介绍是人际交往中与他人进行沟通、增进了解、建立联系的一种最基本和最常用的方式,是人与人进行相互沟通的出发点。在社交场合,如能正确地进行介绍,不仅可以扩大自己的交际圈,广交朋友,而且有助于自我展示、自我宣传,在交往中消除误会、减少麻烦。

属于社交场合的介绍分为自我介绍和他人介绍两种方法。一般介绍有三要素:姓名、供职单位(部门)、职务。介绍时如多提供一点个人资料,可以加深印象,例如,毕业于哪个大学、是哪里人等。不论是他人介绍,还是自我介绍,双方的态度都应谦和、友好、不卑不亢,切忌傲慢无礼或畏畏缩缩。

### (一)自我介绍

自我介绍,就是自己把自己介绍给他人或众人的一种介绍方式。社交活动中,如果想结识某个人或某些人,而又没有人引见,可向对方自报家门,自己将自己介绍给对方。当然,如果有介绍人在场,自我介绍则会被视为不礼貌。

自我介绍是进入社会交往的一把钥匙,是推销自身形象和价值的一种方法和手段。学会自我介绍的方法,能够形成良好的社交"首因效应",改变自己的害羞和胆怯的社交心理,以便顺利地走入社会。

确定自我介绍的具体内容,要兼顾实际需要、所处场景,要具有鲜明的针对性,不要"千人一面"。有时可以把自己的姓名同名人的姓氏或是常用名词相结合,以增强别人的记忆。例如,姓名是"周英"的,就可以介绍为:周总理的"周",英雄的"英"。

1. 自我介绍的类型

(1)在社交活动中,在欲结识某人却无人引见的情况下,可自己充当自己的介绍人,将自己介绍给对方。这种自我介绍叫主动型的自我介绍。

(2)应他人要求,将自己某些方面的具体情况进行一番自我介绍。这种自我介绍叫被动型的自我介绍。

在实践中,使用哪种自我介绍的方式要看具体环境和条件而定。

2. 自我介绍的时机

(1)在社交场合,与不相识者相处时;

(2)在社交场合,不相识者对自己很感兴趣时;

(3)在社交场合,他人请求自己做自我介绍时;

(4)在聚会上与身边的陌生人共处时；

(5)打算介入陌生人组成的交际圈时；

(6)求助的对象对自己不甚了解，或一无所知时；

(7)前往陌生单位，进行业务联系时；

(8)在旅途中与他人不期而遇而又有必要与人接触时；

(9)初次登门拜访不相识的人时；

(10)拜访他人，遇到不相识者挡驾，或是请不相识者转告时。

3. 自我介绍的形式

(1)应酬式的自我介绍。这种自我介绍的方式最简洁，往往只包括姓名一项即可。例如，"您好！我叫迈克。"它适合于一些公共场合和一般性的社交场合，如途中邂逅、宴会现场、舞会、通电话时。它的对象主要是一般接触的交往人。

(2)工作式的自我介绍。工作式自我介绍的内容，包括本人姓名、供职的单位以及部门、担负职务或从事具体工作三项。姓名：应当一口报出，不可有姓无名，或有名无姓；单位：供职的单位及部门，如可能最好全部报出，具体工作部门有时可以暂不报出；职务：担负的职务或从事的具体工作，有职务最好报出职务，职务较低或者无职务，则可报出目前所从事的具体工作。例如，"我叫唐果，是大秦广告公司的公关部经理。"

(3)交流式的自我介绍。也叫社交式自我介绍或沟通式自我介绍，是一种刻意寻求交往对象进行进一步交流沟通，希望对方认识自己、了解自己、与自己建立联系的自我介绍。大体包括本人的姓名、工作、籍贯、学历、兴趣以及交往对象的某些熟人关系等，例如，"我的名字叫王光，是里润公司副总裁。10 年前，我和您先生是大学同学。"

(4)礼仪式的自我介绍。这是一种表示对交往对象友好、敬意的自我介绍。适用于讲座、报告、演出、庆典、仪式等正规的场合。内容包括姓名、单位、职务等项。自我介绍时，还应多加一些适当的谦辞、敬语，以示自己尊敬交往对象。例如，"女士们、先生们，大家好！我叫宋玉，是精英文化公司的经理。值此……之际，谨代表本公司热烈欢迎各位来宾莅临指导，谢谢大家的支持。"

(5)问答式的自我介绍。针对对方提出的问题，做出自己的回答。这种方式适用于应试、应聘和公务交往。例如，对方发问："这位先生贵姓？"回答："免贵姓张，弓长张。"

4. 自我介绍的技巧

自我介绍要恰到好处、不失分寸，必须注意以下几个方面的问题：

(1)把握时机。第一，进行自我介绍一定要力求言简意赅。应尽可能节省时间，通常以半分钟左右为佳，如无特殊情况最好不要长于 1 分钟。为了提高效率，在做自我介绍时，可利用名片、介绍信等资料加以辅助。第二，自我介绍应在适当的时间进行。进行自我介绍，最好选择在对方有兴趣、有空闲、情绪好、干扰少、有要求之时。如果对方兴趣不高、工作很忙、干扰较大、心情不好、休息用餐或正忙于其他交际之时，则不太适合进行自我介绍。

(2)注意仪态。首先，态度要保持自然、友善、亲切、随和，整体上讲求落落大方，笑容可掬。其次，要充满信心和勇气，表达自己渴望认识对方的真诚情感。既不能唯唯诺诺，又不能虚张声势、轻浮夸张。忌讳妄自菲薄、心怀怯意。要敢于正视对方的双眼，显得胸有成竹、从容不迫。最后,语气自然,语速正常,语言清晰。生硬冷漠的语气、过快过慢的语速或者含糊不清的语音,都会严重影响自我介绍的形象。

(3)注重内容。自我介绍的内容包括三项基本要素:本人的姓名、供职的单位以及具体部门、担任的职务和所从事的具体工作。这三项要素,在自我介绍时,应一气连续报出,这样既有助于给人以完整的印象,又可以节省时间。要真实诚恳、实事求是,不可自吹自擂、夸大其词。

(4)讲究艺术。进行自我介绍,应先向对方点头致意,得到回应后再向对方介绍自己。应善于用眼神表达自己的友善、关心以及沟通的渴望。如果你想认识某人,最好预先获得一些有关他的资料或情况,诸如性格、特长及兴趣爱好。这样在自我介绍后,便很容易融洽交谈。在获得对方的姓名之后,不妨口头加重语气重复一次,因为每个人最乐意听到自己的名字。

5. 自我介绍的语言艺术

自我介绍有书面介绍(个人简历)形式和口头形式。

(1)应镇定、自信而清晰地报出自己的姓名,并善于使用体态语言表达自己的友善、关怀、诚意和愿望。如果自我介绍模糊不清,流露出羞怯自卑的心理,会使人感到你不能把握自己,因而也会影响彼此间的进一步沟通。

(2)根据不同的交往目的,注意介绍的繁简。自我介绍一般包括姓名、籍贯、职业、职务、工作单位或住址、毕业学校、经历、特长或兴趣等。自我介绍时应根据实际需要来决定介绍的繁简,不一定把上述内容逐一说出。在长者或尊者面前,语气谦恭;在平辈或同事面前,语气应明快,直截了当。

(3)自我评价要掌握分寸。自我评价一般不宜用"很""第一"等表示极端赞颂的词,也不必有意贬低,关键在于掌握分寸。

总的来说,当本人希望结识他人,或他人希望结识本人,或本人认为有必要令他人了解或认识本人的时候,自我介绍就会成为重要的交往方式。在商务活动中,自我介绍常常承担着拓展交际范围的重任,所以,有关自我介绍的商务礼仪必须烂熟于胸。

**(二)他人介绍**

他人介绍,又称第三者介绍,或为他人做介绍。主要是指经第三者为彼此不认识的双方相互引见、介绍。通常,下述情况有必要通过他人介绍:在家中,见到彼此不相识的客人;在办公地点,接待彼此不相识的来访者;与家人外出,路遇不相识的家人、同事或朋友;陪同亲友,前去拜会亲友不相识者;本人的接待对象遇见了其不相识的人士,而对方又跟自己打了招呼;打算推荐某人加入某一方面的交际圈;收到为他人做介绍的邀请等。

在人际交往活动中,我们经常需要在他人之间架起人际关系的桥梁。在他人介绍时,需注意以下技巧:

1. 了解对方是否有结识的愿望

在向他人介绍时,要了解对方是否有结识的愿望,最好不要向一位有身份的人介绍他不愿认识的人。

2. 掌握正确的介绍顺序

在为他人做介绍时,要遵从"尊者先知"或"先向尊者介绍"的原则。因此,先要确定双方地位的尊卑,然后先介绍位卑者,后介绍位尊者。这样,可使位尊者先了解位卑者的情况。

实践中,应注意按下列顺序介绍:

(1)介绍上下级认识时,先介绍下级,后介绍上级。

(2)介绍长辈与晚辈认识时,应先介绍晚辈,后介绍长辈。

(3)介绍年长者与年幼者认识时,应先介绍年幼者,后介绍年长者。

(4)介绍女士与男士认识时,应先介绍男士,后介绍女士。

(5)介绍已婚者与未婚者认识时,应先介绍未婚者,后介绍已婚者。

(6)介绍同事、朋友或家人认识时,应先介绍家人,后介绍同事、朋友。

(7)介绍来宾与主人认识时,应先介绍主人,后介绍来宾。

(8)介绍与会先到者与后来者认识时,应先介绍后来者,后介绍先到者。

(9)介绍本国人与外籍人士认识时,应先把本国人介绍给外籍人士。

3. 陈述正确的介绍语

介绍人做介绍时,应多使用敬辞。在较正式场合,介绍词也应较郑重,一般以"××,请允许我向您介绍……"的方式。在不十分正式的场合可随便些,可用"让我介绍一下"或"我来介绍一下"的句式。介绍时应语气清晰地说出得体的称谓,有时还可用些定语、形容词、赞美词介绍对方。

4. 运用正确的介绍姿势

被人介绍时,注意手势和表情;被介绍时,眼睛正视对方。除年长或位尊者外,被介绍双方最好站起来点头致意或握手致意,同时应说声:"您好,认识您很高兴"或"真荣幸能认识您"等得体的礼貌语言。经介绍与他人相识时,不要有意拿腔拿调,或是心不在焉;也不要低三下四、阿谀奉承地去讨好对方。

5. 注意介绍的细节

在介绍他人时,介绍者与被介绍者都要注意一些细节:

(1)介绍者为被介绍者做介绍之前,要先征求双方被介绍者的意见。

(2)被介绍者在介绍者询问自己是否有意识认识某人时,一般应欣然表示接受。如果实在不愿意,应向介绍者说明缘由,取得谅解。

(3)当介绍者走上前来为被介绍者进行介绍时,被介绍者双方均应起身站立,面带微笑地目视被介绍者。

(4)介绍者介绍完毕,被介绍者双方应依照合乎礼仪的顺序进行握手,并且彼此问候。

介绍他人认识,是人际沟通的重要组成部分。良好的合作,可能就是从这一刻开始的。

## 三、握手礼仪

### (一)握手的由来与意义

握手,是指在相见、离别、恭贺或致谢时,相互表示情谊的一种礼节。它是人类在长期交往中逐渐形成的一种重要礼节。双方往往是先打招呼,后握手致意。相传握手是石器时代穴居人留下的一种遗俗。在刀耕火种的时期,人们经常手持石头或棍棒,进行狩猎或防身。人们在狩猎的过程中,手中拿着武器,当遇到不属于本部落的陌生人时,彼此双方为了表示没有敌意、恶意，不想发生冲突，就放下手中的武器，然后向对方敞开右手掌亮出掌心，或让对方抚摸掌心，以示友好。随着时代的变迁，这种遗俗逐渐变成一种两手相握的礼节方式，逐渐演变为现在的握手礼节。

现代人通过握手来表示各种各样的情感意义。人们初次见面时，以相互握手表示礼貌。在亲朋好友发生危难时，伸出你有力的手握住对方表示你的同情和支持，通过握手给对方以精神上的鼓励。在两国双边关系谈判结束时，两位最高领导人握手是两国渴望友好、渴望和平的象征，两只手架起的是和平友好的桥梁。

握手具有尊重、友好、关心、敬意、和平、祝愿、感谢、慰问、鼓励等意义。见面时握手，表示友好、欢迎、寒暄；告辞时握手，表示送别以及对他人的问候、感谢、慰问、祝贺、安慰等。握手礼一直沿袭至今，已成为世界上大多数国家最为普遍的见面礼节。握手是一个并不复杂却十分微妙的细节性的礼仪动作，做得好，似乎没有显著的积极效果；但做得不好，却能突兀地显示出负面效果。现代社会中每个人都应学会握手礼仪。

### （二）握手的方式

握手能反映出一个人的心理状态。例如，软弱无力的握手或者故意握得太紧，反映握手者缺乏自信心；而自信者的握手则是略带一点力量的坚定的握手。

一般来说，握手可以分为三种：

1. 支配式

握手时，如果掌心向下，就会传递给对方一种支配性的态度，使对方感到："这个人想支配我，最好谨慎一点。"这种方式让自己显得自高自大，基本不予采用。

2. 顺从式

如果掌心朝上同对方握手，就会传达给对方一种顺从性的态度，使对方感到："我可以支配这个人，他会听我的话。"这种方式能显示出自己的谦恭、谨慎的态度。

3. 平等式

如果两个人都想处于支配地位，那么，一场象征性的竞争就会开始。结果，两个人手掌都会处于垂直状态。地位平等者或为了表示自己不卑不亢的态度多采用这种方式。

握手的标准方式，是行礼时行至距离握手对象约 1 米处，双腿立正，上身略向前倾，头微低，伸出右手，四指并拢，拇指张开与对方相握。握手时应用力适度，上下稍许晃动三四次即可。

### （三）握手的时机

何时宜行握手礼？这是一个十分复杂而微妙的问题，它通常取决于交往双方的关系、现场的气氛以及当事人个人的心情等多种因素。

1. 应当握手的场合

（1）遇到较长时间未曾谋面的熟人，应与其握手，以示为久别重逢而万分欣喜。

（2）在比较正式的场合同相识之人道别，应与之握手，以示自己的惜别之意和希望对方珍重之心。

（3）在家中、办公室里以及其他一切以本人作为东道主的社交场合，迎接或送别来访者之时，应与对方握手，以示欢迎或欢送。

（4）拜访他人之后，在辞行之时，应与对方握手，以示"再会"。

（5）被介绍给不相识者时，应与之握手，以示自己乐于结识对方，并为此深感荣幸。

（6）在社交性场合，偶然遇上了同事、同学、朋友、邻居、长辈或上司时，应与之握手，以示高兴与问候。

（7）他人给予了自己一定的支持、鼓励或帮助时，应与之握手，以示衷心感激。

（8）向他人表示恭喜、祝贺之时，如祝贺生日、结婚、生子、晋升、升学、乔迁、事业成功或获得荣誉、嘉奖时，应与之握手，以示贺喜之诚意。

（9）他人向自己表示恭喜、祝贺时，应与之握手，以示谢意。

（10）对他人表示理解、支持、肯定时，应与之握手，以示真心实意、全心全意。

**2. 不必握手的场合**

（1）对方手部负伤或负重。

（2）对方手中忙于他事，如打电话、用餐、喝饮料、主持会议、与他人交谈等。

（3）对方与自己距离较远。

（4）对方所处环境不适合握手。

**（四）握手的礼规**

**1. 原则：遵循"尊者决定"**

即尊贵的人有握手的主动权。在公务场合，握手时伸手的先后次序主要取决于职位、身份，由位尊者首先伸出手，位卑者此后予以响应，决不能贸然抢先伸手。待女士、长辈、主人、已婚者、职位高者伸出之后，男士、晚辈、客人、未婚者、职位低者方可伸出手与其相握。若一个人要与许多人握手，那么有礼貌的顺序是先长辈后晚辈、先主人后客人、先上级后下级（例如，客人到主人家做客，应该是主人先伸手表示欢迎）。握手必须基于双方之间意愿，不可强求。

**2. 神态：专注、自然、热情、友好**

要面带微笑，注视对方的眼睛，边握手边开口致意，切勿傲慢冷淡，敷衍了事，东张西望，同时与他人打招呼。握手时双方的视线应水平，视线向下表现权威感和优越感，视线向上表现服从与任人摆布。切忌左右手交叉同时与两人相握，也不宜隔着中间的人握手，不妨等别人先握手，然后再伸手。切勿显得自己三心二意，如果迟迟不握他人伸出的手，或是一边握手一边东张西望，甚至忙于跟其他人打招呼，都是极不应该的。有的国家视交叉握手如同一个十字架，认为它会招来不幸。

**3. 姿势：起身站立**

向他人行握手礼时，只要有可能，就应起身站立。除非是长辈或女士，否则坐着与人握手是不合适的。握手时，双方彼此之间的最佳距离为1米左右，因此握手时双方均应主动向对方靠拢。若双方距离过大，显得像是一方有意讨好或冷落另一方；若双方握手时距离过小，手臂难以伸直，也不大好看。最好的做法，是双方将要相握的手向各自侧下方伸出，伸直相握后形成一个直角。握手时，年轻者对年长者、职务低者对职务高者都应稍稍欠身相握。

**4. 手位：单手或双手**

在握手时，手的位置至关重要。常用的手位有两种：

（1）单手相握。以右手单手与人相握，是最常用的握手方式。例如，男士与女士握手时，一般只宜单手轻轻握女士手指部位。

（2）双手相握。双手相握又称"手套式握手"，即用右手握住对方右手后，再以左手握住对方右手背。这种方式，适用于亲朋故旧之间，可用以表达自己的深厚情谊。有时为表示特别尊敬，可用双手迎握。一般而言，此种方式的握手不适用于初识者与异性，因为它有可能被理解为讨好或失态。双手相握时，左手除握住对方右手手背外，还有人握住对方右手手腕、手臂，按住或拥住对方右肩，这些做法除非是面对挚交，否则最好不要滥用。

5. 力度：两公斤左右

握手时，为了向交往对象表示热情友好，应当稍许用力，以在两公斤左右为宜。与亲朋故旧握手时，所用的力量可以稍微大一些；与异性以及初次相识者握手时，则千万不可用力过猛。与人握手时，不可毫不用力，不然就会使对方感到缺乏热忱与朝气；但也不宜矫枉过正，在握手时拼命用力。握手时不可用力过度，过紧地握手或毫无气力只用手指部分漫不经心地接触对方的手，是不礼貌的。

6. 时间：3 秒钟以内

在普通情况下，与他人握手的时间不宜过短或过长。大体来讲，握手的全部时间应控制在 3 秒钟以内，一般握住之后轻摇两三下即可。握手时两手稍触即分，时间过短，好似在走过场，又像是对对方怀有戒意；而与他人握手时间过久，尤其是拉住异性或初次见面者的手长久不放，则显得有些虚情假意，甚至会被怀疑为"想占便宜"。

7. 时机：一般不立即主动伸手

年轻者、职务低者被介绍给年长者、职务高者时，应根据年长者、职务高者的反应行事，即当年长者、职务高者用点头致意代替握手时，年轻者、职务低者也应随之点头致意。和年轻女性或异国女性握手，一般男士不要先伸手。

8. 礼规：男女有别

男士握手时应脱帽，切忌戴手套握手；军人与他人握手时不必脱军帽，应先行军礼然后握手。西方国家，女士身着礼服戴手套时，与他人握手可以不摘手套。

女士假如不打算与向自己问候的人握手则可欠身致意，不要视若不见，或者扭身而去，平白无故地拒绝与他人握手是失礼的。

此外，在来者较多的聚会场所，可只与主人和熟人握手，向其他人点头致意即可。

## 四、其他见面礼仪

### （一）拱手礼

拱手礼，又叫作揖礼，在我国至少已有两千多年的历史，是我国传统的礼节之一，常在人们相见时采用。即两手握拳，右手抱左手。行礼时，不分尊卑，拱手齐眉，上下加重摇动几下，重礼可作揖后鞠躬。

目前，它主要用于佳节团拜活动、元旦春节等节日的相互祝贺。有时也用在开订货会、产品鉴定会等业务会议时厂长、经理拱手致意。

### (二)鞠躬礼

鞠躬,即弯身行礼,是表示对他人敬重的一种礼节。"三鞠躬"被称为最敬礼。

在我国,鞠躬常用于下级对上级、学生对老师、晚辈对长辈,亦用于服务人员向宾客致意,演员向观众致谢。

### (三)拥抱礼

拥抱礼是流行于欧美的一种礼节,多用于官方、民间的迎送宾客或祝贺致谢等社交场合,通常与亲吻礼同时进行。拥抱礼行礼方法:两人相对而立,上身稍稍前倾,各自右臂向上,左臂向下;右手环拥对方左肩部位,左手环拥对方右腰部位,彼此头部及上身向左侧相互拥抱,然后再向右拥抱,最后再次向左拥抱,共三次才礼毕。

### (四)亲吻礼

行亲吻礼时,往往伴有一定程度的拥抱,不同关系、不同身份的人,相互亲吻的部位不尽相同。父母与子女之间是亲脸、亲额头;兄弟姐妹、平辈亲友是贴面颊;亲人、熟人之间是拥抱、亲脸、贴面颊。在公共场合和社交场合,关系亲近的女子之间可以吻脸,男子之间是拥肩相抱,男女之间一般是贴面颊;长辈对晚辈一般是亲额头,只有情人或夫妻之间才吻嘴。在许多国家的迎宾场合,宾主往往以握手、拥抱、左右吻脸、贴面颊的连续动作表示最真诚的热情和敬意。

### (五)吻手礼

男子同上层社会贵族妇女(只能是已婚)相见时,如果女方先伸出手做下垂式,男方则可将其指尖轻轻提起吻之。如女方地位较高,男士要屈一膝作半跪式,再提手吻之。此礼在英法两国最流行。

### (六)合十礼

合十礼又称合掌礼,流行于南亚和东南亚信奉佛教的国家。其行礼方法是:两手掌在胸前对合,掌尖和鼻尖基本相对,手掌向外倾斜,头略低,面带微笑。

### (七)脱帽礼

见面时男士应摘下帽子或举一举帽子,向对方致意或问好。若与同一人在同一场合前后多次相遇,则不必反复脱帽。进入主人房间时,客人必须脱帽。在庄重、正规的场合应自觉脱帽。

### (八)名片礼

初次相识,往往要互呈名片。呈名片可在交流前或交流结束、临别之际视具体情况而定。递送名片时最好用双手,名片的正面应朝着对方;接过对方的名片后应致谢。一般不要伸手向别人讨名片,必须讨名片时应以请求的口气。例如,"您方便的话,请给我一张名片,以便日后联系"。

### (九)注目礼

注目礼是以注视受礼者并目迎、目送来表示敬意的一种礼节。行注目礼时,行礼者应面向或将头转向受礼者,呈立正姿势,抬头挺胸,注视受礼者,目迎和目送,待受礼者还礼后目光平视或将头转正。

奏国歌升降国旗仪式、各种会议的升降旗仪式、运动会颁奖仪式都要向国旗行注目礼。

着军装的军人参加升旗仪式时要行军礼,戴红领巾的少先队员要行少先队队礼。接受检阅时,受阅者应向检阅者首先行注目礼。

# 第二节　应酬交际礼仪

## 一、约会与邀请礼仪

### (一)约会礼仪

1. 约会的概念

约会,是指约请亲友、同志或有关单位、个人等候本人或本单位代表前往见面的商定性通知。

它的使用范围广泛,只要是希望、请求与对方见面的个人或单位,都可以约会。例如,协商合作、洽谈贸易、商讨问题、交换意见、礼貌性的拜访,甚至闲聊等都可以约会。约会是见面前的商定,是对对方礼貌的请求。通过约会,可以避免吃"闭门羹",也免得打乱别人的正常安排。约会还可以使双方都有所准备。

2. 约会的礼仪

(1)明确约会时间。不论是什么性质的约会都要事先商定好,把约会的时间和地点确定下来,免得主人不好安排自己的活动。最后,在约会前夕再互通电话确认一下时间和地点,并问明行走路线。

(2)正确选择约会地点。约见长者,应到他家去,登门拜访;同事朋友可以根据情况在某一方的家里,也可以在外边茶馆、咖啡厅、餐馆或其他场合;如果约见商业谈判的对手,则一般不在家里,可以在单位、客人下榻的宾馆或餐厅、咖啡厅等。

(3)明确约会目的。如果对方提出的约会要求、目的和内容不清楚时,就要问一下有什么事,要不要事先准备些什么东西。如果是自己主动提出约会要求,就要向对方说明约会的用意,请对方事先做哪些准备,带些什么东西,使约会在充分准备的基础上进行,其效果必然会较好。如果对方有拒绝之意,就不要勉强,为难对方,可以有礼貌地问以后什么时候方便再进行约会,并表示歉意。

(4)把握约会时间。赴约时,必须准时到达约会地点,最好能提前几分钟,如果有什么特殊情况迟到了,要向对方说明原因并表示歉意,请对方谅解。

(5)注意个人仪表形象。赴约时,必须服饰整洁合体,根据当时的具体情况,如季节、早晚、约会场所、约会对象等进行简单的化妆和修饰。如果是男士,则需刮胡子、理发、剪指甲、擦皮鞋之类;如果是女性的话,除了要把头发理好之外,还需适当抹些口红、擦些粉之类。

### (二)邀请礼仪

1. 邀请的概念和种类

邀请,是指约请亲友、同志或有关单位、个人前来参加本人或本单位某个礼仪活动或进行会面的商定性通知。

邀请的使用范围很广。例如,个人的家宴、婚礼、丧礼、喜庆等都要使用邀请;机关团体、企事业单位举行各种典礼仪式或业务活动,如开幕开工典礼、展览会、招待会、研讨会、业务洽谈会、交流会、宴会、文艺晚会、舞会等也要使用邀请。

邀请比约会更具礼节性。一个人或一个单位,要举行某项礼仪活动,应当考虑得更周到、全面。只要是有些关系的,都应当尽量邀请到,即使明知对方不能前来,也应该邀请,因为邀请具有礼节意义,用邀请书通知一下对方,使对方感到你对他的礼貌和尊重,有利于双方关系的进一步发展。

一般情况下,邀约可以分为正式与非正式两类。

(1)正式邀约,既讲究礼仪,又要设法使被邀请者备忘,故它多采用书面的形式。正式的邀约,有请柬邀约、书信邀约、传真邀约、电报邀约、便条邀约等具体形式。它适用于正式的商务交往中。

(2)非正式邀约,通常是以口头形式表现的。相对而言,它要显得随便一些。非正式的邀约,也有当面邀约、托人邀约以及打电话邀约等不同形式。它多适用于商界人士非正式的接触之中。

前者可统称为书面邀约,后者则可称为口头邀约。

在正式邀约的诸多形式中,档次最高,也最为商界人士所常用的当属请柬邀约。凡精心安排、精心组织的大型活动与仪式,如宴会、舞会、纪念会、庆祝会、发布会、单位的开业仪式等,只有采用请柬邀请嘉宾,才会被人视为与其档次相称。

请柬又称请帖,它一般由正文与封套两部分组成。不管是购买印刷好的成品,还是自行制作,在格式和行文上,都应当遵守成规。

请柬正文的用纸,大都比较考究。它多用厚纸对折而成。以横式请柬为例,对折后的左面外侧多为封面,右面内侧则为正文的行文之处。封面通常采用红色,并标有"请柬"二字。请柬内侧,可以同为红色,也可采用其他颜色。但民间忌讳用黄色与黑色。在请柬上亲笔书写正文时,应采用钢笔或毛笔,并选择黑色、蓝色的墨水。红色、紫色、绿色、黄色以及其他鲜艳的墨水,则不宜采用。在请柬的行文中,通常必须包括活动形式、活动时间、活动地点、活动要求、联络方式以及邀请人等项内容。

2. 应邀与婉拒

应邀或婉拒是接到邀请后做出的反应,都应讲究有关礼仪。

(1)及时答复

除了面邀和电邀之外,对请柬邀请一般都应即刻回函或电话回复,表示自己很高兴应邀出席。如因故不能接受邀请,应婉拒。对邀请要及时答复,以免主人不知道被邀请方不能赴约而浪费精力和财力。

回函的基本礼仪:第一,回函,无论是接受函,还是拒绝函,均须在接到书面邀约之后三天之内回复,而且回复得越早越好。请柬必须在收到后一星期内回复。第二,回函的格式,可参照发出者的书面邀约。在人称、语气、措辞、称呼等方面,与之不相上下,就算不上失礼。第三,如果在宴会前临时决定要多带未受邀人士一起参加,应及时打电话通知对方。第四,如果你已接受邀请,届时却因意外事耽搁而迟到,甚或不能出席,应及时打电话通知主人。

（2）应邀注意事项

第一，核定邀请范围（如是否携带夫人、孩子），留意服装要求。第二，准时赴约。既不要到得太早，也不要迟到。到达现场后应主动与站在门口的东道主或工作人员打招呼、握手，然后和其他宾客点头致意。对后来的客人，不管相识与否，都应笑脸相迎、点头致意和握手寒暄。第三，入座前要看清自己的座次，不是主宾，不要坐到主宾席上。第四，若应邀参加节目、生日庆贺活动，应准备鲜花等礼品；若应邀参加自费聚会，应带钱前往。第五，活动结束时，应向主人告别，并酌情与周围人话别。

## 二、拜访与迎送礼仪

拜访与迎送是社交过程的重要礼仪活动。高朋满座、朋友如云是事业兴旺和人情练达的标志。

### （一）拜访礼仪

人际关系离不开拜访，拜访是联络感情、发展关系的一种必不可少的手段。但无论是事务性拜访、礼节性拜访或是私人拜访，都应遵循一定的礼仪规范，从进门、落座、交谈、入席到告退，都有一些约定俗成的做法和规范。

1. 有约在先，不做不速之客

拜访时，切勿未经约定便不邀而至。尽量避免前往其私人居所进行拜访。在约定的具体时间通常应当避开节假日、用餐时间、过早或过晚的时间，以及其他一切对方不方便的时间。如果抵达约定的地点之后，在进入对方的办公室或私人居所的正门之前，有必要先向对方通报。如果未能与拜访对象直接见面，或是对方没有派人员在此迎候，则应该等候。

2. 准时赴约，不做失约之客

这不仅是讲究个人信用，提高办事效率，而且也是对交往对象尊重和友好的体现。如果因故不能准时抵达，务必及时通知对方，或征求对方意见，改期拜访，但一定要向对方郑重地道歉。

3. 彬彬有礼，不做无礼之客

当主人开门迎客时，务必主动向对方问好，互行见面礼。切忌不拘小节，失礼失仪。如果主人一方不止一人之时，则对对方的问候与行礼，在先后顺序上应合乎礼仪惯例。标准的做法有二：一是先尊后卑；二是由近而远。在此之后，在主人的引导之下进入指定的房间，切勿擅自闯入，在就座之时，应该与主人同时入座。如果自己到达后，尚有其他客人在座，应先问一下主人，自己的到来会不会影响对方。

为了不失礼仪，在拜访外国友人之前，应随身携带一些备用物品，如纸巾、擦鞋器、袜子与爽口液等，简称为"涉外拜访四必备"。注意入室后的"四除去"，即除去帽子、墨镜、手套和外套。

4. 举止文明，不做粗鲁之客

在拜访时要注意自尊自爱，并且时刻以礼待人。与主人或其家人进行交谈时，要慎择话题，切勿信口开河，出言无忌。与异性交谈时，要讲究分寸。对在主人家里遇到的其他客人要表示尊重，友好相待。不要无意间冷落对方，或置之不理。如果遇到其他客人较多，既要以礼相待,也要一视同仁,切勿明显地表现出厚此薄彼,而本末倒置地将主人抛在一旁。在主人家里,不要随意脱衣、脱鞋、脱袜,也不要大手大脚,动作嚣张而放肆。未经主人允许,不要在主人家中四处乱闯,随意乱翻、乱动、乱拿主人家中的物品。

5. 衣着得体,不做失礼之客

在拜访他人时,一定要注意仪表整洁,衣着得体。必须站有站相、坐有坐相,要端庄大方,彬彬有礼。这既是对主人的尊重,也是自身文明教养的体现。在到达主人门前,应主动在门垫上擦净鞋底。夏天拜访他人时,再热也不要随便脱去衬衫和长裤;而冬天进屋后,再冷也应摘下帽子,同时还应脱去大衣和围巾,并切忌说"冷",以免引起主人的误解。

6. 适时告辞,不做讨厌之客

在拜访他人时,一定要注意在对方的办公室或私人居所里停留时间的长度。总体上讲,应当具有良好的时间观念,不要因为自己停留的时间过长,从而打乱对方既定的其他日程。

一般情况下,礼节性的拜访,尤其是初次登门拜访,应控制在一刻钟至半小时之内,最长的拜访,通常也不宜超过两个小时。有些重要的拜访,往往需由宾主双方提前议定拜访的时间和长度。在这种情况下,务必要严守约定,决不单方面延长拜访时间。自己提出告辞时,虽主人表示挽留,仍须执意离去,但要向对方道谢,并请主人留步,不必远送。在拜访期间,若遇到其他重要的客人来访,或主人一方表现出厌客之意,应当机立断,知趣地告退。

**(二)迎送礼仪**

古人言:"有朋自远方来,不亦乐乎。"迎来送往,是社交、公务活动中的两个重要环节。迎送工作主要包括准备、迎客、待客和送客四个环节。迎宾待客,要考虑周到,讲究礼仪,关怀备至,使来访者有宾至如归之感。

1. 充分准备

(1)无论是哪一种类型的来访者,接待人员都要思想重视,做好必要的准备工作,注意飞机、车、船到达前的准备工作,如了解班次、时间,备好交通工具,接站标牌,准时到达,切勿迟到、早退。特别是接待外宾,更要准备充分,提前到达。

(2)如果客人需要留宿,主人应将房屋事先清扫干净,物品放置整齐,打开门窗通风,保持空气清新,尽量使环境舒适。此外,主人还应根据客人的性别、年龄、爱好、来访目的等准备一些糖果、烟酒以及个人所需要的书籍、资料等物品。对远道而来的客人,还要准备饭菜,预订旅馆、酒店,代订车、船、机票。

(3)在迎接大批客人或不相识的客人时,要有接站的特定标识,如举着写有本单位名称的标牌,以便客人在远处就可辨别。否则,很容易错过要接的客人。

2. 热情迎客

(1)为了表示热情好客,主人应在客人来访前做好迎接准备。对于上级、贵宾、外宾来访,应组织适当规模的欢迎仪式。特别是涉外迎接,东道主还要献花,所献的花应以鲜花为好。但要注意不同国家与民族的爱好与禁忌,不能以自己的主观好恶为标准。

(2)接到客人后,应主动问候,表示欢迎。对远道而来的客人,可以说"一路辛苦了,欢迎到来"或者说"欢迎,欢迎","你好,见到你很高兴"等话语。如果客人手提重物,应主动帮助接提。

（3）在客人与主人相互见面介绍之后，一般由主人陪同客人乘车到达住所。如果陪同的是外宾，按照国际惯例，客人应坐在主人的右侧，译员应坐在司机旁边。主人应从左侧车门上车，避免从客人座前穿过。

3. 礼貌待客

（1）在接到远方来客后，应先将其送到住处。回程途中，可以向客人介绍当地风俗、民情、气候、特产、物价等情况，并可询问客人在此有无私人活动需要代为安排。将客人送达住处后，不要久留。首先要给客人以适当的休息时间，然后再安排其他活动，如会见、会谈、宴请、文艺演出、体育表演、参观游览等。与客人分手时，要记得告诉客人下次见面的时间和联系方式。

（2）如果接待的客人是留宿在主人家，那么接客人进屋时，应主人在前，客人在后；进入客厅后，应请客人在上座就座。客人一旦落座，就不再劝其换位。来客如是亲朋挚友，可以不拘礼节，随便一些反而显得亲密无间；来客如是师长，则应注重礼节，不可轻率、随便。如客人不期而至，无论工作多忙，都应停止手中的工作，起身热情接待。如客人没打招呼，推门而入，也应立即起身表示欢迎，不能拒之门外。

一般来说，茶水、饮料放在客人的右前方，点心、糖果放在客人的左前方；上茶应从客人的左边上。从卫生角度讲，对客人不主动敬烟也不算失礼，若要敬烟，应将烟盒的上部朝着客人，用手轻弹出几支香烟让客人自取；如为客人点烟，最好用打火机，打一次火只为一个客人点烟，不要点"转转火"。

与客人交谈，态度要诚恳热情，认真专注，不要时而干这，时而干那，更不要频频看表，显出厌倦或不耐烦的样子。万一主人有急事要办，应向客人说明并致歉。对于远道而来的客人，如有准备的话，可以真诚地请客人一起用餐。

4. 留恋送客

（1）当客人要走时，应婉言相留。这是情谊的自然显示，并非俗套与多余。当客人起身告辞时，主人应和在场的人起身道别。主人送客，一般应送到门外或楼下，待客人伸出手来握别时，方可相握，切不可在送客时先"起身"或"出手"，免得有厌客之嫌。送客时，应走在客人的后面，目送客人远去时，可挥手致意，并道以"欢迎再来！"远客或年纪大的客人，如有需要（走路不方便、路不熟等），则应送到车站、码头，待客人上车、上船并等车、船开动消失在视线以外后再返回；送客至机场，应待客人通过安全检查处之后再返回。和上司一起送客时，要比上司稍后一步。

客人拜访，常带有礼物，主人应表示谢意，说声："让您破费了，真不好意思"等；决不可若无其事，显出"理所当然"或"受之无愧"的样子。一般情况下，应遵循"礼尚往来"的原则，在收下客人礼品的同时回赠必要的礼品。

（2）到车站、码头和机场送客，应在客人检票之前到达，有时则需要使用自己的交通工具送行。在办公室或家中送客，要等客人站起来告别后方可起身相送，否则是失礼的。特别是不要急于与对方握手、寒暄，说"请走好"之类的话，而应说"再坐坐吧！"之类的话语。客人离开前，主人应提醒他们检查带来的东西是否已带走，还有没有需要商谈、讨论的事。离别时，应邀请对方再来，表达留恋之意，并祝一路平安。

### 三、问候与寒暄礼仪

日常交际免不了相互问候与寒暄,掌握其中的礼貌用语是社交的客观要求。问候就是向对方说一些表示良好祝愿或欢迎的话。对他人真诚的问候,是增加生活乐趣和增进感情的一种礼节形式。寒暄也是人际交往中不可缺少的会话形式,它是指人们见面时用一些应酬话或见面语,向别人问好,表示自己的慰问和友好态度。

**(一)问候的礼仪**

1. 问候的方式

不同的场合有不同的问候方式。可以是口头问候,也可以是书信问候;可以是寄贺卡或明信片问候,也可以是以电话、电子邮件问候。问候方式除了语言问候外,有时可以根据场合不同,分别施以动作问候。

(1)语言问候。常见的问候语有:"您好""早安""晚安""打搅了""好久不见,您近来好吗""好久不见,非常想念""认识您,很高兴"等。这些问候语看似简单,却能反映出一个人的教养,它听起来平易近人,令人舒心,能引起交谈双方的交谈兴趣,也是表达感情的一种方式。

随着时代的发展,问候语日益变得简洁、抽象。一般来说,普遍流行和稳妥的问候语为微笑地道一声"您好!"如果彼此非常熟悉,按平时的称谓称呼一下,也算是问候,如"李老师""王叔叔"等。

(2)动作问候。如果见面后觉得没话可说,用点头、微笑、招手、握手等动作问候也可以。尤其是在双方关系一般或仅是面熟而已,且距离甚远的情况下,微笑点头也算是问候了,女士尤其如此。

2. 问候的种类

人际关系的融洽离不开一定的感情因素,而一定的情感表达通常通过一定的问候予以传递。问候可以分为日常问候和特殊问候两种。

(1)日常问候。这是亲朋好友、同事、师生之间互致的问候。有按时间问候,例如,早晨上班、上学,同学、同事相互见面问好:"你早""早上好",下班、放学时说声:"再见""明天见"等。也有按场合问候,例如,上班或上学离家时向父母家人打个招呼道别:"爸爸妈妈,我走了,"回到家见到父母说声:"爸爸妈妈,我回来了。"家里人也应回答:"你走好,早点回家!""回来了,歇会吧!"

(2)特殊问候。特殊问候一般有节日问候、喜庆问候或道贺和不幸时的问候或安慰。在民间遇到婚嫁、祝寿、店铺开张、事业有成、乔迁新居等喜事,一般都应向其表示祝贺并致问候。对于丧葬、事业受挫、家庭变故、失恋、遭灾等不幸,要表示同情、安慰或协助操办相关事宜并给予必要的帮助。

3. 问候的基本礼仪

问候别人应面带微笑、和颜悦色、语调温和、充满诚意、目光注视对方;不能敷衍了事、心不在焉;也不能粗声粗气、面无表情或嬉皮笑脸。

(1)主动问候。在人际交往中,表示真诚和友好的问候,都应主动积极。一般情况下,年轻人应主动问候年长者;男士应主动问候女士;下级应主动问候上级。主动问候别人,是尊重他人的表现,即使对方比你年轻,你若能主动问候对方也无妨,只会增进你们之间的友情。

(2)互相问候。被人问候后,应及时回敬问候,而且眼睛应热情地注视对方。例如,对方问候"您好",可以回应一声"您好";当对方说"见到您很高兴"时,可以回答"谢谢!见到您我也很高兴"等。

(3)周到问候。在问候时,不要只顾熟悉者或较有身份者,若遇对方是一群人,其中只有个别人熟悉,一般情况下虽然只与熟人打招呼,但目光也应顾及其余人,以表示对陌生人的尊重,这也是对熟人的尊重。

(4)恰当问候。问候一定要避免使对方感到尴尬,不要触及对方的隐私,也不要涉及对方不愉快的话题。例如,问候西方人,力求做到"七不问",即不问年龄、婚姻、收入、住址、经历、工作、信仰,否则会被人认为有意窥探他人的隐私。

问候还要注意不要在双方相距较远时高声叫喊,即使是最熟悉的朋友,也不要这样做,否则会被视为失礼,在公共场所大声问候也是不合礼仪的。

### (二)寒暄的礼仪

交谈的第一礼仪程序是问候和寒暄,即通常说的"开场白"或打招呼。打招呼虽然是日常生活中的常见现象,但是,也必须遵循一定的礼仪规则,否则就容易在打招呼时失礼。

**1. 主动、热情地问候寒暄**

在日常生活和工作中,若遇熟人,应主动热情地打招呼,互相问候寒暄,不能视而不见,更不应故意把头扭向一边,擦肩而过,这是最起码的礼貌。但也不宜在路边聊个不停,影响他人走路。最常见的寒暄就是"你好"。

**2. 适度、恰当地问候寒暄**

遇见朋友、同事主动问候寒暄是有礼貌、有教养的表现,但是,问候寒暄一定要注意分寸,千万不要涉及一些个人隐私的话题。例如,"你去哪""你在干嘛""你在忙什么呢?"这类问候寒暄要尽量避免。

**3. 大方、得体的问候寒暄**

很多人都有这样的遭遇,就是在路上遇到不太熟悉的异性会觉得很尴尬,不打招呼似乎不礼貌,打招呼又不太好意思,或怕对方误会。正确的做法是,女性在路上遇见不很熟悉的男性,只要点头招呼,不要显得太热情,亦不要用冷冰冰的面孔打招呼;男士遇到不太熟悉的女士,应先主动打招呼,但不要显得过分殷勤。

## 四、探望与馈赠礼仪

### (一)探望礼仪

生活中每个人都免不了要探望病人、家人、亲戚、朋友,给他们带去安慰和祝他们早日康复的愿望。探望病人的方式得当,会给别人增添战胜疾病的信心和勇气。那么,如何探望病人才是正确得当的呢?

**1. 探望病人的基本礼仪**

(1)遵守院规。一般医院对探望病人都有规定的时间,所以,探望病人时应遵守医院的探望时间,否则,会影响医院的正常工作秩序,也会影响病人的治疗和休息。探望病人最好避开休息时间,以免影响病人休息。

(2)注意防病。探望病人前,应当对病人所患的疾病和病情有所了解。例如,探望患传染病的病人,要尽量避免接触病人的用具、衣服,更不要带小孩去医院。

(3)举止得当。病人在患病期间,心理状态比较特殊和敏感。因此,在探望病人时,如果语言不慎或举止不当,往往会增加病人的思想负担和强化他们的猜疑心理,给他们增添不必要的精神压力。

探望病人时要注意以下几个方面:

(1)进屋时轻轻敲门,让病人感到自己仍然受人尊重。进入房间后,见到病人要像以前一样握手(不宜握手的病人除外),这样可以消除病人的戒备心理。同时尽快找把椅子挨着床边坐下,这会使病人有一种亲切的感觉。

(2)见到医院的各种治疗仪器,千万不要大惊小怪,以免增加病人的压力。

(3)注意说话的语气。不要用惊讶的口气问:"你怎么啦?""毛病重不重啊?"最好用平常、温和、自然的口气问:"你今天感觉好多了吧?"探望病人,说话一定要同病人家属、医生的口径一致,以免引起病人的怀疑;更不可轻易当着病人面泄露"天机",以免影响治疗效果。要有分寸地用乐观的话语鼓励病人,不要提及使病人不愉快或有损病人自尊心的事情。

(4)探望病人的时间不宜拖沓,一般以15分钟为好。时间太长,会影响病人休息。

2. 探望病人要慎选礼物

按照民间习俗,探望病人总要携带些礼物。但是,礼物的挑选要注意根据病人的病情,不可随便。选择探望病人的礼物,应更多地注重精神效应。如一本有趣的画册、一束香味淡雅的鲜花、一份可口的食品,都会使病人感到生活的乐趣,增强战胜疾病的信心。不过,送鲜花前,最好打听一下,该病人及病房是否允许送鲜花。探望病人的礼物选择,应注意下面的基本常识:

(1)探望高血压、冠心病、胆囊炎、肾炎和高烧病人,宜带含有维生素的清淡食品,如新鲜水果、水果罐头、果汁等。

(2)糖尿病人、水肿病人,可以带含有蛋白质的食品,如奶制品、蛋类、肉松等。

(3)气管炎、肺气肿、肺结核等咳嗽、咳血的病人,可送有补养、润肺、止咳作用的核桃、蜂蜜、银耳和梨等。

(4)妇科病、贫血等病人,或孕妇、产妇,宜带营养和补血的红糖、鸡蛋、鲜虾、奶制品和豆制品等。

(5)肝炎、低血糖等病人,可带白糖、蜂蜜、大枣等。

(6)胃肠道疾病,宜带些易消化无渣的藕粉、麦乳精、果汁等。

(7)肿瘤病人,宜送香菇、人参水果等。

探望病人时,下列食品不宜携带:

(1)炎症病人,不宜送含动物蛋白质的食物,如肉、鱼、蛋等。

(2)糖尿病人,不宜送各种糖果、甜点、水果、果汁等含糖食品。

(3)急性胰腺病人必须禁食,只靠静脉输液维持,所以,探望时不能送任何食品。慢性胰腺炎病人,因食物消化发生明显障碍,不能送高脂食物,如鸡、鸭、肉类、奶油、蛋糕等。

（4）胃和十二指肠溃疡病人，不宜送奶油蛋糕、橘子汁、杨梅露、糟肉等含刺激性的食品。

（5）菌痢、肠炎病人，不能送香蕉、蜂蜜、奶油蛋糕、核桃等。

（6）胆囊炎、胆结石病人，不宜送含油量较多的食品。

**（二）馈赠礼仪**

馈赠是商务活动中不可缺少的交往内容。随着交际活动的日益频繁，馈赠礼仪能起到联络感情、加深友谊、促进交往的作用，因此越来越受到人们的重视。

1. 确定馈赠目的

（1）为了交际。要使所选礼品能反映送礼者的寓意和思想感情，并使寓意和思想感情与送礼者的形象有机地结合起来。

（2）为了巩固和维系人际关系，即"人情礼"。人情礼强调礼尚往来，以"来而不往非礼也"为基本准则。因此，无论从礼品的种类、价值的大小、档次的高低、包装的式样、蕴含的情义等方面都呈现多样性和复杂性。

（3）为了酬谢。这类馈赠是为答谢他人的帮助而进行的，因此，在礼品的选择上十分强调其物质利益。礼品的贵贱厚薄，取决于他人帮助的性质。

2. 选择馈赠礼品

（1）投其所好。选择礼品时一定要考虑周全、有的放矢、投其所好。可以通过仔细观察或打听了解受礼者的兴趣爱好，然后有针对性地精心挑选合适的礼品。尽量让受礼者感到馈赠者在礼品选择上是花了一番心思的，是真诚的。

（2）考虑具体情况。选择礼物要考虑具体的情况或场合。例如，厂庆可送花篮，逢节可送贺卡等。

3. 把握馈赠时机

馈赠要注意时间，把握好机会。

（1）传统的节日。春节、中秋节、圣诞节等，都可以成为馈赠礼品的黄金时间。

（2）喜庆之日。晋升、获奖、厂庆等日子，应考虑馈赠礼品以示庆贺。

（3）企业开业庆典。在参加某一企业开业庆典活动时，要赠送花篮、牌匾或室内装饰品以示祝贺。

（4）酬谢他人。当自己接受了别人的帮助，事后可送些礼品以回报感恩。

4. 掌握馈赠礼节

要使对方愉快接受馈赠并不是件容易的事情。即便是精心挑选的礼品，如果不讲究赠礼的艺术和礼仪，也很难达到馈赠的预期效果。

（1）注意包装。精美的包装不仅使礼品的外观更具艺术性和高雅的情调，显示出赠礼人的文化艺术品位，而且还可以避免给人俗气的感觉。

（2）注意场合。当众只给一群人中的某一个人赠礼是不合适的，给关系密切的人送礼也不宜在公开场合进行。只有象征着精神方面的礼品，如锦旗、牌匾、花篮等才可在众人面前赠送。

（3）注意态度和动作。赠送礼品时，只有态度平和友善、动作落落大方并伴有礼节性的语言，才容易让受礼者接受礼品。

（4）注意时机。一般赠礼应选择在相见、道别或相应的仪式上。

（5）处理好有关单据。礼品上写有的价钱和标签一定要清除干净。但如果礼品是有保修期的"大物件"，如家用电器、电脑等，可以在赠送礼品的时候把发票和保修单一起奉上，以便将来受礼人能够享受三包服务或方便其转手处理。

5. 掌握受礼礼仪

（1）一般情况下，不应当拒绝受礼。如果觉得送礼者别有所图，应向他明示自己拒收的理由，态度可坚决但方式要委婉。

（2）接受礼物时，不管礼品是否符合自己的心意，受礼者都应表示对礼物的重视。对贺礼以及精美礼物，应当面打开欣赏，并赞美一番。

（3）接受了他人的馈赠，如有可能应予以回礼。有礼有节的馈赠活动，有利于拉近双方的距离，增加合作的机会。作为商务活动的重要内容之一，馈赠活动越来越受重视，并得到广泛的使用。而馈赠的商务礼仪，也就成为职业经理人必备的专业知识之一。

### 五、沙龙与舞会礼仪

#### （一）沙龙礼仪

"沙龙"是法文 Salon 的音译，法文原意为"会客室""客厅"。17 世纪末期至 18 世纪，法国巴黎的文人和艺术家经常接受贵族妇女的招待，在客厅聚会，谈论文艺等问题。后来，就把有钱阶层与文人雅士交谈的场所叫做"沙龙"。

现在，沙龙已经逐步形成为室内社交聚会的一种形式。

1. 沙龙的类型

沙龙的类型多种多样，主要有：

（1）社交性沙龙。由较熟悉的朋友、同事结成的定期或不定期的聚会。例如，同乡联谊会、校友联谊会等，以促进相互之间的了解和友情，从而形成固定的社会关系网络。

（2）学术性沙龙。由职业、兴趣相同或相近的人组成，以探讨某一领域问题为主要目的。以文学、艺术、科技等研究性为主。

（3）应酬性沙龙。以接待来访者、谋求增进了解和友谊为目的。例如，接待客人来访的座谈会、茶话会、舞会等。

（4）文娱性沙龙。以联络感情和相聚娱乐为目的。

（5）外语沙龙。以爱好外语的人进行交流为目的。

（6）综合性沙龙。兼有多种目的，促进人们自由交谈，互相了解，提高文化水平。

2. 沙龙的礼仪

虽然沙龙聚会形式比较自由、随意，但毕竟是聚会，应当讲究必要的礼仪。

（1）应当明确聚会的时间、地点等。这是公众活动所必须也是必要的条件，要传达及时、有效，以确保沙龙尽可能顺利地进行。

（2）赴会的人要按时到场，穿着不一定要讲究面料，但一定要给人留下好印象。不同性质的沙龙可能对服装的要求会各有所不同，参加者应当事先考虑好。例如，参加一个学术讨论性质的沙龙，就没必要穿得奇装异服来吸引别人的注意。

（3）言谈真诚。沙龙是展示个人修养、结交新朋友的重要社交形式，所以言谈务必真诚。要言之有物、言之有理，紧紧围绕主题，防止空洞和信口开河。

（4）要尊重别人，不轻易打断他人的发言，插话时要礼貌地说一声"对不起"。

（5）举止文雅大方。文雅大方、彬彬有礼的举止有助于树立良好的形象，赢得大家的信任、友谊和尊敬。

**（二）舞会礼仪**

舞会礼仪涉及多方面的内容，大体可分为两方面：一是舞会的策划和主办者应注意的礼仪问题，涉及举办舞会的目的，主办单位与主持人的确定，舞会的规模、时间、场地、音乐等。二是舞会的参加者应当注意遵守的礼仪规范问题。这里，我们主要和大家探讨的是后一个问题，因为这些与公关活动有着更为密切的关系。

1. 邀请舞伴的礼仪

（1）男士要主动邀请女士。根据惯例，在舞会上邀请舞伴时，男士应当主动邀请女士。舞曲响起后，男士可行至拟邀跳舞的女士面前，先跟与她一起就座的男士或其他人点头示意，然后向被邀女士点一下头，或者欠身施礼，目视对方并轻声说："请您赏光"或"可以请您跳舞吗"。女士也可以主动邀请男士跳舞，具体做法与男士邀请女士相类似。但不同的是，一般情况下女士可以拒绝男士的邀请，而男士一般不宜谢绝女士。

在正式的舞会上，一个人不宜单独跳舞，更不宜同性共舞，尤其是有外宾参加的舞会，这是最基本的规矩。在西方人看来，同性共舞有同性恋的嫌疑，尤其是男性共舞。

（2）拒绝邀请应得体。在舞会上一般不宜对邀请表示拒绝。如果出于某种原因，不想接受他人的邀请，只要做得得体，也不算失礼。最佳的拒绝方法是"我想暂时休息一下"，或者"这首舞曲我不大会跳"，以便给邀请者一个台阶下。这时女士也不要马上接受其他人的邀请。

（3）要服从社交任务，顾全大局。邀请舞伴时不能单凭个人好恶，还须兼顾实现公关任务的工作需要，遵守如下规范：

第一，有意识地多交换舞伴，扩大社交面。

第二，主人要重点照顾好自己的主要客人。自第一支舞曲开始，主人应按尊卑顺序依次邀请主要客人各跳一支曲子。演奏第二支舞曲时，男主人应邀请女主宾跳舞，男主宾应当回邀女主人；女主人也可以邀请男主宾。演奏第三支舞曲时，男主人应邀请次女主宾跳，次男主宾则应当回邀女主人；女主人也可以邀请次男主宾……

第三，作为来宾，在邀请舞伴时有较大的选择。但应当主动抽时间邀请一下主人，而不一定等待对方来邀请自己。对于同来之人，以及被介绍给自己的人，如果有可能也应相邀一次。

2. 跳舞过程的礼仪

（1）注意上场、下场的规矩，给舞伴应有的尊重。上场时，男士应主动跟在女士身后，让对方来选择跳舞地点；下场时，不宜在舞曲未完之际先行离去。男士可在原处向女士告别，或是把对方送回原来的地方再离开。

（2）舞姿应当文明优美。跳舞时，身体要端正。通常为男士领舞，领舞与伴舞者之间不宜相距过近，双方胸部应有 30 厘米左右间隔，以维护自己的人格尊严。跳舞时，男女双方都不要目不转睛地凝望对方,也不要表情不自然;男士不可把女士的手捏得太紧,不可把整个手掌全贴在女士的腰上;不要在旋转时把女士拖来扯去,或是腿部过分伸入女方两腿之间。女士不要把双手套在男士的脖子上,也不要把头部主动俯靠在对方的肩上。

3. 塑造良好形象

(1)着装干净、整洁、端庄。男士宜穿西服套装或长袖衬衫配长裤,女士则可穿中长袖的连衣裙。

(2)清除身体的异味。出席舞会之前,一定要洗澡、理发、漱口。不要吃葱、蒜、韭菜、海鲜、腐乳之类气味经久不散的食物,不要饮酒。在舞场上,不要吸烟,不要为消除异味而咀嚼口香糖。

(3)抵达要早,告退要晚。

(4)舞兴要有所控制。

(5)要尊重主人为舞会所做的一切安排。不管当面还是背后,都不对舞会安排进行批评。不要随便要求改动舞会的既定程序,不要凭个人兴趣和愿望要求临时改换舞曲或要求延长舞会时间。

(6)同性之间要互谅互让。男士不要与别人争舞伴。对于其他男士邀请自己的女伴,要表现得宽容大度。

(7)异性交往要有分寸。在舞场上,不要对异性过分献殷勤;不要跟刚刚相识的异性长时间地厮守在一起;不要过多与对方讲心里话或过多了解对方详情。

## 六、婚丧与寿庆礼仪

婚丧寿庆礼仪,是比较正规和严肃,有章可循的。现代社会,要求婚丧寿庆礼仪既要办得简朴,又要遵循一定的程序。

### (一)婚庆礼仪

谈婚论嫁,是人生的必经之路,也是男女一生中最幸福、最快乐的时光,是人生的重要转折点和一个崭新的起点。古往今来,婚嫁大事都是一个永恒和美丽的话题,有一套礼仪,使婚嫁礼仪更加完善、精美、有序、回味无穷、恒久纪念。

1. 拜见双方家长

男女双方通过自由恋爱、朋友介绍等多种途径相识、相知、相爱、相恋,最终喜结良缘。虽然现代社会主张自由恋爱,但若能得到双方家长的首肯和祝福,则能获得爱情和亲情双丰收。

因此,出于礼貌,首先,未来的新郎应当拜见未来新娘的父母,征得他们的同意和支持,同时表示自己会一生一世将其女儿以关爱、照顾、呵护,让她永远幸福;其次,未来的新郎还要带未来的新娘拜见自己的父母,希望他们喜欢并同意自己的选择;最后,未来新郎的父母要主动约请未来亲家,双方家庭在友好气氛中见面,共商婚礼的各项具体事宜。

2. 婚礼的筹备

在男女双方履行法定的结婚手续后,筹备人和结婚当事人就要为结婚大典奔波忙碌。首先,要确定举行婚礼的时间、地点及规模;其次,要拟订一个出席结婚典礼的嘉宾名单,并发出请柬;最后,要购买结婚礼物,选定结婚礼服,张罗伴娘、伴郎。

3. 结婚典礼

结婚这一天,新郎应到新娘家迎接,然后一起到举行仪式的饭店或宾馆。婚宴上,新郎、新娘须相偕至各席为来宾敬酒,而来宾也会以礼回敬,这时新郎新娘完全推辞,滴酒不沾是失礼的;相反,"来者不拒",统统一饮而尽,最后喝得烂醉,也是有损风度与体面的。因此,敬酒时应安排一位或几位酒量较好的朋友相陪代酒。

4. 来宾应遵循的礼仪

(1)礼服要喜庆。就服装而言,一般来说是没有什么特殊的禁忌,颜色搭配除了不用黑色以外没有特殊要求。出席婚宴时,客人应选择比新郎、新娘简单大方的装束。尤其是女性客人,打扮得比新娘更漂亮,难免有"喧宾夺主"之嫌,也是不礼貌的。但是,来宾的衣着也不能太过简单,显得太寒碜或随便。

一般情况下,男性可穿西式套装或深色礼服;女性穿洋装、连衣裙或一般礼服即可,但应避免新娘专门的白色,如此才合乎婚宴礼节。

(2)礼金要巧送。送钱给新人是最明智的选择,毕竟送实物时,种类、式样、颜色等都很难如新人之意。包红包的原则,一般是双数,但8和4不用,4是众所皆知的忌讳数字,而8则有"别"的意思。礼金是一种祝福,到底该包多少实在没个准,只要不要太少,不犯禁忌就行。

在婚宴接待处递上贺礼时,不要只是将贺礼递过去即了事,要真诚地说一句"恭喜恭喜"。当然,贺礼必须是用红包袋装起来的,不要随随便便,更不要在接待员面前拆开。

当新人敬酒时,即使不会喝酒,干杯时也应该拿酒杯碰一下嘴唇。吃饭时应与周围人保持一致的速度,吃得太快或太慢,都是不得体的。

(3)举止要得体。在婚礼上,话题要紧紧围绕着婚礼,千万不要谈论你自己。也不要计较新人与你相处、交谈时间的长短,因为在婚礼上,新人需要接待的客人很多,所以,要谅解新人。

若你碰巧有事需要在婚礼上告退时,除非新人就在你身边而且空着无事,一般不必向新人面辞。

**(二)吊慰礼仪**

生活中,除了喜事,还有丧事。失去亲人,是人生最大的痛苦。得体、庄严、隆重而又文明节俭的丧礼,是对死者的怀念和追忆。一般来说,对待丧事是很郑重的。失去亲人的人,此时最需要抚慰,所以,对于亲友的不幸,理应认真对待,注意环节。

1. 服饰仪容

参加丧礼时,应注意穿着,花花绿绿、色彩艳丽的服装是不适合这种场合的。素净的衣服与庄重的心情是奔丧的要诀。服装的颜色应以朴素和深色系为主,样式简单整齐就好,不要穿奇装异服或过于打扮,也不要戴珠宝等装饰物。脸上化妆不宜太浓,施点淡妆即可。浓妆艳抹会令死者家属心生不快,也是失礼的表现。

2. 举止庄重、得体

参加丧礼时,态度应庄重,举止应得体。在丧礼上,遇见亲朋好友不要大声打招呼,更不要高声聊天,这些都是不雅之举,有失礼仪。

3. 奠仪

(1)奠仪。赠送奠仪不像贺仪那样可以任选礼品。一般采用的是挽幛、挽联、花圈、花篮等。当然,也可以直接送白包。一般可在白色信封的最右边写上"悼"某某人或某某人"仙逝",中间写"香仪"或"奠仪"即可,最左边写自己的名字加"敬悼"或"敬挽",注意位置需稍低些。但白包里面的金额数目切忌双数,因为中国人讲好事成双。至于奠仪多寡看心意,只要记得金额包单数就行,如101元、201元等。假如因事外出而延后收到讣告,可以在49天之内,也就是所谓的"满七"之内再补送奠金。

(2)唁电。接到讣闻后,无法抽空到现场奔丧的话,可以托人带慰问信或致电表示关心与慰问之意,要注意的是唁电的署名之后不能用敬挽,而要用"敬唁",切忌在收到讣闻后不予回音。

### 4. 致祭

参加丧礼仪式时,应准时到达,并在签到簿上签名,领取应佩戴的物品,安静地进入丧礼会场。无论参加公祭或自行治丧,都包含上香和鞠躬两个动作。向逝者致敬的这些行为称做"吊"。丧仪完毕应向家属表示哀伤之意,希望对方能节哀顺变,称为"唁"。

### 5. 追悼会

对死者致悼念之词时,应注意逝者的性别、身份和年龄,选择适当的敬词和称谓,以免闹出笑话。参加丧礼态度要恭敬,保持缅怀与感伤的心情,不要大声喧哗,更不能谈笑风生,也不要迟到早退,这些都是失礼的行为。

### (三)寿辰礼仪

按照我国传统,年轻人逢生辰只能称"过生日",不能说"祝寿",原因是怕"折寿"。一般五六十岁的老人才有资格在生辰接受祝寿。祝寿过生日是人生礼仪中的重要内容,把握好这方面的礼仪,是社交中应具备的起码常识。

### 1. 祝寿的基本礼俗

在我国民间,60岁之前为"过生日",之后为"祝寿"。每逢60、70、80岁等称大寿。亲朋好友要随带必要的礼品——寿礼或寿联。更重要的是,对老人讲讲祝寿、宽慰、开心的话,使其愉快、长寿。

饮食方面,过生日只吃面条或生日蛋糕就行了,而祝寿一般要吃寿桃、寿面为礼,本家还有外加白糖、云片的。寿桃被视为仙桃,面条取其绵长,都表示祝贺长寿。同时还送寿幛寿联,用来书写吉祥语。隆重的还设寿堂,摆寿烛,张灯结彩。

寿星坐在正位,接受亲友和晚辈的祝贺。拜寿礼,还有主持者喊礼,辈分不同,拜礼也有区别。平辈只是一揖,子侄为尊长庆寿要四拜,有的还用寿盘盛鸡蛋四个,或枣汤一碗奉于寿者。贺寿仪式完毕,共吃寿宴,祝寿酒。寿桃、寿面也有向邻居家分送以谢祝贺的。

### 2. 祝寿的基本礼仪

来拜寿的宾客或亲朋好友要注意衣冠整洁,最好穿色调明快的服装,忌穿全黑、全白或只有黑白图案的服装。

给老人祝寿时,按照民间礼俗,就座时,应该是"寿星"坐在上首正中,其余的客人,要按照年龄辈分就座,而不能像平常宴客一样让官大、钱多者坐尊位。"皇帝老子做客,东道主坐上",这是民俗礼仪对座次安排的一般看法。虽然就座时,大家会谦让一番,但最终实际上还是要按照年龄辈分坐定。

寿宴上,依照习俗要对"寿星"敬酒,并说些祝贺的话。所致之词可繁可简,简单地说几句祝福的话即可,繁杂的可历数当事人生平业绩,并表示大家的美好祝福。切忌说不吉利的丧气话,否则会使老人感到有不祥之兆。敬酒时要顾及老人的酒量和身体状况,切忌强行劝酒,以免伤害老人身体。

祝寿宾客一般要携带寿礼,如寿桃、寿糕、寿面、寿烛、寿屏、寿幛、寿联、寿画等,字画多以松、鹤为内容,也可以送一些对方喜欢的有象征长寿图案的艺术品。当然,还可以送好酒、好茶、手杖等老年用品或服饰。现代社会,人们十分时兴送鲜花、花篮和盆花等,也有赠送代表健康长寿的文竹、万年青、小榕树、罗汉松以及菊花的。

另外,辞别时,一定要向"寿星"及其家人再三致谢,并祝老人健康长寿。

# 第三节　宴请礼仪

## 一、宴请筹备

宴请是待客的一种重要礼仪。大至国宴,小至私人宴请,生活中每个人都有当主人和做客人的经历。在现代社会,随着商业和市场经济的繁荣,私人交往和公务交往都很普遍和频繁,而宴请又是其中一个极其重要的形式。因此,在社会交往和现实生活中,通晓宴请礼仪,提高社交礼仪的能力和加强社交礼仪修养,是大有裨益的。

### (一)宴请的原则

宴请礼仪,一般指的是人们以食物、饮料款待他人,以及自己在宴请活动中,必须认真遵守的行为规范。

宴请礼仪的原则主要有以下两条:

1. "4M 原则"

这是在世界各国广泛受到重视的一条礼仪原则。其中的"4M"指的是 4 个以 M 为字头的单词,即菜单、举止、音乐和环境,他们都是人们安排或宴请活动时,应当注意的重点问题。这条原则强调在宴请活动中,必须优先对菜单、举止、音乐和环境 4 个方面的问题加以高度重视,并应力求使自己在这些方面的所作所为符合律己、敬人的行为规范。

2. "适量原则"

在宴请活动中,无论是活动的规模、参与的人数、用餐的档次,还是宴请的具体数量,都要量力而行。宴请活动务必从自身实际情况出发,切忌虚荣攀比、铺张浪费。尤其对公务人员来讲,应该戒除利用公款大吃大喝。这样做不但对个人身体健康有好处,也有利于树立良好的社会风尚。

### (二)宴请的类型

宴请种类繁多,按照国际上通用的宴请形式主要有宴会、招待会、茶会、工作餐等,至于究竟采取何种形式进行宴请,一般应根据活动的目的、邀请的对象以及经费开支等因素综合考虑。但每种类型的宴请均有与之匹配的规定规格和要求,掌握这方面的知识对于顺利进行社会交往是有积极意义的。

### 1. 宴会

宴会是盛情邀请贵宾餐饮的宴会。按其隆重程度、出席规格,可分为国宴、正式宴会和便宴;按举行时间,又可分为早宴、午宴和晚宴。一般来说,晚宴较之早宴和午宴更为正式、隆重。

(1)国宴。这是国家元首或政府首脑为国家庆典,或欢迎外国元首、政府首脑而举行的规格最高的正式宴会,因而它对礼仪的要求也最严格。

国宴的宴会厅内必须悬挂国旗。国宴由国家元首或政府首脑主持,宾主入席后,乐队奏国歌,主人和主宾先后发表讲话或致祝酒词,乐队要在席间奏乐。参加国宴者必须穿正装,座次必须严格按礼宾次序排列。国宴的请柬、席卡、菜单上都印有国徽。菜肴、餐具要求精美有特色,服务则要求周到、细致、规范、有礼。

(2)正式宴会。正式宴会是官方政府、团体为了迎送宾朋、答谢主人而隆重举行的宴会。其规格仅次于国宴,除了不挂国旗、不奏国歌以及出席人员的规格不同外,其余的安排大体上与国宴相同,也需要排座次,有时也安排席间奏乐。许多国家对正式宴会十分讲究,所以,往往在请柬上注明着装要求。正式宴会对菜肴、酒水、餐具均有一定的要求。服务也要求规范,讲究服务质量和特色。

(3)便宴。这是一种非正式的宴请,其气氛热烈、随和而又亲切,常用于招待亲朋好友,也是商务活动中较普遍使用的宴请形式。便宴的规模一般不大,常见的有午宴、晚宴,有时候也举行早宴。便宴比较简便、灵活,可以不排座位,不作正式讲话。对菜肴的数量、质量、上菜程序、餐具及服务均没有严格的礼仪要求。

(4)家宴。这是生活中常见的类型,就是在自己家中设宴招待客人,以示亲切、友好,西方人也是如此。家宴常由家庭主妇亲自下厨烹饪,家人共同招待客人,显得亲切、自然,让客人有"宾至如归"的感觉。席间宾主会随意交谈,气氛比较轻松、愉快、悠闲、自在,不讲究严格的礼仪。这种形式的宴请,不仅适用于民间,也是商务人士用来联络感情、增进友谊、促进交易的有效形式。

### 2. 招待会

招待会,是指不备正餐的宴请形式。一般备有食品和酒水,通常不排固定的席位,由客人自行挑选、自取自食。常见的形式有冷餐会与酒会。

(1)冷餐会。这种宴请形式的特点是不排席位,菜肴以冷食为主,故称冷餐会。但也可辅之以热菜,连同餐具陈设在菜桌上,供客人自取。冷餐会上客人可以自由走动,也可多次取食。酒水可由服务员端送,也可陈放在桌上。冷餐会一般不提供烈性酒,而提供啤酒、葡萄酒和饮料。由于冷餐会活动自由,不拘于传统就餐形式,所以,被越来越多的人所接受。

(2)酒会。又称鸡尾酒会,这是以酒水为主招待客人的一种宴请形式。这种招待会形式较为活泼,便于广泛接触交谈。招待品以酒水为主,略备小吃、菜点,不用或少用烈性酒。食品多为三明治、面包、小香肠、炸薯片、炸春卷等,不设刀叉,以牙签取食,不设座位,仅置小桌或茶几,便于出席者走动。

酒会规格可高可低,适用于各种节日、庆典、仪式及招待性演出前后。酒会的举行时间在中午、下午和晚上均可。自 1980 年起,我国国庆招待会就已改用酒会这种形式。

（3）茶会。茶会是一种以茶会友的简便的招待形式,通常安排在上午 10 时左右或下午 4 时左右在客厅举行。客厅内可设茶几、座椅,不排座位。但是,如果是为贵宾举行的茶会,在入座时,主人要有意识地和主宾坐在一起,其他人员可以相对随意就座。

茶会,顾名思义就是请客人品茶,因此对茶叶、茶具以及沏茶的用水和水温的选择都十分讲究。茶叶的选择要照顾到客人的品位和习惯。欧洲人一般用红茶,日本人一般喜欢乌龙茶。有外国人参加的茶会,最好再备些咖啡和冷饮。茶会的茶具一般用陶瓷器皿,不用玻璃杯,更不能用热水瓶代替茶壶。茶会上还可以略备点心和地方风味小吃。

（4）工作餐。工作餐是国际交往中常用的一种非正式宴请形式,宾主双方利用共同的进餐时间,围绕工作中的问题边吃边谈。工作餐按用餐时间分为工作早餐、工作午餐和工作晚餐。这种宴请形式既简便又卫生,就餐气氛融洽,彼此都无拘无束,可拉近宾主之间的工作距离,往往能收到正式宴会所难以达到的效果。这类宴请一般不请配偶和其他与工作无关的人员参加。

工作餐一般不排座次,无须致辞。菜肴以方便、快捷、简单、营养、卫生为好,一般也不喝烈性酒。多在小餐厅或招待所食堂举行,如采用分食制,还可以送到工作现场。

**（三）宴请准备**

为了使宴请活动顺利进行,做好宴请的准备工作至关重要。

1. 明确宴请的目的和名义

宴请目的往往是多种多样的,既可以为某个人举行,也可以为某件事举行。例如,开张志喜、纪念日、迎送外宾等都可以举行宴请。同样,为老人祝寿或结婚也都可以进行宴请。宴请,既可以单位名义进行,也可以个人名义举行,具体要根据双方的身份而定。

2. 确定宴请对象和范围

明确了宴请目的后,还需要确定宴请的对象和范围。宴请范围,是指宴请哪些人士、请到哪一级、请多少人、主方请什么人出来作陪。

宴请最好是由主办方单独宴请特定的一方,这样会使对方感到被重视、被尊重,继而能达到宴请的目的——加强沟通,增进友谊。但是,有时公关宴请会有诸多方参加。这时,主办方就要慎重考虑己方与多方之间、多方相互之间的关系如何。关系融洽的,相聚一起也无妨;关系不睦,相聚一堂难免会有尴尬,最终都会对主方产生不满。因此,宴请时必须慎重,最好在确定宴请人选时,将宴请的一方或多方参加者名单列出来,然后根据名单仔细研究,最后再确定宴请人选。

准确的对象和合理的范围,是主人必须要花精力对付的问题。如果漏了该请的,是会产生严重后果的。实际上,在社交中也是失礼的行为。

3. 选择宴请的方式

以何种方式举办宴请,要视具体情况而定。一般正式的、高规格的、人数较少的以宴会形式为宜;人数较多则以冷餐会或酒会更为合适。我国的宴会基本上采用中餐宴会。按照国际礼仪惯例,晚宴被认为规格最高。

4. 确定宴请的时间和地点

宴会时间的确定应对主、宾双方都合适,尤其是要照顾来宾方面。确定宴请的具体时间,主人不能仅仅考虑自己,还要讲究主随客便,即要优先考虑被邀请者。如有可能事先征求一下客人的意见,会使客方感到对他的尊重;或者至少提供几个时间让客方有一个选择。如果宴请对象较多,宴请活动的时间首先要与主宾单位商量,主宾同意后,确定好时间,再去邀请其他宾客。

安排宴会时间应尽可能避开重要的节日、重要的活动及双方或一方的禁忌日。例如,对西方人士不要选择 13 日,更不要选择 13 日星期五,这对他们来说是不吉利的。在国外举办正式宴请,一般都习惯放在晚上进行,而工作餐一般安排在中午的较多。在广东、港澳,亲朋好友聚餐,放在早晨也不足为奇。

宴请地点的选择也是非常重要的,应把握以下几个原则:

(1)环境幽雅。宴请千万不要为了省钱,而马马虎虎找一个环境糟糕的地方举办,以免使被邀者产生误解。

(2)卫生良好。卫生是宴请时不可忽视的重要问题。否则,宴请以后,由于卫生状况不佳,使客人食物中毒,这是令人难堪的。

(3)设施完备。既然宴请别人,为了表示诚意就应该找一个各方面设施条件好一些的地方进行宴请,千万不要在设施简陋的宾馆、饭店进行宴请,这会给客人带来不便,哪还有愉快可谈。

(4)交通方便。这是宴请一定要重视的问题。现代社会,人们的工作节奏快、工作任务繁重,参加宴请,谁都期望在一个路途较近,交通方便的地方。

总之,宴请活动地点的确定,要根据宴请的目的、性质、规格、主人意愿及实际可能状态进行,既不可"装穷",也没必要"摆阔",一切从实际出发。

5. 发出邀请

一般情况下,各种宴请都应发出请柬,以这种方式来邀请宾客出席,既出于礼貌上的需要,也可起到提醒、备忘的作用。邀请有书面和口头之分。前者主要填写请柬,后者主要是直接告诉或打电话邀请。便宴如果已经口头通知或电话约定,则不必再发请柬;工作餐一般不发送请柬。

请柬内容视情况可简可繁,原则是简明扼要,主要包括宴请的缘由、时间、地点以及桌次、位次、服饰要求等。请柬通常提前 1—2 周发出,以便被邀请者及早安排。如果决定用请柬方式发出邀请,那么无论是谁,也无论距离远近,都要平等对待,对所有的人都要用请柬,以示你对所有人的诚意。

对来宾而言,接到请柬也不一定非去不可,你可以根据自己的实际情况决定参加与否。但一定要提前告诉主人并诚恳道歉。最忌讳的情况是发出请柬后,不见其人、不闻其声,这是不懂礼数、没有教养的表现。

6. 拟订宴请菜单

宴请菜肴宜选择精致可口、赏心悦目,冷热、甜咸、荤素、营养、酒水合理搭配,尽可能做到色、香、味俱全,突出特色。拟订宴请菜单应注意以下几点:

(1)宴请的种类、规格及宾客的身份;

(2)客人的饮食习惯与禁忌;

（3）宴请的时间和季节；

（4）主宾的口味、年龄、健康状况等。

在安排菜单时，必须兼顾来宾的饮食禁忌，尤其是对主宾的饮食禁忌要高度重视。饮食禁忌主要有：一是宗教禁忌；二是职业禁忌；三是个人禁忌。可供宴请的菜肴大体有三类：

（1）中餐特色菜肴和地方特色菜肴；

（2）菜馆的看家菜；

（3）主人的拿手菜。

7. 安排菜序

作为主人，不但要有充足的、可供选择的菜单内容，更要懂得合乎礼仪和饮食规律的菜序。严格地讲，中餐和西餐的菜序有很大不同。

（1）中餐。通常来讲，先上桌的一般是冷盘，接着是热炒，随后上的是主菜，然后上点心和汤，最后才是水果拼盘。如果上咸点心的话，讲究上咸汤；如果上甜点心的话，则要上甜汤。

（2）西餐。西餐有正餐和便餐的菜序之分，二者有很大差异。西餐的正餐，尤其是正式场合的正餐，其菜序既复杂多样，又讲究甚多。在大多数情况下，西餐正餐的菜序由八道菜肴构成，一般要吃上一两个小时。一顿普通的便餐，则由五道菜肴构成。

## 二、中餐礼仪

中国是一个礼仪之邦，对于饮食文化非常重视，在漫长的生活实践中，已经形成了具有自己民族特色的进餐礼仪。作为中国的商务人员，了解吃中餐的礼仪，不但有助于国内的商务活动，对开展涉外商务活动也大有益处。

### （一）中餐的上菜程序

中餐上菜顺序是：先上冷菜、饮料及酒，后上热菜，然后上主食，最后上甜点和水果。宴会上桌数很多时，各桌的每一道菜应同时上。

中餐上菜的方式大体上有以下几种：一是，把大盘菜端上，由各人自取；二是，由侍者托着菜盘逐一给每位分让；三是，用小碟盛放，每人一份。

### （二）筷子的使用礼仪

吃中餐要注意筷子的使用。中式餐饮的主要进餐工具是筷子，在使用筷子夹菜时不要在菜肴上乱挥动，不要将筷子含在口中，不要让菜汤滴下来，不要用筷子去搅菜，不可用筷子插取食物，不可用筷子相互敲击，不可将筷子插立于饭菜中，不要把筷子当牙签，不要用筷子指点别人。需要使用汤匙时，应先将筷子放下。

### （三）吃中餐要有好吃相

有人说，判断一个人的教养只需看他的吃相就行了。吃相对于每位参加宴会的人来说，都是必须注意的。

吃中餐时，举止要文雅，不要狼吞虎咽，每次进口的食物不可过大，应小口小口地吃。在品尝已入口的食物与饮料时，要细嚼慢品，最好把嘴巴闭起来，以免发出声响。喝汤时，不要使劲地吹，如汤太烫，可稍候或用汤勺，切勿用嘴去吹。食物或饮料一经入口，除非是骨头、鱼刺等，一般不宜再吐出来。需要处理骨刺时，不要直接外吐，可用餐巾掩嘴，用筷子取出放在自己的餐盘或备用盘里,勿置放在桌上。口中有食物,勿张口说话,如别人问话,适值自己的口中有食物,可等食物咽下后再回话。

整个进餐过程中,要热情地与同桌人员交谈,眼睛不要老盯着餐桌,显示出一副贪吃相。

### (四)注意牙签的使用

正式宴会中,不宜当众使用牙签,更不可用指甲剔牙缝中的食物。如果感觉有必要时,可以直接到洗手间去除掉。

在餐桌上必须用牙签时,最好用手捂住嘴轻轻剔,而边说话边剔牙或边走路边剔牙都不雅观。

### (五)做一个有教养的主人

招待客人时,要使宴会自始至终充满愉快和谐的气氛,不仅客人要举止得当、彬彬有礼,男女主人的态度也至关重要。

宴会开始后,男女主人的责任是使席间的谈话始终活泼而风趣,每个客人都不受冷落。如果有人谈及不恰当的话,主人应立即巧妙地设法转移话题。用餐时,主人应待客人吃完一道菜后,再换下一道菜。主人吃饭速度不可太快,如果多数人已吃完,而少数人尚未吃完时,更应放慢速度,以免使客人感到不安。席间,主人应尽力使每位客人感到舒适自如。

### (六)就餐举止十忌

就餐时,以下十种举止均属失礼之举:

(1)在用餐时口中发出巨大的声响;

(2)在用餐时整理自己的衣饰,或是化妆、补妆;

(3)在用餐期间吸烟;

(4)再三劝说别人饮酒,甚至向别人灌酒;

(5)用自己的餐具为别人夹菜、舀汤或选取其他食物;

(6)乱挑、翻捡菜肴或其他食物;

(7)用餐具对着别人指指点点,或者把餐具相互敲打,搞得铿锵作响;

(8)直接用手取用菜肴或其他食物;

(9)毫无遮掩地当众剔牙;

(10)随口乱吐嘴里不宜下咽之物。

### (七)中餐正式宴会的礼仪程序

正式的中餐宴会,礼仪要求很严格,其接待程序大致可分为迎宾、开宴、席间敬酒、陪客交谈和宴会结束五个阶段,宴请礼仪贯穿于宴会的全过程。

1. 迎宾

宴会开始前,主人及其陪客应站在大厅门口迎接客人。当宾客到达时,主人要迎上前去热情问好,并引领到休息厅暂作休息。开宴前主人应陪同主宾一道入席,作陪或随从人员安排其他客人就座。

2. 宴会致词

必须按宴会确定的具体时间准时开宴。宴会开始,主人致祝酒词。致词时手持酒杯,可以在主桌旁起立讲话,也可到布置好的讲台上讲话。祝酒词可事先写好,按稿宣读,也可即席讲话。但不论哪种方式,内容一定要简练,时间一定要短,用词明快生动,表明设宴的目的和要求,并表示谦虚和敬意。

### 3. 席间敬酒

在宴请场合,主人都有向客人敬酒的习惯,宾客之间往往也互相敬酒。敬酒时,要上身挺直,双脚站稳,以双手举起酒杯,并向对方微微点头示礼,对方饮酒时再跟着饮。敬酒的态度要稳重、热情、大方。在规模较大的宴会上,主人应依次到各桌敬酒,而每一桌派一位代表到主人餐桌回敬即可。宴会上互相敬酒,其意是互致友谊、活跃气氛,宾主都应量力而行,适可而止,切忌硬性敬酒、逼酒,甚至酗酒。

### 4. 热情交谈

主宾双方致词、敬酒完毕,宴会即进入比较宽松、自由的阶段。大家此时可毫无拘束地互相交谈,但仍要注意不失礼仪,即在整个宴会上,主办者不要一味同自己熟识的一两个人交谈,或者只对一侧的邻座无休止交谈而背向另一位邻座,或在整个宴会上坐着一声不吭。如果自己性格内向,确实不善言谈,可事前准备一些话题,以便在他人宴饮交谈之际,见机插话,不时与他人攀谈几句。

宴会上交谈话题很多,在选择时应注意话题的大众性、趣味性和愉悦性,对那些过于专业、晦涩难懂的话题应予回避。宜多选一些赞赏宴会及周围环境和令主人愉悦的话题,调节宴会气氛,避免出现冷场。

### 5. 适时结束宴会

宴会时间应在1~2小时,不宜过长或过短。宴会程序基本完成时,主人要掌握时机,适时结束宴会。结束过早,宾主双方未能尽兴,会使宾客对主人的诚意产生误解;时间拖延过久,又会导致宾主疲惫,冲淡宴会的气氛。

结束宴会较好的时机是:从服务来说,是服务人员端上水果时;从气氛来说,是宴会达到新的高潮时。适时结束,可以给大家留下难忘的记忆。主人宣布宴会到此结束,对宾客莅临宴会,表示衷心感谢。如要安排余兴活动,可挽留有兴趣的来客自由参加,主随客便。对于年长的客人和路远的女士,可考虑护送。主人及陪客都应把宾客送到门口,热情握手告别,目送客人离去。对于乘车离去的客人,主人应送客上车,待车开动后,再向客人挥手致意。

## 三、西餐礼仪

东方与西方进餐的习惯多有不同,特别是正式的西餐宴会,规矩颇多。商务人员交际活动繁多,难免遇到吃西餐的场合,如果对此一无所知,难免贻笑大方。

### (一)西餐就座礼仪

西餐宴客,为了方便人人有交谈的对象,一般请客均为偶数,即宴会桌上为偶数,这样可以照顾每个人均有一个谈话对象。在餐桌上,男女一般要对半分坐,这种方式同中国人男坐一面,女坐一面风俗不同。

西餐的位置排法与中餐是有区别的,主要有两种方式:

### 1. 英美式就座方式

左右两端为男女主人,若夫妇一起受邀,则男士坐在女主人右手边,女士坐在男主人右手边,左边则是次客的位置,如果是陪客者,则尽量往中间坐。由于宴会场合是要拓展人际关系,因此夫妻受邀时多半被分开来坐,用意是要让人能多与身边客人聊天认识,达到社交目的。

2. 法式就座方式

主人位置在中间,男女主人对坐,女主人右边是男主宾,左边是男次客,男主人右边是女主客,左边是女次客,陪客则尽量往旁边坐。

邀请别人做客,主人应当认真地考虑座位的排列。此时座位卡能派上用场,座位卡可以装饰得喜气一点,这不仅告诉客人他的座位在哪儿,还有美化餐桌的作用。

在隆重的场合,如果餐桌安排在一个单独的房间里,在女主人请你入席之前,不应当擅自进入设有餐桌的房间。如果都是朋友,大家可以自由入座;在其他场合,客人要按女主人的指示入座。客人当然要服从主人的安排,但是礼貌的做法是,你在女主人和其他女士入座之后方可坐下。

**(二)摆放餐具的礼仪**

吃西餐使用的餐具有刀、叉、匙、盘、杯等,餐具的摆法很有讲究。每个座位的前面都要放一个盛主菜用的盘子,盛小菜的碟子要放在一个大盘子里。如果没有小菜,就换成汤盘。汤盘可以摞在一起,放在女主人旁边的橱柜里,以便女主人盛汤。汤勺要和汤盘放在一起。

在非常讲究的宴会上,当你面前摆有五种甚至六种餐具的时候,你也不必惊慌,尽管刀、叉和盘的种类繁多,要分清它们的用途还是相当容易的。要先使用离盘子最远的餐具,然后以渐近顺序取用。用于吃甜食的餐具要全摆在盘子的前面。如果紧挨着盘子还有一套餐具(叉把朝左,刀把朝右),那你应当知道,那是吃最后一道食品时用。

通常,餐刀应当放在右边,刀刃对着盘子,餐叉应当放在左边,叉齿朝下。汤勺应当放在餐刀的右边,如果没有甜食,就放在盘子的前边。如果上汤之前还有小菜,就把大小适中的相应餐具放到桌上已有的餐具的边上,就是说,餐刀要放在汤勺的右边,餐叉要放在最边上的一个盘子的左边。如吃鱼,吃鱼用的餐具要放在汤勺的后面,而吃肉用的大号餐具则要紧挨着盘子放。

吃小菜用的餐具可以交叉放在菜碟上,并用餐巾盖住(不要遮严)。有时可以用两把大叉子代替吃鱼用的餐具;吃水果要使用专门的餐具;吃甜食、干酪或干酪饼干时用的餐具和盘子可以晚一点放到桌子上。盛甜食的盘子要放在底盘的左侧;酒杯要放在底盘另一边的右前方。先用的酒杯要放在最右边,喝啤酒用的杯子要放在托盘上。

胡椒粉和盐要装瓶,几个瓶要分放在桌面上。盐瓶要配一把小勺,因为汤匙太大,取不到盐。

往盘子里夹小菜、热菜或凉菜,要使用专用餐叉和汤匙,用自己的餐具烤肉、切黄油,很不雅观。如果没有专用切黄油的餐具,可以在黄油罐里放上一把普通的汤匙、餐刀或餐叉,取过黄油之后,再规规矩矩地放回原处。

晚间喝咖啡,布置桌面时,要让点心盘的边与桌边取齐。咖啡杯托盘要放在点心盘的右侧,调羹要放在托盘上或并排放在托盘的右边。如果调羹已经插进咖啡里,那么当然只能放在托盘上,否则桌布上就会沾上咖啡的污迹。吃点心用的刀、叉要放在点心盘的右边,也就是放在点心盘和咖啡杯的中间。如果吃果脯和大蛋糕,要准备一些专门的小铲子,吃硬点心时要准备一些夹钳。

如果暂停用餐,刀叉(或叉匙)应互成夹角置于盘上;如果已经用毕,则刀叉(或叉匙)应并排置于盘上,注意叉齿向上。

### (三)使用餐具的礼仪

使用餐刀时,应将刀柄的顶端置于手掌之中,以拇指抵住刀柄的一侧,食指按在刀柄背上,其余三指顺势弯曲,握住刀柄。

叉如果不是与刀并用,则叉齿向上。持叉尽可能持住叉柄的末端,而不能抓在叉柄的下部,叉柄倚在中指上,中指则以外侧的无名指和小指为支撑。用左手的人可按自己的习惯持叉。因为这种餐具登上餐桌为时较晚,所以留给它的地位就只有在餐盘的左侧了。这样,惯用左手的人正好可以持叉进食,而惯使右手的人则必须尴尬地将叉换到左手去。

叉可以单独用于叉餐(一种为方便起见,只供应用叉取食物的聚餐形式),或取食任何无需用刀或甜食的食品;可以用于取食某些头道菜和馅饼,也可用于取食那种无需切割的主菜。

刀叉并用时,持刀姿势如前所述,持叉姿势与持刀相似,叉齿应向下。通常,刀叉并用是在取食主菜的时候,但若无需用刀切割,则用叉即可(如上所述)。对于其他需要切割的食品,如甜瓜和开胃菜,则需刀叉并用。

刀除了可用于切割食品,还可用来帮助将食品拨到叉上。有些食品,或将叉背向上取食,或可将叉翻过来当匙使用,以刀把食品拨到叉上去。这样做时,必须用刀将食品拨到叉的内侧,而不是外侧,因为那样做可能会使自己的肘部碰到邻座。

持匙用右手,持法同叉。但要记住,手指务必持在匙柄上端,而不是匙柄下部。叉匙并用时,叉的持法和刀叉并用时相同,叉齿向下。或叉或匙,一件用以托盛食品,另一件则用以帮助盛取。

### (四)西餐桌上的礼仪

应等全体客人面前都上了菜,女主人示意后方可开始用餐。在女主人拿起她的勺子或叉子以前,客人不得食用任何一道菜。这是美国人的习惯,同欧洲有些国家不同。

餐巾应铺在膝上。如果餐巾较大,应双叠放在腿上;如果较小,可以全部打开。可用餐巾的一角擦去嘴上或手指上的油渍,但决不可用餐巾揩拭餐具。有事暂时离席,餐巾应放在椅子上,而不是桌子上,因为放在桌子上就意味着不想再吃了。吃完离座,才将餐巾放在盘子左边。如果餐巾不小心掉到地上,应另拿一块。

进餐时身体要坐正,不可过于向前倾斜,也不要把两臂横放在桌上,以免碰撞旁边的客人。

取面包应该用手去拿,然后放在旁边的小碟中或大盘的边沿上,决不要用叉子去叉面包。取黄油应用黄油刀,而不要用个人的刀子。黄油取出要放在旁边的小碟里,不要直接往面包上抹。不要用刀切面包,也不要把整片面包涂上黄油,而应该一次扯下一小块,吃一块涂一块。

吃色拉时只能用叉子,应用右手拿叉,叉尖朝上。如果上色拉的同时也上了面包、饼干的话,可以用左手拿一小块面包或饼干,帮着把色拉推上叉子。

吃鱼时可左手拿叉右手拿刀,把刺拨开。已经入口的肉骨或鱼刺,不要直接吐入盘中,而要用叉接住后放入盘中,或者尽可能不引人注意地用手取出,放在盘子的边沿上,不能扔在桌上或地下。水果核也应先吐在手里,再放入盘中。

喝水时,应把口中的食物先咽下,不要用水冲嘴里的食物。用玻璃杯喝水时,要注意先擦去嘴上的油渍,以免弄脏杯子。进餐时不要将碗碟端起来。喝汤可以将盘子倾斜,然后用汤匙取食;喝茶或喝咖啡不要把汤匙放在杯子里。

进食时,特别是喝汤时,不要发出响声,咀嚼时应该闭嘴。不要在餐桌前擤鼻涕或打嗝。如果打喷嚏或咳嗽,应向周围的人道:"对不起。"在饭桌上不要剔牙。如果有东西塞了牙非取不可,应用餐巾将嘴遮住,最好等没有别人在场时再取出。

在餐桌上,一般食物都应用刀叉去取。只有芹菜、小萝卜、青果、水果、干点心、干果、糖果、炸土豆片、玉米、田鸡腿和面包等可以用手拿着吃。

当侍者依次为客人上菜时,当他走到你的左侧时,才轮到你取菜。如果侍者站在你右侧,就不要取,那是轮到你右边的客人取菜。取菜时,最好每样都取一点,这样会令女主人愉快。如果实在不喜欢吃某种菜,则可以说:"谢谢,不要了。"

当女主人要为你添菜时,你可以将盘子连同放在上面的刀叉一起传递给她或者交给服务员。如果她不问你,你就不能主动要求添菜,那样做很不礼貌。餐桌上有些食品,如面包、黄油、果酱、泡菜、干果、糖果等,应待女主人提议方可取食。大家轮流取食品时,男客人应请他身旁的女客人先取,或者问她是否愿意让你代取。进餐时,不能越过他人面前取食,如需要某种东西时,应在别人背后传递。

在进餐中或宴会结束前离席是不礼貌的,如果确有必要,一定要同本餐桌的人打声招呼,并说:"对不起,我离开一下。"在席间,不要成群结队地离开餐桌,这会令用餐场面显得冷落。

用净手钵洗手时,每次浸入一只手的指尖,将拇指、食指和中指放入水中轻轻地搓一搓,再用餐巾擦拭。注意绝对不能把双手放入水中洗,更不可以用来喝,放入水中的手指不能超过三个。

用餐毕,客人应等女主人从座位上站起后,再一起随着离席。起立后,男宾应帮助女士把椅子归回原处。餐巾放在桌上,不要照原来的样子折好,除非主人请你留下吃顿饭。

**(五)餐后饮用咖啡的礼仪**

餐后饮用咖啡时,应当把咖啡匙取出。因为它的用途只是用于搅拌咖啡,用咖啡匙舀着咖啡一匙一匙地慢慢喝,是不合规矩的。如果刚煮好的咖啡过热,可用咖啡匙在杯中轻轻搅拌使之降温,或者稍等片刻,待其自然凉下来,然后再饮用。用嘴试图去把咖啡吹凉,是极不雅观的。

给咖啡加糖时,砂糖可用咖啡匙舀取,直接加入杯内。方糖是放在专门的器皿里,需要加入方糖时,则需用糖夹把方糖夹入杯中。方糖在杯中让其自然溶化,不要拿咖啡匙用力去捣碎杯中的方糖,以免发出器皿碰撞之声。

在餐后饮用的咖啡,一般都是用袖珍型的杯子,盛放咖啡的碟子也是特制的。喝咖啡时,用右手拿着杯耳,左手轻轻托着咖啡碟,慢慢地向嘴边轻啜,避免发出声响。不宜举杯大口吞咽,或俯首去吸咖啡。

总之,吃西餐的礼仪过于繁琐,吃西餐要善于"模仿"。不知怎么做时,有一个保底的做法——紧跟或者模仿,一般要看女主人的动作,女主人坐下,你才能坐下,女主人拿起刀叉,你再动刀叉,女主人把餐巾放在桌子上,意思是宴会结束。所以不知道不要紧,跟着别人学,别人怎么做,你就怎么做,要错大家一起错,大家全错不算错。了解这一点的话,你就会应对自如,落落大方。

### 四、饮酒礼仪

凡是宴请活动,不可无酒。"无酒不成宴",饮酒可谓是餐桌上的重要活动,可以和菜肴并重。善于饮酒的人,不仅能饮,而且会饮。要真正做到善用酒水,合乎礼仪,还是需要从学习饮酒礼仪做起。

**(一)选酒(酒菜的搭配)**

酒水的主要功能是在用餐时开胃助兴,而要使酒水正确地发挥这一作用,就必须懂得酒菜搭配之道,选好酒,唯有如此,二者才会相得益彰。否则,很有可能会事倍功半,甚至坏人胃口。

1. 中餐酒菜的搭配

若无特殊规定,正式的中餐宴会通常要上白葡萄酒与红葡萄酒。因为饮食习惯的原因,中餐宴请中上桌的葡萄酒多半是红葡萄酒。

一般情况下,在每位用餐者餐桌桌面的正前方,排列着大小不等的三只杯子,自左而右,它们分别是白酒杯、葡萄酒杯、水杯。具体来讲,在搭配菜肴方面,中餐所选的酒水讲究不多。爱喝什么酒就喝什么酒,想什么时候喝完全自便。

2. 西餐酒菜的搭配

在正式的西餐宴请中,酒水是主角,不仅它最贵,而且它与菜肴的搭配也十分严格。一般来讲,吃西餐时,每道不同的菜肴要搭配不同的酒水,吃一道菜便要换上一种新的酒水。西餐宴会中所上的酒水。一般可分为餐前酒、佐餐酒和餐后酒三种。它们各自又拥有许多具体的种类。

(1)餐前酒,别名开胃酒。它是在开始正式用餐前饮用,或在吃开胃菜时与之配伍。这类酒主要有:鸡尾酒、味美思和香槟酒。

(2)佐餐酒,又叫餐酒。它是正式用餐期间饮用的酒水。西餐里的佐餐酒均为葡萄酒,而且大多是干葡萄酒或半干葡萄酒。

(3)餐后酒,是在餐后饮用,用来助消化的酒水。最常见的有利口酒,最有名的是白兰地。

**(二)斟酒**

关于斟酒,中国有句俗话"酒满情深",就是说斟酒以满为敬。但实际上,葡萄酒、香槟酒、白兰地、甜露酒等不宜斟满,只能斟到酒杯容量的 2/3 处,其目的是使饮用者在饮用时能让酒在杯中慢慢地旋转起来,使酒香充分地发挥出来。

通常,酒水应当在饮用前再斟入酒杯。有时男主人为了表示对来宾的敬重、友好,还会亲自为其斟酒。在侍者斟酒时,勿忘道谢,但不必拿起酒杯。但是,当男主人亲自斟酒时,则必须端起酒杯致谢,必要时,还须起身站立或欠身点头。

1. 斟酒的顺序

应从主位右边主宾起逐位向左走。要站在客人的右手边斟酒,而且酒的商标应面向客人。每斟完一杯,要把酒杯稍收后顺手往右轻轻旋转,以免酒水流滴到客人身上。斟酒时,酒杯应放在桌上,酒瓶不要碰到杯口。第一次上酒时,主人可以亲自为所有客人倒酒,不过记住要依顺时针方向进行,从坐在左侧的客人开始,最后才轮到主人自己。

2. 斟酒的注意事项

(1)主人为来宾所斟之酒,应是本次宴会上最好的酒,并应当场启封。

(2)要一视同仁,不要厚此薄彼。既然斟酒,就要为餐桌上的每一位斟,而不能挑挑拣拣。

(3)要注意顺序。可以依顺时针方向,从自己所坐之处开始,也可以先为尊者、嘉宾斟酒。

(4)斟酒要适量。白酒与啤酒可以斟满,而其他洋酒则无此讲究,要是斟得过满,显然不太合适。

在正式的宴会上,除主人与侍者外,其他宾客一般不宜自行为他人斟酒。

**(三)敬酒**

敬酒,亦称祝酒。具体是指在正式宴会上,由男主人向来宾提议,为了某种事由而饮酒。在敬酒时,通常要讲一些祝福、祝愿的话。在正式的宴会上,主人与主宾还会郑重其事地发表一篇专门的祝酒词。祝酒词通常最适合在宾主入席后、用餐前开始。有时,也可在吃过主菜之后、上甜品之前进行。

在规模较大的宴会上,主人将依次到各桌敬酒,而每一桌可派一名代表到主人的餐桌上回敬一杯。敬酒时,主人要上身挺直、双脚站稳,以双手举起酒杯并向对方微微点头示礼,对方饮酒时再跟着饮。敬酒的态度要稳重、热情、大方。在他人敬酒或致词时,其他在场者应一律停止用餐或饮酒,并坐在自己的位置上,面向对方认真地倾听。

**(四)饮酒礼仪**

饮酒要讲究应有的礼仪,努力保持风度,做到"饮酒不醉为君子"。

1. 酒量适度

现实生活中,不少人虽然非常注意自己的服饰打扮和言谈举止,唯恐给别人留下不良印象。但在交际的宴会上,却常常忘记保持文雅的酒态,往往是酒过三杯后摇头晃脑、吆五喝六、词不达意,脸被酒精刺激后变了形,走起路来也是手舞足蹈。一个具有良好饮酒礼仪的人,在任何时候、任何场合,都不会争强好胜,故作潇洒。饮酒过度,宜伤身体,而且出丑丢人,惹是生非。因此,饮酒一定要适量。

2. 依礼拒酒

如果因为生活习惯或健康原因不能饮酒,拒绝他人的劝酒,可用下列合乎礼仪的方法:

(1)申明不能饮酒的原因;

(2)主动用其他软饮料代酒;

(3)委托亲友、部下或晚辈代为饮酒;

(4)执意不饮杯中之酒。

3. 注意酒仪和酒态

(1)不要闹酒疯。有些人在饮酒时常常是"酒不醉人人自醉",在酒宴上借机生事、装疯卖傻、胡言乱语,有失斯文,有失礼仪。

(2)不要酗酒。有的人嗜酒如命,饮酒成瘾。这不仅有损健康,也有损个人形象。

(3)不要灌酒。祝酒干杯,需要两厢情愿,千万不要强行劝酒,那种非灌倒他人不可的做法是粗鲁失礼的。

(4)不要划拳。有人饮酒时,喜欢猜拳行令,大吵大闹,粗野放肆,并想以这种方式烘托气氛,其结果只能是令人心烦、厌恶。

(5)在宴会进行过程中,不要一边饮酒,一边抽烟。

### 五、饮茶礼仪

#### (一)敬茶礼仪

以茶敬客时,要注意客人的嗜好、上茶的规矩、敬茶的方法以及续水的时机等。

1. 客人的嗜好

俗话说:"众口难调",饮茶其实也是如此。有人喜欢喝绿茶,有人喜欢喝红茶;有人喜欢喝热茶,有人喜欢喝凉茶;有人喜欢喝糖茶,有人喜欢喝奶茶。在以茶待客时,若有可能,应尽可能照顾来宾,尤其是主宾的偏好。有可能的话,应多备几种茶叶,使客人可以有几种选择。在上茶之前,应先询问一下客人喜欢用哪一种茶,并为其提供几种可能的选择。当然,若只有一种茶叶,则务必实事求是地说清楚,不要客套过了头。

一般认为,饮茶不宜过浓,否则极可能使饮用者"醉茶",即因摄入过量的咖啡因而令人神经过分兴奋,甚至惊厥、抽搐。所以,若客人没有特殊要求,为之所上的茶水不应过浓。通常,民间以茶待客讲究要上热茶,而且还有"茶满欺人""七茶八酒"之说,其含义是说斟茶不可过满,而以七满为佳。这样,热茶便不会从杯中溢出来烫伤人了。

2. 上茶的规矩

(1)奉茶之人。以茶待客时,由何人为来宾奉茶,往往涉及对来宾的重视程度问题。在家中待客时,通常可由家中的晚辈或家庭服务员为客人上茶;接待重要客人时,则应由女主人,甚至由主人自己亲自为之奉茶。在工作单位待客时,一般应由秘书、接待人员、专职人员为来宾上茶;接待重要的客人时,则应由本单位在场的职位最高者亲自为之上茶。

(2)上茶的顺序。若来访的客人较多时,上茶的先后顺序一定要慎重对待,切不可肆意而为。合乎礼仪的做法是:先为客人上茶,后为主人上茶;先为主宾上茶,后为次宾上茶;先为女士上茶,后为男士上茶;先为长辈上茶,后为晚辈上茶。

如果来宾甚多,且彼此之间差别不大时,可采取下列四种顺序之一上茶:其一,以上茶者为起点,由近而远依次上茶;其二,以进入客厅之门为起点,按顺时针方向依次上茶;其三,在上茶时以客人的先来后到为先后顺序;其四,上茶时不讲顺序,或是由饮用者自己取用。

3. 敬茶的方法

以茶待客时,水温不宜太烫,一般应当事先将茶沏好,装入茶杯,放在茶盘,端进客厅。如果来宾较多时,务必要多备上几杯茶,以防届时"僧多粥少"、供不应求。同时有两位以上的访客时,端出的茶色要均匀,并要配合茶盘端出。左手捧着茶盘底部,右手扶着茶盘的外缘。如有点心则放在客人的右前方,茶杯应摆在点心右边。

上茶时,应依职位的高低顺序先端给不同的客人,再依职位高低端给自己公司的同仁,并应借此机会,向客人表达自己的谦恭与敬意。标准的上茶步骤为:双手端着茶盘进入客厅,首先将茶盘放在临近客人的茶几上或备用桌上,向在座的人说声:"对不起!"然后右手拿着茶杯的杯托,左手附在杯托附近,从客人的左手侧双手将茶杯奉上,并面带微笑,眼睛注视对方说:"这是您的茶,请慢用!"茶杯放置到位后,杯耳应朝外侧。若使用无杯托的茶杯上茶时,也应双手捧上茶杯。

从客人左后侧为之上茶,意在不妨碍其工作或交谈的思绪。如果条件不允许时,也可从其右侧上茶,而尽量不要从其正前方上茶。为了提醒客人注意,可在为之上茶的同时,轻声告之:"请您用茶。"若对方向自己道谢,不要忘记答声"不客气";如果自己的上茶打扰了客人,应对其道一声"对不起"。

为客人敬茶时,一定要注意尽量不用一只手上茶,尤其是不要只用左手上茶。同时,双手奉茶时,切勿将手指搭在茶杯杯口上,或是将其浸入茶水,污染茶水。在放置茶杯时,千万不要粗枝大叶,以之直撞客人,也不要把茶杯放在客人的文件上,或是其行动时容易撞翻的地方。最适当的做法是将茶杯放在客人右手附近。

**4. 续水的时机**

主人若是真心诚意地以茶待客,最适当的做法是要为客人勤斟茶、勤续水。一般来讲,客人喝过几口茶后,即应续上,决不可让其杯中茶叶见底,其寓意为:"茶水不尽,慢慢饮来,慢慢叙。"

当然,为来宾续水让茶一定要讲究主随客便,切勿神态做作,反复地以斟茶续水搪塞客人,而始终一言不发。中国待客有"上茶不过三杯"之说,其意为:第一杯叫做敬客茶,第二杯叫做续水茶,第三杯则叫做送客茶。如果一再劝人用茶,而无话可讲,则往往意味着提醒来宾"应该打道回府了"。有鉴于此,在以茶招待较为守旧的老年人或海外华人时,切勿再三为之斟茶。

在为客人续水斟茶时,仍以不妨碍对方为佳。如有可能,最好不要在其面前进行操作。非得如此时,则应一手拿起茶杯,使之远离客人身体、座位,另一只手将水续入。在续水时,不要续得过满,也不要使自己的手指、茶壶或者水瓶弄脏茶杯。如有可能,应在续水时在茶壶或水瓶的口部附上一块洁净的毛巾,以防止茶水"自由泛滥"。

**(二)品茶礼节**

在正式的社交场合,饮茶应当文明、礼貌。需要注意以下两个方面:

**1. 态度谦恭**

既然以茶待客是一种礼仪,那么作为接受款待一方的客人,在饮茶之时,也应对主人投桃报李,勿失谦恭与敬意。上茶前,当主人征求自己意见时,如果没有特别的禁忌,可以在对方提供的几种选择中任选一种,或告之以"随便"。

一般情况下,不要向主人提出过高的要求,否则是不礼貌的。如果自己不习惯饮茶,应及时向主人说明;若尚未说明,而茶已上来,不喝即可。不要面露不快,更不要直接责怪主人或为自己上茶的人。如果主人,特别是女主人或者长辈为自己上茶时,在可能的情况下,应当即起身站立,双手捧接,并道以"多谢",不要视若不见,不理不睬。当其为自己续水时,也应以礼相还。其他人员为自己上茶、续水时,也应及时以适当的方式向其答谢。

不喝的凉茶、剩茶,不要随手泼洒在地上。在社交活动中,与交往对象交谈时,最好不要饮茶。

2. 细心品茶

饮茶要掌握端杯姿势和悉心品味,这不仅体现自身的教养,也是一种礼貌的做法。在端起茶杯时,应以右手持杯耳;端无杯耳的茶杯,则应以右手握茶杯的中部。不要双手捧杯,或手端杯底,或手握茶杯口,否则被认为动作粗鲁或不讲卫生。若主人告之所饮是名茶,饮前应仔细观赏一下茶汤,并在饮用后加以赞赏。不要不予理睬,或是随口加以贬低。

饮茶时应一小口一小口地细心品尝,切忌大口吞咽,一饮而尽。每饮一口茶汤后,应在口中稍作停留,再慢慢咽下,这才是品茶的艺术。喝茶时不可出声,忌讳口中"咕咚咕咚"直响,尤其在喝功夫茶时,不要怕茶叶喝入口中而用嘴滤茶,这是不雅的行为。饮茶时,忌讳茶汤茶叶一并吞入口中,更不能用手自茶中取出茶叶,甚至放入口中。如果有茶叶进入口中,切勿将其吐出,而应嚼而食之。

饮盖碗茶时,可用杯盖轻轻将飘浮于茶水之上的茶叶拂去,不要用口去吹,最好待其自然冷却。饮用红茶或奶茶时,不要用茶匙舀茶,也不要将其插放在茶杯中,放在杯托上即可。女士喝茶先用化妆纸将口红轻轻擦掉,以免口红留在杯子上。

### 六、咖啡饮用礼仪

#### (一)咖啡饮用时机

饮用咖啡,应当把握时机。具体而言,饮用咖啡的时机,又包括饮用咖啡的时间与饮用咖啡的地点两方面的问题。

1. 饮用时间

饮用咖啡,实质上是一种礼仪活动,所以在具体时间的安排与选择上,有必要细心斟酌,切勿贸然行事。一般而言,饮用咖啡的时间,有如下几种选择:

(1)自己饮用。自己饮用咖啡,原则上不必受时间的限制。想要饮用的话,随时可以。只要记住不要饮用过量,不要因饮用咖啡过度而刺激神经,从而影响休息。

(2)家中待客。在家中以咖啡待客,不论是借饮咖啡这种形式会友,还是纯粹将其视做饮料,大体上不应当超过下午4点钟,因为很多人在此时间之后不习惯再饮咖啡。

(3)外出会客。邀人外出,在咖啡厅会客时饮用咖啡,一般应当避开上午。最佳的时间有二:一是傍晚;二是午后,可根据具体情况,协商安排。

(4)宴会待客。在正式的西式宴会上,往往以咖啡作为其"压轴戏"。而正式的西式宴会大都在晚间举行,故在此宴会上饮用咖啡通常是在晚间。不过为了照顾个人嗜好,在宴会上饮咖啡的同时往往还会上红茶,由来宾自选其一。

2. 饮用地点

饮用咖啡,讲究具体地点的选择。具体地点不同,饮用咖啡的礼仪要求往往也会有所不同。一般而言,饮用咖啡最常见的地点主要有:

(1)客厅。在客厅内饮咖啡,主要适用于招待客人。有些时候,自己与家人喝咖啡,也会选择此处。

（2）写字间。在写字间饮咖啡，主要是在工作间歇自己享用，为了提神，此时要求不多。

（3）花园。在自家花园饮咖啡，固然适合于自己与家人休闲。此外，也适于招待客人。西方有一种专供女士社交的咖啡会，就是在主人家的花园或庭院中举行。它不排位次，时间不长，重在交际与沟通，饮咖啡只不过是一种表面形式。

（4）餐厅。在西方，咖啡往往是正餐中最后一道"菜点"。在餐厅里用餐时，人们往往会选择用咖啡佐餐助兴。

（5）咖啡厅。咖啡厅，有时又叫咖啡屋、咖啡室，它是一种装饰高档、气氛温馨的饮食服务点。除供应咖啡外，还可提供其他餐饮。在此处饮咖啡，往往与鲜花、乐曲、红烛相伴，故经常有一些人选择来此会友。

（6）咖啡座。它是一种露天的"咖啡厅"，多设于街道两侧，仅为客人提供桌椅与遮阳伞，适合于自我休息或友人聊天。在西方国家里，它随处可见，讲究的主要是自由自在、休息观景。

**（二）咖啡饮用举止**

在较为正式的场合，特别是在大庭广众之前、众目睽睽之下饮用咖啡时，务必要在个人举止方面好自为之、处处谨慎、依礼而行。其中最重要的是要在饮用的数量、配料的添加和饮用的方法三个具体方面多加注意。

**1. 饮用的数量**

饮用咖啡的具体数量，在正式的场合，应注意如下两点讲究：

（1）杯数要少。在正式场合饮咖啡，与其说咖啡是一种饮料，不如说它是一种休闲或交际的陪衬，所以完全可以说人们饮咖啡时多是"醉翁之意不在酒，在乎山水之间"。在一般情况下，饮咖啡一杯足矣，至多不应多于三杯。

（2）饮相文明。饮咖啡既然不是为了充饥解渴，那么在饮用时切勿饮相粗鲁，令人见笑。端起咖啡杯扬脖一饮而尽，或是大口吞咽咖啡，喝时响声大作，都是失礼的。饮咖啡时，一杯咖啡总要喝上十来分钟，并且应分为十来口慢慢喝。

**2. 配料的添加**

在某些情况下饮咖啡，需要饮用者自己动手，根据个人需要和爱好，往咖啡里添加一些诸如牛奶、方糖之类的配料。要注意自主添加、文明添加这两项要求。

（1）自主添加。在添加咖啡的配料时，要求自主添加，就是要求大家自己为自己负责，不要越俎代庖，为他人添加配料。因为个人的需要与偏好往往相去甚远，自作主张地为他人添加配料，弄不好就会强人所难，令对方反感或者不快。当然，若他人为自己添加配料时，还是应当真诚地向其道谢，而不宜责怪对方多事。

（2）文明添加。在添加咖啡配料时，要求文明添加，就是要求大家在具体操作时自然大方、温文尔雅，尽量避免不卫生、不得体的做法。例如，若大家同时需要添加配料，彼此要相互谦让，不要你争我抢；若某种配料用完，需要补充时，不要大呼小叫，责怪侍者。需要加牛奶时，动作要稳重，不要倒得满桌都是；打算放糖时，应用专用的糖夹或糖匙去取，而不要用自己的咖啡匙去取，更不要直接用手去取。

### 3. 饮用的方法

饮用咖啡时,有许多讲究与禁忌。其中,在礼仪方面要求最多的主要是杯的持握、匙的使用、取食甜点、交谈须知四个方面的问题。

(1)杯的持握。饮用咖啡时,不可双手握杯,不可用手托着杯底,不可俯身就近杯子去喝,不可用手端着碟子而去吸食放置于其上的咖啡。持握咖啡杯的得体方法,应当伸出右手,用拇指与食指握住杯耳之后,再轻缓地端起杯子。若是用一只手大把握住杯身、杯口,或者将手指穿过杯耳之后再握住杯身,都是不正确的方法。

在正式场合,咖啡都是盛入杯中,然后放在碟子上一起端上桌的。碟子的作用,主要是用来放置咖啡匙,并接收溢出杯子的咖啡。若碟中已有溢出的咖啡,切勿泼在地上或倒入口中。可用纸巾将其吸干,或将其倒入杯中。

饮咖啡时,是否需要同时端起碟子,不好一概而论。若坐在桌子附近饮咖啡,通常只需端杯子,而不必端碟子;若距桌子较远,或站立、走动时饮咖啡,则应以左手托碟,至齐胸高,再以右手持杯而饮。这种方法又迷人、又安全。说它迷人,是因为姿势好看;说它安全,则是可以防止溢出杯子的咖啡弄脏衣服。

(2)匙的使用。在正式场合饮用咖啡时,咖啡匙主要起以下三方面的作用:第一,加入牛奶或奶油后,可以之轻轻搅动,使其与咖啡相互融合;第二,加入糖之后,可以之略加搅拌,使其迅速溶化;第三,若嫌咖啡太烫,可待其自然冷却,或以匙稍作搅动,促使其变凉。

咖啡匙的使用,有两条非常重要的禁忌:其一,不可用匙去舀咖啡来饮用;其二,不可让它在咖啡杯中"立正",不用它的时候,可将其平放在咖啡碟里。

(3)取食甜点。在饮用咖啡时,为了不伤肠胃,往往会同时备有一些糕点、果仁、水果之类的小食品,供饮用者自行取用。需要取食甜点时,首先要放下咖啡杯,而在饮用咖啡时,手中也不宜同时拿着甜点品尝。切勿双手左右开弓,一边大吃、一边猛喝,这种做法,会显得吃相不雅。另外,切勿只吃不喝,本末倒置。

(4)交谈须知。在饮用咖啡时,应适时地与交往对象进行交谈。在交谈时,务必要细语柔声,千万不要大声喧哗、乱开玩笑,更不要与人动手动脚、追追打打。否则,会破坏饮咖啡的现场氛围。不要在他人饮用咖啡时,向其提出问题。自己饮过咖啡要讲话以前,最好先用纸巾揩一揩嘴,免得咖啡顺嘴流淌,或弄脏嘴角,显得自己模样难看。

# 第四节　通信礼仪

## 一、电话礼仪

电话是人类所发明的最为便捷的通信工具之一。随着通信事业的不断发展,电话已成为现代交往的一个重要工具和手段,如何打电话、怎样接电话,这是现代商务活动中的必修课。

### (一)打电话礼仪

正确地利用电话,并不是每一个打电话的人都能做到的。要正确利用电话,不只是要熟练地掌握使用电话的技巧,更重要的是要自觉维护自己的"电话形象"。

1. 慎选时间

使用电话的时间,应该包括选择打电话的时间和电话交谈所持续的时间。如果不是特别紧急的事情,打电话时间一般不选择在早上7点以前、就餐时间、晚上10点以后,这几个时间打电话有可能会打扰对方休息或用餐。

电话交谈时间以3—5分钟为宜,即应遵守通话"三分钟原则",不宜过长。如果打电话的时间需5分钟以上,而又没有提前预约,应向对方说明要办的事,征询对方是否方便,如果对方不便就请对方另约时间。

2. 充分准备

任何人打电话,总是有一定目的的,或表示问候,或是洽谈业务,或是通知事情,或是有求于人。电话作为现代化联络工具具有方便、快捷的特点,因此,无论要谈的事情是复杂还是简单,在打电话前要考虑清楚打电话的目的,以便给对方留下良好的印象。

3. 礼貌待人

打电话时,对他人应以礼相待,首先要问候对方,再自报家门。一般打电话时所用的规范的"前言"有两种。一种适用于正式的商务交往中,要求用礼貌用语把双方的单位、职衔、姓名一一道来。例如,"您好,我是×××公司××部经理×××,我想找贵公司××部副经理×××先生"。另一种适用于一般性的人际交往,在使用礼貌的问候以后准确地说出双方完整的姓名。例如,"你好,我是×××,请找×××"。

如果你找的人不在,可以请接电话的人转告。这时应先说一句:"对不起,麻烦您转告××……"最后,别忘了向对方道谢,并且问清对方的姓名,切不要"咔嚓"一声就把电话给挂了,这样做是不礼貌的。即使你不要求对方转告,但他为你接了这个电话,你也应说一声:"谢谢,打扰您了。"

**(二)接电话礼仪**

接听电话时,也有许多具体要求。在整个通话过程中,接听电话的人虽然是被动的一方,也必须在接听电话时,专心致志、彬彬有礼。

1. 接听及时

当听到电话铃声响起时,应迅速转身去接,最好在3声之内接听。电话铃声响一声大约3秒钟,若长时间无人接电话,或让对方久等是很不礼貌的,会给人留下不好的印象。即便电话离自己很远,听到电话铃声后,附近没有其他人,也应该用最快的速度拿起听筒。如果电话铃响了4声以上才拿起话筒,应该先向对方道歉。

2. 自报家门

拿起听筒,先自报一下家门:"您好! 这里是×××公司公关部。"这样做,一是可用以节省对方的时间,表达对对方的尊重;二是让对方明白是否拨对了电话。作为接话人,通话过程中,要仔细聆听对方的讲话,并及时作答,给对方积极的反馈。

如果对方请你代传电话,应弄明白对方是谁,要找什么人,以便与接电话人联系。转接电话时,请告知对方"稍等片刻",并迅速找人。如果不放下听筒呼喊距离较远的人,可用手轻捂话筒,然后再喊接话人。如果要接电话的人不在,应向对方解释一下,"对不起,他现在不在办公室,你等一会儿再打来,好吗?"

当我们接到一个拨错的电话时,应礼貌温和地告诉对方"您打错了",而不要粗暴地挂上电话。对方若说"对不起"时,应礼貌回答"没关系,再见!"

3. 认真记录

在办公室工作的人们,每天通常要接很多个电话,还要处理许多其他的事情,因此要随时准备好专用的电话记录簿,养成记录电话的良好习惯。

无论帮人接电话,还是对方给自己讲一些重要的事情,都应当做好记录,以免误事。记录完毕后,应将主要内容向对方复述一遍,确保准确无误。通常,办公室电话记录还应包括来话人姓名、单位、电话号码、来话时间等内容。通话结束时,作为接话人,一般来说,应等对方先挂上电话后再放下话筒。

**(三)移动电话**

在使用移动电话时,除了要遵守接打电话的礼仪外,还应注意以下几点,以免失礼。

1. 注意场合

工作中,使用手机的场合多有讲究。一般而言,在写字间工作时,应尽量少使用手机,多用座机;在接待客户、向领导汇报时,也不宜使用手机。在宾馆大堂、会议室、洽谈室使用,则会打扰他人。如急需在公共场所、正式活动过程中使用,应找一个不影响他人的地方。如不得不当众使用,应向周围的人致歉。

使用手机时,应充分考虑自己与他人的安全问题。按照有关规定,驾驶汽车、乘坐飞机或置身病房、油库时,禁止使用手机,否则就可能发生重大事故。除此之外,在军事要地、博物馆内以及新产品发布会、新技术研讨会上,为了安全或保密等方面的原因,手机也通常禁用。为了个人信息的安全,私人手机号码不宜公布于众。

2. 放置到位

在较为正式的场合,手机不宜乱拿、乱放。不论是直接握在手里,还是将其挂在胸前、腰间,看起来都不甚美观。一般还是放入公文包或手袋内为宜。

## 二、电报、传真礼仪

随着社会的发展,在公共关系活动中运用电报、传真与电子邮件越来越多,因此,使用礼仪至关重要。

**(一)电报礼仪**

电报,是指通过电波信号传递的文字信息。曾经在信息沟通交流中被广泛使用过,至今仍是合同法中规定的文种形式之一。

1. 表达精练清楚

电报礼仪最基本的原则有两条:第一,表达精练、清楚;第二,节约费用。

2. 祝贺类的电报需措辞得体

例如,欣闻君获计算机软件策划优胜奖特电驰贺　友飞熊

电报曾在过去的沟通交流中扮演重要角色,现在被其他更新颖快捷、低廉的电讯技术取代。电报在国际经贸活动中已基本上被淘汰,许多发达国家的电信部门已取消此项

业务。

## (二)传真礼仪

传真,是指运用传真通信工具发送与原图、文真迹相同的信函或其他文件。目前国际商务通信交往中均使用现代化的传真通信工具,即将文字(电文)通过传真打字、电报机传送至另一地,并由传真打字电报机接受的一种文体形式。

### 1. 规范运作

有两种途径可以实施:一是一些企业在内部文书处理过程中,认真填写"传真签发单",除了明确列清本次传真的有关要素和具体内容以外,还必须由相关负责人予以签署,再由分管传真设备的公务人员根据签署情况,具体给予传真;二是套用办公自动化软件中规范格式,填写有关内容,直接传真。

### 2. 注意传真内容的清晰明了

传真中必须明确接收对方(包括单位全称或人)、发送时间、传真发送方(包括单位全称或人)、本传真的事由、本传真的抄送方等。在具体撰写过程中,要求规范操作,使有关内容得到明确。

## 三、网络礼仪

网络,就是将多台计算机连接在一起,使各用户之间能通过电子邮件、数据库和其他共享空间的方式进行更好地交流。网络可分为局域网和广域网两大类。我们常说的因特网就属于广域网。

### (一)公私分明

如果因公上网,必须明确自己上网的目的,做到公私分明,也就是说不利用工作之便为个人私利服务。

### (二)控制时间

具体指人们利用网络进行联系沟通时,要把握适度。

### (三)确保安全

#### 1. 严守机密

一些人因工作需要,往往掌握着单位的一些重要秘密。为此,从网络的安全和单位利益的角度看,切记不可将自己所掌握的秘密当作可炫耀的资本加以传播或泄密,给国家或单位造成一定的甚至严重的损害。平时必须对自己电脑中存有的秘密内容或重要资料予以妥善保管或采取严格的加密措施。

#### 2. 防范"黑客"

"黑客",是指采用高超的计算机知识和网络操作技术侵入重要机构网络服务器的人。"黑客"或侵入他人电脑,偷窥机密;或擅改程序,造成网络混乱;或盗用密码,借机牟利,进行高科技犯罪。所以从网络安全出发,应该给自己的电脑装配防火墙或经常进行定期杀毒扫描,以保证网络使用的安全。

### (四)文明交流

网络虽为虚拟世界,但网上与人交流,应和平时其他交流一样,遵守礼仪规范和文明,而且网络交流更需要网民的自律。

**职场案例与实践**

　　吴霏是大学毕业不久,刚进入 Q 公司工作的新人。她年轻、率真,对工作充满了热情和幻想。作为女秘书,她对上司——F 经理充满了敬意,对工作兢兢业业。不久前,她的上司在体检中被发现得了癌症。公司和家属都尽可能瞒住 F 经理,不让他知道实情。

　　一天下班后,吴霏买了鲜花、水果去医院探望 F 经理。推开病房门,吴霏一脸惊讶地对上司说:F 经理,您得了这么重的病,怎么不躺下好好休息? F 经理一脸疑惑:是吗? 你能告诉我,我得了什么病吗? 这时,吴霏才意识到自己说漏了嘴。她只能支支吾吾地说:其实也没什么大病,你很快就会出院的……

　　吴霏走后,本来情绪好好的 F 经理马上像变了个人似的,一个人躺在床上,两眼直瞪瞪地看着天花板。家属问他究竟发生了什么,他也不理不睬。

案例思考:

　　1. 吴霏在探望病人时有什么不妥的地方?

　　2. 探望病人该怎样做才是正确的?

## 【思考与讨论题】················

　　1. 人际称呼的原则有哪些?

　　2. 自我介绍的方式有哪些?

　　3. 握手的方式有几种?

　　4. 接受与递送名片应讲究哪些礼仪?

　　5. 拜访别人应注意哪些礼仪?

　　6. 探望病人应遵守哪些礼仪?

　　7. 馈赠礼品与受礼礼仪是怎样的?

　　8. 宴请的原则有哪些?

　　9. 饮酒应注意哪些礼仪?

　　10. 饮茶应注意哪些礼仪?

　　11. 饮用咖啡应注意哪些礼仪?

　　12. 接电话的礼仪有哪些?

　　13. 打电话应注意的礼仪有哪些?

　　14. 网络礼仪基本规则包括哪些方面?

# 第二十章　公务与商务礼仪

【引子】印度一家公司到美国去采购成套设备。印度谈判小组成员因为上街购物耽误了时间,当他们到谈判地点时,比预定时间晚了45分钟。美方代表对此极为不满,严厉指责印度代表不遵守时间,没有信用,这样下去双方很难合作。对此印度代表感到理亏,只好不停地向美方代表道歉,一时间手足无措,说话处处被动,无心与美方代表讨价还价,对美方提出的许多要求也没有静下心来认真考虑,匆匆忙忙就签订了合同。等到合同签订以后,印度代表平静下来,才发现自己吃了大亏。

## 第一节　办公与会议礼仪

### 一、办公礼仪

#### (一)上岗礼仪

为了树立良好的"第一印象",在走上新的工作岗位时,应注意下列问题:

(1)全面了解公司的各项规章制度。

(2)了解管理各项业务工作的负责人姓名及其职责。

(3)当你有困难时不要不好意思求助他人,人们愿意原谅无知,而不肯原谅错误。

(4)被介绍时一定要仔细听着并记住同事们的姓氏,尽早区分认识。介绍时应起身握手,注意礼貌礼节。

#### (二)早安礼仪

早上一到公司要精神抖擞地向他人有礼貌地道早安。"道早安"是社会行动的第一步,是确定自己存在的积极行动。如果自己所发出的声音能够引起对方的反应,这不仅达到了"自我确认"的目的,也是人与人接触的基本礼貌,社会关系也因此而产生。

你与周围人互道早安,就等于是工作场所中的上班铃声一般。从这一句"早安"开始,表示今天又是新的一天。如果你希望在这新的一天中,自己的人际关系更加圆满,无论如何都要清新、明朗地和他人道早安。

你必须要明了自己对道早安的价值观。道早安,不只是告诉大家一些礼仪以及有关经验教训或利弊得失,还要大家知道这些日常生活中不可或缺的礼仪,其实对于我们自我存在的确认及人际关系有着极其重要的影响。尤其是对上司精神饱满地打招呼,可以让上司对你保持着"这家伙今天还是干劲十足"的好印象。

有时你愉快地向对方道早安,对方却因昨天的不愉快而耿耿于怀,不给自己好脸色。如果你碰到这样的情况也不必在意。不愉快或芥蒂就让对方去负担好了，自己要保持清爽愉快的心情。

### （三）下班礼仪

结束了一天的工作之后就到了下班的时间，这是上班族解除拘束回到自我的时刻……公司所付给你的薪水是到下班时为止，即使是下班前一分钟也不容许你做自己的事。所以，员工不能下班铃声一响就离开办公室，尤其是如果手边的工作还没有告一段落。

如果自己的工作已经结束，而上司还留在办公室时该怎么办？ 在过去，上司没走，属下一般不可先行离去，现在已经没有这样的规矩了。这个时候，不妨轻声地问一声："有没有需要我帮忙的地方？"或是说："对不起！ 我先走了。"千万不要一声不响地走掉，这样是很不礼貌的。在先行离去时，除了说："对不起"之外，现在也很时兴说："你辛苦了！"这句话不只是可以用在对上司，即使是对同事或部属也很适用。离开办公室时，对还在工作的同事说声"再见"。对于上司，还是要再进一步地表示自己的敬意。

### （四）接待来访礼仪

人们经常会出于各种原因来办公室找你，所以得注意接待来访者的礼仪，这不但涉及组织形象问题，对你工作能否顺利开展也有很大的关系。

（1）如果你暂时无法接见来访者，应安排秘书或其他有关人员礼貌接待客人，切不可让其坐"冷板凳"。

（2）当来访者是上级或长者、客户，你要站起来握手，而如果是员工、同事进来，一般不必起身握手。

（3）如果来访者是为了同你谈些事情而来，要尽量让他把话说完，且你的一举一动要表现你在认真听。

（4）不要随意拍板，不要轻易许诺。不同意对方观点，要克制恼怒；意见一致，要抵制热情，不能喜形于色，手舞足蹈。

（5）接待来访者时，由于连续不断的电话而使会谈反复中断是对来访者的莫大侮辱，也最容易引起来访者的愤慨，所以应尽量由秘书等人接电话。

（6）如果会见时出现某些使你为难的场面，你可以直截了当地拒绝某一要求，也可以含蓄地暗示自己无法做到，或者干脆说明自己的难处来避免你不愿谈的问题。

（7）能马上答复或解决的事不要故意拖延时间，不能一下子答复或解决的事应告诉对方一个答案，约定一个时间再联系。

（8）如果想结束会见而对方又不知道时，你可以婉言提出如"对不起，等一下我还有一个会议要召开"等，或者由秘书等人来催你去办理另一件事来告诉对方，你们的谈话到此结束。

### （五）上门拜访礼仪

在工作中，因为出于各种原因，你可能要去拜访别人，这时就更需要讲究礼仪才能使你顺利地完成工作任务、达到拜访目的。

（1）最主要的拜访礼仪是准时赴约。万一有意外事情不得不迟到时，应立即打电话告诉对方。

（2）到达约会地点后，要主动向接待人通报自己的有关情况，以便接待人安排你与求见者会面。

（3）如果需要等待接见，应安静地坐着，不要随意与其他人员闲聊来打发时间，如果想抽烟应注意观察该场所是否允许吸烟。实在无法再等候，可以向秘书说明，并另约时间。

（4）与求见人见面后，如果是初次见面要主动自我介绍，如果是熟人，也要先问候并握手致意。

（5）谈话时应开门见山，言归正传，不要海阔天空，浪费时间，而且不能一个人滔滔不绝地讲，要给求见者讲话、答复的时间，出现矛盾不要争执不休，得到帮助不要奴颜婢膝。

（6）应对主人的举动十分敏锐，当主人有结束会见的意欲时应立即起身告辞，切忌死赖不走。

**（六）汇报工作礼仪**

下级向上级汇报工作时，要注意下列礼仪：

（1）遵守时间，不可失约。应树立恪守时间的观念，不要过早抵达，使上级准备未毕而难堪，也不要迟到，让上级等候过久。

（2）轻轻敲门，经允许后才能进门。不可大大咧咧，破门穿堂，即使门开着，也要用适当的方式告诉上级有人来了，以便上级及时调整体态、心理。汇报时，要注意仪表、姿态，站有站相，坐有坐相，文雅大方、彬彬有礼。

（3）汇报内容要实事求是，汇报口音要吐字清晰，语调、声音大小恰当。有喜报喜，有忧报忧，语言精练，条理清楚，不可"察言观色"，投其所好，歪曲或隐瞒事实真相。

（4）汇报时如果上级不注意礼仪，不可冲动，仍然要坚持以礼相待，也可以身示范来暗示上级纠正错误，或者直言相陈。

（5）汇报结束后，上级如果谈兴犹在，不可产生不耐烦的体态语，应等到上级表示结束时才可以告辞。告辞时，要整理好自己的材料、衣着与茶具、座椅，当领导送别时要主动说"谢谢"或"请留步"。

**（七）听取汇报礼仪**

上级在听取下级工作汇报时，要注意下列礼仪：

（1）应守时。如果已约定时间，应准时等候，如有可能稍提前一点时间，并做好记载要点的准备以及其他准备。

（2）应及时招呼汇报者进门入座。不可居高临下、盛气凌人，大摆什么官架子。

（3）要善于听。当下级汇报时，可与之目光交流，配之以点头等表示自己认真倾听的体态动作。对汇报中不甚清楚的问题可及时提出，要求汇报者重复、解释，也可以适当提问。

（4）不要随意批评、拍板，要先思而后言。听取汇报时不要有频繁看表或打呵欠、做其他事情等不礼貌的行为。

（5）要求下级结束汇报时可以通过合适的体态语或委婉的语气告诉对方，不能粗暴打断。如果已到了吃饭时间，可挽留下级吃便饭。当下级告辞时，应起身相送。

**（八）遭遇"失败"时的礼仪**

当你认为"失败"的时候，应立刻表示自己的歉意。一旦事情被自己弄糟了，千万不要因为害怕承认错误而把事情隐瞒起来，这样只会让事情变得更糟糕。如果你在刚开始发现失误的时候没有诚心诚意地表示自己的歉意,那么事后你不但应说道歉的话,表情也必须充满歉意。

当然,当你道歉时对方或许会勃然大怒,或是唠叨个没完没了。但是,再怎么说都是你自己不对,即使对方生气地责骂你,你也不可回嘴,一定要安静地接受对方的指责,直到对方接受自己的歉意为止。

失败一定是有原因的,而失败者想要提出解释或说明,这也是人之常情。当对方问及"为什么会弄成这样子"的时候,你可以略作解释,但别忘了要保持冷静,只做清楚而扼要的说明。既然错误已经发生,就要有勇气去面对,或许这样还有一线生机。

## 二、会议礼仪

### (一)会议准备礼仪

许多重要的会议,都是在政治上、思想上、组织上做了长期准备才成功的。准备阶段的主要工作有:

1. 会务筹备组的建立

组织一个高效率的会务筹备组,选好一个干练、认真的筹备组负责人是会议成功的先决条件。会议筹备组的负责人,应是本单位比较有影响的人物,不但有较强的组织才能,而且有一定的凝聚力。会议筹备组应下设两个小组:秘书小组与会务小组。前者主要负责文字宣传准备,后者主要负责除文字宣传以外的所有工作,从会前的准备,会议开始的接待,会议中间的服务,直至会后的送行等。会议筹备组的主要负责人和两个小组的负责人要及时沟通信息,在总日程的安排下,做详细的准备工作及日程进度计划,以确保会议准备工作的完善。

2. 会务准备

会务准备工作由会务小组负责,会务准备的内容很多,主要有:

(1)拟发会议通知。会议通知必须写明开会的时间、地点及会议主题和参会人员等内容。会议时间一般不应选在重大节假日,因为这些日子是与会者的休息日。为了使会议参加者能对自己的工作做好安排,有的会议通知还应写明闭会时间。发会议通知要提前一定的时间,以便会议参加者有所准备。邮寄会议通知应在信封上写明"会议通知,收到急转"的字样,以免中途耽搁。对外地的会议参加者,有关住宿和差旅费等问题都应一一列明,以免造成不必要的麻烦。

(2)安排好会场。会场的大小,要根据会议内容和参加者多少而定,会场的布置也要和会议的内容相称。在一些大型会议的广场或门口还应张贴"欢迎"之类的告示。如果会场不易寻找,应在附近安设路标以作指引。会标应在主席台上方,一般红底白字或黑字,字要端庄大方,两侧或四周可布置一些带有鼓动性、号召性的标语。座位的安排应根据会议的类型排列。摆设方面,应根据会议类型摆设,烘托会议气氛。例如,庆祝会应布置得喜气洋洋;座谈会、协商会应体现和谐、平等的气氛。布置时应注意颜色的心理效果和花草、盆景的安排。另外,音响、灯光也要和开会气氛相协调,开会前应检查音响、灯光,以防出现问题。

(3)其他准备。根据会议的需要,决定会议是否需要组织参观、设小型便宴等活动,做相应的准备,并做会务预算。会议预算一般包括:场地租用费、会场布置费、印刷品费、文书用品费、交通费、电话费、茶点饮料费、礼品费等。

**(二)会议组织礼仪**

**1. 工作性会议礼仪**

工作性会议,是由不同方面的人聚集在一起,为达成同一目标、得到统一结论而召开的会议。工作性会议的礼仪主要有以下几点:

(1)会议通知应阐明目的。工作性会议的通知,一般不宜使用请帖的格式,通知中应写明会议的目的。如有必要,还应写明会上计划讨论的事项,以便会议参加者准备资料。

(2)会议应适于讨论。工作性会议主要是为讨论工作而召开的,一般来说,工作性会议的会场座位安排宜采用"圆桌型",使会议的主要参加者围绕圆桌而坐,有利于提高会议的效果。

(3)既服从多数又尊重少数。在工作性会议的进行过程中,有时会碰到需要裁决的问题,"少数服从多数"的民主集中制原则固然必须遵守,但对少数人的意见也应该给予尊重,这是因为有时少数人的意见可能是正确的。

**2. 例会组织礼仪**

例会,是指有固定时间、固定地点、固定人员参加的制度性会议。例会的主要内容是传递信息、讨论工作。其礼仪主要有以下几点:

(1)与会者应准时到会。例会是制度化的会议,一般不发通知和告示,因此,参加者应该准时赴会。如遇特殊情况不能赴会,应请有关合适的人员代为参加或事先请假,以免其他参加者无端等候。

(2)座位安排应紧凑。通常,会议室中要设有圆桌或长桌,会议参加者应围桌而坐,坐得集中紧凑,便于会议参加者发言与倾听别人的发言。

(3)会议的时间不宜过长。例会的基本风格应该是"短小精悍",会议主持者要尽量有效地利用时间,在互通信息时,最好是一个紧接一个发言,尽可能不要出现冷场。在讨论工作时,也应抓住实质性的问题,如果对某一问题争论不休,主持者应考虑另择时间专门开会解决。

**3. 报告会的组织与礼仪**

报告会,是邀请某领导干部、专家学者或其他有关人员做专题报告的会议。较常见的有形势报告会、学术报告会、劳模报告会或英模报告会等。报告会的礼仪主要有以下几点:

(1)选好报告人。举行报告会,应在条件允许的情况下,选择与会议主题相关的造诣较高、体会较深、影响较大的人做报告。这样,既可以不使报告人勉为其难,又能使听众颇有收获。

(2)向报告人介绍情况。选定报告人后,举办者应将参加报告会的听众情况简要地向报告人做介绍,并针对具体情况提出要求。这样便于报告人事先有针对性地做好准备工作,并对自己讲话的内容、范围、深浅程度有所了解。

(3)对报告人要以礼相待。对报告人的邀请、迎送以及招待应周到、热情。报告人作报告时,会议主持者应在场作陪,并仔细倾听报告,如需要录音录像,必须事先征得报告人的同意。

(4)注意"对话"方式。有的报告会,听众可以向报告人提问,双方可以进行对话。听众主动提出问题的,应将问题写在纸条上,由主持人转交给报告人,以便报告人伺机回答。

4. 座谈会的组织与礼仪

座谈会,是邀请有关人员参加交谈、讨论某个或某些问题,以达到沟通信息、联络感情的目的。座谈会的礼仪主要有以下几点:

(1)及时通知并说明内容。通知应及时发送,注明会议时间、地点、座谈内容,并写上举办座谈会的单位或部门名称。如果用电话通知,最好找到参加者本人,并报告其详细内容。

(2)创造出融洽、热烈的气氛。在座位安排上,会议主持者最好和会议参加者围圈而坐。开会时,主持者应事先讲明会议宗旨,以便参加者能有目的地积极思考和发言。如果参加者与主持者互相不熟悉,主持者应先做自我介绍,有必要时也可请参加者互相介绍,以融洽会议气氛。如果开始有些冷场,主持者可引导大家广开言路,然后逐步接近座谈主题。

(3)鼓励插话与争论。为了使会议气氛活跃、热烈,可以鼓励大家采取你一言我一语的插话和争议方式进行座谈。这样,才能使与会者知无不言、言无不尽。

5. 讨论会的组织与礼仪

讨论会,是就某一专门问题而召集有关人员参加探讨的会议,目的在于沟通信息、互通情况、求同存异,从而加深对问题的认识。讨论会的礼仪主要有以下几点:

(1)适当控制会议规模。讨论会的规模可大可小,应视会议内容而定。应邀请与讨论问题有关的人士参加,不应无针对性地兴师动众。

(2)创造畅所欲言的环境。不论是学术性的还是非学术性的讨论会,畅所欲言才能发现真知灼见。

(3)会议纪要应全面客观。有的讨论会,在会后需要写会议纪要,拟写时要做到客观、准确和全面。

6. 学术研讨会礼仪

学术研讨会,是交流学术思想、提高学术水平的重要手段,也是日益增多的会议类型。学术研讨会参加人员往往范围较大、人数较多。会议的全过程如下:

(1)会议的准备工作。第一,会议发起人明确会议目的及主题。第二,成立筹备组,明确会务准备工作的分工。一般任命组织能力强、有一定威信的人担任筹备组负责人,筹备组下设三个小组:秘书组、会务组和宣传组。

(2)学术研讨会的关键。学术研讨会的关键是课题的选择和报告人的水平,因此,这方面的选择一定要慎重。对于出席会议的人员,也应提前一段时间发出通知。在大多数情况下,请与会代表提前将论文提交会务组,以便选择作为大会宣读、会议交流或收入论文集的文章。学术研讨会开得是否成功,另一个重要环节就是会议主席团的人选及会议执行主席的水平。大会主席团的人选,不仅要求业务水平高,而且要有一定威望;执行主席还必须有相当的组织能力和演讲水平。

(3)与会人员的仪表。学术研讨会是比较严肃的会议,参加会议的人员必须衣着整洁、态度谦虚。在大会报告期间,注意聆听别人的发言,当与自己观点不一致时,要心平气和地阐明自己的观点并举出实验数据和引证资料。

开幕式和闭幕式、学术报告会主席台上,除大会主持人、报告人以外,要安排主要来宾和大会主席团的人员都到上面就座。主席台上座次的分布,原则上是重要人物坐中间,然后向两边依次排开,大会主持人一般坐在边上。听众席上,对于大型会议的重要来宾,一般安排在前两排,在座位前的桌子上摆上姓名标志牌,进入会场时由服务人员引导至座位上。

7. 其他形式会务工作中的礼仪

电话会议和领导人员应有关单位邀请参加的庆祝会、纪念会等社会活动的安排,也是办公室会务工作中越来越占有较大比例的部分。

(1)电话会议。会务工作人员在电话会议召开时,需要做好以下各项工作:第一,事先发出会议通知,及时通知有关单位和人员,要求其按时到开通电话会议的场所听会。第二,提前与电话管理部门联系,确定具体开会时间,保证开会时的线路畅通。第三,要落实与会领导和有关负责人的名单,以及发言人讲话稿,同时会务工作人员还必须始终参加会议,保证服务工作的落实。第四,会前要检查各地分会场的到会情况并及时报告会议主持人。第五,所使用的电话应加保密设备。

(2)社会活动。办公室应对这类活动进行合理、妥善的安排,以促进各项工作。在这方面,应掌握以下几个原则:第一,要主动协助领导把好审核关,对邀请领导人参加的各项社会活动有所控制,不要安排其参加不重要的活动。第二,对需要参加的各项社会活动,办公室应协助领导进行合理的安排,结合考虑工作及领导人的精力等各方面情况,切忌把各项社会活动过多地集中到某个人或某些人身上。第三,要认真做好领导人已决定参加的社会活动和组织服务工作,包括落实具体时间、地点,准备讲话稿等。

**(三)会后工作礼仪**

会后必须对现场记录进行整理,以更正现场记录中由于紧张而造成的字迹不清、语言文字不规范等问题,保证会议记录的真实、清晰、准确、完善和规范,最后成为会议文件之一或编发会议报告的依据。

1. 安排与会人员离会

它包括为与会人员结算钱款、回收需要回收的会议文件等。对于外地与会者,还应提前登记并为其购返程车(船、机)票。

2. 会议文件的立卷归档

会议文件必须在会议结束后归入卷内,其排列顺序一般是:会议通知、会议纪要、会议议题及有关文件。对修改过的文件,立卷时应将原稿放在前面,然后将修改稿依次排在后面。大型会议完整的会议案卷,应包括以下部分:会议正式文件,如决定、计划等;会议参阅文件;会议安排的发言稿;会议上的讲话记录;其他有关材料。

3. 会议新闻报道

重要会议往往要邀请记者到会,办公室或会务处应及时向新闻记者提出宣传会议精神的要求和建议。根据各种会议的不同情况,会议可发布新闻消息或进行典型报道。新闻稿件在发布前应送领导人审核,以免出现差错。

4. 会务工作总结

这是会务工作的最后一件事,一般由会议领导人员召集会务工作人员来进行。有时还要写出会务工作的总结报告。

### 三、交通礼仪

所谓交通礼仪,在此是指接待方在正式的公务接待活动中,在为来宾安排、准备、挑选专供对方使用的车辆、船只、飞机时所需要遵守的礼仪规范。无论是驾驶员还是行人,都要遵守交通法规。除此之外,也要掌握一定的交通礼仪,这样才能真正做到每一个人都可以快乐地踏上和谐之路。

#### (一)行人应遵守的礼仪

行人应遵守的礼仪主要包括:

(1)行人应该走人行道,不能在机动车或自行车的车道上行走。

(2)过马路时,应走地下通道、过街天桥或斑马线。

(3)行人要等绿灯亮起时再过马路。

(4)行人应自觉配合交通警察或交通协管员的指挥。

(5)避免在只允许机动车通行的高架桥上步行。

(6)避免在铁路轨道上行走。

(7)避免在车流中穿行。

(8)切勿因任何原因践踏草坪,更不能冒险翻越隔离带。

(9)在人群中走路要注意节奏,尽量走直线,避免给其他人带来不便。

(10)不要在行走中突然停下来,更不能在道路上嬉笑玩闹。

(11)多人同行时,应避免并排行走。

(12)尽量靠右行走。

#### (二)乘坐交通工具应遵守的礼仪

1. 乘坐公共汽车的礼仪

乘坐公共汽车的礼仪主要包括:

(1)在适当的区域候车,切勿站在行车道上。

(2)遵守"排队上车、先下后上"的文明礼仪规范。

(3)主动买票、自觉投币。

(4)上车后尽量向中间走,不要停留在车门口,以免影响其他人上车。

(5)主动给老、弱、病、残、孕者让座。

(6)不要在车内吸烟,也尽量避免在车内进食。

(7)不随地吐痰、不乱扔垃圾,维护车辆卫生,同时也维护城市环境。

(8)不要在车上大声喧哗或高谈阔论。

(9)不要把自己的随身物品放在座椅或通道上。

(10)雨天时,要收好雨具,以免弄湿其他乘客。

2. 乘坐地铁的礼仪

地铁也是人们常用的交通工具之一,作为地铁乘客,应该自觉维护公共设施,遵守应有的秩序。乘坐地铁的礼仪主要有:

(1)保持安静,举止文雅。在月台上,要遵守"按线候车"的规则,切勿越过黄色安全线。

同时也要注意自己的言行举止,不要在站内大声喧哗、不要在站台上奔跑。候车时,坐在车站提供的椅子上等候,如果没有椅子或座位已满,即使很想休息,也不要坐卧或蹲在站台上。有些人习惯于靠着墙休息,此时千万不要把脚踏在墙上,避免破坏或污染地铁的设施及环境。

(2)先下后上,注意礼让。排队上车时,如果遇到老人、病人、残疾人、孕妇和带小孩的妇女,应该让他们排到自己的前面。人多的时候,除了注意遵守安全法则外,同时应遵守文明礼仪规范,拥挤的情况下,不要推撞他人。

### 3. 乘坐出租车的礼仪

乘坐出租车的礼仪主要包括:

(1)在出租车指定候车处,应按顺序排队。如果遇到老、幼、孕、残及病人,最好能谦让,让他们排到自己的前边。

(2)在机场、火车站等场所等候出租车时,应到指定区域排队。由于出租车也需按顺序前行,所以应走向等在前面的车辆,不要干扰出租车本身的等候顺序。在没有出租车等候站的地方,应自觉遵守先来先上的原则。

(3)在一些禁止停车或上下车的地方,不应执意叫停,不应为难司机。作为文明的乘客,应该配合司机遵守交通规则。

(4)如果向对面马路的出租车招手且该车已准备掉头,那么,此时即使有其他车开到你面前,你也不应该为了方便就上车,而不理会之前招呼并正为你掉头的那辆车。

(5)乘车时,要爱护车辆及其设施,保持车内卫生。除了避免往窗外丢垃圾、吐痰等不良行为外,也不要把废弃物留在车内。如果携带有异味的食品或物品,应将其包严,以免污染车内空气。下雨天,不要把湿淋淋的雨伞放在车座上。

(6)对出租车司机要谦和有礼。如果对司机选择的路线有意见或不满意司机的服务,如司机在开车时接听手机等,要善意提出,注意文明用语,切勿与司机发生争吵。此外,为了让司机集中精力开车,应避免和司机长时间攀谈或做其他干扰司机安全驾驶的行为。

(7)下车时,应对司机的服务表示感谢,并说声"再见",这样会让司机感到温暖,他将带着一份愉悦的心情为下一位乘客提供服务。

### (三)行车驾驶礼仪

#### 1. 行车驾驶时应遵守的交通安全规则

(1)酒后不要开车。

(2)系安全带(副驾驶也需系安全带)。

(3)驾驶时不使用手机。

(4)在路口转弯时应减速或停车,让直行的行人或非机动车先行。

(5)遇到盲人或其他行动不便的行人,应减速慢行,必要时应停车。

(6)靠近人行横道时,应注意观察周围的动态,如果有行人或非机动车要横穿马路时,必须要在人行横道前停下。

(7)起步、拐弯、并线、停车时要打转向灯。

(8)拐弯时要进入适当的车道。

(9)行驶时车与车之间要保持安全的距离。

（10）停车前要减速。

2. 驾驶者应养成良好的行为习惯

（1）不往车窗外扔杂物或吐痰。

（2）不争道抢行。

（3）不乱停车。

（4）不乱鸣笛，尤其是进入居民小区后更不能鸣笛，且一定要减速慢行。

（5）雨天行车应避免溅湿行人。

（6）避免在快车道上低速行驶。

（7）避免开着问题车上路。

（8）谨慎使用远灯、雾灯。

（9）汽车发生故障时，应尽量把车推到一边，防止造成交通拥堵。

（10）保持车身清洁。

**（四）骑车礼仪**

1. 骑自行车的礼仪

骑自行车时，必须严格遵守交通规则及下列礼仪规范：遵守交通灯的指示，不闯红灯、不抢道；骑车时要注意四周，不能低头猛骑；应该骑在专用的自行车道上，不在人行道上行驶；在车流比较集中的路段，不要随便改变行驶路线；严禁酒后骑车；骑车时不要打手机；雨天骑车应穿雨衣。为了安全起见，最好选择鲜艳的雨衣，如黄色；下雪与化雪天最好不要骑车，以防路滑出现意外；避免结伴并排骑车，骑车时也不要和同伴互相嬉戏；骑车不要带人；骑车时不载重货；不应为了借力，把手扶在机动车上行驶；骑自行车转弯时，应该减速慢行、伸手示意转弯方向，有需要的时候可以按铃；除了必要时伸手、打手势外，双手应尽量保持握把的状态；遇到颠簸路段时，最好下车，推车步行；遇到老、弱、病、残等动作迟缓者，要给予谅解，主动礼让；不能随意乱停乱放车辆，要遵守停车规则；经常检修自行车，以保证行驶安全，避免发生意外事故。

2. 其他骑车礼仪

在国外有些地方，自行车可以作为一种交通工具，但也有些地方只把自行车当做锻炼身体的工具，例如，在美国和加拿大，骑自行车虽然不需要有驾驶执照，但上路时仍需像驾驶汽车般严格遵守交通规则。自行车必须配备车灯和反光器，夜间或雨天骑车均需要开灯。一般情况下，骑车都需要戴头盔，有些地方则强制规定骑车时必须戴头盔。除了比赛等特殊情况外，自行车不许在高速公路上行驶，在人行道上骑车更是违法的。

# 第二节　庆典与专题活动礼仪

## 一、庆典礼仪

### （一）庆典的含义和类型

庆典，是各种庆祝仪式的统称。在商务活动中，商务人员参加庆祝仪式的机会很多，既有奉命为本单位组织一次庆祝仪式,也有应邀出席外单位的某一次庆祝仪式。

就内容而论,在商界所举行的庆祝仪式可以分为四类:

1. 本单位成立周年庆典

即在本单位成立 5 周年、10 周年以及它们的倍数时进行。

2. 本单位荣获某项荣誉的庆典

当单位本身荣获了某项荣誉称号、单位的"拳头产品"在国内外重大展评中获奖之后,这类庆典基本上均会举行。

3. 本单位取得重大业绩的庆典

这些来之不易的成绩,往往都是要庆祝的。

4. 本单位取得显著发展的庆典

当本单位建立集团;确定新的合作伙伴;兼并其他单位、分公司或连锁店不断发展时,自然都值得庆祝一番。

对商界人士来讲,组织庆典与参加庆典时,往往会各有多方面的不同要求。庆典的礼仪,即有关庆典的礼仪规范,就是由组织庆典的礼仪与参加庆典的礼仪两项基本内容组成。

**(二)组织庆典的礼仪**

商务人员如果受命完成这一任务,需要注意两点:其一,要体现出庆典的特色;其二,要安排好庆典的具体内容。庆典既然是庆祝活动的一种形式,那么它就应当以庆祝为中心,把每一项具体活动都尽可能组织得热烈、欢快而隆重,并使其在具体内容的安排上得到全面的体现。如果站在组织者的角度来考虑,庆典内容的安排,至少需要注意出席者的确定、来宾的接待、环境的布置以及庆典的程序四大问题。

1. 精心确定庆典出席人员的名单

一般来说,庆典的出席者通常应包括以下人士:

(1)上级领导。地方党政领导、上级主管部门领导,对单位的发展给予过关心、指导的人员。邀请他们参加,主要是为了表示感激之心。

(2)社会名流。根据公共关系学中的"名人效应"原理,社会各界的名人对于公众最有吸引力,能够请到他们,将有助于更好地提高本单位的知名度。

(3)大众传媒。在现代社会中,报纸、杂志、电视、广播等大众媒介,被称为仅次于立法、行政、司法三权的社会"第四权力"。邀请他们,公正地介绍本单位的成就,有助于加深社会对本单位的了解和认同。

(4)合作伙伴。在商务活动中,合作伙伴经常是彼此同呼吸、共命运的。请他们来与自己一起分享成功的喜悦,是完全应该的,而且也是绝对必要的。

(5)社区关系。是指那些与本单位共居于同一区域、对本单位具有种种制约的社会实体。请他们参加本单位的庆典,会使对方进一步了解本单位、尊重本单位、支持本单位,或是给予本单位更多的方便。

(6)单位员工。员工是本单位的主人,本单位每一项成就的取得,都离不开他们的兢兢业业和努力奋斗。所以在组织庆典时,是不容许将他们完全"置之度外"的。

以上人员的具体名单一旦确定,就应尽早发出邀请或通知。鉴于庆典的出席人员甚多,牵涉面极广,故不到万不得已,均不许将庆典取消、改期或延期。

2. 精心安排来宾的接待工作

与一般的商务交往相比,对出席庆祝仪式来宾的接待,更应突出礼仪性的特点,应使来宾感受到主人真挚的尊重与敬意,并且想方设法使每位来宾都能心情舒畅。最好的办法,是庆典一经决定举行即成立对此全权负责的筹备组。筹备组成员通常应当由各方面的有关人士组成,他们应当是能办事、会办事、办实事的人。在庆典的筹备组之内,下设若干专项小组,在公关、礼宾、财务、会务等方面"分兵把守",各管一段。其中负责礼宾工作的接待小组大都不可缺少。庆典的接待小组,原则上应由年轻、精干、身材与形象较好、口头表达能力和应变能力较强的男女青年组成。接待小组成员的具体工作有以下几项:

(1)来宾的迎送,即在举行庆祝仪式的现场迎接或送别来宾。

(2)来宾的引导,即由专人负责为来宾带路,将其送到既定的地点。

(3)来宾的陪同,对于某些年事已高或非常重要的来宾,应安排专人陪同始终,以便关心与照顾。

(4)来宾的招待,即指派专人为来宾送饮料、上点心以及提供其他方面的关照。

3. 精心布置举行庆祝仪式的现场

依据仪式礼仪的有关规范,商务人员在布置举行庆典的现场时,需要通盘安排以下主要工作:

(1)地点的选择。在选择具体地点时,应结合庆典的规模、影响力以及本单位的实际情况确定。不过在室外举行庆典时,切勿因地点选择不慎,从而制造噪声、妨碍交通或治安,顾此而失彼。

(2)环境的美化。在反对铺张浪费的同时,应当量力而行,着力美化庆典举行现场的环境。为了烘托出热烈、隆重、喜庆的气氛,可在现场张灯结彩,悬挂彩灯、彩带,张贴一些宣传标语,并且悬挂表明庆典具体内容的大型横幅。如果有能力,还可以请由本单位员工组成的乐队、锣鼓队届时演奏音乐或敲锣打鼓,热热闹闹。

(3)场地的大小。在选择举行庆祝仪式的现场时,应当牢记并非愈大愈好。从理论上说,现场的大小应与出席者人数的多少成正比,也就是说,场地的大小应同出席者人数的多少相适应。人多地方小,拥挤不堪,会使人心烦意乱;人少地方大,则会让来宾对本单位产生"门前冷落车马稀"的错觉。

(4)音响的准备。在举行庆典之前,务必要把音响准备好,尤其是供来宾们讲话时使用的麦克风和传声设备。在关键时刻,决不允许临阵"罢工",让主持人手忙脚乱、大出洋相。在庆典举行前后,播放一些喜庆、欢快的乐曲,只要不抢占"主角"的位置,通常是可以的。但是对于播放的乐曲,应先期进行审查。

4. 精心拟定庆典的具体程序

仪式礼仪规定,拟定庆典的程序时,有两条原则必须坚持:第一,时间宜短不宜长。大体上讲,应以1个小时为其极限;第二,程序宜少不宜多。不要使庆典成为内容乱七八糟的"马拉松"。依照常规,庆典活动主要包括下述程序:

(1)预备。请来宾就座,出席者安静,介绍嘉宾。

（2）宣布庆典正式开始，全体起立，奏国歌，唱本单位之歌。

（3）本单位主要负责人致辞。其内容是：对来宾表示感谢、介绍此次庆典的缘由等。

（4）邀请嘉宾讲话。大体上讲，出席此次庆典的上级主要领导、协作单位及社区关系单位等有关单位均应有代表讲话或致贺词，不过应当提前约定好，不要当众推来推去。对外来的贺电、贺信等，可不必一一宣读，但对其署名单位或个人应当公布。

（5）安排文艺演出。这项程序可有可无，如果准备安排，应当慎选内容，注意不要有悖庆典的主旨。

（6）邀请来宾进行参观。如有可能，可安排来宾参观本单位的有关展览或车间等。当然，此项程序有时也可省略。

在以上几项程序中，前三项必不可少，后两项则可酌情省去。

**（三）参加庆典的礼仪规范**

参加庆典时，不论是主办单位的人员还是外单位的人员，均应注意自己临场之际的举止表现。其中，主办单位人员的表现尤为重要。在举行庆祝仪式之前，主办单位应当对本单位的全体员工进行必要的礼仪教育。单位的负责人，尤其是出面迎送来宾和上主席台的人士，只能够"身先士卒"，而决不允许有任何例外。

按照仪式礼仪的规范，作为东道主的商界人士在出席庆典时，应注意下列礼仪规范：

**1. 服饰要规范**

有统一式样制服的单位，应要求以制服作为本单位人士的庆典着装；无制服的单位，应规定届时出席庆典的本单位人员必须穿着礼仪性服装。即男士应穿深色的中山装套装，或穿深色西装套装，配白衬衫、素色领带、黑皮鞋；女士应穿深色西装套裙，配长筒肉丝袜、黑色高跟鞋，或者穿深色的套裤，或是穿花色素雅的连衣裙。如果有可能，将本单位出席者的服饰统一起来，则是最好的。

**2. 发言要简短**

如果商务人员有幸在本单位的庆典中发言，则必须谨记以下四个重要问题：

（1）上下场时要沉着冷静；走向讲坛时，应不慌不忙，不要急奔过去，或是慢吞吞地"起驾"；在开口讲话前，应平心静气。

（2）要讲究礼貌。在发言开始，勿忘说一句"大家好"或"各位好"；在提及感谢对象时，应目视对方；在表示感谢时，应郑重地欠身施礼；对于大家的鼓掌，则应以自己的掌声来回礼；在讲话末了，应当说一声"谢谢大家"。

（3）发言一定要在规定的时间内结束，且宁短勿长，不要随意发挥，信口开河。

（4）应当少做手势。尤其是含义不明的手势，发言时坚决不要使用。

**3. 时间要遵守**

遵守时间，是基本的商务礼仪之一。对本单位庆典的出席者而言，更不得小看这一问题。上到本单位的最高负责人，下到员工，都不得姗姗来迟，无故缺席或中途退场。

**4. 仪容要整洁**

所有出席本单位庆典的人员，事先都要洗澡、理发，男士还应刮光胡须。无论如何，届时都不允许本单位的人员蓬头垢面、胡子拉碴、浑身臭汗，有意无意去给本单位的形象"抹黑"。

5. 态度要友好

这里所指的主要是对来宾态度要友好。遇到来宾，要主动热情地问好；对来宾提出的问题，要立即予以友善的答复；不要围观来宾、指点来宾，或是对来宾持有敌意。当来宾在庆典上发表贺词或是随后进行参观时，要主动鼓掌表示欢迎或感谢。在鼓掌时，不要在对象上"挑三拣四"，不要"欺生"或是"杀熟"。即使个别来宾在庆典中表现的对主人不甚友善，也不要当场"仗势欺人"，或是非要跟对方"讨一个说法"不成。

6. 表情要庄重

在庆典举行期间，不允许嬉皮笑脸、嘻嘻哈哈，或是愁眉苦脸、一脸晦气、唉声叹气，否则会使来宾产生不好的想法。在举行庆典的整个过程中，都要表情庄重、全神贯注、聚精会神。如果庆典之中安排了升国旗、奏国歌、唱"厂歌"的程序，一定要依礼行事：起立、脱帽、立正，面向国旗或主席台行注目礼，并且认认真真、表情庄严肃穆地和大家一起唱国歌、唱"厂歌"。

7. 行为要自律

既然参加了本单位的庆典，主方人员就有义务以自己的实际行动来确保它的顺利与成功。至少，大家也不应当因为自己的举止失当，而使来宾对庆典做出不好的评价。在出席庆典时，主方人员在举止行为方面应当注意的问题有：不要"想来就来，想走就走"，或是在庆典举行期间到处乱走、乱转；不要让人觉得自己心不在焉，例如，手机"一鸣惊人"、探头探脑、东张西望、一再看手表，或是向别人打听时间。当本单位的会务人员对自己有所要求时，需要"有则改之，无则加勉"，不要一时冲动，或是为了显得自己玩世不恭而产生逆反心理，做出傻事。

外单位的人员在参加庆典时，同样有必要"既来之，则安之"，以自己上佳的临场表现，表达对主人的敬意与对庆典本身的重视。若此时此刻表现欠佳，是对主人莫大的伤害。所以，宁肯坚辞不去，也不可去而失礼。当外单位人员参加庆典时，若是以本单位代表的身份而来，而不是仅仅只代表自己个人的话，更要特别注意自己的临场表现，不可对自己的所作所为自由放任、听之任之。

## 二、开业典礼

开业仪式，是指在单位创建、开业、项目完工、落成、某一建筑物正式启用、某项工程正式开始之际，按照一定的程序所隆重举行的专门仪式。开业的礼仪，一般指的是在开业仪式筹备和运作的具体过程中所应当遵从的礼仪惯例。通常，它包括两项基本内容。其一，是开业仪式的筹备；其二，是开业仪式的运作。

### (一)开业仪式筹备礼仪

1. 开业仪式筹备的指导思想

在指导思想上，开业仪式要遵循"热烈""节俭"与"缜密"三原则。所谓"热烈"，是指要想方设法在开业仪式的进行过程中营造出一种欢快、喜庆、隆重而令人激动的氛围。所谓"节俭"，是要求主办单位勤俭办事，在举办开业仪式以及为其进行筹备工作的整个过程中，在经费的支出方面量力而行，节制、俭省。所谓"缜密"，是指主办单位在筹备开业仪式时，既要遵行礼仪惯例，又要具体情况具体分析，认真策划，注重细节，分工负责，一丝不苟。

### 2. 开业仪式筹备的礼仪

具体而论,筹备开业仪式时,对于舆论宣传、来宾约请、场地布置、接待服务、礼品馈赠、程序拟定六个方面的工作,尤其需要事先认真做好安排。

(1)做好场地布置工作。举行开业仪式时宾主一律站立,故一般不布置主席台或座椅。为显示隆重与敬意,可在来宾尤其是贵宾站立之处铺设红色地毯,并在场地四周悬挂横幅、标语、气球、彩带和宫灯。此外,还应当在醒目之处摆放来宾赠送的花篮、牌匾。来宾的签到簿、本单位的宣传材料、待客的饮料等,也须提前备好。对于音响、照明设备,以及开业仪式举行之时所需的用具、设备,必须事先认真进行检查、调试,以防其在使用时出现差错。

(2)做好来宾邀请工作。开业仪式影响的大小,实际上往往取决于来宾身份的高低与数量的多少。在力所能及的条件下,要力争多邀请一些来宾参加开业仪式。地方领导、上级主管部门与地方职能管理部门的领导、合作单位与同行单位的领导、社会团体的负责人、社会贤达、媒体人员,都是邀请时应予优先考虑的重点。

(3)做好舆论宣传工作。既然举办开业仪式的主旨在于塑造本单位的良好形象,那么就要对其进行必不可少的舆论宣传,以吸引社会各界对自己的注意,争取社会公众对自己的认可与接受。为此要做的常规工作有:①选择有效的大众传播媒介进行集中性的广告宣传。其内容多为开业仪式举行的日期和地点、开业之际对顾客的优惠、开业单位的经营特色等。②邀请有关大众传播界人士在开业仪式举行之时到场进行采访、报道,以便对本单位进行进一步的正面宣传。

(4)做好程序拟定工作。开业仪式大都由开场、过程和结局三大基本程序构成。开场,即奏乐,邀请来宾就位,宣布仪式正式开始,介绍主要来宾。过程,是开业仪式的核心内容,它通常包括本单位负责人讲话、来宾代表致辞、启动某项开业标志等。结局,则包括开业仪式结束后宾主一道进行现场参观、联欢、座谈等,它是开业仪式必不可少的尾声。

(5)做好礼品馈赠工作。举行开业仪式时赠予来宾的礼品,一般属于宣传性传播媒介的范畴之内,若能选择得当,必定会产生良好的效果。根据常规,向来宾赠送的礼品,应具有如下三大特征:第一,宣传性。可选用本单位的产品,也可在礼品及其外包装上印有本单位的企业标志、广告用语、产品图案、开业日期等。第二,荣誉性。要使之具有一定的纪念意义,并且使拥有者对其珍惜、重视,并为之感到光荣和自豪。第三,独特性。

(6)做好接待服务工作。在举行开业仪式的现场,一定要有专人负责来宾的接待服务工作,要分工负责,各尽其职。在接待贵宾时,需由本单位主要负责人亲自出面;在接待其他来宾时,则可由本单位的礼仪小姐负责此事。若来宾较多时,需为来宾准备好专用停车场、休息室,并应为其安排饮食。

### (二)开业仪式运作礼仪

从仪式礼仪的角度来看,开业仪式其实只不过是一个统称,在不同的场合,它往往会采用其他一些名称。它们的共性,都是要以热烈而隆重的仪式,为本单位的发展创造一个良好的开端;它们的个性,则表现在仪式的具体运作上存在着不少差异,需要有所区别。下面简单介绍几种常见的开业仪式及其需要注意的礼仪:

1. 开工仪式

开工仪式，即工厂准备正式开始生产产品、矿山准备正式开采矿石时所专门举行的庆祝性、纪念性活动。开工仪式通常都在生产现场举行。即以工厂的主要生产车间、矿山的主要矿井等处，作为举行开工仪式的场所。除司仪人员按惯例应着礼仪性服装之外，东道主一方的全体职工均应穿着干净而整洁的工作服出席仪式。

开工仪式的常规程序主要有五项：

（1）宣布仪式开始，全体起立，介绍各位来宾，奏乐。

（2）在司仪的引导下，本单位的主要负责人陪同来宾行至开工现场肃立。

（3）正式开工。届时应请本单位职工代表或来宾代表到机器开关或电闸旁，首先对其躬身施礼，然后再动手启动机器或合上电闸。全体人员此刻应鼓掌致贺，并奏乐。

（4）全体员工各就各位，上岗进行操作。

（5）在主人的带领下，全体来宾参观生产现场。

2. 破土仪式

破土仪式，又称破土动工，是指在道路、河道、水库、桥梁、电站、厂房、机场、码头、车站等正式开工之际，专门为此而举行的动工仪式。举行仪式的现场，务必要事先进行认真的清扫、平整、装饰。至少，也要防止出现道路坎坷泥泞、飞沙走石，或者蚊蝇扑面的状况。如果来宾较多，尤其是当高龄来宾较多时，最好在现场附近临时搭建某些以供休息的帐篷或活动房屋，使来宾得以免受风吹、日晒、雨淋，并稍事休息。

破土仪式的具体程序主要包括：

（1）宣布仪式开始，介绍来宾，全体肃立。

（2）奏国歌。

（3）主人致辞。

（4）来宾致辞祝贺。

（5）正式破土动工。其做法是：首先，由众人环绕于破土之处的周围肃立，并且目视破土者，以示尊重。其次，破土者须双手执系有红绸的新锹垦土3次，以示良好的开端。最后，全体在场者一道鼓掌，并演奏喜庆音乐或燃放鞭炮。

奠基仪式与破土仪式在具体程序方面大同小异，而其适用范围也大体相近。因此，这两种仪式不宜同时在一处举行。

3. 竣工仪式

竣工仪式，有时又称落成仪式或建成仪式，是指本单位所属的某一建筑物或某项设施建设、安装工作完成后，或者是某一纪念性、标志性建筑物建成之后，以及某种意义特别重大的产品生产成功之后，所专门举行的庆贺性活动。

举行竣工仪式的地点，一般应以现场为第一选择。例如，新建成的厂区之内、新落成的建筑物之外，以及刚刚建成的纪念碑、纪念塔、纪念堂、纪念像、纪念雕塑的旁边。应予重视的是，在竣工仪式举行时，全体出席者的情绪应与仪式的具体内容相适应。在庆祝纪念碑、纪念塔、纪念堂、纪念像、纪念雕塑建成时，则须表现得庄严而肃穆。

竣工仪式的基本程序主要包括：

（1）宣布仪式开始，介绍来宾，全体起立。

（2）奏国歌，并演奏本单位标志性歌曲。

（3）本单位负责人发言，以介绍、回顾和感谢为主要内容。

（4）进行揭幕或剪彩。

（5）全体人员向竣工仪式的"主角"——刚刚竣工的建筑物，郑重其事地恭行注目礼。

（6）来宾致辞。

（7）进行参观。

### 4. 下水仪式

下水仪式，是指在新船建成下水之时所专门举行的仪式。准确地讲，下水仪式乃是造船厂在吨位较大的轮船建造完成、验收完毕、交付使用之际，为其正式下水起航而特意举行的庆祝性活动。

下水仪式基本上都是在新船码头上举行，届时，应对现场进行一定程度的美化。在新船所在的码头附近，应设置专供来宾观礼或休息之用的彩棚。对下水仪式的主角——新船，也需认真进行装扮。一般的讲究，要在船头上扎上由红绸结成的大红花，并且在新船的两侧船舷上扎上彩旗、系上彩带。

下水仪式的基本程序主要包括：

（1）宣布仪式开始，介绍来宾，全体起立，乐队奏乐，或锣鼓齐奏。

（2）奏国歌。

（3）由主人简介新船的基本状况。

（4）由特邀掷瓶人行掷瓶礼，砍断缆绳，新船正式下水。

（5）来宾代表致辞祝贺。

行掷瓶礼，是下水仪式上独具特色的一个节目。它的做法是，由身着礼服的特邀嘉宾双手持握一瓶正宗的香槟酒，用力将瓶身向新船的船头投掷，使瓶破之后酒香四溢、酒沫飞溅。在嘉宾掷瓶以后，全体到场者需面向新船行注目礼，并随即热烈鼓掌。此时，还可在现场再度奏乐或演奏锣鼓、释放气球、放飞信鸽，并且在新船上撒彩花、落彩带。

### 5. 通车仪式

通车仪式，大都是在重要的交通建筑完工并验收合格后所正式举行的启用仪式。有时，通车仪式又叫开通仪式。

举行通车仪式通常为公路、铁路、地铁新线路的某一端，新建桥梁的某一头，或者新建隧道的某一侧。在现场附近以及沿线两旁，应当适量地插上彩旗、系上彩带，必要时还应设置彩色牌楼，并悬挂横幅。在车头之上，一般应系上红花；在车身两侧，则可酌情插上彩旗，系上彩带，并且悬挂醒目的大幅宣传性标语。

通车仪式的基本程序主要包括：

（1）宣布仪式开始，介绍来宾，全体起立。

（2）奏国歌。

（3）主人致辞。其主要内容是，介绍即将通车的新线路、新桥梁或新隧道的基本情况，并向有关方面谨致谢意。

（4）来宾代表致辞祝贺。

（5）正式剪彩。

（6）首次正式通行车辆，届时，宾主及群众代表应一起登车而行。有时，往往还须由主人所乘坐的车辆行进在最前方开路。

6. 通航仪式

通航仪式，又称首航仪式，是指飞机或轮船在正式开通某一条新航线之际，所正式举行的庆祝性活动。一般而言，通航仪式除主要的角色为飞机或轮船之外，在其他方面，尤其是在具体程序的操作上，往往与通车仪式大同小异。

### 三、剪彩礼仪

剪彩仪式源于一次偶然事件。某一年，美国圣安东尼奥州的华狄密镇有一家大百货公司将要开业。开张这天一大早，老板按当地风俗，在开着的店门前横系一条布带，防止公司未开张前有闲人闯入。这时，老板的 10 岁女儿牵着一条哈巴狗从店里匆匆跑出来，无意中碰断了这条布带，等在门外的顾客以为这是该店有意玩的"新把戏"，便蜂拥而入，争先购物，真是生意兴隆。不久，当老板的一个分公司又要开张时，想起第一次开张时的盛况，又如法炮制，这次是老板有意让小女把布带碰断，果然财运又很好。于是，人们认为公司、店铺开张时，让女孩碰断布带是一个极好的兆头，都争先效法。后来，人们用彩带取代了颜色单一的布带，并用剪刀剪断，执行人由小女孩改成年轻的姑娘，后又由当地官员或社会名流所替代，人们还给这种做法正式取名为"剪彩"。

时至今日，剪彩已风靡全球，成为商务公关、开业志庆的一种重要仪式，并约定俗成地形成了一整套礼仪规范和要求。

#### （一）剪彩的准备

剪彩仪式要进行周密的筹备工作，如舆论宣传、发送请柬、场地布置、灯光与音响的准备、人员的培训等，这些工作必须认真细致、精益求精。

剪彩仪式上需要一些特殊的用具，如红色缎带、新剪刀、白色薄纱手套、托盘以及红色地毯等。传统的红色缎带由一整匹未使用过的红色绸缎，在中间扎上几朵大而醒目的红花。现在为了节约，一般使用长两米左右的红缎带、红布条作为变通。新剪刀必须是剪裁者人手一把，而且是崭新、锋利的，避免因剪刀不好用，让剪彩者出洋相。白色薄纱手套是供剪彩者剪彩时戴的，以示郑重，但一般情况下可以不准备。如果准备，就要确保手套洁白无瑕、人手一副、大小适度。托盘是供盛放剪刀、手套用的，最好是崭新、洁净的，通常首选银色的不锈钢制品，为了显示正规，还可在使用时铺上红色绒布或绸布。红色地毯主要铺设在剪彩者正式剪彩时的站立之处，其长度可视剪彩者人数的多少而定，宽度则不应在一米以下。在剪彩现场铺设红地毯，主要是为了提高仪式档次，营造一种喜庆气氛。有时，也可不铺设地毯。

在剪彩仪式中，除主持人之外，还要选定剪彩者和礼仪小姐。剪彩者的身份地位与剪彩仪式的档次高低有着密切的关系，通常可从上级领导、单位负责人、社会名流、合作伙伴、员工代表中选定。剪彩者可以是一人，也可以是多人，但一般不超过 5 人。剪彩者名单一经选定，应尽早告知对方，并征得对方的同意。如果是由多人同时担任剪彩者，还应分别告知是何人与他同担此任,这样做,是对剪彩者的一种尊重。

为了增加剪彩仪式热烈而隆重的喜庆气氛,可以邀请几位专业礼仪小姐,或由东道主一方的女职员担任礼仪小姐,她们主要负责引导宾客、拉彩带、捧花、递剪刀等工作。礼仪小姐一般要求文雅、大方、庄重、穿着整齐划一、化淡妆、盘起头发,统一穿着红色旗袍或西式套装。

**(二)剪彩的标准程序**

剪彩仪式主要包括以下五项基本程序:

**1. 请来宾就座**

一般情况下,剪彩者应就座于前排。若数人剪彩时,应按剪彩时的顺序就座,即主剪者居于中间,距主剪者越远,位次越低,且右侧位次高于左侧。

**2. 宣布仪式开始**

在主持人宣布剪彩仪式开始后,全场起立,奏国歌。此后,介绍到场的重要嘉宾,并对他们表示谢意。

**3. 简短发言**

发言者依次为东道主单位的代表、上级主管部门的代表、合作单位的代表等。发言内容要言简意赅,并富有鼓动性,使场面隆重而热烈。

**4. 剪彩**

当主持人宣布进行剪彩后,礼仪小姐率先登场。拉彩者将红色缎带拉直,托盘者站在拉彩者身后一米左右,然后剪彩者上台进行剪彩。此时,全体人员热烈鼓掌,必要时还可奏乐或燃放鞭炮。

**5. 组织活动**

剪彩后,主人应陪同来宾参观,还可向来宾赠送纪念性礼品或设宴款待。

**(三)剪彩的礼仪规范**

剪彩者的着装要正规、严肃,一般着西装、中山装或职业制服。头发要梳理好,颜面要洁净,不可戴墨镜,给人的感觉应是容光焕发、精干而有修养。

剪彩过程中,剪彩者要使自己保持一种稳重的姿态,做到快而不慌、忙而不乱。当主持人宣布开始剪彩时,剪彩者要面带微笑,步履稳健地走上主席台,走向彩带。当礼仪小姐用托盘呈上剪刀时,要用微笑表示谢意。剪彩带时,要聚精会神、严肃认真地一刀两断。如果几位剪彩者共同剪彩时,应力争同时剪断彩带。另外,剪彩者还应与礼仪小姐配合,让彩球落于托盘内。剪彩者把剪刀放回托盘后,应转身向四周的人们鼓掌致意,并与主持人和其他主人一一握手,以示祝贺。

当主持人宣布剪彩仪式开始后,剪彩者应立即中断与他人的交谈,全神贯注地听主持人讲话。其间,可与邻座低声耳语一两句,表示自己的感受。剪彩完毕,剪彩者向四周的人们鼓掌致意后,可与主人进行礼节性的交谈,或与其他剪彩者进行赞赏性的交谈,但时间不宜过长,要有节制,高谈阔论或放声谈笑都是很失礼的。

## 四、新闻发布会礼仪

新闻发布会,是指特定的社会组织为了宣布某项重要消息,把有关新闻机构的记者召集在一起,进行信息发布的一种特殊形式的会议。它可以及时把重要信息传播给社会公众,扩大信息的传播范围,是社会组织与新闻媒介之间联络感情、协调关系的一种重要手段。在商务活动中,某些大公司的重要政策或重点产品上市时,一般会举办新闻发布会。在举行新闻发布会时,要遵循严格的礼仪规范,以免造成负面影响。

**(一)会前的周密准备**

新闻发布会的准备工作比较繁琐,主要包括主题的确定,时间、地点的选择,记者的邀请,人员的确定,材料的准备等具体工作。做好新闻发布会的会前准备,可以保障会议的顺利进行,最大限度地减少意外的发生。

1. 确定新闻发布会的主题

新闻发布会的主题是会议的中心议题,主题确定是否得当,往往直接关系到本单位的预期目标能否实现。一般来讲,新闻发布会的主题大致有两种类型:说明性主题和解释性主题。说明性主题主要是为了向外宣布决定。如企业推出新产品、企业的经营方针有所改变等;解释性主题主要是对所发生的事件进行解释。如企业产品质量出现了问题、企业出现了重大事故等。

2. 选定新闻发布会举行的时间

时间选择是否理想,对新闻发布会的效果有着重要影响。选定时间时要注意:避开节假日;避免与重大社会活动相冲突;防止与新闻界的宣传报道冲突。但有些事件发生后,时效性极强,拖延时间可能会失去意义,此时,应马上组织召开新闻发布会。

3. 确定新闻发布会举行的地点

新闻发布会举行的地点,可以考虑本单位所在地,事件的发生地,当地较有名气的宾馆、会议厅等。发布会的现场还应考虑交通是否方便,采访条件是否优越,扩音、录音、录像设备是否完好,座位是否够用等。

4. 确定邀请记者的范围

新闻发布会主要是面向新闻记者发布消息,所以,记者是主宾。邀请哪些记者参加应根据发布会的性质而定。如果是为了扩大影响和知名度,可以多种类、多层次地广邀记者参加;如果只在一定范围内进行宣传、解释,则邀请面可小一些。邀请的记者名单确定后,应提前3—4天将请柬或邀请信送到新闻单位或记者本人手中,并及时利用电话联系,落实记者的出席情况。

5. 选定新闻发布会的主持人和发言人

与其他会议有所不同的是,新闻发布会的主持人、发言人的选择非常重要,选择是否得当,往往直接关系到会议的成败。因此,新闻发布会的主持人大都由主办单位的公关部部长、办公室主任或秘书长担任,而且应该是仪表堂堂、反应灵敏、语言流畅、善于把握大局、长于引导提问、对主持会议具有丰富经验的人。发言人通常由本单位的领导人担任,因为领导人对本单位的方针、政策及各方面情况比较了解,由他们回答记者提问更具有权威性。对发言人的基本要求还应包括思想修养好、学识渊博、思维敏捷、能言善辩等。

6. 准备会议材料

新闻发布会前,主办单位通常安排专人准备好如下四方面主要材料:发言人的发言稿;回答提纲;报道提纲;其他辅助材料,如图片、实物、模型、录像、光碟等。

### 7. 其他准备工作

新闻发布会前除需做好以上准备工作外,还应做好会场的布置、音响设备的调试、礼品的准备、座次的安排、工作人员胸卡的制作以及与会人员的仪态举止训练等。

### (二)会议程序及礼仪要求

会议程序要安排得详细、紧凑,避免出现冷场和混乱局面。同时,与会者还应注意各种礼节、礼仪。

### 1. 签到

新闻发布会的入口处要设立签到处,安排专人负责签到、分发材料、引入会场等接待工作。接待人员要热情、大方、举止文雅。

### 2. 会议开始

主持人将召开新闻发布会的目的,将要发布的消息或要公布的事情经过、真相做一简要介绍。主持人应根据会议主题调节好会议气氛,当记者的提问离会议主题太远时,要善于巧妙地将话题引向主题;当会议出现紧张气氛时,能够及时调节、缓和,切实把握好会议的进程和时间。

### 3. 领导人发言

领导人在会上发言时,要突出重点,具体而恰到好处;语言要生动、自然;吐字要清晰,切忌啰唆冗长。

### 4. 答记者问

领导人在回答记者提问时,要准确、自如,不要随便打断记者的提问;对于不愿透露或不好回答的事情,不应吞吞吐吐,要婉转、幽默地向记者作出解释;遇到不友好的提问,应保持冷静,礼貌地阐明自己的看法,不能激动发怒,以免引起负面报道。

### 5. 会议结束

新闻发布会结束后,主办人员要向参加者一一道别,并感谢他们的光临。对于个别记者有特殊要求时,有关人员还应耐心地予以答复。新闻发布会后,主办单位还应及时收集到会记者做出的报道,检查是否达到了举办新闻发布会的目的,是否有不利于本单位的报道,并予以更正、说明。

## 五、展览会礼仪

展览会,是指有关方面为了介绍本单位的业绩、展示本单位的成果、推销本单位的产品技术,采用集中陈列实物、文字、图表、影像资料等方式而组织的商务宣传活动。展览会具有很强的说服力和感染力,主办单位可通过实物、图片、现场讲解,加深参观者的印象,强化宣传效果;主办单位还可通过与参观者面对面接触,听取公众的意见,达到和目标公众进行双向沟通、交流的目的;另外,主办单位还可以借助多种媒介的宣传,提高自己的知名度,扩大影响。因此,很多商界单位都很看好展览会,对展览会的组织工作以及参加展览会应遵循的礼仪规范倍加重视。

**（一）展览会的组织工作**

一般的展览会，既可由参展单位自行组织，也可由专门机构出面组织。不论哪种组织方式，组织者都必须认真、细致地做好各项具体工作，使展览会取得满意的效果。

展览会的组织工作一般包括以下几个环节：

1. 明确主题

任何一个展览会都应有一个鲜明的主题，这样，才能明确展览会的对象、规模、形式等问题，并以此来进行展览会的策划、准备和实施，使展览会的宗旨和意图更加突出。

2. 确定时间与地点

在选择展览会举办的时间、地点时，要结合展览会的目的、对象、形式以及效果等多种因素综合考虑。地点的选择可根据参展单位的地理区域不同，确定在本埠、外埠或国外。另外，还应注意交通、住宿是否方便，辅助设施是否齐全等问题。时间的选择要于己有利、于参展者有利，并与商品的淡、旺季相匹配。

3. 确定参展单位

当展览会的主题、时间、地点确定后，就要对拟参展的单位发出正式邀请或向社会发布招商广告。邀请函或广告中应明确展览会的宗旨、举办展览会的时间和地点、报名参展的具体时间和地点、咨询有关问题的联络方法、参展单位要负担的基本费用等，以便对方决定参展与否。在确定参展单位时，要注意不能以任何方式强加于对方，要做到两厢情愿。

4. 展览内容的宣传

展览会前，主办单位应设计好展览会的会徽、会标及相关的宣传标语，并就此以展览会的主题、内容、时间、地点做广泛的宣传，吸引各界人士的注意和兴趣。除此之外，主办单位还应成立一个专门的新闻发布组织，负责与新闻界的联系、提供有价值的新闻资料，以扩大影响范围、增强展览会的效果。

5. 展览会的布展制作

对展览会的组织来讲，展览现场的规划与布置是非常重要的。具体包括展位的合理分配，文字、图表、模型与实物的拼接组装，灯光、音响、饰件的安装，展板、展台、展厅的设计与装潢等。布展的效果应达到展出物品的合理搭配、互相衬托、相得益彰，以烘托展览会的主题，给人一种浑然一体、井然有序的感觉。

6. 其他组织工作

展览会的组织者除须做好以上具体工作外，还应为大会提供其他相关服务，如展品的运输、安装与保险，车、船、机票的订购，通信联络设备的准备，展览会的安全保卫以及公关、服务人员的选拔与培训等。

**（二）展览会的礼仪要求**

展览会上，不管是主办单位人员，还是参展单位人员，还是参观者，都应遵守大会秩序，时刻用礼仪规范来约束自己的言行，使展览会在友好、热烈的气氛中进行。具体讲，应注意以下礼仪：

1. 主办单位人员的礼仪

主办单位的工作人员要注意自己的形象，穿着要庄重、颜面要修饰、举止要文雅。除此之外,还应搞好与各参展单位的关系,做好各项服务工作,对既定的展期、展位、收费标准等不能随意作改动。总之,主办单位人员应与参展单位同心同德、齐心协力,共同把展览会办好。其中,主持人的形象更为重要,因为主持人是一个展览会的操纵者,他的形象就是组织实力的一种体现。因此,主持人应表现得庄重、诚恳、气派,使公众由此对其主持的展览会和产品产生信赖感。

2. 参展单位人员的礼仪

参展单位的工作人员除具备与产品有关的专业素质外,还要掌握展览知识和技能,礼貌地对待每一位参观者,达到公众满意的效果。

(1)参展单位的工作人员要统一着装,胸前佩戴表明本人单位、姓名、职务的胸卡,礼仪小姐应穿色彩鲜艳的单色旗袍,胸披写有参展单位或其展品名称的红色绶带。

(2)用热情、诚恳、公平的原则接待每一位参观者。当参观者进入展位时,要主动与其打招呼,以示欢迎。对于观众提出的问题要做到百问不烦、认真回答,不允许对观众的提问置之不理,甚至讥讽嘲笑。当观众离开时,工作人员应主动与其道别。

(3)展览会期间参展单位的工作人员要各尽其责,不得东游西逛、无故脱岗,更不允许在参观者到来时,坐卧不起,怠慢对方。对于个别不遵守展览会规则,乱摸乱动展品的观众,要以礼相劝,必要时可请保安人员协助,避免与参观者直接发生冲突。

(4)作为参展单位的讲解员,在讲解时要注意语言流畅、语调清晰、声音洪亮。对于介绍的内容要实事求是并突出自己展品的特色,必要时,还可做一些现场示范。讲解完毕,应对听众表示谢意。

3. 参观者的礼仪

作为展览会的参观者,要服从大会的管理、遵守大会的秩序、不嬉笑打闹、不乱摸乱拿展品,与组织者共同维护展览会的秩序和声誉,做一个文明、守法的参观者。

## 六、交接仪式礼仪

交接仪式,在商界一般是指施工单位按照合同把已经建成、安装完成的工程项目或大型设备,经验收合格后正式移交给使用单位之时专门举行的庆祝典礼。交接的礼仪,一般是指在举行交接仪式时所需遵守的有关规范。通常,主要包括交接仪式的准备、交接仪式的程序、交接仪式上的表现三个方面的内容。

### (一)交接仪式的准备

准备交接仪式,主要关注下列三件事:现场的布置、来宾的邀请和物品的准备。

1. 会场的布置

交接仪式的现场可以选择在工程项目的现场,也可在其他场所举行。不论仪式在何处举行,作为东道主,均需指定专人或组织临时性的专门班子,具体负责会场的布置工作。会场布置不能铺张浪费、华而不实、劳民伤财,要善于以适当的形式营造与渲染一种热烈、隆重和喜庆的气氛。会场正中应悬挂"某某工程交接仪式"或"热烈庆祝某某商厦正式交付使用"的巨型横幅。在会场的入口处或主席台前,可插置一定数量的彩旗;会场上空可带有庆祝标志的气球;会场两侧摆放来宾赠送的花篮。

2. 来宾的邀请

一般应由交接仪式的东道主——施工、安装单位负责。在具体拟订来宾名单时,施工、安装单位也应主动征求自己的合作伙伴——接收单位的意见。接收单位对于施工、安装单位所草拟的名单不宜过于挑剔,但可以对此酌情提出自己的一些合理建议。

原则上,交接仪式的出席人员应当包括:施工、安装单位的有关人员,接收单位的有关人员,上级主管部门的有关人员,当地政府的有关人员,行业组织、社会团体的有关人员,各界知名人士,新闻界人士,以及协作单位的有关人员等。邀请上级主管部门、当地政府、行业组织的有关人员时,虽不必勉强对方,但必须努力争取,并表现得心诚意切。

若非涉密,或暂不宜广而告之,在举行交接仪式时,东道主既要争取多邀请新闻界的人士参加,又要为其尽可能地提供一切便利。对于不邀而至的新闻界人士,也应尽量来者不拒。至于邀请海外的媒体人员参加交接仪式的问题,则必须认真遵守有关的外事规则与外事纪律,事先履行必要的报批手续。

3. 物品的准备

在交接仪式上,东道主一方应提前准备如下物品作为交接象征之物,如验收文件、一览表、钥匙等。验收文件,是指已经公证的由交接双方正式签署的接受证明性文件;一览表,是指交付给接收单位的全部物资、设备或其物品的名称、数量明细表;钥匙,是指用来开启被交接的建筑物或机械设备的钥匙,因其强烈的象征性,预备一把即可。交接仪式主办单位还要为来宾准备一份薄礼,这一礼品应突出纪念性、宣传性,例如,被交接的工程项目、大型设备的微缩模型;有关的画册、明信片、纪念章、领带针、钥匙扣等。

**(二)交接仪式的程序**

不同类型的交接仪式,其程序各有不同,但内容基本一致,主要包括:

1. 交接仪式开始

主持人请有关单位负责人到主席台就座,并宣布交接仪式开始,全体与会者鼓掌祝贺。

2. 交换有关文件

由施工、安装单位与接收单位正式进行有关工程项目或大型设备的交接。主要由施工单位、安装单位的代表,将有关工程项目、大型设备的验收文件、一览表、钥匙等象征性物品递交给接收单位的代表。此时,双方应面带微笑、双手递交、接收有关物品,在此之后,还应热烈握手。该程序进行的过程中,可以播放、演奏节奏欢快的喜庆音乐。这一程序可由上级主管部门负责人或当地政府领导人为工程项目剪彩所取代。

3. 双方代表发言

施工或安装单位的代表、接收单位的代表、来宾代表等依次发言。发言是礼节性的,要简短而热情,点到为止,最好不要超过3分钟。

4. 宣布仪式结束

交接仪式在时间上贵短忌长,以半小时到一小时为宜。正式仪式结束后,东道主与接收单位应邀请各方来宾参观有关工程项目或大型设备,并安排富有经验的陪同和解说人员,使各方来宾进一步深化对有关工程项目或大型设备的了解和认识;也可以通过组织其参观有关的图片展览或向其发放宣传资料的方式,满足来宾的要求。在特殊情况下,为了进一步营造出一种热烈而隆重的气氛,这一程序也可由上级主管部门或地方政府的负责人为有关工程项目、大型设备的启用而剪彩所取代。

**（三）交接仪式上的表现**

1. 东道主应注意的问题

（1）仪表整洁。东道主一方参加交接仪式的人员,不仅应当是"精兵强将""有功之臣",而且应当使之能够代表本单位的形象。为此,必须要求他们妆容规范、服饰得体、举止有方。

（2）保持风度。在交接仪式举行期间,不允许东道主一方的人员东游西逛、交头接耳、打打闹闹。在为发言者鼓掌时,不允许厚此薄彼;当来宾为自己道喜时,喜形于色无可厚非,但切勿嚣张放肆、得意忘形。

（3）友好待人。不管自己是否专门负责接待、陪同或解说工作,东道主一方的全体人员都应当自觉树立起主人翁意识。一旦来宾提出问题或需要帮助时,都要鼎力相助。

2. 来宾应注意的问题

（1）致以祝贺。接到正式邀请后,被邀请者应尽早以单位或个人的名义发出贺电或贺信,向东道主表示热烈祝贺。被邀请者在参加仪式时,还须郑重其事地与东道主一方的主要负责人一一握手,再次口头道贺。

（2）略备贺礼。为表示祝贺之意,可向东道主一方赠送一些贺礼,如花篮、牌匾、贺幛等。现在,以赠送花篮最为流行。它一般需要在花店订制,用各色鲜花插装而成,并且应在其两侧悬挂特制的红色缎带,右书"恭贺某某交接仪式隆重举行",左书本单位的画龙点睛式全称。可由花店代为先期送达,也可由来宾在抵达现场时面交主人。

（3）预备贺词。假若自己与东道主关系密切,则还须提前预备一份书面贺词,供被邀请代表来宾发言时使用。其内容应当简明扼要,主要是为了向东道主一方道贺。

（4）准点到场。若无特殊原因,接到邀请后,务必牢记在心,届时正点抵达,为主人捧场。若不能出席,则应尽早通知东道主,以防在仪式举行时来宾甚少,使主人因"门前冷落鞍马稀"而难堪。

## 七、赞助会礼仪

以赞助为主题的会议,称为赞助会。通常,商界积极赞助的项目主要有以下十类:一是公益事业;二是慈善事业;三是教育事业;四是科研活动;五是专著出版;六是医疗卫生;七是文化活动;八是展览画廊;九是体育运动;十是娱乐休闲。

举行赞助会的会议厅内,灯光应当亮度适宜。在主席台的正上方,还需悬挂一条大红横幅,在其上面,应以金色或黑色的楷书书写"某某单位赞助某某项目大会",或者"某某赞助仪式"的字样。前一种写法是突出赞助单位;后一种写法则主要是为了强调接受赞助的具体项目。

一般来讲,赞助会的会场不宜布置得美轮美奂,过度豪华张扬。否则,极有可能会使赞助单位产生不满,因为它由此可能产生受赞助单位不务正业、华而不实的感觉。赞助会的整体风格是庄严而神圣的,因此任何与会者都不能与之唱反调。

按照常规,赞助会的全部时间,一般不超过一小时。因此,赞助会的会议议程,必须做到既周密又紧凑。赞助会的会议议程,主要包括:第一,宣布赞助会正式开始;第二,奏国歌;第三,赞助单位正式实施赞助;第四,赞助单位代表发言;第五,受赞助单位代表发言;第六,来宾代表发言。

在赞助会正式结束后,赞助单位、受赞助单位双方的主要代表以及会议的主要来宾,通常应当全景留念。此后,宾主双方可稍事晤谈,然后来宾即应一一告辞。一般情况下,在赞助会结束后,东道主大都不为来宾安排膳食。如确有必要,则可以略备便餐,但决不宜设宴待客。

### 职场案例与实践

××集团是国内一家民营企业,新开发出了一款新的蔬菜汁饮料。这种饮料不仅营养丰富、无添加剂、口感舒适,而且符合健康和卫生标准,并与国际上饮料的流行趋势相吻合。然而,国内的这类饮料市场几乎全部被外国饮料所占领。要将这种新型的国产饮料推上市场,并且争得一席之地,有相当大的难度。要想在广告宣传上与财大气粗、经验丰富的外国饮料商决雌雄,显然不是国内这家民营企业的强项。于是,营销部经理吴先生决定另辟蹊径,在力所能及的情况下,为自己做上一次"软广告"。在饮料消费的旺季来临之前,这家企业专门租用了北京的一座举世知名的建筑物,在其中召开了一次由新闻界人士为主要参加者的新产品说明会。在会上,这家企业除了向与会者推介自己的新产品之外,还邀请到了国内著名的饮料专家和营养专家,请其发表各自的高见,并邀请全体与会者亲口品尝这项新产品。此后,不少与会的新闻界人士不仅争先恐后地在自己所属的媒体上发布了这条消息,其中不乏溢美之词。有些新闻界人士甚至还站在维护国产饮料的立场上,为其摇旗呐喊。结果一时令其名声大振,销量也随之大增,终于在列强林立的饮料市场上脱颖而出。

**案例思考:**

请你谈谈该新闻发布会在安排时注意了哪些程序?

## 【思考与讨论题】·················

1. 接待来访者应注意哪些礼仪?
2. 交通礼仪需要遵守哪些规则?
3. 推销员应注重哪些礼仪?
4. 签字仪式需要遵守哪些礼仪?
5. 参加庆典需要遵守哪些礼仪?
6. 剪彩需要遵守哪些礼仪规范?
7. 举行新闻发布会需要做哪些准备工作?
8. 举行展览会需要做哪些准备工作?
9. 举行交接仪式需要做哪些准备工作?
10. 举行赞助会需要做哪些准备工作?

# 第二十一章 文书礼仪

【引子】日本奈良有一家旅馆,不但环境优美,服务也热情周到,很受旅客欢迎。但旅馆也有一件烦心的事:每逢春天,总有不少燕子光临此处,在旅馆的屋檐下营巢筑窝并随便排泄粪便,尤其是雏燕。粪便溅脏了房间的玻璃窗和走廊,虽然服务员经常擦洗,但前擦后拉,总有那么一点……渐渐,旅客有了意见。旅馆经理也为此苦恼,他突然想出一计,提笔写了一封信:

女士们、先生们:

我们是刚从南方赶到这儿过春天的小燕子,没有征得主人的同意,就在这安家,还要生儿育女。我们的小宝宝年幼无知,我们的习惯也不好,常常弄脏您的玻璃和走廊,致使您不愉快,我们很过意不去,请女士们、先生们多多见谅。

还有一事恳请女士们、先生们,请您千万不要埋怨服务员小姐,她们是经常打扫的,只是她们擦不胜擦,这完全是我们的过错,请您稍等一会儿,她们就来了。

您的朋友:小燕子

客人看了以小燕子名义写的信,都逗乐了,怨气也随之消散。每当客人回到自己房间,看见窗上点点燕子粪,不由得想起"小燕子"那亲切、有趣的话。此后客人总带着美好的回忆,依依不舍地离开这座美丽的奈良旅馆。

公关活动中,企业与公众沟通的方式很多,奈良旅馆巧妙运用"书信"这一方式,不仅消除了旅客的怨气,还收到了柳暗花明的效果。

## 第一节 应用文概述

应用文写作是为满足人类的社会活动需要而产生的,是管理社会、治理国家、保障社会生活有序化运行的有力工具。经过长期的发展,应用文写作体式越来越完善,时至今日,社会的信息化特征日益显著,应用文起到了公关交际、宣传教育、沟通联系、凭证资料等诸多实际作用,这就使得应用文写作的重要性愈加突出,应用文已成为各级机关开展公务、实施管理必不可少的一种手段。

### 一、应用文的概念

应用文,是指国家机关、社会团体、企事业单位和个人在处理公私事务、交流信息、表达意愿时所使用的具有实用价值和某种惯用体式的文体。

通过长期实践,人们对应用文的形式和功能进行约定,共同遵守、共同使用,使其成为相对于记叙文、议论文、说明文的又一类特殊文章类型。可以说,自从有了文字的记载,就有了应用文的写作。

应用文以实际应用为目的,是传递信息、处理事务、解决问题、交流经验的一种必不可少的工具。上至中央机关,下至基层单位,应用文的使用范围几乎涉及社会生活的各个方面。随着社会的发展和科学技术的进步,应用文也将发挥越来越重要的作用。

### 二、应用文的分类

应用文的种类繁多,随着使用范围的不断扩大,新的文种还将不断出现。根据不同的划分标准,可以从不同的角度进行分类。这些划分的界限本身并不十分严格,可以交互使用。

按使用主体划分,可分为公关文书和私人文书;按应用领域划分,可分为机关应用文、经济应用文、军事应用文和涉外应用文等;按内容和使用的范围划分,可分为公文、事务应用文、经济应用文、法律应用文、新闻宣传应用文等。

#### (一)公文

公文就是党政机关、社会团体、企事业单位在进行公务活动时使用的体式完整,内容系统的各种正式文书。根据国务院 2000 年 8 月 24 日发布的《国家行政机关公文处理办法》的规定,公文共有 13 类,其中包括命令、决定、公告、通告、通知、通报、议案、报告、请示、批复、意见、函、会议纪要。

#### (二)事务应用文

事务应用文是机关、团体、企事业单位或个人在工作和学习中经常使用的,具有很强的实用性、事务性的应用文体,如计划、总结、述职报告、调查报告、简报和规章制度等。这些应用文尽管不属于公文的范围,但它们也有一定的惯用格式,适用范围很广,频率也很高。

#### (三)经济应用文

经济应用文是在经济领域中经常使用的反映经济情况、处理经济事务、解决经济问题的专用文书,如市场调查报告、市场预测报告、可行性研究报告、经济活动分析报告、经济合同、广告文案、商品说明书、招标书和投标书等。这类应用文专业性强,格式较为固定,需要经济专业知识和经济领域的实践经验。

#### (四)法律应用文

法律应用文是案件的当事人或其他诉讼参与人为保护和实现自身的合法权益,依照法定的法律程序,制作的具有法律效力或法律意义的专用文书,如经济授权委托书、起诉状、上诉状、答辩状和申诉状等。这类应用文格式固定,写作之前需要了解诉讼程序,熟悉有关的法律条文。

#### (五)新闻宣传应用文

新闻宣传应用文是以大众传播为媒介,用来传播信息、沟通情况、报道工作动态和情况的文体,如消息、简讯、通讯、新闻评论等。

#### (六)科技应用文

科技应用文是对某一学术课题进行专门讨论和研究,发表自己的学术见解、表述科学研究成果的应用文。高等学校学生毕业前所写的毕业论文,也是一种科技应用文。

### 三、应用文的特点

应用文作为一种独立的文章样式,虽然与其他的文体有许多共同之处,但它还有自己的显著特点。

**(一)文体的实用性**

实用性是指应用文无论在处理公共事务还是私人事务中,都具有实际应用的价值。实用是应用文最重要的特点,是否具有实用性是判断应用文好坏的价值尺度。实用性是应用文区别于其他文种的标志。

**(二)格式的规范性**

应用文讲究格式的规范性。每一个文种在长期的使用过程中都形成了比较固定的格式,写作时必须根据应用文的具体类型,遵守各自的固定格式。当然,这些格式也不是永恒不变的,随着社会的发展,应用文的格式也必将不断完善和创新。

**(三)内容的真实性**

真实性是指内容的真实确凿、实事求是。应用文是管理工具的工具,要为解决现实问题、指导实际工作服务,因而它完全排斥虚构和杜撰。文种所写的数据和材料等要真实、准确;所发布、传达的上级指示精神要确切,不能采用任何艺术加工,否则作者将承担相应的行政和法律责任。

**(四)对象的明确性**

应用文的读者不像文学作品那样广泛,阅读对象大都明确具体。无论是行政公文中的"请示""通知",还是法律文书中的"起诉状""上诉状",都有明确的读者对象,即使是"欢迎词"等,也是直接面对特定听众的。

**(五)语言的简朴性**

应用文尚质求实,要求语言简朴,表达明确。一般不用拟人、夸张、比喻、双关等修辞格。应用文多数具有法定权威、行政约束力和明确的规范作用,因此用词必须准确,不能含糊其词,模棱两可,以免发生歧义或误解。

### 四、应用文写作的要求

**(一)要熟悉政策和法规,具有较高的政策水平**

应用文写作的政策性很强。一定时期的应用文,反映党和国家这一时期的方针政策。要写好应用文,首先要掌握党和国家的方针政策,深刻领会中央有关精神。只有明确了方向,才能写出好的应用文。

**(二)要有较宽的知识面**

应用文同各专业知识之间有密切的关系。例如,写经济文书,应懂得相应的经济知识;写法律文书,要具有一定的法律知识;写礼仪文书,应熟悉有关的礼仪知识等。因此,要写好应用文,必须掌握相应各专业的知识。

**(三)要具备较强的文字表达能力**

1. 学习语法、修辞、逻辑知识

要提高应用文写作能力,必须先提高文字表达能力。这就要努力学好语文知识,重视听、说、读、写的练习,从文字到语法,从修辞到逻辑,直至标点符号的运用,都要认真学习,一丝不苟。

2. 加强写作实践,不断提高写作能力

陆游写道:"纸上得来终觉浅,绝知此事要躬行。"他强调的"躬行",就是指自己亲身去实践、去练习。学习写作知识,借鉴前人的应用文写作经验,好比夜间走路有了指路灯,可以少走弯路,避免盲目性。但路还得靠自己走,只有平时多练习,才能在写作实践中加深对应用文写作知识的理解。

# 第二节　公关文书

文书作为一种广泛使用的传播工具,也是公共关系的重要手段。公关文书是公共关系人员对内对外联系时所使用的信息传播载体。掌握常见的公关文书的相关知识,具有较强的写作能力,是公共关系人员必备的职业素质。

## 一、公关文书的含义

文书是一种记录信息、表达意图的文字材料。人们通过书写文书来记录信息,利用传递文书来彼此交流信息,利用公布文书对公众发布信息。无论是人际传播还是大众传播,文书都是一种重要的传播媒介。因此,在公关活动中是必不可少的工具。

从公共关系学和文书学的概念来说,公关文书是指企业为了树立组织的良好形象,在采取一定的策略、手段进行活动的过程中,记录信息、表达意图、互相联络的文字材料。

为了使用方便,可以把公关文书分为以下几类:

(1)公文类:如请示、报告、简报等;

(2)广告类:如商业广告、公关广告、通知等;

(3)新闻类:如消息、通讯、报告文学等;

(4)函柬类:如请帖、公函等。

另外,演讲词虽属议论文体,但在公关工作中,演讲起着公关广告的作用。

## 二、公关文书的特点

### (一)实用性

公关文书是进行公关活动过程中的文字材料,具有很强的实用性。它不必像历史那样来写,也不需要像文学作品那样虚构和夸张。公关文书是传递信息、交流信息、反馈信息,具体处理公关活动中所必须用文字来表达的事情,目的非常明确。

### (二)广泛性

公关文书就范围看,有对内的、对外的、对单位的、对公众的、对个人的;就行文关系来看,有上行文、平行文、下行文;就时间来看,每个企业、单位几乎天天都要使用。

### （三）权威性

这个权威性来自它的制发机关的权威和合法地位，也就是说，由它的制发机关的法定职权和工作威信所决定的。一个有法人资格并在公众中享有盛誉的单位，它制作的文书才能得到社会的承认，发挥它的效用。如一个企业做的广告，如果没有一定的权威，就不会得到社会和公众的信赖。

### （四）艺术性

公关工作本身是一门富于艺术性的工作，作为公关工作的书面表达形式，无疑也要讲究艺术性。这里讲的艺术性，并非花言巧语、哗众取宠、矫揉造作、华而不实，而是指文章的结构、语言、表达方式等要给人以美感，达到内容和形式上的完美结合。如书函、广告、请柬等常用的公关文书，都应讲究内容美、语言美和形式美。

## 三、公关文书写作的特点与要求

### （一）准确实际

公关文书是个办事工具，要用它来联系工作，树立形象。因此，必须准确无误，实事求是。准确的关键是"立意"要准确、鲜明，提倡什么，反对什么，说明什么观点，解决什么问题，都要十分明确。实际，主要是指恰如其分。在公关文书的各种体裁中，除极少数（如广告）可用夸张、描写等表现手法外，都是直指其意，直诉其事，直表其情，不允许任何的虚构和杜撰。

### （二）简练明了

公关文书要便于阅读和处理，才能提高办事效率，所以，写得简练明了至关重要。要写得简练，首先要对所办的事的情况、存在的问题、采取的措施和步骤有一个清楚的分析和概括能力。如果在认识上比较模糊，抓不住症结和主要问题，写起来就无法做到层次清晰、文字简练。在写作技巧上，公关文书应开门见山，意尽即止。切忌"帷幕"重重，画蛇添足。

### （三）大方得体

公关文书大都要在广大公众中传递，散发面广，而且从文书上可以看出这个单位、企业的文化修养和知识水平。所以，无论在用纸、书写和外观设计上，还是在传递的方式和时机上，都要严格把关，不可草率从事，内容和形式都要美观、大方。公关文书涉及的文种较多，而各类文种都有自己的格式，不可僭越和混淆，否则，就会见笑于公众。因此，文书的起草者必须掌握各种文体的规定形式，发出的文件必须符合本单位的地位和身份。

# 第三节　公关礼仪文书

## 一、公关礼仪文书的概念与特点

作为社会交往、礼仪活动的文体，文书礼仪主要体现交际双方的愿望、喜好、情感，反映的是一种"双边"关系。掌握文书的礼仪要求，主要是格式及语言的运用要求，对于成功交际及商务合作具有重要意义。

### （一）公关礼仪文书的概念

在人们的工作及生活中，私人之间或单位之间经常需要进行一些礼节性的社交活动。公关礼仪文书是指人们在喜庆、哀丧以及其他社交场合，用以表达礼节、交流思想和处理事务的、具有相对固定格式的社交礼仪应用文。

公关礼仪文书是人们在社会活动中不可或缺的情感信息交流的纽带，对于加强各有关方面的了解、联系和合作起着重要作用。一纸文书虽轻，公关作用却大。

公关礼仪文书应用范围较广。它应用于人们一切交往所需要的礼节、仪式的文字沟通之中，包括组织与组织之间、组织与个体之间、个体与个体之间，如贺词、贺电、欢迎词、感谢信、请柬、聘书等。

### （二）公关礼仪文书的特点

作为应用文中一种体式，公关礼仪文书与其他应用文有不少共同之处，然而在长期使用过程中，又形成了若干不同于其他应用文体的显著特点。

1. 礼仪性

作为礼仪活动的实用文书，礼仪性是公关礼仪文书的本质特点。所谓礼仪性有两种含义：一是礼仪文书的使用对象，是公关主体所尊重的客体；二是公关礼仪文书的使用范围，多是一些喜庆节日、重大活动或婚丧寿诞等本身就带有很强的礼仪性的活动。

同时，礼仪性还体现在礼仪文书的内容上，无一例外地只有赞美肯定，没有批评指责，喜对方所喜，哀对方所哀，决不指手画脚干涉对方的内部事务。公关礼仪文书在语言上，有固定的礼貌用语，即使涉及矛盾分歧，也是采用委婉和蔼的语气，如"我希望……""恳请……"提出来，强调双方和谐、积极、发展的共同目标。

2. 情感性

应用文旨在实用而不在于给人欣赏，不要求以情感人，这也是它和其他文学作品的区别之一，但公关礼仪文书由于其特殊性质，就与其他应用文尤其是公文不同，公关礼仪文书除信息交流之外，还有传情达意的重要作用。热情、真挚的公关礼仪文书，才会感染公关对象，从而达到预期目的。因此，情感性是公关礼仪文书的重要特征之一。另外，从公关礼仪文书写作来看，本身就具有浓郁的情感色彩，如请柬要言辞恳切，贺词要喜庆热烈，悼词要悲伤情真……公关礼仪文书一般都要表达或祝贺、或感谢、或哀悼、或喜庆的感情。所以公关礼仪文书与其他应用文不同，公关礼仪文书一般具有较强的感情色彩。

3. 程式性

公关礼仪文书一般都有固定的格式，像请柬、聘书，不但在内容上有惯用的写法和格式，就连纸张的质量、大小尺寸、封面装帧也有一定的要求和样式。这些体式是在长期的礼仪活动中约定俗成的，它不仅起规范作用，而且在形成"规范"之后，对读者心理产生影响，而且这些礼仪程式一代一代沿革，不断演进，使公关礼仪文书随时代的要求而发展。随着国际交往的频繁，对一些国际间的礼仪程式也要有一定的了解。不合体式的公关礼仪文书将被视为轻率的不礼貌的行为，从而影响公关效果。

## 二、公关礼仪文书的种类

公关礼仪的领域广泛，商务组织使用的公关礼仪文书种类也很多。

**(一)按照公关礼仪文书的形式可以分为词稿类、信电类、信书类、片名类**

(1)词稿类,包括讲话稿、祝悼词、迎送词等。

(2)信电类,包括祝贺信电、慰问信电、唁电等。

(3)信书类,包括感谢信、表扬信、介绍信、邀请信、聘书、请柬、倡议书等。

(4)片名类,包括名片等介绍自己情况的文书。

**(二)按照性质可以分为庆祝类、慰问类、哀悼类、邀约类、致辞类、凭证类**

(1)庆祝类,包括贺词、贺电、致敬电等。

(2)慰问类,包括慰问信、感谢信、表扬信等。

(3)哀悼类,包括悼词、讣告、唁电、挽联等。

(4)邀约类,包括邀请信、请柬、聘书等。

(5)致辞类,包括讲话稿、迎送词、答谢词等。

(6)凭证类,包括介绍信、名片等。

## 三、公关礼仪文书的写法与写作要求

### (一)公关礼仪文书的写法

不同的公关礼仪文书有不同的格式要求,公关礼仪文书的写作一般由以下几个部分组成:

**1. 标题**

大部分公关礼仪文书需要写标题,一般可以在第一行居中用较大字体写上。标题由事由和文种组成,也可以直接写文种。有些公关礼仪文书如请柬等,标题直接写在封面上。

**2. 称谓**

称谓是指公关礼仪文书的领受单位名称或领受人姓名,如悼词的领受者是家属而非死者,因此称谓应当是各位亲属,而不能是死者本人,一般顶格写。

**3. 正文**

这是公关礼仪文书的主体部分。不同的文书有不同的要求。

**4. 结尾**

结尾包括署名及写作时间。

### (二)公关礼仪文书的写作要求

**1. 分清对象**

交际是在不同的对象和人群中进行的,因此必须理顺关系,采取相应礼仪。例如,对上级与长辈要礼貌、尊敬;对平级与平辈要诚恳、谦和;对下级与晚辈要和蔼、亲切。总之,要谨记你写给谁、给谁看、给谁听,要分清对象,分别对待。

**2. 区分场合**

公关礼仪文书应用于不同的场合,写作时要讲究与场景气氛和谐融洽。譬如,致辞的使用十分普遍,开业或周年庆典会、新闻发布会、学术研讨会、展览会、宴会等,需要有关人士致辞,但不同场合的致辞,内容与写法是不同的。大会致辞要严谨庄重,宴会致辞要热烈活泼、答谢词要亲切诚恳。总之,要注意区分场合。

3. 用语得体

公关礼仪文书的措辞要切合情景和双方的关系,要根据不同的场合、不同的事由、不同的对象,采取不同的方式和方法,语言要合乎自己的身份,除了称谓、署名必须正确无误外,更重要的是在内容上首先要注意该说的说,不该说的不说,以免产生不必要的误会。其次要注意双方的亲疏关系,语言要把握分寸,使对方感到自然相称,以免有"潜越"之嫌。

4. 文字简明

随着社会的发展,社会交往的节奏越来越快。为达到高速有效的目的,我们在撰写公关礼仪文书时力求简明扼要,表达准确。因此,公关礼仪文书不宜长篇大论,只能起助兴作用。且不说题词、柬帖等要求文字简短,就算是致辞,也要求简短,长了会令人沉闷,冲淡气氛,甚至会使效果适得其反。

## 四、信函文书礼仪

### (一)信函的概念与功能

信函即书信,是指人们在日常生活、社会交往及工作中用来传递信息和交流思想感情的应用文书。它是社交的一种基本手段,是各部门、人员在业务工作和人际交往中不可缺少的信息传播和交际工具。

信函主要包括贺信、感谢信、表扬信、慰问信、公开信、倡议书、推荐信等。

信函的应用范围非常广泛。大到国与国之间的交往,国家领导人间相互通信,解决国际间的有关问题;小到家庭与家庭、个人与个人之间以书信互致问候、相互勉励。当今,随着我国社会主义市场经济的发展、流通领域的活跃、横向联系的扩大,信函类礼仪文书更是被广泛采用。

信函的主要功能是建立和发展组织与公众、人与人之间的关系,树立良好形象,争取理解、信赖、支持与合作。

### (二)信函的基本要求

1. 书写规范,用语礼貌

书写规范是指信函书写格式要规范。笺文中的称谓、开头应酬语、正文、结尾应酬语、祝颂敬词、署名及日期等,都要注意结构顺序和书写格式。信函语言要有礼貌。信函是一种书面谈话,这就要讲究礼貌,使收信人有一种亲切感和被尊重感。

2. 内容可信,表达艺术

信函无论写给谁看,所写的内容都应实实在在,所表之情都要直率真诚。只有信中所谈的事情真实可信,才会增进双方的友谊和感情;否则,就会有损双方的关系从而带来负面影响。在信函中,应把自己的意思表达得完整准确、清晰明白,同时还要观点正确、叙述晓畅、层次清楚。

3. 融入情感,激活兴趣

信函应带有浓厚的人情味和亲切感。信函写作选择的最佳角度,往往是以"对方态度"讲话,善于从对方的立场和处境出发,替他人着想,为他人打算,助他人一臂之力。这样,会使对方觉得你是可以信赖的,愿意同你合作。信函的内容能引起对方的注意和兴趣,才能使其产生强烈的阅读愿望。因此,信函的开头应直截了当,开门见山地提及主要的事项或观点。

## 五、致辞文书礼仪

### (一)致辞文书的概念和种类

致辞类文书,是指人们在各种特定的场合发言时所依据的各类文稿的总称。从广义上讲,不仅有代表组织或领导人在各种会议上和场合上的讲话稿,也包括代表个人见解,以个人名义所写的各类讲话文稿,都是公关常用的礼仪文书。

在公关活动中,我们经常会遇到许多迎来送往的场合,这些场合常需要有关人员现场以致辞形式表示对宾客的尊敬和祝福。

公关礼仪性致辞种类主要包括开幕词、闭幕词、欢迎词、欢送词、答谢词、祝贺词、凭吊词等。各类祝词除了都有一套相应的格式和规范要求外,更主要的是必须根据不同场合、不同内容、不同对象和不同需求而有所侧重和变化。这就要求在撰稿前,必须对所服务的组织的有关情况,所举办的活动性质、内容和所出席对象的层次、范围、特点有一个基本把握,唯此才能在写作中应对自如,很好地体现对对方的尊重。

### (二)致辞文书礼仪的共同特点

#### 1. 口头性

致辞类的文稿是讲话人口头发言的依据,需要当众口述。为了防止口不择言,减少重复和遗漏,使讲话晓畅通达,同时为了方便听众听清楚,就应照顾到口语的特点,注意口语的要求。例如,句子不要太长,尽量减少修饰语,以免分散听众的注意力;语言上讲究抑扬顿挫,使表达朗朗上口,听起来亲切自然;同时要求形象生动、有文采,力戒呆板枯燥。

#### 2. 直接性

致辞讲话是直接面对听众的,是讲话人与听众面对面的交流,这就要求讲话人须随时顾及听者的反应和对讲话内容做适当调整。

#### 3. 针对性

致辞如果针对性不强,就会使人听之无味,以致分散注意力,甚至造成场面乱哄哄,这样就收不到讲话的效果、达不到讲话的目的。因此,在写作时一定要考虑到致辞的场合和对象,在此基础上确定主题和语言,做到有的放矢。

#### 4. 情感性

讲话致辞是说者与听者之间直接的情感交流,不仅要表达讲话人的观点,还要求以情感人,致辞中适当的感情色彩可以收到良好的效果。这就要求出于真情实感、发自内心,同时尽量灵活运用多种表达方法来调动听众的情感,增强鼓动性和号召力。

### (三)致辞文书礼仪的个性特点

#### 1. 开幕词、闭幕词

开幕词,是大会开始时由主要领导人向大会宣读的阐明会议宗旨、说明会议议题和议程、向与会人提出希望的讲话稿。

闭幕词,是大会结束时由主要领导人向大会宣读的概括大会精神、总结大会成果、指出会后努力方向的讲话稿。

开幕词、闭幕词的礼仪要求:充分考虑致辞的场合和对象,力求以词语营造隆重、庄重的效果;其次,致辞中注意仪态端正、声音洪亮、清晰,以声以情感人,给人以鼓舞和信心。

2. 欢迎词、欢送词、答谢词

欢迎词,是东道主或主人出面,对宾客或客人的来访、到来在公共场合表示热烈欢迎的致辞。欢送词,是送别客人时表示良好祝愿的讲话。答谢词,是宾客在受到主人的热情款待时向主人表示答谢的讲话类文书。

欢迎词、欢送词、答谢词应遵循的礼仪要求如下:

第一,欢迎词要突出欢愉性。中国有句老话"有朋自远方来,不亦乐乎",所以致欢迎词当有一种愉快的心情,言词用语务必富有激情和表现出致辞人的真诚。只有这样才可给客人一种"宾至如归"的感觉,为下一步各种活动的完满进行奠定良好的基础。

欢迎词是出于礼仪的需要而使用的,因此要十分注意礼貌。首先,称呼要用尊称,感情要真挚,要能较得体地表达自己的原则立场;其次,措辞要慎重,勿信口开河,同时要注意尊重对方的风俗习惯,应避开对方的忌讳,以免发生误会;最后,篇幅短小,言简意赅。一般的欢迎词都有一种礼节性的外交或公关致辞,宜短小精悍,不必长篇大论。

第二,欢送词要表现出惜别之情。古诗言"相见时难别亦难",中国人重情谊这一千古不变的民族传统精神在今天更显得珍贵。欢送词要表达出对亲朋、宾客即将远行时关切的感受,所以依依惜别之情要溢于言表。当然格调也不可过于低沉。尤其是在公关交往中更应把握好送别时所用言辞的分寸。

与欢迎词一样,口语性也是欢送词的一个显著特点之一。遣词造句也应注意使用生活化的语言,既简洁又富有生活的情趣。口语化会拉近主人同来宾的亲切关系,使送别既富有情趣又自然得体。

3. 祝酒词、贺词、凭吊词

祝酒词,是在宴会开宴前表示诚挚祝贺的讲话。

贺词,是通过言辞对社会组织或个人喜庆事项表示祝贺的讲话。

凭吊词,原指在葬礼上发表的演讲,现在一般指在追悼会上的悼词或祭文,也包括在杰出人物的忌日所发表的讲话。

祝酒词、贺词、凭吊词的基本礼仪要求为:第一,都要做到感情真挚;第二,注意致辞的语调与场合氛围吻合;第三,祝酒词、贺词要求感情强烈,热情洋溢,语调高扬,语速可以略快;第四,凭吊词要注意情感哀婉,语调低沉,语速较慢,对逝者的评价遣词要注意分寸。

# 第四节　常见公关文书及其制作

## 一、公文

### (一)公文的概念

公文,全称公务文书,有广义和狭义之分。

广义的公文,是指党政机关、企事业单位和社会团体在处理公务时所使用的、具有惯用体式的应用文体。它包括行政公文、党的机关公文、法规文书、事务文书以及各种专业文书。

狭义的公文,是指行政公文,是指行政机关在行政管理过程中所形成的具有法定效力和规范体式的公务文书。这一定义指出了公文的使用者是"行政机关",即各级人民政府及其下属的各个部、委、厅、局、办等行政机关。

在实际工作中,由于企事业单位和人民团体都要接受政府的监管,都需要以公文作为与政府沟通的载体,因而,企事业单位和人民团体都要遵循行政机关公文运行的规律。

**(二)公文的行文格式**

《国家行政公文处理办法》第十条规定:"公文一般由秘密等级和保密期限、紧急程度、发文机关标志、发文字号、签发人、标题、主送机关、正文、附件说明、成文日期、印章、附注、主题词、抄送机关、印发机关和印发日期等部分组成。"

公文包括文头、正文和文尾三个部分。

1. 文头部分

文头又称为版头、稿头,位于公文首页上端,由文件名称、发文字号、秘密等级、紧急程度和签发人组成。

(1)文件名称。文件名称由发文机关全称或规范化的简称加"文件"二字组成,如"陕西省人民政府文件"。几个单位联合行文时,主办的单位名称排列在最前面。

文件名称位于文头部分的正中,用小标宋体,红色标志(故有"红头文件"之说)。

(2)发文字号。发文字号是行政公文的特殊标志,主要是为了便于收发文单位分类、统计,同时也便于引用和查询。由机关代号、年份和顺序号三部分组成,如国发〔 2007 〕 10 号,代表国务院在 2007 年发的第 10 号文件。联合行文时,只标注主办机关的发文字号。

发文字号位于文件名称下方,居中排列,但文头有"签发人"时,其位置略向左移,使用 3 号仿宋体。

(3)秘密等级和保密期限。内容涉及党和国家机密的文件需在文头部分标注秘密等级,以限定此文件只能在限定的时间、范围传达和阅办,确保机密的安全。其中绝密文件的保密期限一般不超过 30 年,机密文件不超过 20 年,秘密文件不超过 10 年。标注位于文头右上角第一行,使用 3 号黑体。标注方法为:秘密等级★保密期限。

(4)紧急程度。紧急程度是指公文送达和处理的时限要求。紧急公文应当根据紧急程度分别标明"特急""急件",位于秘密等级之下;如无秘密等级,则在文头右上角第一行,使用 3 号黑体字标注。

(5)签发人。签发人是指代表发文机关核准并签发公文的领导人姓名。上行文必须标注签发人,位置在发文字号的同行右侧。"签发人"三字使用 3 号仿宋体,而签发人姓名使用 3 号楷体。

2. 正文部分

这部分是公文的主体和核心,包括标题、主送机关、正文、署名和印章、成文日期、附注等几项内容。

(1)标题。公文标题就是公文的名称,用来揭示公文的主旨,处在公文首页的核心位置,在文头横线以下分一行或多行居中书写,使用 2 号小标宋体。完整的公文式标题由发文机关、发文事由和文种三部分构成,如《国家邮政局关于调整邮政基本资费的通知》,其中"国家邮政局"是发文机关,"关于调整邮政基本资费"是发文事由,"通知"是文种。但在某些情况下,公文标题也可采用规范的省略形式,其省略形式主要有两种:一种是省略发文机关,如《关于赴美考察的请示》;一种是省略发文事由,如《中华人民共和国主席令》。此外,有一些普发性的公文,如在公共场合张贴的通报,可以直接以文种《通报》作为标题。

(2)主送机关。主送机关是指公文行文的对象,即发文机关要求其主办答复或知晓文中事项的受文单位。除少量面向全社会或某单位全体人员发布的普发性公文外,都应当注明主送机关。一般来说,上行文和平行文只有一个主送机关,而下行文的主送机关可以有多个,机关间按系统、级别排列,不同系统级别间加逗号,同一系统级别间用顿号,如"各省、自治区、直辖市人民政府,国务院各部委、各直属机关"。主送机关应顶格而写,用机关全称或规范化的简称,采用 3 号仿宋体。

(3)正文。正文部分是公文的主体和核心,包括开头、主体和结尾三个部分。开头部分又称为引据部分,用于说明发文的目的、依据和缘由。主体部分是正文的核心,用以交代发文的事项,不同文种内容侧重上各有不同,如向上级机关反映情况、汇报工作要简述事实经过,向下级机关作出指示要详细说明和交代工作任务和执行方法。结尾部分主要写发文单位对受理单位就如何处理公文提出的要求,有时也可使用一些规范化的语句结尾,如"特此通知""专此函复"等。

(4)附件。附件是随文附上的有关照片、图表、统计数字以及文字依据材料、参考材料等,用以对公文正文内容做补充、说明和印证。

附件位于正文下行,采用 3 号仿宋体。

(5)署名和印章。署名即发文机关的落款,应写机关全称或规范化的简称,几个机关联合发文,主办机关排列在前。位置在附件下方右侧,署名上要加盖印章(会议纪要可不加盖印章),印章是公文生效的标志,加盖印章要上不压正文,下压在成文日期上。

(6)成文日期。成文日期是公文生效的法定时间,以领导人签发的日期为准(联合行为以最后一个机关领导人的签发日期为准,会议通过的公文以通过日期为准)。成文时间用公元纪年、小写汉字,要求年、月、日俱全,如"二〇〇七年五月十五日"。

(7)附注。附注是对正文的某些内容或有关事项、要求的注解和说明,一般分为两种情况:一种是注释说明正文中的一些不易夹注的名词术语;一种是用以标注公文的传达范围和阅读对象,如"此文发至省部级"。需要注意的是,"请示"应当在"附注"处注明联系人的姓名和电话,以便联系。

附注位于成文日期下一行,采用 3 号仿宋体。

3. 文尾部分

文尾部分又称为版记部分,包括主题词、抄送(报)机关、印发机关和时间、印发份数等几项内容。

(1)主题词。主题词也称为"叙词",是用以揭示公文的主题思想和核心内容的规范化的名词或名词性的词组。主题词的选取范围应参照中央和地方政府制定的《主题词表》。一份文件的主题词数量以 3—5 个为宜,最多不超过 8 个。在标引主题词时,应根据主题词所表达的概念的大小,由大到小依次排列,且最后一个主题词必须是文种名称。

主题词居左顶格标志,采用 3 号黑体。

(2)抄送(报)机关。抄送(报)机关是指主送机关之外的需要送达的其他机关,这些机关有了解公文内容的必要,但对公文不负有答复与办理的责任。一般来说,对上级用"抄报",对平级用"抄送"。

抄送机关位于主题词下一行,左空一字,采用 3 号仿宋体。抄送机关间用逗号隔开。

(3)印发机关和印发时间。印发机关多数是指发文机关里负责制发公文的办公室。印发时间是指印发该公文的实际时间,与成文时间不是一个概念。

印发机关和印发时间位于抄送机关下一行(无抄送机关时位于主题词之下),用 3 号仿宋体。印发机关左空一格,印发日期右空一格,用阿拉伯数字标志。

**附:公文格式样本之一(下行文)**

0000001                     机密★一年

                             特急

××××文件

××〔2012〕×号

---

关于×××××××的通知

主送机关:

    正文

    附件:

                      二〇一二年×月×日(公章)

    (附注)

主题词:××     ××     ××     通知

抄送机关:××,××,××。

印发机关:                   2012 年×月×日印

                        共印×份

**公文格式样本之二(上行文)**

0000001                     机密★一年

                             特急

××××文件

××〔2012〕×号         签发人:×××

---

关于×××××××的请示

主送机关:

    正文

    附件:

二〇一二年×月×日(公章)

附注:签发人的姓名与联系方式

主题词:×× 　　×× 　　×× 　　　请示

抄送机关:××,××,××。

印发机关: 　　　　　　　　　　　　　　2012 年×月×日印

共印×份

## 二、公关简报

### (一)公关简报的概念

简报,是指用书面语言写的简短的情况报告。它是党政机关、团体和企事业单位经常使用的一种文体。从性质上讲,它属于一种介绍情况、交流信息的应用文。

在各类文件中,简报是一种最灵活、最常见、最普遍、使用范围最广泛的文体。

### (二)公关简报的制作

公关简报的格式一般由以下三部分组成:

1. 报头

报头占简报首页的 1/3—1/4。居中写简报的名称,要用较大的字体,名称下方写简报编号"第×期",简报编号下面的左侧写编发单位,右侧写简报的印发日期。报头与正文部分要用一条横线隔开。

2. 正文

正文是简报的内容所在,分导语、主体和结尾三部分。正文的标题与新闻的标题相似,应力求简明、准确、扼要地概括出正文的内容。主体是简报内容的主干和中心部分。主体的内容要抓住关键问题,把本单位在贯彻执行上级指示、开展工作中出现的情况集中地反映出来,与之无关的琐碎小事不能上简报。正文的结尾要用括号注明写稿单位和写稿人名字。

3. 报尾

报尾在简报的最后一页下方,标明两条平行横线,在横线内注明本简报的发送范围和印发份数。

另外,如果是带有机密性的简报,还可以在首页上角标密级,或在末页注明发送范围。有些公关简报可以集中报道公司(企业)的重大事件,如公司举办产品展览会,可以随着工作进展情况分阶段编报。有的公关简报可在某个阶段内按照不同发展情况分别编制几次。

## 三、公函和柬帖

### (一)公函

函,即信的别称。公函,是指各级机关、企业、群众团体彼此间联系工作和商洽事务的常用行政公文。

公函的结构如下:

(1)简单的公函可以不拟标题,但比较重要的应拟制标题。如果是主动发出的,开头一般写明发函的原因、目的;如果是复函,一般以对方来函为依据。

（2）正文是阐述主要内容的部分。例如，要求对方办理某项工作，向对方叙述某件事情、回答对方提出的问题、向对方提出处理某个问题的意见等。正文既要把问题讲清楚，文字又要简洁。

（3）结尾可根据不同情况，用"特此函复、特此函告、请速复函"等语。

函，多数是商洽性、询问性的，所以在写作时，一定要直截了当，开门见山，表达要准确，让人看后十分明了；态度要诚恳，要求别人做的，要用商量的口气，对别人的请求，要尽力支持；语气要婉转、得体，哪怕在拒绝对方要求时，必须做出合情合理的解释，避免语言生硬，更忌虚矫之词。

**（二）涉外函件的制作**

涉外函件的写作要求与中文书函相同，必须做到主题鲜明、自然流畅、坦率真诚。

1. 开端

在信纸的右上角，详尽地写下发信人的企业名称、地址、日期和电话号码。如备有印刷公司名称和地址的专用信笺，就不必再写，但日期一定要写上。

2. 信内地址

写在信里面的地址，除了信纸右上角的发信人地址外，还要在信纸的左上角位置略低于发信人地址处，写明收信人的人名、企业名称和详细地址。收信人的人名和地址，应与信封上写的一样，不可随意更动。

3. 称呼

不论写给企业或个人，在开始时必定有个称呼。对外的称呼不称"同志"，应称呼为"先生""女士""小姐"等。如收信人的身份特殊，在社会上有很高的地位，如教授、博士等，在称呼中采用他们的头衔；如写给政府各部门首长，可称"阁下"。

4. 正文

写作要求与中文略同，但不可两面都写。如需续接第二页，可用一张空白信纸，不必再写开端，只记下页数，在左上角写上收信人名称，在右上角写上发信日期即可。

5. 结语。一定要与称呼相配，不写"此致敬礼"，而只写"致以最崇高的敬意""致以最美好的祝愿"等语。

6. 署名

在结语之下，不管是打印的或笔写的，署名应用笔签署。

**（三）柬帖的写作**

柬帖，是信件、名片、帖子等的统称，是应用文的一种。它往往通过柬帖中的简洁文字表达出企业或个人的意向和感情，或通报事务。可分为请帖（请柬）、邀请书、通知书等类型。

柬帖一般由标题、正文两部分组成。标题一般用"请柬"等，"通知书"一般不写"通知"，只写具体事项，例如，"公司第三次学术演讲"。正文由称呼、内容、署名和日期组成。

柬帖具有文字简单，但十分庄重；语言严谨，措词得体；纸面讲究，书写美观等特点。

## 四、新闻稿

新闻传播媒介在公共关系中处于非常重要的地位，而新闻稿的撰写是公共关系人员利用新闻媒介实现对公众施加影响的必要手段,也是某个组织与新闻界保持密切联系的纽带。

**（一）新闻稿写作的特定要求**

新闻稿件有特定的写作文体,从文学撰稿要求来看,新闻稿撰写除了要服从文学传播的一般规律以外,还有自己的特定要求。

（1）让事实说话,始终保持客观叙述的态度。事实是新闻的灵魂,是新闻的生命,而任何事实只要是真实的就必须包含五个"W",即"when（何时）""where（何地）""who（何人）""why（何故）""what（何结果）",所以,新闻写作要清楚地写出五个"W"。

（2）提炼新闻稿的主题,尽可能使新闻稿主题典型而新颖。提炼和确定新闻稿主题就是透过事物现象,抓住事物的本质。

（3）准确、简明地运用新闻语言。新闻稿撰写在语言的运用上不能过于华丽,以免给人华而不实之感,同时也不能直接发表议论,否则就违反新闻用事实说话的基本要求。新闻稿语言运用的基本要求是:首先,具体,即尽量提供准确的事实材料,少用或不用形容词、副词,尽可能用名词、动词、量词来反映事实。其次,明快,即在新闻稿中遣词造句要求通俗易懂,人人都能理解,结构要简单,少用长句,只要有可能,就用一般的词语来代替专业名词。最后,简洁,即只要事实表达明白无误,就应该把任何多余的词语统统删掉。

**（二）新闻稿的写作方法**

文章的布局一般采用倒金字塔形式,即事件高潮应安排在文章的开头,所有的重点内容要在文章的第一段出现。新闻报道的结构大致如下:

1. 标题

文章的标题必须能概括事件的主题。标题用词最好做到新奇,能引起人们的兴趣。

2. 主体

文章的主要部分,所要表达的重要内容都含在内,这部分往往就是第一段,有时包括第二段。

3. 结尾

新闻主题后面一般要进一步介绍事件的详细情况,并说明事件发生的背景、资料来源等。

## 五、演讲稿

演讲稿,也称演讲词,是指在重要集会或会议上富有说服力、感染力的讲话稿。通常它是在听众面前就某一问题表达自己的意见或阐述某一事理而事先准备的讲话稿。

**（一）演讲稿的写作方法**

演讲稿的一般结构是引言、正文和结尾。

1. 引言

演讲稿的开头是否生动、新颖、精彩、响亮是整篇演讲成功的重要一环。好的演讲稿,一开头就应该用最简单的语言、最经济的时间,把听众的注意力和兴奋点吸引过来,这样才能达到出奇制胜的效果。

2. 正文

正文部分主要是论理,但它比一般的论文、杂文灵活。它可以把叙事、抒情、说理结合起来,熔为一炉。语言要求通俗、富有哲理,做到以情动人、以理服人,要做到论辩、说理精辟。

3. 结尾

演讲词的结尾和文章的结尾一样,必须妙趣横生。一篇好的演讲词,如果开头、正文都很精彩,而结尾却平淡无味,就会功亏一篑,影响整篇演讲效果。

**(二)演讲稿的写作要求**

(1)了解听众,出言有的放矢,做到目的明确、针对性强;

(2)观点鲜明、重点突出。演讲词不能模棱两可,不能有"中庸之道"的思想和观点;

(3)事例要动人,语言要通俗、生动、形象;

(4)结构要波澜起伏、引人入胜、不落俗套;

(5)热情洋溢、感情充沛、富有感染力。

# 第五节　求职文书与相关礼仪

改革开放前,我国长期实行计划经济,人才择业也靠计划分配。但随着改革开放的深入和市场经济的发展,单靠计划分配解决不了企业对人才的需求和人才自我发展的需求,于是20世纪90年代出现了"自主择业、双向选择"的市场化就业机制,面对此种局面,人才应聘问题便被提上了重要日程。

## 一、应聘前的准备

进行求职前,需要关注的具体环节非常多,而搜集信息、自我定位、撰写求职信、预备材料是其中不可或缺的四个重要步骤。

**(一)搜集信息**

求职应聘离不开对有关信息的搜集,面对强大的竞争群体,个人不能等或靠,而必须主动运筹、主动出击。例如,捕捉职业信息,找门路,托关系等。从某种程度上讲搜集信息,无异于求职前的调查研究,如果做了认真调查研究,可以帮助自身把握主动权和发言权。问题是一定要搜集真实、有效的信息。

1. 真实的信息

搜集信息,第一位的要求是真实、准确无误。这就要求尽量取得第一手信息,而不是二手,甚至三手的资料或者道听途说的东西。对于二手资料,最好自己加以核实,以证实其真实性,否则搜集的再多,也无多少可用之处。

2. 有效的信息

为求职而搜集的信息,必须对自己有效。所谓的有效,具体指这类信息有助于自己了解对方,有助于把握主动。

**(二)自我定位**

决定求职前,首先应该对自己做个自我定位。所谓自我定位,是指在客观把握自身条件的前提下,依据一定的标准,确定出最适合本人的职业和职位。自我定位讲究客观、科学和准

确,需要注意两个问题:

### 1. 评价客观

首先对自身条件进行客观的评价,也就是客观地正视自己的优缺点,既要发现自己的所长,又要知晓自身存在的不足,全面地了解自身的条件。

### 2. 服从现实

自我定位,就必须从实际出发,以务实的态度认识自身,不要出现定位太高或定位过低的倾向,因为二者均脱离现实,对求职极其不利。

### (三)预备求职材料

求职过程中,不论是准备求职材料,还是日后参加面试、笔试考试,为了有备无患、未雨绸缪,应聘者应事先准备好一些能够反映个人情况和专业方面的材料。预备的材料应该完备充实、扬长避短。具体可以分为求职性材料和相关材料。

### 1. 求职材料

现在单位招聘,多喜欢先看应聘者提供自己的求职材料,供其筛选,对亲自登门拜访的应聘者,招聘单位通常不欢迎。由此可见,求职材料已成为应聘时例行的一道手续、"敲门砖"。求职材料主要由求职信、履历表、有关证明或荣誉证书构成。

### 2. 其他相关材料

虽说预备的供求职所用的材料,应当多多益善、周详而完备,但诸多材料应该集中突出重点。体现重点的材料可有以下三类:

(1)可供说明自身条件的材料。包括本人免冠正面半身照片,一般要求是2寸的证件照;身份证或户口簿;待业或下岗证(或证明);毕业证(学历证明);体检证(健康证)等。

(2)可供说明自身水平的材料。包括学历证明,职称证书,专业资格(技术)证书,获奖证明,专利或发明证明,本人发表的著作、论文、作品等。

(3)可供说明自身见解的材料。这类材料,主要要应聘较高职位者面试用。例如,提供在新职位上的建议、计划、方案,本人对某些专业领域的理解、评价等。

无论是何种类型的求职材料,在准备中都必须注意扬长避短。

## 二、履历表、求职信、求职电话礼仪

### (一)履历表礼仪

履历表又称简历,是一种以文字或表格填写来传达求职意愿,并展现以往工作资历与经验的书面文书。

### 1. 内容的真实性

履历表非常注重内容的真实性,也就是说要诚信求职,不制假、掺假。一些求职者为找到一份好工作,担心自身的优势不够突出,于是错误认为如果简历不作假的话,应聘会吃亏,不惜在简历等材料上大做文章或把自己包装成"优秀学生""班干部",或写上自己具有"英语六级""计算机国家二级"。这些弄虚作假迟早会被揭穿或暴露,最终身败名裂。因此,要求求职者提高自己的思想道德素质,树立诚信求职的理念,撰写诚信简历,给自己的求职增加诚信砝码。

2. 有针对性

不同职位有不同的需要,撰写履历表应当注意职位配对,撰写切合的内容,如同量身订制一样。求职者可以从招聘广告或该职位的职责范围中找到相关的信息。试用红笔圈出一些描述资历、经验、技能和其他要求的主要字眼,然后确定所有这方面的信息都能显示在履历表当中。

3. 注重自我推销

对有着大致相同经历的大学生来讲,履历表上有很多资料是大家都一样的。因此,如何凸显自己的价值和竞争力,也就是自我推销的能力,是一个求职者应该用心的部分。

（二）求职信礼仪

应聘地离住址较远或聘人单位要求来函介绍情况,可以写求职信。

写求职信时,应注意如下礼仪:

（1）全面、真实地介绍自己的情况;

（2）反复斟酌字句,不要写错字;

（3）书写简明扼要,重点突出;

（4）不要过分强调学习成绩,应多强调自己完成工作的能力;

（5）介绍特长时应真实、具体,不要泛泛而谈;

（6）书写纸张应用质地好的信纸,用钢笔书写或用电脑打印;

（7）书写篇幅在两页以内。太长了,对方没时间看;太短了也不行,自己情况介绍不详细,不易吸引人;

（8）如打印,应用漂亮的字体,讲究格式;

（9）附有关证书的复印件。

求职信模拟格式如下:

尊敬的×××公司领导同志:

你们的招聘启事为一个刚刚离开校门的年轻人提供了诱人的机会,为您这样颇有影响的公司进行关于消费者的研究,简直是我最喜欢的工作了。下面谈谈我自己的情况:

我叫×××,今年22岁,相貌端正,人际关系融洽,沟通社交能力较强。

我好询问、好分析——喜欢将事情搞得水落石出;我机敏、俏皮——有让人说真话的本事。

这些品质加上热情、恒心和吃苦耐劳的精神,能够使我一个初学者的工作得到你们的满意。今年6月我毕业于×××学院。我主修市场营销专业,我的老师给我写了评价较高的推荐信,我希望能有机会把这封信给你们看看。我研究过消费过程,理解统计表上所标出的购买习惯和趋势的含义。如果能到贵公司就职的话,我将是一名称职的市场营销专业人员。

随信附上邮资明信片,上面有我的通讯地址,希望能用它通知我和你们会晤的时间。如愿打电话,我的电话号码是×××。

此致

敬礼

×年×月×日

### （三）电话求职礼仪

电话自荐,是指通过电话自荐的一种求职方式。电话求职快捷方便,改变了以往求职疲于奔波各个招聘集会的麻烦状态,是目前求职者较为喜欢的一种求职方式。在求职中,电话求职也起着"敲门砖"的作用,如何利用电话交谈中短暂的几分钟,以简洁的语言清楚地展示优势,留下良好的印象,这就涉及电话礼仪的问题。

1. 电话求职礼仪通则

电话求职礼仪通则,除了包括前面章节中所提及的"电话形象"中的一系列问题外,还要特别注重以下一些方面:

（1）充分了解招聘方。自荐前,应对招聘方充分了解。例如,了解单位的名称全称、性质、隶属、主要业务、用人计划、人才需求等,尽量做到心中有数,这样可以在通话中找到更多的沟通话题。

（2）选择通话时间。通话时间是否恰当,应根据招聘单位的工作时间,选择通话的时间。一般在上午9—10点之间比较合适。中午12点到下午2点之间不要打电话,以免打扰受话人的休息。打电话,应避开刚上班或快下班两个时段。因为早上刚上班和下午准备下班这两个时间段,通常都是公司中最忙碌的时候,打电话一定要注意避开这两个时段。

（3）注意语音、语调和语速。通话中,不仅要用"您好""请""谢谢"等礼貌用语,而且还要控制语气语调。电话是声音的传递,你的声音往往代表了自己的形象。所以,在通话时要态度谦和、声调温和富有表现力,语言陈述简洁,口齿清晰。

（4）控制通话时间。通话时间宜短不宜长,每次通话一般以3—5分钟为好。例如,自我介绍最好不超过2分钟。

（5）注意倾听。打电话时,要认真倾听对方讲话,重要内容要边听边记,同时,还应礼貌地呼应对方。例如,适度附和、重复对方谈话中的要点,不能只是说"是"或"好",要让对方感到你在认真听他讲话,但也不要轻易打断对方的谈话。

（6）选择安静的通话场所。打求职电话,要特别注意周围环境,在嘈杂的环境中,除了听不清楚之外,也会容易让人焦躁。所以一定要慎选场所,以免失礼。

2. 电话自荐的技巧

电话求职中除了树立良好的"电话形象"外,要想充分展示自己的优势,尽可能给受话人留下深刻清晰的印象,还须讲究一些打电话的具体技巧。

（1）通话内容充分准备。一般初次求职者,不清楚打电话该说些什么或者不知晓对方会问些什么,如果事先多查询这方面的资料或向有经验者多询问,可避免打通电话后紧张。一般来讲,应聘者可以在自荐后询问如下问题:所需要的工作位置;对方对所需人才的要求、待遇、福利等情况;公司背景等。多数用人单位多会询问求职者如下问题:学历、年龄、籍贯、政治面貌,工作经历和工作经验,特长、兴趣、爱好、优缺点,对公司的看法、为何选择本公司等。

（2）认真打好"腹稿"。电话中应该说些什么,该打多长时间,事先拟出要点和顺序,备齐资料。电话拨通后,先问一声"您好",接着问"您是××单位吗?"得到明确答复后,再说明自己的身份和意图。要用简短的话语描述自己的特长和技能,简要地介绍自己,并询问对方是否需要"我这样的员工"。

（3）注意称呼。电话接通后,求职者可先称呼对方说"老师"。"老师"被当做一个广泛的称谓,不一定指学校里的老师。初次打电话,在不了解对方身份的情况下,"老师"这一称谓表示了对对方的尊重。但当得知对方的职务、身份、姓氏以后,则应改称对方的职务。

（4）拉近关系。在做简短的自我介绍时,可以这样说:"我是××学校××专业××级学生。听说咱们单位('咱们'能够拉近双方的距离)需要一个××专业的毕业生,今年我刚好毕业,专业对口,成绩也不错,我也很喜欢您那里的工作,希望您能考虑我的情况等。"

介绍完自己的情况后,对方可能会有几种不同的反应:接受、拒绝或模棱两可。如果受话人对你所介绍的情况感兴趣,愿意与你做进一步的接触,这说明你的介绍已经初步奏效。通常情况下,受话人会通过电话简单询问一些你的有关情况,如年龄、籍贯、政治面貌等。在对方询问的过程中,求职者一定要保持注意力高度集中,捕捉受话人最为关注的问题以及兴趣所在,然后积极思考,运用恰当的语言表达方式使回答达到理想的效果。尽量突出自己的优势和长处,同时也要以诚实客观的态度回答自己的弱势与短处。当受话人对你的印象有了一个大致的轮廓以后,询问告一段落,接下来就是双方预约面谈的时间和地点。你应该在电话里重复一遍,请对方确认一下,确认无误后,要有礼貌地向对方表示感谢。

3. 电话自荐注意事项

（1）避免使用移动电话联络。虽然现在移动电话的通话质量不断提升,但还是会出现接听不良的状况,如此很容易造成别人的反感。

（2）避免提及工资、加班、休假等敏感问题。或许一些求职者对工资的多少非常在意,但对有些用人单位而言,在不清楚求职者的底细前,是无法立即回答的。至于初次通话就问有关加班、休假的问题,会容易让人质疑你的敬业态度,所以在电话中应尽量避免去询问。如果对方主动向你询问有关待遇的问题,则可以告知他最好等建立了互相的兴趣之后再讨论这个问题。如果他坚持问,可以告诉他一个范围,不要说具体数字。

## 三、面试礼仪与笔试礼仪

### （一）面试基本礼仪

#### 1. 准时守信

应聘时千万不能出现迟到或违约的现象。迟到会给人造成一种言而无信,毫无责任感的不良印象,不仅说明本人毫无诚意,更是对对方的一种不尊重。所以在面试时,应充分考虑途中可能出现的各种因素,应提前20分钟左右到达,因为可利用这段时间熟悉应聘环境,稳定自己的情绪,调整自己的心态,以便于以最佳的形象出现在主考官面前。

进入应聘现场,就应展现自己最佳的风范,在应聘现场可能每一人每一物都是精心设置好的道具,所以要礼待每一个人。

#### 2. 礼貌自信

被邀请进行应聘时,无论门开与否,都要先敲门,待得到应允后方可进入,并将门轻轻关好。入室前将口香糖吐掉,手机关掉或调至震动。

主考官没有伸出手,不要贸然行握手礼。待主考官示意坐下后,方可就座,如果有指定座位,则坐在指定座位上,若没有指定座位可选择对面的位置坐好。就座时,不能全身靠在椅子里,给人以"目中无人,缺少礼貌"的感觉,也不要浅浅入座,让人感到缺乏自信。坐姿应大方、自然、端正,双眼平视对方,并面带笑容,给人以镇定自若,充满自信的印象。

**3. 展现自我**

自我介绍是语言交流的第一环节,应记住只讲重点内容,自我介绍时越简练有力越好,不要过于冗长繁杂,但也不要过于狂妄自大。

**4. 从容面试**

面试交谈时应自信,口齿清楚,音量、音速适中,对于不能确定或不能肯定的问题,一定要讲究和运用语言技巧,不要信口开河;对于不懂或不清楚的,可要求对方重述一遍;对于主考官的任何问题,千万不能不答,沉默不语。但对于对方不礼貌的言词或问题,可以语气委婉温和地拒绝。在初次面试时不要率先提问一些敏感性的问题,如待遇等。

**(二)笔试礼仪**

应聘笔试主要适应于一些专业技术要求很强或对录用人才素质要求较高的大型企事业单位,如涉外企业、专业技术要求很高的公司、国家政府机关选用公务员等。

与面试相比,笔试属于相对甄选的初步方式;或作为第一轮筛选,选出那些符合公司企业文化、具有公司所希望的思维方式和个性特征的人;或作为面试的辅助,考察那些面试中不易显露的素质,如书面表达能力。对于一些技术性很强的职位,笔试则可能是主要的甄选方式。

**1. 笔试的类型和内容**

(1)专业考试:主要检测应聘者担任某一职务时能否达到所要求的专业知识水平和相关的实际能力。一些特殊的单位、行业,如外资企业需要考外语、公检法机关要考法律知识等。

(2)智力测试:主要测试应聘者分析、观察问题的能力,综合归纳、思维反应能力等。

(3)技术测试:测试应聘者处理问题的速度和效力,检验对知识和智力运用的程度和能力。

**2. 笔试要求**

(1)把握好基本知识,注重实际能力的运用。笔试的重点一般是基础知识,因此复习准备时,不要把精力过多放在难题、怪题、偏题上;把握知识的面,不要拘泥于小范围;答题注意分清主次。

(2)了解笔试目的,运用综合能力答题。例如,考文化、专业知识时,往往也是考心理素质、工作态度、办事效率、思维方法、修辞水平等。笔试时,要注意审题,充分发挥潜力,把自己的认知水平、知识水平、能力水平,通过笔试较好地发挥。

(3)充分复习准备。

**3. 笔试注意事项**

(1)准时参加,遵循考场纪律。例如,一定要注意按规定的时间到场,不能迟到,可以提前半小时到达,按规定携带答题的文具。服从监考,考试绝对不能作弊或搞小动作,用人单位对这一点也尤为关注,因为这最能体现一名求职者的素质。

(2)保持稳定的心态。要客观冷静地对自己进行正确评估,相信自己的实力,克服自卑心理,增强自信心,因为笔试考人的综合素质。

(3)掌握科学的答卷方法。拿到试卷后,要先通览一遍,然后先解答简单的题,最后再答难题,答题要掌握好主次之分。

(4)注意字迹、卷面的整洁。答题要注意字迹工整,保持卷面的清洁,因为有些用人单位并不特别在意应试者的考分稍许高低,而对应试者认真的态度、细致的作风更为注意。

**职场案例与实践**

小侯毕业后,投了几十份简历,才获得面试机会。这家公司是人力资源咨询公司,面试方法也与众不同,除了回答问题外还有在电脑上做大约3个小时的测评题,面试结束后,让他们在两天之内等通知。小侯因为以前有过一年多的人力资源工作的经验,所以主管将他的名字列在录取名单中,等待与老板研究后再确定。第二天下午,心情急切的小侯打电话给公司说:"公司录不录取我没关系,能否把测评结果给我?"接电话的主管愣了一下,和蔼地告诉他:"测评结果只是公司用来选拔人才用,不给个人。"小侯接着又补充一句:"录不录取我没关系,我只想要测评结果,因为我测评了3个多小时呢!"放下电话,主管立即将录取名单取出,划掉了小侯的名字。

**案例思考:**

说说小侯为什么没有面试成功?

【**思考与讨论题**】··················

1. 什么叫公关文书? 它有哪些特点?
2. 公关文书的写作应遵循哪些原则?
3. 怎样写新闻稿?
4. 写求职信中,应注意哪些礼仪规范?
5. 如何为求职进行必要的准备?
6. 在求职面试时,必须注意哪些方面的问题?

# ▌第二十二章　涉外商务礼仪与中外习俗

【引子】曾有这样一个笑话:一位中国姑娘接待一位外国朋友,外国朋友称赞这位中国姑娘漂亮时,中国姑娘十分谦虚,连忙说:"哪里,哪里!"没想到这一谦虚却出了洋相。因为那位外国朋友误以为对方是在问自己"哪里漂亮?"便立即答道:"你的眼睛很漂亮。"可那位姑娘依然谦虚如故:"哪里,哪里!"外国朋友又答道:"你的鼻子很漂亮。"⋯⋯结果适得其反了。

涉外礼仪是礼仪体系的一个重要分支。改革开放以来,我国的涉外活动越来越多,涉外礼仪成为指导国人涉外交往的必备礼仪规范。掌握涉外礼仪,有助于维护自身形象和民族尊严,体现我国"礼仪之邦"之美称。

## 第一节　涉外接待礼仪

### 一、涉外礼仪的基本原则

礼仪是一门综合性较强的行为科学。全球多种文化并存,对礼仪的认识因国别、地域、宗教信仰、文化背景、政治制度等不同而千差万别。长期以来的国际交往,使相互间在习俗礼仪方面的交流与了解增多,先进文明的习俗礼仪在更大的范围内被认可与采用,逐渐形成了一系列在国际交往活动中为国际社会所通用的外事礼仪规范,即涉外礼仪。

涉外礼仪实际上就是我们参与国际交往所要遵守的惯例,是约定俗成的做法,其基本原则主要体现在以下几个方面:

#### (一)维护形象

外国人对中国人的评价,往往取决于对日常琐事中的观察和概括。一个人在进行国际业务活动中的一言一行,不仅影响到外国人对自己的素质评价,也代表着其所在组织的整体形象,更代表着自己的国家形象、民族形象。

涉外礼仪中要求每人都应维护个人形象,充分体现个人良好的修养和优秀的品质,体现中华民族的优良传统和精神风貌,以最佳的个人礼仪状态呈现在世人面前。

#### (二)互相尊重,求同存异

在涉外礼仪中,要学会尊重对方、理解对方。不仅要尊重对方的风俗习惯、民族特征,还要尊重对方的个人隐私,如收入、年龄、恋爱、婚姻、身体状况、家庭住址、宗教信仰、政治爱好、个人经历等。这些问题均被外国人视为隐私问题,不能按国人习惯予以关注。

世界各国的礼仪和风俗都存在着一定的差异,对待这些差异应遵循互相尊重、求同存异的原则。求同,就是要遵守国际惯例的有关礼仪,按国际惯例处理国际事务;存异,即对他国的风俗习惯应"入乡随俗",不可忽视交往对方独有的礼俗,对对方的"个性"要表示尊重。

### (三)不卑不亢

不卑不亢是涉外礼仪的一项重要原则。它要求涉外人员在外国人面前,既不应该表现出畏惧自卑、低三下四的"过分谦虚"或"过分热情",也不应该表现得骄傲自满、狂放不羁。

### (四)静观其变

静观其变,是指遇到自己不知如何解决、举棋不定的问题时,不应贸然采取行动,应静观周围其他人的处理方式,采用紧跟或模仿,不至于弄巧成拙、贻笑大方,要同在场的大部分人保持一致。

### (五)女士优先,以右为尊

"女士优先",是指每一个成年男子都应具备"绅士风度",自觉地尊重、保护妇女的一种礼仪风范。

在国外的社交应酬中,处处体现"女士优先"的通则,每一个成年男子需将其认认真真地付诸实践。"以右为尊",是指在各种类型的国际交往中,大到政治磋商、商务往来、文化交流,小到私人接触、社交应酬都要遵循"以右为尊"的国际惯例。在并排站立、行走、就餐、会议安排、国旗悬挂等都要参照"以右为尊"原则,身份地位较低者居左,较高者居右,只有这样,才不会失敬于人。

### (六)爱护环境

"爱护环境"是现代涉外礼仪的主要原则之一。在国际交往中,一个人能否爱护环境是反映其品质修养及道德规范的重要衡量标准。

在日常活动中,每个人都应自觉地保护环境,不做任何有违环保的事情,从小事、细微处做起,不毁损自然环境、不损坏公物、不乱扔废弃物品、不在公共场所吸烟,要亲近大自然、热爱小动物,遵守社会公德。

## 二、涉外礼仪的要求与作用

涉外礼仪具有跨国性、共同性、民族性和应用性的特点,涉外人员除了遵循有关国际惯例的基本原则外,同时必须讲究一定的规范和要求,才能以良好的礼仪形象扩大社会组织的美好声誉,推动涉外关系活动的顺利开展。

### (一)涉外礼仪的基本要求

1. 民族性与国际性的统一

涉外活动是双方的交流活动,交流双方必然存在风俗习惯、个人爱好的差异。在涉外交往中既要遵守国际惯例、国际交际准则,又要入乡随俗、客随主便,尊重外国的风俗习惯与文化传统,遵循民族性与国际性的协调统一。

2. 原则规范与实践运用的统一

涉外礼仪要遵循互相尊重、维护形象、不卑不亢、一视同仁的原则规范。这些原则规范对礼仪活动具有很强的实践指导作用,但面对各种各样的国际交流活动,具体的实践运用要求具有变通性及灵活性,使涉外礼仪达到原则规范与实践运用的统一。

3. 尊重对方和捍卫自尊统一

涉外交往中,既要尊重对方,又要捍卫自尊。一方面,不论对方的国家、民族大小,企业实力强弱,或是风俗习惯、宗教、法律是否与我们不同,都不能歧视对方,要做到在人格上平等相待。另一方面,只有自尊才能得到对方对你个人、对你所在组织,甚至对你的国家的尊重,才能谈得上真诚合作、平等合作。

**(二)涉外礼仪的作用**

全面考察涉外礼仪的作用,就会发现涉外礼仪不仅仅是涉外交往活动中所运用的工具,还具有以下几种作用:

1. 维护双方尊严

涉外礼仪既体现本国、本民族的尊严,也体现外国和外民族的尊严。维护尊严是双方互相尊重的前提,不自尊或对他人不敬都有违涉外交往礼仪规范。在国际交往中,除了维护本国和本民族的尊严,塑造本国形象外,同样要尊重对方国家的尊严;既要尊重对方的国家元首、外交代表,甚至该国公民的尊严,还要尊重对方的国旗、国歌、国徽等,同时要尊重对方的风俗习惯及对方的国格、人格。正确遵守涉外礼仪才能维护双方的尊严,使国家间的关系更为友好。

2. 促进文化交流

涉外礼仪对人类整个历史文化的发展做出了巨大的贡献。因为涉外礼仪是对人类交往活动的总结,是整个民族在生生不息的历史长河中的文化积淀。通过交往,可以促进文化交流、互通有无,达到整个民族文化的整合。例如,改革开放以后,随着双边及多边涉外活动的增加,世界文化也达到了交融,西方的圣诞节、情人节、母亲节等节日日渐走入中国人的生活,越来越成为颇为流行的一景。西餐、麦当劳和肯德基也已完全进入中国市民的生活,而筷子的使用也成为海外人士追逐的时尚。

3. 增强经济发展

在各国之间展开的经济实力的较量也承担着重要的使命。通过涉外活动,进行商务往来可以加强技术合作、促进经济发展、寻求国际互助,最终可以增强经济发展。

"国无礼,无宁日",从事涉外活动的人应懂得涉外礼仪的精髓,充分利用涉外礼仪,全面发挥涉外礼仪的作用。

## 三、涉外商务活动基本礼仪

迎来送往是国际交往中一种社交礼节,是涉外礼仪中首尾两个关键环节。迎送是对不同身份外宾表示相应尊重的重要仪式,对加深双方的友谊与合作发挥重要的作用。在国际交往中,对外国来访的客人,通常视其身份和访问性质以及两国关系等因素,安排相应的迎送活动。

**(一)迎接礼仪**

迎接人员必须准确把握外商乘坐的交通工具抵达时间,并在其交通工具抵达之前到达机场(车站或码头)。迎接时,宾主双方首先要互相介绍、引见。若宾主早已认识,则不必介绍,双方直接行见面礼即可。

### (二)送行礼仪

送行人员必须准确把握外商乘坐的交通工具的离开时间,并在客人离开之前到达送行地点,不可迟到。在送行时,送行人员应在外商临上交通工具之前,按一定顺序同其一一握手告别。启程后,送行人员应向外商挥手致意,并行注目礼,直至远去,不可过早离开。

### (三)献花礼仪

如安排献花,须用鲜花,忌用菊花、杜鹃花、石竹花、黄花。一般在客人走下其乘坐的交通工具时,迎接的主要领导人与客人握手后,由儿童或女青年将鲜花献上。

### (四)乘车礼仪

客人抵达后,从机场(车站、码头)到下榻地,以及访问结束,由下榻地到机场(车站、码头),一般都要安排迎送人员陪同乘车。座位的秩序无论车行方向,也不论驾驶盘设置的位置,其尊卑位置却是相对一致的。一般而言,座位的尊卑,以其是否安全舒适和上下方便为衡量标准,并且车辆款型不同,尊卑座位的位置也不同。

### (五)徒步礼仪

迎来送往,行止之间,应长幼有序、宾主有别,既是礼仪的要求,也是安全的需要。

按尊卑顺序原则,以前为尊,后为卑;右为尊,左为卑;上楼梯时,前尊后卑,下楼梯时,前卑后尊;三人行,以中间为尊,右边次之,左边为末;多人行,以最前面为尊,依前后顺序,越后越次。按女士优先原则,男女二人行,男左女右;二男一女同行时,女士居中;一男二女同行时,男士应在最左边;临近门口,男士应快步上前为女士开门或做其他服务,请女士先行,再随后跟上。

## 四、涉外宴请与陪同礼仪

### (一)涉外宴请

涉外宴请是涉外公务活动中常见的一项礼仪活动,特别是接风宴请和答谢宴请往往是涉外礼仪的一个重要组成部分。在宴请活动中,宾主共享一席精美的烹调佳作。主人视客人的需要高于一切,由衷地表达自己的诚意。宾主通过宴请互传真情,使双方的友谊在融洽的气氛中得以发展。

1. 涉外宴请的种类

20世纪初的法国美食家布里埃施瓦兰说过:"待好来宾,使宾至如归,此吾人之责任也。"现代西方宴请是人们社交的一种比较普及的方式,宴请仪式是多姿多彩的,宴请形式也是多种多样的。宴请主要有宴会、招待会、茶话会等。每一种宴请都有不同的方式和特点。

(1)宴会。宴会是外事宴请中比较正式、隆重的设宴活动。按其规格,宴会有国宴、正式宴会、便宴之分。按宴请时间,宴会分午宴,晚宴。午宴通常在中午或下午举行,一般持续2小时左右;晚宴通常在晚上8点左右,如果晚宴后还有舞会,可持续到深夜结束。

国宴,是国家元首或政府首脑为国家重大庆典或外国元首、政府首脑来访而举行的宴会,是最为隆重、规格最高的宴会。国宴的宴会厅应悬挂国旗,席间有乐队演奏国歌或席间乐,宾主双方要致辞、祝酒。出席者按事先安排的座位入座就餐,按精心设计的菜单依次上菜。

正式宴会无须挂国旗、奏国歌,但对于规格较高的正式宴会,安排大体与国宴相同,对餐具、饮料、酒水、菜肴的道数等也有严格要求。

便宴是一种非正式的宴会,形式较为简单、灵活,不排座位,不做正式讲话,菜肴道数可酌减。便宴是国际交往中最广泛运用的一种宴会,例如,西方普及的家宴便是其中的一种。

(2)招待会。招待会是一种不备正餐、较为灵活的宴请形式。在招待会上通常不安排座位,宾主可以自由活动,不拘于形式,但备有食品、汽水、饮料等。

冷餐会,又叫自助餐会和快餐会,它是一种气氛较为热烈的餐会。冷餐会以冷食为主,也可辅以热食、酒水、饮料等,客人可以根据自己的口味在餐桌上选择喜爱的食品。进餐形式多种多样,既可坐着,也可站着,也可边食边谈边走。

酒会,又称鸡尾酒会,是一种以混合酒为主要饮料的招待会。酒会也是一种轻松活泼便于广泛交流接触的一种宴请。酒会多用于庆祝和社交活动,一般在晚上天黑时开始,持续2小时左右。酒会上除了酒之外,还备有小吃;不设座椅,只设小桌。

(3)茶会。茶会是一种特别简便的宴请方式,是请客人品茶,因而对茶具、茶叶特别讲究。一般茶具用陶瓷器皿而不用玻璃杯,用茶壶而不用热水瓶。外国人一般选用红茶,备点心及地方风味小吃,有的国家用咖啡代替茶。茶会的举办时间一般在上午10点或下午4点,地点通常在客厅,厅内设茶几、座椅,不排座位。

2. 涉外宴请的组织

(1)宴请的准备

第一,确定宴请的种类、规格、宴请对象、宴请范围、宴请的时间和地点等。具体采用的宴请方式,应根据宴请的目的、主宾的身份、国际惯例及经费等确定。一般来说,正式、规格高、人数少的应以宴会为主;人数多、气氛活泼的应以自助餐或酒会为宜。宴请范围要根据宴请对象的级别、身份、宴请的人数及宴请性质等多方面考虑确定。宴请时间应选择双方适合的时间。根据宴请规格选择地点,如国宴应在国宾馆;官方正式宴会选择在政府、议会大厦或宾馆内举行;一般宴请则根据实际情况做出合适安排。

第二,进行邀请。无论何种形式的宴请都应发出邀请。邀请形式可多种多样,有正式邀请函、请柬、电话邀请等。在邀请主宾时,通常应邀其携带夫人出席。邀请函及请柬上应注明主办人的情况、宴会的时间(不要选择对方的禁忌日,如伊斯兰人的斋戒日),同时要附上回复电话和地址。通常,正式宴请在宴会前2—3周发出、酒会和冷餐会在会前1周发出。接到邀请后,应立即答复,没有特殊情况最好不要拒绝,这是对主人的礼貌,是最起码的礼节。

第三,菜单的选订。宴请的酒菜应根据宴请规格和形式确定,一般要突出民族特色和地方特色及风俗习惯,并注意对方的禁忌。如果有的客人有特殊要求,应尽量给予满足。

第四,座位的安排。正式宴会均应安排座位。按国际惯例,桌次高低以离主桌位置远近而定,右高左低,桌数较多时要标明桌次牌。中西餐宴会座位的安排不同:西方宴会座位男女交叉排列;我国一般按职务的级别排列,以便于谈话,如夫人出席,安排其在女主人右上方,男主宾安排在男主人右上方。

第五,餐具的准备。根据宴请人数和酒菜的道数准备充足的餐具,桌上的一切用具都要清洁、卫生。中餐用筷子、盘、碗、匙、小碟、酱醋碟等。水杯放在菜盘上方,右上方放酒杯,酒杯数和种类要与所上酒的品种相同。宴请外宾时,除了筷子还应摆上刀叉。西餐具的摆法是正面放食盘(汤盘),左边放叉右边放刀,汤盘上放匙,再上方放酒杯。

（2）宴请礼仪

主人一般应在门口迎接客人。凡是社交活动及家庭宴会，一般是女子在前，男子在后。官方的宴会，参加迎接的人按职位高低的顺序排列。官方宴请，还应有人员引领来宾进入休息厅或宴会厅。

宴会上一般都有祝酒致辞，时间的安排不尽相同，一般正式宴会在热菜之后，甜食之前，主人先致辞，接着客人致答辞，但也有一人席时双方就致辞的。致辞时，所有在席人员均应停止一切活动，认真聆听祝酒词。致辞结束，应将酒斟满，互相祝酒。

吃完水果，主人主宾起立，宣告宴会结束。主人应将来宾送到门口或上车，待来宾离去后，主人方可退回屋内。

（3）赴宴者应注意的事项

第一，被邀者对于任何邀请都应立即作答，最好在接到邀请日内回复，否则是不礼貌的，若无特殊事由，最好接受邀请。

第二，赴宴时不应迟到，应准时为宜。穿着打扮应符合宴会性质，并根据实际情况准备礼物。

第三，到达时，如主人相迎，应积极响应，行见面礼，并根据座位安排选择自己座位，不要窜座。等待宴会开始时，不可玩弄酒杯、碗筷、刀叉等，待主人招呼方可用餐。

第四，进餐时，一次取食不要太多。主人夹菜时，如不喜欢，也不可强于拒绝，可放于盘内。进餐时讲究礼仪，口中含食不要讲话；在宴会场所，沉默寡言也不符合礼仪，邻桌不认识可自我介绍。若不知如何食用，可观察旁边人员或向主人请教。

第五，举杯祝酒可以活跃现场气氛，但应把握尺度。在正式场合，祝酒干杯应在主持人的提议下进行。

第六，若主人把餐巾放在桌上或从桌旁站立，表明宴会结束。这时，应放下餐巾，放好盘子、碗筷、刀叉等，离开座位，将椅子复原，注意不要发出声响。待主宾离开，应主动向主人握手告别，并表示感谢。

**（二）涉外陪同参观礼仪**

接待外宾来访，通常会安排陪同参观游览，通过陪同参观，可以加深交流与合作、增进友谊、促进双方关系的进一步发展。

1. 项目的选定

依照"主随客便"的原则，根据访问目的、性质以及客人的意愿与兴趣，选择当地有特色、令客人满意的游览项目。对于外国的大财团、大企业家一般应安排参观反映我国经济发展情况的经济开发区、重点招商项目；对于一般企业家、商人和有关人员可安排参观与其有关的部门、单位，同时安排一些有地方特色的游览项目。

2. 安排布置

参观项目确定之后，应作出详细计划和日程，包括参观的过程、路线、时间安排、交通工具等，并及时通知有关接待单位和人员，以便各方密切配合。

3. 陪同

按国际交往礼节，外宾前往参观时，一般都有身份相应的人员陪同，如有身份高的主人陪同,应提前通知对方。根据需要,安排翻译、解说、导游人员以及必要的工作人员。参观过程中,客人问话,有礼貌地回答,陪同人员不得中途离去,更不能不辞而别。

### 4. 介绍情况

陪同参观人员与被参观的单位,应对被参观事项一一向外宾介绍。参观项目概况尽可能事先发给书面材料,节约参观介绍时间,让客人尽可能多地实地参观。陪同人员要了解外宾要求,对外宾可能提出的各种问题有所准备,不要一问三不知。介绍情况时,要实事求是,但对一些重要细节及关键问题要遵循保密制度。面对外宾的提问,根据实际情况灵活回答。

### 5. 摄影

通常参观的地方都允许摄影。遇到不让摄影的项目,应先向来宾说明,并在现场竖外文的说明标志。

### 6. 用餐安排

参观地点远或是外出游览,要考虑用餐时间和地点,如果郊游,则应准备食品、饮料、餐具等。有的地方还要预定休息室。

## 第二节　主要国家或地区的习俗与礼仪

习俗和禁忌一方面受宗教信仰的影响,尽管国家、民族不同,如果有着相同的宗教信仰,其习俗和禁忌往往就会有许多相同或相近之处;另一方面,习俗和禁忌与民族、种族有关,虽然它们与国界有着相当的关系,但与民族、种族的关系更加密切,同一民族、种族的人虽然生活在不同的国家,但其习俗和禁忌却往往是相同和相近的;同时,习俗和禁忌也受到语言的影响,因为语言是传播礼仪的工具,使用同一种语言的人,其习俗和禁忌也往往相似或一致。

### 一、港、澳、台地区的习俗与礼仪

#### (一)香港(地区)的习俗与礼仪

#### 1. 交际礼俗

香港人在接受别人斟酒或倒茶时,总喜欢用几个指头在桌上轻扣。"3"字在香港很吃香,原因是香港人读"3"与"升"是谐音,"升"意味着高升;"8"和"6"在香港也很时髦,在粤语中"8"是"发"的谐音,"发"意味着"发财";"6"与"禄"同音,也有"六六顺"之意。香港人过节时,常相互祝愿"恭喜发财"。

香港人在社交场合与客人相见时,一般是以握手为礼;亲朋好友间相见时,也有用拥抱礼和贴面颊式的亲吻礼的;他们向客人表达谢意时,往往用叩指礼。

香港人几乎在所有场合都是矜持和拘礼的。客人应邀去赴宴时可带水果、糖果或糕点作为礼物并用双手递送给女主人。不要送钟,它是死亡的象征;也不要送剪刀或其他锐利的物品,它们象征断绝关系。

#### 2. 主要禁忌

香港人忌讳别人打听自己的家庭住址,因为他们不欢迎别人去他家里做客,一般都乐于到茶楼或公共场所。忌讳询问个人的工资收入、年龄状况等情况,认为个人的私事不需要他人过问。他们对"节日快乐"之语很不愿意接受,因为"快乐"与"快落"谐音,是很不吉利的。他们忌讳"4"字,因为"4"与"死"谐音,故一般不说不吉利的"4"。送礼等也避开"4"这个数,非说不可的情况下,常用"两双"或"两个二"来代替。

在香港,酒家的伙计最忌讳首名顾客用餐选"炒饭",因为"炒"在香港话中是"解雇"的意思,开炉闻"炒"声,被认为不吉利。

### (二)澳门地区的习俗与礼仪

#### 1. 交际礼俗

澳门特殊的历史使中西文化得以并存,每逢传统的节日,无论是中国的或是西方的,必定要举行有关的庆祝活动。澳门的华人对于中国传统的民间节日,如农历春节、清明、端午、中秋节等都会隆重庆祝。尤其是农历春节,是中国人最盛大的节日,凡有华人聚居的地方都举行庆祝活动。

每年农历端午节时,在水塘角海面等都会有龙舟竞渡。每逢一些与宗教、习俗有关的节日,如"娘妈诞""醉龙醒狮大会"等也必举行庆祝活动。会在露天搭起临时戏台,上演粤剧,教堂内举行宗教弥撒及圣像出游,形式多样,充分表现出澳门作为中西文化的桥梁作用。

澳门年俗,别有风情。"谢灶"是澳门保存下来最传统的中国年俗之一,在腊月二十三送灶神,澳门人谓为"谢灶"。澳门人给灶神按中国传统也用灶糖,说是用糖糊灶神之嘴,也就是贿赂灶神,免得他到玉帝面前说坏话。

年俗除夕之夜,守岁和逛花市是澳门人辞旧迎新的两件大事。守岁是打麻将、看电视、叙旧聊天,共享天伦之乐。大概受西方圣诞节和情人节的影响,年宵澳门人还争先购买一些吉祥的花木迎接新春,现今已成了一个澳门年俗。澳门在年宵兴办花市,多是桃花、水仙、盆竹、盆橘、花开富贵,祝报平安,献花兆示着新年的美好前程。澳门的花市办三天,这三天给奔波一年的澳门人无穷的慰藉。春节这天,澳门人讲究"利市",就是红包,这天老板见到员工、长辈见到晚辈,甚至已婚人见到未婚人都得"利市"。"利市"纯粹是以示吉利。澳门人把大年初二叫做"开年",习俗是要吃"开年饭",这餐饭必备发菜、生菜、鲤鱼,意在取其生财利路。从"开年"这天起,三天内澳门政府允许公务员"博彩"(赌博)。

在澳门的居民中,华人占97%、外籍人士占3%。早些年,澳门的华人不论贫富,新郎要在结婚前夕举行"上头"仪式。目前,西式的教堂婚礼在澳门华人中相当流行,这种基督教徒的结婚仪式与欧美的婚礼相比毫无二致。有些华人则"中西合璧",先举行一次传统的中国婚礼,再上教堂举行西式婚礼。土生葡萄牙人也举行两种婚礼,但顺序和华人相反,他们先举行一次西式婚礼,再举行传统的中国婚礼。

#### 2. 主要禁忌

澳门同胞同香港同胞一样,忌讳不吉利的话,喜欢讨口彩。居民过年期间,还有一些禁忌,如大年初一不能扫地,不然会扫走"财气";如果非扫地不可的话,也要由外向内扫,以象征聚财,这一点与中国内地许多地方的民俗是一样的。

### （三）台湾地区的习俗与礼仪

#### 1. 交际礼俗

台湾人在社交场合与客人见面时，一般都以握手为礼。在亲朋好友间相见时，也惯以拥抱为礼或亲吻礼。台湾的高山族雅美人在迎客时，一般惯施吻鼻礼，以示最崇高的敬意；台湾信奉佛教的人社交礼节为双手合十礼。与熟人或亲密朋友见面时，习惯上握一下手。初次见面时只需点头打招呼，微微弯腰鞠躬是表示敬意，但不要做得过分。

宴请通常是在饭店里而不是在家里。台湾的饭菜极其丰盛，一顿饭可能有 20 道菜。筷子与瓷调羹是台湾常用的餐具。登门访问台湾人时，宜带一样小礼品，例如，水果、糖果或干点。递送礼品或其他物品时应双手奉上。接受宴请后写一封感谢信是必须的，并且受主人欢迎。

#### 2. 主要禁忌

台湾人忌讳别人打听他们的工资、年龄以及家庭住址。台湾人最讨厌有人冲他眨眼，认为这是一种极不礼貌的行为。

他们忌讳以扇子赠人，因为他们有"送扇无相见"之说；他们忌讳"4"数，因其与"死"音近似，所以人们极为反感，故产生怕遇"4"数的心理，他们平时无论干什么都要设法避开"4"数，或改"4"数为"两双"来说；他们忌讳以手巾送人，因为他们有"送巾断根"之说；他们忌讳把剪刀送人，因为有"一刀两断"之说，送这种物品会让人觉得有一种威胁之感；他们忌讳以雨伞当做礼物送人，因为台湾用的方言中，"伞"与"散"谐音；他们忌讳以甜果为礼送人，因其逢年过节常以甜果祭祖拜神，以甜果赠人容易使对方感到有不祥之兆；他们忌讳把粽子当做礼品送人，因其会被误解为把对方当做丧家；台湾的阿美人十分忌讳打喷嚏，他们把一天之中若碰上有人打喷嚏，视为遇到了很不吉利的事情。

## 二、我国主要少数民族习俗与礼仪

我国是一个多民族的、团结的、统一的国家。汉族是我国人口最多的民族，也是世界人口最多的民族。除汉族外，全国还有 55 个少数民族，共同生活在这片广袤的土地上。由于各种历史和自然的原因，各民族的社会发展很不平衡，甚至在同一民族内部的不同地区之间也不平衡。复杂的社会经济结构，制约着文化、风俗习惯的形态和性质。

### （一）藏族

我国藏族主要分布在西藏、青海、甘肃、四川、云南等地，多信喇嘛教。

#### 1. 藏族的习俗与礼仪

（1）敬献"哈达"。敬献"哈达"是藏族对客人最普遍、最隆重的礼节，献的哈达越长越宽，表示的礼节也越隆重。对尊者、长辈，献哈达的时候要双手举过头，身体略向前倾，把哈达捧到座前；对平辈，只要把哈达送到对方手里或手腕上就行；对晚辈或下属，就系在他们脖子上。如果不鞠躬或用单手送，都是不礼貌的。接受哈达的人最好做与献哈达的人一样的姿势，并表示谢意。

（2）鞠躬致礼方式。藏民在见面打招呼时，点头吐舌表示亲切问候，受礼者应微笑点头为礼。有客人来拜访，藏民们等候在帐外目迎贵客光临。藏民们见到长者或尊敬的客人，要脱帽躬身 45 度,帽子拿在手上接近地面;见到平辈,头稍低就行,帽子拿在胸前,以示礼貌。男女分坐,并习惯男坐左、女坐右。

(3)敬献酥油茶、青稞酒。藏民对客人有敬献奶茶、酥油茶和青稞酒的礼俗。客人到藏族家里做客,主人要敬三杯青稞酒,不管客人会不会喝酒,都要用无名指蘸酒弹一下。如果客人不喝、不弹,主人会立即端起酒边唱边跳,前来劝酒。如果客人酒量小,可以喝一口,就让添酒。连喝两口酒后,由主人添满杯,客人一饮而尽。这样,客人喝的不多,主人也很满意。按照藏族习俗,主人敬献酥油茶,客人不能拒绝,至少要喝 3 碗,喝得越多,越受欢迎。

敬酥油茶的礼仪是:客人坐在藏式方桌边,女主人拿一只镶着银边的小木碗放在客人面前,接着提壶或热水瓶给客人倒上满碗酥油茶,主客开始聊天;等女主人再提壶,客人就可以端起碗来,轻轻地往碗里吹一圈,然后呷上一口,并说些称赞茶打得好的话;等女主人第三次提壶时,客人呷上第二口酒;客人准备告辞,可以多喝几口,但不能喝干,碗底一定要留点漂着油酥花的茶底。

2. 藏族的主要禁忌

(1)行为禁忌。凡行人碰到寺庙、金塔、嘛尼堆和龙树时,都必须下马,并遵从左边绕行的规定,信仰本教的人则从右边绕行。进入寺庙,最忌讳别人用手抚摸佛像、经书、佛珠和护身符等圣物,认为是触犯禁规,对人、畜不利。对喇嘛随身所带的护身符、念珠等宗教器物更不得动手抚摸。

(2)交往禁忌。不准用单手接、递物品,主人倒茶时,客人须用双手把茶碗向前伸出,以示敬意。到藏民家,男的坐左,女的坐右,不能做错位置或混杂而坐。

(3)生活禁忌。不得在藏民拴牛、拴马和圈羊的地方大小便;不得在人面前随地吐痰、脱鞋、脱袜;不得用手摸藏民的头发和帽子。藏民家里有病人或是妇女生育,门前都做了标记,有的在门外生一堆火,有的在门口插一树枝或挂一红布条,外人见了标记,切勿进入。

**(二)维吾尔族**

我国维吾尔族主要居住在新疆维吾尔自治区,信奉伊斯兰教。

1. 维吾尔族的习俗与礼仪

维吾尔人非常重视礼貌,接待见面,习惯把手按在胸部中央,把身体前倾 30 度或握手,并连声说:"您好"。客人席地而坐,不要双腿伸直,脚底朝人。

在饮食方面,喜欢喝奶茶、吃馕,喜欢吃拉面和包子以及"炖整羊""涮羊肉""烤羊肉串""羊、牛肉的锅贴"。烤羊肉串是这个民族最出名的风味小吃。每餐必喝葡萄酒,酒量大。

讲究卫生,经常在自来水龙头下直接冲洗手、脸。到维吾尔族家里做客,进门前和用餐前女主人要用水壶给客人冲洗双手,一般洗 3 次。习惯一人专用茶杯,住宿期间也不换。当第一次给茶杯的时候,要当着本人的面,把茶杯消毒后再用。

2. 维吾尔族主要禁忌

(1)生活禁忌。院落的大门禁忌朝西开;忌讳睡觉时头朝东脚朝西,所以在给他们分配房间、安放卧具和枕头时,特别要注意;忌讳随便走近灶台、水缸等;忌讳进入新婚夫妇房内。

(2)交往禁忌。与维吾尔族朋友相见,要主动握手问候;在屋里就座的时候,要跪坐,忌讳腿直伸、脚朝人;吃完饭有长者领着做"都瓦"的时候,忌讳东张西望或站起。

（3）饮食禁忌。忌讳吃猪肉、狗肉、骡肉、鸽子。

（4）服饰禁忌。衣忌短小，上衣一般过膝，裤脚到脚面，最忌讳户外穿着短裤。

### （三）蒙古族

我国蒙古族主要居住在蒙古自治区，信仰喇嘛教。牧民爱穿滚边长袍，头上戴帽或缠布，腰带上挂着鼻烟壶，脚穿皮靴，多住蒙古包。

**1. 蒙古族的习俗与礼仪**

蒙古族传统礼节，主要有献哈达、递鼻烟壶、装烟和请安等，当然现在还有鞠躬礼和握手礼。献哈达的礼节和藏族一样。蒙古族牧民十分热情好客、讲究礼仪。请客人进入蒙古包时，总是立在门外两侧，右手放在胸部微微躬身，左手指门，请客人先走。客人跪坐后，主人按浅茶满酒的礼俗热情敬献上奶茶和美酒，并把哈达托着献给客人。

当接过主人的奶酒，最得体的是按照蒙古人敬酒的方式，左手捧杯，用右手的无名指蘸一滴酒弹向头上方，表示先祭天；第二滴弹向地，表示祭地；第三滴酒弹向前方，表示祭祖先，随后把酒一饮而尽。如果客人不会喝酒，只要把酒杯恭敬地放在桌上即可。招待来客的佳宴有手抓羊肉和全羊席。如果你是贵客，主人会设全羊席来款待你，表示主人对你的尊敬。送客的时候，主人送客人到蒙古包外面或本地边界。

**2. 蒙古族主要禁忌**

（1）行为禁忌。路过蒙古包的时候，要轻骑慢行，以免惊动畜群。进蒙古包前，要把马鞭子放在门外，否则，会被视为对主人的不敬。进门要从左边进，入包后在主人陪同下坐在右边；离包的时候要走原来的路线。出蒙古包后，不要立即上马上车，要走一段路，等主人回去后，再上马上车。

（2）生活禁忌。如果蒙古包前左侧缚着一条绳子，绳子的一头埋在地下，说明蒙古包里有病人，主人不能待客。

（3）饮食禁忌。蒙古人忌讳吃狗肉，不吃鱼虾等海鲜以及鸡鸭的内脏和肥肉。

## 三、亚洲主要国家或地区的习俗与礼仪

### （一）日本

日本是我国"一衣带水"的邻邦，自 1972 年两国正式恢复邦交以来，日本早已成为我国最大的贸易伙伴，成为在中国投资最多的国家之一。

**1. 宗教信仰**

日本人大多信奉神道教和佛教，少数信奉基督教或天主教，是一个多宗教的国家。日本受我国传统文化影响很深，至今还保留着浓厚的我国唐代礼仪、风俗，如民族文化中的中餐、茶道和民族服装——和服等。

**2. 主要习俗**

日本人十分注重礼貌、礼节。通常在见面时互相行鞠躬礼，并致"您好！""请多关照！"等谦语，特别是妇女，与人交谈时总是语气柔和、面带微笑、躬身相待。日本人在初次见面时，要向对方鞠躬 90 度，而不一定握手，只有见到朋友才握手，有时还拥抱。"二战"以后，握手礼逐渐成为日本常用的礼节，但通常与对方握手后还要行鞠躬礼，尤其是道别时。

在日本,初次见面互递名片已是一种常用礼节。递接名片时很讲究方法和程序。递送的方法通常是要用双手托着名片,把名字朝向对方以便阅读;或用右手递送自己的名片,用左手去接对方名片。名片递送通常由主人或身份较低者向客人或身份较高者、年长者递送自己的名片。如果在接到对方的名片后再去寻找自己的名片,则会被认为是失礼的。递错名片,则为严重失礼。

日本人不给他人敬烟,在客人面前若自己想吸烟,通常应征得对方同意。在招待客人时,把酒杯放在桌子上让客人自己斟酒是失礼行为。斟酒时要右手拿着酒壶,左手从下面托着壶底,但千万不能碰着酒杯,客人要右手拿着酒杯,左手托底接受对方斟酒。一般情况下,客人接受第一杯酒而客气谢绝第二杯酒不为失礼。但是,谢绝第二杯酒的客人千万不要将酒杯倒放,应等大家都喝酒后,一起把酒杯倒放在桌上才是礼貌的做法。

日本人拜访他人时,要事先约定,突然访问视为失礼。到日本人家中拜访,要按时赴约,拜访时应带上礼品。日本盛行送礼,而且送礼已成为整个日本民族的风气。礼品一般送奇数,可送3、5、7件。在日本,一般第一次见面就送礼。如果你先送了礼物,他们会觉得没有面子,可以让日本人先送礼。每年的12月和7月是两个交换礼物的重要节日。

日本人饮食上喜爱口味清淡、少油腻、味鲜带甜的菜肴,爱吃牛肉、海产品、豆腐和各种时鲜蔬菜,但不喜爱吃羊肉和猪内脏。日本人喜欢喝酒,即使喝得大醉,也不为失礼。日本饮食主要分为三种:和食(日本料理)、洋食(西餐)和中餐(中华料理)。日本人早餐喜食粥、牛奶,再配上面包;午餐、晚餐的主食为米饭。尤其偏爱吃生蛎肉、生鱼片,形成日本饮食一大特色。日本人还爱吃酱汤、泡菜,用白米饭就酱汤吃是日本传统式的早餐。

3. 崇尚与禁忌

日本人喜爱仙鹤和龟,认为这些动物象征长寿。日本人忌讳绿色,认为绿色不祥;忌讳荷花图案,认为荷花出于污泥;忌讳数字"4"(在日语中与"死"谐音)、"9"(与"苦"发音相似);忌讳獾和狐狸(这两种动物都象征狡猾);忌讳问"您吃饭了没有"这一类话;忌讳问个人私事;忌讳头朝北睡觉(在日本死人停尸时头朝北);忌讳倒贴邮票(暗示断交);忌讳三人合影(中间人被夹是不幸死亡的预兆)。

### (二)新加坡

新加坡土地面积较小,由新加坡岛及其附近的小岛屿组成,风景秀丽,以"花园城市"享誉世界。新加坡人口中有很大一部分是华裔新加坡人,其他为马来血统的人和印度血统的人。

1. 宗教信仰

华裔新加坡人信奉佛教;印度血统的人多信奉印度教;马来与巴基斯坦血统的人多信奉伊斯兰教;也有一些人信奉天主教和基督教。

2. 主要习俗

新加坡是一个高度文明的现代化国家,有"花园之国""公园国家"的美称。新加坡人特别注重礼节,行为举止彬彬有礼,服务人员的礼貌服务很到位,这也是该国旅游业发展成为支柱产业的一个重要原因。因受英国影响,社交场合惯用握手礼,但与东方人相见也行鞠躬礼。新加坡人中仍保留着各民族人的传统习俗,例如,老一辈华人大都信奉佛教,并有在家敬神、诵经的习惯;华裔新加坡人相见时要互相作揖;印度血统的新加坡人仍保留着印度的礼节和习俗,如妇女额上的檀香红点,男人腰扎白带,见面行合十礼。新加坡人还特别讲究卫生,注重城市绿化。随地吐痰或丢弃废物要受到该国法律制裁。

新加坡人的饮食习惯与我国东南沿海大致相同,尤其爱吃海味,讲究合理用餐,注重营养成分,喜爱中国粤菜。主食以米饭、包子为主;副食爱吃牛肉、羊肉、鸡、鱼、虾等;水果方面偏爱桃子、荔枝、生梨等。

3. 崇尚与禁忌

新加坡人偏爱兰花,喜爱鸟类,喜欢红色。对吉祥的"喜""福""鱼"字非常喜欢,认为这些是吉利的象征,能给人带来好运。同时,还对荷花、苹果和蝙蝠等象征和平幸运的图案十分青睐。

新加坡人忌讳说"恭喜发财",他们认为"发财"两字有"横财"之意,而"横财"就是不义之财;禁忌大年初一扫地,认为这一天扫地会把好运气扫走;忌谈宗教与政治方面的话题;忌讳口吐脏言;忌讳乌龟,认为这是一种不祥的动物,给人以色情和侮辱的印象;视紫色、黑色为不吉利,黑、白、黄为禁忌色;忌讳数字4、7、8、13、69。

**(三)泰国**

泰国是泰王国的简称,旧称暹罗,1939年改称泰国。民族主要有泰族、老挝族、马来族、高棉族、华裔泰人等30多个民族,其中泰族占多半。佛教为国教。

1. 宗教信仰

泰国绝大多数居民都信奉佛教,泰国故有"黄衣国""千佛国"之称。

2. 主要习俗

泰国人的节日多与佛教有关,其中宋干节和水灯节是颇具泰国民族风情的两大宗教节日。泰国人很讲文明礼貌,在待人接物中,有许多约定俗成的规矩。常用的见面礼节是行合十礼,朋友相遇,双手合十于胸前,稍稍低头;晚辈向长辈行合十礼,双手要举过前额,长辈也要回合十礼,以示接受对方的礼拜;年纪大或地位高的人还礼时双手可不过胸。双手举得越高,表示尊敬的程度越深。泰国人在特定情况下有时也行跪拜礼,例如,看见国王或高僧时要行跪拜礼;儿子出家当僧人,父母也要向他跪拜。随着社会的发展,在外交和一些正式场合,泰国人也按国际习惯握手致意,但常人不得与僧侣握手,握手礼只在官方流行,男女之间不行握手礼。

泰国人的主食是大米,副食是海产品、羊肉、鸡、鸡蛋及蔬菜。他们最喜爱吃民族风味的"咖喱饭"(用大米、鱼肉、香料、椰酱及蔬菜等烹制而成);他们特别喜爱吃辣椒,"辣椒酱"每餐必备;泰国人爱吃鱼,不爱吃牛肉及红烧食品,食物中不习惯放糖;他们特别喜欢喝啤酒、白兰地和苏打水,喝茶或饮料时喜欢放冰块;饭后有吃水果的习惯,水果喜欢吃鸭梨、苹果,但不吃香蕉。

3. 崇尚与禁忌

泰国人十分珍视稀有的白象,认为白象是圣物和佛的化身。泰国人喜爱红色、黄色、蓝色,喜欢荷花。他们习惯用颜色来表示不同的日期,如星期日为红色、星期一为黄色、星期二为粉红色、星期三为绿色、星期四为橙色、星期五为蓝色、星期六为紫红色。

泰国人忌讳狗的图案;忌用脚踢给别人东西,也忌讳用脚踢门;忌讳褐色;忌讳对僧侣态度不恭;忌讳睡觉头朝西(因为西方是日落之处,只有死人停尸才头朝西);忌讳用红笔签名(因为泰国人用红笔在棺材上写死人的名字);忌讳他人触摸自己的头部,因为他们认为头是智慧的象征,是神圣不可侵犯的。

### 四、欧洲主要国家或地区的习俗与礼仪

#### (一)英国

英国的全称是大不列颠及北爱尔兰联合王国,位于欧洲西部、大西洋的不列颠群岛上,是一个老牌的资本主义经济强国。英国人大多数信奉新教,并以新教为国教。

1. 交际礼俗

英国人崇尚"绅士风度"和"淑女风范",讲究"女士优先"。

在日常生活中,英国人注重仪表,讲究穿着;英国人见面行握手礼,戴帽子的男士应先摘下帽子再行礼;称呼时,喜欢别人称呼世袭头衔或荣誉头衔,一般应用"夫人""先生""阁下""小姐"称呼;交谈时奉行"不问他人是非"的信条。在他们看来,家就是"私人城堡",不经邀请不能进入,甚至邻里之间也绝少往来,非工作时间即为"私人时间",一般不进行公务活动。若在就餐时谈及公事,更是犯大忌而使人生厌。日常生活按事先安排的日程进行,时间观念极强。

2. 餐饮礼俗

英国人的宴请一般较为俭朴,他们讨厌浪费。英国人喜欢喝茶,有喝下午茶的习惯,一般在下午3—4点钟,放下手头的工作,喝上一杯红茶,吃点心,休息一刻钟,称为"茶休"。在正式的宴会上,一般不准吸烟,进餐时吸烟被视为失礼。

在英国,邀请对方吃午餐、晚餐或观看戏剧等,会被看做是送礼的等价交换。主人提供的饮品,以不超过3杯为宜,如果喝够了,可以将空杯子迅速地转动一下,然后交给主人,表示喝够了、多谢的意思。

3. 禁忌

英国人忌讳送花送双数和13支;忌讳菊花和百合花;忌讳以英国皇室的隐私作为谈资,因为英女王被视为其国家的象征;忌讳用人像作为商品的装潢;忌讳大象、孔雀商标图案;忌随便将任何英国人都称英国人,一般将英国人称"不列颠人"或具体称为"英格兰人""苏格兰人"等;最忌讳打喷嚏,他们一向将流感视为一种大病;切勿与英国人交叉握手,因为那样会构成晦气的十字形,也要避免交叉干杯。

#### (二)法国

法兰西共和国简称法兰西或法国,位于欧洲西部,是世界经济强国之一。绝大多数法国人信奉天主教,少数信奉基督教和伊斯兰教。

1. 交际礼俗

在商务交往中,常用的见面礼是握手;在社交场合,亲吻礼和吻手礼则比较流行。法国人使用的亲吻礼,主要是相互之间亲面颊或贴面颊;吻手礼主要用于社交场合,只限于妇女。在与法国人的社交中,称呼对方时宜称其姓,并加以"先生""小姐""夫人"等尊称,唯有区别同姓之人时,方可姓与名兼称。熟人、同事之间,可直呼其名。

法国人时间观念极强,无论出席什么集会,都习惯准时到达,从不拖拉迟到。法国男子甚具绅士风度,"女士优先"在法国特别盛行,一般把男士能否对女子表示谦恭礼貌当做衡量一个男士生活教养好坏的标准之一。

法国人爱花,生活中离不开花,不同的花表示不同的语言含义。对于菊花、牡丹、杜鹃花和纸花,一般不宜随意送给法国人。

在人际交往中,宜选择具有艺术品位和纪念意义的物品,不宜以刀、剑、剪、餐具或是带有明显的广告标志的物品作礼品。男士向一般关系的女士赠送香水,也是不合适的。在接受礼品时若不当着送礼者的面打开其包装,则是一种无礼的表现。

### 2. 餐饮礼俗

法国的饮食习俗独具一格,可谓世之少见。作为举世皆知的世界三大烹饪王国之一,法国人十分讲究饮食。法国人爱吃面食,面包的种类很多,他们大都爱吃奶酪;在肉食方面,他们爱吃牛肉、猪肉、鸡肉、鱼子酱、鹅肝,不吃肥肉、宠物、肝脏之外的动物内脏、无鳞鱼和带刺骨的鱼。

法国人特别善饮,几乎餐餐必喝,"一顿饭没有酒就等于一天没有太阳",讲究在餐桌上以不同品种的酒水搭配不同的菜肴。在日常生活中,"喝一杯酒"已成为一种礼仪,拒绝对方的邀请被认为是一种失礼的行为。除酒水之外,法国人平时还爱喝生水和咖啡。法国人用餐时,两手允许放在餐桌上,但却不许将两肘支在桌子上,在放下刀叉时,习惯于将其一半放在碟子上,一半放在餐桌上。

### 3. 禁忌

法国人忌讳的数字是"13"和"星期五";不喜欢菊花、牡丹花、纸花及其他黄色的花;忌讳黄色、墨绿色;忌讳别人讲蹩脚的法语,认为这是对其祖国语言的亵渎。

### (三)德国

德国是德意志联邦共和国的简称,位于欧洲的中部,北临北海和波罗的海。大约一半的居民信奉基督教,其他大多信奉天主教。

### 1. 交际礼俗

德国人在礼仪上讲究形式,礼仪规范较多。见面时,最传统的问候和谈话主题是天气。他们比较看重身份,特别是看重法官、律师、医生、博士、教授一类有社会地位的头衔,称呼他们要称呼头衔;对于一般的德国人,多以"先生""小姐""夫人"等称呼相称而不能直呼其名;德国人一般没有称"阁下"的习惯。德国人见面行握手礼,如戴着帽子,一定要先脱帽,再行礼;朋友之间相见,总习惯互相把手握了又握。

德国人交谈,喜谈有关德国的事及个人业余爱好等话题,体育运动喜谈足球,忌谈篮球、垒球和美国式的橄榄球等运动。应邀到德国人家中做客,通常以鲜花为礼物,送花时一定要拆去包装,德国人最喜欢的鲜花为矢车菊,也可送酒如威士忌,不送葡萄酒。送葡萄酒,会被主人认为客人对他对酒的品位有怀疑。

### 2. 餐饮礼俗

世界上喝啤酒最多的是欧洲人,而欧洲人中德国人又首屈一指,德国的啤酒闻名于世,他们就餐时先喝啤酒,再喝葡萄酒,认为这样对身体健康有利。德国人的早餐比较简单,一般只吃面包、喝咖啡;午餐是他们的主餐,主食一般是面包、蛋糕,也吃面条和米饭,喜欢吃瘦猪肉、牛肉、鸡蛋、土豆、鸡鸭、野味,不大喜欢吃鱼虾等海味;晚餐一般吃加有香肠或火腿的吐司的冷餐。德国人在外聚餐,在不事先讲明的情况下,实行 AA 制,要各自付费。在宴会上,一般男子要坐在妇女和职位高的人的左侧。女子离开和返回饭桌时,男子要站起来以示礼貌。

**3. 禁忌**

忌讳茶色、黑色、红色、深蓝色等颜色;商品包装上禁用法兰西或类似符号;忌讳向女士送玫瑰花、香水之类的物品;用刀、剪或餐刀、餐叉等西餐餐具送人,有"断交"之嫌,也是德国人所忌讳的。

### (四)俄罗斯

俄罗斯又名俄罗斯联邦,位于欧洲东部和亚洲的北部,是一个重礼好客的多民族国家,其礼俗兼有东西方礼仪的特点。俄罗斯人主要信仰东正教,此外还有伊斯兰教、天主教、新教、犹太教及佛教。

**1. 交际礼俗**

俄罗斯人与人相见,开口先问好,再握手致意;朋友之间亲面颊并行拥抱礼。俄罗斯人的姓名由本名、父名和姓氏三部分组成,一般应称呼全名。在称谓上,"您"和"你"有不同的界限,"您"用来称呼长辈、上级和客人,以示尊重;而"你"则用来称呼自家人、熟人、朋友、平辈、晚辈和儿童,表示亲切、友好和随和。

俄罗斯人热情好客,如上门做客,可将酒、鲜花、艺术品或书籍作为礼品。他们很喜欢外国货,外国的糖果、烟、酒、服饰都是很好的礼物。如果送花,要送单数不送双数,他们认为双数是不吉利的,喜欢向日葵图案的商标。

俄罗斯人特别尊重女性,在社交场合男士要主动给女士开门、帮女士脱大衣。在俄罗斯,无论何人,进门必须把大衣、帽子和围巾存放在衣帽间,否则会被视为无礼。

**2. 餐饮礼俗**

俄罗斯人日常以面包为主食,鱼、肉、禽、蛋及蔬菜为副食,他们喜食牛、羊肉,但不大爱吃猪肉,偏爱酸、甜、咸和微辣口味的食品,给客人吃面包和盐是俄罗斯人招待客人最殷勤的表示。

俄罗斯人的早餐较简单,吃上几片黑面包,喝一杯酸牛奶就可以了。但午餐和晚餐很讲究,他们要吃肉饼、牛排、红烧牛肉、烤羊肉串、烤山鸡、鱼肉丸子、炸马铃薯、红烩的鸡和鱼等。俄罗斯人在午餐和晚餐时一定要喝汤,而且要求汤汁浓,如鱼片汤、肉丸汤、鸡汁汤等。凉菜小吃中,俄罗斯人喜欢吃生西红柿、生洋葱、酸黄瓜、酸奶油拌色拉等。进餐时,吃凉菜的时间较长。

俄罗斯人最喜欢喝高度烈性的"伏特加",以及我国北京生产的"二锅头"等白酒,而且酒量也很大。俄罗斯人在喝红茶时有加糖和柠檬的习惯,通常不喝绿茶。酸牛奶、果汁则是妇女和儿童喜爱的饮料。

**3. 禁忌**

对颜色的好恶和东方人相似,喜红忌黑,还忌讳送手套及黄颜色的礼品;对数字,他们却和西方人一样,忌讳"13",但对"7"这个数字却情有独钟;忌讳食狗肉;初次结识俄罗斯人不要问对方私事;忌讳别人送钱,认为送钱是对人格的侮辱;忌讳以历史上的某些有争议的领袖人物作话题。

### 五、美洲主要国家或地区的习俗与礼仪

**(一)美国**

美国是美利坚合众国的简称,地处北美洲中部,由本土、阿拉斯加和夏威夷群岛三部分组成。占人口80%以上的白人多为欧洲移民后裔,另外还有黑人、华人、墨西哥人等。居民中,57%的人信奉新教,28%的人信仰天主教,其他人则信仰东正教、犹太教、佛教等。

1. 交际礼俗

美国人乐于交际,不拘泥于正统礼仪,与人相见时常说"嗨!"或点头微笑,而不一定握手。一般也不太爱用"先生""太太""小姐""女士"之类的称呼,只有在正式的商务交往中才使用。他们认为对关系较密切的人直呼其名是一种亲切友好的表示,从不以行政职务去称呼别人。

在美国,虽崇尚"女士优先",但没有男女有别的观念。美国人通常不主动送名片给别人,只有双方想保持联系时才送。美国人遵守时间,很少迟到。当着美国人的面如想吸烟,需先问对方是否介意。美国人平时不大注重穿着,只有在正式的社交场合才讲究打扮。交谈时喜欢与别人保持一定的距离,一般保持在50厘米以外。

在美国等西方诸多国家都有付小费的习惯,有的叫服务费,在美国付小费被认为是对服务人员提供服务的尊重和酬劳。付小费的方式可根据当地习惯灵活运用,例如,不必找零钱,或将小费置于茶盘、酒杯下面,或塞到招待员手中等。

到美国人家里做客必须先用电话约定,事先未预约而登门是不礼貌的。美国人的电话利用率极高,不论是购买火车票、戏票,还是看病挂号、入学报名等都要电话预约。

2. 餐饮礼俗

美国人的饮食习惯有几个明显的特点:忌油腻,喜清淡,喜欢吃咸中带甜的食品。新鲜蔬菜生的、冷的都吃;鸡、鸭等其他带骨头的肉食品要剔骨后才能做菜。烹调的方法焖、煎、炒、炸,但不用调味品,而是把番茄沙司、胡椒粉、精盐、辣酱油等调味品放在桌上,任凭进餐者按自己的口味自由调配。美国人讨厌奇形怪状的食品,如鳝鱼、鸡爪、海参、猪蹄,忌脂肪含量高的动物内脏。平时自己做菜时喜欢用水果作配料,用苹果、紫葡萄和凤梨等来烧肉类、禽类食品;水果也用在做冷菜上,以色拉油调和,不用色泽深沉的酱油。

美国人一般爱喝冰水、冰矿泉水、冰啤酒和冰可口可乐等软性饮料和冰牛奶,而且越凉越好。餐前习惯喝果汁;用餐过程中习惯喝啤酒、葡萄酒;餐后习惯喝咖啡以助消化。

3. 禁忌

忌讳数字"13"和"星期五";忌讳用一根火柴或打火机为3个人连续点烟;美国人很重视隐私权,忌讳被人问及年龄、婚姻及收入等个人私事;忌讳各种珍贵动物头形的商标图案。

**(二)加拿大**

加拿大是一个年轻而富庶的国家,加拿大人具有热情友好、文明礼貌而又不拘泥于礼仪、踏实务实的性格特点。加拿大人多是欧洲移民的后裔,以英国、法国血统为多。加拿大人中大部分信仰天主教、基督教。

1. 交际礼俗

加拿大人常行握手礼,讲究使用礼貌语言,注重必要的礼仪。在商务活动中,喜欢在高级饭店或俱乐部宴请客人。加拿大人时间观念很强,能按时赴约,若因故不能按时到,一定要打电话通知对方。

2. 餐饮礼俗

加拿大人的饮食以面食为主,在口味上,喜食酸甜、清淡、不辣的食品;在烹调中很少用调料,上桌后由用餐者自由选择调味品。除炸烤的牛排、羊排、鸡排外,他们也爱吃野味。加拿大人的早餐有牛奶、吐司、麦片粥、煎或煮鸡蛋和果汁。一般中、晚餐比较丰盛,晚餐是正餐,加拿大人最为重视。

在饮料的品种上与美国人的选择相仿,只是不像美国人那样一定要冰镇。加拿大人喜欢喝下午茶,苹果派等甜食品是他们在喝茶时喜爱品尝的食物。不少加拿大人嗜好饮酒,威士忌、白兰地、伏特加都很受欢迎。

3. 禁忌

忌讳数字"13"和"星期五";日常生活中忌讳白色的百合花,认为白色的百合花表示死亡,只在开追悼会时才使用;在宴席上,喜用偶数安排座次,忌讳单数,特别忌讳安排13个席次;将加拿大与美国相比较是加拿大人的一大禁忌;不吃胆固醇含量高的动物内脏,不吃脂肪含量高的肥肉。

**(三)巴西**

巴西联邦共和国简称巴西,位于南美洲东部,东濒大西洋。居民中有80%的人信奉天主教,其余居民信奉新教、伊斯兰教、佛教及犹太教。

1. 交际礼俗

无论男女,见面和分手都可以握手为礼;在熟人见面时常以相互热烈的拥抱为礼;妇女间还行贴面礼,虽然唇不触脸,但双方都用嘴发出接吻时的声音;在社交场合,常行握手礼,同时还以拳礼相互表示问安和致敬。巴西人的时间观念较淡薄,约会迟到不足为奇。

到巴西人家中做客,一定要带着礼品去,最好是优质的公司纪念品,在做客后的第二天,应托人给女主人送一束鲜花或一张致谢的便条。他们喜欢兰花,并将其尊为国花;他们偏爱蝴蝶,视蝴蝶为吉祥物。巴西的印第安人,喜欢邀请客人到河里去洗澡,认为洗澡的次数越多对客人就越尊重。

2. 餐饮礼俗

巴西人在饮食上习惯吃西餐,通常以黑豆饭为主食,也爱吃蛋糕、煎饼之类的甜点。肉食以猪、牛、羊肉和水产品为主;蔬菜有西红柿、白菜、辣椒、土豆等。若设宴邀请巴西人做客,应征求男士的意见,能够偕夫人同来。在巴西,妻子往往能影响到丈夫的某些举措,所以同时邀请客人的妻子是很重要的。

除红茶和葡萄酒等饮料外,巴西人嗜爱喝浓咖啡,往往用浓咖啡招待客人,如果客人拒绝会被认为是失礼的。

3. 禁忌

巴西人忌讳紫色、黄色、棕黄色和深咖啡色,他们认为紫色表示悲伤,黄色表示绝望,深咖啡色会招来不幸;忌讳送手帕、剪刀、刀之类的礼品,此类物品被认为会引起吵架或断交,当有人不注意送了此类物品,对方会当场很有礼貌的象征性地付钱,表示是自己所买;忌讳用拇指和食指连成圆圈与其他三个手指向上伸出(即美国人的"ok"手势),在巴西被认为是粗俗和猥亵的手势。

### 六、大洋洲主要国家或地区的习俗与礼仪

#### (一)澳大利亚

澳大利亚是澳大利亚联邦的简称,位于南半球,在太平洋西南部和印度洋之间。澳大利亚人口中95%为英国移民的后裔。大多数澳大利亚人信奉天主教和基督教。

1. 交际礼俗

澳大利亚人见面时行握手礼,且非常热烈。他们彼此以名字相称。在交往中,他们奉行"人人平等"的信条;遵从"女士优先"的社交原则;谦恭随和,遵时守约。严格区分工作时间和休闲时间,下班决不谈公事,而澳籍美国移民却高兴于就餐时间边谈边吃。

2. 餐饮礼俗

澳大利亚人的饮食习惯与英国人相差不多,以英式西餐为主。喜食清淡,不喜欢辛辣;就餐时,调味品放在桌上,客人可根据自己的口味选用。澳大利亚人喜吃新鲜蔬菜、煎蛋、炒蛋、火腿、鱼、虾、牛肉等;菜肴中的脆皮鸡、炸大虾、油爆虾、糖醋鱼、奶油烤鱼和烧西红柿等是他们常吃的食品。

3. 禁忌

澳大利亚与英国禁忌基本相仿,忌讳兔子,因而以兔子图案为商标的商品会受到冷落;忌讳数字"13"和"星期五"。

#### (二)新西兰

新西兰位于太平洋西南部,国民绝大部分是英国移民的后裔。新西兰人大多信奉基督教、新教和天主教。

1. 交际礼俗

新西兰人见面和告别均行握手礼,在与女士交往中女方先伸出手,男方才能相握;鞠躬和昂首也是他们的通用礼节。毛利族人问候方式独具特色,当遇到贵客时,他们常行与众不同的"碰鼻礼",即双方相互用鼻尖点碰。初次见面,身份相同的人互相称呼姓氏,并加上"先生""夫人""小姐"等尊称;熟识之后,互相直呼其名。新西兰人男女之间交往注重礼貌,观看电影要男女分场。他们崇尚平等,平民可要求高级官员接见,上级对下级态度友好诚恳。时间观念较强,约会须事先商定,准时赴约,客人可以提前几分钟到达,以示对主人的尊敬。交谈以气候、体育运动、国内外政治、旅游等为话题,避免谈及个人私事、宗教、种族等问题。新西兰人特别喜欢橄榄球和板球。会客一般在办公室里进行。应邀到新西兰人家里做客,可送给男主人一盒巧克力或一瓶威士忌,送给女主人一束鲜花。

2. 餐饮礼俗

新西兰人的饮食习惯大体上与英国人相同,饮食以西餐为主。口味清淡,爱吃牛肉、羊肉、水果和鱼,传统风味包括番茄牛肉、脆皮鸡、炸山鸡片、油爆虾等;喜欢喝啤酒,人均年啤酒

消费量达 110 公升。国家对烈性酒严加限制,有的餐馆只出售葡萄酒,专卖烈性酒的餐馆对每份正餐只配一杯烈性酒。饮茶也是新西兰人的嗜好,一天至少 7 次,茶馆遍布各地,许多单位都有专门的饮茶时间。

3. 禁忌

在新西兰,人们忌讳男女同场活动;忌讳谈论种族问题和政治问题。

## 七、非洲主要国家或地区的习俗与礼仪

### (一)埃塞俄比亚

埃塞俄比亚有着三千多年历史,位于非洲东北部。居民 45% 信奉伊斯兰教,40% 信仰埃塞正教,少数人信奉新教、天主教和原始宗教。

1. 交际礼俗

在埃塞俄比亚,与人相见一般握手并互致问候。一些城市里的人们喜欢戴礼帽,熟人在街上相遇,要脱帽鞠躬,认为只有这样才能体现出诚意和热情;百姓见长官或下级见上级,大都施鞠躬礼。握手和问候致意的时间较长,一般长达 2 分钟,甚至更长。他们询问彼此的健康、家庭成员、家畜、收成情况等,直到问候结束时才把手松开。

2. 餐饮礼俗

埃塞俄比亚人习惯食用一种叫"提夫"的谷物。在口味上以辛辣闻名,喜欢吃我国的川菜,如果客人不喜欢吃辣的,主人会端出一种不辣的菜肴来款待。埃塞俄比亚人还爱吃刚刚宰杀的新鲜牛肉,招待客人时,女主人喜欢首先用牛肉一片一片往客人嘴里喂,一直到满意为止,认为这样才算真诚待客。用餐时通常不用桌子,而是一家人围着一个用芦苇编成的大篓子就餐。至亲好友或贵宾光临时,女主人要换上整洁的民族服装,为客人煮咖啡。

3. 禁忌

不管在什么地方遇到埃塞俄比亚人,都不要伸舌头,否则会被认为是对其表示轻蔑和侮辱;埃塞俄比亚人把驴视为"圣物",忌食驴肉;禁忌黑色;禁忌宗教象征图案。

### (二)南非

南非位于非洲大陆最南端。信仰基督教、新教和天主教的人口占 80% 左右。

1. 交际礼俗

社交礼仪可以概括为"黑白分明"与"英式为主"。所谓"黑白分明"是指受到种族、宗教、习俗的制约,南非的黑人和白人所遵从的社交礼仪不同;所谓"英式为主"是指在很长的一段历史时期内,白人掌握南非政权,白人的社交礼仪特别是英国式社交礼仪广泛流行于南非社会。

在社交场合,南非人普遍采用的见面礼仪是握手礼,与交往对象的称呼主要是"先生""小姐"或"夫人"。在黑人部落中,尤其是广大农村,南非黑人往往会表现出与社会主流不同的风格。例如,他们习惯用鸵鸟毛或孔雀毛馈赠贵宾,客人此刻得体的做法是将这些珍贵的羽毛插在自己的帽子或头发上。南非黑人非常敬仰自己的祖先,他们特别忌讳外人对自己的祖先言行失敬。

2. 餐饮礼俗

南非黑人的主要食物是玉米、高粱和小麦,薯类、瓜类和豆类食品在日常饮食中占很大比

例。牛、羊肉是主要副食品,一般不吃猪肉和鱼类。饮料主要是牛、羊奶和土制啤酒。在南非黑人家中做客,主人一般送上刚挤出的牛奶或羊奶,有时是自制的啤酒,客人一定要多喝,最好一饮而尽。

3. 禁忌

跟南非人交谈,有四个话题不宜涉及:一是不为白人评功摆好;二是不评论不同黑人部族或派别之间的关系及矛盾;三是不非议黑人的古老习惯;四是不要为对方生了男孩表示祝贺。

### (三)埃及

埃及是阿拉伯埃及共和国的简称,地跨亚、非两大洲。阿拉伯人约占87%。绝大多数居民信伊斯兰教。

1. 交际礼俗

埃及人的交往礼仪既有民族传统的习俗,又通行西方人的做法,上层人士更倾向于欧美礼仪。埃及人见面时异常热情,一般情况下,见到不太熟悉的人,先致穆斯林通行的问候语;如果是老朋友,特别是久别重逢,则拥抱并行贴面礼,即用右手扶住对方的左肩,左手搂抱对方腰部,先左后右,各贴一次或多次,而且还会连珠炮似的发出一串问候语:"你好吧?""你怎么样?""你近来可好?""你身体怎样?"等。

在埃及,社交聚会举办时间比较晚,晚宴一般要到晚上十点半或更晚些才开始。如应邀去吃饭,可以带些鲜花或巧克力作为礼品。埃及人很欢迎外国人的访问,并引以为荣,但异性拜访是禁止的。和埃及人相处,可选择与埃及的进步与成就有关、与埃及的古代文明有关的话题。埃及商人时间观念较差,很少能按照所约定的时间行事。埃及人将"葱"视为真理的象征,当进行诉讼或争论时,如把一束大葱高高举起,则表示真理在手、胜利在望。

2. 餐饮礼俗

埃及人通常以"耶素"(不用发酵的平原形面包)为主食,进餐时与"富尔"(煮豆)、"可不奈"(白乳酪)、"摩酪赫亚"(汤类)一并食用;副食主要有羊肉、鸡鸭肉、鸡蛋以及豌豆、南瓜、胡萝卜、土豆等。其口味清淡、甜香。

埃及人喜吃甜食,正式宴会或富有家庭正餐的最后一道菜都是上甜食。"蚕豆"是必不可少的一种食品,其制造方法多种多样,制成的食品也花样百出。例如,油炸蚕豆饼、炖蚕豆、干炒蚕豆和生吃青蚕豆等。

3. 禁忌

埃及人一般都遵守伊斯兰教教义,忌食猪肉、忌讳饮酒;吃饭时要用右手,不能用左手;在送给别人礼物或是接受别人礼物时,要用双手或者右手;埃及人讨厌打哈欠,认为哈欠是魔鬼在作祟;谈话时忌谈中东政治情况;忌讳缝衣"针",在埃及,一到下午3—5点之后,商人决不卖针,人们也不买针;忌讳黑色与蓝色;禁穿有星星图案的衣服,有星星图案的包装纸也不受欢迎;禁忌"13",认为它是消极的。

**职场案例与实践**

有家饭店入住了一个少数民族团体,少女们都戴着一个漂亮的鸡冠帽,有位男员工出于好奇,用手摸了一下一位少女的帽子,结果传到族长那里去,族长以为男员工爱上了那位少女,向少女求婚。原来传说中这个民族曾在一天夜里受到外族入侵,恰好一只公鸡鸣叫,唤醒了人们,才免去了此次灭族之灾。以后,为了纪念这只公鸡,村中美丽的少女都戴上鸡冠帽,男子一触摸就表示求婚。

**案例思考:**

男员工犯了什么禁忌?

## 【思考与讨论题】··················

1. 简述涉外礼仪的原则?
2. 涉外商务迎送礼仪应注意哪些事宜?
3. 涉外宴请的种类及礼仪是什么?
4. 涉外陪同参观应注意哪些礼仪?
5. 港、澳、台同胞的宗教信仰,饮食习惯,礼貌礼节与祖国大陆有哪些差异?
6. 日本人在拜访他人时,通常要注意什么礼节?
7. 简述美国、加拿大的礼俗与禁忌。
8. 简述英国、法国等欧洲国家的禁忌。
9. 简述大洋洲主要国家的礼俗。
10. 简述非洲主要国家的饮食习惯。

# 主要参考文献

[1]熊源伟. 公共关系学[M]. 安徽:安徽人民出版社,1993.

[2]陈友新. 企业关系管理学(上下册)[M]. 大连:大连海运学院出版社,1991.

[3]王天申,等. 当代公共关系学[M]. 陕西:陕西人民出版社,1990.

[4]胡成富. 现代交往实用礼仪[M]. 陕西:西安电子科技大学出版社,1993.

[5]宋莉萍. 礼仪与沟通教程[M]. 上海:上海财经大学出版社,2006.

[6]杨健全. 公共关系理论与实务[M]. 陕西:陕西人民出版社,1999.

[7]徐白. 公关礼仪教程[M]. 上海:同济大学出版社,2007.

[8]姜桂娟. 公关与商务礼仪[M]. 北京:北京大学出版社,2006.

[9]周国宝,王环. 现代国际礼仪[M]. 广州:华南理工大学出版社,2007.

[10]姜桂娟. 公关与商务礼仪[M]. 北京:北京大学出版社,2006.

[11]张大成. 现代礼仪文书写作[M]. 北京:首都经济贸易大学出版社,2004.

[12]吕维霞. 现代商务礼仪[M]. 北京:对外经济贸易大学出版社,2003.

[13]张亚,陈云川. 公共关系学[M]. 四川:四川大学出版社,2004.

[14]陈平. 商务礼仪[M]. 北京:中国电影出版社,2005.

[15]何春晖. 中外公关案例宝典[M]. 浙江:浙江大学出版社,2006.

[16]黄强. 领导科学[M]. 北京:高等教育出版社,2002.

[17]刘豪兴. 社会学概论[M]. 北京:高等教育出版社,2003.

[18]许德军. 领导力决定竞争力[M]. 北京:当代世界出版社,2009.

[19]张琼. 战略性变革领导力制胜[M]. 北京:经济科学出版社,2004.